A PROTECÇÃO JUDICIAL
DOS TERCEIROS NOS CONTRATOS
DA ADMINISTRAÇÃO PÚBLICA

ALEXANDRA LEITÃO
Assistente da Faculdade de Direito
da Universidade de Lisboa

A PROTECÇÃO JUDICIAL DOS TERCEIROS NOS CONTRATOS DA ADMINISTRAÇÃO PÚBLICA

TÍTULO:	A PROTECÇÃO JUDICIAL DOS TERCEIROS NOS CONTRATOS DA ADMINISTRAÇÃO PÚBLICA
AUTOR:	ALEXANDRA LEITÃO
EDITOR:	LIVRARIA ALMEDINA – COIMBRA www.almedina.net
LIVRARIAS:	LIVRARIA ALMEDINA ARCO DE ALMEDINA, 15 TELEF. 239 851 900 FAX 239 851 901 3004-509 COIMBRA – PORTUGAL livraria@almedina.net LIVRARIA ALMEDINA – PORTO R. DE CEUTA, 79 TELEF. 22 205 9773 FAX 22 203 9497 4050-191 PORTO – PORTUGAL porto@almedina.net EDIÇÕES GLOBO, LDA. R. S. FILIPE NERY, 37-A (AO RATO) TELEF. 213857619 FAX 21 3844661 1250-225 LISBOA – PORTUGAL globo@almedina.net LIVRARIA ALMEDINA. ATRIUM SALDANHA LOJAS 71 a 74 PRAÇA DUQUE DE SALDANHA, 1 TELEF. 213712690 atrium@almedina.net LIVRARIA ALMEDINA – BRAGA CAMPOS DE GUALTAR UNIVERSIDADE DO MINHO TELEF. 253678822 4700-320 BRAGA – PORTUGAL braga@almedina.net
EXECUÇÃO GRÁFICA:	G.C. – GRÁFICA DE COIMBRA, LDA. PALHEIRA – ASSAFARGE 3001-453 COIMBRA E-mail: producao@graficadecoimbra.pt MARÇO, 2002
DEPÓSITO LEGAL:	176877/02
	Toda a reprodução desta obra, por fotocópia ou outro qualquer processo, sem prévia autorização escrita do Editor, é ilícita e passível de procedimento judicial contra o infractor.

NOTA PRÉVIA

O trabalho que agora se publica corresponde, com algumas correcções e actualizações, ao texto da dissertação de mestrado apresentada em Novembro de 2000 e discutida em 23 de Julho de 2001, na Faculdade de Direito da Universidade de Lisboa, perante um júri presidido pelo Professor Doutor Marcelo Rebelo de Sousa e composto também pelo Professor Doutor Sérvulo Correia, pelo Professor Doutor Teixeira de Sousa, pelo Professor Doutor João Caupers, na qualidade de arguente, e pela Professora Doutora Maria João Estorninho.

Gostaria, em primeiro lugar, de agradecer aos membros do júri, salientando em particular o Professor Doutor Sérvulo Correia, o qual, enquanto orientador da minha tese, se mostrou sempre disponível para ouvir as minhas dúvidas e contribuir com as suas sugestões e críticas para melhorar o resultado final.

O agradecimento é extensível ainda ao Professor Doutor João Caupers, de quem fui aluna e assistente na Faculdade de Direito da Universidade de Lisboa, e que, na sua qualidade de arguente, me dispensou palavras simpáticas e amáveis que muito contribuiram para acalmar o nervosismo inerente às provas públicas de mestrado.

Devo também um agradecimento ao Conselheiro Mário Torres, cujo auxílio na recolha de jurisprudência foi absolutamente inestimável.

Uma palavra muito especial é devida à Professora Doutora Maria João Estorninho e ao Professor Doutor Vasco Pereira da Silva pelo constante incentivo e apoio, bem como pela sua amizade, que muito contribuiram para me ajudar a manter o ânimo tão necessário à conclusão deste trabalho académico.

A todos os meus amigos, agradeço a sua amizade e preocupação, em especial à Ana, que muito me ajudou quer durante a elaboração da tese, quer na árdua tarefa de imprimir e fotocopiar o texto da dissertação, durante uma derradeira e longa noite, que se prolongou até ao amanhecer.

Finalmente, mas sempre em primeiro lugar, ao João, à minha Mãe, e ao meu Pai agradeço a sua presença nos momentos difíceis, e a partilha do meu sofrimento e das minhas alegrias como se de suas se tratassem, tantas vezes com prejuízo próprio. A eles, o meu maior e mais profundo agradecimento.

Lisboa, Novembro de 2001

PLANO DE TRABALHO

INTRODUÇÃO

Parte I – A noção de terceiros no Direito Administrativo

Capítulo I – Os terceiros perante as várias formas de actuação da Administração Pública
Capítulo II – Direitos subjectivos e interesses legítimos: uma distinção em crise?
Capítulo III – A posição processual dos terceiros no contencioso administrativo: primeira abordagem

Parte II – A posição dos terceiros perante a actividade contratual da Administração Pública

Capítulo I – Considerações gerais sobre a actividade contratual da Administração Pública: a dualidade entre contratos administrativos e contratos privados da Administração Pública
Capítulo II – Os efeitos lesivos decorrentes das relações contratuais da Administração Pública
Capítulo III – Os actos destacáveis dos contratos da Administração Pública e as consequências da sua invalidade

Parte III – A tutela dos terceiros no contencioso dos contratos da Administração Pública

Capítulo I – O contencioso dos contratos da Administração Pública
Capítulo II – Vias de solução: a necessidade de construir um sistema unitário de protecção dos terceiros
Capítulo III – A efectivação da responsabilidade da Administração como forma de composição dos interesses em presença

Conclusões

ABREVIATURAS

ADCCA	– Anteprojecto de Diploma sobre Comissões de Conciliação Administrativa
AJDA	– Actualité Juridique Droit Administratif
BDGCI	– Boletim da Direcção-Geral de Contribuições e Impostos
BMJ	– Boletim do Ministério da Justiça
CA	– Código Administrativo
CADA	– Comissão de Acesso aos Documentos Administrativos
CC	– Código Civil
CG	– Il Corriere Giuridico
CJ	– Colectânea de Jurisprudência
CJA	– Cadernos de Justiça Administrativa
CPA	– Código do Procedimento Administrativo
CPC	– Código de Processo Civil
CPTA	– Código de Processo nos Tribunais Administrativos
CRP	– Constituição da República Portuguesa
DA	– Documentación Administrativa
DJ	– Direito e Justiça
DJAP	– Diccionário Jurídico da Administração Pública
DP	– Diritto Pubblico
DPA	– Diritto Processuale Amministrativo
ED (P)	– Estado e Direito (Portuguesa)
ED (F)	– Études et Documents (Francesa)
ETAF	– Estatuto dos Tribunais Administrativos e Fiscais
FA	– Il Foro Amministrativo
FDUC	– Faculdade de Direito da Universidade de Coimbra
FDUCP	– Faculdade de Direito da Universidade Católica Portuguesa
FDUL	– Faculdade de Direito da Universidade de Lisboa
FDUNL	– Faculdade de Direito da Universidade Nova de Lisboa
FDUP	– Faculdade de Direito da Universidade do Porto
FI	– Il Foro Italiano
FP	– Foro Padano
GI	– Giurisprudenza Italiana

INA	– Instituto Nacional de Administração
JCA	– Juris Classeur Administratif
JOCE	– Jornal Oficial das Comunidades Europeias
LAV	– Lei da Arbitragem Voluntária
LCAP	– Ley de Contratos de las Administraciónes Públicas
LJCA	– Ley de la Jurisdicción Contencioso-Administrativa
LPTA	– Lei de Processo dos Tribunais Administrativos
NR	– Nuova Rassegna
OD	– O Direito
PGR	– Procuradoria-Geral da República
PLCPTA	– Proposta de Lei de Código de Processo nos Tribunais Administrativos
PJ	– Poder Judicial
PLETAF	– Proposta de Lei de Estatuto dos Tribunais Administrativos e Fiscais
RA (F)	– Revue Administrative (Francesa)
RA (I)	– Rivista Amministrativa (Italiana)
RAL	– Revista de Administração Local
RAP	– Revista de Administracion Publica
RArb.	– Revue de l'Arbitrage
RBDC	– Revista Brasileira de Direito Comparado
RCC	– Revista de Ciência e Cultura
RCEDOUA	– Revista do Centro de Estudos de Direito do Ordenamento, do Urbanismo e do Ambiente
RDE	– Rivista di Diritto Europeo
RDES	– Revista de Direito e Estudos Sociais
RDJA	– Revista de Derecho, Jurisprudencia y Administración
RDP (F)	– Revue de Droit Public (Francesa)
RDP (I)	– Rivista di Diritto Processuale (Italiana)
RDP (P)	– Revista de Direito Público (Portuguesa)
RDPC	– Rivista di Diritto Pubblico Comunitario
RDPSP	– Revue de Droit Public et de Science Politique
REALA	– Revista de Estudios de la Administración Local y Autonómica
REDA	– Revista Española de Derecho Administrativo
REDP	– Revue Europeéne de Droit Public
RSTA	– Regulamento do Supremo Tribunal Administrativo
RFDA	– Revue Française de Droit Administratif
RFDUL	– Revista da Faculdade de Direito da Universidade de Lisboa
RIDPC	– Rivista Italiana di Diritto Pubblico Comunitario

RIL	– Revista de Informação Legislativa
Rev.J	– Revista de Justiça
RJ	– Revista Jurídica
RJUA	– Revista Jurídica do Urbanismo e do Ambiente
RLJ	– Revista de Legislação e de Jurisprudência
RMC	– Revue du Marché Commun
RMP	– Revista do Ministério Público
RT	– Revista dos Tribunais
RTA	– Rivista Trimestrale degli Appalti
RTDP	– Rivista Trimestrale di Diritto Pubblico
RVAP	– Revista Vasca de Administración Pública
SJ	– Scientia Juridica
STA	– Supremo Tribunal Administrativo
STJ	– Supremo Tribunal de Justiça
TAC	– Tribunal Administrativo de Circulo
TC	– Tribunal Constitucional
TJCE	– Tribunal de Justiça das Comunidades Europeias
TS	– Tribunal Supremo
TUE	– Tratado da União Europeia
UCP	– Universidade Católica Portuguesa
VwGO	– Verwaltungsgerichtsordnung
VwVfG	– Verwaltungsverfahren

INTRODUÇÃO

1. A protecção dos terceiros perante as relações jurídicas administrativas: apresentação do problema.

O problema da protecção de terceiros perante as várias formas de actuação da Administração está, em grande parte, ainda por tratar na doutrina portuguesa, apesar de ser uma questão que ganha importância crescente no âmbito da actividade da Administração moderna, caracterizada pelas actividades de prestação e de planeamento, que não se reconduzem ao Direito Administrativo centrado dogmaticamente na figura do acto administrativo[1]. De resto, a função garantística do Direito Administrativo não abrange apenas os destinatários directos dos actos praticados no âmbito da função administrativa, mas também a protecção dos terceiros[2]. Aliás, o objectivo de muitas normas jurídicas administrativas é exactamente proteger os terceiros e não o destinatário da actuação administrativa, sobretudo no âmbito de relações multilaterais[3].

A primeira dificuldade com que nos debatemos prende-se com a própria definição de "terceiro" e a delimitação do conjunto de terceiros carecidos de tutela procedimental e judicial em cada caso concreto e perante cada actuação administrativa. De facto, parafraseando PROSPER WEIL, "...a palavra terceiro não deve jamais ser utilizada sem a definir..."[4], tal é a complexidade inerente à mesma. Sendo um conceito relativo e não absoluto, há que encontrar um denominador comum a todas as formas de actuação da Administração, unilaterais ou contratuais, individuais ou concretas.

---

[1] Como salienta V. PEREIRA DA SILVA, *Em busca do acto administrativo perdido*, Coimbra, 1996, pág. 132, referindo-se à Administração de infra-estruturas do Estado pós--social.

[2] Neste sentido, v. SÉRVULO CORREIA, Prefácio à obra de Ricardo Leite Pinto, *Intimação para um comportamento*, Lisboa, 1995, pág. 717.

[3] Neste sentido, JOÃO CAUPERS, *Introdução ao Direito Administrativo*, Lisboa, 2000, pág. 79, salientando as normas ambientais e urbanísticas.

[4] Cfr. PROSPER WEIL, *Les conséquences de l'annulation d'un acte administratif pour excès de pouvoir*, Paris, 1952, pág. 88.

Esse elemento central pode ser encontrado quer no procedimento administrativo, quer na relação jurídica administrativa, uma vez que ambos estão presentes em toda a actividade da Administração.

A noção de terceiro não se confunde com a de administrado ou particular, exactamente porque estes conceitos – mesmo se identificam todo o universo de pessoas afectadas, positivamente ou negativamente, pela Administração – são mais amplos que o conceito de terceiro, compreendendo também os destinatários da actuação administrativa. É por isso, aliás, que nenhuma definição de terceiro dispensa, antes de mais, o próprio conceito de destinatário.

Por outro lado, a noção civilística de terceiro, desenvolvida a propósito da teoria da eficácia externa das obrigações, afigura-se mais restritiva do que a noção "administrativista" de terceiro, desde logo porque, por natureza, a actividade administrativa é desenvolvida no interesse geral e, pela própria amplitude da sua actuação, afecta outros sujeitos que não os seus destinatários directos. Além disso, no Direito Civil, a noção de terceiro revela-se mais importante para determinar aqueles que, devido ao princípio da boa fé, estão obrigados a respeitar os direitos das partes[5]; enquanto, pelo contrário, no Direito Administrativo, é a protecção judicial dos terceiros perante a Administração que está essencialmente em causa.

Encontrado um conceito substantivo de terceiro face a toda a actividade administrativa, cumpre, depois, analisar a sua posição processual ao nível do contencioso administrativo, nomeadamente no que respeita à legitimidade activa, interesse em agir e eficácia subjectiva da sentença. A participação procedimental e processual dos terceiros é instrumental frente à tutela judicial efectiva, garantida pela Constituição a todos os particulares, independentemente da sua posição relativa face à Administração[6].

No entanto, a protecção dos terceiros comporta especificidades, que decorrem sobretudo da necessidade de ponderar os direitos dos terceiros não apenas com a lesão do interesse público, mas também com a situação jurídica dos destinatários da actuação administrativa. Esta ponderação, que

---

[5] V., por todos, MENEZES CORDEIRO, *Direito das obrigações*, 1.º volume, reimpressão, Lisboa, 1990, págs. 274 e seguintes.

[6] Esse direito implica, como salienta SÉRVULO CORREIA, *A efectivação processual da responsabilidade civil extracontratual da Administração por actos de gestão pública*, in *La responsabilidad patrimonial de los poderes públicos*, Madrid, 1999, pág. 286, uma protecção "omnicompreensiva", que inclua todas as situações lesivas, sem haver vazios estruturais entre os diferentes meios contenciosos, e "efectiva", na medida em que a tutela judicial tem de permitir reequilibrar a esfera jurídica do particular em termos que ela não fique, devido à lesão sofrida, mais pobre do que antes de a lesão ocorrer.

é efectuada pela Administração ou pelos Tribunais, implica, na maior parte das vezes, a preterição, pelo menos parcial, das pretensões de um particular em benefício de outro. Tal significa que, ao contrário do que acontece nas – cada vez mais escassas – relações bilaterais da Administração, nas relações jurídicas multilaterais não se opõe apenas o interesse público ao interesse de um particular, exigindo-se que o órgão decisor, administrativo ou judicial, decida em favor de um dos particulares. O princípio da protecção da confiança desempenha, por isso, um papel fundamental, podendo justificar que, em nome das expectativas legítimas de um particular, se opte por negar a pretensão de um outro particular, ainda que esta seja tutelada legalmente.

A pluralidade subjectiva de interesses que estão em causa em cada situação cria enormes dificuldades ao aplicador do Direito, que se vê confrontado com um feixe complexo de situações jurídicas, para as quais tem de obter tutela[7]. Sendo essas pretensões incompatíveis e, por isso, impossível a satisfação em espécie de todas elas, o ressarcimento pecuniário desempenha um papel fundamental enquanto forma de composição dos interesses em presença. Isto pode ocorrer especialmente no âmbito da actividade contratual da Administração, em que o conflito entre a urgência na prossecução do interesse público e as exigências decorrentes da tutela da confiança, quer do co-contratante, quer dos terceiros interessados, se coloca com particular acuidade[8].

Assim, qualquer estudo sobre a protecção dos terceiros traduz-se sempre numa ponderação dos interesses dos vários sujeitos e visa, essencialmente, definir critérios para orientar o decisor na escolha das pretensões que devem, em cada caso concreto, ser satisfeitas. Tratando-se da satisfação de interesses perante a Administração, o princípio da legalidade e da prossecução do interesse público têm de desempenhar um papel determinante nessa opção, visto que, muitas vezes, a pretensão de um particular coincide com o interesse público.

---

[7] Como realça, ao nível da tutela cautelar, RODRÍGUEZ PONTÓN, *Pluralidad de intereses en la tutela cautelar del proceso contencioso-administrativo*, Barcelona, 1999, em especial, as págs. 123 e seguintes.

[8] Neste sentido, v. FABRIZIO FRACCHIA, *L'accordo sostitutivo*, Pádua, 1998, pág. 176.

2. Em especial, a protecção dos terceiros perante os contratos da Administração Pública

A protecção dos terceiros perante a actividade contratual da Administração Pública suscita os problemas inerentes, por um lado, à problemática própria da actuação convencional da Administração e, por outro lado, os resultantes do "mito" da eficácia *inter partes* do contrato, que exclui qualquer intervenção de terceiros nesse mundo fechado.

Tradicionalmente, o conceito de terceiro perante qualquer forma de actuação convencional, administrativa ou civil, é delimitado simultaneamente pela negativa e pela positiva: são terceiros relativamente ao contrato todos aqueles que, não sendo partes no mesmo, são directamente ou indirectamente atingidos pelos seus efeitos[9]. Tipificar esses efeitos e as situações em que ocorrem é, no entanto, a grande dificuldade que se coloca ao intérprete, embora se possa mesmo dizer que é da *"...essência de todo o contrato administrativo produzir efeitos perante terceiros"*[10].

A natureza relativa dos contratos, amplamente teorizada pela doutrina civilística, começou, contudo, a abrir as primeiras "brechas" no âmbito do próprio Direito Civil, com as teorias da eficácia externa das obrigações e do "terceiro cúmplice".

No Direito Administrativo, há que ir muito mais além, uma vez que a actividade contratual da Administração está funcionalizada à prossecução do interesse público[11] e porque *"contratar é ainda administrar"*[12]. Nos contratos administrativos, a limitação dos efeitos contratuais apenas às partes afigura-se ainda mais discutível, porquanto aspectos como a escolha do co-contratante, o conteúdo do contrato e a forma como o mesmo é executado, afectam também terceiros, aos quais devem ser garantidos meios de protecção eficazes, sob pena de ser posto em causa o seu direito à tutela judicial efectiva. Não se deve, por isso, tomar como paradigma os contratos de Direito Civil, na medida em que o contrato não é um conceito de Direito Civil, mas sim uma figura geral do Direito, um "supra-conceito"

---

[9] Neste sentido, v. ENZO ROPPO, *O contrato*, Coimbra, 1988, pág. 82.

[10] Neste sentido, v. MAURICE-ANDRÉ FLAMME, *Traité théorique et pratique des marchés publics*, Tomo I, Bruxelas, 1969, pág. 453.

[11] Neste sentido, v. DANIEL CHABANOL e JEAN-PIERRE JOUGUELET, *Droits et obligations des signataires des marchés publics de travaux*, Paris, 1992, pág. 307, defendendo que os contratos da Administração nunca se podem considerar *res inter alios acta*, porque utilizam o dinheiro público e prosseguem o interesse público.

[12] A expressão é de NIL SYMCHOWICZ, *Les renonciations de la personne publique à l'application du contrat*, in AJDA, 1998, pág. 771.

(oberbegriff), pelo que *"...a medida do Direito Privado é, por princípio, equívoca e errónea para formular exclusivamente qualquer juízo de valor que se refira à realidade jurídica geral"*[13].

A primeira questão prende-se, logo à partida, com a determinação das situações em que terceiros podem ser afectados, positivamente ou negativamente, pelo contrato, nas suas várias fases, desde o procedimento pré-contratual até à sua execução. Esta é uma tarefa que suscita grandes dificuldades, como sempre acontece quando se pretende tipificar situações da vida, que são, por natureza, virtualmente ilimitadas. No caso dos contratos, a definição desses "casos-tipo" afigura-se ainda mais difícil, atendendo à enorme diversidade de contratos que a Administração pode celebrar e à sua diferente natureza e regime jurídicos. De facto, a contratação administrativa está longe de se poder considerar uma actuação uniforme, pelo menos desde que deixou de vigorar, no Direito português, um elenco taxativo de contratos administrativos e se estabeleceu, pelo contrário, um princípio geral de permissibilidade de recurso ao contrato por parte da Administração.

Além disso, existem diferentes categorias de terceiros, mais ou menos relacionados com a celebração, o conteúdo e a execução do contrato[14]. Os candidatos preteridos no procedimento de selecção do co-contratante, por exemplo, não têm uma posição substantiva e processual idêntica à dos utentes de uma concessão de serviços públicos ou dos particulares que são afectados pela execução do contrato de empreitada de obras públicas. Estas três situações típicas exigem, naturalmente, diferentes formas de tutela, quer ao nível do Direito substantivo, quer do Direito processual.

Assim, pode dizer-se que há três tipos de terceiros afectados pelos contratos:

– os que são afastados ilegalmente no procedimento pré-contratual;
– aqueles em favor dos quais o contrato é celebrado e que têm, por isso, interesse no seu cumprimento pontual;
– e, finalmente, os particulares lesados pela execução do contrato, quer seja em virtude dos danos provocados pelo execução material do mesmo, quer por serem titulares de posições jurídicas incompatíveis.

---

[13] Cfr. MARTIN-RETORTILLO BAQUER, *El Derecho civil en la genesis del Derecho administrativo y de sus instituciónes*, 2ª Edição, Madrid, 1996, pág. 54.

[14] Referindo-se a "diferentes intensidades de terceiros" relativamente ao contrato, v. JEAN-LOUIS GOUTAL, *L'arbitrage et les tiers: le droit des contrats*, in RArb, 1988, pág. 440.

Cumpre, depois, verificar se o sistema português garante, em cada uma dessas situações tipificadas, uma tutela judicial efectiva aos terceiros lesados, quer através da jurisdição administrativa, quer da jurisdição civil. Essa análise pressupõe tomar posição quanto à *"vaexata quaestio"* da distinção entre contratos administrativos e contratos privados da Administração, retirando as consequentes ilações relativamente aos meios contenciosos aplicáveis, sendo certo que os contratos da Administração, seja qual for a sua natureza, contêm sempre uma confrontação das lógicas pública e privada[15]. Alguns autores preferem mesmo a dicotomia "contratos administrativos civis" e "contratos administrativos jurídico-públicos" a contratos administrativos e contratos privados da Administração[16].

A protecção judicial dos terceiros implica também uma análise completa do contencioso dos contratos da Administração, marcada pela actual dualidade de jurisdições e pela multiplicidade de meios processuais que o integram: recurso contencioso de anulação dos actos destacáveis, recurso urgente do Decreto-Lei n.º 134/98, de 15 de Maio, e acção sobre contratos, além dos respectivos meios cautelares e executivos – a suspensão de eficácia e a execução de sentenças. E a combinação óptima entre o garantismo e a eficiência no âmbito da actividade contratual da Administração torna-se especialmente difícil por entrarem em conflito (vários) interesses públicos e privados[17].

A procura de um sistema eficaz de tutela judicial dos terceiros perante a contratação pública leva-nos, assim, a discutir questões mais amplas, tais como, a tipicidade ou atipicidade de meios processuais no contencioso administrativo e a articulação dos meios existentes, bem como o seu alargamento através dos mecanismos da cumulação e ampliação de pedidos. Neste sentido, optámos pela unificação do contencioso dos contratos da Administração em torno da jurisdição administrativa, pelo alargamento do objecto do recurso contencioso de anulação para incluir a apreciação da validade dos contratos, sem prejuízo da manutenção da acção sobre contratos, e pela flexibilização dos pressupostos processuais e das formas de processo, defendendo a possibilidade de cumular vários tipos de pedidos num único meio contencioso.

---

[15] Neste sentido, v. ANTOINETTE HASTINGS-MARCHANDIER, *Les contrats de droit privé des personnes publiques et la liberté contractuelle*, in AJDA, 1998, pág. 684.

[16] Cfr. WALTER KREBS, *Contratos y convenios entre la Administración y particulares*, in DA, n.ºs 235-236, pág. 77.

[17] Como salienta PELINO SANTORO, *I controlli sull'attività contrattuale della Pubblica Amministrazione*, Milão, 1992, pág. 109.

3. Sequência

Definido o "pano de fundo" em que se desenvolverá o nosso estudo, cumpre, agora, sumariar a sequência do mesmo, enquanto forma de orientar o leitor na sua análise. Por isso mesmo, este ponto da Introdução pretende apenas ser um "roteiro" da presente dissertação.

Na Parte I tentaremos encontrar um conceito de terceiro no Direito Administrativo. Trata-se de uma questão instrumental relativamente ao nosso tema, mas nenhum estudo sobre a protecção judicial dos terceiros estará completo sem definir previamente quem são os terceiros relativamente à actuação da Administração e quais os critérios que presidem à sua identificação em cada caso concreto.

A análise desenvolvida centrar-se-á na busca de um critério uniforme, no qual se possa basear uma definição abrangente de terceiro, que não varie em função do tipo de actividade em causa (Capítulo I). Assim, iniciaremos o estudo com as várias formas de constituição de relações jurídicas administrativas, de seguida, analisaremos o procedimento, adoptando, por fim, o conceito de relação jurídica, de acordo com uma concepção essencialmente finalística da mesma.

No Capítulo II, cuja inserção resulta da nossa convicção quanto à relativa inutilidade da figura do interesse legítimo no Direito Administrativo, procuraremos "convencer" o leitor do contributo que a matéria da contratação pública trouxe para a superação da distinção entre direitos subjectivos e interesses legítimos. Daí que, na sequência da dissertação, adoptaremos sempre a expressão "direitos" ou "posições jurídicas subjectivas" dos particulares perante a Administração.

Finalmente, no Capítulo III procede-se a uma análise geral da posição processual dos terceiros no contencioso administrativo, em torno do problema da legitimidade activa e do interesse em agir, da sua inclusão no processo administrativo enquanto partes necessárias e da eficácia das sentenças relativamente a terceiros. Esta parte não visa ainda particularizar o problema do contencioso dos contratos, mas apenas traçar as linhas gerais quanto à posição processual dos terceiros, que servirão de pressuposto a muitas das soluções adoptadas na Parte III da dissertação.

Na Parte II, dedicada à actividade contratual da Administração, não pretendemos analisar todos os aspectos dessa forma de actuação, mas antes abordar essa matéria exclusivamente da perspectiva dos terceiros. Excluímos a problemática das relações decorrentes dos contratos entre duas entidades públicas, bem como da contratação internacional da Administração.

No entanto, não podíamos deixar de tomar posição sobre a questão do dualismo entre contratos administrativos e contratos privados da Administração, matéria que condiciona todas as nossas opções subsequentes, sobretudo ao nível do contencioso contratual. Assim, o Capítulo I é dedicado à evolução da contratação pública no direito português e à definição do seu quadro actual, para, depois, com auxílio de algumas notas juscomparatísticas, defender a publicização substantiva dos contratos privados da Administração Pública. Esta opção de fundo assenta, por um lado, na funcionalização dos contratos privados da Administração à prossecução do interesse público; e, por outro lado, na crescente aproximação do regime jurídico destes contratos ao dos contratos administrativos.

No Capítulo II tentaremos determinar os efeitos lesivos decorrentes das relações contratuais da Administração Pública face a terceiros, distinguindo as fases da formação e da execução do contrato. Incluímos neste capítulo uma referência especial aos contratos substitutivos e integrativos do procedimento, uma vez que da análise efectuada no capítulo anterior resulta uma enorme dificuldade em subsumir todos os contratos a uma categoria unitária.

O estudo dos vários tipos de efeitos lesivos que os contratos da Administração podem produzir na esfera jurídica de terceiros levou-nos a concluir pela superação definitiva do princípio da eficácia *inter partes* dos contratos da Administração Pública, que é, aliás, uma das grandes conclusões que pretendemos retirar da presente dissertação.

A Parte II encerra com um capítulo sobre os actos destacáveis dos contratos da Administração Pública e as consequências da sua invalidade (Capítulo III). Trata-se de uma parte crucial do nosso estudo, uma vez que a figura dos actos destacáveis da operação contratual, entendida como sistema complexo, é uma das formas mais relevantes de protecção dos terceiros.

Assim, após uma análise do fenómeno da procedimentalização dos contratos da Administração, que considerámos comum à fase da formação e da execução dos contratos, debruçamo-nos sobre a delimitação dos actos destacáveis de cada um desses momentos.

O último ponto deste capítulo, de importância fundamental, prende-se com a questão das consequências da invalidade de um acto destacável relativamente ao contrato, que a lei resolve apenas de forma parcial e nem sempre da melhor forma.

As consequências da declaração de nulidade ou da anulação de um acto destacável colocam com grande acuidade o problema da conciliação entre a preservação da "coisa contratada" e a protecção dos terceiros. A ponderação entre estes valores deve efectuar-se à luz do princípio da legalidade, do princípio da prossecução do interesse público, do princípio da proporcionalidade e do princípio da protecção da confiança, mas não deixa de exigir um enorme esforço de conceptualização por parte da doutrina.

Na Parte III procuraremos, finalmente, avançar algumas soluções com vista a garantir uma verdadeira e completa tutela judicial efectiva dos terceiros no contencioso dos contratos da Administração Pública. Trata-se, por assim dizer, de ensaiar uma cura para a doença cujo diagnóstico foi efectuado anteriormente.

A organização interna desta Parte III é a seguinte: inicia-se com o quadro actual do contencioso dos contratos da Administração, incluindo a análise de todos os meios processuais existentes nesse âmbito (Capítulo I); prossegue com as soluções que preconizamos com vista à construção de um sistema unitário de protecção dos terceiros (Capítulo II); e termina com uma referência à efectivação da responsabilidade civil da Administração como forma de composição dos interesses em presença (Capítulo III).

De facto, tendo chegado à conclusão de que uma das principais causas do défice de protecção dos terceiros se prende com a falta de articulação entre os diversos meios processuais que integram o contencioso dos contratos da Administração, parece-nos que a solução reside na construção de um sistema unitário. Este sistema passa, em nossa opinião, por dois aspectos essenciais: a unificação de jurisdições no âmbito da actividade contratual da Administração e o alargamento do objecto do recurso contencioso de anulação, por forma a incluir a apreciação da validade dos contratos da Administração, independentemente da designação adoptada – acção ou recurso.

Qualquer das sugestões que propomos implica uma alteração relativamente profunda no contencioso administrativo português. Este é, contudo, o momento para o fazer, atendendo ao facto de estar, actualmente, em discussão na Assembleia da República a Proposta de Lei que aprova o Código de Processo nos Tribunais Administrativos (PLCPTA)[18].

Uma última palavra quanto à unificação de todo o contencioso dos contratos na jurisdição administrativa. Esta opção não constitui, em rigor, um alargamento do seu âmbito, mas apenas a concretização total do disposto no artigo 212.º, n.º 3, da CRP. Adoptamos esta solução por considerar ser a mais correcta no plano teórico e também mais eficaz como meio de assegurar uma efectiva tutela judicial dos particulares, contribuindo

---

[18] Trata-se da Proposta n.º 92/VIII, publicada no Diário da Assembleia da República n.º 76, II série-A, de 18 de Julho de 2001.

também para a homogeneização da actividade administrativa[19], sem esquecer os problemas logísticos, pessoais e financeiros que, actualmente, assolam os tribunais administrativos. Estes não podem, contudo, traduzir--se numa *capitis diminutio* da jurisdição administrativa e não devem, acima de tudo, condicionar as concepções doutrinárias.

---

[19] Prevalecemo-nos, por exemplo, dos ensinamentos de PROSPER WEIL, *O Direito Administrativo*, Coimbra, 1977, pág. 91, quando defende que *"...chegou talvez o momento de voltar a pôr em causa as próprias noções de regime de direito público e de direito privado (da Administração), dando assim ao direito administrativo uma certa homogeneidade"*.

PARTE I
A noção de terceiros no Direito Administrativo

CAPÍTULO I
Os terceiros perante as várias formas de actuação da Administração Pública

1. As formas não contratuais de constituição das relações jurídicas administrativas

O presente capítulo desta dissertação não pretende, obviamente, ser uma teoria geral das formas de actuação da Administração Pública[20], mas antes a análise da posição relativa dos terceiros perante as várias formas – contratuais e não contratuais – de actuação da Administração com vista a encontrar uma noção conceptualmente unitária de terceiro. Neste sentido, optámos por uma classificação bipartida, por referência ao conceito de relação jurídica administrativa, distinguindo as actuações administrativas em função da natureza unilateral ou contratual, aspecto que assume primordial importância quando se trata da problemática dos terceiros. Assim, entre as primeiras incluem-se o regulamento, o acto administrativo e as operações materiais; e nas segundas os contratos celebrados pela Administração Pública, independentemente da sua natureza jurídica.

Quanto à lei, apesar de, eventualmente, poder ser também um modo de constituição de relações jurídicas administrativas, não será objecto de análise autónoma, na medida em que não se trata de uma actuação administrativa.

A ordem jurídica portuguesa atribui igual relevância ao acto administrativo, ao regulamento administrativo e ao contrato administrativo[21].

---

[20] A expressão é utilizada por FREITAS DO AMARAL, *Direito Administrativo*, volume III, Lisboa, 1989, págs. 11 e 12.

[21] Neste sentido v. SÉRVULO CORREIA, *Legalidade e autonomia contratual nos contratos da Administração Pública*, Coimbra, 1987, pág. 676, e LUÍS FÁBRICA, *Contrato administrativo*, in *Procedimento administrativo*, in DJAP, volume VI, Lisboa, 1994, pág. 524. Este autor realça o facto de o CPA, à semelhança da solução adoptada no artigo 54.º da Lei de Procedimento alemã, assumir o contrato como acto final típico do procedimento administrativo, a par do regulamento e do acto administrativo.

Isto verifica-se a três níveis: todos são considerados formas típicas da Administração exteriorizar a sua vontade; correspondem a diferentes formas de terminação do procedimento administrativo; e são modos de constituição de relações jurídicas administrativas. É, aliás, por referência à noção de relação jurídica administrativa que essas formas de actuação devem ser definidas, na medida em que, independentemente das características próprias, todas são "formas através das quais é constituída, modificada, ou extinta uma relação jurídica administrativa". Esta afirmação pressupõe uma crítica implícita à lei, uma vez que o CPA parece adoptar critérios diferenciados para definir os vários tipos de actuação administrativa: o regulamento, referido nos artigos 114.º a 119.º do CPA, não é sequer objecto de uma definição legal[22]; o conceito de acto administrativo do artigo 120.º do CPA acaba por centrar-se apenas na sua natureza individual e concreta (dir-se-ia que por contraposição com o regulamento administrativo); e o contrato administrativo, esse sim, é definido no artigo 178.º, n.º 1 do CPA, como uma forma de constituição, modificação e extinção de uma relação jurídica administrativa.

Discordamos desta "dualidade de critérios", que acaba por não permitir encontrar uma definição comum às três formas de actuação administrativa. No caso do acto administrativo, o que releva para lhe atribuir natureza jurídico-pública é o facto de ser uma decisão de um órgão administrativo tomada ao abrigo de normas de Direito Público, sem que assuma qualquer importância o tipo de relação jurídica por ele constituída[23]. Por outro lado, é uma noção desajustada à Administração moderna, visto que, devido à crescente "privatização" da actuação desta, através, por exemplo, da atribuição de funções públicas a pessoas colectivas privadas, não são apenas os órgãos administrativos que praticam actos administrativos. É verdade que a definição consagrada no CPA apenas releva para efeitos de aplicação daquele Código, contudo, essa definição acaba por seguir de perto o conceito de acto administrativo mais comum na doutrina portuguesa[24].

---

[22] A razão pela qual se optou por não definir regulamento administrativo prende-se com a concepção alargada que a doutrina adopta relativamente a esta forma de actuação administrativa, na qual inclui todas as actuações que não sejam nem actos, nem contratos.

[23] A inclusão de uma referência às relações jurídicas administrativas no conceito legal de acto administrativo teria a virtualidade de caracterizar de forma típica os actos administrativos, por oposição a outros tipos de actos singulares, que, como salienta BLANCO DE MORAIS, *As leis reforçadas*, Coimbra, 1998, pág. 132, o artigo 120.º do CPA não tem a pretensão de consumir integralmente.

[24] V. FREITAS DO AMARAL, *Direito...*, *cit.*, volume III, pág. 66, que define acto

Mal se compreende, de facto, por que razão é o contrato administrativo definido em função do conceito de relação jurídica e, pelo contrário, parece negar-se idêntica natureza ao acto administrativo[25]. Tal não pode, obviamente, significar que o acto administrativo não seja um modo de constituição, modificação e extinção de relações jurídicas administrativas, embora tenha outras características distintivas, nomeadamente, a sua natureza individual e concreta, bem como a unilateralidade[26].

No que respeita às formas unilaterais de actuação da Administração, começaremos pela análise dos regulamentos administrativos como modo de constituição de relações jurídicas administrativas. FREITAS DO AMARAL define os regulamentos administrativos como *"norma jurídicas emanadas por uma autoridade administrativa no desempenho do poder administrativo"*[27]. A principal característica do regulamento é o facto de ser uma norma jurídica, tal como a lei, embora se distinga desta por vários critérios. FREITAS DO AMARAL refere o critério orgânico – a lei é emanada pelo poder político e o regulamento pelo poder administrativo – e o critério material – a lei, sendo um acto da função legislativa (primária) é inova-

---

administrativo como *"...o acto jurídico unilateral praticado por um órgão da administração no exercício do poder administrativo e que visa a produção de efeitos jurídicos sobre uma situação individual num caso concreto..."* e ROGÉRIO SOARES, *Direito Administrativo*, Coimbra, 1978, pág. 76, que adopta uma definição próxima, nos termos da qual acto administrativo é *"...uma estatuição autoritária, relativa a um caso individual, manifestada por um agente da Administração no uso de poderes de Direito Administrativo, pela qual se produzem efeitos jurídicos externos, positivos ou negativos."*

[25] M. ESTEVES DE OLIVEIRA, *Direito Administrativo*, volume I, Coimbra, 1980, pág. 390, sublinha o facto de os actos administrativos se caracterizarem pela produção de efeitos relativamente a uma *relação jurídica* concreta.

[26] Como diz SÉRVULO CORREIA, *A impugnação de actos administrativos*, in CJA, n.º 16, 1999, págs. 11 e 12, o acto administrativo é um tópico de densificação da cláusula geral do artigo 212.º, n.º 3, da CRP. É certo que podem existir actos administrativos que estabeleçam situações jurídicas não relacionais, por exemplo, que determinem a posse de um bem. Neste caso, contudo, existirão sempre terceiros contra-interessados, que são, pelo menos, obrigados a respeitar o direito do destinatário do acto. Quanto à possibilidade de haver actos administrativos que constituam relações jurídicas privadas, tal suscita-nos algumas dúvidas, à luz do critério funcional que defendemos, apesar de poder haver, obviamente, actos administrativos inseridos em relações jurídicas de direito privado, como referiremos, aliás, a propósito dos contratos privados da Administração. Sobre este aspecto, v. SÉRVULO CORREIA, *Arrendamentos do Estado. Empresa Pública de Águas de Lisboa*, in CJ, volume XVI, Tomo V, 1991, pág. 44.

[27] Cfr. FREITAS DO AMARAL, *Direito...*, cit., volume III, pág. 13. Sobre o conceito de regulamento v. MARQUES GUEDES, *O regulamento*, in BDGCI, n.º 12, 1959.

dora, enquanto o regulamento, pertencendo à função administrativa, é meramente executivo[28].

Na perspectiva da delimitação de um conceito de terceiros, a principal questão que se coloca relativamente aos regulamentos é a de saber se, enquanto normas jurídicas dotadas de generalidade e abstracção[29], podem constituir directamente relações jurídicas administrativas entre a Administração e um ou vários particulares, ou, pelo contrário, carecem de concretização através de um acto administrativo ou de qualquer outro facto com relevância jurídica (um comportamento humano ou um mero acontecimento fáctico). Esta problemática é desenvolvida por V. PEREIRA DA SILVA, que conclui pela necessidade de existir um facto concreto para a constituição da relação jurídica administrativa[30].

Pelo contrário, a doutrina alemã, por exemplo, MAURER considera que as regras gerais – leis e regulamentos – também constituem relações jurídicas administrativas, tal como os actos administrativos, os contratos e as operações materiais[31].

A complexidade da questão, que justificaria um estudo autónomo e aprofundado, não nos permite adoptar uma posição segura sobre a matéria. Dir-se-ia que a constituição em concreto de determinada relação jurídica implica sempre a existência de um facto que, por cair na previsão da norma, determina a produção de efeitos na esfera jurídica das partes. Outro entendimento implicaria uma concepção da relação jurídica administrativa como uma "relação geral de poder" entre o Estado e o cidadão, em vez de uma relação paritária entre dois sujeitos de Direito, cujo conteúdo são exactamente os direitos e deveres (ou, por outras palavras, as posições

---

[28] Cfr. FREITAS DO AMARAL, *Direito...*, cit., volume III, pág. 33. Sobre a distinção entre a função legislativa (inserida na função política) e a função administrativa do Estado, v. JORGE MIRANDA, *Manual de Direito Constitucional*, Tomo V, Coimbra, 1997, págs. 22 e seguintes.

[29] A generalidade consiste na aplicação a um número indeterminado e indeterminável de pessoas e a abstracção pela aplicação a um número indeterminado ou indeterminável de casos, ou seja, a uma pluralidade de hipóteses reais que venham a verificar-se no futuro. V., AFONSO QUEIRÓ, *Lições de Direito Administrativo*, Coimbra, 1976, volume I, pág. 410; e COUTINHO DE ABREU, *Sobre os regulamentos administrativos e o princípio da legalidade*, Coimbra, 1987, págs. 23 e 24

[30] Cfr. V. PEREIRA DA SILVA, *Em busca...*, cit., pág. 174. Na doutrina juscivilística, a incapacidade das normas gerais e abstractas para constituir relações jurídicas são um dos fundamentos para afastar a relação jurídica em prol do conceito de situação jurídica. Neste sentido, v., por todos, MENEZES CORDEIRO, *Teoria Geral do Direito Civil*, 1.º volume, 2ª Edição, Lisboa, 1990, pág. 171.

[31] Cfr. HARTMUT MAURER, *Droit Administratif allemand*, Paris, 1994, pág. 168.

activas e passivas) correlativos de cada uma das partes na relação jurídica[32]. Contudo, se o facto que preenche a previsão da norma não for um acto administrativo, mas sim uma mera circunstância fáctica ou mesmo um comportamento do particular, por o regulamento ser imediatamente exequível, então, é o regulamento que constitui a relação jurídica administrativa[33]. CHIOVENDA, por exemplo, defendia que, no âmbito do Direito Administrativo, ao contrário do Direito Privado, as normas gerais abstractas não produzem directamente efeitos jurídicos, exactamente porque é necessário um acto formal da Administração, ou seja, um acto administrativo individual e concreto[34].

Ora, nem sempre é assim: os regulamentos exequíveis por si próprios caracterizam-se exactamente pela aplicação imediata a uma determinada situação jurídica pois, sem necessidade de concretização através de um acto administrativo, produzem directamente uma lesão ou um benefício na esfera jurídica dos particulares que são abrangidos pela previsão da norma[35]. É verdade que, apesar de ser exequível por si próprio, o regula-

---

[32] É por esta razão que V. PEREIRA DA SILVA, *Em busca...*, cit., págs. 202 e 203, considera os regulamentos um limite à aplicabilidade da teoria da relação jurídica administrativa.

[33] Veja-se que MARCELLO CAETANO, *Manual de Direito Administrativo*, volume I, 10ª Edição, Coimbra, 1991 pág. 426, considera que os regulamentos constituem relações jurídicas administrativas e, apesar de entender que os actos dos particulares também são modos de constituição, modificação e extinção de relação jurídicas, acaba por dizer que tal só acontece por esses comportamentos caírem na previsão de uma determinada norma jurídica.

[34] Cfr. GIUSEPPE CHIOVENDA, *Lezioni di Diritto Amministrativo*, Milão, 1991, págs. 105 e 106.

[35] Neste sentido, v. M. ESTEVES DE OLIVEIRA, *A impugnação e anulação contenciosas de regulamentos*, in RDP (P), n.º 2, 1986, n.º 2, pág. 34 a 36. O autor define "regulamentos imediata ou directamente operativos" como aqueles em que o efeito da norma regulamentar se projecta na esfera jurídica das pessoas abrangidas na sua previsão sem dependência de actos jurídicos, nomeadamente de actos administrativos de aplicação, e apresenta como exemplo as normas que modificam o estatuto jurídico de certos funcionários ou que fixam o preço de uma mercadoria. Saliente-se que, como refere M. ESTEVES DE OLIVEIRA, a qualificação do regulamento deve cingir-se ao momento e ao modo como os respectivos efeitos ingressam na esfera jurídica dos destinatários. Quanto à determinação da natureza dos regulamentos, a doutrina tem adoptado vários critérios e a jurisprudência revela-se muito casuística. MOREIRA DA SILVA, *Da impugnação contenciosa de regulamentos administrativos*, Lisboa, 1992, inédito, págs. 309 a 311, analisando a evolução da jusrisprudência do STA, aponta os seguintes casos de regulamentos exequíveis por si próprios: regulamentos que contenham normas proibitivas dirigidas a cidadãos que se encontrem a exercer uma actividade permitida por lei; regulamentos que

mento não deixa de ser geral e, nessa medida, não estabelece uma relação concreta entre a Administração Pública e um determinado particular, mas entre aquela e todos os particulares que, num dado momento, sejam abrangidos pela norma. No entanto, para efeitos de tutela procedimental e contenciosa do particular, não se vislumbram diferenças de tomo entre as duas situações[36]. Pelo contrário, se o regulamento prescinde de qualquer tipo de acto de execução, é exactamente porque cria, por si só, uma determinada relação jurídica concreta entre a Administração Pública e cada um dos particulares abrangidos pela previsão da norma. Nem se diga que, nesse caso, estamos perante um acto geral, uma vez que estes, apesar de serem aplicáveis a um conjunto de pessoas, trata-se de pessoas determinadas ou determináveis no local, enquanto que no regulamento os destinatários da norma são definidos através de conceitos indeterminados[37]. Além disso, os regulamentos caracterizam-se por possuírem um carácter mais inovador que os actos administrativos, bem como pela sua maior permanência relativamente a estes[38]. Assim, se o regulamento for directamente aplicável, produz imediatamente efeitos na esfera jurídica do particular, pelo que deve ser possível a sua impugnação contenciosa, até porque pode não haver, na maior parte dos casos, nenhum acto formal de

---

modifiquem a situação jurídica do funcionário; e, depois, citando MAGALHÃES COLLAÇO, refere ainda os regulamentos que extingam direitos atribuídos por lei. O autor assenta a sua distinção no tipo de normas contidas no regulamento: se se tratar de normas preceptivas de concretização imediata, ou seja, claras, precisas e incondicionais, serão regulamentos imediatamente exequíveis.

[36] LUÍS FÁBRICA, *Regulamento administrativo*, in *Procedimento...*, cit., pág. 504, salienta o facto de, podendo alguns regulamentos ter uma eficácia semelhante à dos actos administrativos, produzindo efeitos imediatos, os direitos de participação procedimental dos interessados deveriam estar assegurados, tal como acontece no procedimento tendente à adopção de um acto administrativo, o que não acontece no CPA.

[37] Aderimos, assim, à distinção traçada por FREITAS DO AMARAL, *Direito...*, cit., págs. 92 a 96. V. também AFONSO QUEIRÓ, *Actos administrativos gerais*, in RLJ, Ano 93.º, 1960-1961, págs. 284 e seguintes. A distinção entre acto administrativo e regulamento é das mais fluidas no Direito Administrativo e carece ainda de densificação jurisprudencial e doutrinal. ESTEVE PARDO, *Los regulamentos de directa aplicacion en la jurisprudencia del Tribunal Supremo*, in RAP, n.º 108, 1985, pág. 230, equaciona mesmo a conveniência da criação de um *tertium genus* entre o acto (geral) e o regulamento. Para mais desenvolvimentos v. JEAN-MARIE RAINAUD, *La distinction de l'acte réglementaire et de l'acte individuel*, Paris, 1966, págs. 16 e seguintes.

[38] Neste sentido v. ALDO SANDULLI, *Sugli atti amministrativi generali a contenuto non normativo*, in FI, Ano LXXIX, volume LXXVII, 1954, págs. 219 e 220.

que recorrer[39]. Esta lesividade imediata de certos regulamentos leva muitos autores a admitir a respectiva suspensão de eficácia, tal como existe no caso de actos administrativos, nos termos dos artigos 76.º e seguintes da LPTA[40], possibilidade que, aliás, está consagrada no artigo 130.º, n.º 1, da PLCPTA[41]. De facto, se o regulamento tem uma eficácia lesiva directa, a tutela judicial efectiva constitucionalmente consagrada exige não só a possibilidade de ser impugnado contenciosamente, mas também a suspensão da eficácia, quando se verifiquem os pressupostos legais.

A lesividade dos regulamentos administrativos não é, aliás, característica exclusiva dos regulamentos imediatamente exequíveis, razão pela qual se admite em relação a todos os regulamentos a sua impugnação contenciosa, através do recurso. É certo que a legislação portuguesa distingue os regulamentos emanados da Administração central – relativamente aos quais apenas admite a declaração de ilegalidade – e os regulamentos provenientes de órgãos da Administração regional ou local ou de concessionários – casos em que já admite o recurso de anulação. Contudo, é uma dualidade sem consequências práticas, visto que da diferença de regimes não resulta qualquer diferença de natureza e os efeitos da sentença são os mesmos (cfr. o artigo 65.º, n.º 2, da LPTA).

Veja-se, inclusivamente, que, a própria declaração de ilegalidade "...*pode ser pedida por quem se encontre na situação prevista no artigo 63.º...*" (cfr. o artigo 66.º, n.º 1, da LPTA), ou seja, "...*por quem seja prejudicado pela aplicação da norma ou venha a sê-lo, previsivelmente, em momento próximo...*" (cfr. o artigo 63.º, n.º 1, da LPTA). Não parecem restar quaisquer dúvidas de que, independentemente da questão teórica quanto à constituição de relações jurídicas administrativas, a verdade é que o nosso sistema contencioso pressupõe que os regulamentos são passíveis de produção de efeitos, *v. g.* efeitos lesivos, na esfera jurídica dos particulares, daí que preveja a sua impugnação directa e imediata. E nem se diga, por isso, que se trata de um contencioso puramente objectivista[42], visto que a lei exige claramente, em termos de legitimidade activa, que o

---

[39] Como salienta Esteve Pardo, *op. cit.*, pág. 223.

[40] V. Vieira de Andrade, *A Justiça administrativa*, 2ª Edição, Coimbra, 1999, págs. 175 e 176. V. também, para maior desenvolvimento, Carla Gomes, *A suspensão jurisdicional da eficácia de regulamentos imediatamente exequíveis – breves reflexões*, separata da RJ, n.º 21, Lisboa, 1997, págs. 290 e seguintes.

[41] Sobre o regime da impugnação de normas na PLCPTA, v. Paulo Otero, *A impugnação de normas no anteprojecto de Código de processo nos Tribunais Administrativos*, in CJA, n.º 22, 2000, pág. 48.

[42] Como defende Prosper Weil, *Les conséquences...*, *cit.*, pág. 112.

particular seja detentor de uma posição jurídica substantiva afectada pela norma em causa. Esta solução parece-nos correcta, à luz da necessidade de antecipação da tutela judicial, não se exigindo ao particular que aguarde passivamente pela produção efectiva de um dano na sua esfera jurídica, actuando imediatamente contra a mera perspectiva de lesão.

Concluindo, parece-nos que os regulamentos exequíveis por si mesmos constituem relações jurídicas administrativas, porque não carecem de um acto administrativo de execução e criam um feixe de situações activas e passivas para a Administração e para os particulares abrangidos na previsão da norma[43].

Quanto aos restantes regulamentos, a relação jurídica concreta é constituída pelo acto administrativo de execução, mas tal não obsta à possibilidade de impugnação imediata da norma potencialmente lesiva, à luz da necessidade de antecipação da tutela judicial. Veja-se, por exemplo, a seguinte situação, muito comum em matéria de contratação pública: se o regulamento de abertura de um determinado concurso para adjudicação de um contrato contiver normas ilegais (por violação de princípios gerais, como o princípio da igualdade, da imparcialidade, da não discriminação ou por violar a lei) todos os potenciais concorrentes podem impugnar essas normas, apesar de ainda não terem sido formalmente excluídos do concurso. Nesta medida, as cláusulas regulamentares, incluindo as do caderno de encargos[44], podem ser considerados actos destacáveis para efeitos de impugnação contenciosa por terceiros[45], ou seja, por todos aqueles que pudessem candidatar-se à adjudicação e vêem essa possibilidade afastada devido às cláusulas do regulamento do concurso ou do respectivo caderno de encargos.

Assim, consideram-se terceiros relativamente a um regulamento administrativo os particulares que, apesar de não estarem integrados na previsão da norma, são por esta afectados, por fazerem parte da relação jurídica administrativa que a mesma constitui, modifica ou extingue.

---

[43] Assim sendo, VIEIRA DE ANDRADE, *A Justiça...*, cit., pág. 129, após constatar que o regime de impugnação de regulamentos previsto na legislação portuguesa é mais favorável do que o recurso contencioso de anulação de actos administrativos, equaciona as vantagens de se inverter a tendência de alargamento do conceito de acto em prol da noção de regulamento, apoiando-se, aliás, na definição restritiva do artigo 120.º do CPA.

[44] É amplamente maioritário na doutrina o entendimento segundo o qual o caderno de encargos assume natureza regulamentar antes da celebração do contrato, transformando-se em estipulação contratual após a celebração do mesmo. V., por todos, M. ESTEVES DE OLIVEIRA, *Direito...*, cit., pág. 683.

[45] V. ALEXANDRA LEITÃO, *A protecção dos terceiros no contencioso dos contratos da Administração Pública*, Coimbra, 1998, pág. 65.

Passemos, agora, à análise do acto administrativo, entendido tradicionalmente (até por razões estatísticas) como a "forma típica de actuação administrativa"[46]. O acto administrativo é um modo unilateral de constituição, modificação e extinção de relações jurídicas administrativas, caracterizando-se por ser individual e concreto, razão pela qual é fácil identificar o seu destinatário: é aquele cuja esfera jurídica o acto se destina a conformar e, em regra, é identificado ou identificável no próprio acto ou segundo critérios de ordem formal, relacionados com a estrutura do procedimento[47].

Trata-se, no fundo, daquelas pessoas a quem o acto directamente se refere, ou seja, se destina a beneficiar ou prejudicar, consoante o tipo de acto que esteja em causa[48]. A lei admite, assim, a existência de outros interessados que não o destinatário directo, que, de acordo com a concepção clássica do acto administrativo, era o único particular interessado no acto, sendo os restantes particulares excluídos da relação jurídica administrativa, nomeadamente, para efeitos de impugnação graciosa ou contenciosa do acto.

Esta concepção, própria da Administração agressiva do Estado liberal, afigura-se desadequada à realidade actual da Administração prestadora do Estado social ou pós-social[49]. Nesta fase, condicionada por fortes mudanças político-sociais, a Administração altera-se, quer do ponto de vista orgânico, quer funcional, devido, sobretudo, ao exponencial aumento das actividades por ela desempenhadas. Este fenómeno é, por sua vez, uma decorrência directa das tarefas constitucionalmente cometidas ao Estado ao nível da satisfação das necessidades colectivas e da garantia do bem--estar dos cidadãos[50].

Além deste gradual crescimento da actividade administrativa, assiste-se à perda de importância do acto ablativo típico, em prol dos actos favoráveis, de prestação ou fomento[51], bem como à adopção de outras for-

---

[46] Cfr., por todos, SÉRVULO CORREIA, *A impugnação...*, cit., pág. 12.

[47] Neste sentido, v. SÉRVULO CORREIA, Prefácio..., pág. XIII.

[48] Em sentido muito próximo, v. FRANCESO PUGLIESE, *Le ragioni del controinteressato nell'evoluzione della tutela cautelare*, in DPA, Ano VI, 1988, pág. 410.

[49] Quanto à caracterização deste modelo de Estado, v. V. PEREIRA DA SILVA, *Em busca...*, cit., págs. 122 e seguintes. V. também M. ESTEVES DE OLIVEIRA, *Direito...*, cit., págs. 30 e seguintes.

[50] A noção de "Estado de bem-estar" foi desenvolvida por PAULO OTERO, *O Poder de substituição*, volume II, Lisboa, 1995, págs. 586 e seguintes, com referência directa ao artigo 9.º da CRP.

[51] Cfr. SÁNCHEZ MORÓN, *La apertura del procedimiento administrativo a la nego-*

mas de actuação: actos ou decisões gerais (não só regulamentos, mas também planos, directivas, e outros)[52]; medidas individuais que, apesar de terem um destinatário, afectam uma pluralidade de outros sujeitos; contratos e actuações concertadas de diversa natureza; e, inclusivamente, formas de actuação jurídico-privadas[53]. Perante este tipo de decisões da Administração, o esquema clássico assente no acto administrativo, enquanto realidade estática e temporalmente cristalizada, entra em crise, por não permitir abranger todo o conjunto de terceiros que, não sendo destinatários da decisão administrativa, são por esta afectados de forma reflexa e possuem, regra geral, interesses contrários aos dos destinatários.

Ora, sendo toda a dogmática do acto administrativo desenvolvida em função da sua impugnação contenciosa[54], a verificação de que a tutela judicial dos particulares não se obtém através da impugnação desses actos, implica – no plano substantivo – o repensar da própria teoria do acto

---

ciacion con los ciudadanos, in *La apertura del procedimiento a la negociacion con los ciudadanos en la Ley 30/1992 de regimen juridico de las Administraciones publicas y del procedimiento administrativo comun*, Pamplona, 1995, págs. 10 e 11.

[52] V. PEREIRA DA SILVA, *Em busca...*, *cit.*, pág. 128, menciona exactamente o plano ou as decisões-plano como as formas de actuação típica da Administração conformadora ou de "infra-estruturas". GARRIDO FALLA, *Tratado de Derecho Administrativo*, 10ª Edição, volume II, Madrid, 1992, págs. 299 e seguintes, refere-se, a este propósito, à "Administração de fomento"

[53] Sobre a actividade privada da Administração Pública, v. MARIA JOÃO ESTORNINHO, *A Fuga para o Direito Privado*, Coimbra, 1986; SEBASTIÁN MARTÍN-RETORTILLO, *Reflexiones sobre la "huida" del Derecho Administrativo*, in RAP, n.º 140, 1996, págs. 25 e seguintes; e SILVIA DEL SAZ CORDERO, *La huida del Derecho Administrativo: ultimas manifestaciones. Aplausos y criticas*, in RAP, n.º 133, 1994, págs. 57 e seguintes. V. também BORRAJO INIESTA, *El intento de huir del Derecho Administrativo*, in REDA, n.º 78, 1993, págs. 233 e EVA DESDENTADO DAROCA, *La crisis de identidad del Derecho Administrativo: privatización, huida de la regulación pública y Administraciones independientes*, Valencia, 1999, em especial as págs. 87 e seguintes. É matéria a que voltaremos a propósito dos contratos da Administração Pública.

[54] Aspecto salientado por JOÃO CAUPERS, *Direito Administrativo*, 3ª Edição, Lisboa, 1998, pág. 127. O autor entende que, tendo o recurso contencioso nascido da necessidade de se conciliar o princípio da separação de poderes com o controlo da actividade administrativa pública, ele desenvolveu-se em torno de três conceitos básicos: o conceito de acto administrativo, o de tribunal administrativo e o de recurso contencioso, sendo que o primeiro é *"...uma espécie de criação jurídica de um "alvo" em direcção ao qual se vai orientar a garantia contenciosa..."*. Para uma perspectiva histórica das implicações do princípio da separação de poderes no controlo judicial da actividade da Administração, v. ROGÉRIO SOARES, *Administração Pública e controlo judicial*, in RBDC, n.º 15, 1993, págs. 59 e seguintes.

administrativo e acarreta – no plano processual – uma profunda crise dos meios processuais de mera anulação. Como refere NIGRO, esta crise passa pela transformação do objecto do processo, substituindo-se o acto pela relação jurídica administrativa; pelo aumento do poder cognitivo do juiz e do conteúdo impositivo e preceptivo da sentença; pela diversificação do processo judicial, sobretudo no âmbito da tutela cautelar e da execução de sentenças[55].

A doutrina desenvolveu duas vias para tutelar os terceiros: a procedimentalização das actuações administrativas; e o alargamento da legitimidade activa para impugnação dos actos administrativos, quer através da adopção do conceito de relação jurídica administrativa, quer pela reafirmação da natureza objectivista do contencioso administrativo.

Quanto à primeira, defendida sobretudo pela doutrina italiana[56], traduz-se na sujeição de qualquer decisão administrativa a um procedimento prévio, no qual é assegurada a participação de todos os interessados que sejam previsivelmente afectados pela decisão em causa. Esta participação visa alcançar dois objectivos: garantir, através da participação procedimental, a tutela (pelo menos graciosa) dos terceiros; e melhorar a prossecução do interesse público, visto que o órgão administrativo tem, dessa forma, conhecimento integral de todos os interesses em conflito. O procedimento torna-se, assim, uma das formas de identificação e delimitação dos terceiros afectados por determinado acto administrativo, razão pela qual a participação procedimental se assume como título de legitimação processual.

A segunda via prende-se com o alargamento da legitimidade activa aos terceiros afectados, alcançado através do conceito de relação jurídica administrativa. Trata-se de um conceito omnicompreensivo da realidade do Direito Administrativo, que permite integrar os terceiros na relação trilateral ou multilateral.

Finalmente, cumpre referir as operações materiais da Administração como forma unilateral de constituição de relações jurídicas administrativas. Nesta perspectiva, interessam-nos sobretudo duas questões: em primeiro lugar, a noção de operação material e a sua autonomia perante as

---

[55] Cfr. MARIO NIGRO, *Giustizia amministrativa*, 4ª Edição, Bolonha, 1994, págs. 235 e seguintes.

[56] V., por todos, v. PAOLO DURET, *Partecipazione procedimentale e legittimazione processuale*, Turim, 1996. A doutrina italiana sobre a matéria é muito abundante, pelo que referiremos outras indicações bibliográficas na secção dedicada ao procedimento administrativo.

actuações jurídicas; em segundo lugar, os problemas específicos da identificação e colocação dos terceiros perante as operações materiais da Administração. A primeira questão é prejudicial relativamente à segunda, pelo que uma resposta negativa quanto à autonomia das operações materiais face ao acto administrativo implica inevitavelmente o afastamento de quaisquer especificidades ao nível do conceito de terceiros.

A grande dificuldade em encontrar um conceito de operações materiais da Administração deve-se sobretudo à enorme diversidade destas operações, tornando virtualmente impossível a sua tipificação ou recondução a categorias unitárias. Por outro lado, a subalternização das actuações materiais relativamente aos actos jurídicos e, especialmente, aos actos administrativos, sempre desviou a atenção da doutrina para outras áreas do Direito Administrativo[57]. Outra razão que contribuiu para este desinteresse doutrinário foi, na nossa opinião, o facto de o controlo judicial das operações materiais ter sido remetido para a Jurisdição comum[58], ou, independentemente da competência jurisdicional, não se vislumbrarem dificuldades ao nível da tutela judicial perante estas actuações, uma vez que a sua ilegalidade implica sempre a falta de produção de quaisquer efeitos na esfera jurídica do particular[59]. Ora, sendo o contencioso o "berço" do Direito Administrativo, a irrelevância das operações materiais ao nível do contencioso teve como inelutável consequência o seu apagamento no plano substantivo. Vejamos em que medida tal pode constituir um óbice à autonomia dogmática da figura.

As operações materiais são comportamentos juridicamente relevantes da Administração, embora não produzam efeitos jurídicos no caso

---

[57] As causas para o tendencial "esquecimento" a que são votadas as operações materiais da Administração Pública são desenvolvidas por CARLA GOMES, *Contributo para o estudo das operações materiais da Administração Pública e do seu controlo jurisdicional*, Coimbra, 1999, págs. 232 e seguintes.

[58] É o que acontece em França, onde a *"voie de fait"* já não faz parte da actuação administrativa, pelo que é da competência dos Tribunais comuns, que podem proferir injunções contra a Administração, arbitrar uma indemnização ao particular ou decretar qualquer tipo de providência cautelar. RENÉ CHAPUS, *Droit administratif géneral*, Tomo 1, 7ª Edição, Paris, 1993, págs. 692 e 693, refere-se a estas actuações como estando *"dénaturée"*, e não fazendo, por isso, parte integrante da acção administrativa. A mesma expressão é utilizada por GEORGES VEDEL e PIERRE DELVOLVÉ, *Droit Administratif*, 10ª Edição, Paris, 1988, pág. 155.

[59] Esta é a situação em Itália. V., por todos, ALDO SANDULLI, *Manuale di Diritto Amministrativo*, volume 1, 15ª Edição, Nápoles, 1989, pág. 598.

concreto[60]. CARLA GOMES considera mesmo que a primeira nota característica das operações materiais é a sua *"...exclusiva vocação para a produção de efeitos de facto"*[61]. É que os actos materiais da Administração surgem sempre em execução de um procedimento, de um regulamento ou de um acto administrativo anterior, sendo estes as actuações que produzem efeitos jurídicos. Pelo contrário, as operações materiais só assumirão relevância jurídica autónoma em situações "patológicas", ou seja, quando excedam os limites da actuação jurídica que pretendam executar e, por isso, provoquem uma lesão na esfera jurídica do particular para a qual o ordenamento jurídico tem de assegurar o respectivo ressarcimento, *v. g.* através da via judicial. É por esta razão que a doutrina maioritária reconduz as actuações materiais ao problema da execução dos actos administrativos, remetendo a tutela judicial para o contencioso respectivo, excepto quando, por se excederem os limites da actuação exequenda[62], haja que reagir directamente contra a operação material de execução[63].

Neste sentido, cumpre, na linha de raciocínio que temos vindo a desenvolver, verificar se as operações materiais constituem relações jurídicas administrativas. A análise não pode ser unitária, atendendo à diversidade das acções administrativas que se incluem no conceito amplo de operações materiais[64]. No caso das operações que têm como "base habilitante"[65] regulamentos administrativos, actos administrativos e (porque não?) contratos administrativos, parece-nos que são estes que constituem a relação jurídica e não a operação material, que assume uma natureza

---

[60] A principal distinção entre actos administrativos e operações materiais reside exactamente no facto de o primeiro produzir efeitos jurídicos no caso concreto, como realça MARCELLO CAETANO, *Manual...*, *cit.*, volume I, pág. 435. No mesmo sentido, v. ROGÉRIO SOARES, *Direito...*, *cit.*, págs. 49 e 50.

[61] Cfr. CARLA GOMES, *Contributo...*, *cit.*, pág. 233. No mesmo sentido v. GONZÁLEZ-VARAS IBÁÑEZ, *El Derecho Administrativo privado*, Madrid, 1996, pág. 659.

[62] A doutrina tipifica duas situações: manifesta ilegalidade da actuação exequenda ou ilegalidade intrínseca da operação de execução. V., por todos, RENÉ CHAPUS, *Droit Administratif...*, *cit.*, pág. 692 e seguintes; GEORGES VEDEL e PIERRE DELVOLVÉ, *op. cit.*, págs. 152 a 154; e GARCÍA DE ENTERRÍA e TOMÁS-RAMÓN FERNÁNDEZ, *Curso de Derecho Administrativo*, volume I, 8ª Edição, Madrid, 1997, págs. 797 e 798. Esta distinção parece ter também suporte legal em Portugal, no artigo 151.º do CPA.

[63] Contra a tendencial identificação das duas figuras parece pronunciar-se CARLA GOMES, *Contributo...*, *cit.*, págs. 32 e seguintes.

[64] Adoptamos o conceito elaborado por CARLA GOMES, *Contributo...*, *cit.*, pág. 252, com as pequenas particularidades que em seguida referiremos.

[65] A expressão é de CARLA GOMES, *Contributo...*, *cit.*, págs. 244 e 245.

exclusivamente executiva. Pelo contrário, quando a operação material assenta directamente numa previsão normativa que não tenha sido emanada no exercício da função administrativa (lei constitucional ou ordinária e regulamento comunitário), é a própria operação material que constitui a relação jurídica administrativa, na medida em que concretiza relativamente a um determinado sujeito os comandos da norma legal[66].

Assim, se uma operação material do primeiro tipo se revelar lesiva dos direitos de um particular, este deve reagir contenciosamente contra a actuação jurídica que constitui a respectiva base habilitante, ou, no caso de a execução exceder o acto exequendo, contra a execução, através da acção de responsabilidade extracontratual e da acção para reconhecimento de direitos, para além das providências cautelares existentes quer no contencioso administrativo, quer no processo civil. Pelo contrário, se se tratar de uma operação do segundo tipo, a reacção deve dirigir-se directamente contra a própria operação material, através dos meios processuais acima referidos[67].

Quanto às actuações informais da Administração, que não se confundem com as operações materiais, quer devido ao facto de produzirem efeitos jurídicos, quer por não terem natureza meramente executiva, hão--de reconduzir-se ou a actos administrativos, se forem unilaterais, ou a contratos administrativos, se se tratar de acordos bilaterais, assumidos, por exemplo, no âmbito da terminação convencional de um procedimento administrativo[68].

Parece-nos que ambas as figuras – operações materiais e actuações informais – devem integrar-se no âmbito do Direito Administrativo, na medida em que constituem, modificam ou extinguem relações jurídicas administrativas, definidas de acordo com um critério essencialmente funcional ou material, que desenvolveremos no § 4. A concepção adoptada em Portugal é a inclusão das operações materiais no âmbito do Direito Administrativo[69], embora tal não seja a solução francesa, nem espanhola.

---

[66] As razões pelas quais distinguimos as normas emanadas no exercício da função administrativa (os regulamentos) das restantes normas resultam da concepção defendida *supra* quanto aos regulamentos administrativos.

[67] Não nos debruçaremos especificamente sobre o problema da tutela contenciosa perante as operações materiais da Administração. Sobre esta matéria v., por todos, CARLA GOMES, *Contributo...*, *cit.*, págs. 295 e seguintes. A autora considera que existe um défice de protecçíco judicial face às operações materiais, preconizando como solução o reforço da tutela cautelar.

[68] Cfr. *infra* o § 2 do presente capítulo.

[69] V., por todos, MARCELLO CAETANO, *Manual...*, *cit.*, volume I, pág. 435, embora

Em Espanha, curiosamente, entende-se que, quando actua em "via de facto", a Administração age como qualquer particular, pelo que o lesado pode escolher entre o recurso aos tribunais comuns ou aos tribunais administrativos[70].

Cumpre, finalmente, fazer uma referência à posição dos terceiros perante as operações materiais da Administração. No caso das operações que não têm autonomia relativamente ao respectivo acto jurídico habilitante não há especificidades quanto à determinação dos terceiros. De facto, essa questão será resolvida em função do critério que se adopte para esses mesmos actos. Contudo, se a operação de execução exceder os limites do acto exequendo, a tutela dos terceiros será obtida através dos mesmos meios processuais de que pode lançar mão o destinatário. Pode acontecer, inclusivamente, que a ilegalidade do acto de execução resulte do erro material na identificação do destinatário do acto jurídico, *v.g.* do acto administrativo. Nestas situações, tal como nos casos em que as operações materiais constituem relações jurídicas administrativas, a sua integração na teoria da relação jurídica administrativa implica que seja por referência a este conceito que se identifica o universo de terceiros afectados. Tanto mais que as operações materiais revelam, quanto a este problema, os mesmos limites e dificuldades que antes se assacaram aos actos administrativos.

2. As formas contratuais de constituição das relações jurídicas administrativas: breve referência à dualidade entre contratos administrativos e contratos privados da Administração Pública

Na sequência da classificação bipartida que adoptámos quanto às actuações administrativas, cumpre agora analisar as formas contratuais de constituição das relações jurídicas administrativas. Esta primeira abordagem à matéria da contratualização da actividade administrativa prende-se essencialmente com o papel dos contratos como fonte de relações jurídicas administrativas, assente na solução actualmente adoptada na ordem jurídica portuguesa, ou seja, a dualidade entre contratos administrativos e contratos privados da Administração.

---

sem desenvolver e sem adoptar o mesmo critério, e CARLA GOMES, *Contributo...*, *cit.*, págs. 267 e seguintes, referindo-se também a um conceito funcional de relação jurídica administrativa.

[70] Cfr. GARCÍA DE ENTERRÍA e TOMÁS-RAMÓN FERNÁNDEZ, *Curso...*, *cit.*, págs. 799 e 800.

As considerações aqui tecidas visam apenas determinar em que medida o conceito de terceiro varia quando se trata de relações jurídicas constituídas através de contrato. O problema das actuações informais do tipo consensual e da terminação convencional do procedimento serão também referidas, embora apenas da perspectiva da sua (eventual) relevância autónoma como modo de constituição de relações jurídicas administrativas.

Após algumas resistências à admissibilidade de contratualização da actividade administrativa, sobretudo na doutrina alemã[71], o recurso à técnica contratual por parte das entidades administrativas generalizou-se na maioria dos Estados europeus, incluindo a própria Alemanha. RAMON PARADA refere mesmo, a este propósito, que se verifica hoje em dia uma utilização *"ad nauseam"* da técnica contratual, como se a Administração se "envergonhasse" da sua condição de poder público e carecesse do consenso do particular para o exercício de todas as suas funções[72].

Actualmente, a celebração de contratos entre a Administração Pública e os particulares tornou-se uma forma típica de actuação administrativa, a par do regulamento e do acto administrativo. Efectivamente, o artigo 179.º do CPA veio introduzir uma norma de permissibilidade geral de recurso à via contratual, sem que para tal seja necessária a existência de uma norma habilitante específica[73]. Contudo, e apesar da importância da consagração legal de tal regra, concordamos com SÉRVULO CORREIA quando defendia, ainda antes da elaboração daquele diploma, que na ordem jurídica portuguesa já vigorava o *princípio geral da permissibilidade do recurso à forma jurídica do contrato administrativo*[74].

---

[71] Entre outros, pronunciaram-se contra a admissibilidade da figura do contrato administrativo OTTO MAYER e FORSTHOFF, como refere REINHARD HENDLER, *Convenio jurídico-público y contrato público en la Republica Federal de Alemania*, in Contratación Pública, I, Madrid, 1996, págs. 125 e 126. V. também CASALTA NABAIS, *Contratos fiscais*, Coimbra, 1994, págs. 17 e seguintes, e SEBASTIAN MARTÍN-RETORTILLO, *Institucion contractual en el Derecho Administrativo*, in Studi in memoria di Guido Zanobini, Milão, 1965, págs. 224 e seguintes. Estes autores refutam os argumentos da doutrina alemã, defendendo mesmo que é a própria noção de Estado de Direito que permite que a Administração Pública se obrigue contratualmente.

[72] Cfr. RAMON PARADA, *Derecho Administrativo*, volume I, 8ª Edição, Madrid, 1996, pág. 269. No mesmo sentido, WALTER KREBS, *op. cit.*, pág. 59, refere que o contrato administrativo "está na moda".

[73] CASALTA NABAIS, *op. cit.*, pág. 56, realça que a opção entre o acto e o contrato acaba por ser mais jurídica do que real, na medida em que a intervenção da Administração Pública em domínios como o económico e o social dificilmente se pode efectuar através de meios unilaterais e autoritários, restando apenas a utilização da via contratual.

[74] Cfr. SÉRVULO CORREIA, *Legalidade...*, *cit.*, pág. 676.

Esta evolução, no sentido da crescente contratualização da actividade administrativa começou a sentir-se no Estado Social de Direito[75], devido à multiplicação das tarefas do Estado, ao aumento e diversificação das actividade desempenhadas pela Administração prestadora e pela tendencial preferência dos órgãos administrativos por formas de actuação consensuais, que, por implicarem a participação activa dos particulares, contribuem para a legitimação e aceitação das medidas adoptadas[76], bem como para a redução da litigiosidade[77].

No Estado Social de Direito, o "Estado contratante" sucedeu ao "Estado gestor"[78], privilegiando-se a delegação de tarefas nos particulares através da celebração de contratos em detrimento da exploração e gestão directa dos serviços públicos[79]. Assim, o papel da actividade contratual da Administração tem-se desenvolvido não apenas no âmbito das relações bilaterais, mas também multilaterais, para a realização de tarefas macro-administrativas[80].

Da análise da evolução histórica da contratação pública na ordem jurídica nacional, que não cumpre aqui efectuar[81], facilmente se conclui que a autonomização da figura do contrato administrativo esteve sempre ligada à delimitação da competência dos tribunais administrativos[82]. MAR-

---

[75] Sobre as causas do crescente recurso à via contratual por parte da Administração, v. MARIA JOÃO ESTORNINHO, *Contratos da Administração Pública (esboço de autonomização curricular)*, Coimbra, 1999, págs. 42 a 54 e MARIA DA GLÓRIA GARCIA, *Direito Administrativo*, policopiado, UCP, 1997/1998, págs. 33 e 34.

[76] Estes são os dois aspectos apontados por ANDRÉ DE LAUBADÈRE, *Administration et contrat*, in *Pages de Doctrine*, 1980, pág. 240, para justificar o gradual aumento do recurso à via contratual por parte da Administração. V. também, no mesmo sentido, MARIA JOÃO ESTORNINHO, *Princípio da legalidade e contratos da Administração*, in BMJ, n.º 368, 1987, pág. 81.

[77] Em sentido diferente, v. HUERGO LORA, *Los contratos sobre los actos y las potestades administrativas*, Madrid, 1998, pág. 89. Para o autor, defender que a celebração de contratos entre a Administração e os particulares é um factor que reduz a litigiosidade é ignorar que todo o Direito Privado contratual se ocupa dos conflitos jurídicos a que dão azo os contratos civis.

[78] As expressões são referidas por EVA DESDENTADO DAROCA, *La crisis...*, cit., págs. 159 a 161.

[79] Cfr. PAULO OTERO, *O Poder...*, cit., volume I, págs. 57 e 58, referindo-se ao exercício privado de funções administrativas.

[80] Neste sentido, v. WALTER KREBS, *op. cit.*, pág. 57, embora o autor adopte o conceito de relações "poligonais" ou "multipolares".

[81] V. *infra* a Parte II da presente dissertação.

[82] Como resulta claramente da evolução traçada por SÉRVULO CORREIA, *Contrato*

CELLO CAETANO considerava mesmo que a sujeição ao contencioso administrativo é um indicador inilidível e imprescindível da natureza administrativa do contrato. Daí que este elemento constasse da definição adoptada pelo autor para delimitar esta figura[83]. Não nos parece de acolher tal teoria, visto que, logicamente, não é da competência da Jurisdição administrativa para julgar os litígios decorrentes de certos contratos celebrados pela Administração que resulta a natureza administrativa destes contratos; pelo contrário, é da natureza administrativa dos mesmos que decorre a sujeição aos tribunais administrativos[84]. É o aspecto substantivo que determina o aspecto contencioso e não o inverso. Esta tese parece implicitamente consagrada no artigo 9.º do ETAF, que define contrato administrativo como *"o acordo de vontades pelo qual é constituída, modificada ou extinta uma relação jurídica de Direito Administrativo"*, conceito retomado no artigo 178.º, n.º 1, do CPA.

A lei acaba, assim, por adoptar um conceito assente na noção de relação jurídica administrativa, implicando, por isso, que, na qualificação de cada contrato, se atenda, em primeiro lugar, aos efeitos por este criados por vontade das partes e às normas aplicáveis aos mesmos. SÉRVULO CORREIA conclui que estamos perante um critério essencialmente estatutário, sendo absolutamente necessária a presença de um contratante que actue como Administração, inserido num sistema orgânico ao qual corresponda um regime jurídico privativo (neste sentido, são administrativos os con-

---

administrativo, in DJAP, volume III, Lisboa, 1990, págs. 64 e seguintes. Esta característica é, aliás, comum a todas as ordens jurídicas de matriz francesa. V., por todos, GEORGES VEDEL e PIERRE DELVOLVÉ, *op. cit.*, pág. 331 e GARCÍA DE ENTERRÍA e TOMÁS-RAMÓN FERNÁNDEZ, *Curso..., cit.*, volume I, pág. 675, que chegam mesmo a considerar que *"...a distinção entre contratos administrativos e contratos privados começa por ser uma distinção que joga apenas no plano processual e que carece de toda a transcendência no plano material ou substantivo."*

[83] A definição de contrato administrativa elaborada por MARCELLO CAETANO, *Manual..., cit.*, volume I, pág. 588, é a seguinte: *"contrato celebrado entre a Administração e outra pessoa com o objecto de associar esta por certo período ao desempenho regular de alguma atribuição administrativa, mediante prestação de coisas ou de serviços, a retribuir pela forma que for estipulada, e ficando reservado aos tribunais administrativos o conhecimento das contestações, entre as partes, relativas à validade, interpretação e execução das suas cláusulas."*

[84] Em sentido próximo, v. SÉRVULO CORREIA, *Contrato..., cit.*, págs. 66 e seguintes, quando considera que a sujeição ao contencioso administrativo não é elemento essencial na definição do contrato administrativo por natureza.

tratos celebrados entre entidades privadas, desde que uma delas possa praticar actos administrativos)[85].

Não cabe no âmbito da presente dissertação proceder a um estudo sistemático dos vários critérios avançados pela doutrina para distinguir os contratos administrativos dos contratos privados da Administração. Diga--se apenas que podem distinguir-se, com MARIA JOÃO ESTORNINHO, critérios substantivos (relativos aos sujeitos, ao fim e ao objecto) e critérios formais (o regime jurídico e a jurisdição competente)[86]. Contudo, a definição legal do artigo 9.º do ETAF e do artigo 178.º, n.º 1, do CPA – com a qual, aliás, concordamos – desvia o epicentro da discussão quanto à natureza dos contratos celebrados pela Administração dos critérios relativos ao próprio contrato para aqueles que se referem à relação jurídica. Ou seja, os contratos são administrativos ou privados em função da natureza, administrativa ou privada, da relação jurídica por eles constituída, modificada ou extinta[87].

Assim, a adopção de um conceito essencialmente material de relação jurídica administrativa, em função da prossecução de um fim de interesse público, implica a rejeição dos critérios tradicionais: da natureza jurídica das partes; do serviço público; das cláusulas exorbitantes; ou da jurisdição competente. O elemento determinante para qualificação do contrato seria, tal como no que respeita à relação jurídica administrativa, o critério funcional, isto é, a prossecução do interesse público através da celebração de um contrato entre a Administração e o particular. Resta saber se da adopção deste critério resulta o eventual abandono da própria distinção entre contratos administrativos e contratos privados da Administração, visto que

---

[85] Cfr. SÉRVULO CORREIA, *Legalidade...*, *cit.*, págs. 397 e seguintes e pág. 414. Refira-se, contudo, que este critério estatutário pode, em certa medida, ser posto em causa pela crescente privatização da Administração Pública, mesmo ao nível da organização administrativa. Por outro lado, a definição excessivamente restritiva de acto administrativo constante do artigo 120.º do CPA, que apenas considera como tal os actos praticados por órgãos da Administração, dificulta a construção de um critério estatutário que inclua, além da Administração Pública, pessoas colectivas privadas dotadas de poderes de autoridade.

[86] Cfr MARIA JOÃO ESTORNINHO, *Requiem pelo contrato administrativo*, Coimbra, 1990, págs. 75 e seguintes.

[87] FREITAS DO AMARAL, *Direito...*, *cit.*, volume III, págs. 437 e 438, acaba por chegar à mesma conclusão, remetendo a discussão quanto à natureza dos contratos celebrados pela Administração para o problema da definição de relação jurídica administrativa. Este aspecto foi criticado por MARQUES GUEDES, *Os contratos administrativos*, in RFDUL, volume XXXII, 1991, pág. 24, atendendo à extrema dificuldade em definir o conceito de relação jurídica administrativa.

toda a actividade administrativa tem como fim último a prossecução, mediata ou imediata, do interesse público[88].

Nesta fase, diga-se apenas que, independentemente da posição adoptada quanto à natureza dos contratos ditos privados da Administração, estes nunca podem ter um regime jurídico igual ao dos contratos celebrados entre particulares, por três razões essenciais, que desenvolveremos oportunamente:

– primeiro, porque a Administração Pública está sempre sujeita a vinculações jurídico-públicas, mesmo quando actua sob a forma privada[89];
– segundo, porque a celebração de qualquer contrato por parte da Administração tem de ser precedida por uma fase procedimental que condiciona a validade e conteúdo do contrato[90];
– terceiro, porque todos os contratos estão adstritos à prossecução do interesse público.

Assim, a principal diferença ao nível do regime jurídico aplicável acaba por ser a opção legal pela separação de jurisdições, atribuindo competência aos tribunais civis para apreciar os litígios emergentes dos contratos privados da Administração. Por isso, o Direito Administrativo não

---

[88] Cfr. o artigo 266.º da CRP. V. FREITAS DO AMARAL, *Direito...*, cit., volume II, págs. 35 a 39. O autor refere que, em qualquer caso, a prossecução de interesses privados em vez do interesse público por qualquer entidade administrativa constitui corrupção. V. também SÉRVULO CORREIA, *Os princípios constitucionais*, in *Estudos sobre a Constituição*, 3.º volume, Lisboa, 1979, pág. 662. Este autor retomou a questão, debruçando-se sobre a possibilidade de a Administração actuar no âmbito da autonomia privada para prossecução do interesse público – cfr. SÉRVULO CORREIA, *Legalidade...*, cit., pás. 528 e 529. Também MARIA JOÃO ESTORNINHO, *A fuga...*, cit., pág. 167, defende a subordinação de toda a actuação administrativa – pública ou privada – ao princípio da prossecução do interesse público.

[89] Sobre esta problemática v. MARIA JOÃO ESTORNINHO, *A fuga...*, cit., págs. 167 e seguintes.

[90] Cfr. SÉRVULO CORREIA, *Legalidade...*, cit., págs. 500 e seguintes. V. também MARIA JOÃO ESTORNINHO, *A fuga...*, cit., págs. 244 e seguintes, referindo-se à existência de uma "zona comum de contratação administrativa". Esta necessidade é salientada de forma premente por SEBASTIÁN MARTÍN-RETORTILLO, *Reflexiones sobre la "huida" del Derecho administrativo*, in RAP, n.º 140, 1996, pág. 37, uma vez que o autor considera que o objectivo da utilização crescente do Direito Privado por parte da Administração não é aumentar a eficácia da actuação administrativa, mas sim a desvinculação das leis administrativas.

pode passar ao lado destes contratos, razão pela qual analisaremos também a problemática da protecção dos terceiros perante esse tipo de actuação contratual.

A recondução dos contratos da Administração ao conceito de relação jurídica administrativa não suscita quaisquer dúvidas, pois resulta da opção do legislador. Do mesmo modo, os contratos privados celebrados pela Administração podem também ser analisados por referência ao conceito de relação jurídica (pública ou privada), bem como a posição dos terceiros perante esse tipo de actuações administrativas.

Do artigo 405.º do CC resulta a liberdade contratual das partes no âmbito da sua autonomia privada e, consequentemente, sendo o contrato "lei entre as partes"[91], o artigo 406.º do CC limita a sua eficácia às mesmas, só produzindo efeitos relativamente a terceiros nos casos e nos termos especialmente previstos na lei.

Estes preceitos têm duas consequências fundamentais: a livre auto--vinculação das partes no âmbito da sua autonomia pública ou privada; e a (aparente) exclusão dos terceiros daquilo que poderíamos denominar como "o mundo do contrato". Nenhuma daquelas regras é, contudo, aplicável sem adaptações aos contratos celebrados pela Administração.

Quanto à liberdade de auto-vinculação das partes, ou seja, a capacidade de celebrar negócios jurídicos e estipular o seu conteúdo, a Administração sofre inúmeras limitações, decorrentes exactamente da sua natureza pública e das (hetero)vinculações jurídicas daí decorrentes. De facto, se é verdade que vigora actualmente no ordenamento jurídico português, como na maioria dos ordenamentos estrangeiros, um princípio de permissibilidade genérica de recurso à figura do contrato, essa permissibilidade conhece as mesmas limitações a que está adstrita a Administração quando actua unilateralmente. Por outras palavras: o que é vedado à Administração obter através da prática de um acto unilateral, também lhe é vedado obter pela via contratual.

Os limites à autonomia negocial da Administração, reflectem-se a vários níveis: liberdade ou vinculação na opção pela via contratual; escolha do co-contratante; determinação do conteúdo do contrato; exercício

---

[91] Como realçam GEORGES VEDEL e PIERRE DELVOLVÉ, *op. cit.*, pág. 350 e JEAN--MARIE RAINAUD, *Le contrat administratif: volonté des parties ou loi de service public?*, in RDPSP, n.º 5, 1985, em especial as págs. 1189 e seguintes, esta expressão não se aplica *ipsis verbis* aos contratos administrativos: primeiro, porque há muitos terceiros afectados; segundo, porque a Administração possui prerrogativas de autoridade que lhe permitem introduzir alterações ao contrato, mesmo quando estas não sejam desejadas pelo co-contratante particular.

das prerrogativas de autoridade e cumprimento do contrato[92]. A extensão e intensidade destes limites pode variar em função de a actuação contratual se inserir no exercício de poderes vinculados ou na margem de livre decisão da Administração e em função da natureza do contrato. Como refere STEFANO CIVITARESE, o ordenamento jurídico da Administração Pública é um espaço dominado pela "dinâmica da necessidade" e não pelo princípio da liberdade, ao contrário do que acontece no âmbito da autonomia privada[93].

Quanto ao segundo aspecto, o "dogma" da relatividade das relações contratuais está ultrapassado, quer no Direito Privado, quer, por maioria de razão, no Direito Administrativo. Como diz DREYFUS, a relatividade do contrato é um princípio menos absoluto em Direito Público do que em Direito Privado[94], até porque a celebração de contratos por parte da Administração Pública visa sempre a prossecução do interesse público.

A verdade é que no âmbito da actividade administrativa contratual não se pode falar propriamente de um destinatário, a não ser que se considere, como FRACCHIA, que o destinatário é o co-contratante particular[95]. Parece-nos, contudo, mais correcto dizer que o conceito de terceiro se opõe às partes negociais, ou seja, como define ROSARIO FERRARA *"os sujeitos formalmente estranhos ao negócio, mas a quem a conclusão do acordo afecta (...) determinando uma série de expectativas (de facto ou de Direito) que devem encontrar protecção judicial."*[96].

SÉRVULO CORREIA refere-se também à problemática da eficácia dos contratos relativamente a terceiros a propósito dos limites à autonomia de celebração de contratos administrativos, concluindo que essa extensão subjectiva da eficácia do contrato só é possível se os terceiros derem o seu acordo expresso aos efeitos de direito a constituir na sua esfera jurídica[97].

---

[92] V., por todos, SÉRVULO CORREIA, *Legalidade..., cit.*, págs. 532 e seguintes (quanto à autonomia privada da Administração) e págs. 562 e seguintes (quanto aos limites da autonomia pública da Administração).

[93] Cfr. STEFANO CIVITARESE, *Contributo allo studio del principio contrattuale nell' attività amministrativa*, Turim, 1997, pág. 88.

[94] Cfr. JEAN-DAVID DREYFUS, *Contribution a une théorie generale des contrats entre personnes publiques*, Paris, 1997, pág. 350.

[95] Cfr. FABRIZIO FRACCHIA, *op. cit.*, pág. 205.

[96] Cfr. ROSARIO FERRARA, *Gli accordi tra i privati e la Pubblica Amministrazione*, Milão, 1985, pág. 163.

[97] Cfr. SÉRVULO CORREIA, *Legalidade..., cit.*, pág. 687. Alguma doutrina- cfr. JEAN--DAVID DREYFUS, *Contribution..., cit.*, pág. 351 – equaciona a possibilidade de, nestas situações, qualificar o contrato administrativo como um contrato a favor de terceiros. RO-

Esta é, efectivamente, a melhor solução, independentemente desses efeitos se traduzirem em vantagens ou desvantagens para os terceiros. Contudo, há situações em que a participação dos terceiros é virtualmente impossível, por exemplo, nos contratos de concessão de serviço público, os utentes desse serviço não podem, obviamente, ser chamados a pronunciar-se na fase procedimental que antecede a celebração do contrato, apesar de os seus direitos e interesses poderem ser afectados por esse contrato.

Por outro lado, estes terceiros não têm legitimidade para impugnar contenciosamente o contrato, o que se traduz numa grave diminuição da sua tutela judicial. Refira-se que o artigo 40.º, n.º 1, da PLCPTA atribui legitimidade activa para impugnar a validade do contrato a qualquer pessoa cujos direitos ou interesses tenham sido lesados pelo mesmo. Vejamos, contudo, se não tal não consubstancia um alargamento excessivo da legitimidade activa, condenando a norma a mera "letra morta" em virtude de uma aplicação jurisprudencial restritiva. Densificar o universo de terceiros afectados e contribuir para encontrar as soluções contenciosas que permitam compatibilizar sua tutela judicial efectiva com a manutenção da "coisa contratada" quando esta se revele absolutamente necessária à realização do interesse público é o desafio a que nos propomos.

Por último, resta-nos mencionar alguns acordos entre a Administração e os particulares que, pelo seu conteúdo e pela fase procedimental em que ocorrem, assumem uma configuração específica. Trata-se de acordos integrativos, substitutivos ou acessórios de actos administrativos, celebrados no fim ou no decurso do procedimento administrativo, aos quais a Administração recorre cada vez mais frequentemente, em virtude da preferência demonstrada pelas actuações consensuais em detrimento das formas unilaterais de actuação[98].

Além das vantagens decorrentes da concertação de posições e interesses entre as entidades administrativas e os particulares, estes acordos surgiram como actuações "quase-informais" ou, pelo menos, com menor grau de procedimentalização e de solenidade, granjeando, por isso, maior

---

DRÍGUEZ DE SANTIAGO, *Los convenios entre Administraciones Públicas*, Madrid, 1997, pág. 354, defende que um contrato que tenha efeitos para terceiros sem que estes tenham participado na sua celebração é inválido e pode ser impugnado pelos terceiros lesados. A solução, com a qual não podemos deixar de concordar, parece, no entanto, mais complexa, atendendo aos vários tipos de interesses que podem estar em causa.

[98] Cfr. SEVERO GIANNINI, *Diritto...*, cit., págs. 423 e seguintes. A bibliografia sobre este tipo de acordos, que a doutrina italiana e espanhola designa também como convenções ou convénios, é muito abundante, ao contrário do que acontece em Portugal. V. *infra* a Parte II.

eficácia e celeridade na actividade administrativa e na obtenção dos fins pretendidos pela Administração Pública. A indiscutível relevância jurídica destes acordos exige, no entanto, a sujeição dos mesmos aos princípios e regras que vinculam as restantes actuações administrativas, razão pela qual se opta, em todas as ordens jurídicas, pela sua recondução à figura dos contratos, nomeadamente para efeitos de impugnação contenciosa.

3. O procedimento administrativo como elemento comum às formas contratuais e não contratuais de actuação da Administração Pública

Nesta parte da presente dissertação procuramos uma noção unitária e substantiva de terceiro, que permita abranger as várias formas de actuação da Administração.

Nessa perspectiva, o procedimento corresponde a um "denominador comum" das várias formas de actuação da Administração[99], na medida em que qualquer decisão administrativa, independentemente da forma adoptada para a exteriorizar – acto, contrato ou regulamento – tem de ser precedida de um procedimento (entendido como uma sequência juridicamente ordenada de actos e formalidades tendentes à preparação da prática de um acto da Administração ou à sua execução).

A principal função do procedimento é a garantia dos direitos dos particulares, assegurando a transparência da actividade da Administração, a participação de todos os interessados e o alargamento da possibilidade de controlo judicial da actuação administrativa[100]. Este último aspecto prende-

---

[99] Neste sentido, v. DAVID DUARTE, *Procedimentalização, participação e fundamentação: para uma concretização do princípio da imparcialidade administrativa como parâmetro decisório*, Coimbra, 1996, págs. 91 e 92, referindo-se ao procedimento como "categoria jurídica geral". Este entendimento não é posto em causa pelo facto de, como salienta FREITAS DO AMARAL, *Apreciação da dissertação de doutoramento do Mestre Vasco Pereira da Silva: "Em busca do acto administrativo perdido"*, in DJ, volume X, Tomo 2, 1996, pág. 278, haver actos que não são precedidos de qualquer procedimento administrativo, uma vez que, como resulta dos próprios exemplos apresentados pelo autor, ou se trata de actos praticados em estado de necessidade e em situações absolutamente excepcionais; ou de actos ilegais, praticados por mero arbítrio ou prepotência.

[100] A participação dos interessados não tem como único objectivo a tutela dos direitos e interesses dos próprios, mas também garantir uma melhor prossecução do interesse público. Neste sentido v. SÉRVULO CORREIA, *Legalidade...*, *cit.*, pág. 579. A este propósito pode falar-se de uma função objectivista do procedimento administrativo, ou, noutra perspectiva, de uma vertente organizativa do mesmo, enquanto "mecanismo instituciona-

-se não só com um maior controlo do acto final do procedimento, visto que os vícios externos e internos do acto se tornam visíveis através do próprio *iter* procedimental, como também, e talvez sobretudo, com a possibilidade de impugnação autónoma de actos "endoprocedimentais". Trata-se de actos praticados pela Administração no decurso do procedimento e que são instrumentais relativamente à decisão final, mas que são passíveis de impugnação imediata quando se revelem lesivos de qualquer uma das partes intervenientes no procedimento[101].

Neste momento da nossa dissertação não é, contudo, a função garantística do procedimento a que analisaremos, mas sim o facto de a ritualização de todas as formas de actuação da Administração Pública permitir encontrar no procedimento um critério único para identificar e definir terceiros.

O papel do procedimento enquanto substituto do acto administrativo no centro do Direito Administrativo é sobretudo defendido pela doutrina italiana, sendo a perspectiva seguida, em Portugal, por JOÃO CAUPERS[102]. Os autores italianos defendem que o acto administrativo acaba por "diluir--se" no âmbito do procedimento[103], deslocando, dessa forma, o "centro de gravidade" da dogmática administrativa e abandonando definitivamente a concepção do Direito Administrativo exclusivamente centrada no acto administrativo. Neste contexto, muitas têm sido as posições doutrinárias quanto à natureza do procedimento, que oscilam entre posições proces-

---

lizado de colaboração com os particulares" – cfr. V. PEREIRA DA SILVA, *Em busca..., cit.*, pág. 306. V. também sobre esta "dupla finalidade" do procedimento administrativo, GARCÍA DE ENTERRÍA e TOMÁS-RAMÓN FERNÁNDEZ, *Curso..., cit.*, volume II, 5ª Edição, Madrid, 1998, pág. 433. Estes autores acentuam o papel do procedimento como importante instrumento de realização da democracia participativa, enquanto forma de democratização dos mecanismos de decisão – cfr. pág. 436.

[101] Este aspecto prende-se com a *"vaexata quaestio"* dos pressupostos de recorribilidade dos actos administrativos e da eventual inconstitucionalidade superveniente dos preceitos da LPTA que exigem os requisitos da definitividade e da executoriedade à luz do artigo 268.º, n.º 4 da CRP. V., por todos, V. PEREIRA DA SILVA, *Em busca..., cit.*, pág. 687. Refira-se, desde já, que defendemos a possibilidade de impugnação imediata de todos os actos endoprocedimentais que sejam lesivos dos direitos dos particulares, até porque é um aspecto essencial à garantia dos direitos dos terceiros perante a actividade contratual da Administração Pública. Em sentido contrário v. FREITAS DO AMARAL, *Apreciação da dissertação de doutoramento do Mestre Vasco Pereira da Silva..., cit.*, págs. 272 e seguintes.

[102] Cfr. JOÃO CAUPERS, *Introdução..., cit*, págs. 42 e 43.

[103] V, por todos, MARIO NIGRO, *Procedimento amministrativo e tutela giurisdizionale contro la Pubblica Amministrazione (il problema di una legge generale sul procedimento amministrativo)*, in RDP (I), I, 1980, págs. 255 e seguintes.

sualistas ou substantivistas[104]. Refira-se apenas que, enquanto critério de autonomização dos interesses em presença perante a actuação administrativa, este assume uma natureza essencialmente material, na medida em que se traduz numa alternativa ao próprio acto da Administração. Por outras palavras, o procedimento não é uma realidade totalmente funcionalizada à decisão final, visto que assume uma importante função de composição de interesses públicos e privados, no âmbito da qual os vários interesses ganham particular visibilidade[105]. É por isso que o procedimento se apresenta como um espaço privilegiado para identificação das posições jurídicas subjectivas afectadas pela actuação administrativa.

A determinação dessas posições jurídicas substantivas ocorre logo na fase procedimental, porque os respectivos titulares têm direito a intervir no procedimento para defender ou efectivar essas posições. Desta forma, o direito de participação é um reflexo da titularidade de uma posição jurídica substantiva e, por isso mesmo, tão instrumental, mas também tão fundamental, relativamente a esta como o direito ao recurso relativamente à pretensão que se quer fazer valer em juízo[106]. Parece-nos, por isso, ao contrário do que preconiza grande parte da doutrina italiana[107], que a legitimação

---

[104] V., por todos, V. PEREIRA DA SILVA, *Em busca...*, *cit*., págs. 349 e seguintes. Refira-se que, em Portugal, MARCELLO CAETANO, *Manual de Direito Administrativo*, volume II, 10ª Edição, Coimbra, 1994, págs. 1289 e seguintes, sempre defendeu a tese processualista, considerando que o processo gracioso e o processo contencioso têm a mesma natureza e são "duas faces da mesma moeda", tal como MARQUES GUEDES, *O Processo burocrático*, Lisboa, 1969, pág. 27, que adopta inclusivamente o termo "processo burocrático" em vez de procedimento administrativo ou processo gracioso.

[105] No mesmo sentido, DAVID DUARTE, *op. cit*., págs. 101 e seguintes, refere-se ao procedimento como "estrutura integratória de interesses". É por esta razão também que GONZÁLEZ-VARAS IBÁÑEZ, *La participación de los ciudadanos en el procedimiento administrativo*, in *Procedimiento administrativo*, I Colóquio hispano-português, Santiago de Compostela, 1994, pág. 252, atribui especial importância à participação dos interessados no âmbito dos procedimentos tendentes à prática de actos discricionários.

[106] Concordamos, por isso, com GIUSEPPE PALMA, *Le posizioni giuridiche soggetive dell'ordinamento italiano*, in *Trattato di Diritto Amministrativo*, volume II (*Le situazioni giuridiche soggetive del Diritto Amministrativo*), Pádua, 1999, pág. 106, quando defende que a participação procedimental é uma antecipação do princípio do contraditório no contencioso, funcionando também como uma forma de evitar litígios e assegurar maior correcção da decisão administrativa.

[107] V., por exemplo, SABINO CASSESE, *Le basi del Diritto Amministrativo*, 3ª Edição, Milão, 1996, págs. 300 e seguintes e ALDO SANDULLI, *Manuale...*, *cit*., págs. 643 e seguintes. Em sentido diferente, considerando que o "interesse legítimo procedimental" está sempre mais ou menos ligado a um interesse material, v. ITALO FRANCO, *Strumenti di tutela del privato nei confronti della Pubblica Amministrazione*, Pádua, 1999, pág. 188.

processual obtida por via da participação procedimental não decorre de uma orientação objectivista, em nome da qual a participação dos interessados tem como principal finalidade auxiliar a Administração a tomar a decisão mais correcta; mas sim do facto de essa participação ser "sintoma" da titularidade de um direito afectado pela actuação administrativa.

Defendemos, assim, que o aspecto relevante para determinar a legitimidade activa do particular é o direito a participar no procedimento que conduziu à decisão impugnada, e não a efectiva participação no procedimento em concreto, desde logo, porque essa ausência pode até resultar do facto de a Administração ter recusado ao particular o direito a ser ouvido durante o procedimento[108]. Aliás, na Alemanha, o artigo 13.II da VwVfG estabelece a obrigatoriedade de a Administração atribuir a qualidade de interessado no procedimento quando a *"abertura do procedimento tem efeitos jurídicos constitutivos para terceiros"*[109].

No entanto, é verdade que o princípio da colaboração (artigo 7.º do CPA) e o princípio da participação (artigo 8.º do CPA) são "duas faces da mesma moeda", uma vez que a participação dos particulares no procedimento acaba por contribuir quer para a melhor prossecução do interesse público, quer como instrumento de defesa dos direitos dos próprios administrados.

No procedimento revelam-se todos os interessados ou potencialmente interessados na decisão final, que adquirem, por isso, um direito participativo no qual confluem todas as situações jurídicas substantivas implicadas[110]. Pode dizer-se, como PAOLO DURET, que o procedimento é *"...o local onde as partes se reconhecem..."*[111]. Este aspecto é particularmente importante e prende-se com uma função essencial do procedimento administrativo, que é a de tornar públicas não só a pretensão do particular que deu início ao procedimento (quando for sua a iniciativa), mas também as intenções e os motivos da Administração relativamente à decisão final sobre essa pretensão[112]. De facto, a publicidade dos proce-

---

[108] Em sentido contrário, PAOLO DURET, *op. cit.*, pág. 284.

[109] Cfr. HANS MEYER, *El procedimiento administrativo en la Republica Federal de Alemania*, in *El procedimiento administrativo en el Derecho comparado*, coordenação de Javier Barnes Vazquez, Madrid, 1993, págs. 296 e 297.

[110] Neste sentido v. também GIOVANNI SALA, *Parti e interessi tra procedimento e processo: la formazione della materia del giudizio*, in DPA, n.º 1, 1998, págs. 54 e 55. O autor refere-se ao procedimento como "sede de identificação e valoração de todos os interesses relevantes para o exercício do poder".

[111] Cfr. PAOLO DURET, *op. cit.*, pág. 294.

[112] Neste sentido v. SÉRVULO CORREIA, *Legalidade...*, *cit.*, pág. 550. Referindo-se

dimentos administrativos permite a todos os interessados conhecer e participar na tomada de decisão administrativa, influenciando ou tentando influenciá-la no sentido pretendido[113].

Neste sentido, interessados num procedimento são todos aqueles que têm uma pretensão coincidente com a do destinatário da decisão final, quer este tenha sido ou não o "impulsionador" do procedimento (o qual pode ser desencadeado por iniciativa da própria Administração ou do particular interessado, nos termos do artigo 54.º do CPA); bem como os contra-interessados, ou seja, aqueles a quem a concessão da pretensão pode, directa ou indirectamente, prejudicar[114]. Parece-nos que qualquer um destes interessados é parte necessária no procedimento, visto que tem direito a uma intervenção principal no mesmo, e, consequentemente, a impugnar a respectiva decisão final, se esta for lesiva dos seus direitos[115]. Discordamos, por isso, de VILLATA, quando distingue entre parte e mero participante no procedimento, distinção que assenta no facto de os primeiros intervirem para defender uma determinada relação com um bem, enquanto os segun-

---

em especial aos contratos da Administração, o autor aponta três funções essenciais do procedimento administrativo: assegurar a prossecução do fim público; garantir a publicidade dos motivos da Administração Pública; e possibilitar um controlo prévio da conveniência e da legalidade dos contratos da Administração.

[113] Sobre a participação dos interessados no procedimento v. SÉRVULO CORREIA, *O direito à informação e os direitos de participação dos particulares no procedimento e, em especial, na formação da decisão administrativa*, in *O Código de Procedimento Administrativo*, INA, págs. 145 e 146. O autor distingue entre participação co-constitutiva (por exemplo, nos contratos administrativos) e participação dialógica (na formação da vontade da Administração). Refira-se que nos contratos administrativos verificam-se os dois tipos de participação dos interessados.

[114] V. PEREIRA DA SILVA, *Em busca...*, cit., pág. 424, considera como partes legítimas para intervir no procedimento todos os titulares de direitos subjectivos (e interesses legítimos, para a doutrina que entende autonomizar esse conceito). Em sentido próximo, v. RAMON PARADA, *Derecho administrativo...*, cit., pág. 240. O autor menciona três classes de interessados, sem distinguir entre partes necessárias e partes eventuais: aqueles que promovam o procedimento, enquanto titulares de direitos e interesses legítimos individuais ou colectivos; aqueles que tenham direitos subjectivos que possam ser afectados; e aqueles que tenham interesses legítimos, individuais ou colectivos. Parece-nos desnecessário distinguir as posições jurídicas subjectivas dos titulares de direitos face aos titulares de interesses legítimos: primeiro, não concordamos com a distinção teórica entre as duas figuras; segundo, é uma distinção sem reflexos ao nível dos direitos de participação procedimental.

[115] Em sentido um pouco diferente v. PAOLO DURET, *op. cit.*, pág. 101. O autor parece considerar partes necessárias apenas o destinatário do acto e o(s) contra-interessado(s).

dos apenas participam em defesa do interesse público e da legalidade da actuação administrativas, não tendo, consequentemente, o direito de impugnar contenciosamente o acto final do procedimento[116]. Em sentido próximo, embora não inteiramente coincidente, parece pronunciar-se CERULLI IRELLI, quando distingue partes necessárias e partes eventuais no procedimento administrativo, definindo as primeiras como *"...os sujeitos em cuja esfera jurídica incide directamente o exercício do poder, produzindo efeitos jurídicos do tipo constitutivo, declarativo ou preclusivo..."*, e as segundas como *"...portadoras de interesses qualificados relativamente ao objecto do procedimento, mas em cuja esfera jurídica não se produzem efeitos jurídicos em sentido técnico..."*[117]. Também GIANNINI adopta a mesma distinção, considerando como partes necessárias apenas a Administração e o destinatário da decisão[118]. Estas posições, além de radicarem na clássica distinção entre direitos subjectivos e interesses legítimos[119], sobre a qual nos debruçaremos no capítulo seguinte, parecem criar uma espécie de *capitis diminutio* relativamente aos meros participantes[120], a todos os títulos injustificável: primeiro, porque os direitos de participação

---

[116] Cfr. RICCARDO VILLATA, *Riflessioni in tema di partecipazione al procedimento e legittimazione processuale*, in DPA, Ano X, 1992, pág. 183. O autor considera, no entanto, que estes "participantes" podem impugnar contenciosamente o acto através do qual a Administração recusou a sua participação no procedimento. Assim sendo, por que não admitir a impugnação do acto final com esse fundamento? Refira-se que o facto de discordarmos da posição do autor não significa que se exclua a possibilidade de a lei conferir o direito de participação dos cidadãos em algumas decisões administrativas como forma de encontrar a solução que melhor prossiga o interesse público. Veja-se, a este propósito o exemplo citado por V. PEREIRA DA SILVA, *Em busca..., cit*, pág. 420, relativamente ao denominado "Fórum de Munique", em que a própria Administração criou uma entidade para discutir aspectos relacionados com a construção de um túnel para circulação automóvel.

[117] Cfr. CERULLI IRELLI, *Corso di Diritto Amministrativo*, Turim, 1997, págs. 371 e 372.

[118] V. SEVERO GIANNINI, *Diritto Amministrativo*, II volume, 3ª Edição, Milão, 1993, pág. 157.

[119] GARCÍA DE ENTERRÍA e TOMÁS-RAMÓN FERNÁNDEZ, *Curso..., cit*., pág. 472, estabelecem uma ligação entre as duas classificações, referindo a posição clássica, segundo a qual os titulares de direitos subjectivos relacionados com o objecto do procedimento são partes necessárias, e os titulares de interesses legítimos são apenas partes eventuais. Os autores criticam esta posição, defendendo que todos são partes necessárias, na medida em que, nos termos da lei, têm de ser chamados a pronunciar-se durante o procedimento. Também VIEIRA DE ANDRADE, *A Justiça..., cit*., pág. 82, rejeita a existência de qualquer distinção entre direitos subjectivos e interesses legítimos ao nível da tutela procedimental.

[120] A expressão é de PAOLO DURET, *op. cit*., pág. 265.

são reflexo da titularidade de posições jurídicas substantivas merecedoras de tutela judicial; e segundo, porque a violação do próprio direito participativo é fundamento de impugnação contenciosa da decisão final tomada pela Administração. Mal se compreenderia, aliás, que a lei atribuísse a um particular um direito e não lhe proporcionasse, depois, o respectivo meio de reagir contra a sua violação por parte da autoridade administrativa.

Parece, assim, possível chegar a uma primeira conclusão: todos aqueles que têm direito a participar no procedimento[121], têm legitimidade para impugnar a decisão final, ainda que não tenham participado efectivamente, desde logo, porque a sua ausência corresponde à preterição de uma formalidade essencial e origina, por isso, um vício de forma[122]. Poderíamos, contudo, ir mais longe: sendo o direito a participar no procedimento apenas um reflexo da titularidade de uma posição jurídica subjectiva relativamente ao objecto desse procedimento, é sempre, em última análise, esta posição que é posta em causa pela decisão administrativa. É por esta razão que o direito à participação procedimental é configurado no ordenamento jurídico português como um direito fundamental de natureza análoga aos direitos, liberdades e garantias (cfr. o artigo 267.º, n.ºs 1 e 5, da CRP)[123].

Refira-se, aliás, que a distinção entre partes necessárias e partes eventuais ou possíveis não tem acolhimento no CPA, nos termos do qual a legitimidade para a intervenção procedimental afere-se exactamente pela titularidade de direitos subjectivos ou interesses legalmente protegidos (artigo 53.º, n.º 1, do CPA)[124], tal como a legitimidade para recorrer graciosamente da decisão final do procedimento (artigo 160.º do CPA).

---

[121] Referimo-nos ao direito a participar no procedimento em sentido estrito, e não no sentido de incluir todos os direitos procedimentais, que, segundo o entendimento de VIEIRA DE ANDRADE, *A Justiça...*, cit., págs. 84 e 85, abrangem o direito de petição, de representação, de oposição, de queixa e de denúncia; bem como os direitos de informação e de acesso aos documentos administrativos, de impugnação administrativa e de acesso aos Tribunais.

[122] Neste sentido v. V. PEREIRA DA SILVA, *Em busca...*, cit., pág. 417.

[123] COSCULLUELA MONTANER, *Manual de Derecho Administrativo*, 7ª Edição, Madrid, 1996, pág. 352, defende que as garantias procedimentais são uma "peça capital" do Estado de Direito, razão pela qual merecem tutela constitucional.

[124] Não nos debruçaremos no âmbito da presente dissertação sobre a complexa problemática dos interesses difusos, que justificaria a elaboração de um outro estudo. Refira-se apenas que, mesmo quanto à legitimidade para intervir no procedimento em defesa desse tipo de interesses, não é pacífica na doutrina portuguesa que a sua função seja estritamente objectivista. No sentido que se trata de "direitos de defesa" decorrentes de direitos fundamentais v. V. PEREIRA DA SILVA, *Em busca...*, cit., pág. 285. No mesmo sen-

Por outro lado, no decurso de determinado procedimento administrativo, o mesmo sujeito pode assumir diferentes posições em relação a cada fase ou a cada acto procedimental, tornando absolutamente impossível identificar à partida a sua posição subjectiva. Por exemplo, num procedimento do tipo concursal (como é o caso da maioria dos procedimentos pré--contratuais), todos os concorrentes têm de se considerar partes necessárias e, contudo, a sua posição varia consoante sejam colocados perante um acto (endoprocedimental) que lhes seja directamente dirigido ou perante um acto dirigido a outro concorrente.

Sendo assim, a grande questão prende-se com a legitimidade para impugnar contenciosamente (e até para recorrer graciosamente) esses actos. É que se a participação procedimental é sempre título de legitimidade processual para recorrer do acto final do procedimento, nem sempre o é relativamente a todos os actos de trâmite. De facto, veja-se a hipótese de, num procedimento para selecção do co-contratante, a Administração negar a um determinado concorrente os esclarecimentos que este havia solicitado. Se este não recorrer do acto e apresentar a sua proposta, pode um outro candidato vir invocar este fundamento para impugnar o acto de adjudicação, caso a escolha da Administração recaia sobre um terceiro concorrente? À luz de uma concepção subjectivista do contencioso administrativo, a resposta teria de ser negativa, uma vez que apenas o concorrente que viu o seu pedido rejeitado e, consequentemente, a sua proposta prejudicada, teria interesse em recorrer.

Nos procedimentos concursais, todos os concorrentes são partes necessárias e directamente interessados no acto de adjudicação, embora possam ser terceiros relativamente a actos endoprocedimentais que não lhes sejam dirigidos e sejam sempre terceiros relativamente ao contrato já celebrado. É por isso que a participação procedimental constitui uma fonte de legitimidade activa para todos aqueles que, não sendo destinatários da decisão final, a pretendem impugnar contenciosamente. Tal não implica, contudo, a adopção de um modelo monista do procedimento administrativo, que assenta na continuidade entre este e o subsequente processo judicial, na medida em que o facto de o particular não ter invocado ou recor-

---

tido também se pronuncia CARLA GOMES, *Contributo...*, cit., pág. 374, salientando a redacção equívoca do artigo 53.º, n.º 2, alínea a) do CPA, que parece traduzir o interesse na lesão concreta da esfera jurídica de cada particular, definindo-o, assim, como um verdadeiro direito subjectivo. Em sentido contrário, v. FREITAS DO AMARAL, *O Novo Código do Procedimento Administrativo*, in *O Código do Procedimento Administrativo*, INA, 1992, pág. 25, considerando que não são sequer interesses pessoais, opondo o conceito de "interesse difuso" ao de "interesse directo e pessoal".

rido de quaisquer vícios durante o procedimento não o impede de invocar esses vícios em sede de recurso contencioso de anulação, seja do acto final do procedimento, seja de qualquer acto endoprocedimental. Independentemente da posição assumida acerca das relações entre procedimento e processo – separação, alternatividade ou complementaridade – a posição acima defendida parece ser a única consentânea com a função garantística do procedimento e com a intenção de aumentar a protecção das posições jurídicas subjectivas dos particulares perante a Administração. Assim, as duas realidades acabam por se complementar para alcançar esse desiderato, com preponderância, contudo, para a tutela judicial.

Neste sentido, o procedimento acaba, pois, por ser a "antecâmara" da tutela jurisdicional, justificando-se a procura da legitimidade processual na eventual ou efectiva participação procedimental. NIGRO refere que todos os problemas de respeito pelo contraditório e de tutela de terceiros surgem primeiro no procedimento, que contribui, por isso, para circunscrever e identificar os limites subjectivos do processo[125].

O procedimento constitui, por isso, uma alternativa ao Direito Administrativo "actocêntrico", sobretudo para efeitos de impugnação contenciosa: não é apenas o acto que é impugnável, mas também toda a série de actos tendentes à decisão final. Por esta via, aumenta-se o controlo judicial sobre a actuação administrativa e identificam-se melhor todos os intervenientes na relação jurídica.

A adopção do procedimento como critério delimitador da noção de terceiro contribui para uniformizar este conceito, mas não é ainda um critério absoluto, atendendo à sua impossibilidade para abranger todas as situações em que os particulares são afectados por decisões administrativas das quais não são os destinatários identificados ou identificáveis nessas decisões[126].

Refira-se, mais uma vez, o caso dos procedimentos pré-contratuais[127]: o facto de um concorrente ter sido ilegalmente preterido no concurso para selecção do co-contratante atribui-lhe, enquanto parte lesada nesse procedimento, legitimidade activa para impugnar o acto de adjudicação e, consequentemente, o contrato. Contudo, a participação procedimental já

---

[125] Cfr. MARIO NIGRO, *Procedimento amministrativo...*, cit., pág. 267.

[126] Neste sentido, o artigo 55.º, n.º 3, da PLCPTA estabelece que a participação no procedimento é uma mera presunção de legitimidade para impugnar o acto administrativo.

[127] A este tipo de procedimentos é aplicável o CPA, nos termos do art. 181.º do mesmo diploma. V. MARTINS CLARO, *O contrato administrativo*, separata de *O Código de Procedimento Administrativo*, INA, 1992, pág. 138.

não serve como título de legitimidade para aqueles particulares que, assumindo-se como terceiros relativamente ao contrato, são lesados pela sua execução ou por uma das suas cláusulas e têm, por isso, o mesmo direito a uma tutela judicial efectiva[128].

Verifica-se, assim, que, apesar de o procedimento constituir um "mínimo denominador comum" relativamente a todas as formas de actuação da Administração, ainda não é o melhor critério para alicerçar um conceito unitário de terceiro, na medida em que não compreende todo o feixe de posições jurídicas subjectivas que podem emergir perante cada acto, regulamento ou contrato administrativo. Nestes casos, a legitimidade do terceiro não é filtrada através do procedimento, o que revela a incapacidade do mesmo para congregar certo tipo de posições jurídicas substantivas.

4. A busca de um critério unificador: a relação jurídica administrativa?

As considerações que teceremos no presente capítulo a propósito da relação jurídica administrativa visam apenas determinar qual o contributo que esta pode trazer para a questão que nos tem vindo a ocupar nesta parte da dissertação, ou seja, a delimitação do conceito de terceiro.

Qualquer relação jurídica pode definir-se como uma relação social, que pressupõe uma ligação entre dois ou mais sujeitos, regulada por normas jurídicas, das quais decorrem posições jurídicas, activas e passivas, que constituem o conteúdo da relação jurídica[129].

O valor acrescentado que o conceito de relação jurídica administrativa traz ao Direito Administrativo[130] prende-se com o facto de permitir

---

[128] No sentido em que só são legítimos para impugnar determinado acto administrativo os terceiros que tenham formulado a sua pretensão no "processo gracioso", excluindo todos os outros, se pronunciou MARCELLO CAETANO, *O interesse como condição de legitimidade no recurso directo de anulação*, in *Estudos de Direito Administrativo*, Lisboa, 1974, pág. 250.

[129] V. VIEIRA DE ANDRADE, *A Justiça..., cit.*, pág. 68. A doutrina juscivilística identifica quatro elementos clássicos da relação jurídica: o facto jurídico (constitutivo), os sujeitos, o objecto e a garantia, sendo que esta, como salienta VITALINO CANAS, *Relação jurídico-pública*, in DJAP, vol. VII, Lisboa, 1996, pág. 209, não se refere à própria relação jurídica, mas sim às posições activas que fazem parte do seu conteúdo. V. ainda, por todos, MANUEL DE ANDRADE, *Teoria geral da relação jurídica*, volume I, reimpressão, Coimbra, 1997, pág. 2.

[130] Refira-se que a problemática da relação jurídica sempre foi analisada no Direito

abarcar a integralidade do relacionamento da Administração com os particulares[131], na medida em que se trata de um conceito omnicompreensivo, em torno do qual se congregam todas as formas de actuação administrativa. V. PEREIRA DA SILVA entende, por isso, que a relação jurídica administrativa é *"...o novo conceito central do Direito Administrativo, capaz de ocupar a posição pertencente ao acto administrativo na dogmática tradicional"*[132].

De facto, a transição do Estado Liberal para o Estado Social e o consequente aumento das funções do Estado, bem como a atribuição à Administração Pública de funções de prestação têm implicações ao nível das formas de actuação da Administração, pondo em causa a omnipresença do acto administrativo, *v.g.* do acto administrativo ablativo[133]. Por outro lado, e também como reflexo das novas funções do Estado, desempenhadas

---

Administrativo por oposição ao acto administrativo, ao contrário do que acontece no Direito Privado, no qual se opõe ao conceito de relação jurídica o de situação jurídica. V., por todos, MENEZES CORDEIRO, *Teoria geral..., cit.*, págs. 161 e seguintes. OLIVEIRA ASCENSÃO, *Teoria geral do Direito Civil*, volume IV, Título V, Lisboa, 1985, pág. 13, refere-se mesmo às relações jurídicas como "situações jurídicas plurisubjectivas". É uma questão que escapa, no entanto, ao âmbito da presente dissertação. Diga-se apenas que, na busca de um conceito de terceiro por referência à noção de situação jurídica TORQUATO DE CASTRO, *Legitimação (Direito material)*, in RDES, 1979, págs. 40 e 41, considera que, também para o Direito Civil, terceiro é *"...todo aquele que directamente não recebe título de sujeito para participar de determinada situação jurídica"*. Trata-se, obviamente, de um conceito apenas substantivo, uma vez que estes terceiros estão legitimados, no plano processual, para actuar contra a situação jurídica de outrem.

[131] Em sentido contrário, criticando a "bilateralidade estrutural do Direito" e a sua identificação com o conceito de relação jurídica, v. PAULO OTERO, *Lições de Introdução ao Estudo do Direito*, Lisboa, 1999, págs. 95 e seguintes.

[132] Neste sentido, v. V. PEREIRA DA SILVA, *Em busca..., cit.*, pág. 149. Esta é também a posição adoptada pela maioria dos autores alemães. V., por todos, HARTMUT MAURER, *op. cit.*, págs. 171 e seguintes. Quanto ao tipo de relações jurídicas que se estabelecem no âmbito do Direito Administrativo, VIEIRA DE ANDRADE, *A Justiça..., cit.*, págs. 68 a 71, distingue entre as relações internas e externas da Administração. As primeiras – intrapessoais – estabelecem-se entre órgãos da mesma pessoa colectiva ou entre órgãos e os respectivos titulares; enquanto as segundas – interpessoais – incluem quer as relações entre a Administração e os particulares, quer as relações interadministrativas, entre diferentes pessoas jurídicas de Direito Administrativo. Para uma tipologia dos vários tipos de relações jurídicas administrativas que se podem estabelecer. v. VITALINO CANAS, *op. cit.*, pág. 225.

[133] Neste sentido v. GONZÁLEZ-VARAS IBÁÑEZ, *El Derecho..., cit.*, pág. 655, referindo que a relação jurídica permite integrar as posições jurídicas dos cidadãos frente à Administração, que se caracterizam, no Estado Social, por visarem a obtenção de determinada prestação. Para mais desenvolvimentos, v. CÂNDIDO DE OLIVEIRA, *A Administração Pública de prestação e o Direito Administrativo*, in SJ, n.ºs 259, 260 e 261, 1996, págs. 97 e seguintes.

sobretudo através da Administração Pública, o particular deixa de ser visto apenas como um objecto, o administrado[134], passando a assumir-se como um sujeito, titular de direitos e deveres perante a Administração. E, como refere SORIANO GARCÍA, o entendimento do particular como um centro de imputação subjectiva de direitos e deveres implica a construção do conceito de relação jurídica pública[135].

Prova desta mudança de atitude é o facto de a ordem jurídica portuguesa consagrar, no artigo 266.º, n.º 2, da CRP e no artigo 6.º-A do CPA, o princípio da boa fé, sendo este o único princípio aplicável à actuação administrativa do qual resultam regras de conduta não só para a Administração, mas também para os particulares, assumindo, por isso, uma natureza tipicamente relacional. Refira-se, aliás, que, no âmbito da Ciência da Administração, adopta-se mesmo a expressão "cliente" para designar o particular, na medida em que é para a satisfação das suas necessidades que a Administração desempenha as funções que lhe são cometidas pela Constituição e pela lei[136].

O alargamento das funções a prosseguir pela Administração prestadora implicou uma maior variedade dos seus modos de actuação, que se traduziu inexoravelmente no aumento das formas concertadas em detrimento das formas de actuação unilaterais. Veja-se, por exemplo, o caso da relação jurídica de prestação de cuidados de saúde, que, como salienta SÉRVULO CORREIA, demonstra bem a importância da relação jurídica no Direito Administrativo de prestação[137].

Neste âmbito, em que o acto administrativo deixa de abranger todas as realidades da actuação administrativa, urge encontrar um conceito substitutivo, que permita integrar todas essas realidades[138]. A relação jurídica administrativa, enquanto conceito dinâmico e relacional, permite integrar

---

[134] Refira-se que a Constituição continua a utilizar essa designação em vários preceitos (por exemplo, no artigo 268.º). A adopção da designação "administrado" parece radicar no conceito "clássico" do particular como mero objecto da actuação administrativa e não como sujeito de uma relação jurídica, razão pela qual nos parece de criticar a solução constitucional, sendo preferível a expressão "particular".

[135] Cfr. SORIANO GARCÍA, *Evolucion del concepto "relacion juridica" en su aplicacion al Derecho Publico*, in RAP, n.º 90, 1979, pág. 73.

[136] Cfr. JOÃO CAUPERS, *Ciência da Administração*, Lisboa, 1998, pág. 114.

[137] V. SÉRVULO CORREIA, *As relações jurídicas de prestação de cuidados pelas unidades de saúde do Serviço Nacional de Saúde*, in *Direito da Saúde e da Bioética*, Lisboa, 1996, págs. 19 e seguintes.

[138] V. PEREIRA DA SILVA, *Breve crónica de uma Reforma anunciada*, in CJA, n.º 1, 1997, pág. 3, refere-se, a este propósito, ao abandono da tradicional concepção "actocêntrica" do Direito Administrativo.

as várias formas de actuação da Administração, conforme vimos acima, e, talvez mais importante, a complexa teia de relações jurídicas e de efeitos jurídicos por estas constituídos, englobando quer o destinatário da actuação administrativa, quer outros particulares por ela afectados[139].

A importância da relação jurídica resulta da própria Constituição, que adopta esse conceito como critério para delimitar a competência da Jurisdição administrativa, no seu artigo 212.º, n.º 3. VIEIRA DE ANDRADE retira deste preceito a necessidade de *"...pensar o mundo jurídico administrativo em termos de relação jurídica, e não apenas, como se fazia tradicionalmente, a partir das categorias da actividade administrativa..."*[140]. É, aliás, neste âmbito que se coloca o problema de saber qual é o critério para determinar a natureza administrativa de cada relação jurídica, visto que, naturalmente, não se pode dizer que são aquelas que têm origem num acto, regulamento ou contrato administrativo, sob pena de se cair num "círculo vicioso", no qual cada realidade é definida por referência a uma outra realidade. A enorme dificuldade em proceder a essa definição está bem patente na expressão de PROSPER WEIL: *"...a verdade é que existem tantos critérios quantos os problemas a resolver e que os diversos elementos da actividade administrativa – órgãos, fins e meios – intervêm em medidas diferentes consoante o problema em causa"*[141].

A pluralidade de critérios adoptados está bem patente na doutrina portuguesa. FREITAS DO AMARAL define relação jurídica administrativa como *"aquela que confere poderes de autoridade ou impõe restrições de interesse público à Administração Pública perante os particulares ou que atribui direitos ou impõe deveres aos particulares perante a Administração."*[142]. Por sua vez, SÉRVULO CORREIA adopta a seguinte definição: *"sistema complexo de situações jurídicas activas e passivas, interligadas em termos de reciprocidade, regidas pelo Direito administrativo e tituladas pela Administração e por particulares ou apenas por diversos pólos finais de imputação pertencentes à própria Administração"*[143].

---

[139] No mesmo sentido, v. GONZÁLEZ-VARAS IBÁÑEZ, *El Derecho...*, cit., pág. 660.
[140] Cfr. VIEIRA DE ANDRADE, *A Justiça...*, cit., pág. 67.
[141] Cfr. PROSPER WEIL, *O Direito...*, cit., pág. 98.
[142] Cfr. FREITAS DO AMARAL, *Direito...*, cit., volume III, págs. 440 e 441.
[143] Cfr. SÉRVULO CORREIA, *As relações jurídicas...*, cit., pág. 18. Também GARCÍA DE ENTERRÍA e TOMÁS-RAMÓN FERNANDEZ, *Curso...*, cit., pág. 39, entendem que a presença de uma Administração Pública é requisito necessário para que exista uma relação jurídico-administrativa, embora incluam também neste conceito as relação jurídicas estabelecidas entre dois particulares, desde que um destes actue por delegação da Administração (cfr. pág. 40).

Já VIEIRA DE ANDRADE considera relações jurídicas administrativas aquelas em que se conjugam dois elementos: um dos sujeitos da relação ser uma entidade pública ou um particular dotado de poderes de autoridade; e a relação jurídica ser constituída com o objectivo de prosseguir o interesse público[144]. GOMES CANOTILHO, por seu lado, elege como critério determinante o facto de a relação ser regulada por normas jurídico--administrativas[145].

Finalmente, V. PEREIRA DA SILVA define relações jurídicas administrativas como *"...as concretas ligações entre os privados e as autoridades administrativas (ou entre as próprias autoridades administrativas), criadas por um qualquer facto (actuação da Administração Pública ou do particular, contrato, evento natural, etc.) juridicamente relevante, e tendo por conteúdo direitos e deveres previstos na Constituição e nas leis, ou decorrentes de contrato, ou de actuação unilateral da Administração"*[146]. A esta definição tem de associar-se o facto de essas relações serem teleologicamente orientadas para a satisfação de necessidades colectivas. Verifica-se, assim, que o que caracteriza as relações jurídicas administrativas não é essencialmente o elemento de autoridade, nem o facto de serem abstractas ou concretas relações de poder, nem sequer a presença da Administração Pública, mas sim a função que essas relações visam prosseguir.

Parece-nos de adoptar, na esteira de V. PEREIRA DA SILVA, um critério essencialmente material para definir as relações jurídicas administrativas, em função do objectivo que as mesmas realizam e do fim (público) que prosseguem[147]. Esta concepção foi muito desenvolvida por alguns autores italianos[148], que adoptam um critério essencialmente funcional e

---

[144] Cfr. VIEIRA DE ANDRADE, *A Justiça...*, cit., pág. 71. Em sentido próximo, v. CARLA GOMES, *Contributo...*, cit., págs. 282 e 288 e seguintes, quando defende que o critério para determinar a natureza (pública ou privada) da actuação da Administração deve ser o do fim da acção, aliado à qualidade do sujeito que a desenvolve.

[145] Cfr. GOMES CANOTILHO, *Relações jurídicas poligonais, ponderação ecológica de bens e controlo judicial preventivo*, in RJUA, n.º 1, 1994, pág. 56.

[146] V. V. PEREIRA DA SILVA, *Em busca...*, cit., pág. 185.

[147] No mesmo sentido v. SORIANO GARCÍA, *op. cit.*, pág. 54, salientando que a relação jurídica é um instrumento que deve cumprir um determinado fim e compreende, por isso, um elemento funcional extremamente relevante.

[148] Não se trata, contudo, de uma solução unânime na doutrina italiana. Em sentido contrário, v. CERULLI IRELLI, *Corso...*, cit., pág. 367, que define as relações jurídicas de direito público como aquelas que se estabelecem através de cada "episódio concreto de exercício do poder" e ALDO SANDULLI, *Manuale...*, cit., volume 1, pág. 582.

material para definir o próprio Direito Administrativo e encontram no fim público o denominador comum de toda a actividade administrativa. É o caso de CASSESE, para quem o fim público é uma realidade "omnicompreensiva", que integra todos os aspectos da Administração (organização, pessoal, finanças e actividade), que devem, por isso, estar relacionados com a prossecução dos fins públicos[149]. Também GIANNINI acentua o elemento funcional, referindo especialmente a progressiva "publicização" da actividade privada da Administração Pública, devido à sua funcionalização ao interesse público[150].

Refira-se, em abono desta concepção, que ela permite abranger aqueles casos em que a Administração actua através de meios de Direito Privado para prosseguir fins públicos, casos em que, segundo um critério funcional, estaremos perante relações jurídicas administrativas, cuja apreciação deveria, por isso, ser da competência dos tribunais administrativos[151]. De facto, os fenómenos de privatização da actividade administrativa e da própria organização da Administração Pública, com a atribuição de competências públicas a pessoas colectivas de direito privado, acaba por pôr em causa os critérios estatutários[152]. Perante esta tendência, alguns autores, como JOÃO CAUPERS, defendem um alargamento do conceito de Administração Pública, por forma a incluir todos os órgãos, serviços, agentes e organizações que asseguram a satisfação de necessidades e bens da colectividade[153].

Parece-nos, assim, que o elemento determinante da natureza pública ou privada da actuação administrativa é o fim a que a mesma se destina e

---

[149] Cfr. SABINO CASSESE, *op. cit.*, pág. 120.

[150] Cfr. SEVERO GIANNINI, *op. cit*, págs. 14 e 15.

[151] Mesmo MARCELLO CAETANO, *Manual...*, *cit.*, volume I, pág. 426, considera que os actos praticados pela Administração nos termos do Direito Privado, mas para a prossecução de fins administrativos, são formas de constituição, modificação e extinção de relações jurídicas administrativas.

[152] Estes dois aspectos da privatização da Administração Pública são desenvolvidos por MARIA JOÃO ESTORNINHO, *A fuga...*, *cit.*, págs. 42 e seguintes e 47 e seguintes, referindo--se quer à "generalização das formas de actuação de direito privado", quer ao facto de a Administração adoptar um "novo rosto", através da constituição de pessoas colectivas de Direito Privado para obviar ao crescimento desmesurado da máquina burocrática do Estado e proceder de forma mais flexível à satisfação das necessidades colectivas. Quanto a esta questão v. também RAMON PARADA, *Derecho administrativo...*, *cit.*, pág. 33, que atribui esta "tendência privatizadora" ao facto de se ter centrado o estudo do Direito Administrativo mais sobre os temas de garantia externa dos particulares contra a Administração do que sobre o problema da eficácia dos entes e serviços públicos.

[153] Cfr. JOÃO CAUPERS, *Introdução...*, *cit.*, págs. 63 e seguintes.

não a presença da Administração, sob pena de se reduzir o Direito Administrativo a um mero "foro privativo" da Administração. De facto, mesmo que se adopte um critério estatutário amplo, incluindo no conceito de Administração Pública todas as entidades com o poder de praticar actos administrativos, este critério continua a ser, na nossa opinião, insuficiente, até porque o número de entidades privadas que exercem funções públicas tende a crescer e diversificar-se: aos tradicionais concessionários de obras e serviços públicos, juntam-se, actualmente, outras entidades privadas que exercem tarefas administrativas "delegadas", como as federações desportivas ou as comissões vitivinícolas regionais[154]. Por outro lado, o conceito de personalidade jurídica de direito público encontra-se desvalorizado pela "atipicidade " ou "destipificação" das pessoas colectivas institucionais[155]. Além disso, a adopção de um critério estatutário rígido pode implicar que a privatização organizativa crescente da Administração Pública resulte, na prática, num esvaziamento da reserva constitucional de competência contenciosa dos tribunais administrativos, desvirtuando o disposto no artigo 212.º, n.º 3, da CRP, bem como as garantias contenciosas consagradas no artigo 268.º, n.º 4, da CRP[156].

Concluímos, assim, pela adopção de um critério único de definição das várias formas de actuação da Administração, por referência ao conceito de relação jurídica administrativa, sendo este conceito, por sua vez, definido em função de um critério material.

Neste sentido, pode definir-se relação jurídica administrativa como *"uma relação social entre dois ou mais sujeitos de Direito, públicos ou privados, visando a prossecução do interesse público, regulada essencialmente por normas de Direito Administrativo, e cujo conteúdo são as situações jurídicas activas e passivas dos sujeitos envolvidos"*. Não consideramos determinante para a definição da natureza da relação jurídica o facto de esta ser exclusivamente regida pelo Direito Administrativo, uma vez que existem situações de fronteira em que o Direito Administrativo aplica um misto de regras jurídico-públicas e jurídico-privadas, muitas vezes, por remissão das próprias normas administrativas. É o caso, por exemplo, das matérias da responsabilidade civil extracontratual e da contratação pública.

---

[154] V., por todos, VITAL MOREIRA, *Administração autónoma e associações públicas*, Coimbra, 1997, págs. 542 e seguintes.
[155] Cfr. PAULO OTERO, *Vinculação e liberdade de conformação jurídica do sector empresarial do Estado*, Coimbra, 1998, pág. 225.
[156] Neste sentido, v. PAULO OTERO, *Vinculação...*, *cit.*, pág. 291.

O segundo aspecto que nos propomos analisar prende-se com a importância da adopção do conceito de relação jurídica para a determinação dos sujeitos afectados por cada actuação administrativa, através da definição das posições jurídicas substantivas dos sujeitos envolvidos nessa relação e, dessa forma, chegar a uma noção de terceiro. O grande contributo da relação jurídica nesta matéria resulta, como refere VIEIRA DE ANDRADE, do facto de as posições jurídicas substantivas dos vários sujeitos envolvidos constituírem o próprio conteúdo da relação jurídica administrativa[157], enquanto conceito compreensivo de toda essa complexa teia de relações intersubjectivas que se estabelecem no âmbito de uma relação jurídica. No caso particular das relações *polissimétricas*, ou seja, em que intervêm mais do que dois sujeitos, VIEIRA DE ANDRADE defende que a perspectiva da actividade (ou seja, a perspectiva estática do tipo de actuação) não capta essas várias posições conflituantes, nem mesmo através da figura do "acto administrativo com efeito em relação a terceiros"[158]. Tal implica dizer, por outras palavras, que a abordagem estática do Direito Administrativo, a partir das formas de actuação da Administração, não permite integrar todas as situações em que o feixe de relações jurídicas estabelecido não inclui apenas a Administração e o particular destinatário dessa actuação, mas também outros particulares conexamente afectados pela mesma. Pelo contrário, um conceito dinâmico, que adopta uma perspectiva relacional, permite compreender todas as posições jurídicas substantivas que se podem fazer valer perante a Administração no âmbito de uma mesma relação jurídica

Concordamos, assim, com V. PEREIRA DA SILVA, quando defende que uma das vantagens da adopção do conceito de relação jurídica administrativa é exactamente a explicação dos efeitos colaterais das actuações administrativas que afectam posições jurídicas de outros sujeitos que não o destinatário[159].

Estes efeitos colaterais existem no âmbito das relações que se estabelecem entre mais do que dois sujeitos e que, por isso, podem ser designadas como relações multilaterais, multipolares, poligonais ou polissimé-

---

[157] Cfr. VIEIRA DE ANDRADE, *A Justiça...*, *cit.*, pá. 72. O autor distingue relações simétricas – nas quais à posição activa de um sujeito corresponde a posição passiva do outro; relações assimétricas – nas quais não existe essa correlação; relações dissimétricas, em que ambas as partes têm direitos e deveres; e, finalmente, relações polissimétricas, nas quais intervêm mais do que dois sujeitos.
[158] Cfr. VIEIRA DE ANDRADE, *A Justiça...*, *cit.*, pág. 72.
[159] Cfr. V. PEREIRA DA SILVA, *Em busca...*, *cit.*, pág. 189.

tricas[160]. Este tipo de relações não se podem restringir aos casos tradicionalmente referidos pela doutrina, ou seja, relações de vizinhança constituídas nomeadamente no âmbito do Direito do Urbanismo ou do Direito do Ambiente[161]. Por exemplo, GOMES CANOTILHO refere-se à teoria das relações multipolares como uma forma de aumentar a tutela judicial conferida aos "direito de vizinhança", direito ao ambiente e direitos no âmbito da elaboração de planos, na medida em que aquela teoria conduz a soluções mais generosas – sobretudo no que respeita ao acesso ao recurso contencioso de anulação – do que aquelas que se alcançariam através da teoria do fim de protecção da norma[162].

De facto, se é verdade que a teoria das relações multilaterais surgiu nos ramos de Direito Administrativo especial (Direito do Ambiente e Direito do Urbanismo), para justificar nomeadamente a legitimidade dos vizinhos para impugnar actos administrativos que os afectavam reflexamente, a verdade é que a teoria da relação multilateral tem a virtualidade de abarcar todos aqueles casos em que a actuação administrativa afecta outrem que não apenas o seu destinatário imediato. É por isso que o fenómeno da multiplicidade de destinatários de grande parte das actuações administrativas modernas, longe de conduzir ao abandono da teoria da relação jurídica, abriu-lhe novas perspectivas, determinando o seu alargamento por forma a abranger as relações multilaterais.

Assim, mesmo aqueles que tradicionalmente são designados como contra-interessados para efeitos de impugnação contenciosa, mais não são do que sujeitos dessa relação multilateral, e, por isso mesmo, partes necessárias dessa relação e, consequentemente, da relação processual. A grande vantagem que o conceito de relação jurídica multilateral traz ao Direito

---

[160] Não entraremos aqui na questão, muito debatida na doutrina alemã, da distinção entre estes conceitos. Em Portugal, SÉRVULO CORREIA, *As relações jurídicas..., cit,.*, pág. 63, refere-se a relações multipolares ou poligonais, bem como GOMES CANOTILHO, *Relações jurídicas poligonais..., cit.*, págs. 55 e seguintes; enquanto VIEIRA DE ANDRADE, *A Justiça..., cit.*, pág. 72, prefere a expressão "relações polissimétricas" e V. PEREIRA DA SILVA, *Responsabilidade administrativa em matéria de ambiente*, Lisboa, 1997, pág. 11 utiliza a designação "relação multilateral". Verificamos, contudo, que estes autores adoptam estas expressões como sinónimos, sem que existam diferenças substanciais ao nível da realidade jurídica que representam, pelo que não discutiremos esse intrincado problema terminológico.

[161] Posição contrária parece ter ANTÓNIO CORDEIRO, *A protecção dos terceiros em face de decisões urbanísticas*, Coimbra, 1995, em especial págs. 145 e seguintes, na medida em que este autor assimila a noção de terceiros na de vizinhos.

[162] V. GOMES CANOTILHO, *Direito Constitucional e Teoria da Constituição*, 3ª Edição, Coimbra, 1999, pág. 470.

Administrativo prende-se exactamente com o facto de permitir a inclusão de todos os interesses em presença, enquanto posições jurídicas substantivas, dentro do âmbito de protecção da norma jurídica, e, consequentemente, garantir o acesso aos meios judiciais de impugnação da actuação administrativa[163].

Os particulares cuja esfera jurídica é objecto de uma interferência positiva ou negativa são afectados pela actuação administrativa, devendo considerar-se também sujeitos da relação jurídica que nasce dessa actuação[164].

Podemos, assim, definir terceiros como *"todos os sujeitos de Direito que, não sendo destinatários de certa actuação administrativa, integram a relação multilateral por esta constituída, na medida em que as suas posições jurídicas subjectivas são afectadas"*.

Esta definição, específica do Direito Administrativo, releva sobretudo para efeitos de determinar o universo de pessoas a quem devem ser garantidos os direitos procedimentais e processuais necessários a uma tutela efectiva[165]. É, por isso, um conceito essencialmente garantístico,

---

[163] Como diz GOMES CANOTILHO, *Direito...*, cit., pág. 470, todos os "candidatos positivos" incluídos no âmbito de protecção da norma jurídica são titulares de posições jurídicas subjectivas (direitos fundamentais, direitos subjectivos públicos e privados ou outras posições activas que não são direitos numa concepção mais restritiva de direitos). Saber se esta posição existe, implica ver se há uma norma material cujo escopo seja apenas ou também a protecção dos interesses dos particulares, por forma a que estes, com base nessa norma, possam recortar um poder jurídico individualizado legitimador da defesa dos seus interesses contra a Administração, nomeadamente através do recurso contencioso.

[164] Como refere V. PEREIRA DA SILVA, *Em busca...*, cit., pág. 273, o alargamento dos direitos subjectivos públicos implica a reformulação do conceito de relação jurídica administrativa, obrigando a considerar como sujeitos destas outros privados que não o destinatário da actuação administrativa, na medida em que também são titulares de direitos subjectivos públicos.

[165] Não se pode dizer que esta definição transforma todas as relação jurídicas administrativas em relações multilaterais, porque se não houver terceiros afectados, a relação jurídica será bilateral. Admite-se, contudo, que, na actividade da Administração moderna, virtualmente todas as actuações acabam por afectar um vasto número de sujeitos, razão pela qual o conceito de relação jurídica multilateral assume cada vez mais importância. Veja-se, a este propósito, a referência à Administração infra-estrutural, típica do Estado pós-social, a que se refere V. PEREIRA DA SILVA, *Em busca...*, cit., pág. 128: *"Esta dimensão infra-estrutural da Administração manifesta-se, não apenas quando a Administração actua através de actos genéricos (o que é cada vez mais frequente), mas também quando a Administração actua de forma individual, uma vez que esses actos, na grande maioria dos casos, não afectam unicamente os seus imediatos destinatários, mas produzem efeitos que vão muito para além das pessoas por eles directamente visadas..."*

embora desempenhe também uma função objectiva, visto que a participação de todos os interessados permite uma melhor prossecução do interesse público, reduz a litigiosidade e é necessária ao efeito útil das decisões administrativas.

Por outro lado, a definição adoptada permite congregar toda a enorme variabilidade que as posições jurídicas dos sujeitos envolvidos numa relação jurídica administrativa podem assumir ao longo do período de duração da mesma, no âmbito das denominadas "relações jurídicas permanentes", que são, normalmente, de origem contratual[166]. Assim, veja-se o exemplo do concorrente lesado por um acto administrativo de que é destinatário durante o procedimento concursal tendente à celebração de um contrato da Administração, e que se "transforma" em terceiro face ao contrato após a celebração deste. À luz da concepção que preconizamos, o particular teria legitimidade processual para impugnar o acto de que é destinatário (obviamente!), mas também para atacar o próprio contrato, por se tratar de uma actuação administrativa consequente do acto lesivo. É matéria que aprofundaremos a propósito do contencioso dos contratos da Administração.

Encontrada, finalmente, uma noção de terceiro, cumpre ainda referir que a adopção do conceito de relação jurídica permite também alargar o âmbito do controlo judicial exercido sobre a actividade administrativa. Como diz PAOLO DURET a alternativa juízo sobre o acto / juízo sobre a relação jurídica é um dilema clássico na dogmática administrativa, embora defenda que se trata de uma contraposição que, na sua formação radical, tem qualquer coisa de maniqueísta e de nominalístico[167]. Não nos parece que seja uma diferença meramente terminológica: se o objecto da cognição judicial são todos os aspectos e elementos da relação jurídica administrativa e não apenas a actuação pontual, cristalizada num determinado momento, naturalmente que há um maior campo aberto ao controlo pelos tribunais.

Assim, mesmo que a Administração actue através de um acto administrativo, e, por isso, o meio processual utilizado deva ser o recurso contencioso de anulação, os poderes do juiz não devem restringir-se a apreciar

---

[166] V. WALTER KREBS, *op. cit.*, pág. 58. A problemática da posição dos terceiros perante as relações jurídicas administrativas de carácter duradouro foi abordada por BLAISE KNAPP, *La relation de droit administratif et les tiers*, págs. 448 e seguintes. O autor salienta especialmente as relações contratuais constituídas entre a Administração e um particular que, dessa forma, se associa à prossecução do interesse público, defendendo que os terceiros podem ser lesados por essa relação e reagir contenciosamente contra a mesma.

[167] Cfr. PAOLO DURET, *op. cit.*, pág. 293.

a validade do acto, pelo contrário, deve ser-lhe permitido analisar todo o feixe de relações jurídicas. Só isso justifica, aliás, a concessão ao juiz administrativo de poderes de condenação da Administração e de conformação da sua actuação subsequente, com vista à reconstituição da situação actual hipotética.

Aliás, no que respeita aos terceiros, este aspecto assume especial relevância, na medida em que só a análise da relação jurídica no seu conjunto permite identificar exactamente a situação do terceiro e garantir a sua tutela judicial efectiva. Recorrendo mais uma vez às relações contratuais da Administração, adiantaríamos o seguinte exemplo: o artigo 185.º, n.º 1, do CPA, que determina a invalidade dos contratos administrativos quando sejam inválidos os actos de que dependa a sua celebração, só poderá ser integralmente aplicado pelo Tribunal quando o juiz que aprecia a validade do acto administrativo possa apreciar, simultaneamente, a relação jurídica entretanto constituída, ainda que por via contratual. De outra forma, verifica-se um desfasamento entre a consequência substantiva determinada pela lei – a invalidade do contrato – e a solução judicial, que se limita sempre à declaração de nulidade ou anulação do acto administrativo, sem retirar quaisquer ilações para o contrato ou para a relação jurídica por ele constituída[168].

---

[168] Já abordámos esta problemática a propósito da dualidade de meios processuais existente no âmbito do contencioso dos contratos administrativos, que inclui o recurso contencioso de anulação dos actos destacáveis e a acção de invalidade dos contratos – cfr. ALEXANDRA LEITÃO, A protecção..., cit., pág. 85.

CAPÍTULO II
Direitos subjectivos e interesses legítimos: uma distinção em crise?

1. Considerações gerais

A distinção tradicional entre direitos subjectivos e interesses legítimos assume uma importância especial quando se analisa o conceito de terceiro no Direito Administrativo, uma vez que as posições activas dos terceiros são configuradas, tradicionalmente, como meros interesses legítimos. Actualmente, esta concepção está em crise porque muitas normas jurídicas têm como escopo fundamental a protecção de terceiros e não dos destinatários mais directos[169].

A distinção entre direitos subjectivos e interesses legítimos assenta, segundo a concepção clássica, no facto de os primeiros constituírem interesses protegidos directamente pela ordem jurídica, aos quais correspondem deveres da Administração e os respectivos meios de efectivação, quer graciosos, quer contenciosos[170]; enquanto que, pelo contrário, os segundos não seriam mais do que pretensões indirectamente protegidas, na medida

---

[169] Neste sentido, v. JOÃO CAUPERS, *Introdução...*, *cit.*, pág. 79.

[170] Não vamos entrar aqui na problemática questão do conceito de direito subjectivo, até porque, para usar a significativa expressão de GIUSEPPE PALMA, *op. cit.*, pág. 73, trata-se de um "cristal polido" por séculos de elaboração doutrinal. Limitamo-nos a referir o conceito adoptado pela maioria dos autores juspublicistas, e que consiste numa combinação de vários elementos, a saber: que exista um interesse próprio de um sujeito de direito; que esse direito seja directamente protegido pela lei; e que esta faculte ao seu titular o poder de exigir a realização desse direito, bem como os meios necessários (nomeadamente judiciais) para o fazer valer. V., por todos, FREITAS DO AMARAL, *Direito...*, *cit.*, volume II, págs. 86 e 87. V. também a definição apresentada por MARIO NIGRO, *Giustizia...*, *cit.*, págs. 87 e 88, segundo a qual o direito subjectivo é a *"...fundamental posição de vantagem garantida a um sujeito pelo ordenamento jurídico em ordem a um bem e que se concretiza pela atribuição a esse mesmo sujeito de uma força caracterizada pela disponibilidade de instrumentos vários (faculdades, pretensões, poderes) que permitem realizar de forma plena o interesse ao bem."*

em que a sua satisfação coincide com a prossecução de um determinado interesse público[171]. Consequentemente, o particular não pode exigir à Administração a satisfação destes interesses, mas apenas impugnar o acto ilegal através do qual os mesmos foram prejudicados, não obtendo, dessa forma, mais do que uma "segunda hipótese" de alcançar a sua pretensão[172].

A principal diferença residiria exactamente, segundo alguns autores, na forma como em cada um dos casos a situação jurídica e a respectiva tutela se combinam: nos direitos subjectivos a garantia abrange o próprio resultado substancial, enquanto que nos interesses legítimos apenas se assegura a legalidade da actuação administrativa e as expectativas do particular com ela conexas[173].

Trata-se de uma distinção clássica, de inspiração italiana, país onde esta dualidade constitui critério de repartição de competências entre os tribunais administrativos e os tribunais comuns. Contudo, os conceitos de direito subjectivo e de interesse legítimo também foram adoptados, pelo menos em termos terminológicos, em França, Espanha e Portugal, embora sem consequências práticas relevantes quer ao nível da repartição de jurisdições, quer, como veremos, do grau de protecção judicial conferida.

Em França, a perspectiva objectivista do contencioso administrativo dispensa a titularidade, por parte do recorrente, de uma posição jurídica substantiva, bastando o interesse em recorrer enquanto pressuposto estritamente processual[174]. Pelo contrário, em Espanha, o recurso contencioso de anulação está totalmente subjectivizado, sendo o seu objecto a pretensão que o particular pretende ver satisfeita[175] e, apesar de o artigo 24.° da

---

[171] REBELO DE SOUSA, *Lições de Direito Administrativo*, vol. I, Lisboa, 1999, pags. 97 e seguintes, distingue ainda entre interesses indirectamente protegidos e interesses reflexamente protegidos, visto que estes últimos não seriam sequer objecto de protecção normativa indirecta, ao contrário dos primeiros.

[172] Estes "interesses" foram inicialmente configurados, sobretudo pela doutrina italiana, como meros interesses de facto, irrelevantes no plano jurídico. Sobre a evolução da figura do interesse legítimo no ordenamento jurídico italiano v., por todos, CERULLI IRELLI, *Corso...*, *cit.*, págs. 369 e seguintes.

[173] Cfr. EZIO M. BARBIERI, *Riflessioni sul risarcimento del danno da lesione di interessi legittimi*, in RIDPC, n.° 3, 1992, pág. 737.

[174] Cfr. RENÉ CHAPUS, *Droit du contentieux administratif*, 8ª Edição, Paris, 1999, págs. 189 e seguintes. O autor realça, contudo, que a concepção estritamente objectivista do *récours pour excès de pouvoir* enquanto "processo feito a um acto", para usar a emblemática expressão de EDOUARD LAFERRIÈRE, tem vindo a alterar-se, admitindo, por exemplo, a existência de verdadeiras partes processuais no recurso contencioso de anulação.

[175] Daí que no contencioso administrativo espanhol não exista qualquer distinção entre o contencioso de mera anulação e o contencioso de plena jurisdição, ao contrário do

Constituição espanhola consagrar expressamente o conceito de interesses legítimos, estes são entendidos como verdadeiros e próprios direitos subjectivos pela doutrina e jurisprudência maioritárias[176].

Saliente-se ainda que, mesmo em Itália, ambas as figuras assumem natureza substantiva e são qualitativamente semelhantes, diferindo apenas, na perspectiva da maioria dos autores, a intensidade e as formas de tutela, uma vez que a protecção garantida aos interesses legítimos seria meramente ocasional e reflexa[177]. Os interesses legítimos não se configuram, assim, como meros poderes de reacção processual, ao contrário do que foi defendido por CHIOVENDA. Para este autor, o interesse legítimo mais não seria do que a possibilidade de recorrer aos tribunais para obter a anulação de um acto administrativo lesivo e, dessa forma, uma segunda oportunidade de ver a sua pretensão satisfeita pela Administração. Essa anulação não conferiria sequer ao recorrente o direito a ser ressarcido dos danos provocados na sua esfera jurídica pela actuação ilegal da Administração, tratando-se de uma mera "acção popular *sui generis*"[178].

Esta concepção, além de confundir a posição jurídica subjectiva com o próprio direito ao recurso e ao acesso à Justiça, é, desde logo, posta em causa pelo facto de as diferenças entre direitos subjectivos e interesses legítimos ao nível da tutela judicial serem cada vez menores: por exemplo, a ressarcibilidade dos danos provocados pela violação de interesses legítimos sempre foi aceite na maior parte dos ordenamentos jurídicos, como acontece em Portugal, em França e em Espanha[179].

---

que acontece em França e em Portugal – cfr., por todos, PAREJO ALFONSO, JIMÉNEZ-BLANCO e ORTEGA ÁLVAREZ, *Manual de Derecho Administrativo*, 4ª Edição, Barcelona, 1996, págs. 706 e 707.

[176] V., por todos, GARCÍA DE ENTERRÍA e TOMÁS-RÁMON FERNÁNDEZ, *Curso..., cit.*, pag. 44.

[177] Neste sentido v. MARIO NIGRO, *Giustizia..., cit.*, pág. 88; e CERULLI IRELLI, *op. cit.*, pág. 378. Este autor vai mais longe: defende que o interesse substancial que serve de pressuposto aos direitos subjectivos e aos interesses legítimos é o mesmo, apenas se distinguindo por a intervenção da Administração Pública e o facto de o particular pretender fazer valer o seu interesse perante esta implicar uma "degradação" da sua posição jurídica substantiva.

[178] Cfr. GIUSEPPE CHIOVENDA, *Lezioni di Diritto* Amministrativo, Milão, 1991, pág. 57. V. também NICOLA DI MODUGNO, *Le lezioni di Diritto Amministrativo di Giuseppe Chiovenda e l'interesse legittimo come pura azione*, in DPA, n.º 4, 1991, pág. 684. ITALO FRANCO, *op. cit.*, págs. 183 e seguintes, também distingue entre interesses legítimos substanciais e formais, sendo estes meros "poderes de reacção", embora admita que esta concepção está em crise, devido à ressarcibilidade de todos os interesses legítimos.

[179] Contra esta possibilidade parece pronunciar-se M. ESTEVES DE OLIVEIRA, *Di-*

A ideia de que o interesse legítimo não merece do ordenamento jurídico uma tutela mais do que ocasional é infirmada pelo facto de, pelo menos nos regimes democráticos, as normas organizativas e procedimentais que regem a Administração Pública visarem não só assegurar uma correcta prossecução do interesse público, mas sobretudo garantir o respeito pelos direitos e interesses dos particulares. Tal é patente, por exemplo, na consagração (na Constituição e na lei ordinária) dos princípios da igualdade, da proporcionalidade, da justiça, da imparcialidade, da boa fé, entre outros (cfr. o artigo 266.º da CRP), bem como nas disposições relativas à participação dos interessados no procedimento, numa lógica de colaboração entre a Administração e os particulares[180].

Verifica-se, assim, que o respeito e a tutela dos particulares, independentemente da natureza da sua posição jurídica substantiva, é a proposição central do Direito Administrativo actual, não podendo, em caso algum, considerar-se essa protecção meramente reflexa da prossecução do interesse público[181]. Por outro lado, todas as normas de Direito Administrativo – mesmo aquelas que versam sobre direitos subjectivos – visam a prossecução do interesse público, sem que tal implique uma degradação das situações subjectivas com ele conexas[182].

No entanto, e colocando a distinção entre as duas figuras num plano substantivo e não apenas ao nível da intensidade da tutela, cumpre analisar se não haverá outras diferenças, na medida em que o interesse legítimo apenas garante ao seu titular a possibilidade de influenciar (quer através do procedimento, quer através do contencioso administrativo) a actividade administrativa, por forma a obter a situação de vantagem por ele pretendida[183]. Sendo assim, o detentor de um "mero" interesse legítimo nunca poderia obter directamente e imediatamente a pretensão desejada, mas

---

reito..., *cit.*, pág. 354, fundamentando-se numa interpretação mais ou menos literal dos artigos 1.º e 2.º do Decreto-Lei n.º 48.051.

[180] Quanto à função garantística do procedimento administrativo, v., por todos, V. PEREIRA DA SILVA, *Em busca...*, *cit.*, págs. 390 e seguintes.

[181] Como refere STICCHI DAMIANI, *Le parti necessarie nel processo amministrativo*, Milão, 1988, pág. 81, o interesse legítimo é uma situação jurídica subjectiva substancial e, como tal, objecto de uma protecção directa da parte do ordenamento jurídico.

[182] Como salienta RUI MEDEIROS, *Estrutura e âmbito da acção para o reconhecimento de um direito ou interesse legalmente protegido*, in RDES, Ano XXXI, 1989, pág. 18. No mesmo sentido v. BARBOSA DE MELO, *O vício de forma nos actos administrativos*, 2ª Edição, texto dactilografado, 1986, pág. 122.

[183] Cfr. a definição de interesse legítimo adoptada por MARIO NIGRO, *Giustizia...*, *cit.*, pág. 96.

apenas esperar que, através de um correcto exercício do poder por parte da Administração, esta lhe venha a proporcionar uma situação de vantagem. E esta limitação não resulta de um défice de intensidade das formas de tutela colocadas à disposição do particular (que são semelhantes às garantidas ao detentor de um direito subjectivo), mas sim da diferente natureza substantiva das duas situações jurídicas[184].

Nesta perspectiva, enquanto o direito subjectivo assegura ao seu titular a obtenção de uma situação de vantagem, no caso dos interesses legítimos apenas se garantiria ao particular uma segunda oportunidade de ver a sua pretensão satisfeita, por via da anulação do acto lesivo praticado pela Administração. Contudo, esta diferença, aparentemente decisiva, padece, afinal, de algum artificialismo.

Em primeiro lugar, há direitos subjectivos cuja efectivação carece de uma actuação administrativa mais ou menos discricionária e não resulta, por isso, directamente da protecção judicial assegurada ao seu titular (veja--se, apenas a título de exemplo, o direito de construir, que a maioria dos autores inclui no direito fundamental à propriedade e, no entanto, carece de licenças e autorizações administrativas para a sua efectivação)[185]. De facto, a maior parte das pretensões dos particulares frente à Administração Pública só se efectivam através de actuações desta última, o que, aliás, é típico da Administração prestadora do Estado Social de Direito, pelo que não faz sentido arvorar este critério em traço distintivo fundamental entre direitos subjectivos e interesses legítimos[186].

---

[184] Discordamos, por isso, de M. ESTEVES DE OLIVEIRA, *Direito...*, *cit.*, pág. 352, quando afirma que a protecção que a ordem jurídica concede aos interesses legítimos é meramente indirecta e instrumental.

[185] Cfr. VIEIRA DE ANDRADE, *A Justiça...*, *cit.*, pág. 76. GIUSEPPE PALMA, *op. cit.*, pág. 109, refere-se a estes direitos como "direitos condicionados (ou condicionáveis)", em que o legislador dá à Administração o poder de, em nome do interesse público, comprimir, limitar ou até extinguir esses direitos. A perplexidade que este tipo de situações provoca na clássica repartição entre direitos subjectivos e interesses legítimos faz com que alguns autores distingam três tipos de interesses legítimos: os que correspodem a direitos condicionados, os que correspondem a direitos enfraquecidos ou "à espera de expansão" e os interesses legítimos *proprio sensu*. V., por todos, ALDO SANDULLI, *Manuale...*, *cit.*, págs. 135 e 136. A dificuldade em integrar todas estas realidades no conceito de interesse legítimo é, aliás, prova do seu carácter artificial e até inútil.

[186] Concordamos, assim, com a posição defendida por V. PEREIRA DA SILVA, *Para um contencioso administrativo dos particulares*, Coimbra, 1989, págs. 108 e 109. VIEIRA DE ANDRADE, *A Justiça...*, *cit.*, pág. 75, refere também a existência dos direitos sociais surgidos na transição do Estado Liberal para o Estado Social como uma das causas da crise da distinção clássica entre direitos subjectivos e interesses legítimos, a par da consagração

Em segundo lugar, apesar de as situações de vantagem que o particular obtém através do recurso aos meios contenciosos não serem exactamente as mesmas no caso dos direitos subjectivos e dos interesses legítimos, tal não resulta de uma diferente natureza substantiva das duas figuras, mas sim de se tratar de direitos de diferente conteúdo[187]. Assim, no caso dos direitos que se reconduzem, de acordo com a doutrina tradicional, a interesses legítimos, o que está em causa é o direito a exigir à Administração o cumprimento das normas (procedimentais e materiais) que regem a sua actuação, garantindo a conformidade desta actuação com o Direito.

Aliás, a fragilidade da distinção foi objecto de críticas da própria doutrina italiana, nomeadamente ao realçar a dificuldade do conceito de interesse legítimo para abranger e explicar todos aqueles casos em que a anulação (ou declaração de nulidade) do acto administrativo impugnado resulta de vícios materiais e não de vícios meramente formais. Tal dificuldade decorre do facto de, nestas situações, a execução da sentença implicar a prática do acto de conteúdo contrário, acabando por garantir ao recorrente uma tutela idêntica à que resultaria se fosse detentor de um verdadeiro e próprio direito subjectivo[188].

Finalmente, e ainda no plano substantivo, o recurso ao conceito de direito subjectivo público, de origem alemã, permite superar a distinção entre direitos subjectivos e interesses legítimos. Os direitos subjectivos públicos são poderes jurídicos conferidos aos cidadãos por uma norma de Direito Público, que lhes permitem exigir ao Estado um determinado comportamento com o objectivo de obter a satisfação das suas pretensões[189]. A existência de um direito subjectivo na esfera jurídica do particular depende, de acordo com a teoria da norma de protecção, da verificação de

---

constitucional de direitos fundamentais, que, enquanto direitos absolutos, configuram e condicionam as relações jurídicas administrativas.

[187] Cfr. V. PEREIRA DA SILVA, *Para um contencioso...*, cit., págs. 119 e 120. Neste sentido, pode mesmo afirmar-se, com GARCÍA DE ENTERRÍA e TOMÁS-RAMÓN FERNANDEZ, *Curso...*, cit., pág. 55, que os interesses legítimos são um tipo específico de direitos subjectivos.

[188] Neste sentido v. NICOLA DI MODUGNO, *op. cit.*, pág. 697. Daí que MARIO NIGRO, *Giustizia...*, cit., pág. 95, saliente que o gradual aumento de efectividade da tutela judicial garantida pelos tribunais administrativos contribui para o esbatimento da diferença entre interesses legítimos e direitos subjectivos.

[189] A noção de direito subjectivo público surgiu na famosa obra de JELLINEK, *Sistemas de los derechos públicos subjectivos*, de 1892, sendo actualmente aceite pela larga maioria da doutrina alemã. Quanto à definição de direito subjectivo público, v., por todos, HARTMUT MAURER, *op. cit.*, pág. 156.

duas condições: haver uma regra de Direito que imponha uma obrigação à Administração; e que essa regra se destine – exclusivamente ou não – a proteger os interesses de determinados cidadãos. Ora, o Direito Administrativo actual caracteriza-se por atribuir igual relevância à tutela dos direitos dos particulares e à prossecução do interesse público (veja-se, por exemplo, o artigo 4.º do CPA), pelo que a função primordial de muitas das suas normas é a constituição a favor de certos particulares de situações jurídicas qualificadas relativamente às dos restantes administrados. Esses particulares são, à luz da teoria da norma de protecção, titulares de direitos subjectivos públicos, categoria unitária que congrega quer os direitos subjectivos "típicos", quer outro tipo de direitos subjectivos, de conteúdo diferente, tradicionalmente reconduzidos a "meros" interesses legítimos[190].

Na prática, os poderes de facto que estão incluídos nas situações activas em que se podem encontrar os sujeitos de direito reconduzem-se, como refere GARRIDO FALLA, a três tipos: possibilidade de actuar em determinado sentido, inclusivamente contra a oposição de outrem; possibilidade de se opor à actuação de outrem; e possibilidade de exigir certa actuação a outra pessoa[191]. Estas faculdades estão presentes quer nos direitos subjectivos, quer nos interesses legítimos, podendo apenas assumir conteúdo e intensidade diferentes.

Os interesses legítimos acabam por configurar-se como direitos subjectivos públicos cujo especial conteúdo não assegura directa e imediatamente a própria pretensão substantiva, mas apenas o direito à legalidade da actuação administrativa e reintegração da situação do particular lesado pela actuação ilegal. Este "direito à legalidade" não tem, contudo, como principal escopo a garantia abstracta do cumprimento do princípio da legalidade por parte da Administração Pública, mas sim tutelar o interesse do particular lesado por essa actuação ilegal[192]. Por outro lado, a reintegração da situação jurídica do lesado consiste, sempre que possível, na res-

---

[190] Neste sentido v. V. PEREIRA DA SILVA, *Para um contencioso...*, cit., págs. 112 e seguintes. O autor acrescenta a necessidade de o ordenamento jurídico conferir ao particular meios de reacção contra a violação dos seus direitos, aspecto que também está presente, como já vimos, nos interesses legítimos. Parecendo adoptar também a teoria da norma de protecção, v. GOMES CANOTILHO, *Direito...*, cit., pág. 470.

[191] V. GARRIDO FALLA, *Interes legitimo*, in Nueva Enciclopedia Jurídica Seix, volume XIII, pág. 221.

[192] Quanto a esta questão v. ALMEIDA FERRÃO, *Questões prévias e prejudiciais no contencioso administrativo*, Coimbra, 1959, pág. 68. V. também GIUSEPPE PALMA, *op. cit.*, págs. 81 e 82. Como refere o autor, se o objectivo fosse a defesa da legalidade, todos os cidadãos teriam legitimidade activa para impugnar qualquer actuação administrativa que

tituição em espécie, ou seja, na obtenção da vantagem inicialmente pretendida, esbatendo a diferença entre os interesses legítimos e os direitos subjectivos "típicos".

2. A ressarcibilidade dos interesses legítimos no âmbito da actividade contratual da Administração como contributo para a superação da distinção entre direitos subjectivos e interesses legítimos

A distinção clássica entre direitos subjectivos e interesses legítimos, cujos critérios referimos, ainda que sumariamente, na secção anterior, conhece contornos particulares no âmbito dos procedimentos de formação dos contratos da Administração Pública, nomeadamente devido à contribuição das normas comunitárias sobre a matéria[193], em especial, da

---

reputassem ilegal, sem ser necessária demonstrar qual a posição jurídica substantiva violada e o interesse no recurso.

[193] Esta problemática conheceu particular desenvolvimento em Itália, no sentido de repensar a tradicional repartição de jurisdições assente na distinção entre direitos subjectivos e interesses legítimos. V., a título de exemplo, LUCIO V. MOSCARINI, *Risarcibilità del danno da lesione di interessi legittimi e nuovo riparto di giurisdizione*, in DPA, n.º 4, 1998, págs. 803 a 842 e VINCENZO CAIANIELLO, *Il giudice amministrativo ed i nuovi criteri di riparto delle giurisdizioni*, in RDP (I), Ano III, 1998, págs. 945 e seguintes. Contudo, o Conselho de Estado italiano continua a entender que o ressarcimento dos interesses legítimos previsto no artigo 13.º da Lei de 19 de Fevereiro de 1992, que transpôs a Directiva "Recursos", é excepcional e não pode ser extrapolado para outras situações análogas, mantendo-se, por isso, fiel ao princípio da irressarcibilidade dos danos provocados aos interesses legítimos (cfr., apenas a título de exemplo, os Acórdãos do CE de 16 de Dezembro de 1994 – n.º 10.800, e de 20 de Abril de 1994 – n.º 3732). A este propósito v. ENRICO FOLLIERI, *La tutela risarcitoria degli interessi legittimi*, in *Trattato di Diritto Amministrativo*, volume II (*Le situazioni giuridiche soggetive del Diritto Amministrativo*, Pádua, 1999, pág. 145. Quanto às consequências ao nível da repartição de jurisdições, o Decreto-Lei n.º 29, de 3 de Fevereiro de 1993, remeteu para a competência dos tribunais comuns a apreciação dos litígios em matéria de funcionalismo público, incluindo para conhecer da validade dos actos administrativos, salvo em alguns casos particulares. Em matéria de contratação pública (excluindo os contratos privados da Administração), a repartição de jurisdições não foi afectada pelo princípio da ressarcibilidade dos interesses legítimos, continuando a assentar na distinção entre a fase da formação do contrato – da competência dos tribunais administrativos – e a fase da execução do contrato – da competência dos tribunais comuns, alargando apenas a jurisdição dos tribunais administrativos à fixação do montante da indemnização devida ao lesado. Sobre este critério de repartição e os problemas concretos que o mesmo acarreta, v. EUGENIO MELE, *I contratti delle pubbliche amministrazioni*, Milão, 1993, págs. 329 e 330.

Directiva do Conselho n.º 665/89/CEE, de 21 de Dezembro, relativa aos recursos judiciais em matéria de adjudicação de contratos administrativos de empreitadas de obras públicas, de fornecimentos e de aquisição de bens e serviços[194].

A Directiva, normalmente designada como Directiva "Recursos", garante o direito a recorrer dos actos lesivos praticados no decurso do procedimento pré-contratual a *"qualquer pessoa que esteja ou tenha estado interessada em obter um determinado contrato(...)e que tenha sido ou possa vir a ser lesada por uma alegada violação"* (cfr. o artigo 1.º, n.º 3, da Directiva), adoptando uma definição muito ampla de legitimidade activa para efeitos de impugnação contenciosa deste tipo de actos. Trata-se, efectivamente, de um conceito de legitimidade muito mais abrangente do que o que resulta da legislação da maioria dos países europeus, na medida em que inclui todos aqueles que possam vir a ser lesados, não exigindo uma lesão actual.

Apesar de a noção de terceiro adoptada na Directiva "Recursos" ser essencialmente de natureza processual, tem consequências ao nível do conceito de interesse legítimo, atendendo à importância crescente que assume o critério da vantagem efectivamente retirada pelo particular do meio contencioso para definir a sua posição jurídica substantiva e o consequente esbatimento das fronteiras entre o plano substantivo e o plano processual[195]. ITALO FRANCO considera mesmo que esta norma veio introduzir um novo tipo de interesses legítimos, que designa como "interesses legítimos de concorrência", com um conteúdo diverso, que se caracteriza essencialmente pela sua ressarcibilidade[196].

Por outro lado, e talvez mais importante, aquele acto jurídico comunitário torna irrelevante a definição conceptual da posição jurídica subjectiva do particular, assegurando a existência nos Estados membros de meios de tutela judicial igualmente intensos para todas as situações activas que se pretenda efectivar perante a Administração e acompanhando-os de uma garantia de ressarcimento, em espécie ou em equivalente pecuniário. Tal

---

[194] A esta Directiva seguiu-se uma outra semelhante, específica para os recursos no âmbito dos procedimentos pré-contratuais nos "sectores excluídos", ou seja, da água, da energia, dos transportes e das telecomunicações. Trata-se da Directiva do Conselho n.º 92/13/CEE, de 25 de Fevereiro.

[195] Em sentido diferente v. MARIANO PROTTO, *L'effetività della tutela giurisdizionale nelle procedure di aggiudicazione di pubblici appalti*, Milão, 1997, pág. 195. O autor defende que a Directiva "Recursos" não altera o conceito substantivo das posições jurídicas subjectivas, tendo efeitos meramente processuais.

[196] Cfr. ITALO FRANCO, *op. cit.*, págs. 191 a 196.

resulta do artigo 2.º da Directiva, que se refere a indemnizações devidas pelos danos provocados pela actuação ilegal, não excluindo a reintegração em espécie através da resolução do contrato e substituição da pessoa do co-contratante, aspecto que é remetido para a ordem jurídica interna de cada Estado-membro. Admitimos mesmo que a indemnização devida, quando não seja possível a restituição em espécie, inclua, porque a isso não é avesso o espírito da norma, não apenas o interesse contratual negativo, mas também o interesse contratual positivo do particular[197].

Efectivamente, a Directiva "Recursos" prevê expressamente a responsabilidade extracontratual da Administração por violação dos interesses dos particulares que participam no procedimento pré-contratual e que obtenham, em sede de recurso contencioso, a anulação ou declaração de nulidade de um acto lesivo praticado no âmbito desse procedimento.

A solução adoptada assume uma dupla finalidade: por um lado, garantir uma tutela mais eficaz dos direitos e interesses dos particulares lesados no âmbito do fase de formação dos contratos da Administração; e, por outro lado, incentivar os particulares a reagir judicialmente contra as actuações ilegais da Administração, evitando, dessa forma, a violação das normas comunitárias em matéria de contratação pública. MARIANO PROTTO entende mesmo que este é o único objectivo da disposição comunitária, sendo a tutela dos particulares meramente reflexa[198]. Parece-nos uma concepção excessivamente objectivista do contencioso administrativo, que não corresponde à função que o processo administrativo desempenha actualmente, e que é essencialmente uma função de garantia dos direitos dos particulares[199]. No caso concreto, para remover a violação das normas comunitárias bastaria a anulação ou declaração de nulidade do acto ilegal e consequente repetição do procedimento viciado, não sendo necessário ressarcir o particular. Aliás, o direito à indemnização decorre sempre da verificação de um dano na esfera jurídica do particular, enquanto detentor de uma posição jurídica subjectiva que o Direito visa tutelar e não da violação objectiva do princípio da legalidade.

A definição comunitária da legitimidade activa dos terceiros, cujos contornos são manifestamente amplos, vem lançar uma nova luz sobre algumas questões que tradicionalmente se colocavam relativamente à

---

[197] V. *infra* a Parte III da presente dissertação.
[198] V. MARIANO PROTTO, *op. cit.*, págs. 116 e 117.
[199] No sentido de que a Directiva tem uma dupla função, objectivista e subjectivista, v. MARIANO BACIGALUPO, *La nueva tutela cautelar en el contencioso-administrativo*, Madrid, 1999, pág. 60.

impugnação dos actos inseridos nos procedimentos pré-contratuais. Desde logo, discute-se a possibilidade de os particulares impugnarem o próprio acto através do qual a Administração escolhe o tipo de procedimento de selecção do co-contratante. A resposta, mesmo antes da transposição da Directiva "Recursos" através do Decreto-Lei n.º 134/98, teria que ser afirmativa: a escolha de um procedimento restrito ou mesmo do ajuste directo tem como consequência a exclusão imediata de todos os potenciais candidatos que reunissem as condições para concorrer à adjudicação do contrato e constitui, por isso, um acto lesivo[200].

Por outro lado, a legitimidade processual do terceiro mais não é do que a consequência da sua posição substantiva, pelo facto de ter um interesse na adjudicação de determinado contrato. Esta posição jurídica é definida pela doutrina como um interesse legítimo, embora a ordem jurídica lhe garanta uma tutela judicial e ressarcimento em tudo semelhantes aos que assegura aos detentores de verdadeiros e próprios direitos subjectivos, o que vem corroborar o entendimento segundo o qual os interesses legítimos mais não são do que uma especial categoria de direitos subjectivos[201].

A definição do interesse legítimo como interesse reflexamente protegido, passível de tutela apenas quando coincide com o interesse público está claramente em crise, por três ordens de razões:

– em primeiro lugar, a ressarcibilidade dos interesses legítimos não visa, obviamente, tutelar o interesse público, mas sim a violação de posições jurídicas subjectivas, não cabendo qualquer distinção quanto à sua natureza;
– em segundo lugar, o facto de o particular não obter, através da impugnação do acto lesivo, a adjudicação do contrato, mas apenas a repetição do procedimento tem a ver com o pedido formulado

---

[200] Tal solução já era defendida em Portugal, ainda antes da entrada em vigor da Directiva "Recursos" por M. ESTEVES DE OLIVEIRA, *Direito...*, cit., pág. 678. Em sentido contrário v. SALVATORE ROMANO, *L'interesse legittimo nella trattativa privata*, in RTDP, 1976, pág. 585. Este autor entende que, nestas situações, os terceiros preteridos só são detentores de um interesse legítimo quando exista alguma forma de auto-vinculação da Administração Pública no caso concreto.

[201] Refira-se que, mesmo em Itália, onde a Directiva "Recursos" provocou grande perplexidade na doutrina jusadministrativista, alguns autores defendem que os interesses legítimos tutelados por aquele diploma comunitário são verdadeiros direitos subjectivos – cfr., a título de exemplo, PIER G. FERRI, *La tutela risarcitoria del diritto comunitario degli appalti pubblici*, in RIDPC, Ano II, n.º 4, 1992, pág. 1271.

pelo recorrente (se este apenas pretender obter uma indemnização), e com o facto de o direito em causa ser a participar no procedimento e não o direito à adjudicação;
– finalmente, pode haver situações em que, através da impugnação do acto lesivo, o recorrente obtenha efectivamente a adjudicação do contrato[202]. Isto pode ocorrer, por exemplo, quando o recorrente esteja posicionado em segundo lugar na lista de classificação final dos concorrentes e a adjudicação seja totalmente vinculada por se ter adoptado o critério do preço mais baixo.

Verifica-se, assim, que a superação da tradicional clivagem entre contencioso de mera anulação e contencioso de plena jurisdição, através, nomeadamente, da atribuição aos tribunais do poder de especificar os actos devidos, contribui decisivamente para a superação da distinção entre direitos subjectivos e interesses legítimos[203].

A intensidade da tutela judicial garantida aos titulares de ambas as posições subjectivas em nada difere, tornando artificial e inútil esta distinção. Aliás, mesmo antes de se sentir a influência das normas comunitárias, a maioria da doutrina sempre admitiu o direito ao ressarcimento pela violação de interesses legítimos.

Em Portugal, por exemplo, o artigo 2.º, n.º 1, do Decreto-Lei n.º 48.051, de 21 de Novembro de 1967, estabelece-se expressamente o direito ao ressarcimento quer pela ofensa de direitos, quer pela lesão de interesses protegidos por lei, adoptando, por isso, uma concepção muito ampla de dano indemnizável[204]. Esta solução mantém-se na Proposta de Lei de responsabilidade civil extracontratual do Estado, que se encontra em discussão na Assembleia da República[205].

---

[202] Em sentido próximo, AROSO DE ALMEIDA, *Contributo para a reforma do sistema do contencioso administrativo*, in DJ, volume IX, Tomo, II, 1995, pág. 106, quando refere que, devido às características da relação material subjacente ao recurso, pode acontecer que o comando emergente da sentença determine, por força do regime legal aplicável, que a Administração fique colocada perante o particular interessado num dever de conteúdo preciso.

[203] Neste sentido v. MARIA ISABEL GONZÁLEZ CANO, *La proteccion de los intereses legítimos en el proceso administrativo*, Valencia, 1997, pág. 28.

[204] Como salienta MARIA DA GLÓRIA GARCIA, *A responsabilidade civil do Estado e demais pessoas colectivas públicas*, Lisboa, 1997, pág. 41.

[205] Trata-se da Proposta n.º 95/VIII, publicada no Diário da Assembleia da República n.º 76, II série – A, de 18 de Julho de 2001.

Aliás, mesmo em Itália, admite-se já a ressarcibilidade dos danos causados pela violação de interesses legítimos pelo menos em três situações[206]: quando a ressarcibilidade resulte de expressa disposição legal (é exactamente o caso do artigo 13.º da Lei n.º 142, de 19 de Fevereiro de 1992, que transpôs a Directiva "Recursos"[207]); quando o dano seja provocado pelo comportamento doloso de um funcionário ou agente da Administração; e, finalmente, quando estejam em causa interesses opositivos[208]. Estes caracterizam-se pelo facto de pressuporem uma situação de vantagem resultante de um acto administrativo prévio, que é eliminada ou limitada por um segundo acto da Administração através da anulação, revogação ou caducidade de posições jurídicas substantivas anteriores (por exemplo, a revogação de uma licença comercial), razão pela qual a jurisprudência aceita sem reservas o direito ao ressarcimento pela perda dessa utilidade[209].

---

[206] Cfr. ITALO FRANCO, op. cit., págs. 369 a 372.

[207] Refira-se, contudo, que, mesmo neste caso, há autores que entendem que as posições jurídicas tuteladas por esta Directiva configuram-se como verdadeiros direitos subjectivos, uma vez que, se a ordem jurídica comunitária desconhece a figura do interesse legítimo, não pode, logicamente, consagrar o princípio da ressarcibilidade dos danos causados pela sua violação. Neste sentido, v. EUGENIO PICOZZA, *Le situazioni giuridiche soggetive nel diritto nazionale e in quello comunitario*, in *Trattato di Diritto Amministrativo*, volume II (*Le situazioni giuridiche soggetive del Diritto Amministrativo*), pág. 17. Por outro lado, a jurisprudência tem vindo a considerar estas situações absolutamente excepcionais, em homenagem ao "dogma" da irressarcibilidade dos interesses legítimos, para usar a feliz expressão de ENRICO FOLLIERI, op. cit., págs. 139 e 140. A doutrina pronuncia-se, no entanto, em sentido contrário, referindo-se a uma "força expansiva do princípio introduzido pela Directiva", que implica a sua aplicação a outros casos de violação de interesses legítimos. Neste sentido, v. GIUSEPPE MORBIDELLI, *Note introduttive sulla Direttiva Ricorsi*, in RIDPC, n.º 3, 1991, págs. 851 e 852 e MODESTINO ACONE, *Diritto e processo nelle procedure degli appalti pubblici: dalla Direttiva CEE 89/665 alla legge "comunitaria" per il 1991*, in FI, 1992, pág. 342.

[208] Sobre esta matéria v. ENRICO FOLLIERI, op. cit., págs. 142 e seguintes. O autor refere-se aos interesses opositivos como... *interesses legítimos "mascarados" de direitos subjectivos...* (cfr. a pág. 148). Em sentido próximo, GISEPPE PALMA, op. cit., págs. 117 e 118, defende a existência de uma "modificação dinâmica" das situações jurídicas substantivas dos particulares perante a Administração, através da qual certos interesses adquirem a natureza de direitos subjectivos em virtude de uma determinada actuação administrativa "concessória".

[209] A questão que se pode legitimamente colocar é a de saber se esta indemnização é devida pela violação de uma posição jurídica substantiva ou, pelo contrário, se é uma forma de substituir a execução da sentença proferida em sede de recurso contencioso de anulação do acto ablativo. Sobre esta questão, que debateremos a propósito da responsa-

No caso dos interesses pretensivos, pelo contrário, o particular não beneficia de qualquer situação de vantagem, dependendo totalmente de uma actuação da Administração, que é, por via de regra, discricionária[210].

Nestas situações, só haverá lugar a uma indemnização quando a Administração impeça a realização da vantagem do particular pela prática de um acto ilegal por violar os aspectos vinculados da competência atribuída por lei à autoridade administrativa, e a anulação traduz-se na mera atribuição ao recorrente de uma segunda oportunidade de obter a sua pretensão[211].

Esta limitação à ressarcibilidade dos interesses pretensivos não nega a natureza substantiva dos mesmos, nem sequer a sua definição como um tipo especial de direitos subjectivos públicos, por duas razões essenciais:

– por um lado, a margem de liberdade da Administração também constitui uma limitação ao exercício de certos direitos subjectivos, sem que haja sempre lugar ao pagamento de uma indemnização (veja-se, por exemplo, as decisões urbanísticas quanto ao destino do uso dos solos[212] ou as licenças de construção);
– por outro lado, a actuação da Administração está limitada por vinculações jurídico-públicas que incidem não só sobre aspectos formais e externos, mas também sobre o próprio conteúdo dos actos administrativos praticados no âmbito da sua margem de livre decisão. Isto aumenta as hipóteses de ressarcimento dos particulares lesados, na medida em que permite ao tribunal aferir da legalidade intrínseca dos actos lesivos de quaisquer interesses dos particulares, nomeadamente por violação dos princípios que enformam a actividade administrativa[213]. Assim, quando os actos lesivos de interesses pretensivos sejam anulados ou declarados nulos por

---

bilidade como forma de tutela dos terceiros perante os contratos da Administração Pública, v. ENRICO FOLLIERI, *op. cit.*, págs. 155 e seguintes.

[210] A distinção entre interesses opositivos e interesses pretensivos deve-se a MARIO NIGRO, *op. cit.*, pág. 113, que adopta uma classificação bipartida de interesses legítimos, distinguindo o interesse na conservação do bem do interesse na aquisição de um bem (que correspondem, respectivamente, a interesses opositivos e interesses pretensivos).

[211] Neste sentido, embora de forma algo restritiva, v. EZIO M. BARBIERI, *Riflessioni..., cit.*, págs. 744 a 746.

[212] Cfr. o artigo 143.º do Decreto-Lei n.º 380/99, de 22 de Setembro.

[213] Sobre esta matéria v., por todos, SÉRVULO CORREIA, *Legalidade..., cit.*, págs. 490 e seguintes, em especial págs. 499 e 500. V. também BERNARDO AYALA, *O (défice de) controlo judicial da margem de livre decisão administrativa*, Lisboa, 1995, págs. 228 e seguintes.

vícios materiais, nada justifica um tratamento diferenciado relativamente aos interesses opositivos[214].

Não pode, por isso, admitir-se, à luz do princípio da tutela judicial efectiva, uma tipicidade dos casos em que é admissível o ressarcimento dos danos causados pela violação de interesses legítimos. Pelo contrário, deve garantir-se ao particular o direito a ser ressarcido pela violação de todas as posições jurídicas substantivas de que seja titular, quer aquela se traduza na perda efectiva de uma vantagem (como acontece no caso dos interesses opositivos), quer na perda de uma oportunidade relevante de obter determinada vantagem patrimonial ou não patrimonial (ou seja, também quando estejam em causa interesses pretensivos). Isto é, o particular tem direito a uma indemnização pelo menos quando, em juízo de probabilidade, houvesse uma hipótese razoavelmente certa de vir a obter determinada vantagem, e que tal não aconteceu em virtude de uma actuação ilegal da Administração. Seria o caso, por exemplo, do segundo classificado na lista final de um concurso com vista à adjudicação de certo contrato quando o acto de adjudicação tenha sido praticado em violação das regras aplicáveis.

A consagração do ressarcimento de todo o tipo de interesses legítimos (opositivos e pretensivos) constitui talvez o último passo no sentido da sua inclusão na categoria de verdadeiros direitos subjectivos, ainda que com uma especial configuração, nomeadamente através do reforço da tutela judicial que lhes é assegurada pela ordem jurídica.

3. Posição adoptada

A posição adoptada relativamente à distinção entre direitos subjectivos e interesses legítimos, especialmente quanto à natureza destes últimos, decorre em grande parte das considerações acima expendidas, que realçaram as fragilidades do conceito de interesses legítimos e o artificialismo da classificação tradicional das posições jurídicas substantivas dos particulares.

De facto, as semelhanças entre as duas figuras, sobretudo ao nível da intensidade da tutela judicial assegurada a ambas, superam grandemente

---

[214] Neste sentido v. ENRICO FOLLIERI, *op. cit.*, págs. 168 e 169. V. também VALERIA IANNIELLO, *La tutela aquiliana degli interessi legittimi nella Direttiva CEE del 21 Dicembre 1989, n.° 665*, in RTA, 1991, págs. 133 e seguintes.

as diferenças, que resultam de um excessivo conceptualismo. Na prática, estão sempre em causa posições jurídicas substantivas dos particulares perante a Administração[215], cuja violação implica a anulação ou declaração de nulidade do comportamento administrativo lesivo e o ressarcimento – em espécie ou em equivalente pecuniário – dos eventuais danos. Da ressarcibilidade destes interesses resulta uma aproximação decisiva entre as duas figuras, que se traduz, em alguns casos, na atribuição pelo tribunal da situação de vantagem que havia sido negada ilegalmente pela Administração ao particular.

Justifica-se, assim, o tratamento unitário de todas as posições subjectivas dos particulares, independentemente da sua particular configuração, o que, aliás, já acontece ao nível da ordem jurídica comunitária, que tem tido um influxo determinante nesta matéria. MARIANO PROTTO refere-se, a este propósito, ao princípio da "irrelevância da qualificação nacional da posição jurídica do particular" para efeitos da aplicação das normas comunitárias[216]. A natureza substancial dos interesses legítimos traduz-se exactamente numa específica relação entre um sujeito e um determinado bem, regulada por normas substantivas e merecedora de tutela por parte do ordenamento jurídico[217].

É verdade que o ordenamento jurídico português acolhe expressamente a distinção entre direitos subjectivos e interesses legítimos, utilizando, em alguns preceitos, a designação "interesses legalmente protegidos" (cfr. o artigo 268.º da CRP, o artigo 4.º do CPA, e o artigo 69.º da LPTA)[218].

Contudo, dessa distinção teórica não decorrem diferenças práticas substanciais, nem ao nível da intensidade da protecção (a ambas as figuras é constitucionalmente assegurado o direito a uma tutela judicial efectiva),

---

[215] A propósito da natureza substantiva dos interesses legítimos v. MASSIMO NICOSIA, *Interesse legittimo e tutela giurisdizionale*, Nápoles, 1991, pág. 12.
[216] Cfr. MARIANO PROTTO, *op. cit.*, pág. 20.
[217] Neste sentido v. STICCHI DAMIANI, *Le parti...*, *cit.*, págs. 59 e 67.
[218] Sobre a (eventual) distinção entre "interesse legítimo" e "interesse legalmente protegido" v. FREITAS DO AMARAL, *Direito...*, *cit.*, vol. II, pág. 80, o qual considera que se trata de duas formas de designar a mesma realidade. No mesmo sentido v. RUI MACHETE, *A garantia contenciosa para obter o recnhecimento de um direito ou interesse legalmente protegido*, in *Nos Dez Anos da Constituição*, Lisboa, 1986, págs. 238 e seguintes. Em sentido diverso v. RUI MEDEIROS, *Estrutura e âmbito...*, *cit.*, pág. 12, para quem a fórmula "interesse legalmente protegido" tem um âmbito mais amplo do que a noção de interesse legítimo, incluindo também os interesses difusos.

nem tão pouco ao nível das garantias procedimentais[219]. Por outro lado, como refere SCOCA, o facto de o conceito ser expressamente consagrado ao nível do Direito positivo não significa que este corresponda também a um conceito jurídico ou a uma noção logicamente indispensável[220].

No plano contencioso, a legitimidade e o interesse em agir são aferidos da mesma forma independentemente da posição jurídica substantiva do particular. Efectivamente, quer seja titular de um direito subjectivo, quer de um interesse legítimo, o recorrente poderá alcançar, através do recurso contencioso de anulação, a repetição do procedimento a partir do momento da prática do acto inválido, o ressarcimento dos danos causados na sua esfera jurídica ou, em alguns casos, a situação de vantagem que pretendia obter. Não se vislumbra, assim, qualquer diferença.

O tradicional critério de distinção, assente no facto de os detentores de um "mero" interesse legítimo não poderem obter através do recurso à via judicial a utilidade pretendida, uma vez que esta só se efectivaria através de uma actuação da Administração está, pois, ultrapassado face à intensidade da tutela e à garantia do ressarcimento dessas posições subjectivas. Caso contrário, como salienta CASSESE, em face do exponencial aumento da actividade administrativa no Estado Social de Direito, a teoria dos interesses legítimos mais não seria do que uma forma de justificar limitações aos direitos dos particulares perante a Administração Pública, gorando o objectivo inicial da construção, que na sua génese, no século XIX, era essencialmente garantístico[221].

A dificuldade em integrar todas as posições de vantagem dos particulares perante a Administração na noção civilística de direito subjectivo levou a doutrina jusadministrativista a procurar no conceito de interesse legítimo uma explicação para essas situações activas. No entanto, tal afigura-se desnecessário à luz da noção de direito subjectivo público, segundo a qual todas estas posições substantivas assumem a natureza de direitos subjectivos (porque directamente tuteladas por uma norma de Direito Público), quer sejam direitos típicos, quer sejam direitos com uma especial

---

[219] Neste sentido v. V. PEREIRA DA SILVA, *Para um contencioso...*, cit., págs. 120 e 121. O autor retira ainda um argumento do facto de a Constituição se referir a "interesses legalmente protegidos" em vez de "interesses legítimos", uma vez que qualquer posição subjectiva de vantagem – v.g. os próprios direitos subjectivos – consititui um interesse protegido pela ordem jurídica.

[220] Cfr. GAETANO SCOCA, *Contributo sulla figura dell'interesse legittimo*, Milão, 1990, pág. 3.

[221] Cfr. SABINO CASSESE, *Le basi del Diritto Amministrativo*, 3ª Edição, Milão, 1995, pág. 469.

configuração, que poderíamos apelidar como "atípicos"[222]. Como refere VIEIRA DE ANDRADE, todas as posições jurídicas substantivas implicam sempre uma *"intenção normativa de protecção de um bem jurídico"*, que resulta da interpretação da norma de Direito substantivo que regula a relação jurídica, e, por isso, reconhece que entre essas posições jurídicas não há uma variedade categorial, antes, pelo contrário, uma *continuidade gradativa*[223].

Concluímos, assim, pela adopção de uma categoria conceptual unitária, assente na ideia de direito subjectivo público, à qual se reconduzem todas as posições jurídicas substantivas detidas pelos particulares perante a Administração[224].

---

[222] A referência aos interesses legítimos como "direitos subjectivos atípicos" surge em PAREJO ALFONSO, JIMÉNEZ-BLANCO e ORTEGA ÁLVAREZ, *op. cit.*, pág. 702. Os autores defendem que os dois conceitos são equiparados para efeitos de tutela contenciosa, nomeadamente ao nível da protecção constitucional garantida pelo artigo 24.º da Constituição espanhola, pelo que não se justifica manter uma distinção que se revela puramente teórica.

[223] Cfr. VIEIRA DE ANDRADE, *A Justiça...*, *cit.*, pág. 79.

[224] Saliente-se que, mesmo na doutrina italiana e no início do século XX, já havia autores que defendiam posições análogas. Veja-se, por exemplo, FEDERICO CAMMEO, *Corso di Diritto Amministrativo*, 1914, pág. 209. V. também GAETANO SCOCA, *op. cit.*, pág. 4, o qual defende que os problemas da contraposição entre o interesse público e os interesses privados e da prevalência do primeiro sobre os segundos, e da eventual não resistência dos direitos subjectivos perante o interesse público, podem resolver-se sem necessidade do recurso à figura do interesse legítimo.

CAPÍTULO III
A posição processual dos terceiros no contencioso administrativo: primeira abordagem

1. Legitimidade activa e interesse em agir

A referência à posição processual dos terceiros nesta fase inicial da presente dissertação não pretende abordar ainda a problemática específica do contencioso dos contratos da Administração Pública, mas apenas traçar um quadro geral das formas de intervenção dos terceiros no contencioso administrativo.

Nessa medida, cumpre analisar, desde logo, a questão da legitimidade dos terceiros para aceder ao vários meios contenciosos. Este aspecto assume não só uma natureza processual, mas também substantiva: em princípio, têm legitimidade para interpor um recurso contencioso de anulação ou para intentar uma acção todos os particulares que sejam titulares de um direito subjectivo (quer se trate de um direito subjectivo típico, quer de um direito subjectivo atípico, ou seja, um interesse legítimo, na terminologia adoptada pela legislação administrativa).

Parece-nos, assim, que a legitimidade activa implica sempre a titularidade de uma posição jurídica substantiva lesada, independentemente do meio processual em causa, ao contrário do que é defendido por VIEIRA DE ANDRADE. O autor defende que nas acções a legitimidade é conferida pela titularidade da relação material controvertida, tal como no processo civil[225], enquanto que nos meios impugnatórios (recurso contencioso de

---

[225] Cfr. o artigo 26.º, n.º 3, do CPC, do qual se retira, como refere TEIXEIRA DE SOUSA, *A legitimidade singular em processo declarativo*, in BMJ, n.º 292, 1980, pág. 108, que o interesse do demandante e do demandado são aferíveis pela titularidade da relação material controvertida. O autor define legitimidade como "*...uma qualidade adjectiva da parte processual definível como a titularidade, activa ou passiva, de um conteúdo assente num interesse em agir para a prossecução ou a contestação de um determinado objecto inicial do processo*" cfr. a pág. 92. V. também ANTUNES VARELA, MIGUEL BEZERRA e SAMPAIO E NORA, *Manual de processo civil*, 2ª Edição, Coimbra, 1985, pág. 136.

anulação de actos administrativos e impugnação de normas) se verifica um alargamento da legitimidade activa, não se exigindo necessariamente uma posição jurídica subjectiva substantiva, mas "apenas" um interesse directo, pessoal e legítimo[226]. Perante esta alargamento da legitimidade activa nos meios impugnatórios, tributário, obviamente, de uma concepção objectivista do contencioso administrativo, poder-se-ia defender, como ROMEO, a total inutilidade da figura do interesse legítimo, na medida em que este é uma "construção mimética e vã", cuja única finalidade é permitir o acesso do particular ao recurso contencioso de anulação, bastando, para tal, atribuir-lhe um interesse a recorrer, de natureza exclusivamente processual e sem qualquer base substantiva[226].

Não podemos concordar com nenhuma das construções: em primeiro lugar, porque defendemos um conceito substancialista de interesse legítimo, enquanto verdadeiro direito subjectivo e não mero interesse em recorrer; depois, porque, à luz de uma concepção essencialmente subjectivista do contencioso administrativo, em caso algum o direito a recorrer pode aparecer indissociado de uma posição jurídica substantiva carecida de tutela judicial[228]; finalmente, porque a recondução da legitimidade activa à titularidade de um "interesse directo, pessoal e legítimo" sem base substantiva pressupõe necessariamente a não autonomização do interesse em agir como pressuposto processual distinto da legitimidade[229]. De facto, o "interesse directo, pessoal e legítimo" é um interesse meramente processual, que não se deve confundir com a posição jurídica substantiva subjacente[230]. Por isso, a solução adoptada na PLCPTA afigura-se um pouco

---

[226] Cfr. VIEIRA DE ANDRADE, *A Justiça...*, cit., pág. 211.

[227] Cfr. GIUSEPPE ROMEO, *Interesse legittimo e interesse a ricorrere: una distinzione inutile*, in DPA, n.º 3, 1989, págs. 408 e 409. No mesmo sentido, embora de forma menos afirmativa, v. CERULLI IRELLI, *op. cit.*, págs. 374 e 375.

[228] Em sentido diferente, v. PEDRO GONÇALVES, *Quem vence um concurso para escolha de funcionário a nomear: o primeiro classificado ou, em conjunto, todos os que ficam em condições de ser nomeados?*, in CJA, n.º 6, 1997, pág. 20.

[229] Trata-se da concepção tradicional defendida, por exemplo, por EDOUARD LAFERRIÈRE, *Traité de la juridiction administrative et des recours contentieux*, reimpressão, Tomo 2, Paris, 1989, pág. 405. VIEIRA DE ANDRADE, *A Justiça...*, cit., págs. 206 e seguintes não refere o interesse em agir entre os pressupostos processuais relativos às partes.

[230] Como refere V. PEREIRA DA SILVA, *Vem aí a Reforma do Contencioso Administrativo (!?)*, in CJA, n.º 19, 2000, pág. 14, a propósito do facto de essa confusão se manter na PLCPTA. No mesmo sentido, v. VITTORIO DOMENICHELLI, *Giurisdizione esclusiva e processo amministrativo*, Pádua, 1988, pág. 119. Para TEIXEIRA DE SOUSA, *A legitimidade...*, cit., pág. 75, o interesse directo, pessoal e legítimo é o "aspecto funcional do interesse em agir".

contraditória, na medida em que determina, no seu artigo 9.º, n.º 1, que são partes legítimas as partes na relação material controvertida, mas depois, no artigo 55.º, n.º 1, a propósito da "acção especial" (que corresponde ao actual recurso contencioso de anulação) mantém a referência ao interesse directo e pessoal.

Parece-nos, pelo contrário, que a legitimidade activa coincide com a titularidade de uma posição jurídica substantiva lesada pela actividade administrativa e carecida, por isso, de tutela judicial[231]. Desta forma, a posição subjectiva detida pelo particular, a legitimidade activa e o interesse em agir tornam-se realidades indissociavelmente ligadas mas não indistintas[232], não bastando ao recorrente ou autor provar a titularidade da relação material controvertida para se considerarem verificados os três pressupostos[233].

Nos termos do artigo 46.º, §2, do RSTA e do artigo 821.º, §2, do CA têm legitimidade activa para interpor um recurso contencioso de anulação todos aqueles que sejam titulares de um interesse directo, pessoal e legítimo na demanda. Esta definição tripartida de interesse implica, segundo a doutrina clássica, que o provimento do recurso remova o acto administrativo que constitui obstáculo à obtenção da pretensão do particular (interesse directo), que a utilidade invocada pelo recorrente seja para si próprio

---

[231] Esta afirmação não significa, contudo, que adoptemos as teorias que negam a autonomia conceptual da legitimidade processual face à legitimidade material, desde logo porque a primeira é um mero pressuposto processual, enquanto a segunda é condição de procedência da acção. Sobre este problema, e adoptando também uma tese que afirma a autonomia entre os dois conceitos de legitimidade v. TEIXEIRA DE SOUSA, *A legitimidade..., cit.*, págs. 58 e seguintes, em especial a pág. 61. Também acerca da distinção entre o "interesse substantivo" e o "interesse processual" v. FILIPPO SATTA, *Giustizia amministrativa*, 2ª Edição, Pádua, 1993, págs. 159 e 160 e VITTORIO DOMENICHELLI, *Giurisdizione..., cit.*, págs. 105 e seguintes.

[232] Em sentido contrário, defendendo a falta de autonomia do interesse processual relativamente ao interesse material, v. RUI MACHETE, *Contribuição para o estudo das relações entre o processo administrativo gracioso e o contencioso*, Lisboa, 1969, pág. 149. A jurisprudência não tem, nesta matéria, uma orientação muito definida, existindo arestos em ambos os sentidos. V., por exemplo, o Acórdão do STA de 17 de Dezembro de 1992 (Processo n.º 26.200) e o Acórdão do STA de 12 de Abril de 1994 (Processo n.º 33.170), respectivamente, a favor e contra a distinção entre legitimidade activa e interesse em agir.

[233] Como refere TEIXEIRA DE SOUSA, *A legitimidade..., cit.*, pág. 70, *"...o interesse em agir, a relação material controvertida e o objecto inicial do processo. Cada um destes conceitos transporta para a legitimidade processual uma faceta que ou a delimita negativamente, quando se verifica que excede o contorno desta figura, ou a realiza conceptualmente, quando nesta a temos que introduzir."*

(interesse pessoal) e não seja reprovada pela ordem jurídica (interesse legítimo)[234]. É a verificação cumulativa destes requisitos que atribui legitimidade activa ao recorrente, sendo certo que aos mesmos está subjacente a existência de uma posição subjectiva substantiva tutelada pela ordem jurídica.

Têm, por isso, legitimidade activa todos os particulares que apresentem, perante determinado comportamento da Administração, um interesse qualificado pela ordem jurídica que os distinga dos demais administrados; e que esse interesse tenha sido ilegalmente lesado pela Administração Pública. Determinar a legitimidade activa do recorrente pressupõe uma análise da relação material controvertida, que implica já uma apreciação de fundo e não meramente processual[235], excepto quando a falta de legitimidade seja manifesta e ostensiva. Tal não equivale, contudo, a uma apreciação de mérito quanto à procedência da acção, ao contrário do que é defendido por alguma doutrina estrangeira, que faz depender a existência do interesse legítimo (substantivo) e da legitimidade activa da gravidade do vício invocado pelo recorrente ou do desvalor jurídico que recai sobre o acto da Administração impugnado[236]. Estas concepções assentam numa certa confusão entre pressupostos processuais e condições de procedência da acção, aspectos que só coincidem no caso da acção para reconhecimento de direito e interesses legítimos quando esta se traduza numa acção de simples apreciação. Não deixa de ser, contudo, verdade que a lesão do interesse e a ilegalidade da actuação lesiva tornam-se "duas faces da mesma moeda" no sentido em que o dano provocado na esfera jurídica do particular só assume um significado juridicamente relevante se resultar de uma actuação ilegal, nomeadamente para efeitos de ressarcimento[237].

---

[234] V., por todos, MARCELLO CAETANO, *Manual...*, *cit.*, volume II, págs. 1356 e 1357.

[235] Neste sentido, v. AROSO DE ALMEIDA, *Sobre a autoridade do caso julgado das sentenças de anulação de actos administrativos*, Coimbra, 1994, pág. 112. O autor defende que apurar da legitimidade de um recorrente implica preencher uma norma de legitimação material, segundo critérios substantivos, que dependem da indagação de facto e de direito.

[236] Cfr. TARDÍO PATO, *Legitimacion procesal e intereses legítimos*, in REDA, n.º 93, 1997, pág. 105 e MASSIMO NICOSIA, *op. cit.*, págs. 94 e 95. Este autor defende que, perante actos nulos ou inexistentes, a posição substantiva do particular configura-se sempre como um direito subjectivo e não como um interesse legítimo. Discordamos desta posição, excepto quando, obviamente, a nulidade do acto administrativo resulte da violação de um direito fundamental (cfr. o artigo 133.º, n.º 2, alínea d) do CPA).

[237] Neste sentido, v. LEOPOLDO MAZZAROLLI, *Il processo amministrativo come processo di parti e l'oggetto del giudizio*, in DPA, n.º 3, 1997, pág. 473.

Verifica-se uma inequívoca aproximação entre a legitimidade activa nos meios impugnatórios e nas acções, uma vez que, em qualquer desses meios processuais, aquele pressuposto processual é aferido em função da titularidade de uma posição jurídica subjectiva substantiva, que se traduz processualmente na posse de um "interesse directo, pessoal e legítimo" na demanda[238]. Podemos até invocar, a este propósito, os ensinamentos de MARCELLO CAETANO, quando defende a aplicação ao contencioso administrativo da regra geral (do artigo 26.º) do CPC, segundo a qual o autor é parte legítima quando tem interesse directo em demandar, sendo este interesse aferido em função da utilidade derivada da procedência da acção[239]. Refira-se que a adopção de um conceito único de legitimidade activa para as acções e para o recurso contencioso de anulação é já particularmente visível nas acções sobre contratos administrativos, atendendo à necessidade de tutelar todos aqueles que têm interesse na invalidade ou na execução do contrato, não sendo, no entanto, sujeitos da relação contratual, o que impõe, eventualmente, o alargamento da legitimidade para intentar acções sobre contratos. Trata-se, aliás, de uma temática central na presente dissertação, à qual voltaremos oportunamente.

A apreciação da legitimidade activa do recorrente ou do autor é uma operação extremamente complexa, na medida em que não são apenas os sujeitos da relação material controvertida que têm legitimidade para impugnar as actuações administrativas. Como salienta SÉRVULO CORREIA, "*...a existência de relações jurídicas administrativas multipolares teve pois, como primeiro reflexo processual, a passagem de um esquema binário para um esquema ternário imperfeito dos recursos contenciosos em que existam contra-interessados...*"[240]. Efectivamente, não é apenas o destinatário do acto da Administração (entendido aqui em sentido amplo para incluir todas as formas de actuação administrativas) que é parte legítima para o impugnar ou para estar em juízo, visto que as relações jurídico--administrativas pautam-se cada vez mais pela existência de uma pluralidade de partes, com interesses conflituantes relativamente à Administração e entre si. Como referimos no capítulo anterior, nas relações multilaterais, além da Administração e do destinatário da actuação administrativa, são também sujeitos quaisquer terceiros afectados por essa mesma actuação. Por isso, todos aqueles cujas esferas jurídicas sejam invadidas por uma

---

[238] Em sentido contrário, como já referimos, v. VIEIRA DE ANDRADE, *A Justiça...*, cit., pág. 211.
[239] Cfr. MARCELLO CAETANO, *O interesse..*, cit., pág. 229.
[240] Cfr. SÉRVULO CORREIA, *Prefácio...*, cit., pág. XIV.

determinada actuação administrativa, ainda que esta não lhes seja directamente e imediatamente dirigida, têm legitimidade activa para a impugnar[241].

Num esforço de densificação, podemos elaborar uma tipologia dessas situações, que agruparíamos em três grandes tipos:

– actos, ainda que dirigidos a outrem, que fazem cessar situações de vantagem ou causam prejuízos na esfera jurídica do sujeito (por exemplo, a atribuição a um vizinho de uma licença de construção, ou a admissão ilegal de um concorrente);
– actos que negam uma pretensão a um sujeito por concederem uma pretensão incompatível a outrem (por exemplo, a concessão de uma bolsa, o provimento num cargo quando apenas haja uma vaga, ou a escolha de um adjudicatário);
– actos que, apesar de não implicarem danos para determinado sujeito, constituem vantagens para outrem em violação do princípio da imparcialidade e do princípio da igualdade (por exemplo, o acto através do qual a Administração se recusa a prestar esclarecimentos a um candidato num concurso público, concedendo esses esclarecimentos a um outro concorrente)[242].

Nestes casos tem de ser atribuída legitimidade activa aos terceiros, sem que seja necessário ficcionar a existência de um acto (lesivo) implícito do qual aqueles sejam destinatários. Aliás, se assim não fosse, os actos de conteúdo favorável nunca seriam passíveis de impugnação contenciosa, visto que os seus destinatários não teriam interesse em fazê-lo e aos terceiros seria negada a legitimidade activa para o fazer.

Na Administração prestadora do Estado Social de Direito, em que os recursos são escassos, conceder certa pretensão a alguém pode implicar recusar essa mesma pretensão a outro interessado, ao qual se tem de reconhecer legitimidade para questionar a escolha da Administração.

O alargamento da legitimidade activa no contencioso administrativo, consequência da própria evolução do Direito Administrativo, suscita várias questões, de grande complexidade e interesse, quer ao nível teórico, quer prático:

---

[241] GONZÁLEZ PÉREZ, *Interesados*, in *Nueva Enciclopedia Juridica Seix*, volume XIII, pág. 227, adoptando uma persectiva mais processualista, distingue as partes eventuais, que considera "interessados acessórios" na impugnação da actuação administrativa, e os "interessados principais", ou seja, os destinatários directos da mesma.

[242] Neste sentido, v. MICHEL DEGOFFE, *L'impartialité de la décision administrative*, in RFDA, n.° 14, volume 4, 1998, pág. 726.

– em primeiro lugar, o problema da determinação, perante cada actuação administrativa em concreto, dos terceiros com legitimidade activa para a impugnar;
– em segundo lugar, como compatibilizar o alargamento da legitimidade activa com a noção processual de interesse em agir, evitando, dessa forma, o desmesurado recurso aos tribunais;
– e, finalmente, a questão de saber se a abertura do processo administrativo aos terceiros assume uma função essencialmente garantística dos direitos dos particulares ou, pelo contrário, visa sobretudo tutelar a legalidade objectiva. Por outras palavras, trata-se de definir qual destes objectivos deve prevalecer se, apesar de haver convergência de fins, tiver de se optar no caso concreto pela prossecução de um deles em detrimento do outro.

A primeira questão, a que já nos referimos no capítulo anterior, afigura-se de primordial importância, na medida em que o alargamento da legitimidade activa implica um esforço acrescido por parte da doutrina e da jurisprudência para densificar os critérios que devem presidir à delimitação do conjunto de terceiros com legitimidade em cada caso concreto.

A atribuição de legitimidade activa aos terceiros para impugnar um acto da Administração de que não são destinatários pressupõe a existência de um interesse merecedor de tutela por parte do ordenamento jurídico, isto é, um interesse qualificado relativamente a eventuais pretensões de outros sujeitos. Trata-se de um interesse substantivo, que se traduz num direito subjectivo (típico) ou, usando a expressão legal, num interesse legítimo (direito subjectivo atípico), razão pela qual é impossível fazer uma análise da legitimidade activa sem referir a posição substantiva em que a mesma assenta[243].

Assim, o primeiro critério para delimitar o conjunto de terceiros legítimos será a existência de uma posição jurídica subjectiva tutelada de forma relevante pela ordem jurídica, quer ao nível do procedimento, quer do processo administrativo, tal como referimos no capítulo anterior da presente dissertação. Determinar, por sua vez, a existência dessa posição jurídica implica uma antecipação da análise do fundo da causa, embora essa apreciação não verse sobre a validade do comportamento administrativo, ou seja, sobre o provimento do recurso, mas apenas sobre a posição substantiva do recorrente relativamente a este comportamento.

---

[243] No mesmo sentido v. GARCÍA DE ENTERRÍA e TOMÁS-RAMÓN FERNANDEZ, *Curso de Derecho...*, cit., pág. 605.

Neste sentido, parece-nos que é detentor de um interesse juridicamente qualificado qualquer sujeito que se encontre numa das situações típicas acima referidas: quando o acto da Administração dirigido a outrem implique a perda de uma vantagem ou a verificação de uma lesão; quando esse acto recuse uma pretensão por conceder uma pretensão incompatível a outrem; e, finalmente, quando o acto impugnado conceda a outrem uma vantagem antes negada ao sujeito em causa em violação dos princípios da igualdade ou da imparcialidade.

Exemplificando, no procedimento pré-contratual para selecção do adjudicatário num contrato administrativo, tem seguramente legitimidade para impugnar o acto (destacável) de adjudicação o concorrente que fica colocado em segundo lugar na lista final de classificação dos candidatos. O seu interesse é óbvio: caso a adjudicação venha a ser anulada ou declarada inválida, a escolha recairá sobre o segundo classificado, podendo essa substituição ser efectuada pelo próprio tribunal em sede de execução da sentença. Aliás, mesmo que o contrato já tenha sido celebrado e o tribunal considere que existe uma causa legítima de inexecução da sentença, o facto de se tratar do segundo classificado e ter, por isso, uma hipótese real e séria de ser o adjudicatário caso não se tivesse verificado uma ilegalidade no procedimento garantem-lhe o direito a uma indemnização pela interesse contratual positivo (pelos lucros que deixou de obter) e não apenas pelo interesse contratual negativo (pelas despesas suportadas com a apresentação da proposta a concurso). Da mesma forma, tem também legitimidade o candidato classificado em segundo lugar num concurso para provimento na função pública, ainda que haja duas vagas, uma vez que pode ter interesse em impugnar o seu posicionamento relativo na lista de classificação final, para efeitos, por exemplo, de progressão futura na carreira profissional[244].

Vejamos agora a situação do terceiro ou quarto classificados nessa mesma lista. A sua legitimidade activa depende não só da existência de um interesse (material) relevante, mas também de se verificar que tem interesse em agir, isto é, se retira alguma vantagem da demanda judicial, no caso de esta ser bem sucedida[245]. Na perspectiva adoptada quanto à dicotomia entre direitos subjectivos e interesses legítimos, não temos dúvidas em afirmar que ambos os sujeitos possuem, pelo menos, um direito à lega-

---

[244] No mesmo sentido, v. PEDRO GONÇALVES, *Quem vence...*, cit., págs. 21 e 22.

[245] TEIXEIRA DE SOUSA, *A legitimidade...*, cit., pág.s. 70 e 71, defende que o interesse em agir tem sempre um significado próprio porque permite averiguar a carência de tutela judicial.

lidade do procedimento e, por isso, o direito à repetição do mesmo a partir do acto anulado ou declarado nulo. O facto de poderem não vir a obter, através do recurso contencioso de anulação do acto final do procedimento, a adjudicação do contrato deriva do conteúdo do direito subjectivo de que são titulares e não apenas da sua posição relativa na lista final de classificação. Aliás, a situação jurídica activa de que beneficiam é em tudo semelhante à detida pelo segundo classificado (ambos possuem um direito subjectivo atípico, ou, na terminologia legal, um "interesse legalmente protegido")[246].

A dificuldade em admitir a legitimidade activa destes concorrentes resulta da verificação do pressuposto do interesse em agir. Neste caso, os terceiros não conseguem obter, através da anulação ou declaração de nulidade ou de inexistência do acto de adjudicação, a sua pretensão inicial, ou seja, a adjudicação do contrato, pelo que a utilização do recurso revela-se inútil e os recorrentes não têm interesse na demanda. Efectivamente, quem viria, em princípio, a beneficiar da decisão de provimento seria o segundo classificado na lista de hierarquização das propostas e não os particulares que se apresentam em juízo.

No entanto, há uma primeira ressalva a fazer, que tem a ver com o próprio pedido formulado pelos recorrentes, na medida em que a impugnação do acto final do procedimento pode assentar em vícios ocorridos numa fase inicial do mesmo, que, em virtude das disposições legais aplicáveis, só sejam recorríveis em sede de recurso do acto de adjudicação[247].

---

[246] Relembre-se que, segundo os ensinamentos de MARCELLO CAETANO, *O interesse..., cit.*, págs. 239 e 240, o facto de, na maior parte dos casos julgados procedentes no contencioso administrativo, a vantagem típica procurada pelo recorrente ficar dependente de actos subsequentes da Administração, praticados em sede de execução da respectiva sentença, não implica a falta de legitimidade activa do demandante e a consequente rejeição do recurso. Em sentido contrário v. ALMEIDA FERRÃO, *op. cit.*, pág. 71. O autor entende que o interesse não é directo quando a vantagem que o recorrente pretende alcançar com a procedência do recurso dependa da actuação da Administração Pública ou de terceiros ou de factos imprevisíveis.

[247] V., por exemplo, o artigo 103.º do Decreto-Lei n.º 59/99, de 2 de Março, que aprovou o regime jurídico das empreitadas de obras públicas, e que apenas prevê o recurso contencioso dos actos referidos no artigo 99.º do mesmo diploma, bem como, naturalmente, do acto final do concurso. Refira-se que, apesar de o preceito mencionar também "os restantes actos lesivos", não se vislumbra como compatibilizar essa referência com a consagração legal do recurso hierárquico necessário. Sobre esta matéria, a que voltaremos oportunamente, v. ALEXANDRA LEITÃO, *A protecção..., cit.*, pág.74, onde nos pronunciámos a favor da imediata recorribilidade de todos os actos "endoprocedimentais" que sejam lesivos dos direitos dos particulares.

Nestas situações, a execução da sentença de anulação ou declaração de invalidade do acto recorrido implica a repetição do procedimento desde o momento em que se verificou a ilegalidade, o que pode afectar a hierarquização dos concorrentes em termos tais que o terceiro ou quarto classificados devessem, afinal, ter sido os adjudicatários do contrato. Quanto mais cedo ocorra o vício que deu causa à invalidade do acto, mais probabilidades há de, na repetição do procedimento, serem afectadas todas as posições relativas dos concorrentes e, consequentemente, em juízo de prognose, se admitir o interesse em agir dos candidatos preteridos. Não temos, por isso, dúvidas em considerar que, nestes casos, todos os candidatos preteridos, independentemente da sua colocação na lista de classificação final dos concorrentes, têm interesse em agir para impugnar o acto final do procedimento.

Quanto às restantes situações – em que se impugna o acto de adjudicação com um fundamento próprio – parece-nos também que todos os candidatos são terceiros legítimos[248]. A principal razão prende-se com o princípio *pro actione*[249] e com o facto de o direito ao recurso, decorrente do direito à tutela judicial efectiva, ser um direito fundamental de natureza análoga aos direitos, liberdades e garantias[250]. Sendo assim, todas as normas jurídicas devem ser interpretadas no sentido de permitir o acesso à Justiça e a uma decisão de mérito sobre o fundo da causa, não o excluindo liminarmente por razões processuais[251].

---

[248] Os tribunais administrativos pronunciam-se em sentido mais restritivo. V. os Acórdãos do STA 17 de Fevereiro de 1998 e de 7 de Julho de 1998, proferidos, respectivamente, nos Processos n.º 42.352 e n.º 43.263, nos quais o Tribunal considerou que apenas o segundo classificado na lista de classificação final, e não o terceiro, tinha legitimidade activa para impugnar o acto de adjudicação. Contudo, num aresto mais recente, de 7 de Outubro de 1999, (Processo n.º 37.791), o STA já admitiu que *"...a legitimidade terá de ser aferida pela titularidade da relação jurídica controvertida..."*.

[249] Sobre este princípio, entendido como instrumento fundamental para a realização do direito à tutela judicial efectiva, v. CHAMORRO BERNAL, *La tutela judicial efectiva*, Barcelona, 1994, págs. 313 e seguintes.

[250] Este aspecto foi desenvolvido por V. PEREIRA DA SILVA, *Em busca...*, cit., págs. 660 e seguintes. Como realça o autor, sendo o direito ao recurso um direito fundamental de natureza análoga aos direitos, liberdades e garantias, qualquer restrição que não esteja expressamente prevista na Constituição é inconstitucional (cfr. a pág. 677).

[251] A propósito deste princípio fundamental do contencioso v. GARCÍA DE ENTERRÍA, *El principio de la interpretacion mas favorable al derecho del administrado al enjuiciamiento jurisdiccional de los actos administrativos*, in RAP, n.º 42, 1963, pág. 275. O autor refere-se a um princípio de interpretação mais favorável ao exercício da acção contenciosa.

A vantagem obtida pelo recorrente poderia não ser, efectivamente, a sua pretensão inicial, ou seja, a adjudicação do contrato, mas apenas uma indemnização a título de responsabilidade extracontratual da Administração. Recusar a estes terceiros legitimidade para impugnar o acto de adjudicação implica, consequentemente, negar o direito ao ressarcimento dos danos eventualmente sofridos em virtude desse acto, atendendo à interprestação (processualista) que a jurisprudência tem adoptado relativamente ao artigo 7.º do Decreto-Lei n.º 48.051.

Assim, a utilidade que os terceiros retiram do recurso contencioso de anulação é, por um lado, a definição judicial da sua situação jurídica – o que é por si só relevante – e, por outro lado, a correspondente indemnização. Em alguns casos, aliás, podem obter mais do que isso, se, por exemplo, o segundo classificado vier a recusar a adjudicação do contrato por ter perdido o interesse no mesmo, como veremos oportunamente.

De facto, sendo a posição substantiva do segundo classificado idêntica à dos restantes[252], as suas posições relativas não têm consequências processuais ao nível da legitimidade activa, mas apenas ao nível da execução da sentença, caso venham a obter provimento no recurso contencioso de anulação[253]. O segundo classificado poderá obter a adjudicação do contrato ou uma indemnização, consoante os casos, enquanto que os outros concorrentes obterão uma indemnização, eventualmente de montante inferior.

O interesse em agir permite racionalizar o direito de acesso aos tribunais, através da determinação em concreto da utilidade que o particular retira da demanda, caso venha a obter provimento. Não se pode aceitar, contudo, a restrição do direito ao recurso sempre que, previsivelmente, venha a ocorrer uma causa legítima de inexecução[254]. De facto, mesmo que seja possível determinar *a priori* a impossibilidade de execução da sentença, tal não consubstancia a falta de um pressuposto processual, implicando apenas a ponderação dos interesses em presença na execução da sentença de anulação ou declaração de nulidade do acto administra-

---

[252] Como refere STICCHI DAMIANI, *Le parti...*, cit., pág. 63, "*...no procedimento administrativo existem tantos interesses legítimos quantos os interesses relativamente aos quais, na presença dos necessários pressupostos, pode concretizar-se um uso favorável da discricionariedade.*"

[253] Em sentido contrário, citando alguma jurisprudência do STA, v. ALMEIDA FERRÃO, *op. cit.*, págs. 84 e 85.

[254] Até porque, como refere MASSIMO NICOSIA, *op. cit.*, pág. 288, o interesse em recorrer não se afere apenas em função da decisão judicial que previsivelmente o recorrente venha a obter, mas também da actuação subsequente da Administração Pública.

tivo[255]. Veja-se, mais uma vez, o caso do recurso do acto de adjudicação: se o candidato preterido impugnar o acto já após a celebração do contrato não existe, na nossa opinião, falta de legitimidade ou de interesse em agir, apesar de poder vir a ocorrer uma causa legítima de inexecução (não quer dizer, no entanto, que o facto de o contrato já estar celebrado constitua sempre uma causa legítima de inexecução da sentença).

Por outro lado, o interesse em agir não deve ser considerado apenas como interesse na obtenção da vantagem típica que resultaria do acto impugnado (a adjudicação do contrato, o provimento no cargo, a atribuição de uma bolsa, etc.), mas também qualquer utilidade de que o particular venha a beneficiar através do recurso aos tribunais, ainda que seja de natureza diferente, tal como uma indemnização ou um qualquer tipo de compensação futura. Tal ocorre, por exemplo, no caso do terceiro classificado num concurso para provimento de quatro vagas na função pública, que, apesar de obter esse provimento, impugna a sua posição relativa no concurso para evitar futuros danos ao nível da progressão na carreira por haver outros concorrentes melhor classificados.

A concepção alargada que adoptamos quer quanto à legitimidade activa, quer quanto ao interesse em agir é a mais adequada ao sistema de contencioso administrativo português, no qual o direito ao recurso e à tutela judicial efectiva é um direito fundamental de natureza análoga aos direitos, liberdades e garantias, postulando, por isso, uma interpretação *pro actione* de todos os pressupostos processuais[256].

Aliás, não é apenas a Constituição portuguesa a impor tal concepção dos pressupostos processuais, pois também a legislação comunitária aponta

---

[255] Infelizmente, a jurisprudência do STA não se pronuncia sempre neste sentido. Em matéria de expropriações, por exemplo, o entendimento tradicional do STA era de que o expropriado não tem legitimidade para recorrer do acto que negue a reversão do bem quando este tenha sido entretanto alienado a um terceiro, na medida em que esta transacção não pode ser afectada pela sentença proferida em sede de recurso contencioso de anulação, ainda que este venha, efectivamente, a considerar inválido o acto através do qual foi recusado o direito de reversão. Sobre esta questão verifica-se, contudo, alguma inflexão na jurisprudência, que já atribui legitimidade ao expropriado – cfr. a anotação de MARGARIDA CABRAL, *Direito de reversão face a terceiros adquirentes?*, in CJA, n.º 6, 1997.

[256] Deve aplicar-se, assim, ao contencioso administrativo a regra geral do artigo 2.º, n.º 2, do CPC, segundo a qual *"...a todo o direito, excepto quando a lei determine o contrário, corresponde a acção adequada a fazê-lo reconhecer em juízo, a prevenir a violação dele e a realizá-lo coercivamente, bem como os procedimentos para acautelar o efeito útil da acção"*. Refira-se que existe uma norma semelhante no artigo 2.º, n.º 2, da PLCPTA, facto que merece a nossa total concordância, embora seja seguido de um elenco exemplificativo do tipo de pedidos que podem ser formulados.

nesse sentido, sobretudo a Directiva "Recursos", através da adopção de uma noção ampla de legitimidade activa, aferida pelo interesse actual ou previsível, de acordo com a ideia de antecipação da tutela judicial[257].

A transposição da Directiva é, contudo, equívoca: o Decreto-Lei n.º 134/98 reconhece legitimidade activa para interpor o recurso urgente aí previsto a *"...quem se considerar titular de direito subjectivo ou interesse legalmente ofendido pelo acto recorrido ou alegar interesse directo, pessoal e legítimo no provimento do recurso"* (cfr. o art. 3.º, n.º 1). É uma fórmula particularmente infeliz, uma vez que parece confundir legitimidade activa (titularidade de direitos) com interesse em agir (interesse directo, pessoal e legítimo).

Finalmente, cumpre analisar as consequências que a adopção de uma concepção abrangente de legitimidade e de interesse em agir tem relativamente à natureza e função do contencioso administrativo, *vaexata quaestio"* que desde sempre dividiu a doutrina jusadministrativista. É uma matéria que tem sido objecto de um tratamento exaustivo por parte da doutrina e evolve uma polémica que não pretendemos reeditar na presente dissertação. Como tal, a análise aqui efectuada limita-se a ponderar os elementos novos que são trazidos a essa contenda pelo alargamento da legitimidade activa aos terceiros lesados. Neste sentido, cumpre averiguar se o facto de se permitir a todos os lesados, por mais difusa e reflexa que seja a sua lesão, a impugnação do comportamento administrativo lesivo traduz uma concepção objectivista ou subjectivista do contencioso administrativo.

De facto, um contencioso cuja função seja essencialmente (ou exclusivamente) subjectivista, limita a legitimidade activa através da comprovação do dano como critério atributivo da legitimidade[258]. Tal limitação decorre de uma perspectiva segundo a qual a defesa da legalidade está totalmente ausente dos objectivos do processo administrativo, excepto quando se trate de um meio intentado pelo Ministério Público. Em todos os outros casos, sendo a única função a tutela judicial dos interesses dos particulares, o reconhecimento de legitimidade activa implica sempre uma lesão desses interesses.

Nesta medida, o alargamento da legitimidade a particulares cuja lesão sofrida está apenas reflexamente relacionada com o acto impugnado

---

[257] A fórmula adoptada na Directiva "Recursos" é próxima da consagrada no artigo 63.º da LPTA, relativo à impugnação de regulamentos.

[258] É por isso que SÉRVULO CORREIA, *O recurso contencioso no projecto da reforma: tópicos esparsos*, in CJA, n.º 20, 2000, pág. 17, considera que a lesividade do acto tem a ver com a legitimidade activa e não com o pressuposto da recorribilidade do acto impugnado.

seria uma forma de "objectivar" o contencioso, tornando-os paladinos da defesa do princípio da legalidade[259].

Estaríamos, assim, perante um paradoxo: o alargamento da legitimidade activa, operado em nome do princípio *pro actione* para garantir a todos os lesados o seu direito a uma tutela judicial efectiva, seria, afinal, o veículo de retorno a um contencioso com uma função essencialmente objectivista.

O paradoxo é apenas aparente. É inegável que o alargamento da legitimidade activa a todos os terceiros lesados aumenta as hipóteses de os comportamentos administrativos virem a ser apreciados judicialmente e, se o recurso tiver provimento, de ser reposta a legalidade. Esse não é, contudo, o principal objectivo, mas sim o de garantir a todos os lesados o acesso aos tribunais, com vista a assegurar a tutela judicial efectiva constitucionalmente consagrada. A defesa da legalidade é um reflexo desta finalidade, de natureza essencialmente subjectivista.

Efectivamente, o facto de ao recorrente ser exigida a demonstração do seu interesse, da lesão e da utilidade do meio processual de que pretende lançar mão é a prova de que a função do contencioso é essencialmente subjectivista[260]. Assim, o particular que pretenda recorrer "a bem

---

[259] No sentido da instrumentalidade do alargamento da legitimidade activa relativamente ao controlo objectivo da legalidade dos actos da Administração pronunciou-se MARCELLO CAETANO, *Sobre o problema da legitimidade das partes no contencioso administrativo português*, in *Estudos de Direito Administrativo*, Lisboa, 1974, págs. 11 e 12, nos seguintes termos: *"Um contencioso limitado a poucos actos e fechado a raros cidadãos corresponde a uma suave fiscalização jurisdicional sobre a Administração activa e portanto à maior tendência dos agentes desta para exorbitar."* O autor vai ao ponto de defender que não existe qualquer distinção entre Direito objectivo e direito subjectivo, tratando-se de *"dois aspectos lógicos da mesma realidade"*, porquanto *"...não há direito subjectivo nem direito objectivo: há apenas o direito (...) o direito objectivo nasce da necessidade de melhores condições de existência e progresso dos interesses individuais (...) e que, portanto, o que se chama direito subjectivo mais não é senão o fim último e a causa remota do direito objectivo."*

[260] De facto, como refere V. PEREIRA DA SILVA, *O contencioso administrativo como "Direito Constitucional concretizado ou ainda por concretizar?"*, Coimbra, 1999, pág. 8, *"A Constituição impõe um modelo de contencioso administrativo plenamente jurisdicionalizado e destinado à tutela plena e efectiva dos direitos dos particulares nas relações jurídicas administrativas...."*, e, para uma análise mais aprofundada quanto à natureza do recurso contencioso de anulação v. V. PEREIRA DA SILVA, *Para um contencioso..., cit.* Em sentido próximo, embora sem retirar as mesmas conclusões, pronuncia-se VIEIRA DE ANDRADE, *A Justiça..., cit.*, págs. 60 e seguintes, quando refere que a Constituição põe *"...o acento tónico na garantia dos direitos e interesses legalmente protegidos dos admi-*

da legalidade" não tem legitimidade para interpor o recurso pela simples razão de que não consegue demonstrar esse interesse directo, pessoal e legítimo[261]. Fica, por isso, demonstrado, como refere V. PEREIRA DA SILVA,

---

nistrados, limitando a própria garantia de recurso de anulação aos titulares dessas posições jurídicas subjectivas...". O autor não considera, no entanto, que desta opção constitucional resulte a imposição de um modelo subjectivista de justiça administrativa, pelo que ao legislador ordinário seria permitido alargar a função do contencioso por forma a incluir também a defesa da legalidade e do interesse público. Assim, o autor defende que o modelo consagrado nas actuais leis de contencioso administrativo é misto, de base objectivista, mas evoluindo num sentido subjectivista, na sequência, aliás, da opção constitucional. Quanto ao recurso contencioso de anulação, o autor considera-o já um verdadeiro "processo de partes". V. também VIEIRA DE ANDRADE, *As transformações do contencioso administrativo na Terceira República Portuguesa*, in Legislação, INA, n.° 18, 1997, pág. 77, que refere, a propósito da Revisão Constitucional de 1997, o papel de *"motor"* que a Constituição tem desempenhado no sentido do *"aperfeiçoamento das garantias das posições jurídicas substantivas dos cidadãos"*. Parece-nos, efectivamente, que a opção constitucional vai no sentido de atribuir uma função essencialmente subjectivista ao contencioso administrativo, claramente definida no artigo 268.° da CRP, opção essa que as sucessivas revisões constitucionais (principalmente a de 1989) têm vindo a acentuar. O principal objectivo do contencioso administrativo é, nos termos do n.° 4 daquele preceito, a defesa dos direitos dos particulares, razão pela qual lhes é garantido o acesso aos tribunais para resolver os litígios com a Administração e, nesta perspectiva, a legislação ordinária não pode "esquecer" a função de *indirizzo* que a Constituição possui e que deve presidir às opções assumidas pelo legislador ordinário. No sentido de que a função do contencioso administrativo (quer das acções, quer dos recursos) é subjectivista e de que a sua estrutura tende claramente para a subjectivização, v. também REBELO DE SOUSA, *Lições...*, cit., pág. 475.

[261] No mesmo sentido, citando uma sentença do TS, de 15 de Setembro de 1997, v. GARCÍA DE ENTERRÍA e TOMÁS-RAMÓN FERNANDEZ, *Curso de Derecho..., cit.*, pág. 607. Nestes casos, só se verifica o pressuposto da legitimidade activa por expressa determinação legal nesse sentido, como acontece, por exemplo, no artigo 14.°, n.° 3, do CPA, nos termos do qual o presidente do órgão colegial pode interpor recurso contencioso de anulação e pedir a suspensão jurisdicional da eficácia das deliberações tomadas pelo órgão colegial a que preside quando as considere ilegais. Veja-se ainda a situação do professor que pretende recorrer do acto de um órgão da faculdade através do qual este alterou uma classificação atribuída por si. O professor, enquanto defensor do bom nome da faculdade não terá legitimidade activa para impugnar o acto de alteração da nota; mas, enquanto detentor de um interesse pessoal (o seu bom nome como pedagogo) não vemos como lhe pode ser negada legitimidade activa. Um caso análogo foi discutido por TARDÍO PATO, *Legitimacion procesal..., cit.*, págs. 99 e seguintes, a propósito de uma sentença da Sala de Contencioso-Administrativo do Tribunal Superior de Justiça da Comunidade Valenciana, datada de 13 de Março de 1996, sendo que o autor se pronunciou em termos próximos, embora não inteiramente coincidentes.

que nem sempre a concepção subjectivista resulta mais ampliativa no que respeita à legitimidade e interesse em agir no contencioso administrativo[262].

Os tribunais administrativos tendem a fazer uma interpretação semelhante da legitimidade activa, exigindo sempre a verificação de um dano na esfera jurídica do recorrente[263].

A adopção de critérios amplos de reconhecimento de legitimidade activa, por forma a aumentar quer o número de sujeitos merecedores de tutela judicial, quer o número de actos recorríveis, acaba por revelar-se duplamente eficaz: por um lado, na garantia de uma tutela judicial efectiva dos particulares; por outro, na defesa da legalidade através do alargamento da sindicabilidade dos actos administrativos[264]. Estes objectivos deixam de considerar-se incompatíveis, antes pelo contrário, assumem-se como "duas faces da mesma moeda", contribuindo para a superação da dicotomia entre objectivismo e subjectivismo.

2. Os terceiros como partes necessárias do processo administrativo

Nesta primeira parte da dissertação temos estado a fazer um breve excurso sobre a noção de terceiro no Direito Administrativo, problemática que se afigura instrumental relativamente ao tema de estudo que nos propusemos abordar. Neste contexto, a referência que agora se introduz quanto aos poderes processuais dos terceiros assume carácter geral, não se visando ainda discutir a questão da protecção dos terceiros no contencioso dos contratos da Administração Pública.

Saliente-se, em primeiro lugar, que a principal questão normalmente colocada a propósito da posição processual dos terceiros no contencioso administrativo prende-se com a legitimidade activa para impugnar as decisões administrativas, na medida em que os terceiros, apesar de serem afectados por essas decisões, não são destinatários das mesmas.

Cumpre agora referir os poderes processuais desses terceiros enquanto partes no processo administrativo, problema que suscita, desde já, um problema: é que a posição das partes numa relação jurídica pode modificar-se no decurso dessa mesma relação. Tal acontece exactamente quando

---

[262] Cfr. V. PEREIRA DA SILVA, *Em busca...*, cit., pág. 296.

[263] Esta constatação era já feita por MARCELLO CAETANO, *Sobre o problema da legitimidade...*, cit., pág. 38, embora criticamente.

[264] Em sentido próximo v. STICCHI DAMIANI, *op. cit.*, págs. 81 e 82, referindo-se à "combinação" entre a função subjectivista e objectivista do contencioso administrativo.

alguém que é terceiro relativamente a uma decisão administrativa a impugna contenciosamente, transformando-se em demandante no processo administrativo (recorrente ou autor, consoante o meio processual) e, consequentemente, é o destinatário dessa decisão quem, se tiver interesse na sua manutenção, tem de intervir como contra-interessado no processo, actuando ao lado da Administração. Verifica-se, por isso, que a posição relativa das partes na relação jurídica substantiva nem sempre coincide com a sua posição na relação processual.

Assim, analisaremos a posição processual das partes no contencioso administrativo, com especial referência à posição do(s) contra-interessado(s), desde logo porque, mesmo da óptica do terceiro (agora demandante), o efeito útil da decisão judicial que venha a obter depende da participação no processo de todos os interessados, nomeadamente do destinatário do acto da Administração.

O contencioso administrativo português adopta, por influência francesa, a tradicional distinção entre contencioso de mera anulação e contencioso de plena jurisdição, consistindo o primeiro no recurso de anulação de actos e regulamentos administrativos e o segundo nas acções sobre contratos, responsabilidade extracontratual da Administração e para o reconhecimento de direitos (direitos subjectivos e interesses legítimos)[265]. Para além das diferenças ao nível dos poderes do juiz, que, aliás, deram origem à própria designação dos meios processuais, a doutrina clássica sempre entendeu que o contencioso de mera anulação é um "processo feito a um acto"[266], no qual não há verdadeiras partes, desde logo devido ao preconceito de que a Administração não pode ser ré num processo, nem pode ser condenada[267]; e também porque, à luz da concepção objectivista do contencioso administrativo, a sua única função é a reposição da legalidade e não a tutela das posições subjectivas dos particulares. Assim, a uma função essencialmente objectivista do contencioso tinha de corresponder uma estrutura também essencialmente objectivista. Pelo contrário, CHAPUS, apesar de considerar que o recurso contencioso de anulação tem uma

---

[265] V., por todos, RENÉ CHAPUS, *Droit du contentieux...*, cit., págs. 175 e seguintes e FREITAS DO AMARAL, *Direito...*, cit., volume IV, págs. 77 e seguintes.

[266] Esta famosa e significativa expressão é de EDOUARD LAFERRIÈRE, *Traité...*, cit., pág. 561. Sobre os inconvenientes processuais de uma concepção meramente "revisora" da Jurisdição administrativa, v. FÉRNANDEZ TORRES, *Jurisdicción administrativa revisora y tutela judicial efectiva*, Madrid, 1998, em especial as págs. 146 e seguintes.

[267] DANIELE CORLETTO, *La tutela dei terzi nel processo amministrativo*, Milão, 1992, pág. 165, apesar de não concordar com a afirmação, admite que, numa certa perspectiva, o *"...processo de recurso seria a forma típica de processo não paritário..."*.

natureza puramente objectivista, defende que se trata de um processo de partes, visto que, na sua opinião, o conceito de parte processual não implica o reconhecimento da titularidade de um direito subjectivo[268]. PROSPER WEIL vai ainda mais além, referindo-se à teoria clássica da ausência de partes como um verdadeiro "dogma"[269]. KORNPROBST, por sua vez, considera a solução clássica ilógica do ponto de vista da teoria jurídica, na medida em que *"um recurso sem partes não é mais do que uma ficção totalmente desprovida de consistência"*, defendendo a natureza subjectivista do recurso[270].

Actualmente, as teorias que rejeitam a natureza de parte aos sujeitos da relação processual no contencioso de anulação estão ultrapassadas. Efectivamente, mesmo aqueles que defendem que, do ponto de vista funcional, o recurso contencioso de anulação ainda é essencialmente objectivista, admitem que, ao nível da sua estrutura, é um processo de partes[271]. Tal implica, consequentemente, o tratamento paritário da Administração e do particular, de acordo com o princípio do contraditório[272].

Concordamos, por isso, com V. PEREIRA DA SILVA, quando diz que o tratamento da Administração como parte processual, incluindo a possibilidade de condenação, é uma consequência da plena jurisdicionalização do contencioso administrativo[273]. MARIO NIGRO, por sua vez, refere-se a uma "crise do processo de impugnação". Esta crise implica a transformação do recurso a dois níveis: por um lado, a substituição do acto administrativo pela relação jurídica como objecto do processo; e, por outro lado, a transformação do processo num conflito substancial de interesses entre as partes[274]. Também MAZZAROLLI relaciona o objecto do processo com a

---

[268] Cfr. RENÉ CHAPUS, *Droit du contentieux...*, cit., pág. 188.

[269] Cfr. o Prefácio à obra de BRUNO KORNPROBST, *La notion de partie et le recours pour excès de pouvoir*, Paris, 1959.

[270] Cfr. BRUNO KORNPROBST, *op. cit.*, págs. 84 e seguintes. O autor considera que, mesmo no plano psicológico, o recurso é um processo de partes, porque a própria Administração quer participar no processo para se defender.

[271] É o caso de VIEIRA DE ANDRADE, *A Justiça...*, cit., págs. 206 e seguintes. Veja-se que o próprio MARCELLO CAETANO, *O interesse...*, cit., pág. 233, entendia que o recorrente é parte no processo, a Administração é que não possuía essa qualidade.

[272] Sobre esta matéria, para uma análise pormenorizada do regime vigente na legislação portuguesa, v. V. PEREIRA DA SILVA, *Para um contencioso...*, cit., págs. 157 e seguintes.

[273] Cfr. V. PEREIRA DA SILVA, *Para um contencioso...*, cit., pág. 143.

[274] Cfr. MARIO NIGRO, *Giustizia...*, cit., págs. 233 e seguintes, em especial, a pág. 237.

sua estrutura, defendendo que é às partes que cabe definir o objecto da demanda através do pedido e da causa de pedir[275].

Parece-nos, assim, que o processo administrativo é, actualmente, um verdadeiro processo de partes no sentido civilístico do termo, quer no âmbito das acções, quer no do recurso contencioso de anulação. Esta é, aliás, a solução mais adequada à gradual subjectivização de que tem sido alvo o contencioso administrativo português, sobretudo por imperativo constitucional[276], sendo também a opção legislativa mais comum nos países europeus[277]. Neste pressuposto, cumpre, em primeiro lugar, definir quais são as partes necessárias – ou partes principais[278] – no processo administrativo.

Nas acções, a solução parece simples: são partes necessárias os sujeitos da relação material controvertida, tal como acontece no processo civil.

Contudo, no recurso contencioso de anulação esta tarefa afigura-se mais complexa, tendo a doutrina adiantado vários critérios para delimitar o número das partes necessárias: um primeiro critério, essencialmente objectivo, assenta no próprio acto impugnado; em segundo lugar, existe o critério subjectivo do interesse na demanda; e, finalmente, um critério baseado no conteúdo previsível da sentença.

Quanto ao primeiro critério, tributário de uma concepção objectivista do contencioso de anulação e da ideia do "processo feito a um acto", elege esse acto como momento essencial – senão único relevante – da relação que se estabelece entre a Administração e os particulares, cristalizando nesse momento todos os interesses em presença. O critério assente no acto administrativo apenas permite identificar como partes necessárias a Administração, o destinatário desse acto e, eventualmente, através de um

---

[275] Cfr. LEOPOLDO MAZZAROLLI, op. cit., pág. 472.

[276] Sobre a função de *indirizzo* que a Constituição tem tido nesta matéria v. V. PEREIRA DA SILVA, *O contencioso administrativo como...*, cit., em especial as págs. 23 e seguintes.

[277] V., por exemplo, em Espanha, a recente LJCA (Lei n.º 29/1998, de 13 de Julho), relativamente à qual é unanimemente aceite – até em virtude dos antecedentes históricos – que o objecto do processo são as pretensões das partes e não o acto, que é mero pressuposto do processo e não o seu centro e objecto – cfr. SUAY RINCÓN, *Actividad administrativa impugnable*, in *La nueva ley de la jurisdicción contencioso-administrativa*, Madrid, 1999, pág. 82.

[278] Esta é a designação preferida, por exemplo, por VIEIRA DE ANDRADE, *A Justiça...*, cit., pág. 206.

esforço doutrinário, o contra-interessado nesse acto administrativo[279] se – e apenas nesses casos – este estiver em relação directa com o acto administrativo no momento da sua prática (único relevante à luz de um critério estático). Concordamos, por isso, com STICCHI DAMIANI, quando defende que o critério objectivo do acto administrativo apenas permite identificar as "partes mínimas", ou seja, aquelas que têm uma relação directa com o dito acto administrativo[280].

Passaremos, agora, ao terceiro critério – o da sentença. De acordo com este critério, são partes necessárias no processo todos aqueles que possam vir a ser previsivelmente afectados pelo conteúdo da sentença[281]. Trata-se de um critério "às avessas", cronologicamente e logicamente invertido, na medida em que exige um juízo de prognose quanto ao conteúdo previsível da sentença, que não nos parece, por isso, de acolher. Não deixa de ser verdade, contudo, que, muitas vezes, a delimitação da posição (substantiva e processual) de cada sujeito depende da verificação dos efeitos que a sentença tem na respectiva esfera jurídica, análise essa que nem sempre é facilmente efectuada *a priori*[282]. Este parece ser o critério adoptado no artigo 36.º, n.º 1, alínea b) da LPTA, quando se refere aos *"...interessados a quem o provimento do recurso possa directamente prejudicar..."*. A este prejuízo está, contudo, subjacente uma determinada posição jurídica substantiva.

Finalmente, o critério que adoptamos, ou seja, o do interesse substantivo de cada parte na demanda, que se pode também designar como critério subjectivo[283]. A aplicação deste critério implica uma análise da

---

[279] Como diz SEVERO GIANNINI, *op. cit.*, vol. II, pág. 157, as partes necessárias em sentido lógico são três: o "impulsionador" do procedimento, o órgão autor do acto e o destinatário do mesmo. No entanto, como na maioria dos casos o primeiro coincide ou com o segundo ou com o terceiro, consoante se trate de um procedimento da iniciativa da própria Administração ou do particular, as partes necessárias no procedimento tendente à prática do acto podem ser, na realidade, apenas duas.

[280] Cfr. STICCHI DAMIANI, *Le parti..., cit.*, pág. 116. No mesmo sentido, v. CARACCIOLO LA GROTTERIA, *Parti e contraddittorio nel processo amministrativo*, in DPA, n.º 1, 1993, pág. 33.

[281] FRANCO BASSI, *Litisconsorzio necessario e processo amministrativo*, in DPA, Ano V, 1985, pág. 174.

[282] Neste sentido v. DANIELE CORLETTO, *op. cit.*, pág. 123.

[283] Neste sentido, v. CARACCIOLO LA GROTTERIA, *op. cit.*, pág. 34. Este é também o critério adoptado por STICCHI DAMIANI, *Le parti..., cit.*, pág. 115, embora o autor defina como partes necessárias, segundo esse critério, todos aqueles que sejam titulares de interesses substantivos que podem ser afectados positivamente ou negativamente pela decisão judicial, acabando por cair no critério do conteúdo previsível da sentença.

relação material controvertida para determinar quais são os interesses susceptíveis de ser afectados pelo processo judicial, independentemente da procedência ou não do pedido formulado pela recorrente ou pelo autor. Ou seja, está em causa a conexão existente entre o interesse de cada sujeito e o interesse do demandante ou do demandado, respectivamente, sem prejuízo de esses interesses poderem não ser inteiramente coincidentes. Na PLCPTA parece adoptar-se uma solução próxima, uma vez que o seu artigo 57.º define contra-interessados como "*...aqueles a quem o provimento do processo impugnatório possa directamente prejudicar ou que tenham legítimo interesse na manutenção do acto impugnado e que possam ser identificados em função da relação material em causa...*"[284].

Apesar de os interesses substantivos na demanda poderem ser de diversa natureza, no plano processual, podem reconduzir-se a duas posições essenciais: interesse na remoção do acto (interesse positivo) ou na sua manutenção (negativo). O interesse do contra-interessado tem de ser um interesse pessoal, directo e actual, ou seja, semelhante ao do recorrente, embora de sinal contrário[285]. O melhor "teste" à bondade do critério resulta da sua aplicação às situações jurídicas plurisubjectivas: enquanto que no processo civil estas situações ocorrem quando se verifica uma contitularidade de direitos e de obrigações; no processo administrativo são situações jurídicas imputáveis a uma pluralidade de sujeitos em que exista uma conexão indissociável dos interesses por estes detidos ou mesmo uma coincidência de interesses[286]. Como refere DANIELE CORLETTO, a diferença reside no facto de, no primeiro caso, existir uma situação de plurisubjectividade de uma das partes (ou de ambas), enquanto que no segundo, se verifica uma total impossibilidade de reduzir os interesses em presença ao "esquema do processo bipolar"[287].

Ora, como os interesses que estão em causa constituem sempre posições jurídicas substantivas, estas situações plurisubjectivas processuais acabam por corresponder a relações jurídicas administrativas multilaterais[288]. Nestes casos, são partes necessárias no processo administrativo

---

[284] Sublinhado nosso.
[285] É a posição defendida por FRANCESCO PUGLIESE, *Nozione di controinteressato e modelli di processo amministrativo*, Nápoles, 1989, pág. 75.
[286] Neste sentido v. STICCHI DAMIANI, *Le parti...*, *cit.*, pág. 122.
[287] Cfr. DANIELE CORLETTO, *op. cit.*, pág. 174.
[288] Pois, como diz VIEIRA DE ANDRADE, *A Justiça...*, *cit.*, pág. 72, "*...as posições jurídicas substantivas dos vários sujeitos envolvidos constituem o próprio conteúdo da relação jurídica administrativa...*"

todos aqueles que sejam sujeitos da relação jurídica multilateral. Este critério permite incluir quer os vários potenciais contra-interessados (na manutenção do acto), quer os co-interessados (na anulação ou declaração de nulidade do acto), na medida em que a relação jurídica multilateral é um conceito compreensivo que abrange toda a complexa teia de relações intersubjectivas[289].

Assim enunciado, o problema da delimitação das partes necessárias no recurso contencioso de anulação não apresenta grandes particularidades relativamente ao que ocorre nas acções, uma vez que em qualquer desses meios processuais é a titularidade da relação material controvertida que define as partes necessárias na demanda. Esta conclusão é, aliás, coerente com a posição que adoptámos relativamente à legitimidade activa, que tratámos de forma semelhante nas acções e no recurso.

Neste contexto, também o conceito de parte necessária nas acções deve ser repensado à luz das relações jurídicas multilaterais, na medida em que a tradicional limitação do contencioso de plena jurisdição às partes na relação material controvertida (bilateral) pode revelar-se demasiado restritiva. De facto, mesmo no plano das relações contratuais, os problemas relativos à validade e execução do contrato podem afectar terceiros que devem, por isso, ter legitimidade para impugnar o contrato ou exigir o seu cumprimento; ou, caso o seu interesse coincida com o do demandado, para intervir como contra-interessados no respectivo processo. O dogma da relatividade da relação contratual, enquanto "lei entre as partes", que se reflecte no artigo 825.º do CA, está em crise, exigindo-se, por isso, a adopção de diferentes soluções legais, em nome da tutela judicial efectiva dos terceiros. É, aliás, neste sentido que se orienta a PLCPTA, no seu artigo 40.º, ao alargar a legitimidade activa nas acções de contratos.

A adopção do critério do interesse substantivo para delimitar a posição processual dos sujeitos envolvidos permitiria identificar como partes necessárias no processo administrativo, além do demandante e do demandado, também os co-interessados e os contra-interessados[290]. Não é,

---

[289] GIUSEPPE OLIVIERI, *L'opposizione di terzo nel processo amministrativo. Oggetto ed effetti*, in DPA, n.º 1, 1997, págs. 22 e 23, também adopta o critério da relação jurídica e defende que os contra-interessados são sempre detentores de um interesse substantivo. Por sua vez, apesar de não ser conclusivo quanto ao critério a adoptar, FRANCISCO BRIGNOLA, *Cointeressati e controinteressati nel processo amministrativo*, in *Studi per il centocinquantenario del Consiglio di Stato*, volume III, Roma, 1981, págs. 1683, também defende que as posições processuais do co-interessado e do contra-interessado devem ser objecto de um tratamento unitário, por referência a um critério unificador.

[290] Este critério aplica-se também ao processo cautelar, como salienta RODRÍGUEZ

no entanto, exactamente assim, razão pela qual cumpre distinguir as duas situações.

Quanto ao contra-interessado é, indubitavelmente, parte necessária no processo[291], devendo ser citado para intervir em via principal, na medida em que existe uma situação de litisconsórcio necessário do lado passivo entre o demandado (a Administração Pública) e os particulares que tenham interesse (substantivo) na manutenção do acto (ou do contrato) impugnado, sendo aplicável o disposto no artigo 28.°, n.° 2, do CPC[292].

Em sentido diferente pronuncia-se VIEIRA DE ANDRADE, para quem os contra-interessados não são titulares (ou podem não ser) de um interesse substantivo e, apesar de serem citados para contestar e alegar, não são partes principais, visto que têm uma posição processual secundária relativamente à autoridade recorrida, apelidando-os de "partes quase-principais" ou "quase-necessárias"[293]. Nesta linha, DANIELE CORLETTO discorda também da classificação dos contra-interessados como partes necessárias, visto que apenas o demandante e o demandado são partes "estruturais" ou "constitutivas" do processo, no sentido em que a sua presença é necessária à própria existência do processo, enquanto que os contra-interessados apenas são partes necessárias porque o princípio constitucional do contraditório e a lei assim o exigem[294]. Outros autores distinguem os "contra-interessados de direito" dos "contra-interessados de facto", assumindo os primeiros a posição de partes necessárias, e os segundos de meros inter-

---

PONTÓN, *Pluralidad de intereses en la tutela cautelar del proceso contencioso-administrativo*, Barcelona, 1999*cit*., págs. 151 e seguintes, em especial, a pág. 161.

[291] Neste sentido v. LORENZO MIGLIORINI, *Il contraddittorio nel processo amministrativo*, Nápoles, 1996, pág. 69. Não podemos concordar com DANIELE CORLETTO, *op. cit*., pág. 159, quando diz que o contra-interessado, enquanto terceiro, não é parte, uma vez que é titular de uma posição jurídica activa perante a Administração, mas não directamente perante o recorrente particular, desde logo porque, em muitos casos, a obtenção de uma vantagem por uma das partes implica a perda de uma vantagem correlativa pela outra parte.

[292] Este preceito aplica-se claramente à situação em apreço, na medida em que determina que há lugar a litisconsórcio necessário quando "...*pela própria natureza da relação jurídica, ela (a intervenção de todos os interessados) seja necessária para que a decisão a obter produza o seu efeito útil normal.*" No processo administrativo a intervenção dos terceiros é pressuposto essencial para que a sentença lhes seja oponível e tenha, por isso, efeito útil. Neste sentido v. PAULO OTERO, *Os contra-interessados em contencioso administrativo: fundamento, função e determinação do universo em recurso contencioso de acto final de procedimento concursal*, no prelo, pág. 11.

[293] Cfr. VIEIRA DE ANDRADE, *A Justiça...*, *cit*., pág. 207.

[294] V. DANIELE CORLETTO, *op. cit*., pág. 8.

venientes *ad opponendum*. A distinção assenta na titularidade de um interesse legítimo (na manutenção de uma vantagem ou de um acto que tenha eliminado ou evitado um dano na esfera jurídica do particular) ou, pelo contrário, de um mero interesse de facto[295].

Nenhuma das posições nos parecem de acolher:

– em primeiro lugar, o contra-interessado é sempre titular de uma posição jurídica substantiva, não dependendo a sua posição processual da qualificação dessa situação activa, até porque não se justifica distinguir entre os contra-interessados a quem a actuação administrativa impugnada beneficia e aqueles a quem essa actuação apenas traz uma vantagem correlativa ao ónus que faz recair sobre outrem (normalmente o demandante)[296], visto que, em ambos os casos estão subjacentes interesses substantivos dignos de tutela;

– em segundo lugar, a intervenção (principal) do contra-interessado é absolutamente necessária à luz do princípio do contraditório e elemento essencial para que a sentença proferida no âmbito do litígio lhe seja oponível (e, consequentemente, essencial para salvaguardar o efeito útil da sentença), razão pela qual se afigura excessivamente formalista a distinção entre "partes estruturalmente necessárias" e "partes (apenas) legalmente necessárias"[297];

– finalmente, a solução adoptada na legislação portuguesa vai claramente no sentido de se tratar de uma intervenção principal, razão pela qual a falta de indicação dos contra-interessados na petição inicial é motivo de regularização da mesma (cfr. o artigo 40.º da LPTA) ou, caso tal não suceda, de absolvição da instância ou rejeição do recurso por se verificar uma excepção dilatória de ilegitimidade passiva (cfr. o artigo 54.º da LPTA e o artigo 288.º do CPC). É verdade que esta solução pode ser objecto de crítica pelo facto de fazer recair sobre o recorrente o ónus da identificação dos

---

[295] Cfr. FRANCESCO BRIGNOLA, *op. cit.*, págs. 1683 e 1699.

[296] Esta distinção é adoptada por FRANCESCO BRIGNOLA, *op. cit.*, pág. 1701.

[297] Concordamos, por isso, com PAULO OTERO, *Os contra-interessados...*, *cit.*, pág. 13 e seguintes, quando defende que a intervenção dos contra-interessados no processo desempenha simultaneamente uma função subjectivista – assegurar o princípio do contraditório na defesa dos seus próprios interesses, – e uma função objectivista – garantir o efeito útil da sentença, através de uma decisão judicial que se traduza na composição definitiva do litígio. Já não acompanhamos exactamente o autor quando defende uma preponderância do segundo objectivo relativamente ao primeiro (cfr. a pág. 24).

contra-interessados (cfr. o artigo 36.º, n.º 1, alínea *b*) da LPTA), os quais, no quadro de relações jurídicas multilaterais, podem ser difíceis de identificar e numerosos[298].

Na Alemanha, por exemplo, adopta-se uma fórmula diferente, competindo ao juiz o chamamento ao processo dos terceiros lesados, através do mecanismo da *"beiladung"*[299].

Em Portugal seria possível adoptar uma solução semelhante ou, pelo menos, permitir, em homenagem ao princípio do inquisitório, o suprimento judicial da falta desse pressuposto processual, através da citação edital, no caso de ser totalmente impossível citar pessoalmente todos os contra-interessados, aplicando-se, nesse caso, o artigo 233.º, n.º 6, do CPC.

Assim, à luz da noção de relação multilateral e do princípio do contraditório, o conceito de contra-interessado, enquanto parte necessária ou principal, deve ser objecto de um substancial alargamento[300]. Com efeito, a tradicional limitação dos contra-interessados aos sujeitos que, tal como os destinatários, sejam identificados ou identificáveis na própria decisão administrativa impugnada ou através do procedimento, está hoje ultrapassada pelas formas de actuação da Administração moderna. Daí que o objecto da apreciação judicial não é tanto o acto administrativo, mas sim a relação jurídica que se estabelece entre a Administração e o particular, em ordem à composição de todos os interesses em presença[301]. Exemplificando: no recurso contencioso de anulação de um acto de adjudicação,

---

[298] Este aspecto do regime jurídico, semelhante à solução adoptada na legislação italiana, é muito criticado por DANIELE CORLETTO, *op. cit.*, págs. 146 e 147, sobretudo porque tem como consequência imediata a limitação jurisprudencial do número de contra-interessados aos sujeitos que sejam expressamente nomeados no acto impugnado, levando à adopção de um critério formal em detrimento de um critério material para delimitar os contra-interessados. Também FILIPPO SATTA, *op. cit.*, pág. 181, se refere a esta restrição do conceito de terceiros.

[299] Cfr. o artigo 65.º da VwGO. Sobre a solução alemã, com a qual, aliás, concorda, v. DANIELE CORLETTO, *op. cit.*, págs. 33 e seguintes. São oficiosamente chamados a intervir no processo os terceiros que detenham uma posição jurídica na relação jurídica controvertida em termos tais que a sentença proferida não possa deixar de os afectar.

[300] Como diz LORENZO MIGLIORINI, *op. cit.*, pág. 71, *"...a progressiva dilatação do objecto do processo do acto para a relação jurídica não pode deixar de repercutir-se na amplitude dos sujeitos que têm o direito de contraditar..."*. Ainda a propósito do princípio do contraditório, v. OLIVIER GOHIN, *La contradiction dans le procédure administrative contentieuse*, Paris, 1988, em especial as págs. 135 e seguintes, sobre a intervenção de terceiros.

[301] Neste sentido, v. MARIO NIGRO, *Giustizia...*, *cit.*, pág. 236.

não é apenas contra-interessado o adjudicatário, mas também todos os concorrentes que tenham ficado à frente do recorrente na lista de classificação final[302].

Aliás, mesmo a delimitação dos contra-interessados através do procedimento administrativo que precedeu o acto impugnado ou no qual este se integra, via tentada pelos italianos para contornar o redutor critério do acto administrativo, revela-se insuficiente em certos casos. Veja-se o caso dos particulares lesados pela execução de um contrato administrativo ou pela concessão de uma licença de construção. Esta constatação esteve na base de uma recente sentença aditiva do Tribunal Constitucional italiano, que considerou que aos terceiros que não sejam considerados contra-interessados por não serem identificáveis através do procedimento impugnado deve ser atribuída a faculdade de reagir contra a sentença que os afecte através do mecanismo da oposição de terceiros[303].

O alargamento da noção de contra-interessados permitiria antecipar a sua intervenção para momento anterior ao da sentença, que já incluiria a necessária ponderação de interesses, em vez de remeter essa questão para um eventual recurso jurisdicional. Esta solução é vantajosa quer ao nível do princípio da economia processual, quer por levar ao conhecimento do juiz todas as posições substantivas que constituem a relação jurídica administrativa, garantindo a justeza da decisão judicial e o efeito útil da sentença. Nesta medida, a participação necessária dos contra-interessados desempenha também uma função objectivista no contencioso administrativo.

Por outro lado, outra solução põe em causa o princípio do contraditório e é, por isso, inaceitável. De facto, pode mesmo dizer-se, com

---

[302] Neste sentido, v. PAULO OTERO, *Os contra-interessados...*, cit., pág. 39. Em sentido contrário, v. os Acórdãos do STA de 9 de Março de 1999 e de 1 de Fevereiro de 2000, proferidos, respectivamente, nos Processos n.º 44.140/44.197 e n.º 45.290, nos quais aquele Tribunal considerou que apenas o adjudicatário é contra-interessado no recurso interposto do acto de adjudicação. No segundo aresto, o STA considerou mesmo que o segundo classificado não é contra-interessado no recurso interposto pelo terceiro classificado na lista final dos concorrentes.

[303] Trata-se da sentença de 17 de Maio de 1995, n.º 177. V., sobre esta matéria, FABRIZIO LORENZOTTI, *L'opposizione di terzo nel processo amministrativo*, Camerino, 1997, págs. 98 e seguintes. V. também VITORIO PAZIENZA, *Controinteressati "non diretti" ed (effettiva) tutela giurisdizionale: una "sentenza di sbarramento" del Consiglio di Stato*, in FA, 1990-I, pág. 1186. Este meio processual existe também em França, onde é aplicado ao contencioso administrativo com menos limitações do que em Itália – cfr. PAUL DUBOUCHET, *La tierce-opposition en Droit Administratif*, in RDPSP, n.º 3, 1990, págs. 712 e seguintes.

MIGLIORINI, que a possibilidade de os contra-interessados contraditarem a pretensão do recorrente (ou do autor) é, à luz do princípio do contraditório, mais importante do que a intervenção em via principal dos co-interessados, na medida em que a estes é permitido demandarem autonomamente a Administração Pública[304].

Quanto aos co-interessados, isto é, aqueles que sofrem uma lesão directa ou indirecta resultante da actuação administrativa, ou que esperam obter alguma vantagem com a actuação administrativa devida em sede de execução da sentença[305], a lei adopta uma solução diferente. Nos casos em que existem interesses conexos do lado activo, a lei não impõe o litisconsórcio necessário, apenas permitindo a coligação de recorrentes (ou autores), se estes assim o entenderem (cfr. o artigo 38.º da LPTA e o artigo 12.º da PLCPTA). Esta solução parece, à primeira vista, criticável.

Efectivamente, a figura do litisconsórcio visa, tal como no processo civil, obter uma resposta jurisdicional unitária para uma série de posições jurídicas conexas, não só por razões de economia processual, mas também para evitar a possível contradição de julgados. Este objectivo exigiria que se adoptasse, no caso dos co-interessados, solução semelhante à que se adopta para os contra-interessados, ou seja, a figura do litisconsórcio necessário como forma de o juiz apreciar no mesmo processo todos os interesses em presença; e, por outro lado, de garantir que o efeito da sentença abrangesse todos os eventuais interessados, que ficariam, dessa forma, vinculados.

Contudo, numa segunda análise, verifica-se que, na maioria das situações, há razões ponderosas que militam contra o listisconsórcio activo necessário no processo administrativo:

– em primeiro lugar, o direito ao recurso por parte de um particular não pode ser limitado pelo facto de outro particular não pretender exercer esse direito, ou seja, se em todos os casos em que mais do que um particular é lesado pela mesma actuação administrativa (ou omissão) a lei exigisse o listisconsórcio, o direito de cada um deles a recorrer ficaria subordinado à vontade do(s) outro(s), o que não é, obviamente, aceitável;

– em segundo lugar, pode haver identidade de interesses entre diversos sujeitos, levando-os a impugnar a mesma actuação administrativa (ou actuações conexas) e, no entanto, não haver identidade

---

[304] Cfr. LORENZO MIGLIORINI, *op. cit.*, pág. 83.
[305] Cfr. FRANCESCO BRIGNOLA, *op. cit.*, pág. 1684.

quanto aos motivos ou à causa de pedir, que podem inclusivamente ser contraditórios entre si[306].

Veja-se, por exemplo, a impugnação do acto final de um procedimento concursal: o segundo e terceiro classificados têm um interesse coincidente na impugnação da lista de classificação final, mas as causas invocadas podem ser completamente diferentes, em termos tais que um deles pode até ser contra-interessado relativamente aos motivos do outro. Pode mesmo acontecer que, exactamente porque as pretensões de ambos os concorrentes são idênticas, se revelem incompatíveis, na medida em que apenas uma pode ser satisfeita. A composição dos interesses em presença não pode, por isso, fazer-se *a priori*, no momento da interposição do recurso, mas sim em sede de decisão judicial, como veremos.

Por outro lado, existe sempre a possibilidade de apensação dos processos, no caso de os vários interessados decidirem recorrer separadamente do mesmo acto ou de actos conexos, ficando essa possibilidade na discricionariedade do juiz se, obviamente, não houver pedidos contraditórios (cfr. o artigo 39.º da LPTA).

Contudo, apesar destes argumentos, alguma doutrina defende que pode haver situações, nomeadamente quando se trate da impugnação de actos colectivos, geradores de situações jurídicas plurisubjectivas, relativamente às quais, quer em nome da obtenção de uma resposta unitária para posições jurídicas conexas, quer da própria utilidade da sentença, se justificaria a consagração legislativa da figura do litisconsórcio activo necessário[307].

Parece-nos que a melhor solução seria, de facto, consagrar o litisconsórcio necessário para aqueles casos em que a falta de um dos sujeitos da relação material controvertida em juízo obstasse a uma decisão uniforme para todos os interessados, como acontece no caso de actos indivisíveis, por exemplo, em matéria de função pública. Trata-se de aplicar o artigo 28.º, n.º 2, 2ª parte, do CPC, segundo o qual há litisconsórcio necessário quando pela própria natureza da relação jurídica, tal seja necessário para que a decisão a obter produza o seu efeito normal.

Todos os restantes casos configuram-se, quando muito, como litisconsórcio voluntário, sendo os co-interessados partes necessárias ou não consoante haja ou não uma situação de litisconsórcio. Quando se verifiquem os pressupostos para haver litisconsórcio voluntário mas essa não

---

[306] Como salientam LORENZO MIGLIORINI, *op. cit.*, pág. 68 e FRANCESCO BRIGNOLA, *op. cit.*, pág. 1687.
[307] Cfr. FRANCO BASSI, *op. cit.*, págs. 174 e 175.

seja a opção das partes, deve permitir-se a intervenção principal espontânea[308].

Refira-se, contudo, que o litisconsórcio necessário no contencioso administrativo dá sempre azo a um litisconsórcio unitário, uma vez que a decisão judicial tem de ser uniforme e semelhante para todos os litisconsortes, ao contrário do que acontece no Direito Processual Civil[309].

No actual Direito português, a solução adoptada é diferente: como não existe nenhuma situação de litisconsórcio necessário, os co-interessados ou se assumem como recorrentes, se optarem pela coligação ou quando haja lugar à apensação de processos, ou são meros assistentes, não se exigindo, ao contrário do que acontece com os contra-interessados, a sua citação e intervenção no processo[310].

No entanto, apesar de serem partes meramente eventuais, os assistentes acabam por encontrar-se numa situação próxima do litisconsórcio unitário, por duas razões: porque não podem invocar novos vícios, nem trazer novos dados ao processo; e porque a decisão final tem de ser semelhante para os assistentes e para o recorrente principal.

O artigo 49.º do RSTA admite esta intervenção subordinada de terceiros quando estes *"demonstrarem possuir interesse legítimo idêntico ao da parte assistida ou com ele conexo"*. A formulação do preceito não parece, contudo, a mais feliz, visto que pode haver assistentes que sejam titulares de verdadeiros direitos subjectivos, cuja posição processual apenas fica reduzida à de meros assistentes por não ser permitido o litisconsórcio activo, nem outro tipo de mecanismos de intervenção de terceiros[311].

Neste contexto, é oportuno citar RAMON PARADA, que distingue o "co-demandado" e o "co-demandante", definindo-os, respectivamente, como o *"particular a favor de quem derivam direitos do acto impugnado"* e o *"particular que tenha interesse directo na manutenção do acto"*, para depois concluir que as referências ao direito no primeiro caso e ao interesse no segundo caso são desprovidas de consequências práticas, visto que o artigo 24.º da Constituição espanhola – tal como a Constituição por-

---

[308] V., sobre esta questão, TEIXEIRA DE SOUSA, *A admissibilidade da intervenção principal espontânea no recurso* contencioso, in CJA, n.º 13, 1999, págs. 34 e 35.

[309] Sobre o conceito de litisconsórcio unitário, v. TEIXEIRA DE SOUSA, *Estudos sobre o novo processo civil*, Lisboa, 1997, págs. 164 e seguintes.

[310] Como salienta VIEIRA DE ANDRADE, *A Justiça...*, *cit.*, pág. 207.

[311] Discordamos, por isso, também de FILIPPO SATTA, *op. cit.*, pág. 189, quando diz que os assistentes são portadores de um mero interesse de facto.

tuguesa no art. 268.º, n.º 4 – assegura a mesma tutela judicial aos dois tipos de posições jurídicas subjectivas[312]. Refira-se, em conclusão, que a intervenção dos assistentes pode ocorrer *ad adiuvandum* ou *ad opponendum*, consoante o seu interesse seja conexo ao do demandante ou do demandado, respectivamente.

Questão controvertida é a de saber se os assistentes podem recorrer judicialmente das decisões proferidas na primeira instância. A resposta dverá ser, à primeira vista, positiva, nos termos do artigo 104.º, n.º 1 da LPTA, embora os assistentes não se integrem na primeira parte do preceito (que se refere às partes ou intervenientes no processo), mas sim na segunda parte (a pessoa directa e efectivamente prejudicada pela decisão). Daí que a solução do artigo 141.º, n.º 1, da PLCPTA, que apenas atribui legitimidade à parte que tenha ficado vencida na primeira instância, nos merece sérias reservas, na medida em que limita muito a legitimidade activa para recorrer judicialmente das decisões judiciais.

3. A eficácia das sentenças relativamente a terceiros

O problema da eficácia subjectiva das sentenças proferidas no âmbito do contencioso administrativo, em especial, no recurso contencioso de anulação é um dos problemas mais complexos que a doutrina e a jurisprudência administrativas são chamadas a resolver. Nesta fase da presente dissertação, a análise que nos propomos efectuar visa apenas fazer um levantamento genérico das diferentes questões que se colocam, sem prejuízo de voltarmos a esta problemática a propósito da execução das sentenças proferidas em sede de contencioso dos contratos da Administração Pública, esse sim, o tema central do nosso estudo.

Apesar de a problemática da execução de sentenças não se confundir com a questão dos limites subjectivos do caso julgado, a verdade é que os dois aspectos não podem ser analisados separadamente, uma vez que a delimitação dos sujeitos afectados por uma determinada sentença depende muito da natureza dos efeitos substantivos por ela produzidos e do conteúdo do dever de executar[313].

---

[312] Cfr. RAMON PARADA, *Derecho administrativo...*, cit., pág. 765. O autor discorda, por isso, da solução legal que permite apenas ao co-demandado recorrer judicialmente da sentença proferida em primeira instância.

[313] Concordamos, assim, com AROSO DE ALMEIDA, *Sobre a autoridade...*, cit., págs. 14 e 15.

Assim, iniciaremos o presente capítulo com uma breve referência aos efeitos das sentenças proferidas em sede de recurso contencioso de anulação[314]. O efeito típico é o efeito constitutivo ou anulatório, que se traduz na declaração de nulidade ou anulação com eficácia *ex tunc* do acto impugnado[315]. Contudo, este efeito revela-se, na maior parte dos casos, insuficiente para garantir a tutela judicial efectiva do recorrente, razão pela qual se avançou para a aceitação de um efeito reconstitutivo ou reconstrutivo, que implica a reconstituição da situação actual hipotética em que o particular lesado se encontraria se não tivesse sido prejudicado pelo acto inválido[316]. Actualmente, a maioria da doutrina e da jurisprudência administrativas vai ainda mais longe, afirmando a existência de um efeito conformativo das sentenças, também designado de ultra-constitutivo, que se traduz na proibição de a Administração praticar um acto administrativo com vícios semelhantes aos que fundamentaram a anulação ou declaração de nulidade do primeiro acto[317].

Discordamos, por isso, de FREITAS DO AMARAL quando defende que executar a sentença consiste apenas *"...na prática, pela Administração activa, dos actos jurídicos e operações materiais necessários à reintegração efectiva da ordem jurídica violada, mediante a reconstituição da situação que existiria, se o acto ilegal não tivesse sido praticado"*[318], por duas razões:

– em primeiro lugar, porque a definição põe o acento tónico na reintegração da ordem jurídica violada, ou seja, na reposição da legalidade objectiva, em detrimento da reconstituição das posições

---

[314] No âmbito do recurso contencioso de anulação, podem ser proferidas sentenças declarativas ou de simples apreciação (por exemplo, as de declaração de inexistência ou nulidade), condenatórias e constitutivas, tal como resulta do artigo 4.º do CPC. No âmbito das acções sobre contratos previstas no artigo 71.º, n.º 1, da LPTA compreendem-se vários tipos de acções – de validade, de execução, de responsabilidade e de interpretação de cláusulas do contrato – às quais correspondem sentenças declarativas, constitutivas ou condenatórias. Sobre esta matéria, a que voltaremos, v. ALEXANDRA LEITÃO, *A protecção...*, *cit.*, págs. 80 e 81.

[315] Este efeito é normalmente designado pela doutrina clássica através da seguinte expressão, citada por PROSPER WEIL, *Les conséquences...*, *cit.*, pág. 6: *"Toute l'annulation, mais rien de plus que l'annulation"*.

[316] V., por todos, FREITAS DO AMARAL, *A execução das sentenças dos tribunais administrativos*, Coimbra, 1997, págs. 40 e seguintes.

[317] Cfr. V. PEREIRA DA SILVA, *Para um contencioso...*, *cit.*, pág. 222 e AROSO DE ALMEIDA, *Sobre a autoridade...*, *cit.*, págs. 15 a 17.

[318] Cfr. FREITAS DO AMARAL, *A execução...*, *cit.*, pág. 45.

jurídicas subjectivas dos particulares lesados, de acordo com uma função puramente objectivista do contencioso administrativo, que não acompanhamos;
– em segundo lugar, o autor parece defender que o conteúdo do dever de executar é sempre e só um conteúdo positivo, que implica a prática de todos os actos e operações materiais necessários à reposição da situação actual hipotética, relegando para segundo plano o conteúdo negativo desse dever, ou seja, a proibição de a Administração repetir o acto ilegal com os mesmos fundamentos em que assentou a decisão de invalidar o primeiro acto[319].

Pelo contrário, concordamos com AROSO DE ALMEIDA quando salienta esta vertente negativa do conteúdo do dever de executar[320], embora nos pareça que cumpre ainda estabelecer uma segunda distinção, que se prende com a natureza desta "eficácia negativa" da sentença. De facto, pode distinguir-se, por um lado, um efeito puramente negativo, inibitório ou preclusivo, que se traduz exclusivamente na proibição de reincidência nos vícios cometidos; e, por outro lado, um efeito conformativo, que, contém em si uma vertente positiva. Esta vertente positiva decorre do *accertamento* que se retira da decisão judicial e que vincula a Administração quando repete o acto anulado. A intensidade do efeito conformativo depende do tipo de poder que a Administração exerce no caso concreto: se se tratar de um poder vinculado, este efeito obriga a Administração a praticar um acto com um conteúdo contrário ao do acto impugnado; se se tratar de um poder discricionário, a Administração fica apenas obrigada a repetir o acto nos termos do *accertamento* contido na sentença, relativamente aos aspectos vinculados[321].

A natureza ultra-constitutiva do efeito conformativo não decorre apenas da necessidade de eliminar retroactivamente o acto anulado, mas

---

[319] Estes actos administrativos seriam nulos por ofensa do caso julgado, nos termos do artigo 133.º, n.º 2, alínea h) do CPA.

[320] Cfr. AROSO DE ALMEIDA, *Sobre a autoridade...*, cit., págs. 119 e seguintes.

[321] V. PEREIRA DA SILVA, *Para um contencioso...*, cit., págs. 222 e 223, distingue quatro tipo de situações possíveis quanto ao carácter vinculado ou discricionário do acto, que correspondem a situações de intensidade decrescente relativamente ao efeito preclusivo: actos totalmente vinculados; actos vinculados quanto à oportunidade, mas discricionários quanto ao conteúdo; actos discricionários quanto à oportunidade e quanto ao conteúdo, anulado por motivos materiais; e, finalmente, actos discricionários quanto à oportunidade e quanto ao conteúdo, anulados por vícios meramente formais.

sobretudo do efeito negativo da sentença que implica a proibição de a Administração repetir os vícios referidos na sentença. Daí que a intensidade do efeito conformativo não dependa apenas da natureza do poder exercido pela Administração, mas também do tipo de vício que esteve na base da anulação ou declaração de nulidade do acto. Assim, se o tribunal tiver anulado o acto com base em vícios materiais, em termos tais que o conteúdo do acto resulte inteiramente vinculado, a Administração fica obrigada – *condenada* – a praticar o acto de conteúdo oposto[322]. O efeito conformativo é, por isso, aquele que garante uma tutela mais eficaz dos direitos dos particulares, na medida em que pressupõe a possibilidade de o tribunal proferir verdadeiras sentenças condenatórias contra a Administração[323].

Apesar da importância que o efeito conformativo assume para a tutela dos direitos dos particulares, a doutrina não é unânime quanto ao seu significado. V. PEREIRA DA SILVA entende que este efeito resulta da própria sentença, na medida em que aquilo que se pretende com essa sentença não é a abstracta anulação do acto administrativo, mas a concreta protecção da posição jurídica do particular[324]. À luz deste entendimento, o processo de execução de sentenças previsto no Decreto-Lei n.º 256-A/77,

---

[322] É o caso, por exemplo, da anulação de um acto de adjudicação com fundamento em vício de violação de lei por a Administração ter escolhido o candidato que apresentou uma proposta com o preço mais elevado, quando o único critério de adjudicação adoptado era o da proposta mais baixa, nos termos do artigo 55.º, n.º 1, alínea *b*) do Decreto-Lei n.º 197/99, de 8 de Junho, que aprovou o regime da realização de despesas públicas com a locação e aquisição de bens e serviços, bem como da contratação pública relativa à locação e aquisição de bens móveis e serviços. Executar esta sentença é, de acordo com o efeito conformativo, adjudicar o contrato ao concorrente que tenha apresentado a proposta mais barata.

[323] Parece-nos, assim, que pode haver sentenças condenatórias no contencioso de anulação e não apenas no contencioso de plena jurisdição. Neste sentido, v. V. PEREIRA DA SILVA, *Para um contencioso...*, *cit.*, pág. 219, referindo-se a uma espécie de "condenação envergonhada". Nem se diga que a tal se opõe o princípio da separação de poderes porque, nas palavras de VIEIRA DE ANDRADE, *Justiça...*, *cit.*, pág. 94, *"...o princípio da separação dos poderes não pode hoje ser entendido rigidamente (preconceituosamente) como uma proibição de condenar, intimar, orientar ou impor comportamentos à Administração (...) mas tão só, o que é muito diferente, como proibição funcional de o juiz afectar a essência do sistema de administração executiva..."*. Este autor defende que, mesmo quando se trate de actos de conteúdo discricionário, pode haver uma condenação genérica ou directiva. Em sentido contrário, v. AROSO DE ALMEIDA, *Tutela declarativa e executiva no contencioso português*, in CJA, n.º 16, 1999, pág. 67.

[324] V. V. PEREIRA DA SILVA, *Para um contencioso...*, *cit.*, págs. 219 e seguintes.

de 17 de Junho, é um verdadeiro processo executivo. Pelo contrário, VIEIRA DE ANDRADE defende que o efeito conformativo resulta da autoridade do caso julgado material, que se impõe à Administração, nos termos do artigo 205.º da CRP, tendo o processo de execução de sentenças uma natureza declarativa e não verdadeiramente executiva. Este processo vai ter em conta os aspectos de facto e de direito que se produziram *in medio temporis*, entre o momento da prática do acto (e da sua anulação, já que esta é retroactiva) e o da execução da sentença, declarando os actos devidos e declarando nulos os actos praticados em violação da sentença[325]. Também AROSO DE ALMEIDA considera o processo do Decreto-Lei n.º 256-A/77 um sucedâneo da acção, de natureza declarativa, que tem como função dirimir litígios resultantes da anulação de um acto administrativo, razão pela qual não compreende a adopção de medidas verdadeiramente executivas, de carácter substitutivo ou subrogatório[326].

Parece-nos, de acordo com a posição subjectivista que defendemos, que não há, actualmente, razões para negar a possibilidade de, em sede de recurso contencioso de anulação, os tribunais condenarem a Administração e, dessa forma, ser assegurada uma efectiva tutela judicial dos particulares lesados pela prática de um acto administrativo ilegal. Mais: sendo a relação jurídica administrativa o verdadeiro objecto do processo, a sentença proferida no seu âmbito não pode deixar de contemplar todos os aspectos dessa relação, não se limitando aos efeitos meramente cassatórios do acto administrativo. Em abono desta posição, diga-se que o processo do Decreto-Lei n.º 256-A/77 é também aplicável às acções (cfr. o art. 5.º, n.º 1, deste diploma), nas quais a possibilidade de condenação da Administração não oferece quaisquer dúvidas, pelo que, a menos que o processo de execução de julgados possua uma dualidade quase esquizofrénica, trata-se de um processo de natureza executiva.

Além dos efeitos substantivos, referidos nesta breve análise, a sentença tem também efeitos processuais, de entre os quais o mais importante é o caso julgado, que se caracteriza pela sua imodificabilidade, irrepetibilidade, imunidade, superioridade, obrigatoriedade, executoriedade e invocabilidade[327]. É exactamente quanto ao âmbito de aplicação destas carac-

---

[325] Cfr. VIEIRA DE ANDRADE, *A Justiça...*, *cit.*, págs. 279 e 280.
[326] Cfr. AROSO DE ALMEIDA, *Tutela...*, *cit.*, págs. 68 e 69.
[327] Sobre estas características, v., por todos, FREITAS DO AMARAL, *Direito...*, *cit.*, volume IV, págs. 221 e 222.

terísticas que se coloca o problema da eficácia objectiva e subjectiva do caso julgado[328].

Quanto à vertente objectiva do efeito de caso julgado, a doutrina é quase unânime em considerar que o que constitui caso julgado é a decisão e não os motivos ou fundamentos da mesma[329]. Isto tem duas consequências importantes, uma das quais com incidência directa ao nível da execução da sentença:

– a primeira prende-se com o facto de a sentença que não dê procedência ao recurso não produzir efeitos confirmativos sobre o acto, na medida em que isso apenas significa que o tribunal não considerou o acto inválido com base nos fundamentos invocados pelo recorrente, sem se pronunciar sobre a validade do acto em função de outros vícios não invocados pelas partes[330];

– a segunda tem a ver com o efeito preclusivo e conformativo da sentença. Sendo que o caso julgado só abrange a causa de pedir invocada pelo recorrente, o efeito inibitório do *accertamento* judicial

---

[328] Referimo-nos sobretudo ao caso julgado material, uma vez que é este que se repercute na relação material controvertida. Sobre a diferença entre caso julgado formal e caso julgado material, numa perspectiva juspublicística, v. GOMES CANOTILHO, *Direito...*, cit., pág. 259. Sobre esta distinção ver também RUI MACHETE, *O Caso julgado nos recursos directos de anulação*, separata do DJAP, Coimbra, 1973, pág. 113. Como realça FÉZAS VITAL, *O caso julgado nos recursos directos de anulação*, in RLJ, n.ºs 61 e 62, 1928, págs. 177, para que a excepção de caso julgado possa ser invocada é necessária, por via de regra, a verificação de três condições cumulativas: identidade de objecto; identidade do direito ou causa de pedir; identidade dos litigantes e da sua qualidade jurídica.

[329] Neste sentido, v., por todos, MARCELLO CAETANO, *Manual...*, cit., volume II, pág. 1397.

[330] Esta é a conclusão a que chegam quer os autores que adoptam uma concepção objectivista do recurso contencioso de anulação, quer os que perfilham uma concepção subjectivista, uma vez que, independentemente do entendimento que se tenha quanto ao objecto e função do processo, nunca se pode retirar um efeito confirmativo de uma sentença em que o juiz está vinculado ao pedido feito pelas partes. Cfr. FREITAS DO AMARAL, *Direito...*, cit., pág. 224 e V. PEREIRA DA SILVA, *Para um contencioso...*, cit., pág. 238. A solução, apesar de consensual, suscita uma dúvida relativamente aos actos administrativos nulos: é que, sendo a nulidade de conhecimento oficioso, nos termos do artigo 57.º, n.º 1, da LPTA e não estando, por isso, o juiz vinculado ao princípio do pedido, o facto de o tribunal não ter declarado a nulidade do acto, implica ou não a sua confirmação quanto a todos os vícios geradores de nulidade? Parece-nos que não se pode considerar que haja um efeito confirmativo, visto que os actos nulos não são sequer susceptíveis de confirmação, nem se podia deixar sem protecção outros particulares eventualmente lesados pelo acto que ainda não o tivessem impugnado.

apenas proíbe a Administração de praticar um acto com os mesmos vícios que serviram de fundamento à anulação ou declaração de nulidade. É por esta razão que os vícios de natureza material, que se prendem com o próprio conteúdo do acto, garantem uma tutela mais eficaz do particular, visto que impedem a repetição de um acto de igual conteúdo (lesivo) por parte da autoridade administrativa. Pelo contrário, quando o acto é anulado por vícios formais, a Administração pode praticar um novo acto igualmente lesivo, desde que não reincida na invalidade formal[331]. Refira-se que a natureza do vício pode também ter consequências ao nível da eficácia subjectiva do caso julgado, na medida em que condiciona a execução da sentença e a actuação subsequente da Administração.

Somos chegados, assim, ao problema dos limites subjectivos do caso julgado e da eficácia subjectiva das sentenças.

A doutrina francesa maioritária continua a entender, em função da natureza estritamente objectivista do recurso contencioso, que a decisão de rejeição do recurso tem efeitos *inter partes*, mas a sentença de anulação de um acto administrativo tem eficácia *erga omnes*, sendo por isso oponível a todos os terceiros[332]. PROSPER WEIL defende uma posição semelhante relativamente às decisões de anulação, embora considere que a rejeição do recurso também produz efeitos *erga omnes*, nos limites da autoridade do caso julgado, uma vez que os terceiros (que não o recorrente) não podem impugnar o acto com o mesmo fundamento que foi invocado no recurso rejeitado[333].

---

[331] Deve ser este o entendimento que se retira do artigo 57.º, n.º 2, da LPTA, quando determina que o Tribunal deve dar preferência aos vícios que proporcionem *"...mais estável ou eficaz tutela dos interesses ofendidos.."*. Saliente-se que este critério não tem uma exacta correspondência na gravidade do desvalor que recai sobre o acto viciado. Efectivamente, há actos que padecem de vícios materiais que são meramente anuláveis (por exemplo, a violação de lei), e há outros actos que, apesar de serem inválidos por vícios formais são nulos (por exemplo, no caso de incompetência absoluta).

[332] V. CHARLES DEBBASCH e JEAN-CLAUDE RICCI, *Contentieux administratif*, 7ª Edição, Paris, 1999, págs. 711 e 712. RENÉ CHAPUS, *Droit du contentieux..., cit.*, pág. 933, defende também a "autoridade absoluta" do caso julgado nos processos de impugnação, que se explica pela natureza objectiva do *recours pour excés de pouvoir*. Saliente-se que, em França, este recurso aplica-se quer a actos administrativos, quer a regulamentos, sendo que, relativamente a estes últimos, a questão da eficácia *erga omnes* coloca-se em moldes um pouco diferentes, que, pela economia do presente trabalho, não podemos aqui desenvolver.

[333] Cfr. PROSPER WEIL, *Les conséquences..., cit.*, págs. 23 e seguintes, em especial a pág. 34.

Em Espanha, a nova lei do contencioso administrativo (Lei n.º 29/1998, de 13 de Julho) estabelece, no artigo 72.º, regras quanto ao alcance subjectivo das sentenças, determinando que estas produzem efeitos *erga omnes* apenas quando anulem disposições de carácter geral ou actos que afectem um número indeterminado de pessoas, ou seja, quando se trate de "actos de massas", e mesmo estes apenas em matéria de funcionalismo público e em matéria tributária (cfr. os artigos 110.º e 111.º da LJCA)[334]. Pelo contrário, nos recursos, que, apesar da sua designação, se assemelham às acções do contencioso do tipo francês, a eficácia da sentença está limitada às partes na demanda (cfr. o artigo 72.º, n.º 3, da LJCA). Esta é, aliás, a única solução consentânea com um contencioso totalmente subjectivista, como é o espanhol.

Em Portugal, a doutrina clássica defendia, de um modo geral, a eficácia *erga omnes* das sentenças que anulem ou declarem nulo um acto administrativo, embora as várias posições doutrinárias tenham algumas especificidades que cumpre referir.

Fezas Vital considerava que a decisão do Tribunal que rejeite o recurso por falta de pressupostos processuais ou negue provimento ao mesmo tem mera eficácia *inter partes*; enquanto que, se se tratar de uma sentença de anulação ou declaração de nulidade tem eficácia *erga omnes*[335].

Marcello Caetano matizava um pouco esta posição, entendendo que, no segundo caso, têm de se distinguir duas situações: se a anulação se fundamentou em motivos subjectivos relacionados com o recorrente, o efeito da sentença é *inter partes*, se, pelo contrário, os motivos invocados foram de natureza objectiva e o acto fosse indivisível, a sentença tem efeito *erga omnes*, mesmo que a decisão judicial tivesse sido proferida com preterição da audição dos contra-interessados, uma vez que a tal obrigava a defesa da legalidade objectiva[336]. O óbice desta construção reside,

---

[334] Sobre o alcance destas normas v., por todos, García de Enterría e Tomás--Ramón Fernández, *Curso..., cit.*, págs. 638 e seguintes, em especial as págs. 648 e 649.

[335] Cfr. Fézas Vital, *op. cit.*, págs. 369 e 370 e págs. 49 e 50. Esta posição do autor assenta numa concepção objectivista do recurso contencioso de anulação: *"Quer dizer, o recurso directo de anulação deve ser considerado como uma garantia de observância do direito objectivo por parte das autoridades administrativas, garantia cujo exercício o legislador confiou, porém, em certos casos, ao interesse subjectivo das pessoas singulares ou colectivas."* – cfr. a pág. 290. No mesmo sentido, mas baseando-se no facto de considerar o recurso directo de anulação uma "questão de estado" (enquanto qualidade jurídica a cuja posse a lei atribui determinados efeitos), v., Alves Peixoto, *O caso julgado no Direito Administrativo português*, in SJ, Tomo I, n.º 1, 1951, em especial a pág. 16.

[336] Cfr. Marcello Caetano, *Manual..., cit.*, volume II, págs. 1395 a 1397.

como salienta RUI MACHETE, na grande dificuldade em distinguir fundamentos subjectivos e objectivos, até porque, numa certa perspectiva, a ilegalidade é sempre objectiva[337].

FREITAS DO AMARAL, na mesma linha, defende que, independentemente dos motivos invocados e do tipo de acto que esteja em causa, as sentenças anulatórias têm sempre efeitos *erga omnes*, não podendo, contudo, afectar os direitos de terceiros que não tenham participado no processo, embora possam trazer-lhes vantagens[338]. É uma posição muito próxima da doutrina francesa que, para a protecção destes terceiros preconiza a denominada *"tierce-opposition"*, nunca pondo em causa a autoridade absoluta da sentença e do caso julgado[339].

Pelo contrário, a doutrina subjectivista, defende a eficácia *inter partes*, quer das sentenças de rejeição dos recursos, quer das sentenças que anulam ou declaram a nulidade de um acto administrativo, por duas razões essenciais: primeiro, devido ao próprio objecto do recurso contencioso de anulação; segundo, pela necessidade de conjugar a eficácia *erga omnes* das decisões com os direitos de participação processual e de defesa dos terceiros, constitucionalmente consagrados[340]. Ambas as razões parecem decisivas.

Quanto ao primeiro aspecto, não restam dúvidas de que a eficácia *erga omnes* das sentenças proferidas em sede de contencioso de anulação parte do pressuposto (clássico) de que este recurso é um "processo feito a

---

[337] Cfr. RUI MACHETE, *O Caso...*, *cit.*, pág. 123.

[338] Cfr. FREITAS DO AMARAL, *Direito...*, *cit.*, volume IV, págs. 227 e 228. A mesma solução é equacionada por COLAÇO ANTUNES, *A tutela dos interesses difusos em Direito Administrativo: para uma legitimação procedimental*, Coimbra, 1989, pág. 187, a propósito dos interesses difusos, embora o autor acabe por rejeitar essa solução.

[339] Cfr. PAUL DUBOUCHET, *op. cit.*, em especial as págs. 762 e seguintes. Refira-se, contudo, que mesmo este mecanismo de protecção de terceiros é "objectivado" pelo autor, considerando que *"...os terceiros são o público susceptível de se fazer ouvir através do mecanismo da tierce-opposition, trazendo uma garantia suplementar de objectividade, neutralidade e universalidade"*.

[340] V., por todos, V. PEREIRA DA SILVA, *Para um contencioso...*, *cit.*, págs. 244 e seguintes. VIEIRA DE ANDRADE, *A Justiça...*, *cit.*, pá. 278, refere apenas que, pelo menos quanto ao efeito conformativo, este vale só para o caso concreto, isto é, para as partes no litígio. No Direito Processual Civil, a doutrina portuguesa tem também rejeitado a teoria da eficácia reflexa da sentença, que se estenderia a terceiros, considerando, pelo contrário, que a sentença apenas afecta os participantes no processo, sem prejuízo de poder, em certos casos, produzir efeitos favoráveis para terceiros. V., por todos, ANTUNES VARELA, MIGUEL BEZERRA e SAMPAIO E NORA, *Manual...*, *cit.*, págs. 726 a 729.

um acto", estruturalmente e funcionalmente objectivista[341]. Assim, a afirmação do recurso contencioso de anulação como um processo de partes, cujo objecto é a pretensão que o particular pretende fazer valer em juízo e a tutela das suas posições jurídicas subjectivas, implica um repensar da concepção tradicional quanto aos limites subjectivos do caso julgado.

De facto, nesta perspectiva, os motivos invocados pelo recorrente visam essencialmente alcançar uma determinada pretensão relativamente à qual a invalidade do acto administrativo pode revelar-se meramente instrumental (na medida em que o efeito meramente cassatório da sentença não basta para assegurar a tutela da posição jurídica substantiva do particular). Veja-se, por exemplo, o caso dos procedimentos concursais, nos quais, muitas vezes os motivos invocados por recorrentes diferentes, ambos com interesse na anulação do acto, podem ser contraditórios entre si. Neste sentido, o facto de o artigo 19.º da Lei de Acção Popular, aprovada pela Lei n.º 13/85, consagrar expressamente o efeito *erga omnes* das sentenças proferidas no âmbito da acção popular, apenas vem confirnar *a contrario* que a regra geral é a eficácia *inter partes* das decisões dos tribunais administrativos[342].

Quanto ao segundo aspecto, prende-se com o facto de o direito de defesa e de participação processual serem direitos constitucionalmente protegidos (cfr. o artigo 20.º, n.º 2, da Constituição), pelo que ninguém pode ser afectado por uma decisão judicial em cujo processo não participou[343]. A garantia destes direitos implica a limitação dos efeitos das sentenças às partes que participaram efectivamente no processo, o que significa também que só estas podem pedir à Administração que execute a sentença[344]. Daí que a eficácia subjectiva da sentença se relacione intimamente com a determinação das partes necessárias ou principais no litígio.

---

[341] Este aspecto é realçado por ELENA STOPPINI, *Appunti in tema di estensione soggetiva del giudicato amministrativo*, in DPA, vol. X, 1992, págs. 347 e seguintes.

[342] Em sentido contrário, v. FREITAS DO AMARAL e PAULO OTERO, *Eficácia subjectiva das sentenças de provimento no recurso contencioso de anulação*, in *Estudos em Homenagem ao Professor Doutor Manuel Gomes da Silva*, Coimbra, 2001, págs. 540 e seguintes.

[343] Como sublinham ANTUNES VARELA, MIGUEL BEZERRA e SAMPAIO E NORA, *op. cit.*, pág. 721, a inoponibilidade de caso julgado a terceiros é um mero corolário do princípio do contraditório.

[344] Salientando este último aspecto, v. RUI MACHETE, *Relações jurídicas dependentes e execução da sentença*, in ROA, Ano 50.º, 1990, pág. 409. Em Itália, a jurisprudência não é unânime quanto a esta solução, considerando, por vezes, que a execução da sentença pode ser requerida por terceiros que não tenham participado no processo, e,

Ora, a identificação das partes necessárias no processo deve efectuar-se, como defendemos na secção anterior, através do recurso à verificação do interesse substantivo de cada um dos sujeitos envolvidos na relação jurídica administrativa, considerando-se partes necessárias aquelas que têm posições jurídicas subjectivas coincidentes com as do demandante ou do demandado.

Vejamos cada uma destas partes autonomamente.

No que respeita aos co-interessados, a lei optou pela consagração de um litisconsórcio meramente voluntário com o recorrente. Contudo, não podemos acompanhar o legislador, quando, no artigo 38.º da LPTA, adoptou uma posição tão restritiva quanto à possibilidade de coligação de recorrentes (aliás, o legislador também se revela demasiado restritivo no que se refere à cumulação de pedidos, embora essa seja uma questão diferente, que não cumpre aqui discutir[345]).

Efectivamente, o facto de não haver litisconsórcio activo necessário, associado à eficácia meramente *inter partes* da decisão judicial, tem duas consequências essenciais:

– por um lado, o caso julgado material abrange apenas o particular que interpôs o recurso, nos limites objectivos do mesmo, não precludindo, por isso, outros particulares lesados pelo mesmo acto de o impugnar;

– por outro lado, todos os efeitos da sentença de provimento – a anulação ou a declaração de nulidade do acto, a reconstituição da situação actual hipotética e o condicionamento da actuação subsequente da Administração – apenas beneficiam o recorrente. E se a primeira consequência não suscita quaisquer problemas, o mesmo não se passa com a segunda. É que a restrição dos efeitos da sentença ao recorrente pode implicar o tratamento desigual de situações materialmente idênticas, no caso dos denominados actos colectivos, plurais ou gerais, ou quando, apesar de haver vários actos administrativos autónomos, todos têm um conteúdo idêntico e actuam sobre situações semelhantes (muito frequente, por exemplo, em matéria de funcionalismo público)[346].

---

outras vezes, adoptando a solução inversa. Cfr., sobre isto, VINCENZO CAIANIELLO, *L'esecuzione delle sentenze del giudice amministrativo: il caso italiano,* in *Reforma do contencioso administrativo,* trabalhos preparatórios, Ministério da Justiça, 2000, pág. 505.

[345] No mesmo sentido v. RUI MEDEIROS, *Acções de responsabilidade,* Cascais, 1999, págs. 46 e seguintes.

[346] Este problema é colocado em alguns acórdãos do TCA. V., por exemplo, o

De facto, aplicando-se a sentença apenas nas relações entre o recorrente e a Administração, os restantes particulares continuarão a ver a sua situação jurídica pautada por um acto, que, apesar de ser em tudo semelhante ao acto anulado, mantém-se válido (ou, mesmo que o acto seja nulo, falta a respectiva declaração judicial) e eficaz por falta da respectiva impugnação.

Não nos parece, contudo, que se esteja perante uma violação do princípio da igualdade, por três razões fundamentais:

– em primeiro lugar, em qualquer demanda judicial, apenas a situação jurídica das partes presentes no processo é afectada pela sentença, sem prejuízo da manutenção das situações semelhantes que não estiveram em juízo, até porque o Direito pune a inércia daqueles que, podendo, não lançaram mão dos meios de tutela contenciosa existentes (aliás, mesmo que o façam, pode ocorrer que casos materialmente idênticos venham a ser decididos de forma diversa, nomeadamente se a competência pertencer a tribunais diferentes[347]);
– em segundo lugar, a admitir-se a eficácia *erga omnes*, esta apenas poderia aplicar-se aos co-interessados na estrita medida em que lhes fosse favorável, uma vez que estes nunca poderiam ser afectados pela (eventual) menor diligência processual do recorrente, o que introduziria um elemento de grande incerteza no sistema;
– finalmente, os particulares lesados têm o direito de recorrer autonomamente, ou de se apresentarem em juízo como assistentes do demandante.

Por outro lado, os riscos de se produzir, por via da restrição subjectiva dos efeitos das sentenças dos tribunais administrativos, uma violação do princípio da igualdade, sempre estaria minimizado se, *de iure condendo*,

---

Acórdão de 29 de Outubro de 1998, proferido no Processo n.º 247/97; e o Acórdão de 21 de Janeiro de 1999, proferido no Processo n.º 166/97. O STA tem entendido, contudo, que os interessados que não tenham impugnado o acto *"...não podem, com invocação do efeito erga omnes da decisão jurisdicional em recurso contencioso de anulação e de identidade de situação, requerer a execução do Acórdão anulatório que os outros concorrentes obtiveram"*, uma vez que o efeito *erga omnes* apenas opera relativamente a actos indivisíveis (cfr. o Acórdão do STA de 11 de Junho de 1996, Processo n.º 26.097).

[347] Este problema é colocado por GOMES CANOTILHO, *Direito...*, *cit.*, pág. 260, a propósito do princípio da protecção da segurança jurídica relativamente a actos jurisdicionais, defendendo que, apesar de não existir um direito dos particulares à uniformidade da jurisprudência, a protecção da confiança dos cidadãos exige, pelo menos, uma certa estabilidade das decisões judiciais.

o legislador consagrasse algumas situações – ainda que reduzidas – de litisconsórcio necessário e alargasse o litisconsórcio voluntário às situações materialmente idênticas, independentemente de a decisão administrativa estar contida em actos administrativos diferentes.

Além disso, a Administração deve retirar todas as consequências da sentença de anulação ou declaração de nulidade do acto administrativo e, consequentemente, a autoridade administrativa recorrida deve revogar – dentro, obviamente, dos limites legais – todos os actos semelhantes que tenha praticado e conformar a sua actuação subsequente com os termos da sentença[348]. PROSPER WEIL refere-se, a este propósito, aos efeitos que a anulação de um acto tem sobre os actos idênticos, concluindo que estes não podem ser abrangidos por uma decisão proferida sobre outro acto, visto que tal extensão da sentença põe em causa o princípio da estabilidade[349]. De facto, a questão não deve colocar-se enquanto eficácia absoluta da sentença, mas sim ao nível do dever de a Administração se conformar, na sua actuação futura, com o *accertamento* contido na decisão judicial[350]. O artigo 161.º da PLCPTA parece, aliás, apontar neste sentido, uma vez que permite a extensão dos efeitos favoráveis das sentenças, a pedido dos interessados, remetendo, contudo, o alargamento desses efeitos para a fase da execução da sentença, ou seja, do *accertamento* nela ínsito.

Finalmente – e trata-se do aspecto mais importante – parece de defender a eficácia *erga omnes* das sentenças que anulem ou declarem nulos actos que assumam uma natureza do tipo normativo, como, por exemplo, os actos genéricos[351], o que diminui muito os casos de eventual

---

[348] Em sentido muito próximo pronunciou-se o TCA, no seu Acórdão de 21 de Janeiro de 1999, já referido, tendo defendido que, apesar de perfilhar a teoria da eficácia *inter partes* da sentença, a tese dos efeitos *erga omnes* "...constitui um indicativo para que a Administração possa extrair as consequências devidas no tocante à produção de efeitos ex-tunc em face daquele princípio constitucional básico (o princípio da igualdade)." E mais à frente, continua: "...embora se nos afigure mais segura do ponto de vista jurídico a tese de que o caso julgado só tem eficácia em relação às pessoas que participaram no processo como partes...a verdade é que a Administração não poderá deixar de considerar orientações jurisprudenciais mais ou menos indiscutíveis no sentido de beneficiar ou prejudicar determinados funcionários..."

[349] Cfr. PROSPER WEIL, *Les conséquences..., cit.*, págs. 125 e seguintes.

[350] PROSPER WEIL, *Les conséquences..., cit.*, pág. 90, distingue também entre as repercussões para terceiros que resultam da execução do acórdão e os efeitos do próprio acórdão.

[351] V. FREITAS DO AMARAL, *Direito..., cit.*, págs. 89 e seguintes, quanto à diferença entre actos colectivos, plurais e gerais, e, nomeadamente, entre estes últimos e os actos genéricos. Saliente-se que, relativamente aos actos colectivos, plurais e gerais, a sentença tem eficácia apenas *inter partes*. Neste sentido, v. RUI MACHETE, *O Caso..., cit.*, pág. 134.

violação da igualdade material. Neste sentido, pronunciou-se MÁRIO NIGRO, apesar de defender, como regra geral, a eficácia *inter partes* das sentenças[352].

Quanto aos contra-interessados, o problema afigura-se bastante mais complexo, desde logo porque, ao contrário dos co-interessados, aqueles são prejudicados e não beneficiados por uma decisão de provimento, pelo que o alargamento da eficácia subjectiva da sentença põe em causa os seus direitos de defesa e o respeito pelo princípio do contraditório.

Assim, sendo os contra-interessados detentores de um interesse substantivo coincidente com o do demandado, a sentença que venha anular ou declarar nulo o acto e conformar a ulterior actuação da Administração afecta negativamente a sua esfera jurídica, razão pela qual a lei estabelece um litisconsórcio necessário entre eles e a autoridade administrativa recorrida.

Os terceiros interessados na manutenção do acto impugnado só poderão ser abrangidos pelo caso julgado e pelos efeitos da sentença quando tiverem participado no processo declarativo, sob pena de violação do artigo 20.°, n.° 2, da Constituição, que consagra o direito de defesa. Aliás, os particulares que sejam lesados pela sentença sem terem sido validamente chamados a pronunciar-se durante o processo podem interpor um recurso de revisão da sentença, nos termos do artigo 100.°, § 3, do RSTA (e do artigo 155.°, n.° 2, da PLCPTA).

Em Itália, contudo, a doutrina maioritária distingue o efeito anulatório da sentença e o efeito preceptivo (ou conformativo) que esta tem sobre a actuação subsequente da Administração, referindo a existência de "contra-interessados sucessivos", que não são afectados directamente pelo efeito anulatório, e por isso não são partes necessárias no processo declarativo, mas são afectados pela actuação administrativa que resulta do efeito preceptivo da decisão judicial[353]. Esta distinção resulta do facto de,

---

[352] Cfr. MÁRIO NIGRO, *Giustizia..., cit.*, págs. 310 e 311. O alcance desta posição deve, no entanto, ser entendida à luz do Direito italiano, no qual o conceito de regulamento é mais restrito do que em Portugal, considerando-se como actos administrativos certas actuações – como, por exemplo, os instrumentos urbanísticos – que, em Portugal, são considerados de natureza regulamentar.

[353] Cfr. FRACESCO PUGLIESE, *Nozione..., cit.*, págs. 88 e seguintes. V. também FRANCESCA BANFI, *Considerazione sull'opposizione alla sentenza di anullamento, proposta dal terzo titolare di posizione "autonoma e incompatibile"*, in DPA, n.° 4, 1998, pág. 792. Também STICCHI DAMIANI, *Le partie..., cit.*, pág. 119, distingue os efeitos demolidores dos efeitos preceptivos da sentença, individualizando através dos segundos as autoridades administrativas que, não sendo o órgão administrativo recorrido, são também

no contencioso italiano, o *"giudizzio di ottemperanza"* não possuir uma natureza executiva, assumindo, pelo contrário, uma natureza mista, declarativa e executiva, com o objectivo de determinar a ulterior actuação administrativa resultante do *accertamento* contido na primeira sentença[354], permitindo, por isso, a identificação de novos contra-interessados[355]. Só assim se explica, aliás, que, tendo a sentença apenas eficácia *inter partes*, se tenha consagrado, por via de uma sentença aditiva do Tribunal Constitucional italiano, o mecanismo da oposição de terceiros à sentença de anulação, terceiros esses que não são os contra-interessados que participaram no processo declarativo, mas sim aqueles que têm uma posição "autónoma e incompatível" com a posição jurídica substantiva que resulta para o recorrente da execução do *accertamento* judicial por parte da Administração[356]. É que, em França, o mecanismo da *tierce-opposition*

---

afectadas pela sentença, uma vez que podem ver-se obrigadas a tomar as providências necessárias à execução da sentença. Parece-nos, contudo, com LORENZO MIGLIORINI, *op. cit.*, pág. 90, que só é parte necessária no processo de impugnação o órgão da Administração do qual emanou o acto impugnado, tal como nas acções é apenas a entidade administrativa contra a qual se faz valer determinada pretensão. A distinção entre a sentença propriamente dita e a sua execução não é, aliás, exclusiva da doutrina italiana: PROSPER WEIL, *Les conséquences...*, *cit.*, pág. 90 também a refere, exactamente a propósito da produção de efeitos relativamente a terceiros.

[354] V. MÁRIO NIGRO, *Giustizia...*, *cit.*, págs. 317 e 318, ITALO FRANCO, *op. cit.*, pág. 278, referindo-se a um "misto de *esecuzione* e *cognizione*" e VINCENZO CAIANIELLO, *L'esecuzione...*, *cit.*, pág. 495. V. também, no mesmo sentido quanto à natureza e conteúdo do *giudizzio di ottemperanza*, AROSO DE ALMEIDA, *Contributo...*, *cit.*, pág. 108. Em sentido diferente, v. RICCARDO VILLATA, *Riflessioni in tema di giudizio di ottemperanza ed attività successiva alla sentenza di annullamento*, in DPA, n.º 3, 1989, pág. 376.

[355] Neste sentido, v. BRUNO SASSANI, *Dal controllo del potere all'attuazione del raporto*, Milão, 1997, pág. 200.

[356] Cfr. FRANCESCA BANFI, *op. cit.*, pág. 785. Veja-se, a este propósito a seguinte afirmação da autora, bastante significativa: "*...a posição jurídica do terceiro – que no juízo originário não era contra-interessado – participa agora num juízo no qual se torna a discutir a legitimidade do acto anulado e no qual participa para defender esse acto, que não lhe diz respeito, nem formalmente, nem materialmente*"(cfr. a pág. 792). RUI MACHETE, *Efeitos das sentenças e recursos*, in *Reforma do contencioso administrativo*, trabalhos preparatórios, Ministério da Justiça, 2000, pág. 374, equipara o mecanismo italiano da oposição de terceiros ao recurso de revisão previsto no artigo 100.º, § 3, do RSTA. Parece-nos, contudo, que este recurso apenas é aplicável aos contra-interessados que deviam ter participado no processo e não foram citados para tal, enquanto que a oposição de terceiros do Direito italiano se destina a permitir a intervenção processual de "novos terceiros" relativamente ao *accertamento* contido na sentença.

sempre foi aceite exactamente porque as sentenças têm efeitos *erga omnes*[357].

A tese exposta tem defensores também em Portugal. VIEIRA DE ANDRADE entende que o processo de execução de sentenças previsto no Decreto-Lei n.º 256-A/77 é um novo processo declarativo, próximo da acção para reconhecimento de direitos e interesses, pelo que deve estar aberto a todos os que tenham um interesse na execução da sentença e não apenas aos intervenientes no recurso contencioso de anulação[358].

Não nos parece de acolher esta posição. A distinção entre o efeito anulatório ou constitutivo da sentença e o efeito conformativo ou ultra--constitutivo padece de algum formalismo, visto que este último, apesar de implicar uma nova actuação administrativa (jurídica ou meramente material), resulta ainda da decisão judicial proferida no processo de impugnação[359]. Assim, os terceiros que pudessem previsivelmente ser afectados pela sentença são partes necessárias no processo declarativo, enquanto contra-interessados com um interesse conexo com o do demandado.

Aliás, o *accertamento* judicial só tem consequências verdadeiramente inovatórias ao nível da relação jurídica administrativa se o acto administrativo tiver sido anulado com fundamentos materiais relativos ao seu conteúdo. Pelo contrário, se a anulação resultar de vícios meramente formais, a Administração limitar-se-á, na maior parte dos casos, a praticar um novo acto de conteúdo idêntico, sem reincidir no vício de natureza formal.

De qualquer modo, mesmo que se adopte a solução italiana ou aquela que resulta da posição defendida por VIEIRA DE ANDRADE, a eficácia *inter partes* da sentença não resulta prejudicada, porquanto, para que os terceiros sejam afectados, têm sempre de intervir no processo, quer o façam como partes necessárias no processo declarativo, quer através do mecanismo da oposição de terceiros ou da intervenção no processo de execução de julgados.

Concordamos, assim, com DANIELLE CORLETTO, quando afirma que o próprio facto de os terceiros terem que participar no processo para que a sentença se lhes aplique é prova da eficácia *inter-partes* da sentença[360]. Da

---

[357] Concordamos, por isso, com PROSPER WEIL, *Les conséquences..., cit.*, pág. 121, quando diz que a oposição de terceiros não afasta a eficácia *erga omnes* da sentença, é, pelo contrário, um corolário desta.

[358] Cfr. VIEIRA DE ANDRADE, *A Justiça..., cit.*, pág. 281.

[359] Esta questão prende-se com o problema da natureza – executiva ou declarativa – do processo consagrado no Decreto-Lei n.º 256-A/77, relativamente ao qual tomámos posição *supra*, no sentido de se tratar de um verdadeiro e próprio processo executivo.

[360] Cfr. DANIELE CORLETTO, *op. cit.*, pág. 126.

mesma forma, também o facto de os terceiros poderem recorrer judicialmente da sentença que os afecta, nomeadamente por não terem sido ouvidos durante o processo, comprova a eficácia relativa da sentença[361].

Finalmente, não podemos deixar de referir o problema da anulação dos actos consequentes dos actos anulados, embora seja uma questão que analisaremos pormenorizadamente a propósito do contencioso dos contratos da Administração Pública, uma vez que o artigo 185.º, n.º 1, do CPA determina a invalidade destes quando o sejam os actos de que dependa a sua celebração. Na perspectiva da eficácia subjectiva da sentença, agora em apreço, parece-nos, de acordo com o alargamento do número de contra-interessados que preconizámos antes, que os terceiros com interesse na manutenção dos actos consequentes do acto impugnado devem também ser chamados a participar no processo. Afigura-se, por isso, mais uma vez inteiramente correcta a posição de DANIELE CORLETTO, segundo a qual a extensão do juízo deve ser a necessária à protecção efectiva da posição substantiva que se faz valer, ou seja, do demandante[362], ou, por outras palavras, à garantia do efeito útil da sentença.

A ampliação do juízo tem, assim, a vantagem de compatibilizar o objectivo de assegurar o efeito útil da sentença e o direito à tutela judicial efectiva do recorrente com o respeito pelo princípio do contraditório e pelos direitos de defesa de terceiros.

---

[361] Neste sentido, v. V. PEREIRA DA SILVA, *Para um contencioso...*, *cit.*, pág. 242. V. também o artigo 104.º, n.º 1, da LPTA, exactamente sobre o recurso judicial das sentenças proferidas em primeira instância.

[362] Cfr. DANIELE CORLETTO, *op. cit.*, pág. 117.

PARTE II

**A posição dos terceiros
perante a actividade contratual
da Administração Pública**

CAPÍTULO I
Considerações gerais sobre a actividade contratual da Administração Pública: a dualidade entre contratos administrativos e contratos privados da Administração Pública

1. Notas juscomparatísticas

1.1. *França*

A análise – ainda que breve – da forma como outros ordenamentos jurídicos tratam a matéria da contratação pública é particularmente relevante no que respeita ao problema do dualismo entre contratos administrativos e contratos privados celebrados pela Administração Pública. Esta importância resulta do facto de as soluções adoptadas quanto a essa dicotomia variarem consideravelmente de Estado para Estado, comprovando – e aqui antecipamos já uma conclusão – o artificialismo da distinção[363].

A figura do contrato administrativo surgiu em França, ainda no século XIX[364], acolhendo-se a distinção entre contratos administrativos e contratos privados da Administração. Foi, aliás, no âmbito da actividade contratual da Administração que a doutrina e a jurisprudência desenvolveram mais profundamente a problemática dos critérios de distinção entre o Direito Administrativo e o Direito Privado. Deste labor dogmático resultaram muitos critérios, esgrimidos por autores como PROSPER WEIL, LAUBADÈRE, AMSELEK, entre outros[365]. Trata-se de uma matéria que não pode-

---

[363] Como sublinha RAMON PARADA, *Derecho público y Derecho privado en los contratos de las Administraciones Públicas*, in ED (P), n.º 12, 1993, pág. 12, se a admissão da instituição contratual é comum em todos os sistemas, a classificação dos contratos e o respectivo regime jurídico não são coincidentes, tornando esta matéria uma das mais confusas no Direito Comparado.

[364] O contrato administrativo foi introduzido no ordenamento jurídico por via legal, através da Lei de 28 do pluvioso do ano VIII.

[365] Sobre esta evolução histórica, v., por todos, JEAN-MARIE RAINAUD, *Le contrat...*, cit., págs. 1183 e seguintes e PROSPER WEIL, *Le renouveau de la théorie du contrat administratif et ses difficultés*, in *Mélanges en l'houneur du Prof. Michel Stassinapoulos*, Paris, 1974, págs. 218 e seguintes.

mos aqui desenvolver. Refira-se apenas que a polémica centra-se sempre em torno de dois critérios essenciais: o do serviço público e o das cláusulas exorbitantes, sendo que estes critérios são alternativos e não cumulativos, bastando a presença de um deles para que o contrato se considere administrativo[366].

O conceito de serviço público desempenhou um papel absolutamente central na dogmática francesa, relativamente à própria construção pretoriana do Direito Administrativo por parte do Conselho de Estado, sobretudo a partir do Acórdão *Terrier*, de 1903. Esse conceito não teve, contudo, sempre o mesmo sentido.

Numa primeira fase, adoptou-se um sentido amplo de serviço público, que o assimilava à prossecução de um fim de interesse público, tendo este conceito sido, posteriormente, substituído por uma noção mais restrita, enquanto desenvolvimento de uma actividade de serviço público[367]. Pode, por isso, dizer-se que a primeira noção assenta numa perspectiva essencialmente funcional e a segunda numa perspectiva mista, funcional e orgânica.

A aplicação deste critério para determinar a natureza dos contratos celebrados pela Administração revela-se, contudo, paradoxal: é que, no primeiro sentido, todos os contratos seriam administrativos, uma vez que toda a actuação administrativa visa – com maior ou menor intensidade – a prossecução do interesse público[368]; por sua vez, o segundo sentido é demasiado restritivo, na medida em que há contratos administrativos cujo objecto não é a gestão, exploração e manutenção de um serviço público.

Surge, por isso, a necessidade, sentida bem cedo pela doutrina e jurisprudência francesas, de complementar este critério com outros. O declínio do critério do serviço público inicia-se em 1912, com o Acórdão *Granits des Voges* do Conselho de Estado, no qual este Tribunal teoriza e adopta o critério das cláusulas exorbitantes[369].

Na sequência da aparente falência daquele critério, alguns autores, como CHAPUS, adoptam, em substituição da noção de serviço público, o critério do objecto do contrato, considerando contratos administrativos em virtude do seu objecto os relativos à execução de obras públicas; de ocupação do domínio público; e os que respeitem à execução de um serviço

---

[366] Neste sentido, v. GEORGES VEDEL e PIERRE DELVOLVÉ, *op. cit.*, pág. 333 e PROSPER WEIL, *Le critére du contrat administratif en crise*, in *Mélanges offerts a Marcel Waline*, Tomo II, Paris, 1974, pág. 831.
[367] V. MARIA JOÃO ESTORNINHO, *A fuga...*, *cit.*, págs. 83 e 84.
[368] Como salientam GEORGES VEDEL e PIERRE DELVOLVÉ, *op. cit.*, pág. 333.
[369] Neste sentido, v. RENÉ CHAPUS, *Droit Administratif...*, *cit.*, Tomo I, pág. 444.

público *stricto sensu*[370]. Outros, pelo contrário, continuam a manter-se fiéis à teoria do serviço público, embora especifiquem que, para o contrato ser administrativo, é necessário que o co-contratante participe na execução do serviço, não se tratando de uma mera colaboração; ou, por outro lado, que o próprio objecto do contrato seja a execução de um serviço público[371]. Parece ter razão, no entanto, LAURENT RICHER quando defende que o critério do serviço público desempenha um papel não exclusivo e limitado, pois a natureza do contrato depende da existência de uma relação suficientemente forte com o serviço público e todo o problema reside, depois, em determinar quando é que essa relação é suficientemente forte[372].

A doutrina e jurisprudência maioritárias não adoptam, por isso, um único critério para determinar a natureza do contrato, fazendo, normalmente, acompanhar o critério do objecto pelo das cláusulas exorbitantes. Este critério prende-se com o regime jurídico aplicável ao contrato[373], partindo do pressuposto que a inclusão de cláusulas exorbitantes, entendidas pela jurisprudência francesa como aquelas que conferem às partes direitos e obrigações *"estranhos pela sua natureza aos que são susceptíveis de ser livremente acordados por quem quer que seja no quadro das leis civis e comerciais"*[374], confere natureza administrativa ao mesmo.

No entanto, como assinala LAURENT RICHER esta definição de cláusula exorbitante carece de uma interpretação actualista, visto que certas cláusulas deste tipo podem surgir também em contratos privados, sendo, por isso, mais correcto dizer que são cláusulas pouco usuais nas relações jurídicas privadas[375].

---

[370] Cfr. RENÉ CHAPUS, *Droit administratif...*, cit., Tomo I, págs. 451 e seguintes.

[371] Neste sentido, v. GEORGES VEDEL e PIERRE DELVOLVÉ, *op. cit.*, págs. 333 e seguintes; e JEAN-MARIE RAINAUD, *Le contrat...*, cit., pág. 1204. Exceptuam-se os contratos que tenham como objecto a execução de serviços públicos de carácter industrial e comercial, que se presumem de direito privado, cabendo à parte que invoca a natureza administrativa do contrato o ónus da prova. Contra esta excepção pronuncia-se JEAN-MARIE RAINAUD, *Le contrat...*, cit., pág. 1203.

[372] Cfr. LAURENT RICHER, *Droit des contrats administratifs*, Paris, 1995, pág. 87.

[373] Em sentido diferente, por considerar que este critério – pelo menos numa primeira fase – prende-se ainda com o objecto (imediato) do contrato, v. MARIA JOÃO ESTORNINHO, *A fuga...*, cit., pág. 88 e 89.

[374] Cfr. RENÉ CHAPUS, *Droit administratif...*, cit., Tomo I, pág. 446. São cláusulas exorbitantes aquelas que estão excluídas das relações privadas, as que proporcionam situações de desigualdade entre as partes, e as que remetam para os cadernos de encargos dos contratos administrativos. V., a este propósito, o Acórdão do Conselho de Estado de 13 de Janeiro de 1984. LAURENT RICHER, *Droit...*, cit., pág. 80.

[375] V. LAURENT RICHER, *Droit...*, cit., págs. 82 e 83.

O critério das cláusulas exorbitantes não está também isento de críticas, pois, como salienta CHAPUS, por este critério, qualquer contrato pode assumir a natureza de contrato administrativo, dependendo da vontade das partes[376]. No mesmo sentido, DEBBASCH e RICCI referem que a Administração pode determinar a natureza substantiva do contrato pela opção formal de o submeter ou não às regras gerais do Código Civil, porque *"...sempre que a Administração celebra um contrato nas mesmas condições que um particular por aplicação das disposições do Código Civil, não é submetido ao Direito Administrativo"*[377]. Esta possibilidade também é realçada por VEDEL e DELVOLVÉ, mas os autores acrescentam que está limitada, actualmente, por disposições legais e pelos critérios jurisprudenciais: desde logo, quando o contrato corresponde a um tipo determinado pelo legislador, tem de assumir a forma por este definida; por outro lado, a qualificação que a Administração dê ao contrato não vincula o intérprete se se verificar, pela aplicação dos critérios jurisprudenciais de distinção, que se trata de um contrato administrativo[378].

RAINAUD, por sua vez, considera que o critério do serviço público continua a prevalecer e que o carácter exorbitante do contrato não resulta apenas da existência de cláusulas exorbitantes, mas sim de todo um regime de sujeição do co-contratante particular, que resulta exactamente do facto de se executar um serviço público. A "lei do serviço público" impõe-se, assim, à vontade das partes[379].

As posições referidas permitem concluir que é muito grande a dificuldade sentida pela doutrina e pela jurisprudência em densificar qualquer destes critérios, o que se reflecte no facto de, muitas vezes, a qualificação do contrato assentar num conjunto de indícios, que permite intuir um "clima" de serviço público. PROSPER WEIL, por exemplo, defende o critério do regime exorbitante como forma de encontrar um critério único para definir o conceito de contrato administrativo, substituindo os do serviço público e das cláusulas exorbitantes, que se transformariam em meras manifestações da natureza única dos contratos[380].

---

[376] Cfr. RENÉ CHAPUS, *Droit administratif...*, cit., Tomo I, pág. 445.
[377] Cfr. CHARLES DEBBASCH e JEAN-CLAUDE RICCI, *Contentieux administratif*, 7ª Edição, Paris, 1999, pág. 36.
[378] Cfr. GEORGES VEDEL e PIERRE DELVOLVÉ, *op. cit.*, pág. 330.
[379] Cfr. JEAN-MARIE RAINAUD, *Le contrat...*, cit., pág. 1188.
[380] Cfr. PROSPER WEIL, *Le critére...cit.*, págs. 846 e 847.

O regime exorbitante distinguir-se-ia, assim, das cláusulas exorbitantes por não depender da vontade das partes, mas sim de algo exterior ao contrato, ou seja, da lei e dos regulamentos e por ser expressão de um "ambiente jurídico" alheio à vontade dos contraentes. No mesmo sentido, AMSELEK entendia que uma das formas de identificação de um contrato administrativo é a "identificação directa", através do clima geral que rodeia o contrato[381]. Contudo, como salientam DEBBASCH e RICCI, esta noção, além de pouco satisfatória para o espírito, não é compatível com a necessidade de segurança e certeza nas relações jurídicas. Os autores vão ao ponto de se referir a um autêntico "mosaico do serviço público" para qualificar as decisões jurisprudenciais mais recentes[382]. Também MARIA JOÃO ESTORNINHO critica o critério da "ambiência" de direito público, ao qual se recorre quando os critérios "objectivos" (em função do objecto, do fim, ou das cláusulas contratuais) falham, pela incerteza que introduz no sistema, tanto mais grave quanto, na ordem jurídica portuguesa, como na francesa, da qualificação do contrato resulta a determinação da jurisdição competente[383].

Verifica-se, por isso, que a jurisprudência, em vez de adoptar um critério único, utiliza, actualmente, um conjunto variado de critérios para determinar a natureza do contrato, e a doutrina, por sua vez, tende a remeter a questão para uma análise mais ou menos casuística das soluções jurisprudenciais[384].

Apesar de não se adoptar um critério essencialmente estatutário, é entendimento maioritário que a presença de uma entidade pública como parte no contrato é determinante para aferir a natureza deste. De acordo com este critério, um contrato celebrado entre duas pessoas de direito privado só se pode qualificar como administrativo quando uma das pessoas privadas actua por conta de uma entidade pública[385].

A importância dos critérios de determinação da natureza administrativa ou privada do contrato não é meramente teórica, na medida em que dessa qualificação resulta a atribuição de competência aos tribunais admi-

---

[381] Cfr. PAUL AMSELEK, *Une méthode peu usuelle d'identification des contrats administratifs: l'identification directe*, in RA (F), 1973, pág. 633.

[382] V. CHARLES DEBBASCH e JEAN-CLAUDE RICCI, *op. cit.*, pág. 37.

[383] Cfr. MARIA JOÃO ESTORNINHO, *Critério da ambiência de direito público: um esforço inglório para salvar o contrato administrativo?*, in CJA, n.º 2, 1997, pág. 16.

[384] Como já defendemos antes. V. ALEXANDRE LEITÃO, *A protecção...*, cit., pág. 14.

[385] V., por todos, AGATHE VAN LANG, *Juge judiciaire et Droit administratif*, Paris, 1996, págs. 37 e 38. A primeira decisão jurisprudencial neste sentido foi o Acórdão "*Enterprise Peyrot*", do Conselho de Estado, de 8 de Julho de 1963.

nistrativos ou aos tribunais civis para dirimir os litígios emergentes da relação contratual. Esta dicotomia mantém-se actualmente na ordem jurídica francesa, apesar da tendencial aproximação entre os contratos administrativos e os contratos privados da Administração, operada por via da legislação comunitária.

Finalmente, é de referir que, tendo-se sempre centrado o debate no problema da distinção entre contratos administrativos e contratos privados da Administração, a doutrina não se debruçou especialmente, ao contrário do que acontece, por exemplo, na Itália, sobre a questão do conteúdo dos contratos administrativos. Encontramos, contudo, uma referência a este propósito na obra de DOMINIQUE POUYAUD, quanto à invalidade dos contratos administrativos. A autora considera ilícitas as cláusulas contratuais que impliquem alienação de competências administrativas ou através das quais uma entidade administrativa se vincule a exercer as suas competências futuras de determinada forma ou em certo sentido[386].

1.2. *Espanha*

Em Espanha, existe, tal como em França, a dicotomia entre contratos administrativos e contratos privados da Administração, tendo sido expressamente reconhecida a autonomia da vontade das entidades administrativas desde a Lei de Bases dos Contratos do Estado, de 28 de Dezembro de 1963, e da Lei de 8 de Abril de 1965, que a desenvolveu[387]. De acordo com essa teoria clássica, que a legislação expressamente consagrou, são contratos administrativos típicos, segundo o artigo 5.º da LCAP, de 18 de Maio de 1995 (Lei 13/1995): o contrato de obras públicas; de gestão de serviços públicos; de fornecimento; de consultadoria e assistência de serviços e ainda aqueles que sejam celebrados excepcionalmente para a realização de trabalhos específicos e concretos não habituais.

À semelhança do que aconteceu com a doutrina francesa, em Espanha a discussão dogmática centrou-se sempre em torno dos critérios de distinção entre os contratos administrativos e os contratos privados da Administração, até porque a dicotomia tradicional de raiz francesa está

---

[386] Cfr. DOMINIQUE POUYAUD, *La nullité des contrats administratifs*, Paris, 1991, págs. 218 e seguintes.

[387] Sobre a evolução histórica da contratação administrativa no Direito espanhol, v., por todos, MEILÁN-GIL, *La actuacion contractual de la Administracion Pública española. Una perspectiva historica*, in RAP, n.º 99, 1982, págs. 7 e seguintes.

longe de granjear a unanimidade na doutrina espanhola. GARCÍA DE ENTERRÍA e TOMÁS RAMÓN FERNÁNDEZ consideram que se trata de uma distinção que actua exclusivamente no plano processual e que carece de toda a transcendência no plano material e substantivo, até porque, actualmente, é visível uma unidade de sentido de toda a actividade contratual da Administração, em virtude do conjunto de regras próprias a que esta está sujeita em qualquer tipo de actividade que desenvolva[388]. Por sua vez, PAREJO ALFONSO, JIMÉNEZ-BLANCO e ORTEGA ÁLVAREZ referem-se a uma crise da concepção substancialista do contrato administrativo, que decorre do facto de o contrato administrativo não ser uma figura diferente e autónoma da essência do Direito Civil, verificando-se uma mistura de regimes jurídicos nos contratos celebrados pela Administração, resultante da convivência natural e frequente entre o Direito Público e o Direito Privado[389]. Resta saber, se este fenómeno se traduz numa "privatização" dos contratos administrativos ou, pelo contrário, numa "publicização" dos contratos privados da Administração, aspecto que desenvolveremos no § 4 do presente capítulo.

Quanto aos critérios de distinção tradicionalmente adoptados, RAMON PARADA prefere o da ligação do contrato a uma obra ou serviço público, embora a jurisprudência utilize também o das cláusulas exorbitantes[390]. No mesmo sentido pronuncia-se GARRIDO FALLA, embora entenda que a polémica em torno dos critérios do objecto e do conteúdo, ou seja, das cláusulas exorbitantes, é um pouco "bizantina", na medida em que é o objecto que determina a situação de sujeição especial do co-contratante particular[391]. Refira-se, contudo, que o autor tem um entendimento muito amplo de serviço público, considerando que são contratos administrativos todos aqueles em que o interesse público está, de certa maneira, directamente implicado.

Por outro lado, o critério da forma, associado à procedimentalização da contratação administrativa, deixou de servir como critério desde a aprovação da LCAP, que unificou o procedimento pré-contratual de todos os contratos da Administração Pública (cfr. o artigo 9.º daquele diploma legal), na sequência das normas comunitárias sobre a matéria[392].

---

[388] Cfr. GARCÍA DE ENTERRÍA e TOMÁS RAMÓN-FERNÁNDEZ, *Curso...*, *cit.*, Tomo I, pág. 675.
[389] V. ALFONSO, JIMÉNEZ-BLANCO e ORTEGA ÁLVAREZ, *op. cit.*, pág. 632.
[390] Cfr. RAMON PARADA, *Derecho administrativo...*, *cit.*, págs. 344 a 346.
[391] Cfr. GARRIDO FALLA, *Tratado...*, *cit.*, volume II, págs. 48 e seguintes.
[392] Como salienta PIÑAR MAÑAS no prólogo à obra de José António Morena Molina, *Contratos públicos: Derecho comunitario y Derecho español*, Madrid, 1996, pág. XXII.

Os critérios estatutário e da jurisdição competente são também afastados pela maioria da doutrina: o primeiro, pelo facto de a Administração também possuir autonomia privada e, portanto, poder celebrar contratos de direito privado; o segundo, por ser uma consequência da diferente natureza dos contratos administrativos e não uma causa.

Resumindo as posições dos vários autores, DELGADO PIQUERAS elenca os seguintes elementos distintivos dos contratos administrativos: o interesse geral como causa; o serviço público como objecto; o procedimento como requisito essencial e a desigualdade das partes como característica dominante[393]. Em sentido próximo, adoptando também uma posição ecléctica, ARIÑO ORTIZ considera serem quatro os traços distintivos dos contratos administrativos: especial condição do sujeito público; especificidade de fins; natureza administrativa da relação jurídica; Direito objectivo especial aplicável à contratação pública[394].

Os contratos privados da Administração assumem-se como uma categoria meramente residual, porque não têm como finalidade imediata a execução de uma obra ou serviço público, embora também prossigam – ainda que de forma mediata – o interesse público, remetendo-se, por isso, para a Jurisdição comum a apreciação dos litígios deles emergentes[395].

Contudo, em Espanha, apesar de se adoptar a dualidade entre contratos administrativos e contratos privados da Administração, é comummente aceite que nestes há sempre, pelo menos, uma dualidade de regimes jurídicos: aplicam-se as regras administrativas de competência, preparação e adjudicação; e as regras de Direito Privado para o conteúdo contratual, sendo que os actos administrativos praticados pela Administração no âmbito da fase procedimental repercutem-se sobre a validade do contrato privado através do mecanismo dos actos separáveis, cuja validade é apreciada pelos tribunais administrativos. Esta situação gera uma "esquizofrenia" em matéria de contencioso dos contratos privados da Administração, que, aliada ao facto de ser muito difícil distinguir com segurança a natureza pública ou privada dos contratos, aconselharia a unificação de jurisdições na Jurisdição administrativa[396].

---

[393] Cfr. DELGADO PIQUERAS, *La terminación convencional del procedimiento administrativo*, Pamplona, 1995, pág. 92.

[394] V. ARIÑO ORTIZ, *El concepto de contrato público en la CEE*, in Notícias CEE, n.º 21, 1986, pág. 26.

[395] SOLAS RAFECAS, *Contratos administrativos y contratos privados de la Administración*, Madrid, 1990, pág. 22, considera que a ligação teleológica ao interesse público é o elemento basilar que levou à autonomização substantiva dos contratos administrativos.

[396] Neste sentido, RAMON PARADA, *Derecho administrativo...*, cit., pág. 348. No

O facto de a doutrina espanhola ter sempre centrado o debate em torno dos critérios de distinção entre contratos administrativos e contratos privados da Administração conduziu ao relativo apagamento de outros tipos de actuação contratual da Administração Pública, que não estão relacionadas com a aquisição de bens e serviços e obras públicas, mas sim com o exercício de poderes administrativos de autoridade.

Contudo, a consagração expressa na lei de procedimento aprovada em 1992 (Lei n.º 30/1992, de 26 de Novembro) da possibilidade de haver lugar à "terminação convencional do procedimento administrativo" relançou o debate acerca dos denominados *"conciertos de administración"*, para usar a terminologia de GARCÍA DE ENTERRÍA e RAMÓN-FERNÁNDEZ. Como salientam estes autores, estes convénios integram-se na Administração concertada típica do Estado Social e distinguem-se dos restantes contratos administrativos por não se poderem reconduzir ao esquema sinalagmático dos contratos privados[397]. Aliás, é exactamente devido à sua especial natureza, que se caracteriza pelo objecto público, pela inexistência de uma relação patrimonial e pela falta de nexo causal entre as prestações respectivas, que estes contratos estão excluídos do âmbito de aplicação da LCAP.

O artigo 88.º da Lei n.º 30/1992 prevê a possibilidade de a Administração celebrar "acordos, pactos, convénios ou contratos" substitutivos de decisões unilaterais ou preparatórios (em termos vinculantes ou não) das mesmas. Estas figuras, de natureza contratual, correspondem aos "módulos convencionais do procedimento administrativo" existentes em Itália e teorizados por GIANNINI[398], aos contratos públicos do Direito alemão e, sensivelmente, aos contratos com objecto passível de acto administrativo previstos no CPA, podendo definir-se como *"um negócio jurídico bi ou multilateral consistente num acordo de vontades celebrado no seio de um procedimento administrativo entre a Administração e os participantes no mesmo, através do qual se regula juridicamente ou um aspecto da resolução administrativa – acordos preparatórios, instrutórios ou de tramite – ou se substitui aquela – terminação convencional"* (DELGADO PIQUERAS)[399]. PAREJO ALFONSO, por sua vez, designa estes acordos como "acordos

---

mesmo sentido pronuncia-se GONZÁLEZ-VARAS IBÁÑEZ, *El Derecho...*, *cit.*, pág. 231, salientando que *"...a distinção entre Direito Público e Direito Privado está a perder o seu rigor na Europa, da perspectiva da contratação da Administração"*.

[397] Cfr. GARCÍA DE ENTERRÍA e TOMÁS-RAMÓN FERNÁNDEZ, *Curso...*, *cit.*, volume I, págs. 666 e seguintes.
[398] Neste sentido, v. DELGADO PIQUERAS, *op. cit.*, pág. 171.
[399] Cfr. DELGADO PIQUERAS, *op. cit.*, pág. 177.

administrativos consensuais" e define-os como "*acordos de vontades entre uma Administração e um ou vários sujeitos de Direito, regulados pelo Direito Administrativo, celebrados no contexto de um procedimento administrativo através do qual se deva exercer um poder administrativo*"[400].

O citado preceito da lei de procedimento espanhola inclui três tipos de realidades: os acordos substitutivos de actos administrativos (terminação convencional *stricto sensu*); acordos preparatórios de decisões administrativas, que vinculam o conteúdo destas (terminação convencional imprópria); e acordos preparatórios de decisões finais, mas sem carácter vinculativo[401]. Como refere SÁNCHEZ MORON, estes últimos podem tratar--se de "acordos de mera tramitação", cuja finalidade é apenas acelerar certa fase do procedimento ou pôr fim à fase instrutória (por exemplo, acordos sobre provas)[402].

Todos estes tipos de acordos têm de conter os elementos referidos no artigo 88.º, n.º 2, da Lei n.º 30/1992, ou seja: a identificação das partes intervenientes; o âmbito pessoal, funcional e territorial; o prazo de vigência; e devem ser ou não publicados de acordo com a natureza das pessoas que estiverem envolvidas. É-lhes aplicável a lei de procedimento, excepto na parte que se refere ao regime jurídico específico dos actos administrativos, nomeadamente, as regras sobre execução forçada e revogação, que são incompatíveis com a natureza contratual daquelas figuras, bem como o regime da responsabilidade extracontratual, uma vez que, sendo contratos, geram responsabilidade contratual.

Os limites à celebração destes acordos estão consagrados no artigo 88.º, n.º 4, da Lei n.º 30/1992 e decorrem dos princípios gerais do Direito Administrativo. Assim, não podem ser contrários ao ordenamento jurídico, não podem versar sobre matérias insusceptíveis de transacção e não podem alterar as competências nem as responsabilidades das autoridades administrativas e dos funcionários e agentes (excepto a responsabilidade patrimonial, que pode ser objecto de acordos indemnizatórios), devendo ter sempre como objectivo a prossecução do interesse público.

---

[400] Cfr. PAREJO ALFONSO, *La terminación convencional del procedimiento administrativo como forma alternativa de desarrollo de la actividad unilateral de la Administración*, in *Eficacia y Administración – Tres estudios*, Madrid, 1995, págs. 171 e 176. Sobre as vantagens do recurso a esta figura, v. a pág. 164.

[401] HUERGO LORA, *op. cit.*, págs. 41 e seguintes, distingue estes tipos de contratos em função do seu maior ou menor grau de vinculatividade.

[402] V. SÁNCHEZ MORON, *op. cit.*, págs. 16 e 17.

Apesar de se consagrar a autonomia pública da Administração, esta fica sujeita ao princípio da legalidade, pelo que os contratos não podem conter cláusulas que violem aspectos vinculados da competência administrativa, mas apenas disposições que não estejam previstas em normas legais ou que afastem normas meramente dispositivas. A importância dos acordos substitutivos e integrativos do procedimento surge, por isso, sobretudo em áreas de actuação discricionária da Administração, sendo neste âmbito que as decisões unilaterais podem ser substituídas por acordos, com as vantagens de reduzir a litigiosidade e facilitar a sua execução, atendendo a que estes contam, na sua génese, com a colaboração do particular[403].

A terminação convencional do procedimento apresenta-se como um fenómeno de flexibilização da actuação administrativa, na medida em que é permitida a imposição de condições por via contratual que não são admissíveis enquanto cláusulas modais de actos administrativos unilaterais[404].

Refira-se, finalmente, que a consagração expressa dos acordos com objecto público, substitutivos de um acto administrativo ou integrativos do procedimento tem a virtualidade de formalizar e procedimentalizar este tipo de actuações, que antes assumiam um carácter meramente informal, com as vantagens óbvias ao nível do aumento do controlo judicial, nomeadamente, para tutela de terceiros. É uma matéria a que voltaremos, por se revestir de importância fundamental para o tema da presente dissertação.

1.3. Itália

Historicamente, as teses que negam a admissibilidade da actuação contratual da Administração tiveram algum alcance em Itália, com base nos argumentos da impossibilidade de fundir vontades com natureza distinta, da incompatibilidade da participação de particulares nos "actos de império", da falta de igualdade entre os contraentes, e da superioridade dos fins atribuídos à Administração Pública. Daí que, numa primeira fase, todos os contratos da Administração eram considerados privados, mas, atendendo às especificidades inerentes à actuação administrativa e aos fins prosseguidos, foram-se publicizando[405]. É por esta razão que, ainda hoje,

---

[403] No mesmo sentido, v. SÁNCHEZ MORON, *op. cit.*, págs. 15 e 16.
[404] Neste sentido, v. DELGADO PIQUERAS, *op. cit.*, págs. 195 e 196.
[405] Neste sentido, v. SABINO CASSESE, *Le basi...*, *cit.*, pág. 384.

os estudos a propósito das formas de actuação contratuais da Administração são desenvolvidos em torno da problemática da autonomia privada das entidades administrativas e dos controlos jurídico-públicos a que está sujeita a Administração quando actua através do Direito Privado[406].

Contudo, ultrapassadas as primeiras resistências, o recurso aos instrumentos contratuais generalizou-se, no âmbito da tendência seguida noutros países durante o Estado Social[407]. A propósito desta evolução, GIANNINI considera que a mesma se efectuou em dois sentidos: introdução de novas figuras e instrumentos convencionais, alargando a actuação contratual a relações sem conteúdo patrimonial, ligadas aos poderes de autoridade da Administração (acordos substitutivos e integrativos do procedimento administrativo); e consolidação de procedimentos pré-contratuais específicos, com o consequente aparecimento dos contratos *"ad evidenza pubblica"*[408].

Pode, assim, dizer-se que, de acordo com a tradição italiana, a actividade contratual da Administração Pública também se desenvolveu dogmaticamente em torno da noção de procedimento administrativo, sobretudo pela mão de GIANNINI. Este autor referiu-se aos *"modulli convencionali"* como actos bilaterais ou plurilaterais através dos quais os poderes públicos prosseguem por acordo os interesses públicos, incluindo nesta noção os acordos organizativos (entre duas pessoas colectivas públicas); os contratos de serviços (concessões de serviços públicos); e os acordos procedimentais[409].

Em Itália, a Administração Pública goza quer de autonomia privada, quer de autonomia pública, podendo, por isso, celebrar contratos privados e contratos públicos, sendo que o critério de distinção assenta no facto de os segundos serem aqueles em que *"o Direito em questão só está na disponibilidade da autoridade e a obrigação apenas pode ser assumida por esta"*[410]. Por outras palavras, são administrativos os contratos em que o

---

[406] V., apenas a título de exemplo, NICOLA GIOFFRÈ, *L'evidenza pubblica nell'attività di Diritto privato della P.A.*, Nápoles, 1995 e AURETTA BENEDETTI, *I contratti della Pubblica Amministrazione tra specialità e Diritto comune*, Turim, 1999.

[407] De acordo com STEFANO CIVITARESE, *op. cit.*, pág. 37, o primeiro autor italiano a acolher a figura do contrato de direito público foi FORTI, no ínicio do século XX.

[408] V. SEVERO GIANNINI, *Diritto..., cit.*, volume II, pág. 345. GIUSEPPE FAZIO, *L'attività contrattuale della Pubblica Amministrazione*, volume I, Milão, 1988, págs. 11 e 12, refere-se ao procedimento contratual como um "subprocedimento específico de *evidenza pubblica*", que apresenta uma mistura de elementos públicos e privados, teleologicamente orientados para um fim: a celebração do contrato.

[409] Cfr. SEVERO GIANNINI, *Diritto..., cit.*, volume II, pág. 423.

[410] Cfr. STEFANO CIVITARESE, *op. cit.*, pág. 99.

próprio objecto do sinalagma é público e, por isso, se encontra apenas na disponibilidade da Administração Pública. Ora, com base neste critério, obviamente, a doutrina italiana não poderia considerar públicos os denominados contratos administrativos com objecto passível de direito privado, como a empreitada de obras públicas ou a aquisição de bens e serviços, ainda que estes contratos tenham uma ligação imediata à prossecução do interesse público[411]. Existe, contudo, alguma doutrina, ainda minoritária, que considera que estes contratos têm natureza pública, exactamente devido ao facto de prosseguirem um fim público[412].

Assim, o quadro da actuação contratual da Administração em Itália não corresponde à tipologia de inspiração francesa, baseada na dicotomia entre contratos administrativos e contratos privados. Pelo contrário, segundo GIANNINI, distinguem-se contratos privados, regidos pelo Direito Comum; contratos especiais, também regidos pelo Direito Privado, mas por regras específicas (*contratti amministrativi*); e contratos com objecto público[413]. Refira-se, no entanto, que estes "contratos especiais", tais como as empreitadas de obras públicas e as aquisições de bens e serviços, têm um regime misto, de Direito Administrativo e de Direito Privado, quer na fase pré-contratual (*série procedimentale*), quer na fase de execução (*série negoziale*), que se traduz na procedimentalização da formação da vontade contratual da Administração e na concessão de prerrogativas de autoridade na execução do contrato[414]. Por isso, alguns autores, como SALVATORE BUSCEMA e ANGELO BUSCEMA, distinguem, por razões históricas, os contratos privados *stricto sensu* dos *"conttrati amministrativi"*, que ainda são contratos privados, mas com um regime específico, e que correspondem, grosso modo, aos denominados "contratos administrativos com objecto passível de contrato de direito privado"[415].

Em Itália, ambos os tipos de "contratos privados" são precedidos de um procedimento tendente à selecção do co-contratante particular e que visa garantir a transparência e o respeito pelos princípios da imparciali-

---

[411] Cfr. ALFONSO TESAURO, *Contratti del Diritto Pubblico e Amministrativo in particolare*, in *Studi in memoria di Guido Zanobini*, Milão, 1965, pág. 567.

[412] V. STICCHI DAMIANI, *La nozione di appalto pubblico*, Milão, 1999, pág. 72 e VITTORIO ITALIA, *Appalti di opere pubbliche e criteri informatori del nuovo decreto di applicazione della Direttiva 89/440/CEE*, in RIDPC, n.º 1, 1992, págs. 100 e 101.

[413] Cfr. SEVERO GIANNINI, *Diritto...*, *cit.*, volume II, págs. 356 e 357.

[414] Como salienta CERULLI IRELLI, *op. cit.*, pág. 676. Sobre a distinção entre a *serie procedimentale* e a *serie negoziale*, v. EUGENIO MELE, *op. cit.*, págs. 14 e seguintes.

[415] V. SALVATORE BUSCEMA e ANGELO BUSCEMA, *I conttrati della pubblica Amministrazione*, 2ª Edição, Pádua, 1994, pág. 58.

dade e da igualdade na formação da vontade contratual da Administração. É por esta razão que se adopta a denominação de contratos *ad evidenza pubblica*, na medida em que esta fase pré-contratual visa evidenciar os motivos da Administração, cuja causa é sempre a prossecução do interesse público. No entanto, a doutrina é unânime em considerar que estes contratos não constituem um quarto tipo de contrato, substancialmente diverso, mas sim, uma mera categoria procedimental, que se prende com a sujeição do procedimento de celebração e formação dos contratos a regras jurídico-públicas, e que podem aplicar-se a qualquer um dos três tipos anteriores de contratos[416]. Trata-se apenas, como salienta SANDULLI, de rodear os negócios privados da Administração Pública das necessárias garantias administrativas, sendo que a validade dos actos praticados na fase procedimental se repercute no negócio jurídico celebrado pela Administração[417].

Do ponto de vista contencioso, a competência para dirimir os litígios emergentes dos contratos privados da Administração é atribuída à Jurisdição comum. Esta solução suscita dificuldades na apreciação da invalidade consequente destes contratos, quando esta decorra da invalidade dos actos administrativos procedimentais, cuja apreciação compete, naturalmente, aos tribunais administrativos. Por esta razão, alguns autores defendem que seria vantajosa a unificação da competência para dirimir todos os litígios emergentes das relações contratuais da Administração na Jurisdição administrativa[418]. Esta é, aliás, a solução mais compatível com o facto de, actualmente, todos os contratos da Administração estarem sujeitos a um regime misto de Direito Público e de Direito Privado, até porque a actividade da Administração é um "fenómeno substancialmente unitário", sempre vinculado à prossecução do interesse público e aos princípios da igualdade, imparcialidade e transparência[419]. Por outro lado, o artigo 35.º do Decreto-Lei n.º 80/98, de 30 de Junho de 1998, que revogou o artigo 13.º da Lei n.º 142/92, atribui competência à Jurisdição administrativa

---

[416] Neste sentido, v. SEVERO GIANNINI, *Diritto...*, *cit.*, volume II, pág. 357 e SALVATORE BUSCEMA e ANGELO BUSCEMA, *op. cit.*, pág. 59.

[417] Cfr. ALDO SANDULLI, *Manuale...*, *cit.*, volume I, pág. 739.

[418] Neste sentido, v. STEFANO CIVITARESE, *op. cit.*, pág. 138.

[419] Neste sentido, v., entre outros, MARIO NIGRO, *Giurisdizione...*, *cit.*, pág. 150; FLAMINO FRANCHINI, *Pubblico e privato nei contratti della Pubblica Amministrazione*, in *Studi in memoria di Guido Zanobini*, volume II, Milão, 1965, págs. 429 e 430; STEFANO CIVITARESE, *op. cit.*, pág. 91; BRUTI LIBERATI, *Consenso e funzione nei contratti di Diritto Pubblico tra Amministrazioni e privati*, Milão, 1996, pág. 149; e EUGENIO MELE, *op. cit.*, pág. 330.

para condenar a Administração ao pagamento de uma indemnização na sequência da anulação de um acto administrativo no âmbito do procedimento de *evidenza pubblica*, o que constitui uma verdadeira revolução no sistema de repartição da competência contenciosa em Itália[420].

Analisemos, agora, os contratos com objecto público ou contratos públicos, que se caracterizam exactamente por terem um objecto impossível nas relações entre privados, visto que o mesmo se encontra apenas na disponibilidade da Administração[421].

GIANNINI distingue dentro dos contratos públicos, os contratos acessórios, os contratos auxiliares e os contratos substitutivos de *provvedimenti*[422].

Os primeiros são acessórios de actos administrativos, referindo-se normalmente às contrapartidas devidas pelo particular em virtude de uma vantagem concedida através de um acto administrativo, por exemplo, os contratos de concessão de bens do domínio público ou de serviço público, celebrados na sequência do acto administrativo de concessão[423].

Quanto aos contratos auxiliares, inserem-se num procedimento administrativo, assumindo-se como uma fase eventual deste e têm uma natureza variada, dependendo do procedimento em que estão incluídos – é o caso, por exemplo, do contrato de compra e venda num procedimento expropriativo.

Finalmente, os contratos substitutivos de actos administrativos produzem os mesmos efeitos jurídicos que os *provvedimenti*, embora o façam pela via contratual. São mais utilizados no âmbito da gestão urbanística e da programação económica, mas não exclusivamente.

A natureza destes contratos tem sido uma matéria muito controvertida na doutrina italiana. GIANNINI distingue estes contratos dos acordos procedimentais, que não considera verdadeiros contratos por se traduzirem

---

[420] Como salienta ITALO FRANCO, *op. cit.*, págs. 395 e seguintes.

[421] No entanto, PAOLO VAIANO, *I problemi attuali del contenzioso dei contratti della P.A.*, in *Atti del XX.° Convegno di Studi di Scienza dell'Amministrazione*, Milão, 1977, págs. 124 e 125, reconduz estes contratos ao Direito Civil, questionando a autonomia da figura.

[422] Cfr. SEVERO GIANNINI, *Diritto...*, *cit.*, volume II, pág. 431.

[423] A propósito destes contratos, SABINO CASSESE, *Le basi...*, *cit.*, pág. 386, refere que são aqueles através dos quais o co-contratante particular assume "as vestes" de sujeito activo do poder administrativo, podendo mesmo praticar actos administrativos. Em Portugal, MARQUES GUEDES, *A Concessão*, Coimbra, 1954, pág. 166, defende uma posição semelhante, considerando que, nos contratos de concessão de serviço público, o particular se transforma num órgão indirecto da Administração Pública.

em meras actuações informais da Administração sem conteúdo patrimonial, sendo que, pelo contrário, os contratos públicos têm natureza contratual, sinalagmática, e conteúdo patrimonial[424]. Contudo, a partir da consagração expressa destes acordos procedimentais no artigo 11.º da Lei n.º 241, de 7 de Agosto de 1990, a distinção entre *"accordi"* e *"contratti"* parece deixar de fazer sentido, até porque o preceito atribui a esta forma de actuação um carácter de generalidade, como modelo de actuação administrativa alternativo[425].

De facto, aquele preceito estabelece que o conteúdo dos actos administrativos discricionários pode ser definido por via contratual, através de contratos substitutivos – que substituem o próprio acto administrativo – ou integrativos (*endoprovvedimentale*[426]) – que condicionam o conteúdo dispositivo do acto administrativo[427] –, atribuindo carácter formal a estes acordos e, por isso, assumindo a sua natureza contratual.

Assim, a maioria da doutrina italiana considera que os acordos procedimentais previstos no artigo 11.º da Lei de procedimento administrativo são verdadeiros contratos públicos, não constituindo óbice a esta natureza contratual o facto de se tratar de um encontro de vontades que têm origens diferentes: o interesse público, no caso da Administração; e a autonomia negocial, no caso do particular[428]. Como refere STICCHI DAMIANI, os

---

[424] Cfr. SEVERO GIANNINI, *Diritto...*, cit., volume II, págs. 423 e seguintes. Em Espanha, esta posição é seguida por TORNOS i MAS, *Autorité et contrat dans l'Administration moderne en Espagne*, in *Annuaire Européen d'Administration Publique*, Paris, 1997/1998, pág. 63.

[425] Neste sentido, v. ITALO FRANCO, *op. cit.*, pág. 73. Pode dizer-se, no entanto, com EUGENIO PICOZZA, *Gli accordi tra privati a Pubbliche Amministrazioni: art. 11 Legge 7 de Agosto 1990, n.º 241*, in *La legge sul procedimento amministrativo*, Milão, 1999, págs. 16 e 17, que esta disposição é tautológica, pois a actuação contratual já era genericamente admitida dentro dos limites decorrentes da lei e já estava, inclusivamente, prevista em normas sectoriais.

[426] A expressão é de STEFANO CIVITARESE, *op. cit.*, pág. 176.

[427] STICCHI DAMIANI, *Gli accordi amministrativi*, in *La contrattualizzazione dell' azione amministrativa*, Turim, 1993, págs. 34 e 35, considera que esta distinção é sobretudo nominalística, visto que em ambos os casos é o acordo que determina o conteúdo concreto da actuação administrativa.

[428] No sentido de que os acordos previstos no artigo 11.º da lei n.º 241/90 são contratos públicos pronunciam-se SABINO CASSESE, *Le basi...*, cit., pág. 387; CERULLI IRELLI, *op. cit.*, págs. 521 e 522, STICCHI DAMIANI, *Gli accordi...*, cit., págs. 39 e 40; FRANCESCO CASTIELLO, *Procedimenti ed accordi amministrativi: dagli "accordi ufficiosi" agli accordi codificati con la L. 241/90*, in *La contrattualizzazione dell'azione amministrativa*, Turim, 1993, págs. 65 e 66 e ANDREA FEDERICO, *Autonomia negoziale e discrizionalità*

interesses públicos e privados nem sempre são antagónicos, podendo colaborar para a exteriorização de uma vontade única[429]. CASTIELLO, por sua vez, considera que a formalização destes acordos implica a aplicação aos mesmos do princípio *pacta sunt servanda*, e, consequentemente, têm natureza contratual[430]. A falta de conteúdo patrimonial deixa também de ser uma característica distintiva destes acordos, na medida em que, nos termos do artigo 11.º da Lei n.º 241/90, a Administração pode rescindir unilateralmente o contrato por motivos de superveniência do interesse público, mas tem de indemnizar o co-contratante particular[431].

Parece, por isso, de adoptar o entendimento segundo o qual estes acordos constituem verdadeiros contratos, pois, tal como diz STEFANO CIVITARESE, a utilização da via consensual para exercer poderes administrativos não infirma a natureza contratual dos acordos substitutivos, uma vez que o nexo existente entre negociação/composição de interesses conduz a uma verdadeira *"formação concertada da relação jurídico-administrativa"* e a uma coexistência no mesmo procedimento de momentos de autoridade e de momentos negociais[432].

Nos termos do artigo 11.º da Lei n.º 241/90, podem utilizar-se contratos substitutivos ou integrativos do procedimento sempre para prossecução do interesse público – elemento ontológico – e apenas quando essa possibilidade se encontre expressamente prevista na lei, devendo ser sempre estipulados por escrito. Estão expressamente excluídas do âmbito de aplicação dos acordos procedimentais, segundo o artigo 13.º do referido diploma a actividade normativa da Administração; a emissão de actos gerais, actos de planificação e de programação; bem como toda a matéria tributária.

---

amministrativa – gli "accordi" tra privati e Pubbliche Amministrazioni, Nápoles, 1999, pág. 97. Há até autores que incluem estes acordos num fenómeno de privatização da actuação administrativa, como é o caso de GIAMPAOLO ROSSI, *Diritto pubblico e Diritto privato nell' attività della Pubblica Amministrazione: alla ricerca della tutela degli interessi*, in DP, n.º 3, 1998, pág. 667. Não podemos, contudo, concordar com esta posição, que parece confundir "privatização" com "consensualização".

[429] Cfr. STICCHI DAMIANI, *Gli accordi..., cit.*, pág. 39.
[430] V. FRANCESCO CASTIELLO, *Procedimenti ed accordi..., cit.*, págs. 56 e 57.
[431] Neste sentido, v. ANDREA FEDERICO, *op. cit.*, págs. 148 e 149.
[432] Cfr. STEFANO CIVITARESE, *op. cit.*, págs. 168 e 169. Em sentido contrário, v. NICOLA GIOFFRÈ, *op. cit.*, pág. 3. O autor distingue autonomia privada e discricionariedade, defendendo que a primeira move-se apenas na esfera contratual e a segunda na esfera procedimental, o que parece afastar a natureza contratual dos acordos celebrados no âmbito do exercício de poderes discricionários.

Quanto à invalidade destes contratos, é aplicável o regime de invalidade dos actos administrativos, pelo que é atribuída competência à Jurisdição administrativa para dirimir os litígios deles emergentes[433]. Assim, apesar de os contratos públicos serem fonte de verdadeiros direitos subjectivos, e de lhes ser aplicável parcialmente o regime do Código Civil, nomeadamente, no que respeita à responsabilidade contratual e pré-contratual, a lei determina a competência dos tribunais administrativos, o que parece constituir uma superação da dicotomia tradicional entre estes tribunais e a Jurisdição comum, consoante estejam em causa direitos subjectivos ou interesses legítimos[434].

1.4. *Alemanha*

As teses que negam a admissibilidade da figura do contrato administrativo surgiram na Alemanha, sobretudo com a doutrina de OTTO MAYER e FOSTHOFF, com base nos seguintes argumentos: a ausência de uma norma-base que atribuísse valor vinculativo a esses contratos; o facto de não haver paridade entre os sujeitos contratantes, o que inviabilizaria o recurso à técnica contratual; finalmente, o facto de a entidade administrativa se subordinar ao consenso com os particulares limitaria a sua capacidade para cumprir adequadamente a sua função de tutela dos interesses gerais[435].

Pelo contrário, JELLINEK foi o primeiro a defender a necessidade de adoptar a técnica contratual como uma das formas de actuação da Administração Pública, realçando as vantagens inerentes à consensualização da actividade administrativa. Na década de setenta, com a aprovação das leis de procedimento administrativo da Federação e dos *Länder*, que entraram

---

[433] Neste sentido, v. BRUTI LIBERATI, *Consenso...*, *cit.*, pág. 142.

[434] Neste sentido, v. MARIO NIGRO, *Giustizia...*, *cit.*, pág. 152, que, aliás, foi o autor da Lei n.º 241, de 7 de Agosto de 1990. V. também, realçando o carácter inovador da norma, ANNIBALE FERRARI, *La giurisdizione amministrativa esclusiva nell'ambito degli artt. 11 e 15 della L. n. 241/1990 sul procedimento amministrativo*, in *La contrattualizzazione dell'azione amministrativa*, Turim, 1993, pág. 82.

[435] Cfr. OTTO MAYER, *Deutsches verwaltungsrecht*, volume II, 2ª Edição, 1917, apud GARRIDO FALLA, *op. cit.*, pág. 41. V. também HARTMUT MAURER, *op. cit.*, págs. 375 e seguintes. Para OTTO MAYER, o consentimento do particular não é uma declaração de vontade que dê lugar a um contrato, mas serve simplesmente para que a Administração possa praticar esse acto sem necessidade de habilitação legal. Sobre este problema, v. HUERGA LORA, *op. cit.*, pág. 127.

em vigor a 1 de Janeiro de 1977, é aceite sem reservas a figura do contrato administrativo. De facto, o artigo 54.° da lei federal prevê os contratos públicos como uma das formas típicas de conclusão do procedimento administrativo, excepto quando tal seja expressamente proibido por uma norma jurídica. Estes contratos são definidos como uma forma de constituição, modificação ou extinção de relações jurídicas administrativas, sendo a competência para dirimir os litígios deles emergentes atribuída à Jurisdição administrativa.

Verifica-se, assim, na Alemanha, a dicotomia entre contratos públicos e contratos privados da Administração, embora em moldes muito diferentes do que acontece nos sistemas de matriz francesa. Nos termos da VwVfG são considerados contratos de direito público aqueles que possuem um conteúdo idêntico ao de um acto administrativo sobre a mesma matéria, apesar de a doutrina e a jurisprudência criticarem o entendimento demasiado restritivo da lei.

O critério de distinção mais utilizado na doutrina alemã é o do objecto imediato, ou seja, do conteúdo do contrato. À luz deste critério são contratos administrativos aqueles aos quais são aplicáveis regras de Direito Público; os que comportam a obrigação de emitir um acto administrativo ou outro acto da função administrativa; e os contratos que conferem direitos ou impõem obrigações de natureza pública[436].

Assim, as empreitadas de obras públicas, bem como os contratos de aquisição de bens e serviços são considerados, na Alemanha, como contratos privados da Administração, não se lhes aplicando um regime substantivo de Direito Administrativo e, consequentemente, é atribuída competência à Jurisdição civil para dirimir os litígios deles emergentes.

Actualmente, a Administração Pública possui quer autonomia pública, quer autonomia privada, podendo celebrar contratos administrativos e contratos privados, embora seja unânime na doutrina e na jurisprudência o entendimento segundo o qual a Administração está sempre vinculada, independentemente da forma de actuação que adopte, a regras jurídico--públicas. Salienta-se, nomeadamente, a vinculação aos direitos fundamentais, a regras procedimentais e de competência, bem como às normas que correspondem a princípios gerais do Direito Administrativo[437].

Efectivamente, foi na Alemanha que se desenvolveram com mais profundidade doutrinas tendentes a evitar a fuga para o Direito Privado, sujeitando a Administração a vinculações jurídico-públicas, uma vez que

---

[436] V. HARTMUT MAURER, op. cit., págs. 366 e 367.
[437] Cfr. REINHADT HENDLER, op. cit., pág. 131.

esta nunca pode aplicar o Direito Privado no seu "estado puro"[438]. Surgiram, assim, a "teoria dos dois níveis" e a "teoria do Direito Administrativo Privado".

Segundo a "teoria dos dois níveis", cuja aplicação se tem, contudo, restringido a situações mais ou menos específicas, todas as formas de actuação da Administração possuem um nível regulamentado pelo Direito Privado e outro nível ao qual se aplica o Direito Público. No âmbito dos contratos privados celebrados por entidades administrativas, as regras de Direito Administrativo aplicam-se à fase procedimental; enquanto a execução do contrato se rege essencialmente por normas privadas[439].

Quanto à "teoria do Direito Administrativo Privado", ela corresponde a um entendimento unitário da actuação administrativa de Direito Privado, à qual será aplicável, quer na fase procedimental, quer na fase de execução, um misto de normas públicas e privadas, referindo-se, a este propósito, a uma privatização meramente formal, por contraposição a uma privatização material, que resultaria da transferência das atribuições e competências da Administração para os particulares[440]. Esta teoria tem como principal efeito o desenvolvimento de um "Direito comum contratual" para todos os contratos da Administração Pública[441].

Nos contratos jurídico-administrativos[442] do Direito alemão, categoria da qual estão excluídos os denominados contratos com objecto passível de contratos de direito privado, que são considerados de natureza privada, distinguem-se os contratos de sujeição – celebrados entre partes

---

[438] A expressão é de MARIA DA GLÓRIA GARCIA, *A responsabilidade civil do Estado...*, cit., Lisboa, 1997, pág. 100.

[439] STEFANO CIVITARESE, *op. cit.*, pág. 56, salienta que a doutrina alemã defende, desde os anos cinquenta, que a relação entre a Administração Pública e o co-contratante particular é regulada por uma combinação procedimental/contratual, na qual o acto administrativo representa a fonte autorizativa (publicística) da relação jurídica e o contrato regulamenta os aspectos de conteúdo patrimonial.

[440] Sobre esta matéria, v. GONZÁLEZ-VARAS IBÁÑEZ, *El Derecho...*, cit., págs. 100 e seguintes.

[441] Esta solução é defendida em Portugal por MARIA JOÃO ESTORNINHO, *A fuga...*, cit., pág. 269, e é também defendida por muitos autores espanhóis. V., por exemplo, GONZÁLEZ-VARAS IBÁÑEZ, *El Derecho...*, cit., pág. 230. Este autor sublinha a influência do Direito Comunitário na aproximação entre o regime jurídico dos contratos administrativos e dos contratos privados da Administração.

[442] A expressão é de REINHARDT HENDLER, *op. cit.*, pág. 128, para distinguir os contratos públicos que constituem, modificam ou extinguem relações jurídicas administrativas dos contratos públicos celebrados no âmbito do Direito Constitucional ou do Direito Internacional Público.

desiguais – e os contratos de colaboração ou coordenação – entre partes iguais. Estes últimos são acordos celebrados entre pessoas colectivas públicas que se encontram em situação de paridade, tendo sido durante muito tempo, antes da aprovação da lei de procedimento, considerados como meros acordos informais, na medida em que as entidades públicas não poderiam ser coagidas judicialmente ao cumprimento dos mesmos, bastando o dever de lealdade inerente às relações entre pessoas colectivas públicas[443].

Quanto aos contratos de sujeição, concluídos entre a Administração e um particular, eles têm objecto passível de acto administrativo, ou seja, estabelecem uma disciplina jurídica que a autoridade administrativa poderia ter imposto unilateralmente: são contratos através dos quais a Administração substitui a prática de um acto administrativo ou se obriga a emanar um acto ou deixar de o fazer[444].

Os contratos públicos de sujeição expressamente previstos na VwVfG são o contrato de transacção, que consiste na eliminação por mútuo acordo de uma dúvida suscitada por uma questão de facto ou de Direito; e o contrato de intercâmbio, que se traduz na imposição ao co-contratante particular de uma contraprestação em troca da prática de um acto administrativo pela Administração. Nestes casos, a lei estabelece limites muito rigorosos para a celebração destes acordos, por motivos que bem se compreendem. Assim, a prestação exigida ao particular tem de ser orientada para a prossecução de um fim de interesse público cometido à entidade administrativa em causa; tem de ser razoável e apresentar uma relação com a prestação do co-contratante público. Além disso, se o particular tiver direito a essa prestação da autoridade, só pode ser estipulada uma contraprestação quando esta pudesse constar de uma disposição acessória do acto administrativo, nos termos da própria lei de procedimento, sob pena de se proceder a uma verdadeira "compra e venda de poderes públicos", para usar a significativa expressão de REINHARDT HENDLER[445].

Os contratos de direito público são nulos quando se verifique uma das situações previstas no artigo 59.º da VwVfG: existir uma causa de nulidade de Direito Civil; quando fosse inexistente o acto administrativo de conteúdo idêntico ou quando for ilegal por razões não apenas procedimentais; e ainda quando for inválido um acto procedimental, desde que as

---

[443] V. RODRÍGUEZ DE SANTIAGO, *Los convenios...*, cit., pág. 50.

[444] Cfr. DELGADO PIQUERAS, *op. cit.*, pág. 49. Estes contratos parecem configurar-se como autênticos "contratos-promessa de actos administrativos".

[445] Cfr. REINHARDT HENDLER, *op. cit.*, pág. 129.

partes conheçam essa invalidade. Refira-se que os litígios emergentes na fase pré-contratual são resolvidos por comissões não judiciais, que controlam a legalidade do procedimento e decidem os recursos urgentes, evitando, assim, a morosidade inerente aos processos judiciais. Trata-se de uma especificidade do Direito alemão na transposição das directivas comunitárias sobre o contencioso dos contratos da Administração Pública.

Quanto à protecção dos terceiros, o artigo 58.º, § 1, da VwVfG determina que a eficácia dos contratos para terceiros está dependente do consentimento destes e sempre após um procedimento participado[446].

2. Direito português

O Direito português adopta, por influência francesa, a distinção entre contratos administrativos e contratos privados da Administração, em moldes muito semelhantes ao que acontece nas ordens jurídicas francesa e espanhola. O aspecto essencial desta dicotomia prende-se com a delimitação da competência dos tribunais administrativos, tendo sido em função da Jurisdição administrativa que os contratos administrativos se foram gradualmente autonomizando relativamente aos contratos privados da Administração[447].

SÉRVULO CORREIA autonomiza quatro fases nesta evolução[448]:

A primeira fase inicia-se com a reforma administrativa de Mouzinho da Silveira, aprovada pelo Decreto n.º 23, de 16 de Maio de 1832, e termina com a aprovação do Código Administrativo de 1886. Neste período, os litígios relacionados com a interpretação, validade e execução das cláusulas de certos contratos expressamente elencados eram submetidos aos tribunais administrativos, cuja competência se afirmava, assim, como meramente excepcional. MARQUES GUEDES refere, a este propósito, que, em 1840, a Câmara dos Senadores rejeitou uma proposta que se traduziria na introdução em Portugal de uma definição de contrato administrativo por natureza, muito antes da sua teorização pelo Conselho de Estado francês[449].

---

[446] Salientando a "participação procedimental de terceiros". v. WALTER KREBS, *op. cit.*, págs. 66 e 67.

[447] Como já antes tivemos oportunidade de referir. V. ALEXANDRA LEITÃO, *A protecção..., cit.*, pág. 46.

[448] V. SÉRVULO CORREIA, *Contrato..., cit.*, págs. 64 e seguintes.

[449] Cfr. MARQUES GUEDES, *Os contratos..., cit*, pág. 12.

A segunda fase surge com os Códigos Administrativos de 1886, 1895 e 1896, e termina em 1930, tendo-se assistido a uma redução do elenco dos contratos sujeitos à Jurisdição administrativa.

No período compreendido entre os Decretos n.ºs 18.017 e 19.243, respectivamente de 1930 e de 1931, e a aprovação do Código Administrativo de 1936/40, surge o conceito de contrato administrativo, atribuindo-se aos tribunais administrativos a competência para dirimir os litígios deles emergentes. As acções sobre contratos integravam-se, tal como hoje, no contencioso de plena jurisdição, não havendo, por isso, limites aos poderes do juiz. Perante esta solução legal, a doutrina foi unânime em considerar que se tratou de introduzir em Portugal a noção de contrato administrativo por natureza, que, em França, havia resultado de um lenta evolução jurisprudencial dirigida pelo Conselho de Estado[450]. Contudo, enquanto MARCELLO CAETANO considerava que se tratou de um alargamento da competência dos tribunais administrativos, MELO MACHADO continuou a entender que à Jurisdição administrativa apenas era atribuída a determinação do sentido das cláusulas contratuais, mantendo-se a competência integral dos tribunais administrativos dependente de um elenco taxativo[451].

O Código Administrativo de 1936/1940 marca um retrocesso nesta matéria, visto que abandona a definição de contrato administrativo por natureza e volta a adoptar um elenco taxativo de contratos considerados de Direito Administrativo. São contratos administrativos, de acordo com o artigo 815, § 2, do CA (que correspondia, até à revisão de 1940, ao artigo 695.º § único): a empreitada de obras públicas, a concessão de serviço público, os contratos de fornecimento contínuo e de prestação de serviços com fim de utilidade pública. O alcance da alteração legislativa foi objecto de alguma controvérsia na doutrina portuguesa. Assim, MELO MACHADO, FREITAS DO AMARAL e SÉRVULO CORREIA consideraram que se tratava de uma enumeração taxativa para fins contenciosos, mas meramente exemplificativa para efeitos substantivos, sendo permitido ao intérprete qualificar como administrativos outros contratos que não constassem expressamente do referido elenco[452]. Seria o caso, por exemplo, dos contratos de

---

[450] Cfr. MARCELLO CAETANO, *Competência contenciosa em matéria de contratos administrativos*, in OD, Ano 63.º, n.º 7, 1931, págs. 195 e 196; e MELO MACHADO, *Teoria jurídica do contrato administrativo*, Coimbra, 1937, pág. 97. Este autor definia contrato administrativo como "(...) a convenção celebrada entre uma administração pública e um particular, com um fim de serviço público, e criadora de obrigações sinalagmáticas de direito público." (cfr. a pág. 279).

[451] Cfr. MELO MACHADO, *op. cit.*, págs. 95 a 97.

[452] V. MELO MACHADO, *op. cit.*, págs. II e III do apêndice à obra citada; FREITAS

concessão do domínio público, que, obviamente, têm natureza jurídico--pública[453]. Pelo contrário, MARCELLO CAETANO e MARQUES GUEDES entendiam que o elenco do artigo 815, §2, do CA era taxativo, quer para efeitos contenciosos, quer no plano substantivo[454]. Aliás, outra não poderia ser a posição de MARCELLO CAETANO, uma vez que este autor considerava que a sujeição do contrato à competência dos tribunais administrativos era um traço essencial para a própria determinação da natureza (substantiva) do contrato.

Actualmente, a ordem jurídica portuguesa adopta um conceito de contrato administrativo por natureza, definido como o *"o acordo de vontades pelo qual é constituída, modificada ou extinta uma relação jurídica administrativa"*. Na linha da evolução histórica, é a legislação sobre contencioso administrativo que primeiro consagra esta definição, no artigo 9.º, n.º 1, do ETAF, sendo, depois, retomada pelo artigo 178.º, n.º 1, do CPA. Ambos os preceitos continuam, no entanto, a enumerar um conjunto de contratos administrativos, embora se trate de um elenco meramente exemplificativo.

São contratos administrativos "típicos", de acordo com os artigos 9.º, n.º 2, do ETAF e 178.º, n.º 2, do CPA: a empreitada de obras públicas, a concessão de obras públicas, a concessão de serviços públicos, a concessão de exploração do domínio público, a concessão de uso privativo do domínio público, a concessão de exploração de jogos de fortuna ou azar, o fornecimento contínuo, e a prestação de serviços para fins de imediata utilidade pública.

MARQUES GUEDES critica a definição de contrato administrativo por referência à noção de relação jurídica, visto que considera tratar-se de uma inversão lógica do raciocínio, pois é do regime jurídico – produção de efeitos regulados pelo Direito Administrativo – que deriva a natureza jurídica do contrato e não o contrário. O autor prefere, por isso, a definição assente no fim do contrato, ou seja, a prossecução do interesse público, voltando ao critério francês do serviço público[455].

DO AMARAL, *Direito...*, *cit.*, volume III, págs. 427 e seguintes; e SÉRVULO CORREIA, *Contrato...*, *cit.*, págs. 66 e seguintes. Em sentido próximo parece pronunciar-se JOSÉ DE SÁ CARNEIRO, *Contencioso dos contratos administrativos*, in RT, Ano 56.º, 1938, págs. 357 e 358.

[453] Cfr. FREITAS DO AMARAL, *A utilização do domínio público pelos particulares*, Lisboa, 1965, págs. 178 e seguintes.

[454] Cfr. MARCELLO CAETANO, *Manual...*, *cit.*, volume I, pág. 580 e MARQUES GUEDES, *Os contratos...*, *cit.*, pág. 17. No mesmo sentido, v. ALMEIDA LOPES, *Os contratos administrativos*, in RDP (P), Ano VIII, n.º 15, 1995, pág. 23.

[455] V. MARQUES GUEDES, *Os contratos...*, *cit.*, pág. 24.

Com efeito, a definição adoptada na legislação portuguesa, que tivemos oportunidade de analisar a propósito do conceito de relação jurídica administrativa[456], vem romper com a definição tradicional da doutrina, assente no critério da sujeição do particular, por via da sua associação duradoura e especial ao cumprimento das atribuições da pessoa colectiva pública contraente. Este é, por exemplo, o critério adoptado por MARCELLO CAETANO, que qualificava como contratos administrativos aqueles que são "*...celebrados entre a Administração e outra pessoa com o objecto de associar esta por certo período ao desempenho regular de alguma atribuição administrativa, mediante prestação de coisas ou de serviços, a retribuir pela forma estipulada, e ficando reservado aos tribunais administrativos o conhecimento das contestações, entre as partes, relativas à validade, interpretação e execução das suas cláusulas.*"[457]. Esta definição revela-se demasiado redutora, visto que nem todos os contratos administrativos se traduzem na prestação de bens ou serviços, e, por outro lado, eleva a critério essencial de distinção a sujeição aos tribunais administrativos, quando, na nossa opinião, esse aspecto é apenas uma consequência da natureza substantiva do contrato.

Por outro lado, há contratos administrativos em que a subordinação do co-contratante à Administração não é um traço marcante – por exemplo, o contrato de fornecimento contínuo – e, pelo contrário, existem contratos privados em que essa característica pode existir – por exemplo, os contratos de empreitadas particulares.

Refira-se que, apesar de afastar o critério do regime jurídico, assente na produção de efeitos regulados pelo Direito Administrativo, MARCELLO CAETANO considerava que a distinção entre contratos administrativos e contratos privados da Administração resultava apenas de elementos extrínsecos e não de uma distinção essencial dos seus elementos intrínsecos[458]. Foi, aliás, este entendimento que suscitou uma polémica entre MARCELLO CAETANO e MELO MACHADO, o qual entendia haver uma diferença intrínseca entre os contratos administrativos e contratos privados, patente na indeterminação do objecto que caracterizaria os primeiros, decorrente

---

[456] Cfr. *supra* a Parte I da presente dissertação.

[457] Cfr. MARCELLO CAETANO, *Manual...*, *cit.*, volume I, pág. 588. Nesta linha, MARQUES GUEDES, *A concessão...*, *cit.*, pág. 166, considerava mesmo que o co-contratante particular se tornava um órgão indirecto da Administração Pública.

[458] Cfr. MARCELLO CAETANO, *Conceito de contrato administrativo*, in *Estudos de Direito Administrativo*, Lisboa, 1974, pág. 42.

do facto de a Administração poder a todo o momento alterar a prestação a que está obrigado o co-contratante particular[459].

Já FREITAS DO AMARAL considera que o elemento relevante é a subordinação do contrato a um regime jurídico de Direito Administrativo, pelo que concorda com o conceito adoptado no ETAF (e no CPA), definindo, depois, relação jurídica administrativa como *"...aquela que confere poderes de autoridade ou impõe restrições de interesse público à Administração Pública perante os particulares, ou que atribui direitos ou impõe deveres públicos aos particulares perante a Administração."*[460] O autor adopta, assim, o critério do objecto, que inclui o conteúdo do contrato (objecto imediato) e o bem sobre o qual recai o contrato (objecto mediato). Este é, como refere SÉRVULO CORREIA, uma variante do critério francês do serviço público, cumulado com o critério das cláusulas exorbitantes, aos quais se podem assacar as críticas já mencionadas a propósito do sistema francês e que têm a ver sobretudo com o carácter vago e fluido do critério[461].

Em síntese, pode dizer-se que as várias definições de contrato administrativo adoptadas na doutrina portuguesa tiveram sempre como escopo a sua distinção relativamente aos contratos privados celebrados pela Administração, razão pela qual é impossível adoptar um conceito de contrato administrativo sem tomar posição quanto à *"vaexata quaestio"* da dicotomia entre contratos administrativos e contratos privados da Administração.

De facto, como salienta SÉRVULO CORREIA a noção básica de contrato é a mesma para todos os ramos do Direito, ou seja, *"um acordo, vinculativo por força da lei, assente sobre duas ou mais declarações de vontade, contrapostas mas perfeitamente harmonizáveis entre si, que vise criar, modificar ou extinguir relações jurídicas"*, variando apenas a natureza das relações jurídicas constituídas pelo contrato em causa[462]. Após criticar os outros critérios adoptados pela doutrina, ou seja, o da sujeição do particular, o do objecto, e o do fim de imediata utilidade pública, o autor acaba por optar pelo critério estatutário para definir contratos administrativos, com base no qual estes são definidos como *"um processo próprio de agir da Administração Pública e que cria, modifica ou extingue relações jurídicas, disciplinadas em termos específicos do sujeito admi-*

---

[459] V. MELO MACHADO, *op. cit.*, págs. 213 e 231.
[460] Cfr. FREITAS DO AMARAL, *Direito..., cit.*, volume III, págs. 439 e 440.
[461] Sobre as críticas a este critério, v. SÉRVULO CORREIA, *Legalidade..., cit.*, págs. 371 e seguintes.
[462] Cfr. SÉRVULO CORREIA, *Legalidade..., cit.*, pág. 344.

nistrativo, entre pessoas colectivas da Administração ou entre a Administração e os particulares."[463] Tal não implica, contudo, que todos os contratos celebrados pela Administração sejam administrativos, na medida em que, segundo o autor, *"...a frequente utilização de instrumentos de direito privado para a realização directa de finalidades públicas permite afirmar que o regime jurídico da Administração possui uma estrutura dualista"*[464].

Sendo assim, a natureza do contrato decorre do seu regime jurídico, ou, por outras palavras, é determinada pelos efeitos jurídicos pactuados pelas partes, consoante estes sejam regulados por normas de Direito Administrativo ou de Direito Privado. Estes efeitos podem corresponder a contratos com objecto passível de acto administrativo, caso em que não haverá quaisquer dúvidas quanto à natureza pública do contrato; ou, pelo contrário, podem corresponder a contratos com objecto passível de contrato de direito privado, ou seja, cuja estrutura típica pode ser encontrada também numa relação entre dois particulares. Neste último caso, mais complexo, sendo os efeitos do contrato completamente "neutros", deve presumir-se que o contrato é administrativo, uma vez que a forma normal de actuação da Administração é através do Direito Administrativo.

Pode concluir-se, da breve análise acima efectuada, que os critérios mais utilizados pela doutrina portuguesa são o do objecto e o critério estatutário, atribuindo-se ao fim de imediata utilidade pública um carácter meramente residual. Não nos parece, contudo, ser esta a melhor solução.

Na verdade, a evolução da actividade administrativa, que se caracteriza por uma crescente contratualização e diversificação dos instrumentos jurídicos, bem como da própria estrutura orgânica da Administração, conduz cada vez mais a um único elemento aglutinador, que unifica toda a actuação administrativa e funciona como o seu elemento distintivo: a prossecução do interesse público como causa-função de toda a actividade desenvolvida pela Administração.

No âmbito dos contratos administrativos, além da distinção entre contratos com objecto passível de acto administrativo e contratos com objecto passível de contrato de direito privado, formulada por SÉRVULO

---

[463] Cfr. SÉRVULO CORREIA, *Legalidade...*, *cit.*, pág. 396. Saliente-se, contudo, que o autor adopta um conceito amplo de Administração Pública, no qual inclui, além das pessoas colectivas de direito público, as associações, fundações, e sociedades constituídas por privados, nos termos do Direito Privado, mas sujeitos na sua actividade a normas de Direito Administrativo que lhes conferem o poder de praticar actos administrativos definitivos e executórios.

[464] Cfr. SÉRVULO CORREIA, *Legalidade...*, *cit.*, pág. 394.

CORREIA e acolhida pelo CPA desde 1996, distingue-se também tradicionalmente entre contratos de coordenação e contratos de subordinação. Esta dicotomia, de inspiração alemã, não resulta expressamente da lei, embora fosse utilizada num dos Projectos de Código do Processo Administrativo Gracioso, que não veio a ser aprovado.

Na Alemanha esta distinção assenta na qualidade dos sujeitos que celebram o contrato, sendo qualificados como contratos de coordenação aqueles que são celebrados entre duas pessoas colectivas de direito público e como contratos de subordinação os que são celebrados entre uma entidade administrativa e um particular.

Em Portugal, o Projecto referia-se antes a "contratos de colaboração subordinada", através dos quais o co-contratante particular se compromete a assegurar de forma regular e contínua a realização de uma atribuição administrativa e a "contratos de cooperação paritária", nos quais as partes se encontram em situação de igualdade, não gozando a Administração de quaisquer prerrogativas exorbitantes[465]. A principal consequência traduzir-se-ia exactamente no facto de apenas no primeiro tipo de contratos existirem cláusulas exorbitantes que conferem poderes especiais à Administração relativamente ao co-contratante.

SÉRVULO CORREIA critica esta distinção, propondo antes a dicotomia entre contratos administrativos de colaboração, nos quais a prestação fundamental é a do co-contratante particular, sendo através da sua prestação que se prossegue o interesse público; e contratos de atribuição, cuja causa-função é atribuir uma certa vantagem ao particular e, por isso, a prestação principal é a da Administração[466].

Não nos parece, efectivamente, que a distinção entre contratos de colaboração subordinada e contratos de cooperação paritária seja particularmente feliz, ou muito útil no plano dogmático. De facto, se os primeiros abrangem todos os contratos em que o co-contratante é chamado a associar-se à prossecução do interesse público, razão pela qual se consagram cláusulas especiais de sujeição do particular face à Administração, não se percebe que tipo de contratos, excepto aqueles celebrados entre duas pessoas colectivas de direito público, cabem no conceito de "cooperação paritária". É que, mesmo quando o contrato não tem como objecto a associação duradoura do particular ao desempenho de uma atribuição pertencente

---

[465] V. M. ESTEVES DE OLIVEIRA, *Direito...*, cit., pág. 651.
[466] Cfr. SÉRVULO CORREIA, *Legalidade...*, cit., págs. 420 e seguintes. Esta classificação é adoptada também por PIERRE MOOR, *Droit administratif*, Berna, 1991, volume II, pág. 249.

ao contratante público, não assume uma natureza paritária que exclua, nomeadamente, os poderes exorbitantes da Administração, sob pena de, nesse caso, ele não se distinguir dos contratos privados[467].

Além disso, a distinção alemã entre contratos de coordenação e contratos de subordinação também se encontra em crise, visto que pode haver contratos de subordinação celebrados entre dois sujeitos de Direito Público, quando uma das entidades contratantes não tem competências relativamente ao serviço público ou à actividade que se pretende desenvolver através do contrato, e, por isso, fica subordinada às prerrogativas do outro co-contratante público[468].

Por outro lado, nem todos os contratos celebrados entre pessoas colectivas públicas são contratos administrativos, podendo tratar-se de contratos públicos regidos pelo Direito Constitucional ou pelo Direito Internacional e que escapam, por isso, às regras de Direito Administrativo[469]. Contudo, a celebração de contratos administrativos, mesmo de subordinação, entre pessoas colectivas de Direito Público é cada vez mais frequente, atendendo à maior flexibilidade desta forma de actuação, ao facto de permitir uma prestação recíproca de assistência entre entidades administrativas e por consistir também num sistema de distribuição de competências entre organizações públicas[470].

Quanto à classificação de contratos administrativos que assenta na distinção entre contratos com objecto passível de acto administrativo e contratos com objecto passível de direito privado, será desenvolvida no ponto seguinte da presente dissertação.

Conclui-se, assim, que, no contexto do ordenamento jurídico actualmente vigente em Portugal, existe a dicotomia entre contratos administrativos e contratos privados da Administração, sendo a sua principal consequência a atribuição de competência aos tribunais administrativos ou aos tribunais civis. No entanto, esta dualidade está longe de ser pacífica,

---

[467] Neste sentido, v. SÉRVULO CORREIA, *Legalidade...*, *cit.*, pág. 420, que dá como exemplo o contrato de concessão de uso privativo de bens do domínio público hídrico.

[468] Neste sentido, v. RODRÍGUEZ DE SANTIAGO, *Los convenios...*, *cit.*, pág. 364.

[469] SÉRVULO CORREIA, *Contrato...*, *cit.*, pág. 55, defende que os contratos públicos são o género, no qual os contratos administrativos se integram como espécie.

[470] Sobre as vantagens da celebração de contratos entre pessoas colectivas públicas, v. RODRÍGUEZ DE SANTIAGO, *Los convenios...*, *cit.*, págs. 20 e seguintes. V. também JEAN-DAVID DREYFUS, *Contribution...*, *cit.*, págs. 11 e seguintes. Este autor distingue os contratos celebrados entre pessoas colectivas do mesmo nível – cooperação horizontal – dos contratos celebrados entre pessoas colectivas colocadas entre si numa relação de hierarquia ou tutela – cooperação vertical.

podendo mesmo questionar-se a sua utilidade prática. Aliás, a dificuldade em distinguir as duas realidades está patente no facto de, historicamente, terem sido teorizados vários critérios, sem que nenhum deles granjeie a unanimidade na doutrina e na jurisprudência administrativas. Por outro lado, como resulta da (breve) análise juscomparatística acima efectuada, as soluções adoptadas nos diferentes ordenamentos jurídicos não têm correspondência exacta, o que revela a fluidez da distinção e dos conceitos. Pode mesmo dizer-se que, no plano contencioso, a sujeição dos contratos privados da Administração à Jurisdição civil, apesar de estes serem precedidos de um procedimento pré-contratual totalmente publicizado, no âmbito do qual a Administração pratica actos administrativos passíveis de impugnação contenciosa perante os tribunais administrativos, cria grandes dificuldades de articulação entre as duas jurisdições e os vários meios processuais. Alguns autores referem-se, a este propósito, a uma autêntica "esquizofrenia" do contencioso dos contratos da Administração Pública, sugerindo que este seja unificado em torno da Jurisdição administrativa[471].

Na presente dissertação não pretendemos fazer uma análise exaustiva dos critérios de distinção adoptados pela doutrina e pela jurisprudência portuguesas, o que, além de extrapolar o âmbito desta tese, se revelaria um esforço meramente descritivo.

Procuraremos antes analisar a situação do ordenamento jurídico actual, para verificar até que ponto a gradual publicização dos contratos privados da Administração não permite já defender a unificação da competência contenciosa nos tribunais administrativos, com base na noção de relação jurídica administrativa. Por outro lado, os contratos tradicionalmente designados como administrativos estão longe de constituir uma categoria unitária, como teremos também oportunidade de demonstrar.

3. Os vários tipos de contratos administrativos: a dificuldade de subsunção a uma categoria unitária

A análise dos vários tipos de contratos administrativos nesta fase da nossa dissertação, não pretendendo constituir uma tipologia destes contratos, justifica-se por duas razões fundamentais: por um lado, para demonstrar que o conceito de contrato administrativo não se reconduz a uma

---

[471] Cfr. RAMON PARADA, *Derecho administrativo...*, cit, pág. 348. Em Portugal, MARIA JOÃO ESTORNINHO, *Contencioso dos contratos...*, cit., pág. 31, tem-se pronunciado a favor desta solução.

categoria unitária, ao contrário do que poderia parecer à luz da dicotomia entre contratos administrativos e contratos privados da Administração[472]; por outro lado, porque as diferentes classificações de contratos administrativos são importantes para determinar o respectivo regime jurídico, nomeadamente no que respeita à invalidade substantiva e aos meios contenciosos para a efectivar.

Quanto ao primeiro aspecto, refira-se que a tradicional dicotomia entre contratos administrativos e contratos privados da Administração suscitaria menos dúvidas ao intérprete se os primeiros se pudessem subsumir numa categoria uniforme, com características próprias, perfeitamente identificáveis, que os autonomizasse dos contratos privados. De facto, esta falta de "coerência interna" dos contratos administrativos dificulta a sua autonomização relativamente aos contratos privados celebrados pela Administração. Veja-se, por exemplo, a distinção entre contratos com objecto passível de acto administrativo e contratos com objecto passível de contrato de direito privado, que é, na nossa opinião, a classificação que melhor traduz as duas realidades diferentes que se enquadram na noção de contrato administrativo. Além disso, é a bipartição acolhida na legislação portuguesa, no artigo 185.º do CPA, para efeitos da determinação do regime de invalidade aplicável aos contratos administrativos.

A distinção entre contratos com objecto passível de acto administrativo e contratos com objecto passível de contrato de direito privado traduz duas realidades bem distintas: no primeiro caso, trata-se de contratos que, em virtude da natureza pública do seu objecto, são naturalmente administrativos; os segundos são contratos que incidem sobre bens que não estão subtraídos ao comércio jurídico entre particulares e, por isso, podem ser objecto de contratos de direito privado[473].

O objecto sobre o qual incide o contrato, ou seja, o objecto mediato, afecta o conteúdo do contrato, isto é, o objecto imediato e, consequentemente, o regime jurídico aplicável. Assim, os contratos com um objecto tipicamente público, que só está na disponibilidade da Administração, têm efeitos semelhantes aos produzidos por actos administrativos unilaterais

---

[472] No mesmo sentido, v. PHILIPPE TERNEYRE, *L'influence du Droit communautaire sur le Droit des contrats administratifs*, in AJDA, 1996, pág. 85.

[473] V. SÉRVULO CORREIA, *Legalidade...*, *cit*., pág. 428. MARIA DA GLÓRIA GARCIA, *Direito...*, *cit*., págs. 40 e 41, define contratos com objecto passível de contrato privado como aqueles "*...cujos principais efeitos de direito poderiam, em abstracto, ser produzidos através de contrato privado*" e os contratos com objecto passível de acto administrativo como aqueles "*...cujos principais efeitos de direito poderiam, em abstracto, ser produzidos através de acto administrativo.*"

da Administração. É o caso dos contratos de concessão, que podem ser substituídos por um acto de concessão de conteúdo semelhante. Em Itália e na Alemanha, apenas este tipo de contratos são considerados administrativos, remetendo todos os outros para o âmbito do Direito Privado.

Por sua vez, os contratos com objecto passível de direito privado apenas se distinguem dos contratos de direito privado com igual objecto e conteúdo pelo facto de estarem adstritos à prossecução de um fim de interesse público, do qual decorre um determinado regime substantivo, pelo que os seus efeitos de Direito poderiam ser produzidos não por um acto administrativo, mas pelo correspondente contrato de direito privado. Incluem-se nesta categoria, entre outros, os contratos de empreitada de obras públicas, os contratos de fornecimento e os contratos de prestação de serviços. Estes contratos são considerados administrativos quando, em virtude da sua funcionalização teleológica a um fim de interesse público, sejam como tal qualificados por lei ou por estipulação das partes[474].

A natureza dos contratos com objecto passível de contrato de direito privado não deixa, contudo, de ser controvertida, visto que não são considerados administrativos na Itália e na Alemanha e, mesmo em países de matriz francesa, a sua autonomização em relação aos contratos privados é muito discutida na doutrina e na jurisprudência[475].

Parece-nos, como teremos oportunidade de defender no ponto seguinte da presente dissertação, que o carácter administrativo destes contratos não pode, actualmente, ser posto em causa, atendendo ao conjunto de especificidades que o seu regime jurídico apresenta, quer na fase da formação, quer na fase da execução. Aliás, entendemos mesmo que se verifica, actualmente, uma gradual publicização dos contratos privados celebrados pela Administração, que conduzirá à unificação dessas duas categorias, não através de um movimento de privatização dos contratos administrativos, mas sim através da publicização dos contratos privados, com as naturais consequências ao nível contencioso.

Assim, a distinção entre contratos com objecto passível de acto administrativo e contratos com objecto passível de contrato de direito privado não é apenas "mais uma classificação", como tantas outras em que a doutrina é pródiga. Pelo contrário, é uma distinção reveladora da tal falta de "coerência interna" do conceito de contrato administrativo, que torna a

---

[474] Neste sentido, v. SÉRVULO CORREIA, *Legalidade...*, *cit.*, pág. 428.
[475] Em Portugal, v. MARIA JOÃO ESTORNINHO, *Requiem...*, *cit.*, págs. 112 e seguintes e, em Espanha, v. GARCÍA DE ENTERRÍA e RAMÓN FERNÁNDEZ, *Curso...*, *cit.*, volume I, págs. 675 e seguintes.

fronteira entre estes e os contratos privados ainda mais difícil de traçar. De facto, os contratos com objecto passível de contrato de direito privado parecem estar mais próximos dos contratos privados da Administração Pública do que dos contratos com objecto passível de acto administrativo, em virtude da natureza privada do seu objecto, razão pela qual a discussão a propósito da autonomia dos contratos administrativos gira apenas em torno dos primeiros. É deveras impressiva a afirmação, a este propósito, de ORLANDO DE CARVALHO, segundo a qual *"o contrato de Direito Público é um acto público indiscutível de natureza possivelmente contratual; o contrato administrativo é um indiscutível contrato de natureza possivelmente pública"*[476].

Além disso, cumpre ainda salientar que a classificação assente no critério do objecto do contrato não se confunde com a classificação, acima referida, na qual se distingue entre contratos de colaboração e contratos de atribuição.

Efectivamente, há contratos com objecto passível de acto administrativo que são de colaboração, porque associam de forma duradoura o particular ao desempenho das funções de uma pessoa colectiva de direito público – as concessões, por exemplo – e outros que, não sendo paritários, pressupõem uma prestação da Administração Pública, constituindo esta o elemento essencial do contrato, correspondendo, por isso, à noção de "contratos de atribuição" teorizada por SÉRVULO CORREIA[477]. É o caso dos acordos procedimentais do Direito italiano e dos contratos de direito público da VwVfG alemã.

Assim, enquanto os contratos com objecto passível de contrato de direito privado são tendencialmente de colaboração, visto que se caracterizam pela associação, duradoura ou não, do particular à prossecução do interesse público, os contratos com objecto passível de acto administrativo assumem uma natureza mais complexa, pois podem ter conteúdos muito diferentes, consoante o tipo de poder exercido pela Administração.

A consagração da figura do contrato com objecto passível de acto administrativo e o princípio geral de permissibilidade do recurso à figura contratual conduzem a uma certa "fungibilidade" entre contrato administrativo e acto administrativo[478], como resulta do artigo 179.º, n.º 1, do

---

[476] Cfr. ORLANDO CARVALHO, *Contrato administrativo e acto jurídico público*, in *Escritos – Páginas de Direito*, Coimbra, 1998, pág. 178.

[477] Cfr. SÉRVULO CORREIA, *Legalidade...*, cit., págs. 420 e seguintes.

[478] A expressão é de BERNARDO AYALA, *Considerations sur l'interchangeabilité entre acte administratif et contrat administratif dans le Droit portugais*, in REDP, volume 10, n.º 2, 1998, pág. 426. No mesmo sentido, ANDREA FEDERICO, *op. cit.*, pág. 22.

CPA. Parece-nos que o conceito de contrato com objecto passível de acto administrativo é uma noção ampla, na qual se podem incluir duas realidades distintas: por um lado, os denominados "acordos procedimentais" (na terminologia adoptada no artigo 11.° da Lei de Procedimento italiana) ou "formas de terminação convencional do procedimento" (assim designadas pelo artigo 88.° da Lei de Procedimento espanhola); por outro lado, os contratos com objecto público através dos quais a Administração associa um determinado particular ao desempenho duradouro de uma atribuição administrativa (*v.g.* os contratos de concessão).

Quanto a estes contratos com objecto público que se podem qualificar como sendo de colaboração, verifica-se que, com excepção do seu objecto – que é intrinsecamente público e, por isso, excluído do comércio entre privados – o seu regime jurídico não difere profundamente, sobretudo na fase da formação, do regime aplicável aos contratos administrativos com objecto passível de direito privado, distinguindo-se apenas ao nível da invalidade, nos termos do artigo 185.°, n.° 3, do CPA. Parece-nos, contudo, que a especificidade do seu objecto é suficiente para justificar a inclusão destes contratos numa categoria autónoma.

Pelo contrário, nos acordos endoprocedimentais e nos acordos substitutivos[479], através dos quais se fixa ou substitui o conteúdo de um acto administrativo, o objectivo não é o desempenho de determinada função pública, ao qual a Administração pretende associar um particular, mas sim adoptar uma forma de terminação convencional do procedimento, normalmente iniciado pelo próprio particular.

Assim, enquanto os contratos de colaboração (quer aqueles que têm um objecto passível de acto administrativo, quer os que têm um objecto passível de contrato de direito privado) são utilizados sobretudo no âmbito da Administração de prestação, exactamente com vista ao desenvolvimento de uma actividade pública, os contratos substitutivos *stricto sensu* e os contratos integrativos do procedimento têm, tendencialmente, maior aplicação no âmbito da Administração agressiva. Neste âmbito, actuam como substitutos da prática de um acto administrativo ablativo, evitando-se, desse modo, a litigiosidade inerente à adopção de um acto deste tipo. Veja-

---

[479] Sobre a distinção destas duas figuras, v. PAULO OTERO, *Direito Administrativo*, Lisboa, 1998, pág. 347. O autor define o acordo endoprocedimental como *"...acordo preliminar entre a Administração e os particulares visando fixar ou modificar os termos do conteúdo de um acto unilateral..."*; e o acordo substitutivo como *"...forma contratual pela qual a Administração abdica de exercer o seu poder unilateral de decisão, substituindo--o por um instrumento contratual."*

-se, por exemplo, o caso dos convénios expropriatórios[480]. Nesta perspectiva, as formas de terminação convencional do procedimento inscrevem-se no fenómeno crescente de contratualização da actividade administrativa, mesmo em domínios anteriormente vedados a esse modo de actuação, tais como a polícia administrativa e o Direito Fiscal[481].

A consensualização da actividade administrativa tem a virtualidade de constituir um complemento legitimador que colmata o défice de densidade das normas jurídicas, resultante da maior utilização de conceitos vagos e indeterminados na lei, o que aumenta a discricionariedade da Administração Pública[482]. PAULO OTERO refere, por isso, que a celebração destes acordos é uma forma de limitação da margem de livre decisão administrativa subjacente à decisão unilateral, que, apesar de não ter consagração expressa na legislação portuguesa, pode basear-se no próprio direito geral de audiência prévia dos interessados, previsto no artigo 100.º do CPA[483]. SÉRVULO CORREIA considera, por sua vez, que estes acordos são permitidos no ordenamento jurídico português, na medida em que vigora um princípio geral de permissibilidade de recurso à via contratual[484], com um conteúdo e amplitude semelhantes ao que possui o acto administrativo, ressalvando apenas as limitações consagradas no artigo 179.º do CPA. De acordo com esse princípio, a celebração de contratos administrativos está implícita nas normas de competência material que não imponham expressamente ou tacitamente a forma de acto administrativo para a produção de efeitos jurídicos[485].

Apesar das suas especificidades, os acordos procedimentais têm, na nossa opinião, natureza contratual, ao contrário do que afirma GIANNINI[486].

---

[480] BERNARDO AYALA, Considerations..., cit., pág. 427, distingue também entre contratos substitutivos e contratos com objecto passível de acto administrativo com base num critério de normalidade, reservando os primeiros para aqueles casos em que, apesar da fungibilidade entre acto e contrato, normalmente se utiliza um acto administrativo, como acontece, por exemplo, com os contratos de urbanização.

[481] Neste sentido, v. CASALTA NABAIS, op. cit., pág. 60.

[482] Cfr. DELGADO PIQUERAS, op. cit., pág. 152.

[483] Cfr. PAULO OTERO, O Poder de substituição..., cit., volume I, pág. 85.

[484] V. SÉRVULO CORREIA, Legalidade..., cit., pág. 676.

[485] Cfr. SÉRVULO CORREIA, Legalidade..., cit., pág. 613. Tal será o caso, por exemplo, das actuações administrativas de natureza disciplinar, examinatória ou avaliatória, como salienta MARIA FERNANDA MAÇÃS, Os acordos sectoriais como um instrumento da política ambiental, in RCEDOUA, Ano III, n.º 1, 2000, pág. 40 e PEDRO GONÇALVES, Contrato administrativo, Coimbra, 1998, pág. 29.

[486] Cfr. SEVERO GIANNINI, op. cit., págs. 423 e seguintes.

Estes acordos têm conteúdo sinalagmático e patrimonial, na medida em que a Administração só pode deixar de executar o acordo substitutivo ou de praticar o acto previamente definido através do acordo integrativo por motivos de interesse público, e sem prejuízo da obrigação de indemnizar o particular.

Alguns autores suscitam mesmo a questão de saber se é possível ao co-contratante lançar mão do mecanismo da execução específica destes contratos, o que tornaria, na prática, os contratos integrativos iguais aos contratos substitutivos[487]. Não nos parece que seja aplicável nestas situações o mecanismo da execução específica, mas sim a acção de cumprimento do contrato, podendo o co-contratante particular exigir o cumprimento da prestação da Administração, isto é, a prática do "acto prometido"[488].

Contudo, não é possível utilizar a acção para obrigar a Administração a praticar um acto ilegal, no caso de se ter verificado uma alteração das circunstâncias de facto ou do quadro legal que esteve na base da celebração do contrato, ou a cumprir um contrato em violação do interesse público. Daí que, quando o acto administrativo se venha a revelar lesivo para o interesse público, por motivos supervenientes, a tutela do co-contratante justifique apenas o pagamento de uma indemnização pelo interesse contratual positivo, obrigação que subsiste mesmo quando a Administração revogue ou suspenda o acto praticado em execução do contrato. Aliás, esta possibilidade suscita as maiores dúvidas, excepto em caso de ilegalidade originária ou superveniente, atendendo ao facto de estes contratos estarem sujeitos ao regime da revogação dos actos administrativos constitutivos de direitos e, por isso, às mesmas limitações que impendem sobre estes[489], regime que limita também a utilização pela Administração

---

[487] V., por todos, ANDREA FEDERICO, *op. cit.*, pág. 183 e STEFANO CIVITARESE, *op. cit.*, págs. 179.

[488] Consideramos, assim, que, apesar de não ser possível a execução específica, estes acordos têm relevância jurídica e não apenas moral, ao contrário do que defende DOMINIQUE POUYAUD, *La nullité..., cit.*, pág. 230.

[489] Neste sentido, v. SÉRVULO CORREIA, *A autonomia contratual da Administração no Direito inglês*, in *Estudos em homenagem ao Prof. Doutor Afonso Rodrigues Queiró*, Coimbra, 1984, volume I, pág. 374. Refira-se, contudo, que o regime da revogação dos actos constitutivos de direitos é controvertido, apesar da proibição constante do artigo 140.º, n.º 1, do CPA. VIEIRA DE ANDRADE, *Revogação do acto administrativo*, in DJ, Tomo VI, 1992, pág. 61, por exemplo, considera que *de jure condendo* estes actos também deveriam estar sujeitos a revogação por motivos de superveniente interesses público. No entanto, esta limitação que impende sobre os contratos substitutivos ou integrativos do procedimento não se aplica aos contratos de concessão, no âmbito dos quais a Administração dispõe de *jus variandi*.

do poder de rescisão unilateral do contrato previsto no artigo 180.º, alínea c) do CPA[490].

Na legislação portuguesa, o artigo 179.º do CPA estabelece dois tipos de limites à utilização da figura do contrato: por um lado, a existência de uma proibição legal específica ou a incompatibilidade entre o instituto contratual e a natureza das relações a estabelecer[491]; por outro lado, as cláusulas do contrato não podem exigir prestações contratuais desproporcionadas ou que não tenham uma relação directa com o objecto do contrato[492]. Alguns autores referem que nos contratos substitutivos de actos administrativos as prestações exigidas ao co-contratante não podem ir além do que seria admissível enquanto cláusula acessória do acto administrativo correspondente[493]. Além destas limitações, podem ainda acrescentar-se outras restrições, decorrentes dos princípios da irrenunciabilidade e da inalienabilidade das competências administrativas, que são sempre de fonte legal ou regulamentar, nos termos do artigo 29.º do CPA[494].

---

[490] PAREJO ALFONSO, *La terminación...*, *cit.*, pág. 213 considera mesmo que a figura da revogação não se aplica a nenhum tipo de acordo celebrado pela Administração, aplicando-se antes o regime da rescisão unilateral por motivos de interesse público.

[491] Este limite remete-nos para o complexo problema da discricionariedade no recurso ao contrato por parte da Administração. Sobre esta questão v. SÉRVULO CORREIA, *Legalidade...*, *cit.*, págs. 465 e seguintes. Existem, pelo contrário, outras situações em que é a própria lei a impor a celebração de um contrato integrativo do procedimento. É o caso do artigo 49.º do Decreto-Lei n.º 380/99, de 22 de Setembro, que aprovou o regime jurídico dos instrumentos de gestão territorial, nos termos do qual o Governo deve incluir na Resolução do Conselho de Ministros que aprova o Plano Especial de Ordenamento do Território (PEOT) os prazos e linhas gerais para as autarquias locais adequarem os respectivos Planos aos PEOT'S, após contratualizar com as autarquias locais esses aspectos.

[492] Refira-se que este n.º 2 do artigo 179.º foi introduzido pelo Decreto-Lei n.º 6/96, de 31 de Janeiro, embora apenas se encontre no texto que operou a republicação em anexo do CPA. Contudo, esta redacção não constava do decreto-lei derrogatório aprovado em Conselho de Ministros, havendo, por isso, dúvidas quanto à sua efectiva vigência. A norma estabelecida vale, no entanto, enquanto princípio geral.

[493] V. PAULO OTERO, *O Poder de substituição...*, *cit.*, volume I, pág. 85. O autor salienta que os acordos endoprocedimentais não podem significar a possibilidade de a Administração introduzir nos actos administrativos cláusulas modais infundadas, desproporcionais ou violadoras do princípio da igualdade entre os particulares, nem uma habilitação para a inclusão de quaisquer outros elementos acessórios contrários à lei. No mesmo sentido, v. PAREJO ALFONSO, *La terminación...*, *cit.*, pág. 176.

[494] No mesmo sentido, JACQUES MOREAU, *Les "matiéres contractuelles"*, in AJDA, 1998, pág. 750. O autor elenca três tipos de limites à contratualização da actividade administrativa: as competências de soberania, os estatutos legais inderrogáveis, e as regras de ordem pública (por exemplo, o serviço público da Justiça).

Os acordos procedimentais, substitutivos e integrativos do procedimento, constituem, assim, um tipo de contratos administrativos com objecto passível de acto administrativo, que interessa autonomizar no âmbito da presente dissertação, desde logo porque apresentam especiais dificuldades no que respeita à protecção dos terceiros.

Diga-se, a este propósito, que a própria formalização deste tipo de acordos, que assumem muitas vezes uma natureza meramente informal, tem como principal escopo a protecção de terceiros[495]. É que o destinatário da actuação administrativa, sendo parte no acordo, está salvaguardado quer ao nível procedimental, quer processual, uma vez que pode impugnar o mesmo. Os terceiros, pelo contrário, ficam desprotegidos perante actuações informais, sendo absolutamente essencial sujeitar estes contratos a um procedimento de formação, no qual participem todos os interessados. Por interessados devem entender-se todos aqueles que sejam titulares de posições jurídicas substantivas conexas com o bem cuja titularidade está em causa, incluindo os detentores de meros interesses difusos[496], abrindo, consequentemente, a possibilidade de impugnação contenciosa quer dos actos praticados no âmbito desse procedimento, quer, eventualmente, do próprio contrato[497]. O contrato não pode, por isso, ter o efeito de substituir todo o procedimento, decidindo logo no início, por acordo, a decisão final deste, sob pena de excluir a intervenção de todos os outros particulares interessados que não o destinatário do acto, ou seja o co-contratante[498].

De facto, uma das principais questões que se coloca a propósito dos acordos procedimentais prende-se com a protecção dos terceiros, uma vez que a adopção de figuras de natureza contratual confunde o esquema tradicional de impugnação dos actos administrativos. Daí que o artigo 11.º da Lei de Procedimento italiana determine que os acordos procedimentais nunca podem prejudicar terceiros. Como salienta FRACCHIA esta disposição legal parte do pressuposto que estes acordos podem ter efeitos rela-

---

[495] Neste sentido, v. DELGADO PIQUERAS, *op cit.*, pág. 169.

[496] No mesmo sentido, v. ANDREA FEDERICO, *op. cit.*, págs. 172 e 173. V. também CLAUDIO MEOLI, *Spunti di convergenza tra pubblico e privato negli accordi procedimentali*, in *La contrattualizzazione dell'azione amministrativa*, Turim, 1993, págs. 95 e seguintes. Sobre a importância da participação como forma de legitimação processual, v. *supra* o Capítulo III da Parte I.

[497] Contra esta possibilidade pronuncia-se DELGADO PIQUERAS, *op. cit.*, pág. 86. O autor entende que os contratos carecem de relevância jurídica perante terceiros, posição que parece estar imbuída do "dogma" da relatividade contratual, que tivemos já ensejo de criticar.

[498] Este aspecto é realçado por HUERGO LORA, *op. cit.*, págs. 255 e 256.

tivamente a terceiros, até porque a correspondente actuação unilateral da Administração poderia ter efeitos semelhantes[499]. Tal significa que os acordos podem ter efeitos para pessoas que não sejam partes, desde que não os prejudiquem, e estão, por isso, sujeitos à impugnação contenciosa por terceiros.

Em Portugal, não existe nenhuma disposição análoga ao preceito do artigo 11.º da Lei italiana, o que é criticável, mas a solução material não pode ser outra[500]. Do ponto de vista dos meios contenciosos, pode suscitar-se uma outra questão, que se prende com o meio processual a utilizar nestes casos. Se, no que respeita aos contratos substitutivos, a utilização do recurso contencioso de anulação não levanta dúvidas, visto que se trata de um contrato com conteúdo em tudo semelhante a um acto administrativo, no caso dos acordos integrativos, pode discutir-se se a melhor solução é permitir ao terceiros impugnar logo o contrato ou, pelo contrário, obrigá-lo a esperar pela prática do "acto administrativo prometido" e, depois, impugnar este, nos termos gerais. É questão a que nos dedicaremos na Parte III da presente dissertação.

4. A publicização substantiva dos contratos privados da Administração Pública

4.1. Considerações gerais

A dualidade entre contratos administrativos e contratos privados da Administração tem sido amplamente debatida na doutrina e na jurisprudência, como vimos nas páginas anteriores, sobretudo da perspectiva da natureza exorbitante dos contratos administrativos.

Procuraremos agora abordar a questão da perspectiva dos contratos privados da Administração, para verificar se existe uma tendência para a gradual publicização destes contratos[501]. Para tal, em vez de uma apresentação mais ou menos descritiva dos muitos critérios autonomizados pela doutrina durante mais de um século, analisaremos essa problemática à luz

---

[499] Cfr. FABRIZIO FRACCHIA, *op. cit.*, pág. 183.
[500] BERNARDO AYALA, *Considerations...*, *cit.*, pág. 434, critica também a ausência de uma norma deste tipo no CPA.
[501] Este problema foi já tratado por MARIA JOÃO ESTORNINHO, *Requiem...*, *cit.*, págs. 151 e seguintes, embora a autora tenha defendido uma aproximação recíproca dos dois tipos de contratos celebrados pela Administração.

da legislação portuguesa actual e da realidade da actuação administrativa moderna.

A resposta positiva a esta questão permitiria superar a tradicional "esquizofrenia" da actividade contratual da Administração, não através da privatização dos contratos administrativos, mas sim pela publicização dos contratos privados celebrados por entidades administrativas e até de contratos celebrados entre sujeitos de Direito Privado, desde que prossigam um fim de interesse público (é o caso, por exemplo, do subcontrato de concessão de obras públicas previsto no artigo 248.º do Decreto-Lei n.º 59/99, de 2 de Março).

A uniformização substantiva de toda a actuação contratual da Administração teria, desde logo, uma enorme vantagem: a unificação da competência contenciosa nesta matéria.

Efectivamente, a subsunção dos contratos privados da Administração ao conceito de relação jurídica administrativa permitiria, sem violar o artigo 212.º, n.º 3, da CRP, atribuir competência à Jurisdição administrativa para dirimir os litígios emergentes de toda a actividade contratual da Administração Pública. Refira-se, aliás, que a discussão a propósito do monismo ou dualismo de jurisdições no âmbito do Direito Administrativo está na ordem do dia, sobretudo no que respeita aos contratos da Administração e à responsabilidade civil, nos quais a mescla entre Direito Público e Direito Privado se faz sentir de forma mais intensa[502].

4.2. A funcionalização dos contratos privados da Administração à prossecução do interesse público

A natureza dos contratos (públicos ou privados) celebrados por entidades administrativas deve aferir-se em função de dois elementos: a causa do contrato e o seu regime[503].

---

[502] V. as Conclusões Gerais da Conferência de 1999 do Grupo Europeu de Direito Público, dedicada ao tema *Monismo(s) ou Dualismo(s) em Direito Administrativo?*, das quais foi relator SÉRVULO CORREIA, publicadas na separata da RFDUL, volume XL, n.ºs 1 e 2, 1999, págs. 18 e 19. A questão do monismo ou dualismo na Jurisdição administrativa tem suscitado muitos debates doutrinários, sobretudo em Itália, onde a repartição de competências assenta na distinção entre direitos subjectivos e interesses legítimos. Muitos autores têm-se pronunciado pela unificação de jurisdições, atendendo ao esbatimento da distinção entre estas duas figuras.V, apenas a título de exemplo, SEBASTIANO CASSARINO, *Riflessioni sul sistema italiano di Giustizia amministrativa*, in *Scritti in onore di Pietro Virga*, Tomo I, Milão, 1994, pág. 498.

[503] Estes critérios são alternativos, o que significa que basta a presença de um deles

Quanto ao primeiro aspecto, a causa de todos os contratos é a prossecução do interesse público, uma vez que esta é a "estrela polar"[504] de toda a actividade administrativa, mesmo quando actua sob formas jurídico-privadas.

De facto, a grande diferença entre o Direito Público e o Direito Privado não resulta das técnicas jurídicas utilizadas, mas sim do fim que essas técnicas visam prosseguir. Parece-nos que o principal critério de distinção continua a ser o do interesse, consoante a actuação desenvolvida vise prosseguir predominantemente um interesse público ou um interesse privado[505].

Assim, as várias formas de actuação administrativa apenas se distinguem, quanto ao fim, pela maior ou menor intensidade da relação entre a actividade desenvolvida e o interesse público prosseguido. ORLANDO DE CARVALHO defende que a "chave do problema" para distinguir Direito Público e Direito Privado não está na qualidade do interesse, mas sim na sua intensidade e na sua eminência[506].

A diferença estaria, assim, como referem alguns autores italianos, no facto de, nos contratos administrativos, o interesse público ser imediatamente inerente à actividade negocial, enquanto que nos contratos privados, o interesse público é apenas mediatamente prosseguido[507]. Também STEFANO CIVITARESE defende que a única diferença reside na prossecução

---

para que o contrato seja administrativo. Neste sentido, v. ROGÉRIO SOARES, *Direito...*, *cit.*, pág. 133.

[504] A expressão, plena de simbolismo, é de ANDREA FEDERICO, *op. cit.*, pág. 123. Por isso mesmo, acaba por ser mais fácil determinar a causa dos contratos celebrados pela Administração do que pelos particulares entre si, matéria relativamente à qual existe grandes divergências na doutrina civilística. V., por todos, OLIVEIRA ASCENSÃO, *Acções e factos jurídicos*, vol. III, Título IV, Lisboa, 1991/1992, págs. 135 e seguintes.

[505] Neste sentido, v. REBELO DE SOUSA, *Lições...*, *cit.*, vol. I, pág. 56. Em sentido contrário, v. MENEZES CORDEIRO, *Teoria Geral...*, *cit.*, pág. 10. V. também, na doutrina estrangeira, JACQUES CAILLOSSE, *Droit public-Droit privé: sens et portée d'un partage académique*, in AJDA, 1996, págs. 961 e 962 e FLAMINO FRANCHINI, *Pubblico e privato...*, *cit.*, pág. 429.

[506] Neste sentido, v. ORLANDO DE CARVALHO, *op. cit.*, pág. 193. E, mais adiante, o autor refere que *"...afirmar que o meio jurídico satisfaz de maneira óptima a necessidade prosseguida, que obedece, substancialmente, a um fim de interesse público, não permite, só por si, distinguir os meios do Direito Público dos meios de Direito Privado, pois a actividade jure privato da Administração também compartee esse intuito inicial de satisfação óptima das necessidades colectivas."* (cfr. pág. 207).

[507] Cfr. PAOLO MICHIARA, *L'appalto di opere pubbliche tra Diritto comune e Diritto speciale – profili ricostruttivi dell'instituto*, Pádua, 1997, pág. 98, e FABRIZIO FRACCHIA, *op. cit.*, págs. 148 e 149.

imediata ou mediata do interesse público, uma vez que a funcionalização de toda a actuação administrativa ao fim público postula a existência de um Direito comum dos contratos da Administração, com superação da dicotomia entre contratos públicos e privados[508].

Em Espanha, o Tribunal Supremo tem vindo a atribuir maior relevância ao critério finalístico do interesse público, o que implica, como salienta DELGADO PIQUERAS, uma "via expansiva" dos contratos administrativos, que torna residual, e, mais do que isso, virtualmente inexistente a figura do contrato privado da Administração, visto que toda a actividade administrativa é teleologicamente orientada para a prossecução dos interesses gerais da colectividade[509]. Saliente-se que o artigo 5.º, n.º 2, da LCAP prevê que são administrativos não só os contratos típicos, expressamente elencados, mas também *"...todos os que tenham um objecto diferente, mas que tenham natureza administrativa especial por resultarem vinculados ao tráfico específico da Administração contratante, por satisfazerem de forma directa ou imediata uma finalidade pública da específica competência dessa Administração, ou quando essa natureza seja declarada por lei especial"*[510].

Em Portugal, a legislação também adoptou o critério funcional ou teleológico para definir pelo menos certos tipos de contratos administrativos. É o caso dos contratos de prestação de serviços celebrados pela Administração, que só são considerados administrativos se forem destinados a "fins de imediata utilidade pública", nos termos do artigo 9.º, n.º 2, do ETAF e do artigo 178.º, n.º 2, alínea *h*) do CPA. M. ESTEVES DE OLIVEIRA considera que este critério corresponde ao critério francês do serviço público[511]. Parece-nos, pelo contrário, que a referência aos fins de utilidade pública tem a ver com a causa do contrato, de acordo com um critério funcional e teleológico, ou seja, com a acepção mais alargada de serviço público e não com o acepção orgânica e restritiva que se generalizou na doutrina francesa desde o Acórdão *"Terrier"*[512].

---

[508] Cfr. STEFANO CIVITARESE, *op. cit.*,, págs. 98 e seguintes e, depois, pág. 218.

[509] V., DELGADO PIQUERAS, *op. cit.*, págs. 95 e 96. No mesmos sentido pronuncia--se RODRÍGUEZ DE SANTIAGO, *op. cit.*, pág. 36. O autor defende que no âmbito da Lei de Contratos das Administrações Públicas, o entendimento do Tribunal Supremo espanhol tem sido no sentido de uma interpretação cada vez mais extensiva do conceito de contrato administrativo, em detrimento da figura do contrato privado.

[510] Cfr. GOMEZ DE MERCADO, *Contratos administrativos y contratos privados tras la Ley de Contratos de las Administraciónes Públicas*, in REDA, n.º 95, 1997, pág. 390.

[511] Cfr. M. ESTEVES DE OLIVEIRA, *Direito...*, *cit.*, pág. 647.

[512] V. *supra* o ponto 1.1. do presente capítulo desta dissertação.

A relevância do critério da prossecução do interesse público no Direito português carece de uma indagação mais profunda. Refira-se, desde já, que esse critério apenas é exigido expressamente pela legislação portuguesa relativamente aos contratos de prestação de serviços. Tal não significa, obviamente, que a causa dos restantes contratos celebrados pela Administração (públicos ou privados) não seja também a prossecução de um fim público, uma vez que, como já referimos, toda a actividade administrativa é teleologicamente orientada para essa finalidade. Varia apenas a intensidade da interiorização do interesse público na causa do contrato, mas é sempre a motivação pública do mesmo que releva para a qualificação dos contratos.

Existem, assim, vários graus de conexão entre a actuação administrativa e o interesse público prosseguido, independentemente da forma de actuação adoptada, seja unilateral ou contratual. De facto, mesmo no âmbito dos contratos unanimemente qualificados como administrativos nos ordenamentos de matriz francesa, existem diferentes graus de intensidade na prossecução do fim público e na ligação ao interesse colectivo, que justificam diferentes tipos de prerrogativas da Administração. É o caso, por exemplo, dos contratos de concessão, nos quais a Administração goza do poder de direcção, e das empreitadas de obras públicas, em que o co-contratante público apenas possui um poder de fiscalização, embora mais intenso do que aquele que é conferido ao dono da obra nas empreitadas particulares.

Efectivamente, é falacioso dizer-se que os contratos administrativos constituem uma categoria homogénea, relativamente à qual os contratos privados são facilmente autonomizáveis. Pelo contrário, mesmo entre os contratos legalmente qualificados como administrativos no artigo 9.º do ETAF e no artigo 178.º do CPA, existem diferentes graus de conexão com o interesse público prosseguido por cada um desses tipos de contratos.

Em Itália e na Alemanha, a doutrina e jurisprudência foram sensíveis a esta diferença, visto que apenas são considerados administrativos os contratos com objecto passível de acto administrativo, exactamente porque apenas nestes *"...o interesse público é interiorizado pelo próprio conteúdo do contrato"*[513]. No entanto, mesmo nestes países existem já vozes dis-

---

[513] Cfr., por todos, PAOLO MICHIARA, *op. cit.*, pág. 96. À luz deste critério o autor considera que o contrato de empreitada de obras públicas não é um contrato administrativo, embora já exista alguma doutrina italiana que adopta a posição contrária, exactamente com base no critério finalístico do interesse público. No mesmo sentido, v. MASSIMO TUCCI, *Appalto e concessione di pubblici servizi*, Milão, 1997, pág. 38, uma vez que os denominados contratos com objecto passível de direito privado não têm um objecto necessariamente público e não pressupõem forçosamente a presença da Administração Pública.

cordantes, que consideram que estes contratos estão também já totalmente publicizados exactamente devido à sua "funcionalização estrutural" à prossecução do interesse público[514].

Nos sistemas de inspiração francesa, o critério clássico de distinção continua a assentar na intensidade da prossecução do interesse público. Assim, considera-se que a relação entre o contrato e o serviço público é suficientemente estreita quando tenha por objecto encarregar o co-contratante particular da própria execução de um serviço público e é directa quando não dependa de qualquer acto posterior da Administração[515].

Nestes moldes, os contratos através dos quais a Administração se limita a adquirir os meios materiais necessários ao seu funcionamento, como acontece com os contratos de prestação de serviços ou fornecimento de bens, só têm natureza administrativa se apresentarem uma relação imediata com um fim de utilidade pública. Daí que o artigo 9.°, n.° 2, do ETAF e o artigo 178.°, n.° 2, alínea g) do CPA apenas qualifiquem como administrativos os contratos de fornecimento contínuo.

De facto, tradicionalmente, a jurisprudência considerava como administrativos os contratos de longa duração ou de execução continuada e não os contratos de execução instantânea, como os contratos de compra e venda, na medida em que só aqueles correspondiam a uma associação contínua e duradoura do particular ao fim de interesse público que se visava prosseguir através do contrato. Esta orientação tem, contudo, vindo a alterar-se, tendo o STA firmado jurisprudência no sentido de que *"...deve considerar--se ultrapassada a concepção, em que se ancora a sentença recorrida, da permanência da associação do contratante à Administração com vista à realização dos fins desta e da submissão daquele à autoridade e direcção desta"*, nomeadamente para determinação da natureza de contratos de prestação de serviços intelectuais[516].

Refira-se, aliás, que o Decreto-Lei n.° 197/99, de 8 de Junho, que transpôs várias directivas comunitárias, não estabelece esta restrição, aplicando-se a todas as aquisições de bens móveis e de serviços, independentemente da sua duração. É certo que o principal objectivo deste diploma é

---

[514] V., por todos, STICCHI DAMIANI, *La nozione...*, cit., pág. 98.

[515] Cfr., por exemplo, LAURENT RICHER, *Droit...*, cit., págs. 87 e seguintes, e ALMEIDA LOPES, *Os contratos administrativos*, in RDP, Ano VIII, n.° 15, 1995, pág. 82.

[516] Cfr. o Acórdão do STA de 13 de Outubro de 1999, Processo n.° 43.284, relativo aos contratos celebrados entre uma Câmara Municipal e uma empresa para a elaboração de estudos e projectos de engenharia e arquitectura. No mesmo sentido, v. os Acórdãos do Tribunal de Conflitos de 14 de Janeiro de 1997 (Conflito n.° 307) e de 11 de Julho de 2000 (Conflito n.° 318).

o respeito pelo princípio da concorrência e da transparência e não o interesse público prosseguido pelo contrato. Todavia, aquelas regras são inerentes às actuações de natureza administrativa e não privada, o que revela a perspectiva adoptada pela legislação comunitária quanto à natureza destes contratos.

Assim, pode dizer-se que a evolução legislativa vai no sentido de considerar que todos os contratos celebrados, com vista à prossecução de um fim público, assumem natureza administrativa, mesmo que visem apenas uma única prestação[517]. Aliás, até a doutrina que qualifica esta actuação como privada, salienta que a Administração também detém, nesses casos, de poder público, na medida em que prossegue o interesse geral e, por isso, aplica-se-lhe um Direito Privado "especial", que é o Direito Privado Administrativo[518]. A especificidade da actividade "privada" da Administração implica, assim, a criação de um *"tertium genus"* entre o Direito Público e o Direito Privado, por não se quebrarem as resistências à sua inclusão no primeiro.

Além disso, a procedimentalização de todos os contratos da Administração Pública não visa apenas garantir o respeito pelos princípios gerais da actuação administrativa, nem a protecção dos terceiros[519], mas também evidenciar os motivos de interesse público que levaram a Administração a celebrar o contrato[520]. Parece-nos, por isso, que os contratos privados da Administração podem também incorrer no vício de desvio de poder, se não visarem a prossecução do fim de interesse público previsto nas atribuições da entidade contratante, apesar de se tratar de um vício típico do Direito Administrativo[521].

---

[517] Neste sentido v. MELO MACHADO, op. cit., pág. 142.

[518] No mesmo sentido, v. BARNÉS VÁZQUEZ, *Introduccion a la doctrina alemana del "Derecho privado administrativo"*, in Libro de Homenaje a Manuel Francisco Clavero Arévalo, Tomo I, Madrid, 1994, pág. 231.

[519] Sobre a procedimentalização como forma de protecção dos terceiros, v. ALEXANDRA LEITÃO, *A protecção..., cit.*, págs. 56 e seguintes.

[520] Neste sentido, v., por todos, AURETTA BENEDETTI, op. cit., págs. 115 e 116 e MARCO DUGATO, *Atipicità e funzionalizzazione nell'attività amministrativa per contratti*, Milão, 1996, págs. 150 e 151. Este autor salienta que a necessidade de evidenciar a causa (jurídico-pública) do contrato é mais importante ainda nos contratos atípicos da Administração, uma vez que, não estando legalmente previstos como forma de actuação administrativa, a sua funcionalização à prossecução do interesse público carece de demonstração.

[521] Neste sentido, v. MARIA JOÃO ESTORNINHO, *A fuga..., cit.*, pág. 172. No mesmo sentido, v. DOMINIQUE POUYAUD, *La nullité..., cit.*, pág. 174, embora a autora chame a

A aplicação do vício de desvio de poder à actividade privada da Administração é uma decorrência da sua funcionalização ao interesse público e da sua unificação em torno desse fim.

No caso dos contratos da Administração, a opção por celebrar um contrato que não vise a prossecução do interesse público traduzir-se-ia na invalidade do acto destacável através do qual a entidade administrativa decidiu fazê-lo, que, por sua vez, implicaria a invalidade consequente do próprio contrato. Nesta situação, um contrato dito privado da Administração seria inválido por uma causa de Direito Público.

De facto, a Administração não pode contratar fora da esfera dos seus fins públicos, sendo isso que distingue a actividade dita privada da Administração Pública da actividade dos sujeitos privados[522].

Por outro lado, o vício de desvio de poder não deve ser limitado ao exercício de poderes de autoridade, pois justifica-se a sua aplicação também às situações em que está em causa o exercício de um direito ou o cumprimento de um dever por parte da Administração[523], sem distinguir a natureza e o tipo de actuação, aplicando-se mesmo em caso de omissões. Concordamos, por isso, com PORTALURI, quando defende a tendência para a gradual indistinção entre a actividade pública e privada da Administração, vistas como *"...tipos de instrumentos empregues para a prossecução de interesses públicos"*[524].

Verifica-se, pois, que a determinação da natureza dos contratos celebrados pela Administração não pode assentar na sua causa, uma vez que todos os contratos têm como objectivo o interesse público, mas única e exclusivamente no carácter mais ou menos imediato da relação entre aqueles e este. Trata-se de um critério muito fluido, que dificulta a qualificação do contrato, e que não nos parece suficiente para alicerçar uma distinção substantiva, com consequências práticas tão relevantes, nomeadamente ao nível contencioso. Pode até ocorrer, como salienta SOLAS RAFECAS, que a

---

atenção para o facto de a jurisprudência do Conselho de Estado francês apontar no sentido contrário. Contudo, como salienta DOMINIQUE POUYAUD, esta posição é paradoxal, porquanto é unanimemente aceite que o acto de adjudicação pode ser inválido por desvio de poder e, por isso, o contrato é consequentemente inválido. Em Portugal, este argumento tem toda a pertinência, atendendo ao disposto no artigo 185.º, n.º 1, do CPA.

[522] Neste sentido, ALESSANDRO CROSETTI, *L'attività contrattuale della Pubblica Amministrazione: aspetti evolutivi*, Turim, 1984, págs. 75 e 76.

[523] Neste sentido, v. CARMEN CHINCHILLA MARÍN, *La desviacion de poder*, 2ª Edição, Madrid, 1999, págs. 57 e seguintes, criticando uma sentença do TS espanhol.

[524] Cfr. PIER LUIGI PORTALURI, *Potere amministrativo e procedimenti consensuali – studi sui rapporti a collaborazione necessaria*, Milão, 1998, pág. 195.

natureza jurídica do contrato se modifique, durante a fase de execução, se a sua conexão com a finalidade de interesse público que prossegue for também objecto de uma alteração[525].

4.3. *O regime jurídico dos contratos privados da Administração Pública*

A publicização dos contratos privados da Administração resulta da sua causa, o que significa, de acordo com o conceito funcionalista de relação jurídica administrativa que defendemos, que esses contratos produzem efeitos administrativos. Tais efeitos traduzem-se na constituição, modificação e extinção de relações jurídicas administrativas.

Não preconizamos, contudo, uma publicização alheia ao regime jurídico aplicável aos contratos, até porque a existência de cláusulas exorbitantes sempre foi um dos "critérios-chave" apontado pela doutrina para determinar a natureza de cada contrato. Trata-se, assim, de saber se existe um regime jurídico homogéneo, aplicável a todos os contratos da Administração, justificado, exactamente, pela identidade da sua causa.

Efectivamente, existem cada vez mais aspectos do regime jurídico dos designados contratos privados da Administração que estão totalmente publicizados: a procedimentalização da fase pré-contratual; a destacabilidade dos actos administrativos praticados no âmbito do procedimento de formação do contrato; a invalidade consequente do contrato, decorrente da invalidade destes actos; a existência de vinculações jurídico-públicas; os limites à autonomia negocial da Administração[526]. De facto, não subsistem, actualmente, quaisquer dúvidas quanto à natureza administrativa dos actos praticados no âmbito da formação dos contratos privados da Administração[527]. Aliás, o artigo 54.º do Decreto-Lei n.º 197/99, aplicável ao pro-

---

[525] Cfr. SOLAS RAFECAS, *op. cit.*, págs. 29 e 30.

[526] Neste sentido, v. RIVERO ORTEGA, *Administraciones Públicas y Derecho* privado, Madrid, 1998, pág. 183 e 184, o qual defende que os limites à actuação convencional da Administração são iguais para os contratos administrativos e para os contratos privados, uma vez que derivam do mandato constitucionalmente cometido à Administração para prosseguir o interesse geral.

[527] Neste sentido, v., por todos, SÉRVULO CORREIA, *Legalidade..., cit.*, págs. 501 e seguintes. Em sentido contrário pronunciou-se FREITAS DO AMARAL, *Apreciação da dissertação de doutoramento do Lic. J. M. Sérvulo Correia*, in RFDUL, volume XXIX, 1988, págs. 175 e 176, por considerar que os actos preparatórios de um contrato de Direito Privado também assumem uma natureza privada, por serem instrumentais relativamente ao contrato, valendo, por isso, a regra *accessorium principale sequitur*.

cedimento de formação de todos os contratos de locação e aquisição de bens móveis e serviços celebrados pela Administração, qualifica expressamente o acto de adjudicação como um acto administrativo.

Assim, existe já uma "zona comum de contratação administrativa", para usar a terminologia de MARIA JOÃO ESTORNINHO[528], que contribui para superar a "dupla personalidade" da Administração, unificando o regime jurídico de todas as suas formas de actuação[529].

A uniformização do regime jurídico dos contratos da Administração não se verifica, no entanto, apenas ao nível da fase procedimental do contrato, aspecto que a maioria da doutrina considera insuficiente para fundamentar a publicização dos contratos privados da Administração. Esta posição, que não merece, aliás, a nossa inteira concordância, não é unânime na doutrina. STICCHI DAMIANI, por exemplo, entende que este é um aspecto fundamental, uma vez que a fase da execução do contrato não tem autonomia relativamente à fase procedimental[530]. Efectivamente, os vícios ocorridos durante esta fase inquinam todo o contrato, pelo que se repercutem na execução do mesmo, que não é, por isso, semelhante à dos contratos celebrados entre privados.

Admitindo, contudo, que é o regime jurídico aplicável à fase da execução do contrato que é decisivo para a determinação da sua natureza, parece-nos que também esse tende a publicizar-se.

Além do critério teleológico, a doutrina tradicional apontou o critério das cláusulas exorbitantes[531] como o principal argumento em favor da autonomização dos contratos administrativos, na medida em que apenas nestes o contratante público goza de prerrogativas de autoridade. Em termos históricos, os contratos administrativos surgiram porque as prerroga-

---

[528] V. MARIA JOÃO ESTORNINHO, *A Fuga...*, cit., págs. 244 e seguintes.

[529] A expressão é de GIAMPAOLO ROSSI, *op. cit.*, pág. 695. AURETTA BENEDETTI, *op. cit.*, pág. 125, refere também que a Administração Pública não muda de fisionomia consoante o tipo de actuação que desenvolve, exactamente porque prossegue sempre o interesse público.

[530] V. STICCHI DAMIANI, *La nozione...*, cit., págs. 63 e seguintes. Em sentido próximo, PAOLO MICHIARA, *op. cit.*, pág. 13, também considera que a procedimentalização conduz a uma gradual publicização do contrato de empreitada de obras públicas, que, em Itália, é, segundo a doutrina maioritária, um contrato privado.

[531] Esta expressão é criticada por CRETELLA JÚNIOR, *As cláusulas de "privilégio" nos contratos administrativos*, in RIL, 1986, Ano 23, n.º 89, pág. 313, por tomar como referência o Direito Civil, só fazendo sentido por contraposição a este, sendo que o contrato é uma figura geral do Direito e não apenas do Direito Civil. O autor propõe a designação "cláusula de privilégio", "cláusula vertical" ou "cláusula de prerrogativa".

tivas contratuais da Administração e a sua posição de desigualdade na relação contratual descaracterizaram a instituição contratual de Direito Privado[532]. Ora, a atribuição de prerrogativas à Administração no âmbito da execução do contrato é justificada pela funcionalização deste à prossecução do interesse público e ao facto de o fim público ser alcançado através da prestação do co-contratante particular. Sendo assim, nos contratos privados, que têm o mesmo objectivo, a Administração deve também gozar dessas prerrogativas, embora a sua natureza e intensidade possa variar em função do tipo de contrato, tal como acontece nos contratos administrativos[533].

Esta tendência integrar-se-ia num fenómeno mais amplo, no qual *"...ao tradicional quadro de confusão dos regimes de direito público e de direito privado sucederia, assim, a ideia de uma gradação ou de uma escala na originalidade, mesmo no seio do Direito Administrativo..."*[534]. Daí que muitos autores defendam a existência de poderes de autoridade da Administração nos contratos de Direito Privado, que estariam também sujeitos a várias limitações no que respeita à liberdade de estipulação, dependendo, em grande parte, de regimes legais injuntivos[535].

A existência de limitações à autonomia privada das partes nos contratos da Administração é, aliás, a principal razão que leva alguns autores italianos a defender a natureza pública, por exemplo, dos contratos de empreitadas de obras públicas[536]. Em sentido próximo, DELGADO PIQUERAS defende que a unidade institucional da actividade contratual da Administração, decorrente da coexistência normal e pacífica de elementos públicos e privados, faz-se sentir também ao nível da execução, impondo

---

[532] A importância deste critério é posta em causa por alguns autores, que consideram que a execução dos contratos administrativos já não é dominada por cláusulas exorbitantes, mas sim pelas regras do Direito Privado. V., por todos, PHILIPPE TERNEYRE, *L'influence...*, *cit.*, pág. 85.

[533] No mesmo sentido, v. AURETTA BENEDETTI, *op. cit.*, pág. 179. ORLANDO CARVALHO, *op. cit.*, pág. 210 referia também que, sendo o interesse público uma constante na actuação administrativa, impende sobre toda a actividade administrativa, pública ou privada, uma "pigmentação específica" à fisionomia de todos os meios jurídicos.

[534] Cfr. PROSPER WEIL, *O Direito...*, *cit.*, pág. 101.

[535] V. REBELO DE SOUSA, *Lições...*, *cit.*, pág. 77 e, do mesmo autor, *O concurso público na formação do contrato administrativo*, Lisboa, 1994, pág. 17. No mesmo sentido, defendendo que a Administração pode dispor de poderes de autoridade nos contratos privados, embora com menor intensidade, pronuncia-se CARRETERO PÉREZ, *La teoria de los actos separables*, in RAP, n.º 61, 1970, pág. 98.

[536] V. VITTORIO ITALIA, *op. cit.*, pág. 101.

cláusulas exorbitantes em todos os contratos celebrados por entidades administrativas[537].

Vejamos, então, com mais pormenor, o regime jurídico dos contratos da Administração Pública. Podem considerar-se aspectos comuns a todos os contratos celebrados pela Administração:

- o facto de o contrato ter de se enquadrar nas atribuições e competências da pessoa colectiva pública ou do órgão que o celebre (princípio da especialidade);
- a fase da formação do contrato, isto é, a sujeição a um procedimento administrativo de selecção do co-contratante (não apenas no caso do Decreto-Lei n.º 197/99, mas também do Decreto-Lei n.º 27/79, de 22 de Fevereiro, e do Decreto-Lei n.º 74/80, de 15 de Abril, ambos sobre compra e venda de imóveis pela Administração, bem como o Decreto-Lei n.º 228/95, de 11 de Setembro, a propósito de contratos de arrendamento);
- a invalidade consequente dos contratos quando for inválido um acto de que dependa a sua celebração (cfr. o artigo 185.º, n.º 1, do CPA);
- a aplicação do Direito Privado aos vícios da vontade (cfr. o artigo 185.º, n.º 2, do CPA);
- a aplicação de um regime misto de Direito Público e de Direito Privado à execução, à responsabilidade contratual e à extinção do contrato;
- a interpretação teleológica do contrato em função do fim de interesse público que é a causa do mesmo;
- a maior intervenção de terceiros no mundo do contrato;
- as especificidades inerentes à presença da Administração, tais como a impenhorabilidade dos bens públicos;
- o direito de a Administração aplicar sanções pecuniárias aos co-contratantes, como forma de assegurar o pontual cumprimento do contrato e, dessa forma, a prossecução do interesse público ao qual o mesmo está adstrito;
- a rescisão por motivo de superveniente interesse público, sujeito, contudo, ao dever de indemnizar e às características próprias do contrato;

---

[537] Cfr. DELGADO PIQUERAS, *op. cit.*, pág. 93. FIAMINO FRANCHINI, *Pubblico e privato...*, *cit.*, pág. 430, pronuncia-se no mesmo sentido, salientando que a actividade de Direito Privado da Administração também prossegue o interesse público, pelo que tem de haver proporcionalidade e congruência entre os meios e os fins.

– o direito de a Administração utilizar, embora em moldes diversos, o poder de modificação unilateral do contrato;
– a especial relevância das regras destinadas a repor o equilíbrio financeiro do contrato;
– as limitações às modificações subjectivas do contrato, seja através da subcontratação, seja através da cessão da posição contratual;
– a impossibilidade de execução coactiva das prestações por parte da Administração, independentemente do tipo de contrato, nos termos do artigo 187.º do CPA (como resultado da eliminação do n.º 2 deste preceito)[538].

Dos aspectos acima referidos, aqueles que suscitam maiores dúvidas são, naturalmente, aqueles que se prendem com a utilização das prerrogativas de autoridade constantes do artigo 180.º do CPA, uma vez que, nos termos deste preceito, estas só são concedidas à Administração na execução de contratos administrativos. Não discutiremos o conteúdo de cada um desses poderes, cuja natureza verdadeiramente exorbitante aceitamos.

Duvidamos, no entanto, que essas cláusulas estejam totalmente ausentes dos ditos contratos privados da Administração, até porque a celebração destes contratos não pode significar uma renúncia da Administração à utilização das suas prerrogativas de poder público[539]. Assim, ainda que a aplicação dessas cláusulas não resulte directamente do CPA, muitas vezes são estipuladas pelas partes em cada contrato ou constam mesmo das peças concursais[540], o que acaba por alterar o regime jurídico do contrato.

De facto, é de salientar, em primeiro lugar, que nenhuma das prerrogativas referidas no artigo 180.º do CPA seria impossível ou ilícita num contrato de direito privado, se estipulada por comum acordo entre as duas partes[541]. Pelo contrário, algumas dessas prerrogativas, como, por exemplo, o poder de fiscalização, apenas diferem dos poderes semelhantes conferidos no CC não pela sua natureza, mas pela intensidade. Aliás, o esbati-

---

[538] Neste sentido, v. MARIA JOÃO ESTORNINHO, *Algumas questões de contencioso dos contratos da Administração Pública*, Lisboa, 1996, pág. 26 e M. ESTEVES DE OLIVEIRA, PEDRO GONÇALVES e PACHECO DE AMORIM, *Código do Procedimento Administrativo anotado*, 2ª Edição, Coimbra, 1997, págs. 852 e seguintes.

[539] Neste sentido, JEAN LAMARQUE, *Recherches sul l'application du Droit privé aux services publics administratifs*, Paris, 1960, pág. 152.

[540] No sentido de que a remissão para cláusulas contratuais gerais "administrativiza" o contrato, v. ROGÉRIO SOARES, *Direito...*, *cit.*, pág. 136.

[541] Em sentido contrário, v. ALMEIDA LOPES, *op. cit.*, págs. 65 e seguintes.

mento da distinção entre contratos administrativos e contratos privados ao nível do regime jurídico aplicável decorre em grande parte do facto de a Administração optar pela inclusão nestes últimos de cláusulas contratuais que lhe conferem prerrogativas de autoridade semelhantes às que resultam da lei para os contratos administrativos[542]. A fungibilidade de regimes jurídicos vai mesmo ao ponto de, muitas vezes, mesmo em contratos entre privados, estes optarem por remeter para normas reguladoras de contratos administrativos, sobretudo no caso das empreitadas[543].

Quanto às sanções pecuniárias, a sua aplicação no âmbito dos ditos contratos privados da Administração é aceite mesmo pela doutrina francesa clássica[544], o que é justificado quer pela prossecução do interesse público, quer pelo facto de esse poder ser inerente à própria Administração Pública. Aliás, trata-se de um poder de alguma forma exógeno ao contrato, que resulta da prática de um acto administrativo destacável, cuja validade não depende da respectiva estipulação contratual. Alguns autores consideram mesmo que todos os poderes de autoridade têm origem extracontratual e natureza estatutária[545], o que, na nossa opinião, acaba por pôr em causa o próprio critério das cláusulas exorbitantes, na medida em que, sendo estas inerentes a qualquer actuação contratual da Administração, não se configuram como características próprias dos contratos administrativos.

No que se refere ao poder de rescisão unilateral do contrato, cumpre, desde logo, esclarecer que esta prerrogativa varia mesmo no âmbito dos

---

[542] Este aspecto é realçado por SILVIA DEL SAZ CORDERO, *op. cit.*, pág. 77. Para a autora, a única distinção assenta, assim, no facto de as prerrogativas resultarem directamente da lei ou de convenção entre as partes. Parece-nos que este critério acaba por ser também relativamente indiferente, visto que, na maioria dos casos, os contratos celebrados pela Administração são autênticos "contratos de adesão", como salienta MESTRE DELGADO, *La posicion singular de la Administracion en la contratacion adminisrativa y las garantias des contratista segun la jurisprudencia contencioso-administrativa reciente*, in REDA, n.º 47, 1985, pág. 442.

[543] V. ROMANO MARTINEZ, *Direito das Obrigações*, Coimbra, 2000, pág. 295, dando o exemplo do regime da revisão de preços. V. também MARÇAL PUJOL, *Aplicação do regime jurídico das empreitadas de obras públicas às empreitadas particulares*, in ROA, n.º 54, 1994, em especial as págs. 544 e seguintes.

[544] V., por todos, JEAN LAMARQUE, *op. cit.*, pág. 150.

[545] Cfr. MARIA DA GLÓRIA GARCIA, *Direito...*, *cit.*, pág. 49. Não vislumbramos, no entanto, de que modo a autora concilia este entendimento com a posição que defende relativamente à inexistência deste tipo de prerrogativas em certos contratos da Administração. No mesmo sentido pronuncia-se GONZÁLEZ-BERENGUER URRUTIA, *La contratación administrativa*, Madrid, 1966, pág. 41.

contratos actualmente considerados como administrativos. Veja-se, por exemplo, o caso dos contratos substitutivos de actos administrativos constitutivos de direitos, que estão sujeitos a um regime análogo ao do artigo 140.º, n.º 1, do CPA, que proíbe a revogação destes actos por motivos de mérito, condicionando fortemente o exercício do poder de rescisão unilateral.

Por outro lado, existindo sempre dever de indemnizar, mesmo que a rescisão se fique a dever a motivos de superveniente interesse público, a distinção acaba por reflectir-se apenas na natureza da responsabilidade em que a Administração incorre, que pode ser objectiva ou subjectiva.

Aliás, se a rescisão unilateral por motivos de superveniente interesse público é uma forma de revogação da decisão de celebrar um contrato, essa faculdade não pode ser recusada nos contratos privados. De facto, mal se compreenderia que a Administração fosse obrigada a permanecer vinculada a um contrato que deixou de contribuir para a prossecução do interesse público, sob pena de desvio de poder.

Quanto ao *"ius variandi"*, que pode considerar-se como o mais significativo poder de autoridade atribuído ao co-contratante público, também está presente, ainda que com menor intensidade, nos contratos privados[546]. É que o facto de o contrato prosseguir um fim público, justifica uma menor estabilidade da coisa contratada e a sua modificação de acordo com a própria variabilidade do interesse colectivo. Como refere STEFANO CIVITARESE, existe em todos os contratos celebrados pela Administração uma cláusula *"rebus sic stantibus"* que impende sobre ambas as partes[547].

Assim, a regra geral de que o contrato é "lei entre as partes" não se aplica silogisticamente aos contratos celebrados pela Administração, em virtude de estarem adstritos ao fim público.

O exemplo anglo-saxónico é sintomático nesta matéria, uma vez que, apesar de a figura do contrato administrativo ser desconhecida na dogmática daquele ordenamento jurídico, verifica-se que, na prática, a Adminis-

---

[546] Neste sentido, MARIA DA GLÓRIA GARCIA, *A responsabilidade civil do Estado...*, cit., pág. 86.

[547] Cfr. STEFANO CIVITARESE, *op. cit.*, pág. 54. No mesmo sentido pronunciam-se GARRIDO FALLA, *Tratado...*, cit., pág. 87, AURETTA BENEDETTI, *op. cit.*, pág. 175, e ANDREA RALLO, *Appunti in tema di renegoziazione negli accordi sostitutivi di provvedimenti*, in DPA, n.º 2, 1993, págs. 303 e 327. Este autor considera que a cláusula *"rebus sic stantibus"* é interna e inerente ao próprio contrato, em nome de uma dialéctica "consenso-funcionalização", que é a característica mais específica da actuação contratual da Administração.

tração exerce prerrogativas de autoridade durante a execução dos contratos que celebra, porque a eficaz prossecução do interesse geral a isso obriga[548]. ARIÑO ORTIZ refere-se mesmo, a propósito do sistema adoptado no Reino Unido, a um fenómeno de progressiva publicização dos contratos da Administração[549].

Por outro lado, existem figuras próximas do *"ius variandi"*, tais como o *"factum principis"*, em que o esbatimento da distinção entre contratos administrativos e contratos privados é ainda mais notório. Tratando-se o *"factum principis"* de uma alteração ao contrato que decorre de actuações gerais, do tipo legal ou regulamentar, aplica-se igualmente a todos os contratos celebrados pela Administração, reconduzindo-se à teoria da imprevisão[550]. Daí a particular importância que o princípio do equilíbrio das prestações assume no âmbito da contratação pública em geral.

O alargamento das prerrogativas da Administração a todos os contratos não constitui sequer uma sujeição excessiva para o particular, por duas razões: primeiro, porque esse argumento é válido também para os contratos administrativos; segundo, porque qualquer particular tem obrigação de conhecer as especiais imposições a que está adstrito quando contrata com a Administração.

---

[548] Sobre o regime jurídico aplicável à contratação pública no Reino Unido, antes e depois da transposição das directivas comunitárias sobre a matéria, v. LEIGH HANCHER, *La transposición de las normas comunitarias sobre contratos administrativos en el Reino Unido*, in Contratación Pública, I, Madrid, 1996, pág. 110 e 119.

[549] Cfr. ARIÑO ORTIZ, *El concepto...*, cit., pág. 22. SÉRVULO CORREIA, *A autonomia contratual...*, cit., págs. 344 e 345, refere-se também ao facto de o incremento da prática contratual por parte da Administração inglesa conduzir à existência de contratos cujo objecto e poderes exercidos no negócio seriam impensáveis entre particulares. Esta evolução do Direito dos contratos da Administração em Inglaterra integra-se numa tendência generalizada de publicização do sistema inglês. Neste sentido, MARTIN LOUGHLIN, *The development of public law in the United Kingdom*, in DP, n.º 3, 1998, pág. 639, refere que *"...the judiciary have adapted the common law and set in place a system of public law."*

[550] Já antes no pronunciámos neste sentido, v. ALEXANDRA LEITÃO, *O enriquecimento sem causa no Direito Administrativo*, Lisboa, 1998, pág. 101. No mesmo sentido, v. ARIÑO ORTIZ, *Teoria del equivalente económico en los contratos administrativos*, Madrid, 1968, pág. 264; ANDRÉ DE LAUBADÈRE, *Du pouvoir de l'Administration d'imposer unilatéralment des changements auz dispositions des contrats administratifs*, in Pages de doctrine, volume II, Paris, 1980, págs. 253 e seguintes, e GEORGES VEDEL e PIERRE DELVOLVÉ, op. cit., pág. 361. QUINTANA LÓPEZ, *El anacronismo del factum principis en la legislacion de contratos*, in REDA, n.º 50, 1986, pág. 274, questiona mesmo a autonomia conceptual da figura do *"factum prinicpis"*, defendendo a sua recondução a uma cláusula de revisão de preços *"ex lege"*.

Aliás, se a Administração está obrigada a procedimentos específicos na fase pré-contratual, o mesmo tipo de vinculações jurídico-públicas justifica também especificidades na fase de execução do contrato. Além disso, existem limites e contrapartidas à utilização dessas prerrogativas pelo contratante público, sob pena de se pôr em causa as vinculações que impendem sobre as entidades administrativas em todas as suas formas de actuação.

A execução e a responsabilidade contratual da Administração regem-se, em todos os contratos que celebra, por uma mescla de regras de Direito Público e de Direito Privado, que resultam, por um lado, da aplicação supletiva do CC aos contratos administrativos, por expressa remissão legal (cfr., por exemplo, o artigo 273.º do Decreto-Lei n.º 59/99); e, por outro lado, da aplicação de certas regras jurídico-públicas. É o caso, por exemplo, da impenhorabilidade dos bens públicos e da inadmissibilidade de haver cláusulas de exoneração da responsabilidade do co-contratante particular quando estejam em causa relações com terceiros ou garantias de ordem pública[551].

Veja-se agora a hipótese de a Administração contraente se recusar expressamente a cumprir o contrato. Devemos considerar este acto um acto administrativo destacável, impugnável contenciosamente ou, pelo contrário, uma declaração negocial? Como veremos, a jurisprudência divide-se quanto a esta questão, sendo certo, contudo, que a natureza do acto não deve variar em função do tipo de contrato no âmbito do qual o mesmo foi proferido.

Por outro lado, apesar de a Administração gozar do poder de modificação unilateral do contrato, a verdade é que muitos contratos administrativos remetem expressamente para o regime do artigo 437.º do CC[552].

Aliás, mesmo a excepção de não cumprimento do contrato não constitui uma característica determinante da natureza administrativa do contrato, pois não pode ser completamente afastada em caso de incumprimento por qualquer uma das partes[553]. De facto, os artigos 185.º e 186.º

---

[551] Cfr. *infra* a Parte III, a propósito do prazo de garantia dos contratos de empreitadas de obras públicas.

[552] V., por exemplo, a Base XXXII do contrato de concessão entre os CTT – Correios de Portugal, SA e o Estado, aprovado pelo Decreto-Lei n.º 448/99, de 4 de Novembro.

[553] V., por todos, MARIA JOÃO ESTORNINHO, *Princípio da legalidade e contratos da Administração*, in BMJ, n.º 368, 1987, pág. 101 e GARCÍA-TREVIJANO GARNICA, *La suspensión de pagos como causa de resolución de los contratos administrativos de obras*, in REDA, n.º 77, 1993, pág. 56.

do Decreto-Lei n.º 59/99 prevêem a possibilidade de suspensão dos trabalhos quer por parte do empreiteiro, quer por parte do dono da obra em situações de não cumprimento pela outra parte. Da mesma forma, o artigo 186.º, n.º 2, do CPA considera aplicáveis aos contratos (administrativos) bilaterais as disposições gerais da lei civil, o que inclui o instituto da excepção de não cumprimento do contrato, desde que haja um nexo sinalagmático entre as obrigações das partes, nos termos do artigo 428.º, n.º 1, do CC[554], excepto quando tal afecte a prossecução do interesse público.

Assim, a única especificidade tem a ver com a delimitação mais rigorosa das situações em que pode verificar-se a *"exceptio non adimpletis contractus"* e com a existência de maiores restrições à sua utilização, que decorre da prevalência do interesse público. Ora, estando o interesse público presente também nos contratos privados, estes têm de estar abrangidos pelo mesmo regime. Não é, por isso, a natureza do contrato que afasta a excepção de não cumprimento do contrato[555].

Além disso, as restrições à aplicação do instituto podem variar em função do tipo de contrato em apreço. Por exemplo, nas concessões de serviços públicos deve excluir-se a sua aplicação, pois põe em causa o princípio da continuidade dos serviços públicos[556].

Finalmente, as limitações à possibilidade de modificação subjectiva dos contratos são aplicáveis a todos os tipos de contratos da Administração, pois decorrem logicamente da sujeição do adjudicatário a um procedimento de selecção. Assim, os requisitos decorrentes do artigo 68.º do Decreto-Lei n.º 197/99 – o cessionário é obrigado a fazer prova da sua

---

[554] Neste sentido v. PEDRO GONÇALVES, *A concessão de serviços públicos*, Coimbra, 1999, pág. 274. GARRIDO FALLA, *Tratado..., cit.*, pág. 105, admite a possibilidade de, perante o incumprimento de uma das partes, a outra optar pela resolução do contrato. Esta posição parece resultar essencialmente do carácter sinalagmático do contrato, seguindo o princípio, como RÉMI ROUQUETTE, *Contribution à la classification des contrats synallagmatiques de l'administration*, in AJDA, 1995, pág. 495, de que *"...os contratos administrativos sinalagmáticos são sinalagmáticos antes de serem administrativos."*

[555] Em sentido próximo, v. PIERRE MOOR, *op. cit.*, págs. 273 e 274. ESCOBAR GIL, *Responsabilidad contractual de la Administración Pùblica*, Bogotá, 1989, pág. 33, apresenta, por sua vez, uma solução diferente, mas que aponta neste sentido: admitir a excepção de não cumprimento do contrato em todos os contratos da Administração, mas apenas nos casos em que o incumprimento da Administração torne impossível o cumprimento das suas prestações por parte do particular.

[556] No entanto, PEDRO GONÇALVES, *A concessão...cit.*, pág. 275, admite mesmo a aplicação do instituto às concessões, desde que o incumprimento do concessionário não se venha a reflectir nos utentes, ou seja, quando se trate do incumprimento de um dever meramente contratual e não regulamentar, relativo à gestão do serviço público.

idoneidade e capacidade técnica e financeira e fica vinculado à proposta apresentada pelo cedente sobre o qual recaiu o acto de adjudicação – são aplicáveis a todos os contratos da Administração que sejam precedidos de um procedimento pré-contratual. Esta é a única forma de evitar que este procedimento seja desvirtuado e de garantir o respeito pelas vinculações jurídico-públicas inerentes a toda a contratação administrativa.

Quanto à subcontratação, o artigo 265.º do Decreto-Lei n.º 59/99 estabelece alguns limites, tais como: a necessidade de respeitar as proibições de contratar; a proibição de subcontratar mais de 75% do valor da obra adjudicada; bem como de substituir os subempreiteiros contratados sem autorização do dono da obra.

A publicização dos contratos privados da Administração é também patente noutro tipo de contratos, tradicionalmente considerados de Direito Privado. É o caso, por exemplo, dos contratos de compra e venda ou dos contratos de arrendamento celebrados pela Administração, cuja natureza privada resultaria, além do mais, do facto de serem contratos de execução instantânea.

Contudo, o Decreto-Lei n.º 27/79 e o Decreto-Lei n.º 74/80, quanto aos contratos de compra e venda de imóveis, e o Decreto-Lei n.º 228/95, quanto aos contratos de arrendamento, estabelecem um procedimento pré--contratual que deve ser seguido pela Administração antes de celebrar um contrato destes tipos. A sujeição a este procedimento na fase da formação do contrato tem, depois, consequências ao nível da sua execução: as alterações ao contrato têm de ser precedidas de autorização da Administração, bem como a revogação, resolução e denúncia do contrato; e a violação do procedimento pré-contratual implica a anulabilidade do contrato de arrendamento no prazo de um ano, quer a pedido das partes, quer do Ministério Público.

Assim, mesmo estes contratos têm inúmeros aspectos de Direito Público.

Aliás, uma análise mais aprofundada permite descobrir situações para as quais o Direito Civil não dá resposta. Tal ocorre quando a Administração vende, arrenda ou permuta um bem previamente expropriado ou requisitado. Apesar da natureza privada dos respectivos contratos de compra e venda, arrendamento ou permuta, se o particular expropriado vier, legitimamente, requerer o seu direito de reversão, o terceiro adquirente, ainda que de boa fé, tem de *"...abrir mão do mesmo em virtude do direito de reversão exercido triunfantemente pelo proprietário expropriado"*[557].

---

[557] Cfr. o Acórdão do STA de 22 de Abril de 1997, proferido no Processo n.º

Contudo, o regime civil da venda de bens alheios previsto nos artigos 892.º e seguintes do CC não se pode aplicar *"tout court"*, atendendo à natureza pública da situação do bem e à impossibilidade de aplicar o regime da convalidação do contrato, consagrado nos artigos 895.º e 898.º do CC.

Da mesma forma, pode ocorrer o contrário, isto é, a Administração adquirir o bem ao proprietário através de um contrato de compra e venda em vez de expropriar e, mais tarde, este requerer a reversão se os pressupostos do exercício desse direito se vierem a verificar[558]. À primeira vista, esta possibilidade parece de afastar. Contudo, talvez não seja assim, se pensarmos que o proprietário foi levado a vender o bem por saber que, se o não fizesse, a Administração utilizaria o seu poder de expropriação. Admitindo-se, nestes casos, o direito de reversão, significa que o contrato se extingue por uma causa de Direito Público, apesar de ser, tradicionalmente, considerado privado.

Por outro lado, todos os contratos cujo objecto mediato é o domínio privado do Estado são contratos administrativos[559] e deveriam ser expressamente consagrados na lei como tal, o que não acontece actualmente, de acordo com os artigos 178.º, n.º 2, do CPA e 9.º, n.º 2, do ETAF.

De facto, nos casos em que entidades públicas adquirem ou arrendam imóveis ou outros bens, quer como investimento para gerar rendimentos destinados à prossecução de fins públicos (como acontece, por exemplo, no âmbito da Segurança Social), quer para utilizar na prestação de serviços à colectividade (lares, creches, etc), parece justificar-se a publicização do regime jurídico de tais contratos[560].

37.659, anotado por MARAGARIDA CABRAL, *Direito de reversão...*, cit., págs. 41 e seguintes. Esta decisão inaugura uma nova orientação jurisprudencial, porque até então o STA sempre havia entendido o contrário.

[558] A questão é colocada por MARIA DA GLÓRIA GARCIA, *Direito do Urbanismo. Relatório*, Lisboa, 1999, pág. 110.

[559] Neste sentido, v. SÉRVULO CORREIA, *Legalidade...*, cit., pág. 426. No mesmo sentido, v. JEAN LAMARQUE, *op. cit.*, pág. 506. V. também o Acórdão do Tribunal de Conflitos de 14 de Janeiro de 1997, anotado por MARIA JOÃO ESTORNINHO nos CJA, n.º 2, 1997, págs. 15 a 17.

[560] Os tribunais comuns têm-se declarado incompetentes para apreciar os litígios emergentes de contratos de arrendamento celebrados por autarquias locais que tenham certo tipo de objecto, cuja especificidade resulta, aliás, do Decreto-Lei n.º 507-A/79, de 24 de Dezembro. V., por todos, o Acórdão do Tribunal da Relação de Évora, de 4 de Abril de 1999, proferido no Processo n.º 454/99.

Aliás, mesmo quando os contratos se destinam à instalação dos serviços administrativos de entidades integradas na Administração Pública, apesar de se tratar de um interesse público instrumental, que não prossegue de forma imediata um fim público, parte da doutrina tem considerado que se trata de contratos administrativos[561].

Em conclusão, verifica-se uma tendência gradual para a publicização substantiva dos contratos privados da Administração, que assenta na sua funcionalização à prossecução do interesse público, de acordo com um critério essencialmente finalístico ou teleológico. O facto de todos os contratos celebrados pela Administração terem como causa um fim público conduz à "desnaturalização" do contrato privado, que se afasta, por isso, das características típicas do Direito comum[562].

Daí que o objecto mediato do contrato, isto é, a prestação adstrita ao fim de interesse público, condicione o seu objecto imediato[563], ou seja, o regime jurídico e a existência de cláusulas exorbitantes[564].

Aliás, deve presumir-se a natureza pública dos contratos celebrados pela Administração, uma vez que o Direito Administrativo é o Direito específico da contratação das Administrações Públicas, sendo, pelo contrário, o recurso à autonomia privada uma excepção[565]. Esta excepção não pode, contudo, significar uma renúncia aos poderes-deveres da Administração, nem uma fuga inconstitucional à Jurisdição administrativa, que é competente para a apreciação de todas as relações jurídicas administrativas.

---

[561] Cfr. FREITAS DO AMARAL e JOÃO CAUPERS, *Arrendamentos...*, *cit.*, pág. 53. Em sentido contrário, v. SÉRVULO CORREIA, *Arrendamentos...*, *cit.*, págs. 40 e 41.

[562] A expressão é de SOLAS RAFECAS, *op. cit.*, pág. 28.

[563] Sobre o conceito de objecto imediato e objecto mediato do negócio jurídico, v. MANUEL DE ANDRADE, *Teoria geral da relação jurídica*, volume II, reimpressão, Coimbra, 1998, págs. 327 e seguintes.

[564] Concordamos, por isso, com GARRIDO FALLA, *Sustancia y forma del contrato administrativo ecconomico*, in *Studi in mempria di Guido Zanobini*, Milão, 1965, pág. 540, quando diz que a discussão teórica desenvolvida em torno do critério do serviço público e do critério das cláusulas exorbitantes é "bizantina", uma vez que estes dois aspectos estão relacionados: só são conferidas prerrogativas ao contratante público quando se prossegue o interesse público. No sentido de haver cláusulas exorbitantes no âmbito da execução dos contratos privados da Administração em função do interesse público pronuncia-se também MESTRE DELGADO, *La posición singular...*, *cit.*, pág. 426.

[565] Neste sentido v. SÉRVULO CORREIA, *Legalidade...*, *cit.*, pág. 405 e PADRÓS I CASTILLON, *Derecho Público y Derecho Privado en la contratación de la Administración Pública*, in *Derecho Público y Derecho Privado...*, *cit.*, pág. 46.

Ora, de acordo com o critério de relação jurídica administrativa que preconizámos, não é necessária uma sujeição total ao Direito Administrativo para que a relação se considere administrativa. Neste sentido, talvez não seja absolutamente despiciendo o facto de o artigo 178.º, n.º 1, do CPA ter substituído, na definição de contrato administrativo, a referência à *"relação jurídica de Direito Administrativo"* do artigo 9.º, n.º 1, do ETAF, pelo conceito de *"relação jurídica administrativa"*.

CAPÍTULO II
Os efeitos lesivos decorrentes
das relações contratuais da Administração Pública

1. A formação do contrato: o procedimento pré-contratual

O problema da protecção dos terceiros perante os contratos celebrados pela Administração Pública parte do pressuposto de que as relações constituídas através de contrato podem também ter efeitos lesivos para outros que não os seus destinatários directos. Este facto, apesar de ser quase intuitivo, não dispensa uma tentativa de conceptualizar as situações em que esses efeitos lesivos podem ocorrer.

Neste esforço de teorização, parece-nos correcto distinguir dois grandes momentos, a fase da formação do contrato e a fase da execução do contrato, considerando como aspecto comum a ambas as fases, a respectiva procedimentalização da actuação da entidade administrativa. Optámos, contudo, por analisar a questão da procedimentalização no capítulo seguinte, por duas razões: primeiro, porque nos parece, ao contrário do que é orientação dominante na doutrina, que esse aspecto é comum à formação e à execução do contrato; segundo, porque não é um efeito lesivo, pelo contrário, é uma das formas de protecção dos terceiros, através, nomeadamente, da destacabilidade de certos actos inseridos no procedimento para efeitos de impugnação contenciosa.

Quanto à fase da formação dos contratos, está regulada, pelo menos parcialmente, por directivas comunitárias, que uniformizam a legislação dos vários Estados europeus relativamente aos contratos mais frequentes[566]. Em Portugal, as Directivas n.ºs 93/36/CE e 93/37/CE, ambas do Conselho, foram transpostas pelo Decreto-Lei n.º 197/99, de 8 de Junho, relativo à realização de despesas públicas e à contratação pública com a

---

[566] Para uma análise desenvolvida das normas comunitárias sobre esta matéria, v. GIMENO FELIU, *El control de la contratación pública*, Madrid, 1995, págs. 39 e seguintes. PELINO SANTORO, *I controlli...*, *cit.*, págs. 291 e seguintes, refere-se, a este propósito, a um "ordenamento comunitário dos contratos públicos".

aquisição de bens e serviços[567], e pelo Decreto-Lei n.º 59/99, de 2 de Março, que aprova o regime jurídico das empreitadas de obras públicas.

Os principais objectivos destes diplomas são a garantia dos princípios da legalidade, da prossecução do interesse público, da transparência, da publicidade, da igualdade, da livre concorrência, e da imparcialidade, de acordo com o disposto nas normas comunitárias e nos artigos 7.º a 11.º do Decreto-Lei n.º 197/99. Pode mesmo dizer-se que estes são princípios gerais do Direito Administrativo adjudicatório e, por isso, têm um valor "qualifiçado" no domínio dos procedimentos deste tipo[568].

Assim, os diplomas regulamentam os vários tipos de procedimentos de selecção do co-contratante, tendo como critério determinante o valor do contrato, razão pela qual é proibido o fraccionamento do mesmo com o intuito de evitar a aplicação de determinado procedimento. Pode suscitar-se a questão de saber se é admissível a existência de procedimentos administrativos atípicos nesta matéria. Alguns autores italianos respondem afirmativamente, considerando que *"...a maior intensidade da disciplina dos procedimentos administrativos não exclui que, perante uma actividade complexa não previamente disciplinada pelo legislador, possa qualificar-se como procedimento"*[569]. No ordenamento jurídico português, a possibilidade de haver procedimentos que não estejam pré-determinados legalmente é muito duvidosa, na medida em que se trata de uma vinculação legal e o CPA actua sempre como regra supletiva nestes casos, estabelecendo, nomeadamente, o concurso público como regra geral (cfr. o artigo 183.º do CPA). Aliás, o artigo 7.º do Decreto-Lei n.º 197/99 proíbe expressamente o recurso a procedimentos diferentes dos tipificados, pelo menos para os contratos abrangidos por aquele diploma.

Verifica-se, todavia, que existem vários diplomas avulsos, aprovando regras específicas para certo tipo de situações, quase sempre mais flexíveis do que o regime geral[570]. Esta actuação é criticável, pois tende a desvir-

---

[567] Este diploma contém dois regimes jurídicos distintos: o da realização de despesas públicas, aplicável quer aos contratos de aquisição e locação de bens e serviços, quer aos contratos de empreitadas de obras públicas; e o regime da contratação pública, ou seja, o procedimento de selecção do co-contratante relativamente ao primeiro tipo de contratos.

[568] Neste sentido, v. M. ESTEVES DE OLIVEIRA e R. ESTEVES DE OLIVEIRA, *Concursos e outros procedimentos de adjudicação administrativa*, Coimbra, 1998, pág. 87.

[569] V., por todos, SERGIO PERONGINI, *Le gare preliminare alla trattativa privata. Ipotesi di procedimenti amministrativi attipici*, Nápoles, 1990, pág. 103.

[570] V., por exemplo, o Decreto-Lei n.º 61/98, de 17 de Março, que aprovou um regime específico para a prestação de serviços e aquisição de bens com vista à execução

tuar o conjunto de garantias procedimentais que são asseguradas pelo CPA, pelo Decreto-Lei n.º 59/99 e pelo Decreto-Lei n.º 197/99. Refira-se que, mesmo no que respeita aos contratos de concessão, nos quais se admite a adopção de procedimentos mais simplificados, devem valer os princípios gerais constantes do CPA[571].

No artigo 78.º do Decreto-Lei n.º 197/99 prevêem-se os seguintes procedimentos: concurso público; concurso limitado por prévia qualificação; concurso limitado sem apresentação de candidaturas; procedimento por negociação com ou sem publicação de anúncio; procedimento de consulta prévia e ajuste directo.

Os artigos 47.º e 48.º do Decreto-Lei n.º 59/99, estabelecem, por sua vez, como procedimentos de selecção do co-contratante, o concurso público, o concurso limitado com ou sem publicação de anúncio, o concurso por negociação e o ajuste directo com ou sem consultas.

O concurso público era exigido para a adjudicação de contratos de aquisição e locação de bens e serviços de valor superior a 25.000 contos e de empreitadas de obras públicas de valor superior a 50.000 contos. Contudo, a Lei n.º 163/99, de 14 de Setembro, que alterou, por apreciação parlamentar, o Decreto-Lei n.º 59/99, reduziu este valor para 25.000 contos, o que significa que passa a ser este o valor acima do qual se exige o concurso público para qualquer tipo de contrato. Não podemos concordar com esta alteração, uma vez que os contratos de empreitadas de obras públicas assumem sempre, pela sua natureza, montantes mais elevados do que os contratos de aquisição de bens e serviços, pelo que a distinção de valores inicialmente estabelecida fazia, na nossa opinião, todo o sentido.

Verifica-se, por outro lado, que, apesar de os diplomas terem sido aprovados sensivelmente na mesma altura, os procedimentos adoptados não coincidem inteiramente, nem na terminologia utilizada, nem nos critérios para determinar o procedimento correcto em cada caso. De facto, no Decreto-Lei n.º 197/99 considera-se o procedimento por negociação com publicação prévia de anúncio mais solene e garantístico do que o concurso

---

do Plano de Divulgação do euro em Portugal; e o Decreto-Lei n.º 300/98, de 7 de Outubro, aplicável às empreitadas, fornecimentos e aquisições para a reconstrução das ilhas açorianas afectadas pela crise sísmica. Estes tipo de regimes especiais são ainda mais comuns para adjudicação de contratos de concessão. V., por exemplo, o Decreto-Lei n.º 9/97, de 10 de Janeiro, que estabelece a regra da negociação para a adjudicação da concessão de lanços de auto-estradas.

[571] Neste sentido, v. BERNARDO AYALA, *O método de escolha do co-contratante da Administração nas concessões de serviço público*, in CJA, n.º 26, 2001, págs. 13 e seguintes.

limitado sem apresentação de candidaturas (sendo, por isso, o primeiro aplicável aos contratos de valor inferior a 25.000 contos e o segundo aos contratos de valor inferior a 15.000 contos), em função da maior publicidade que o primeiro assegura. Pelo contrário, no Decreto-Lei n.º 59/99 privilegia-se o elemento concursal sobre a publicidade, pelo que se aplica o concurso limitado sem publicação prévia de anúncio aos contratos de valor inferior a 25.000 contos, e o concurso por negociação aos contratos de valor inferior a 8.000 contos.

Refira-se também que o Decreto-Lei n.º 197/99 utiliza a figura do ajuste directo *stricto sensu*, ou seja, quando não há lugar a quaisquer consultas, criando o procedimento com consulta prévia, enquanto que o Decreto-Lei n.º 59/99 mantém a designação de ajuste directo com ou sem consultas.

Todos estes procedimentos apresentam um conjunto de regras comuns, que se prendem com os princípios acima referidos, e que estão sintetizadas nos artigos 30.º a 58.º do Decreto-Lei n.º 197/99 e nos artigos 49.º a 111.º do Decreto-Lei n.º 59/99, suscitando, por isso, questões sensivelmente idênticas, que permitem um tratamento unitário. Contudo, analisaremos especialmente o caso do procedimento por negociação ou do ajuste directo propriamente dito, por levantar problemas específicos[572].

Esta apresentação sumária dos procedimentos de selecção do co-contratante nos contratos que são mais frequentemente celebrados pela Administração, não pretendendo, obviamente, ser exaustiva, justifica-se pelo facto de ser no desenvolvimento destes procedimentos que ocorrem a maior parte dos efeitos lesivos sobre a esfera jurídica dos particulares preteridos. De facto, um dos principais objectivos da procedimentalização da fase pré--contratual é, como teremos oportunidade de referir, a protecção dos concorrentes que se candidatam à adjudicação e são ilegalmente preteridos em qualquer fase desse procedimento. Aliás, a própria existência de um procedimento de formação da vontade da Administração contratante assenta no pressuposto, actualmente firmado na doutrina e na jurisprudência, de que aquela está sempre sujeita a um conjunto de vinculações jurídico--públicas, não podendo actuar livremente ao abrigo da autonomia privada,

---

[572] SEVERO GIANNINI, *Diritto...*, *cit.*, volume II, pág. 377, considera estes procedimentos como sendo do tipo negocial, por contraposição aos restantes, que qualifica como "mecânicos", no sentido em que não há qualquer tipo de participação do adjudicatário e a sua escolha resulta apenas de uma aplicação "mecânica e vinculada" dos critérios pré--definidos.

aspecto que contribui para superar a dicotomia entre contratos administrativos e contratos privados da Administração[573].

Apesar de ser virtualmente impossível tipificar as situações de lesão que podem ocorrer no âmbito de um procedimento pré-contratual[574], existem um conjunto de actuações que, até pela sua frequência, podem considerar-se típicas. Assim, podem revelar-se lesivos os seguintes actos[575]:

– a escolha do procedimento de selecção;
– a falta de convite nos procedimentos restritos;
– a imposição de cláusulas discriminatórias nos cadernos de encargos e outras peças concursais, bem como a sua alteração no decurso do procedimento;
– a falta de publicação do anúncio ou de outros elementos ao quais deva ser dada publicidade;
– a errada composição do júri, da comissão de abertura do concurso ou da comissão de análise das propostas;
– a submissão dos concorrentes a obrigações, desvantagens ou regalias diferentes;
– a não admissão, admissão condicionada e a admissão dos concorrentes e das propostas;
– a falta de audiência prévia;
– a decisão de não adjudicar o contrato ou de anular o procedimento;
– a adjudicação;
– a minuta do contrato;
– a própria celebração do contrato ou a recusa em fazê-lo.

Saliente-se que este elenco não pode deixar de ter em conta a possibilidade de impugnação de cada um dos actos referidos, enquanto actos destacáveis do procedimento pré-contratual, passíveis de impugnação con-

---

[573] MARIA JOÃO ESTORNINHO, *A fuga..., cit.*, págs.167 e seguintes, elenca um conjunto de vinculações jurídico-públicas da actividade privada da Administração: o princípio da prossecução do interesse público, o princípio da legalidade, o princípio da "liberdade de escolha" das formas jurídico-privadas, a vinculação aos direitos fundamentais, a vinculação a regras procedimentais e a sujeição à Jurisdição administrativa, bem como ao controlo pelo Tribunal de Contas.

[574] Como refere BLAISE KNAPP, *op. cit.*, pág. 454, não é possível tipificar todas as situações em que os terceiros são afectados por relações jurídicas administrativas, nomeadamente tratando-se de relações duradouras, tudo dependendo do caso concreto.

[575] Sobre esta matéria, v. DOMINIQUE POUYAUD, *La nullité..., cit.*, págs. 82 e seguintes. V. também M. ESTEVES DE OLIVEIRA, *Direito..., cit.*, págs. 678 e 679.

tenciosa autónoma[576]. De facto, mal se compreenderia, à luz da perspectiva subjectivista do contencioso administrativo que defendemos na primeira parte da presente dissertação, que os actos lesivos praticados no decurso do procedimento de formação dos contratos da Administração não pudessem ser imediatamente objecto de um recurso contencioso de anulação, como previsto no Decreto-Lei n.º 134/98, e nos termos gerais do ETAF e da LPTA[577].

As situações acima referidas podem ser agrupadas, para proceder a uma análise mais pormenorizada, em três fases, que correspondem a diferentes momentos do procedimento pré-contratual: a fase do início do procedimento; a fase instrutória e de participação e qualificação dos concorrentes; e a fase decisória[578]. A tripartição adoptada não corresponde exactamente às fases do concurso público tal como estão elencadas no artigo 59.º do Decreto-Lei n.º 59/99[579], até porque se pretende traçar um enquadramento mais geral, que compreenda todos os tipos de procedimentos pré-contratuais, incluindo os que estão consagrados no Decreto-Lei n.º 197/99.

1.1. *A fase do início do procedimento*

O procedimento pré-contratual inicia-se sempre por iniciativa da própria Administração, quando pretende seleccionar um particular para celebrar determinado contrato, por entender ser essa a melhor forma de prosseguir o interesse público. Por isso, não existem, em princípio, procedimentos pré-contratuais decorrentes de um impulso processual externo à Administração, pelo menos nos contratos de colaboração.

---

[576] No mesmo sentido, embora em termos mais restritivos, v. M. ESTEVES DE OLIVEIRA, *Direito...*, *cit.*, pág. 677.

[577] Sobre esta matéria, v. o *infra* o capítulo III.

[578] SALVATORE ROMANO, *op. cit.*, pág. 576, distingue também três fases: a fase inicial, a fase de desenvolvimento, e a fase conclusiva. RAMON PARADA, *Derecho administrativo...*, *cit.*, volume I, pág. 237, qualifica o procedimento pré-contratual como um "procedimento integrado", por ser um procedimento composto por vários subprocedimentos: elaboração e aprovação do projecto e do caderno de encargos; selecção do co-contratante; aprovação da minuta e celebração do contrato.

[579] Este preceito distingue cinco fases no concurso público: a abertura do concurso e apresentação da documentação; o acto público do concurso; a qualificação dos concorrentes; a análise das propostas e elaboração do relatório; e a adjudicação.

Nesta fase, que alguns autores designam como "preparatória"[580], incluem-se as quatro primeiras situações acima tipificadas, embora, em rigor, a decisão através da qual se escolhe o procedimento adequado em cada caso seja exógena ao próprio procedimento. No entanto, justifica-se a sua integração nesta fase, uma vez que as consequências deste acto repercutem-se directamente no procedimento e, mais especificamente, nos particulares que são admitidos a concorrer e que, por isso, podem vir a ser adjudicatários do contrato.

De facto, a adopção de qualquer procedimento menos solene e garantístico do que o concurso público constitui um acto lesivo, pois implica que só poderão ser adjudicatários os particulares que a Administração convide a apresentar propostas. A opção por um procedimento mais simples e célere implica, por isso mesmo, uma diminuição das garantias dos concorrentes, pelo que só é admitida nos casos expressamente previstos na lei, e assume sempre carácter excepcional por não assegurar de forma cabal o cumprimento dos princípios da livre concorrência, da publicidade e da imparcialidade. É, assim, uma decisão administrativa vinculada, totalmente passível de controlo judicial[581].

Veja-se, a este propósito, os critérios de escolha do procedimento consagrados na legislação sobre contratação pública, assentes principalmente no valor do contrato, mas permitindo derrogações a esta regra em função de outros factores, tais como a especial natureza dos serviços, nomeadamente a sua infungibilidade e a urgência na celebração do contrato (cfr. os artigos 83.º a 86.º do Decreto-Lei n.º 197/99 e os artigos 122.º, 134.º e 136.º do Decreto-Lei n.º 59/99). Nestes casos, a escolha do procedimento, que é, regra geral, efectuada pela entidade competente para autorizar a despesa, tem de ser autorizada pelo Ministro da tutela, pelo Primeiro-Ministro, ou sem limite, pelo Conselho de Ministros, nos termos dos artigos 17.º e 79.º do Decreto-Lei n.º 197/99.

A possibilidade de impugnação autónoma do acto de escolha do procedimento pré-contratual torna-se ainda mais importante, enquanto forma de tutela dos direitos dos terceiros, quando a Administração opta por procedimentos restritos[582]. Nestes procedimentos, a participação dos concorrentes resulta do convite da entidade adjudicatária, pelo que a mera adopção deste tipo de procedimentos implica imediatamente a exclusão de

---

[580] V., por todos, COSCULLUELA MONTANER, *Manual..*, *cit.*, pág. 392.
[581] Neste sentido, v. EUGENIO MELE, *op. cit.*, págs. 80 a 82.
[582] Cfr. GIOVANNI VACIRCA, *Atti amministrativi di scelta del procedimento di contrattazione e tutela giurisdizionale*, in FA, Milão, 1984, pág. 74.

todos os outros particulares que tenham interesse na adjudicação do contrato e que não sejam convidados a apresentar propostas[583].

A questão da recorribilidade do acto de escolha do procedimento pré-contratual é muito debatida em Itália, a propósito da *"trattativa privata"*, que era considerada, antes da transposição das directivas comunitárias sobre a matéria, como um meio privado de formação da vontade da Administração. Actualmente, a doutrina maioritária entende, e, na nossa opinião, correctamente, que o ajuste directo tem a natureza de procedimento administrativo, embora com particularidades decorrentes de especiais necessidades de eficácia e celeridade da actuação administrativa, sendo, por isso, um procedimento muito mais restrito, menos garantístico e, consequentemente, excepcional[584]. Assim, é um procedimento sujeito às regras procedimentais, perante o qual os particulares detêm posições jurídicas subjectivas dignas de tutela perante os tribunais administrativos[585]. Existem, contudo, diferenças relativamente aos procedimentos concursais: nestes, a relação qualificante do particular relativamente à Administração, que justifica a legitimidade activa para impugnar os actos administrativos praticados durante o procedimento, resulta do facto de ele participar neste último[586]; nos procedimentos restritos, pelo contrário, a legitimação pro-

---

[583] Neste sentido, v. EUGENIO MELE, *op. cit.*, pág. 326. A admissibilidade do recurso contra o acto de escolha do procedimento pré-contratual representa uma evolução significativa na tutela dos particulares, atendendo ao facto de que, há alguns anos atrás, tal era liminarmente afastado pela doutrina e pela jurisprudência francesas. V., por todos, FÉLI RÉMION, *Le recours pour excès de pouvoir et le contentieux des marchés de travaux et de fournitures a l'État*, in *Le droit des marchés administratifs de travaux et de fournitures*, Paris, 1954, pág. 48.

[584] Neste sentido, v. GIUSEPPE MORBIDELLI, *La scelta del contraente nella trattativa privata (con particolare riferimento agli enti locali)*, in RTA, I, 1987, pág. 343; LUCIANO TOZZI, *La scelta del contraente privato nell'attività contrattuale della Pubblica Amministrazione: posizioni soggettive tutelabili*, in FA, Partes II e III, n.º 51, 1975, pág. 387; e; e ANGELO MARI, *Gli appalti pubblici senza gare*, in RTDP, n.º 1, 1995, pág. 218. Em sentido diferente, v. CHRISTINE BRÉTON-MOULÈNES, *Choix des procédures, choix dans les procédures*, in AJDA, 1998, pág. 755 e GIULIO BACOSI, *Trattativa privata e tutela del privato contraente*, Milão, 1999, pág. 452. Este autor considera que estando procedimentalizada, a *"trattativa privata"* já não se pode considerar excepcional.

[585] V. EUGENIO MELE, *op. cit.*, pág. 181. Para ADOLFO BALESTRERI, *Trattativa privata e ragioni d'urgenza: punti di incontro tra ordenamento comunitario ed ordenamento nazionale*, in RIDPC, n.ºs 1-2, 1993, pág. 126, o principal problema do recurso à *"trattativa privata"* é a efectiva tutela judicial das posições subjectivas dos particulares.

[586] V. LUCIANO TOZZI, *op. cit.*, pág. 383. Esta solução não é mais do que um reflexo da doutrina italiana da legitimação processual por via da participação procedimental, que rejeitámos na primeira parte da presente dissertação.

cessual decorre da relação estabelecida entre o particular e o objecto do contrato cuja adjudicação está em causa.

Assim, pode distinguir-se, como faz GIULIO BACOSI, entre um controlo interno e um controlo externo do procedimento[587].

O primeiro traduz-se nas formas de tutela do particular, que, tendo participado no procedimento, foi ilegalmente preterido no decurso do mesmo. Os casos acima elencados, à excepção do primeiro, integram-se neste tipo de controlo, e serão desenvolvidos a propósito de cada um dos exemplos referidos.

O controlo externo consiste, pelo contrário, na impugnação autónoma do próprio acto de escolha do procedimento de selecção, estando a impugnação aberta a todos aqueles que tenham celebrado anteriormente contratos com a Administração Pública em situações análogas ou sobre objectos semelhantes; aos operadores que actuem em determinado sector de actividade[588]; e aos agentes económicos com capacidade técnica e financeira para executar o contrato.

Refira-se ainda que o facto de o particular ser efectivamente chamado a participar no procedimento não lhe retira legitimidade para vir a impugnar posteriormente o acto de escolha do procedimento, uma vez que a participação não pode ser entendida como aceitação do acto, nos termos do artigo 47.º do RSTA ou do artigo 827.º do CA[589]. O particular pode também impugnar outro acto do procedimento cuja invalidade decorra do tipo de procedimento escolhido. Aliás, o artigo 51.º, n.º 3, da PLCPTA determina expressamente que o facto de não ter impugnado um acto endoprocedimental não afasta a possibilidade de impugnar o acto final.

---

[587] Cfr. GIULIO BACOSI, op. cit., págs. 15 e 16.

[588] São estes os "elementos de legitimação" mais utilizados pela jurisprudência italiana. Cfr. GIULIO BACOSI, op. cit., págs. 336 e 339. No mesmo sentido pronuncia-se RODOLFO BARRA, Los actos administrativos contractuales, Buenos Aires, 1989, pág. 70. Em sentido contrário, entendendo que, nestes casos, não há legitimidade activa, v. ROBERTO TRAVAGLINI, La tutela dell'impresa di fronte al mancato invito, in RTA, 1988, pág. 66 e PIER MARIA PIACENTINI, Considerazioni in tema di trattativa privata e interesse a ricorrere, in RTA, 1989, pág. 777.

[589] No mesmo sentido, v. GIULIO BACOSI, op. cit., págs. 373 e 374 e MARIANO PROTTO, op. cit., pág. 147. Em sentido diferente, v. COSCULLUELA MONTANER, Manual..., cit., pág. 399. O autor considera que o particular que tenha participado no procedimento não pode impugnar o acto de adjudicação com fundamento na invalidade do acto de escolha desse procedimento, sob pena de incorrer em "venire contra factum proprium".

Em termos semelhantes, mas não exactamente coincidentes, encontram-se os particulares que a Administração não convida a apresentar propostas nos procedimentos restritos, nomeadamente no concurso limitado sem publicação de anúncio (ou sem apresentação de candidaturas) e no procedimento por negociação sem publicação de anúncio.

Apesar de não ser, em rigor, uma forma de controlo externo, uma vez que não se impugna o acto de escolha do procedimento de selecção do co-contratante, mas sim a "exclusão tácita" por falta de convite, a legitimidade activa afere-se em moldes semelhantes. É que, como salienta CERULLI IRELLI, a publicação prévia de anúncio modifica de forma sensível a natureza do procedimento por negociação, na medida em que todos aqueles que respondam ao anúncio por reunirem os requisitos exigidos, adquirem imediatamente uma posição subjectiva especial[590].

Quando não há publicação prévia de anúncio, serão titulares de uma relação qualificante com a actuação administrativa, aqueles que pudessem concorrer ao concurso público, no caso de ser este o procedimento adoptado pela Administração[591]. A opção por este critério afigura-se correcta, à luz de dois argumentos: por um lado, o concurso público é o procedimento-regra imposto pelo artigo 183.º do CPA por ser aquele que melhor garante o respeito pelos princípios da livre concorrência, da transparência, da imparcialidade e da igualdade[592]; por outro lado, o alargamento da legitimidade activa é imposto pela Directiva "Recursos", transposta para o ordenamento jurídico português através do Decreto-Lei n.º 134/98, segundo o qual podem impugnar os actos lesivos relativos à formação do contrato todos aqueles que tenham um interesse na adjudicação do contrato. Acrescente-se ainda que a solução adoptada no artigo 40.º da PLCPTA, bastante generosa quanto à legitimidade activa para impugnar a validade dos contratos administrativos, corrobora o entendimento perfilhado.

Perante tal alargamento da legitimidade activa, pode mesmo questionar-se, com GIULIO BACOSI, se a impugnação destes actos destacáveis

---

[590] Cfr. CERULLI IRELLI, *op. cit.*, pág. 689.

[591] ALDO LINGUITI, *Le procedure di aggiudicazione*, in *Appalti pubblici di servizi e concessioni di servizio pubblico*, Milão, 1998, págs. 167 e 168, realça a obrigação que recai sobre a entidade adjudicante de fundamentar a falta de convite de "todos os concorrentes idóneos".

[592] A propósito desta matéria, MARGARIDA CABRAL, *O concurso público nos contratos administrativos*, Coimbra, 1997, pág. 260, entende mesmo que é a própria Constituição que impõe um princípio geral de recurso ao concurso público na contratação administrativa, de tal modo que uma lei que consagre um princípio geral contrário será inconstitucional.

não se torna uma espécie de acção popular[593]. Sem pretender desenvolver aqui este tema, a que voltaremos no último capítulo da dissertação, parece-nos que a resposta é negativa, visto que na acção popular, os recorrentes defendem o interesse público, enquanto que, no caso dos "aspirantes" à adjudicação, o interesse que se visa tutelar é um interesse privado e próprio, ou seja, a obtenção do contrato e do lucro inerente à celebração e execução do mesmo[594].

A imposição de cláusulas discriminatórias no caderno de encargos, no regulamento do concurso ou em quaisquer outras peças concursais constitui também uma actuação lesiva dos direitos dos particulares no âmbito do procedimento pré-contratual. Esta situação está, aliás, no centro das preocupações da legislação e da jurisprudência comunitárias sobre a matéria, uma vez que pode pôr um causa a livre circulação e a livre concorrência dentro do espaço europeu através da inclusão de cláusulas que afastem os nacionais de outros Estados-membros[595].

As peças do concurso são uma forma de auto-vinculação da Administração Pública, pelo que a sua consagração prévia e a respectiva publicação são essenciais para assegurar o respeito do princípio da imparcialidade e da transparência[596]. Aliás, é sempre possível impugnar tanto os actos endoprocedimentais como o acto de adjudicação por violação das regras contidas nos regulamentos do concurso[597].

Parece-nos, por isso, como já tivemos ocasião de defender, que é possível a impugnação contenciosa autónoma das cláusulas ilegais do caderno de encargos ou de outras peças concursais, através do meio processual

---

[593] Cfr. GIULIO BACOSI, *op. cit.*, págs. 354 e 355. DOMINIQUE POUYAUD, *La nullité...*, *cit.*, pág. 551, refere-se também a uma "quase acção popular" aberta contra os actos destacáveis dos contratos administrativos.

[594] No mesmo sentido, mesmo partindo de uma concepção objectivista do recurso contencioso de anulação, v. FÉLI RÉMION, *op. cit.*, pág. 65.

[595] Sobre esta questão, v., por todos, LÓPEZ-FONT MÁRQUEZ, *La apertura de los procedimientos nacionales de adjudicacion de contratos públicos a las empresas de otros Estados miembros de la Union Europea*, in RAP, n.º 133, 1994, págs. 311 e seguintes e LÓPEZ BLANCO, *La doctrina del Tribunal de Justicia sobre la contratación pública*, in Notícias CEE, n.º 21, 1986, págs. 127 e seguintes.

[596] Neste sentido pronuncia-se MARGARIDA CABRAL, *O concurso público...*, *cit.*, pág. 110, salientando que a génese histórica da figura do concurso público está associada ao objectivo de evitar o secretismo na contratação pública.

[597] Neste sentido, v. os Acórdãos do STA de 15 de Janeiro de 1997 (Processo n.º 27.496) e de 11 de Fevereiro de 1999 (Processo n.º 37.626).

adequado para o efeito[598]. Esta possibilidade levanta a questão de saber se os regulamentos podem ser actos destacáveis para efeitos de impugnação contenciosa autónoma. De facto, o caderno de encargos tem natureza regulamentar antes da celebração do contrato[599] e vincula a Administração a decidir de acordo com os critérios gerais aí definidos, pelo que tem de se admitir a legitimidade activa dos particulares lesados por essas cláusulas para as impugnar contenciosamente. MARGARIDA CABRAL defende mesmo a recorribilidade das cláusulas que, pelo seu carácter excessivamente vago, deixam grande margem de liberdade à Administração, pondo em causa a segurança jurídica e a confiança legítima dos concorrentes[600].

Consideram-se cláusulas discriminatórias todas aquelas que afastem a candidatura ao concurso de determinada categoria de concorrentes, em função de critérios subjectivos ou baseados em elementos que nada têm a ver com o objecto do contrato[601]. O exemplo mais comum é a nacionalidade, visto que as Administrações Públicas dos vários países tentam por vezes excluir do procedimento candidatos nacionais de outros Estados, como forma de proteccionismo económico.

Este tipo de discriminação, além de ser frequente, assume proporções preocupantes, atendendo à grande importância que a contratação pública tem nas economias dos Estados e ao volume financeiro que representam. É por isso que a União Europeia tem actuado de forma veemente contra estas situações discriminatórias, quer através da legislação comunitária, quer através da acção punitiva da Comissão relativamente aos Estados prevaricadores.

---

[598] V. ALEXANDRA LEITÃO, *A protecção...*, cit., pág. 65. Neste sentido, v. REBELO DE SOUSA, *O concurso público...*, cit., pág. 80. Em sentido contrário, v. LAURENT FOLLIOT, *Pouvoirs des juges et distinction des contentieux en matière contractuelle*, inédito, Paris (II), 1992, Tomo II, pág. 247.

[599] M. ESTEVES DE OLIVEIRA, *Direito...*, cit., pág. 683, defende que o caderno de encargos tem natureza regulamentar antes da celebração do contrato, transformando-se numa estipulação contratual após a celebração do mesmo.

[600] Cfr. MARGARIDA CABRAL, *O concurso público...*, cit., pág. 95.

[601] Como salienta DARIA DE PRETIS, *I requisiti di partecipazione alle gare e i limiti alla discrezionalità dell'Amministrazione*, in *Appalti pubblici di servizi e concessioni di servizio pubblico*, Milão, 1998, pág. 113, os requisitos de admissão dos concorrentes variam em função do objecto do contrato, nomeadamente no caso dos contratos de prestação de serviços, em função da natureza específica dos serviços. A exigência de certo tipo de condições é uma decisão discricionária da Administração, mas tem de se basear em factores objectivos, relacionados com o contrato em causa, sob pena de se verificar desvio de poder.

Contudo, não se pode confundir a inclusão de cláusulas discriminatórias com a exigência de determinados requisitos que os concorrentes devem preencher: capacidade financeira e técnica, idoneidade moral, cumprimento das obrigações fiscais, etc. Neste sentido, aliás, o artigo 31.° do Decreto-Lei n.° 197/99 determina expressamente que os concorrentes nacionais de outros Estados membros têm que apresentar os mesmos documentos que são exigidos aos concorrentes nacionais, em total situação de igualdade. Refira-se ainda que o artigo 2.°, n.° 1, alínea b) da Directiva "Recursos", que, infelizmente, não foi transposto para a ordem jurídica nacional pelo Decreto-Lei n.° 134/98, consagra expressamente a possibilidade de o tribunal corrigir ou suprimir as especificações técnicas, económicas ou financeiras discriminatórias que constem dos documentos do concurso, dos cadernos de encargos ou de qualquer outra peça concursal. No entanto, tal está previsto no artigo 100.°, n.° 2, da PLCPTA, embora este preceito apenas se refira à impugnação das peças concursais ou das suas cláusulas, sendo a correcção ou supressão destas cláusulas remetida para a providência cautelar prevista no artigo 132.°, n.° 7. Esta opção afigura-se um pouco estranha, uma vez que essa medida pode garantir a tutela definitiva (e não meramente cautelar) da pretensão do particular.

Finalmente, a falta de publicidade prévia dos elementos do concurso que devam ser publicitados consubstancia uma actuação lesiva, passível de impugnação contenciosa. Efectivamente, o anúncio do concurso, bem como o respectivo regulamento e o caderno de encargos contém os critérios de decisão aos quais a Administração se auto-vincula, e permitem dar a conhecer a todos os interessados quer o início do procedimento, quer as fases subsequentes do mesmo, pelo que não podem estar rodeadas de secretismo. Pode dizer-se que estão em causa as "regras do jogo", que têm de ser previamente determinadas, públicas e acessíveis a todos os potenciais interessados, porque a tanto obrigam os princípios da transparência e da publicidade. FAUSTO DE QUADROS considera que tal situação viola o princípio da legalidade, acrescentando mesmo que, se estiver em causa o próprio diploma legal que confira competência à entidade adjudicante para lançar o concurso, no caso das concessões, a falta de publicação implica a inexistência jurídica do contrato que se formou[602].

---

[602] Cfr. FAUSTO DE QUADROS, *O concurso público na formação do contrato administrativo*, in ROA, n.° 47, 1987, págs. 705 a 707. Temos algumas dúvidas quanto à qualificação desta sanção como inexistência, porquanto a competência para lançar concursos públicos para adjudicação de contratos resulta genericamente do CPA e a falta de publicidade em concreto implicará, em princípio, a nulidade, por violação dos princípios constitucionais da imparcialidade e da transparência.

Parece-nos que a falta de publicação no Diário da República, ou, nos casos em que tal é exigido, no JOCE, implica a invalidade de todo o procedimento subsequente e, em última análise, do próprio contrato, permitindo ao particular lesado, quando tiver conhecimento da abertura do concurso, a impugnação do acto de adjudicação, ou a impugnação autónoma do acto que recusar a sua candidatura com fundamento, por exemplo, em extemporaneidade da mesma[603].

Além do princípio da publicidade, as peças concursais devem respeitar também o princípio da estabilidade, porque as "regras do jogo" não podem ser alteradas no decurso do procedimento, como resulta do artigo 14.º do Decreto-Lei n.º 197/99. A manutenção das condições e requisitos constantes do programa de concurso e do caderno de encargos é, aliás, essencial à garantia de um outro princípio fundamental, que é o da comparabilidade dos concorrentes[604]. O preceito citado não permite sequer a modificação das peças concursais por exigência do interesse público, sendo necessário, nesses casos, anular o procedimento e lançar um novo procedimento de adjudicação, nos termos do artigo 58.º, n.º 1, alínea a) do Decreto-Lei n.º 197/99[605].

1.2. *A fase instrutória e de participação e qualificação dos concorrentes*

Nesta fase do procedimento integra-se, além da instrução propriamente dita, que é particularmente reduzida nos procedimentos pré-contratuais, uma vez que não há lugar, em regra, a pedidos de parecer, nem a exames, vistorias ou outras diligências análogas, a fase da participação e qualificação dos concorrentes.

Neste tipo de procedimentos, os candidatos à adjudicação são chamados a participar no procedimento antes da tradicional fase da audiência prévia, quer no momento da apresentação da proposta, quer no acto público do concurso. Assim, não se justifica distinguir, nestes casos, entre uma fase instrutória e uma fase de preparação da decisão, porquanto o juízo de

---

[603] Neste sentido, v. ALDO LINGUITI, *Le procedure..., cit.*, pág. 165

[604] No mesmo sentido v. M. ESTEVES DE OLIVEIRA e R. ESTEVES DE OLIVEIRA, *op. cit.*, pág. 103.

[605] Antes de este diploma estar em vigor, M. ESTEVES DE OLIVEIRA e R. ESTEVES DE OLIVEIRA, *op. cit.*, págs. 109 e 110, defendiam que, nestes casos, podia haver alteração das peças concursais, incorrendo a Administração em responsabilidade por acto lícito.

comparação entre os vários concorrentes inicia-se logo na fase do acto público do concurso, embora a sua sistematização resulte apenas da elaboração do relatório, que é, depois, notificado aos candidatos aquando da audiência prévia.

Esta fase do procedimento pré-contratual inclui as seguintes subfases: apresentação das propostas[606]; constituição das comissões do concurso; acto público do concurso; qualificação dos concorrentes; análise das respectivas propostas; e audiência prévia. Por sua vez, no desenvolvimento de cada um destes momentos, podem verificar-se vários tipos de situações lesivas dos direitos dos particulares, sendo as mais comuns a errada composição do júri ou da comissão do concurso, a submissão dos concorrentes a obrigações, desvantagens ou regalias diferentes, a admissão condicionada ou exclusão de concorrentes, a admissão de outros concorrentes e a falta de audiência prévia.

Quanto à primeira situação, é de realçar que existem, no âmbito dos procedimentos pré-contratuais, dois tipos de comissões, uma para presidir ao acto público do concurso e decidir sobre a admissão dos concorrentes; e outra para analisar o conteúdo das respectivas propostas. Trata-se de momentos distintos, com funções e objectivos igualmente diferentes, visto que no primeiro momento são apreciadas as características subjectivas dos candidatos, ou seja, a sua capacidade técnica e financeira, a idoneidade moral, bem como a existência de outras condições, tais como não haver dívidas ao Fisco ou à Segurança Social. No segundo momento, dirigido pela segunda comissão ou júri analisa-se, pelo contrário, o conteúdo das propostas apresentadas, atendendo aos factores pré-determinados no caderno de encargos e no regulamento do concurso, e que se prendem, normalmente, com a qualidade técnica das propostas e a relação entre estas e o preço apresentado.

Esta dualidade de comissões é mantida no Decreto-Lei n.º 59/99, que se refere à "comissão de abertura do concurso" e à "comissão de análise das propostas", mas é eliminada no Decreto-Lei n.º 197/99. De facto, neste diploma estabelece-se a existência de apenas um júri, que acumula as duas funções e participa em ambos os momentos, analisando quer a qualidade dos concorrentes, quer das propostas. Não nos parece a melhor solução.

---

[606] Como refere PAULO OTERO, *Intangibilidade das propostas em concurso público e erro de facto na formação da vontade: a omissão de elementos não variáveis na formulação de uma proposta*, separata de OD, Ano 131.º, n.ºs I-II, 1999, pág. 94, as propostas apresentadas a concurso são declarações negociais dos particulares integradas num procedimento relativamente ao qual têm um efeito propulsivo.

Apesar de se estipularem algumas garantias para manter a isenção da comissão, e que se traduzem, por exemplo, no anonimato do envelope que contém as propostas, a total isenção e a separação estanque entre os dois momentos – que é o objectivo do diploma e da Directiva comunitária que este transpõe – é melhor obtida através da solução adoptada no actual Decreto-Lei n.º 59/99 e, anteriormente, no Decreto-Lei n.º 55/95, de 29 de Março.

Aliás, a própria escolha dos membros da comissão pode suscitar problemas, uma vez que na comissão do acto público do concurso devem estar sobretudo juristas, atendendo ao tipo de questões que se colocam, enquanto que, na comissão de análise das propostas é necessária a presença de técnicos especializados em assuntos relacionados com o objecto do contrato.

De qualquer forma, a verificação de vícios na composição das comissões, nomeadamente, por violação das regras sobre impedimento, escusa e suspeição consagradas nos artigos 44.º a 51.º do CPA implica a invalidade do acto de nomeação do júri e, consequentemente, a invalidade de todo o procedimento subsequente.

A imposição de obrigações ou regalias diferentes para cada candidato, em função de critérios subjectivos, como sejam, por exemplo, a recusa de prestar esclarecimentos (o facto de a entidade adjudicante prestar certos esclarecimentos assume grande importância porque implica uma auto-vinculação da mesma perante o concorrente, no que se refere ao teor desses esclarecimento) ou a exigência de condições mais gravosas a determinados concorrentes, violam o princípio da imparcialidade. Sendo assim, o acto através do qual são impostas essas condições ou recusados os esclarecimentos é inválido e passível de imediata impugnação contenciosa. A recorribilidade destes actos, que se podem designar como endoprocedimentais[607], é controversa na doutrina portuguesa, visto que a maioria dos autores entendem que tem de haver impugnação administrativa prévia e, mesmo após esta, apenas se pode impugnar o acto final do procedimento – a adjudicação – com fundamento na ilegalidade ocorrida num momento anterior do procedimento[608].

---

[607] A expressão é de EUGENIO MELE, op. cit., pág. 312.
[608] Cfr. REBELO DE SOUSA, O concurso público..., cit., pág. 62. O autor considera que as irregularidades verificadas durante o procedimento reflectem-se na decisão final, determinando a ilegalidade do acto de adjudicação, o que parece excluir a possibilidade de impugnação contenciosa autónoma e imediata dos actos endoprocedimentais. V. também FAUSTO DE QUADROS, FERREIRA DE ALMEIDA, PAULO OTERO e LUÍS FÁBRICA, Procedimento..., cit., pág. 486.

Parece-nos, pelo contrário, que deve admitir-se imediatamente o recurso contencioso do acto lesivo, independentemente de haver ou não impugnação administrativa prévia, uma vez que não se justifica, à luz do princípio da antecipação da tutela judicial, exigir ao particular lesado que aguarde até ao final do procedimento, para impugnar o acto de adjudicação[609]. A evolução legislativa vai, aliás, neste sentido: o Decreto-Lei n.º 197/99 já estabeleceu a regra do recurso hierárquico facultativo; e o Decreto-Lei n.º 134/98 prevê a possibilidade de impugnação imediata de qualquer acto lesivo praticado no decurso do procedimento.

Do ponto de vista substantivo, subsiste, contudo, uma questão complexa que se prende com a ilegalidade do acto discriminatório, ou, por outras palavras, se for ilegal o acto através do qual a Administração favoreceu um determinado participante, os outros concorrentes têm direito a igual favorecimento. Trata-de se uma situação de confronto entre o princípio da legalidade e o princípio da igualdade. Parece-nos, salvo melhor opinião, que, apesar de, por via de regra, não haver "igualdade na ilegalidade", no caso dos procedimentos concursais deve abrir-se uma excepção a esta regra, atendendo aos princípios que presidem a este tipo de procedimentos: a concorrência, a igualdade e a "comparabilidade". Qualquer um destes princípios, que assumem particular relevância nos procedimentos adjudicatórios, exige que se mantenha a mais estrita igualdade entre os concorrentes[610].

O acto público do concurso é um momento absolutamente crucial no decurso do procedimento pré-contratual, uma vez que nele se procede à admissão, admissão condicional ou exclusão dos concorrentes e das propostas[611]. Os actos administrativos através dos quais a Administração decide excluir ou admitir condicionalmente um concorrente são recorríveis contenciosamente, enquanto actos lesivos, apesar da sua natureza endoprocedimental, ou seja, apesar de estarem integrados num procedimento. De facto, nestas situações, nem mesmo a doutrina mais tradicional relativamente à questão da recorribilidade do acto afasta a possibilidade de impugnação contenciosa, visto que estes actos põem termo ao procedimento para o candidato excluído.

---

[609] Cfr. ALEXANDRA LEITÃO, *A protecção...*, *cit.*, pág. 74.

[610] No mesmo sentido, v. M. ESTEVES DE OLIVEIRA e R. ESTEVES DE OLIVEIRA, *op. cit.*, págs. 118 e 119.

[611] Não desenvolveremos aqui, por exceder o âmbito da presente dissertação, os motivos de exclusão ou de admissão condicionada dos concorrentes e das propostas que constam dos artigos 101.º e 104.º, respectivamente, do Decreto-Lei n.º 197/99 e do artigo 92.º do Decreto-Lei n.º 59/99.

Mais controverso se afigura o problema da possibilidade de impugnação por terceiros do acto que admita um concorrente em violação da lei ou do regulamento do concurso. Parece-nos, em coerência com o que defendemos na Parte I do presente estudo, que os outros participantes no procedimento, apesar de não serem os destinatários deste acto, têm legitimidade activa para o impugnar, porque este atinge-os reflexamente, enquanto partes numa relação jurídica multilateral. Estas considerações aplicam-se também à não admissão, admissão condicional ou admissão das propostas, até porque esta pode violar as proibições legais de contratar, estabelecidas no interesse geral[612]. São, aliás, estas as questões que são apreciadas nesta fase, na qual se procede a uma apreciação meramente formal das propostas, uma vez que a análise do seu conteúdo é efectuada posteriormente, para efeitos de preparação do relatório final quanto ao mérito das propostas e consequente adjudicação.

Esta fase do procedimento termina com a audiência prévia dos interessados. A maioria dos autores autonomiza esta fase relativamente à fase instrutória[613]. No âmbito dos procedimentos pré-contratuais, optámos por não o fazer, visto que a audiência prévia não é, nestes casos, o primeiro momento em que os interessados são chamados a participar no procedimento. Aliás, discute-se mesmo a necessidade de se realizar a audiência prévia neste tipo de procedimentos, na medida em que estes já integrariam formas mais intensas de participação dos interessados, nomeadamente, o acto público do concurso[614].

---

[612] Sobre esta matéria, v. MERCEDES FUERTES LÓPEZ, *El contratista y el subcontratista ante las Administraciones Públicas*, Madrid, 1997, págs. 21 e seguintes.

[613] V., por todos, JOÃO CAUPERS, *Introdução...*, cit., págs. 153 e seguintes.

[614] Neste sentido, v. MARGARIDA CABRAL, *O Concurso público...*, cit., págs. 187 e seguintes. A autora manteve esta posição, mesmo após a revisão do CPA operada pelo Decreto-Lei n.º 6/96, de 31 de Janeiro, por entender que se deve aplicar aos concursos públicos o disposto no artigo 103.º, n.º 2, alínea a) do CPA, segundo o qual a audiência pode ser dispensada *"se os interessados já se tiverem pronunciado no procedimento sobre as questões que importem à decisão e sobre as provas produzidas"*. PEDRO MACHETE, *A audiência dos interessados nos procedimentos de concurso público*, in CJA, n.º 3, 1997, págs. 41 e seguintes pronuncia-se em sentido muito próximo, considerando que *"...todos os concorrentes tiveram oportunidade de se pronunciar sobre as questões que constituem o objecto do procedimento através da apresentação das respectivas propostas e da possibilidade de intervirem no acto público do concurso (...) pelo que, na ausência de disposição especial a impor a audiência dos mesmos concorrentes antes da adjudicação e perante a entidade adjudicante, seria de considerar dispensável a audiência dos interessados prevista no artigo 100.º do CPA com base no artigo 103.º, n.º 2, alínea a), do mesmo código..."*. Esta posição foi, aliás, adoptada pelo STA no seu Acórdão de 9 de

Actualmente, a questão está resolvida na legislação em vigor, no artigo 41.º do Decreto-Lei n.º 197/99 e no artigo 101.º do Decreto-Lei n.º 59/99, que estabelecem a existência de audiência prévia, solução que nos parece ser a mais correcta, visto que esta é uma forma especialmente qualificada de participação dos interessados, que pressupõe a prévia notificação do projecto de decisão, sendo sobre este que incidem as observações dos particulares[615].

Refira-se, contudo, que o prazo previsto no artigo 41.º, n.º 2, do Decreto-Lei n.º 197/99 é de apenas cinco dias, mais curto que o prazo de dez dias fixado no artigo 101.º do CPA. Isto suscita dúvidas quanto à constitucionalidade orgânica do preceito, na medida em que derroga o regime injuntivo do artigo 101.º do CPA, que é um decreto-lei elaborado ao abrigo de uma autorização legislativa, por se tratar de matéria da reserva relativa de competência legislativa da Assembleia da República, nos termos do artigo 165.º, n.º 1, alínea *s*) da CRP.

Assim, a falta de audiência prévia dos interessados é um acto lesivo, passível de recurso contencioso de anulação, por se tratar da preterição de uma formalidade essencial[616].

Março de 1999, proferido no Processo n.º 41.612, no qual o tribunal considerou sanada a invalidade decorrente da falta de audiência prévia dos interessados, na medida em que os concorrentes tinham tido oportunidade de se informar e pronunciar sobre as várias fases do procedimento.

[615] No mesmo sentido, v. FAUSTO DE QUADROS, FERREIRA DE ALMEIDA, PAULO OTERO e LUÍS FÁBRICA, *Procedimento...*, *cit.*, pág. 487. O STA tem-se pronunciado pela necessidade de audiência prévia dos interessados antes do acto de adjudicação. Cfr. os Acórdãos de 26 de Janeiro de 1999 e de 1 de Março de 2000, proferidos, respectivamente, nos Processos n.º 43.804 e n.º 34.078.

[616] Não podemos, por isso acompanhar o STA quando defende que, no caso de o acto ser totalmente vinculado, a falta de audiência prévia convola-se numa mera irregularidade. Cfr., a título de exemplo, o Acórdão de 28 de Maio de 1996, proferido no Processo n.º 36.473 (*"...não viola o disposto no artigo 100.º, n.º 1, do CPA, o despacho proferido sem audiência do interessado em procedimento em que era de prever que aquela era absolutamente inútil já que a decisão resultava directa e inelutavelmente da lei, vinculando a Administração a proferi-la..."*) e o Acórdão de 28 de Maio de 1998, proferido no Processo n.º 41.865 (*"...o vício de forma resultante do não cumprimentio da formalidade de audiência dos interessados (...) não tem carácter invalidante sempre que, através de um juízo de prognose póstuma, o tribunal conclua que a decisão tomada era a única concretamente possível."*)

1.3. *A fase decisória*

A última fase do procedimento pré-contratual é, naturalmente, a fase decisória, que pode terminar com a adjudicação ou com a decisão de não adjudicar o contrato ou de anular todo o procedimento.

A Administração pode decidir não adjudicar o contrato ou anular o procedimento por motivos que se prendem com a (falta de) qualidade das propostas apresentadas, a existência de conluio entre os concorrentes e por motivos relacionados com o interesse público, ou seja, quando, devido a uma alteração das circunstâncias, a celebração do contrato não se afigure como a melhor forma de prosseguir o interesse público (cfr. os artigos 57.º e 58.º do Decreto-Lei n.º 197/99)[617]. Neste último caso, como salienta SÉRVULO CORREIA, a decisão de não adjudicar é uma revogação implícita da decisão ou deliberação de contratar[618].

Quando a não adjudicação resultar de motivos alheios aos concorrentes, estes têm o direito a ser indemnizados pelos gastos e despesas efectuadas com a participação no procedimento pré-contratual, nomeadamente com a apresentação da proposta, tratando-se, por isso, de uma indemnização pelo interesse contratual negativo.

Apesar de a decisão de não adjudicar ser um acto lícito, visto que se prende com a prossecução do interesse público, a Administração tem a obrigação de indemnizar porque, no momento da abertura do concurso, formulou uma oferta ao público, vinculando-se a apreciar as propostas apresentadas[619]. Outra solução implicaria uma violação do princípio da equitativa repartição dos encargos públicos, onerando particularmente aqueles que responderam à oferta da entidade adjudicante. Já tivemos ocasião de defender que se trata de uma situação em que a figura do enriquecimento sem causa pode revelar-se como uma fonte de obrigações para a Administração Pública[620].

---

[617] Como salienta M. ESTEVES DE OLIVEIRA, *Direito...*, cit., pág. 673, as razões que podem justificar, nos termos legais, a não adjudicação de um contrato devem ser aplicadas com rigor por parte da Administração, uma vez que essa decisão implica diminuição do seu prestígio no mercado e envolve grandes prejuízos para os particulares.

[618] Cfr. SÉRVULO CORREIA, *Legalidade...*, cit., pág. 699. O STA já se pronunciou, no seu Acórdão de 3 de Novembro de 1999, proferido no Processo n.º 41.885, no sentido da recorribilidade do acto de revogação da adjudicação.

[619] Neste sentido, v. SÉRVULO CORREIA, *Legalidade...*, cit., págs. 701 e 702. O autor diz que este poder é paralelo ao poder de rescisão por razões de interesse público.

[620] Cfr. ALEXANDRA LEITÃO, *O Enriquecimento...*, cit., pág. 93.

Pelo contrário, quando a decisão de não adjudicar não se fundamentar em razões de interesse público (nem, obviamente, em factores inerentes às propostas), o particular tem também direito a ser indemnizado a título de responsabilidade pré-contratual ou de responsabilidade por acto ilícito, consoante os casos[621], uma vez que há uma ruptura das negociações tendentes à celebração do contrato[622].

Pode, contudo, suscitar-se a questão de saber se, nestes casos, não havendo uma causa legítima para não adjudicar, pode haver lugar à execução específica do dever de contratar. Esta possibilidade suscita-nos as maiores dúvidas, atendendo a que se trataria de executar em forma específica um acto administrativo, coagindo a Administração à sua prática[623].

A decisão de não adjudicar, tal como a de anular o procedimento, têm de ser devidamente fundamentadas e são recorríveis contenciosamente[624], até porque a sua anulação ou declaração de nulidade pode ser pressuposto da obtenção pelo particular da respectiva indemnização. De facto, qualquer concorrente pode, sozinho ou em litisconsórcio voluntário com os restantes candidatos, impugnar aquele acto administrativo, quer com vista à obtenção de uma segunda hipótese de ser o adjudicatário, quer para intentar subsequentemente uma acção de indemnização contra a Administração[625], caso se revelem infundadas as razões por esta aduzidas para justificar a sua decisão.

---

[621] Cfr. *infra* o Capítulo III da Parte III.

[622] Não nos parece, ao contrário do que é defendido por RODOLFO BARRA, *op. cit.*, pág. 108, que se deva limitar esta possibilidade aos casos em que a decisão de não adjudicar ou de anular o procedimento visa favorecer determinado particular, que não tenha apresentado uma proposta ou cuja proposta não reúna condições para ser a escolhida.

[623] O problema é colocado por MENEZES CORDEIRO, *Da abertura de concurso para a celebração de um contrato no Direito Privado*, in BMJ, n.º 369, 1987, pág. 77, mas a propósito dos concursos para celebração de um contrato privado.

[624] Neste sentido, v. o Acórdão do STA de 26 de Abril de 2000, proferido no Processo n.º 46.099.

[625] Referimo-nos à necessidade de intentar subsequentemente uma acção de indemnização porque, ao contrário do que seria desejável, o entendimento maioritário na doutrina e na jurisprudência é o de que o artigo 38.º da LPTA não permite a cumulação do pedido de anulação ou declaração de nulidade dos actos administrativos com o pedido de indemnização dos danos sofridos, por considerar revogado o artigo 835.º do CA. Neste sentido, v. JOÃO CAUPERS e JOÃO RAPOSO, *Contencioso administrativo anotado*, Lisboa, 1994, pág. 277. FREITAS DO AMARAL, *Direito...*, *cit.*, volume IV, pág. 215, por sua vez, considera que é possível a cumulação no caso de recursos de actos para que sejam competentes os TACs, uma vez que não há impedimentos relacionados com a competência do tribunal. Em sentido próximo, v. RUI MEDEIROS, *Acções...*, *cit.*, págs. 46 e seguintes, considerando que, em

A adjudicação é o acto final do procedimento contratual e aquele que traduz a escolha mais ou menos discricionária da Administração de um dos concorrentes que apresentaram propostas. A referência ao carácter "mais ou menos" discricionário desta opção é propositada e resulta do facto de a margem de livre decisão da entidade adjudicante depender muito dos critérios adoptados para proceder à escolha do adjudicatário e que devem estar previamente estabelecidos nas peças do concurso, tratando--se, por isso, de uma forma de auto-vinculação administrativa. Esta auto--vinculação está, contudo, balizada pelos critérios definidos no artigo 55.° do Decreto-Lei n.° 197/99 e no artigo 105.° do Decreto-Lei n.° 59/99, ou seja, o da "proposta economicamente mais vantajosa" ou do preço mais baixo, sendo que neste último caso a liberdade da decisão administrativa é tão reduzida, que pode mesmo considerar-se uma decisão totalmente vin-culada[626]. De facto, nestes casos, a margem de liberdade na actuação da entidade adjudicante limita-se ao poder-dever de afastar o concorrente, se tiver dúvidas fundadas quanto à natureza anormalmente baixa do preço apresentado, de acordo com o disposto naqueles preceitos[627].

Apesar de alguns autores considerarem que a adjudicação é um "acto misto", de natureza pública e privada, na medida em que constitui também uma declaração negocial da Administração[628], não nos parece ser essa a melhor solução. Pelo contrário, trata-se de um verdadeiro e próprio acto administrativo, que põe termo a um procedimento administrativo. A prova disto é que a Administração pode, legitimamente, optar por não adjudicar o contrato e, por outro lado, a adjudicação não substitui o acto de celebração do contrato, que tem de ser outorgado pelas partes, em regra, por escrito.

A adjudicação é recorrível contenciosamente pelos restantes concor-rentes, na medida em que implica, naturalmente, a sua preterição, podendo ser impugnada quer com fundamento em vícios do próprio acto de adjudi-

---

nome do princípio da tutela judicial efectiva, não se deve considerar revogado o § 3 do artigo 835.° do CA. Contra a possibilidade de cumulação pronuncia-se CARLOS CADILHA, *Reflexões sobre a marcha do processo*, in CJA, n.° 22, 2000, pág. 68.

[626] SALVATORE ROMANO, *op. cit.*, pág. 580, defende mesmo que nestes casos, e aplicando a tradicional dicotomia entre direitos subjectivos e interesses legítimos, o con-corrente que apresente a proposta com o preço mais baixa não é titular de um "mero" inte-resse legítimo, mas de um verdadeiro e próprio direito subjectivo.

[627] Trata-se, efectivamente, de um poder-dever, uma vez que a Administração deve afastar o concorrente sempre que, após pedir os necessários esclarecimentos, tenha a con-vicção de que o preço anormalmente baixo resulta de erro ou omissão do concorrente, como salienta PAULO OTERO, *Intangibilidade...*, *cit.*, págs. 101 e seguintes.

[628] Neste sentido, v. PELINO SANTORO, *I controlli...*, *cit.*, págs. 151 e 152.

cação, quer com fundamento em irregularidades ocorridas em fases anteriores do procedimento que não tenham sido objecto de recurso imediato, visto que se repercutem directamente no acto final. No entanto, existem duas situações que se afiguram mais controvertidas: a possibilidade de impugnação de adjudicações sujeitas a condição; e o problema da existência de negociações entre a Administração e o adjudicatário com o objectivo de alterar os termos da proposta apresentada por este e sobre a qual recaiu a escolha da entidade adjudicante.

Quanto à primeira questão, diga-se, desde já, que a sujeição de actos administrativos a cláusulas modais – termos ou condições – não é proibida pelo ordenamento jurídico, embora existam limites a esta possibilidade, que decorrem do artigo 121.º do CPA, nos termos do qual aquelas cláusulas não podem ser contrárias à lei ou ao fim a que o acto se destina[629].

No que respeita especificamente à adjudicação condicionada, parece-nos que, independentemente do tipo de condição a que seja sujeita, pode ser impugnada contenciosamente pelos terceiros, isto é, pelos concorrentes preteridos. De facto, mesmo que se trate de uma condição suspensiva, e a adjudicação não seja ainda eficaz, este acto implica sempre a exclusão dos restantes candidatos, à excepção do adjudicatário e tem, assim, efeitos definitivos para estes[630].

O artigo 54.º, n.º 1, da PLCPTA estabelece que os actos condicionados podem ser objecto de impugnação imediata quando já tiver começado a sua execução ou quando seja provável a verificação da condição, nomeadamente por depender do beneficiário. Ora, pode suceder que a adjudicação seja condicionada, por exemplo, à obtenção de fundos comunitários, o que não depende do adjudicatário, mas o acto tem de poder ser impugnado imediatamente pelos candidatos preteridos.

Quanto ao adjudicatário, o problema é mais complexo, havendo que distinguir duas situações, consoante a condição consista numa actuação ou prestação a realizar pelo adjudicatário, ou, pelo contrário, seja algo completamente independente da vontade deste. O primeiro caso reconduz-se a uma negociação quanto aos termos da proposta seleccionada, pelo que será analisada a propósito dessa matéria. MENEZES CORDEIRO considera

---

[629] É matéria que escapa ao âmbito da presente dissertação. Para mais desenvolvimentos, v. VELASCO CABALLERO, *Las clausulas accesorias del acto administrativo*, Madrid, 1996, em especial as págs. 200 e seguintes.

[630] O STA pronunciou-se neste sentido no seu Acórdão de 31 de Março de 1998, proferido no Processo n.º 33.602, bem como no Acórdão de 15 de Abril de 1999, proferido no Processo n.º 29.891.

mesmo que esta situação não configura uma verdadeira condição, em sentido técnico, mas sim uma forma agravada de modificação das regras do concurso ou, inclusive, um modo irregular de pôr fim ao concurso[631].

A sujeição a outro tipo de condições, quer resolutivas, quer suspensivas, ainda que determinem a ineficácia do acto de adjudicação, são também, quanto a nós, recorríveis pelo próprio destinatário. Efectivamente, a afastar-se esta possibilidade, o adjudicatário não teria outra forma de impugnar a própria cláusula modal, mesmo que esta fosse ilegal, ficando à mercê do tipo de cláusula que a Administração entendesse incluir[632]. Nem se diga que se permite, através desta solução, a impugnação de actos ineficazes e, por isso, não lesivos, uma vez que a inclusão da condição no acto de adjudicação torna-o lesivo. Aliás, este é um caso em que a lesividade do acto decorre exactamente da suspensão da sua eficácia por parte da Administração.

O segundo problema prende-se com a existência de negociações entre a Administração e o adjudicatário com vista à introdução de alterações na proposta seleccionada. Trata-se, no fundo, de saber se a adjudicação pode ser sujeita à condição de o adjudicatário baixar o preço, alterar os materiais utilizados, reduzir o prazo de execução do contrato, ou aceitar outras modificações relativamente à sua proposta inicial. A legalidade desta actuação suscita-nos as maiores dúvidas, visto que admite a negociação com apenas um dos concorrentes, não dando aos restantes a oportunidade de melhorarem a sua proposta através da introdução de alterações semelhantes. Concordamos, assim, com FAUSTO DE QUADROS, quando entende que tal constitui uma violação do princípio da igualdade dos concorrentes, da livre concorrência, da imparcialidade e da boa fé, uma vez que é legítimo presumir que os candidatos preteridos, se tivessem participado nas negociações, poderiam ter satisfeito os fins do concurso, talvez até em termos mais vantajosos para o interesse público[633]. O autor acrescenta mesmo que esta possibilidade desvirtua o próprio concurso e contraria a natureza e a função do acto de adjudicação, que deve ser uma

---

[631] Cfr. MENEZES CORDEIRO, *Da abertura...*, cit., pág. 74.

[632] Neste sentido, v. FILIPA URBANO CALVÃO, *A recorribilidade do acto de adjudicação condicionado*, in CJA, n.º 12, 1998, pág. 29, visto que se a condição não se verificar, o destinatário do acto não vai usufruir da vantagem decorrente do conteúdo principal do acto, sendo, por isso, de admitir a sua imediata impugnação, porque a cláusula acessória é lesiva da posição jurídica do particular.

[633] V. FAUSTO DE QUADROS, *O concurso público...*, cit., pág. 719 e págs. 722 e seguintes.

decisão definitiva sobre o conteúdo do contrato a formar[634]. No mesmo sentido pronunciam-se MENEZES CORDEIRO[635] e REBELO DE SOUSA[636], este último acrescentando que está também em causa o princípio da estabilidade do quadro contratual e das regras do concurso estabelecidas no regulamento e no caderno de encargos.

A legislação actual permite a existência de negociações sobre os termos da proposta após a adjudicação, embora em moldes restritos. O artigo 14.º, n.º 3, do Decreto-Lei n.º 197/99, que consagra o princípio da estabilidade, determina que após a adjudicação só podem ser introduzidos, por acordo entre as partes, ajustamentos e pequenas alterações que digam respeito a condições acessórias e sejam inequivocamente em benefício da entidade adjudicante[637]. Parece-nos que deveria constar deste preceito, especialmente, a impossibilidade de as alterações introduzidas corresponderem a elementos constantes de propostas de outros concorrentes, como acontece no artigo 106.º do Decreto-Lei n.º 59/99[638]. Aliás, se as peças do concurso permitirem a adjudicação condicionada pela introdução de alterações diferentes das previstas no artigo 14.º, n.º 3, do Decreto-Lei n.º 197/99, são, obviamente, inválidas por violação de lei e não legitimam, por isso, uma actuação desse tipo[639].

No caso de se violarem os limites estabelecidos nos Decretos-Leis n.º 59/99 e n.º 197/99 a adjudicação é inválida e recorrível contenciosamente pelos terceiros preteridos[640].

---

[634] Cfr. FAUSTO DE QUADROS, *O concurso público...*, cit., págs. 717 e 718.

[635] Cfr. MENEZES CORDEIRO, *Da abertura...*, cit., pág. 73.

[636] Cfr. REBELO DE SOUSA, *O concurso público...*, cit., pág. 30. No mesmo sentido, v. SÉRVULO CORREIA, parecer inédito de 24 de Agosto de 1992, pág. 26

[637] Esta solução corresponde, sensivelmente, à que era proposta por MARGARIDA CABRAL, *O concurso público...*, cit., pág. 105.

[638] Como já tivemos ocasião de salientar. Cfr. ALEXANDRA LEITÃO, *A Protecção...*, cit., pág. 63. Concordamos com REBELO DE SOUSA, *O Concurso público...*, cit., págs. 78 e 79, quando defende que, neste caso, a ilegalidade é ainda mais patente.

[639] Como salienta FAUSTO DE QUADROS, *O concurso público...*, cit., pág. 729, a autonomia contratual cede perante as normas imperativas de Direito Público.

[640] Trata-se, na nossa opinião, de uma situação de nulidade, por violação de princípios constitucionais, apesar de não estar prevista expressamente no artigo 133.º do CPA. Em sentido diferente pronuncia-se FAUSTO DE QUADROS, *O concurso público...*, cit., pág. 731, considerando que é um caso de inexistência do acto de adjudicação, visto que só há uma "aparência de adjudicação" e uma "aparência de contrato", tratando-se antes de um ajuste directo encapotado entre a Administração e o adjudicatário.

Pode verificar-se ainda uma outra situação próxima, mas não inteiramente coincidente: a adjudicação não ser sujeita a condições, mas o contrato efectivamente celebrado entre a Administração e o adjudicatário não corresponder à proposta sobre a qual recaiu a adjudicação. Nesta hipótese, M. ESTEVES DE OLIVEIRA defende que se deve destacar do acto consensual de celebração do contrato o acto administrativo unilateral implícito que se consubstancia na decisão administrativa de celebrar o contrato[641]. Não concordamos inteiramente com esta posição. Parece-nos, pelo contrário, que pode haver duas soluções: a impugnação da minuta do contrato ou do próprio acto de celebrar o contrato.

O terceiro preterido pode impugnar a minuta do contrato, no momento em que esta é submetida à aceitação do adjudicatário, até porque a minuta visa exactamente verificar a conformidade do conteúdo do contrato com a decisão de contratar e os objectivos a prosseguir, bem como o respeito pelas disposições legais aplicáveis (cfr. o artigo 64.°, n.° 2, do Decreto-Lei n.° 197/99). De facto, apesar de os artigos 65.° e 66.° do Decreto-Lei n.° 197/99 apenas se referirem à aceitação por parte do adjudicatário e à possibilidade de este reclamar contra a minuta, tem de considerar-se que também os concorrentes afastados podem impugnar esta peça, no caso de esta ser desconforme com a proposta adjudicada[642]. Parece-nos, por isso, que a minuta do contrato deveria ser notificada aos candidatos preteridos, visto que estes são também interessados no conteúdo do contrato[643]. Refira-se que GOMES CANOTILHO e VITAL MOREIRA defendem que são titulares do direito a notificação não apenas os detentores de direitos e interesses legítimos, nem os destinatários dos actos, mas também terceiros indirectamente afectados, quer quanto a actos da Administração coactiva, quer da Administração de prestação[644].

---

[641] Cfr. M. ESTEVES DE OLIVEIRA, Direito..., cit., pág. 680.

[642] Em sentido contrário, v. o Acórdão do STA de 24 de Outubro de 1996 (Processo n.° 29.891), considerando que o acto de aprovação da minuta não é recorrível, nem por terceiros, nem pelo próprio adjudicatário, por ser um acto meramente preparatório, sem caracter inovatório.

[643] Tal como o acto de adjudicação deveria ser obrigatoriamente notificado aos candidatos excluídos durante o procedimento, como acontece na LCAP espanhola (cfr. VINYOLES I CASTELLS, La adjudicacion de los contratos públicos, Madrid, 1995, pág. 129) e ao contrário do que é o entendimento maioritário na jurisprudência portuguesa. V., por exemplo, o Acórdão de 3 de Dezembro de 1998, Processo n.° 41.377.

[644] Cfr. GOMES CANOTILHO e VITAL MOREIRA, Constituição da República Portuguesa anotada, 3ª Edição, Coimbra, 1993, pág. 935.

A segunda hipótese é permitir a impugnação do próprio acto de celebrar o contrato, incluindo o pedido de suspensão de eficácia do mesmo, possibilidade que não é, aliás, afastada pelo Decreto-Lei n.º 134/98, que se refere à suspensão do próprio procedimento e não apenas dos actos administrativos lesivos praticados no decurso do mesmo[645]. Tal será plenamente justificado quando o contrato efectivamente celebrado seja desconforme com a minuta ou quando o terceiro não tenha tido conhecimento do conteúdo da minuta, uma vez que esta não lhe é notificada. Nestes casos, o efeito lesivo não resulta da adjudicação, nem de nenhum acto praticado em momento anterior, mas sim do facto de se celebrar um contrato diferente daquele que foi objecto da adjudicação. Ora, nesta situação, apenas a possibilidade de impugnar o acto de celebração do contrato ou o próprio contrato, como resulta do artigo 40.º, n.º 1, alínea d) da PLCPTA, afasta a lesão do terceiro e garante a sua tutela judicial efectiva.

Alguns autores defendem, inclusivamente, que mesmo as alterações supervenientes de certas cláusulas do contrato podem ser lesivas para os concorrentes que participaram no procedimento pré-contratual e, por isso, são passíveis de impugnação contenciosa. Assim, tem de se conjugar a necessária adaptação do contrato ao longo do tempo com o respeito pela livre concorrência, sendo inadmissíveis alterações que incidam sobre aspectos essenciais do contrato, incluindo modificações subjectivas do mesmo, excepto quando resultem de factores imprevistos e independentes da vontade das partes[646].

---

[645] Como já tivemos ocasião de defender. Cfr. ALEXANDRA LEITÃO, *Duas questões a propósito da aplicação do Decreto-Lei n.º 134/98, de 15 de Maio*, in CJA, n.º 19, 2000, págs. 61 a 63. O STA pronunciou-se em sentido contrário no Acórdão de 15 de Outubro de 1998, proferido no Processo n.º 44.171-A, argumentando que o Decreto-Lei n.º 134/98 é inaplicável quando se ultrapassa a fase da formação do contrato. Veja-se, contudo, que esta fase só termina com a efectiva celebração do contrato.

[646] Cfr. PEDRO GONÇALVES, *A concessão...*, *cit.*, pág. 259. O autor defende que um ilimitado poder de modificação poderia traduzir-se numa completa desfiguração do contrato celebrado e, desse modo, pôr em crise o procedimento pré-contratual. No mesmo sentido, v. ETTIENNE FÂTOME, *Les avenants*, in AJDA, 1998, págs. 760 e seguintes. Em sentido próximo, ANDREA RALLO, *op. cit.*, pág. 326, referindo-se especificamente aos contratos com objecto passível de acto administrativo, define os terceiros como "contra-interessados" no acordo, cujos interesses devem também ser tidos em conta pela Administração aquando da renegociação do contrato. Quanto aos limites à possibilidade de modificação subjectiva da relação contratual, v. STICCHI DAMIANI, *La nozione...*, *cit.*, págs. 58 e seguintes.

Parece-nos que existem, de facto, certas situações em que a modificação do contrato se revela uma forma de defraudar os princípios gerais da contratação pública. É o caso, por exemplo, de se pretender obrigar o adjudicatário a ceder a sua posição contratual. A cessão da posição contratual só deve permitir-se em moldes muito restritos, por razões supervenientes, e sempre sujeita à autorização da entidade adjudicante, que constitui um requisito de eficácia do contrato de cessão[647]. Este acto, apesar de discricionário, não pode desvirtuar os objectivos da procedimentalização da fase pré-contratual[648]. O artigo 68.º do Decreto-Lei n.º 197/99 não se revela tão exigente, embora o cessionário esteja obrigado a fazer prova da sua idoneidade e capacidade técnica e financeira, ficando vinculado à proposta apresentada pelo cedente e que foi objecto de adjudicação. Verifica-se, assim, uma alteração subjectiva do contrato, mas não do seu conteúdo.

Outra alteração que põe em causa o procedimento pré-contratual é a celebração de adicionais aos contratos, que aumentam o seu valor, em termos tais que, se fosse esse o valor inicial do contrato, deveria ter-se adoptado um procedimento mais garantístico e solene. A legislação portuguesa foi, aliás, sensível a este problema, razão pela qual se estabelece no artigo 45.º do Decreto-Lei n.º 59/99, relativo às empreitadas de obras públicas, que o dono da obra não pode autorizar a realização de trabalhos a mais que excedam 25% do valor inicial do contrato, sendo necessário lançar um novo procedimento de adjudicação.

Refira-se, finalmente, que a adjudicação condicionada não se confunde com a adopção, por parte da entidade adjudicante, do procedimento por negociação, previsto quer no Decreto-Lei n.º 197/99, quer no Decreto-Lei n.º 59/99, bem como no próprio artigo 182.º, n.º 1, alínea d) do CPA. Este procedimento, no qual pode haver ou não lugar à publicação prévia

---

[647] Neste sentido, v. GARCÍA-TREVIJANO GARNICA, *La cesión del contrato administrativo. La subcontratación*, Madrid, 1997, pág. 53. Este autor defende que a entidade administrativa contratante também pode ceder a sua posição contratual, embora sempre a outra entidade pública (cfr. as págs. 56 e 57).

[648] Como refere CARRILLO DE ALBORNOZ, *La cesión de los contratos administrativos*, in *Poder Judicial*, n.º 4, 1986, pág. 158. No mesmo sentido, CHRISTINE BRÉCHON-MOULÈNES, *Choix des procédures..., cit.*, pág. 753 defende que, sendo o procedimento pré-contratual uma forma de escolher o co-contratante da Administração Pública, todos os contratos são *"intuitu personae"*, ou seja, caracterizam-se por uma maior pessoalidade. V. também PIERRE DELVOLVÉ, *La concession de service public face au Droit communautaire*, Paris, 1992, pág. 114. Em sentido diferente, v. PHILIPPE TERNEYRE, *L'influence..., cit.*, pág. 89. O autor considera, pelo contrário, que a procedimentalização afasta o carácter *"intuitu personae"* dos contratos administrativos.

de anúncio, consiste na escolha de determinadas propostas, através de um procedimento concursal, para depois negociar separadamente cada uma delas. SÉRVULO CORREIA considera que este tipo de procedimento não viola os princípios da igualdade e da concorrência, se a metodologia adoptada na fase concursal assentar em critérios objectivos, se os termos acordados com o adjudicatário forem menos favoráveis do que as propostas não seleccionadas para a fase da negociação, e se houver um estrito respeito pelo princípio da igualdade no decurso das negociações paralelas[649].

Parece-nos, no entanto, que este procedimento não assegura as necessárias garantias de imparcialidade, concorrência, igualdade e transparência[650]. Aliás, é por esta razão que o procedimento por negociação só é admissível em contratos de valor relativamente baixo (inferior a 15.000 contos no caso do Decreto-Lei n.º 197/99 e inferior a 8.000 contos, no caso do Decreto-Lei n.º 59/99), excepto em situações excepcionais, em que é possível utilizar o concurso com selecção de propostas para negociação para adjudicação de contratos aos quais seria aplicável, em função do seu valor, o concurso público. Trata-se da situação prevista no Decreto-Lei n.º 33/99, de 5 de Fevereiro, relativamente a contratos para aquisições no domínio da defesa nacional, que têm um regime excepcional, nos termos do artigo 296.º, n.º 1, alínea b) do TUE (anterior artigo 223.º, n.º 1, alínea b), na redacção dada pelo Tratado de Amesterdão). Esta é também a forma mais corrente de adjudicação nos contratos de concessão, atendendo à sua natureza específica, como, por exemplo, no Decreto-Lei n.º 9/97, de 10 de Janeiro e no Decreto-Lei n.º 337/99, de 24 de Agosto.

A única forma de garantir o respeito pelo princípio da igualdade e da boa fé é estabelecer a obrigação de lavrar em acta todos os aspectos das negociações e definir *a priori* os elementos que podem ser objecto de negociação[651]. Assim, após a adjudicação, os concorrentes devem ter acesso imediato a todas as actas, nomeadamente, a acta das negociações entre a Administração e o adjudicatário, para saber quais as razões que estiveram na base da escolha da Administração e impugná-la no caso de as negociações terem sido conduzidas em violação do princípio da igualdade, da imparcialidade ou da boa fé, ou se a escolha se tiver fundado em critérios ilegais. Nestas situações podem colocar-se problemas relacionados com o

---

[649] Cfr. SÉRVULO CORREIA, parecer inédito de 24 de Agosto de 1992, págs. 47 e 48.

[650] No mesmo sentido, v. MELO ALEXANDRINO, *O procedimento pré-contratual nos contratos de empreitadas de obras públicas*, Lisboa, 1997, págs. 117 e 118.

[651] Como já tivemos oportunidade de defender. Cfr. ALEXANDRA LEITÃO, *A protecção...*, cit., págs. 64 e 65.

acesso a documentos confidenciais, em virtude de conterem, por exemplo, segredos comerciais ou industriais das empresas concorrentes, podendo solicitar-se um parecer à CADA, nos termos da Lei n.º 65/93, de 26 de Agosto, com as alterações introduzidas pela Lei n.º 94/99, de 16 de Julho.

Como sublinha SÉRVULO CORREIA, a fundamentação do acto de adjudicação é outra forma de identificar possíveis ilegalidades[652], pelo que a falta ou a insuficiência da fundamentação do acto de adjudicação são motivos de impugnação do mesmo, quer por parte do destinatário do acto, quer por terceiros.

Em conclusão, a adopção deste procedimento não configura, por si só, um acto lesivo dos direitos de terceiros, quando seja adoptado nas condições legalmente previstas, mas, atendendo às suas características particulares, deve ser rodeado de especiais garantias de imparcialidade, igualdade e transparência.

2. Em especial, os efeitos lesivos decorrentes dos contratos substitutivos e integrativos do procedimento

Os contratos substitutivos e integrativos do procedimento suscitam problemas específicos no que respeita à sua eficácia lesiva para terceiros. De facto, tratando-se de contratos através dos quais se substitui a prática de actos administrativos ou se fixa o conteúdo discricionário de actos administrativos, a posição dos terceiros perante estes contratos assume uma especial configuração.

Refira-se, em primeiro lugar, que, apesar de haver uma fungibilidade entre o contrato e o acto administrativo, existem limites à escolha da forma contratual por parte da Administração, que resultam do artigo 179.º do CPA e cuja violação implica a nulidade do contrato por ilicitude do objecto negocial, nos termos do artigo 280.º do CC[653].

A principal dificuldade dos contratos procedimentais resulta do facto de implicarem uma auto-vinculação da Administração à prática de um acto de determinado conteúdo, eliminando a margem de livre decisão administrativa, ou de substituírem esse mesmo acto. Esta actuação é, no entanto,

---

[652] V. SÉRVULO CORREIA, no mesmo parecer acima citado, pág. 39. No mesmo sentido, v. GIULIO BACOSI, *op. cit.*, pág. 347, referindo-se à fundamentação como forma de "jurisdicionalizar" a discricionariedade da Administração.

[653] Neste sentido, v. FAUSTO DE QUADROS, LUÍS FÁBRICA, FERREIRA DE ALMEIDA e PAULO OTERO, *Procedimento...*, *cit.*, pág. 530.

válida, uma vez que não se trata de dispor genericamente do poder discricionário, mas sim de determinar o seu exercício num caso concreto, devendo distinguir-se, como salienta SÉRVULO CORREIA, entre a *disposição do poder discricionário* e o *exercício antecipado do poder discricionário*[654].

Desta forma, a Administração vincula-se perante um particular – o co-contratante – a actuar em determinado sentido, podendo essa actuação afectar terceiros que não participaram na celebração do acordo. Esta situação será ainda mais gravosa se a Administração se comprometer contratualmente antes de estar concluído o procedimento tendente à prática do acto administrativo, "prometendo" ao co-contratante adoptar esse acto antes de saber qual o resultado desse procedimento. Trata-se, no fundo, de suprimir o procedimento, visto que, mesmo que este se venha a realizar, não influencia o conteúdo da actuação administrativa. Nestas situações, HUERGO LORA defende que estes contratos só podem ser celebrados num momento em que o sentido da decisão final do procedimento seja já perceptível, ou se o contrato ficar sujeito à condição de o conteúdo do "acto prometido" ser compatível com o resultado do procedimento entretanto concluído[655]. No mesmo sentido, SÉRVULO CORREIA considera que estes contratos têm sempre de ser celebrados sob reserva da manutenção dos elementos de facto e de direito em que assentou o contrato. Está, por isso, implícita no próprio contrato, uma condição resolutiva de modificação da legislação em vigor à data da emissão do "acto prometido"[656].

Por outro lado, GIOVANNI SALA refere que a definição negocial do conteúdo discricionário do acto administrativo deve fazer-se sem prejuízo dos direitos de terceiros, o que significa que a autonomia contratual subsiste nos limites da conformidade do conteúdo do acordo com o interesse público e com os direitos de terceiros[657]. Se estas condições não forem

---

[654] V. SÉRVULO CORREIA, *Legalidade...*, cit., pág. 749.

[655] Cfr. HUERGO LORA, *op. cit.*, págs. 299 e seguintes. O autor defende que, nestes casos, não impende sequer sobre a Administração a obrigação de indemnizar o co-contratante pelo não cumprimento do contrato, uma vez que tal compeliria a Administração a cumprir o contrato (cfr. as págs. 325 e 326). Não concordamos com o autor, uma vez que não cabe ao co-contratante particular conhecer as vinculações procedimentais a que a Administração está legalmente sujeita. Assim, se estiver de boa fé, o co-contratante deve ser indemnizado, por se verificar uma situação de *culpa in contrahendo* da Administração, que se vinculou a algo que não podia cumprir.

[656] Cfr. SÉRVULO CORREIA, *Legalidade...*, cit., pág. 753.

[657] V. GIOVANNI SALA, *Accordi sul contenuto discrezionale del provvedimento e tutela delle situazioni soggettive*, in DPA, volume X, 1992, págs. 232 e 233.

cumpridas, o resultado do procedimento é sempre oponível ao co-contratante e é nulo por implicar uma supressão total do procedimento administrativo, cuja existência está determinada em normas imperativas. Apesar de esta situação não estar expressamente prevista no artigo 133.º do CPA como causa de nulidade dos actos administrativos, parece-nos que deve considerar-se como tal, atendendo à gravidade do vício e total preterição de todas as formalidades procedimentais, até porque o elenco do artigo 133.º, n.º 2, do CPA não parece ser taxativo.

WALTER KREBS defende mesmo que, se a participação procedimental não garantir a protecção das posições subjectivas de terceiros, isso pode justificar uma proibição legal de recurso ao contrato nesse caso[658].

Pelo contrário, se a Administração se vincular contratualmente a praticar um acto cujo conteúdo não contrarie o procedimento administrativo no qual participaram todos os interessados, não se verifica nenhuma diminuição das garantias dos terceiros pelo facto de se adoptar a via contratual em vez da actuação unilateral[659].

Apesar de as vinculações procedimentais se aplicarem também aos contratos, as partes podem ter interesse na adopção desta via, por tal lhes permitir obter determinadas contrapartidas. Saliente-se, contudo, que, mesmo relativamente ao próprio co-contratante, a Administração só pode impor condições através do contrato, quando a vantagem resultante do "acto prometido" não seja totalmente vinculada, até porque no Direito Administrativo não se aplica o princípio *"volenti non fit iniuria"*[660].

Existem alguns tipos de acordos procedimentais que, pela sua natureza, não substituem ou pré-determinam o conteúdo da decisão final do

---

[658] Cfr. WALTER KREBS, *op. cit.*, pág. 74.

[659] Como salienta PAREJO ALFONSO, *La terminación..., cit.*, pág. 195, os terceiros titulares de posições jurídicas afectadas pelo objecto do procedimento podem intervir quando compareçam voluntariamente ou quando sejam chamados pela Administração, em nome do princípio do contraditório e da participação dos interessados. Esta solução vale também, na nossa opinião, para os contratos substitutivos de normas, embora a sua complexidade seja maior, atendendo ao número de terceiros afectados. Sobre esta matéria, embora sem se referir à problemática da protecção dos terceiros, v. SUZANA TAVARES DA SILVA, *Actuações informais da Administração – verdade ou mito?*, inédito, Coimbra, 1998, págs. 105 e 106. Na lei italiana, contudo, é excluída a possibilidade de celebrar contratos substitutivos de normas regulamentares, embora os "acordos normativos" sejam sectorialmente admitidos através de lei especial. Neste sentido, v. EUGENIO PICOZZA, *Gli accordi..., cit.*, págs.19 e 20.

[660] Neste sentido, v. SÉRVULO CORREIA, *Legalidade..., cit.*, pág. 715 e também HUERGO LORA, *op. cit.*, págs. 333 a 337.

procedimento. É o caso dos acordos sobre provas, que são celebrados no fim da fase instrutória, ou dos acordos de arbitragem, que são "enxertados" no procedimento, ou ainda, em certos casos, as "transacções fiscais"[661]. Nestes casos, não é necessário aguardar pelo resultado previsível do procedimento para celebrar o acordo, mas este não deixa de ser impugnável por terceiros na estrita medida em que vincule a Administração à prática de uma acto de sentido diverso daquele que resultaria do procedimento.

Refira-se que, mesmo nos contratos a favor de terceiros, se exige a participação de todos os interessados no procedimento prévio à celebração do acordo porque as estipulações favoráveis aos terceiros são ilegais quando o seu conteúdo não seja compatível com o resultado do procedimento administrativo. Assim, não se pode pura e simplesmente decalcar o regime do artigo 444.º, n.º 1, do CC, relativo aos contratos civis a favor de terceiros, que dispensa a aceitação destes para adquirir o direito, uma vez que a validade do contrato fica sempre condicionada ao resultado do procedimento.

Quanto aos contratos que contenham disposições lesivas para terceiros, a sua validade e eficácia depende, naturalmente, da sua aceitação[662]. No entanto, vale, obviamente, para os terceiros o que se disse acima relativamente ao próprio co-contratante, ou seja, não se aplica o princípio *"volenti non fit iniuria"*, pelo que a Administração não pode lesar ilegalmente posições jurídicas substantivas de terceiros, mesmo que estes o aceitem. Tal resulta da especial relevância que o princípio da legalidade assume no Direito Administrativo, bem como do facto de não haver uma absoluta igualdade entre as partes na contratação pública.

Cumpre, finalmente, analisar se, no que respeita aos terceiros, os contratos substitutivos e integrativos do procedimento justificam regimes distintos. Dir-se-ia, numa primeira análise, que nos primeiros é o próprio contrato que afecta os direitos de terceiros, enquanto que nos segundos essa lesão resulta do acto administrativo cujo conteúdo é definido contratualmente[663]. Assim, o terceiro poderia impugnar o contrato substitutivo, mas, relativamente ao contrato integrativo, teria que aguardar pela prática do acto administrativo "prometido".

---

[661] Sobre este tipo de acordos, v. CASALTA NABAIS, *op. cit.*, págs. 108 e seguintes.
[662] Como defende SÉRVULO CORREIA, *Legalidade..., cit.*, pág. 687.
[663] Neste sentido, v. HUERGO LORA, *op. cit.*, pág. 306.

Parece-nos, pelo contrário, que em ambas as situações deve ser permitido ao terceiro impugnar imediatamente o acordo procedimental, independentemente da sua natureza[664].

Quanto aos acordos substitutivos, nada obsta à aplicação do recurso contencioso de anulação, uma vez que o regime de invalidade é semelhante aos dos actos administrativos, nos termos do artigo 185.º, n.º 3, alínea a) do CPA. Por outro lado, o artigo 268, n.º 4, da CRP garante aos administrados a impugnação de quaisquer actos que lesivos, *"independentemente da sua forma"*. É matéria que desenvolveremos na última parte da presente dissertação.

Quanto aos acordos integrativos, nada justifica que o terceiro deva aguardar pela execução do acordo, ou seja, pela prática do acto administrativo[665], por duas razões: primeiro, porque se o "acto prometido" for ilegal, o contrato é nulo por ter um objecto impossível; segundo, porque o princípio da tutela judicial efectiva postula uma antecipação dessa tutela, não se justificando que o terceiro deva aguardar pela lesão efectiva. Neste sentido, os acordos integrativos podem considerar-se preparatórios dos actos administrativos, mas vinculam totalmente o conteúdo destes[666], pelo que deve ser permitido ao terceiro impugnar imediatamente esse acordo[667]. Aliás, como já referimos, não há obstáculos substantivos a que tal aconteça, uma vez que o regime da invalidade é o mesmo, nos termos do artigo 185.º, n.º 3, alínea a) do CPA, por se tratar também de um contrato com objecto passível de acto administrativo.

3. A execução do contrato

O problema da protecção dos terceiros perante os contratos da Administração Pública pressupõe uma análise das situações em que estes podem afectar terceiros e ensaiar uma tipificação desses efeitos lesivos. Para tal, cumpre distinguir a fase da formação e a fase da execução do con-

---

[664] No mesmo sentido, v. CERULLI IRELLI, *op. cit.*, pág. 530. O autor defende que, no caso de acordos integrativos, o lesado pode optar entre impugnar logo o contrato ou impugnar, depois, o acto administrativo.

[665] Em sentido contrário, v. HUERGO LORA, *op. cit.*, págs. 29 e 30. O autor parece entender que, perante terceiros, os acordos integrativos não têm autonomia jurídica relativamente ao acto.

[666] No mesmo sentido, v. PAREJO ALFONSO, *La terminación..., cit.*, pág. 179.

[667] Neste sentido parece pronunciar-se FRANCESCO CASTIELLO, *Gli accordi integrativi e sostitutivi di provvedimenti amministrativi*, in DPA, n.º 1, 1993, pág. 161.

trato, salientando, contudo, que estas fases têm uma característica comum, que é a procedimentalização. De facto, embora seja a procedimentalização da fase pré-contratual aquela que tem suscitado maior interesse na doutrina, a verdade é que também a execução dos contratos celebrados pela Administração ou por particulares com o objectivo de prosseguir o interesse público está cada vez mais sujeita a um conjunto de regras procedimentais específicas.

As razões que estão na base desta paulatina procedimentalização da fase da execução do contrato são sensivelmente as mesmos que justificam essa procedimentalização na fase da formação do contrato, ou seja, garantir a transparência, o respeito pelos princípios da imparcialidade e da igualdade, bem como dos direitos e interesses dos particulares e a melhor prossecução do interesse público.

Assim, o procedimento é sempre uma forma de proteger os particulares que se relacionam com a Administração, apesar da posição jurídica destes não ser idêntica: na fase da formação do contrato estão em causa os direitos dos concorrentes preteridos e de todos aqueles que tenham pretensões a obter a adjudicação do contrato; enquanto que na fase da execução do contrato, se visa tutelar quer os direitos do co-contratante, quer dos particulares que sejam lesados pela forma como o contrato está a ser executado ou pelo próprio contrato.

Os efeitos lesivos inerentes à execução do contrato são ainda mais difíceis de tipificar do que na fase pré-contratual, desde logo porque variam em função do tipo de contrato. Efectivamente, os danos decorrentes da execução dos contratos de empreitadas são muito diferentes daqueles que resultam das concessões de serviço público, por exemplo.

Parece, contudo, que se podem distinguir três tipos de situações:

– danos decorrentes do risco inerente à execução do contrato ou do normal funcionamento do serviço prestado;
– danos resultantes da negligente execução do contrato ou do seu não cumprimento por parte do co-contratante;
– danos imputáveis ao deficiente exercício dos poderes-deveres de fiscalização e vigilância por parte da Administração.

No primeiro grupo incluem-se todos os efeitos lesivos que decorrem do normal funcionamento do serviço prestado pelo co-contratante em execução do contrato, bem como do risco inerente a certas actividades, tais como, por exemplo, a realização de obras no âmbito de uma empreitada.

Existem, de facto, situações em que o normal funcionamento de um serviço público, em regime de concessão, implica danos para determinada categoria de particulares, que são especialmente onerados com a execução desses serviços. São os casos, por exemplo, dos utentes a quem são cobradas taxas demasiado altas pela utilização do serviço ou dos particulares que vêm os seus bens expropriados em nome do interesse público. Estes prejuízos são ressarcíveis porque vão para além dos "riscos socialmente assumidos"[668], ou seja, que são inerentes à vida em sociedade, violando o princípio da equitativa repartição dos encargos públicos. MARIA JOÃO ESTORNINHO defende que, nestes casos, deve ser a Administração Pública a responder pelos danos causados na esfera jurídica dos particulares, visto que o funcionamento dos serviços públicos é da competência da Administração, que não pode alhear-se das suas responsabilidades através da contratualização desses serviços[669].

Refira-se que, em Espanha, o direito a ser indemnizado pelos danos ocasionados por serviços públicos está consagrado no artigo 106.º, n.º 2, da Constituição. Trata-se de um regime de responsabilidade objectiva, que inclui responsabilidade por serviços públicos desenvolvidos por particulares em nome da Administração Pública ou por esta segundo vias privadas[670]. Esta solução parece-nos de aplaudir, uma vez que a contratualização ou a privatização da actividade administrativa não pode implicar uma diminuição das garantias dos particulares, nem uma forma de a Administração se eximir às suas responsabilidades.

Assim, se os danos causados a terceiros resultarem do normal funcionamento do serviço público ou de ordens dirigidas pela Administração ao concessionário, a responsabilidade recai sobre aquela; pelo contrário, se esses danos resultarem da falta de diligência do concessionário no cumprimento dos seus deveres contratuais, é este o responsável perante terceiros. Não concordamos, por isso, com MASSIMO TUCCI, quando defende que um dos aspectos distintivos das concessões relativamente aos contratos com objecto passível de direito privado reside no facto de o co-contratante se substituir à Administração na relação com terceiros[671]. Pelo contrário, parece-nos que a celebração de um contrato de concessão não pode ter o efeito de eximir a Administração das suas responsabilidades relativamente

---

[668] A expressão é de MARGARITA BELADIEZ ROJO, *Responsabilidad e imputación de daños por el funcionamento de los servicios públicos*, Madrid, 1997, pág. 118.

[669] Cfr. MARIA JOÃO ESTORNINHO, *Responsabilidade por danos de concessionários*, in *La responsabilidad patrimonial de los poderes públicos*, Madrid, 1999, pág. 429. No mesmo sentido, v. MUÑOZ MACHADO, *La responsabilidad civil concurrente de las Administraciones Públicas*, 2ª Edição, Madrid, 1998, págs. 121 e 122.

[670] V. MARGARITA BELADIEZ ROJO, *op. cit.*, pág. 29 e, mais à frente, págs. 45 e 46.

[671] Cfr. MASSIMO TUCCI, *op. cit.*, pág. 69.

ao funcionamento dos serviços públicos, nem substituir completamente a relação entre a Administração e os particulares.

A posição dos utentes relativamente aos contratos de concessão de serviços públicos assume características particulares, por três razões: primeiro, porque a sua situação jurídica assume uma natureza mista, contratual e estatutária[672]; segundo, porque os contratos de concessão permitem o exercício de prerrogativas de autoridade por parte do co-contratante, isto é, do concessionário, que pode praticar actos administrativos e celebrar contratos administrativos, aos quais são aplicáveis as regras gerais do procedimento administrativo (cfr. o artigo 2.º, n.º 3, do CPA)[673]; e finalmente, porque são contratos de execução continuada, que constituem relações duradouras.

Assim, se o co-contratante exerce uma tarefa de interesse público ou presta um serviço público, o Estado pode – e deve – sancionar a violação dos seus deveres perante terceiros e estes podem denunciar à autoridade pública as falhas na prestação do serviço[674]. Por isso, os utentes têm legitimidade para impugnar as decisões da Administração ou do concessionário que afectem as suas posições jurídicas, tais como: a utilização do *"ius variandi"*; a recusa do concessionário em celebrar um contrato de prestação de serviços com determinado utente, nomeadamente quando este serviço é prestado em condições de monopólio[675]; a aprovação das

---

[672] PEDRO GONÇALVES, *A concessão..., cit.*, pág. 192, defende que o instrumento de concessão é um acto misto, que acolhe cláusulas regulamentares e contratuais: as primeiras relativas à organização e funcionamento do serviço e as segundas relativas às garantias financeiras, privilégios contra a concorrência, duração da concessão, etc. Em sentido próximo, v. DOMINIQUE POYAUD, *La nullité..., cit.*, págs. 223 e 224 e MIGUEZ MACHO, *Los servicios públicos y el régimen jurídico de los usuarios*, Barcelona, 1999, pág. 131. Esta questão será analisada no capítulo seguinte, a propósito dos actos destacáveis.

[673] Cfr. PEDRO GONÇALVES, *A concessão..., cit.*, págs. 286 e seguintes. De facto, aos contratos celebrados por concessionários aplicam-se as regras do Decreto-Lei n.º 59/99, nos termos do artigo 3.º, n.º 1, alínea h). Curiosamente, o Decreto-Lei n.º 197/99 não se refere, no seu artigo 2.º, aos concessionários, embora mencione "todas as pessoas colectivas criadas com o objectivo de satisfazer necessidades de interesse geral" (cfr. o artigo 3.º, n.º 1, alínea a) do diploma). Parece-nos, efectivamente, que os procedimentos pré-contratuais devem aplicar-se aos concessionários nos mesmos termos em que se aplicam à Administração Pública, tal como acontece com o CPA. No mesmo sentido, v. BERMEJO VERA, *La publicidad en el procedimiento de contratación*, in Notícias CEE, n.º 21, 1986, pág. 39.

[674] Neste sentido, v. BLAISE KNAPP, *op. cit.*, págs. 465 e seguintes.

[675] Neste sentido, v. MIVCHEL VIVIANO, *La théorie de la distinction des recours et le contentieux administrative contractuel*, inédito, Lille, 1995, pág. 232.

condições gerais da concessão; a decisão de modificar as condições da prestação do serviço; e a omissão dos deveres de vigilância, fiscalização e direcção por parte da Administração. Veja-se, por exemplo, o caso da adopção pelo concessionário de preços exorbitantes ou da alteração dos moldes em que o serviço é prestado, penalizando certa categoria de utentes ou certas regiões do país, sem que a Administração intervenha em defesa dos utentes do serviço público[676]. MARCELLO CAETANO defende inclusive que, em nome do interesse público, o concedente deve participar na fixação e revisão das tarifas do serviço público, atendendo ao facto de estas serem, simultaneamente, um elemento da organização do serviço público e um meio de remuneração do concessionário[677]. Em sentido próximo, PEDRO GONÇALVES refere a existência de um "regime jurídico do serviço público", assente nos princípios da igualdade ou paridade de tratamento (funcionamento equitativo), no princípio da continuidade (funcionamento continuado) e no princípio da adaptação (funcionamento progressivo)[678].

De uma perspectiva contenciosa, a legislação actual não prevê nenhuma forma de os terceiros lesados reagirem contra a violação pelo concedente dos seus deveres de fiscalização e direcção ou contra a violação daqueles princípios por parte do concessionário. Neste último caso, o terceiro lesado pode lançar mão do recurso contencioso de anulação dos actos praticados pelo concessionário e da respectiva suspensão da eficácia, ou da intimação para um comportamento, uma vez que as cláusulas do contrato de concessão se reconduzem a uma norma de Direito Administrativo para efeitos de aplicação do artigo 86.º da LPTA[679]. Na PLCPTA

---

[676] Veja-se, por exemplo, a Base VIII do contrato de concessão do serviço postal universal, aprovado pelo Decreto-Lei n.º 448/99, de 4 de Novembro, outorgado entre os CTT – Correios de Portugal, SA e o Estado, que refere a obrigação do concessionário *"...garantir a prestação dos serviços concessionados em todo o território nacional, sem demonstrar preferência ou exercer discriminações..."*

[677] V. MARCELLO CAETANO, *Natureza jurídica das tarifas dos serviços públicos concedidos*, in *Estudos de Direito Administrativo*, Lisboa, 1974, págs. 110 a 112. No mesmo sentido, v. PIERRE DELVOLVÉ, *Les stipulations contractuelles ne sont ni attaquables ni invocables en excès de pouvoir*, in RFDA, n.º 13, volume 2, 1997, pág. 350.

[678] Cfr. PEDRO GONÇALVES, *A concessão...*, cit., págs. 34 e 35. Posição semelhante é adoptada por MAGALHÃES COLLAÇO, *Concessões de serviços públicos*, Coimbra, 1928, págs. 61 e seguintes, que identifica como características do regime de serviço público a regularidade e continuidade; a necessidade da sua permanente adaptação às novas realidades; e a igualdade dos destinatários do serviço público.

[679] Em sentido contrário, v. RICARDO LEITE PINTO, *Intimação para um comportamento*, Lisboa, 1995, pág. 24.

esta possibilidade não suscita quaisquer dúvidas, visto que o artigo 37.º, n.º 3, determina que a intimação também pode ter por base *"vínculos jurídico-administrativos contratualmente assumidos"*. Isso acontece sempre que o contrato de concessão contenha cláusulas que prevejam expressamente certo tipo de obrigações para o concedente quanto à prestação do serviços público, o que, aliás, é relativamente vulgar.

Da mesma forma, o utente também pode fazer uso de uma acção para o reconhecimento de direitos ou de uma acção para condenação na prática de actos legalmente devidos.

O artigo 40.º, n.º 1, alínea *f*) da PLCPTA confere legitimidade activa a qualquer pessoa a quem a execução do contrato cause, previsivelmente, prejuízos, para intentar uma acção de invalidade do contrato e, por sua vez, a alínea *b*) do n.º 2 do mesmo preceito alarga a legitimidade activa para exigir o cumprimento do contrato às pessoas *"em função das quais as cláusulas contratuais tenham sido estabelecidas"*. O alcance exacto destas disposições será analisado na última parte da presente dissertação, mas pode dizer-se, desde já, que parecem ter um âmbito de aplicação privilegiado nas concessões de serviço público, que contêm estipulações a favor de terceiros e que alguns autores qualificam mesmo como típicos contratos a favor de terceiros[680]. Em sentido um pouco diferente, embora sem grandes consequências práticas, alguns autores consideram que as concessões não são contratos a favor de terceiros porque as cláusulas que conferem direitos aos utentes, apesar de terem natureza contratual, têm efeitos regulamentares[681]. O preceito da PLCPTA pode ter também um efeito útil noutro tipo de contratos, celebrados especialmente em favor de um determinado conjunto de particulares.

Além do caso específico das concessões de serviço público, consideram-se danos decorrentes do risco normal da execução dos contratos,

---

[680] V., por todos, GUIDO GRECO, *Gli appalti pubblici di servizi e le concessioni di pubblico servizio*, in *Appalti pubblici di servizi e concessioni di servizio pubblico*, Milão, 1998, pág. 15.

[681] V. PEDRO GONÇALVES, *A concessão...*, cit., pág. 315. V. também ANDRÉ DE LAUBADÈRE, FRANCK MODERNE e PIERRE DELVOLVÉ, *Traité des contrats administratifs*, Tomo I, 2ª Edição, Paris, 1983, págs. 794 e 795. Estes autores não consideram sequer as concessões como verdadeiros contratos, mas sim "acordos de vontades" ou "actos mistos", emboram admitam que o regime jurídico é semelhante ao dos contratos. Esta posição é, aliás, relativamente comum na doutrina francesa, pelo menos na mais antiga. V., por todos, YVES MADIOT, *Aux frontières du contrat et de l'acte administratif unilatéral: recherches sur la notion d'acte mixte en Droit public français*, Paris, 1971, págs. 151 e 152.

aqueles que resultam da construção de obras públicas e da montagem do respectivo estaleiro, desde que não sejam imputáveis a negligência do empreiteiro. Nestas situações, os artigos 36.º a 38.º do Decreto-Lei n.º 59/99 estabelecem a responsabilidade do empreiteiro por todas as deficiências e erros relativos à execução dos trabalhos, excepto quando resultem de ordens ou instruções transmitidas por escrito pelo dono da obra ou de deficiências do projecto, quando este tenha sido elaborado pela Administração ou por um projectista por esta contratado para o efeito. Esta solução legal, que é, aliás, idêntica à adoptada no artigo 98.º da LCAP espanhola, visa desonerar a Administração e não tem, por isso, a nossa total concordância, uma vez que, tal como no caso do normal funcionamento dos serviços públicos, se os danos não forem causados por negligência do empreiteiro, o risco inerente à construção deve correr por conta do dono da obra.

Com efeito, cabendo à Administração a prossecução do interesse público, a contratualização desse objectivo não pode implicar a sua desresponsabilização, através da remissão para o particular co-contratante da responsabilidade pelos danos causados pela actividade exercida no interesse público da colectividade. Como salienta MARIA JOÃO ESTORNINHO, aplica-se, neste caso, a velha máxima *ubi commoda, ibi incommoda*[682]. No mesmo sentido pronuncia-se PÉREZ MORENO quando considera que os danos provocados pelos co-contratantes da Administração Pública não podem deixar de responsabilizar esta, independentemente da natureza pública ou privada do contrato, porque a fuga para o Direito Privado não pode afectar a responsabilidade administrativa e as garantias dos cidadãos[683]. O autor defende mesmo a necessidade de se avançar para uma situação de responsabilidade objectiva da Administração, sem prejuízo, obviamente, de haver lugar a direito de regresso quando se prove a existência de dolo ou mera culpa do co-contrante.

---

[682] Cfr. MARIA JOÃO ESTORNINHO, *A responsabilidade...*, *cit.*, pág. 430. Em sentido próximo, embora face a um enquadramento legal diferente, v. MARCELLO CAETANO, *Responsabilidade da Administração Pública*, in OD, Ano 95.º, 1963, págs. 192 e 193. Também PEDRO GONÇALVES, *A concessão...*, *cit.*, págs. 138 e 139, salienta que a concessão não retira à Administração a titularidade do serviço público, pois ela continua a ser "dona do serviço" e o concessionário apenas exerce uma actividade pública de que a Administração é titular, o que justifica apenas uma partilha de responsabilidades.

[683] V. PÉREZ MORENO, *La responsabilidad por daños de concesionarios y contratistas en el núcleo de la cuestión jurisdiccional sobre la responsabilidad patrimonial de las Administraciones Públicas*, in *La responsabilidad patrimonial de los poderes públicos*, Madrid, 1999, págs. 402 e 403.

Aliás, é exactamente o facto de os contratos celebrados pela Administração visarem sempre a prossecução do interesse público que exige que a tutela dos terceiros lesados pela execução do contrato seja assegurada pela própria Administração, excepto quando essa lesão resulte de uma actuação dolosa ou negligente do co-contratante. Outra solução implicaria uma violação do princípio da equitativa repartição dos encargos públicos, por onerar de forma especialmente gravosa alguns administrados.

Parece-nos, assim, que a Administração deve responder solidariamente com o co-contratante perante terceiros pelos danos decorrentes da execução de contratos por si celebrados, até para assegurar a tutela destes últimos em caso de insolvência do co-contratante particular. Nestas situações, o terceiro lesado pode intentar uma acção de responsabilidade extracontratual contra a Administração e contra o co-contratante, ou apenas contra a Administração, com vista à obtenção do total ressarcimento dos seus danos[684]. No entanto, deve distinguir-se entre a responsabilidade objectiva pelos riscos inerentes ao desenvolvimento de um serviço público, à execução de um contrato ou pela necessidade de garantir o ressarcimento dos terceiros em caso de insolvência do co-contratante e a responsabilidade delitual da Administração[685]. Esta verifica-se quando o dano resulta directamente de uma ordem da Administração, de erros do projecto por esta elaborado, bem como quando existe uma situação de *culpa in vigilando* por negligente cumprimento dos deveres de vigilância e fiscalização que recaem sobre o contratante público[686]. JACQUES GEORGEL refere-se, a este propósito, a uma responsabilidade por "acções negativas", ou seja, pelas condutas omissivas da Administração no âmbito da execução dos contratos[687].

A verificação de danos na esfera jurídica de terceiros como resultado da execução do contrato pode resultar também do comportamento doloso

---

[684] Neste sentido, embora admitindo que tal solução não resulta da LCAP, v. CONCEPCIÓN HORGUÉ BAENA, *La responsabilidad del contratista por daños causados a terceros en la ejecucion de los contratos administrativos*, in RAP, n.º 147, 1998, págs. 362 e seguintes.

[685] Neste sentido, v. MARGARIDA BELADIEZ ROJO, *Responsabilidad e imputación de daños por el funcionamiento de los servicios públicos*, Madrid, 1997, págs. 191 e seguintes.

[686] Sobre a articulação entre os diferentes tipos de responsabilidade e a forma de os efectivar, v. *infra* o Capítulo III da Parte III.

[687] V. JACQUES GEORGEL, *Execution du contrat administratif*, in JCA, n.º 5, fascículo n.º 512, 1991, pág. 4.

ou negligente do co-contratante, em virtude da violação de deveres de cuidado. Neste casos, o co-contratante responde perante os terceiros a título de responsabilidade extracontratual[688], podendo também responder solidariamente outros particulares que tenham participado, por exemplo, na elaboração do projecto, se se provar que este contém erros ou incorrecções.

Saliente-se que a responsabilidade solidária não é afastada mesmo nas situações em que existem contratos separados celebrados entre diferentes particulares e a Administração para realização de uma única obra ou para obter determinado objectivo. Nestes casos, apesar de existirem uma pluralidade de causas, imputáveis aos diversos intervenientes, há apenas um único dano, não sendo possível identificar a causa determinante para a verificação do mesmo[689]. Aliás, o artigo 512.º, n.º 2, do CC determina que a solidariedade não é afastada pelo facto de os devedores estarem obrigados em termos diversos, ou com diversas garantias ou de ser diferente o conteúdo das prestações de cada um deles.

O co-contratante pode afastar a sua responsabilidade pela execução do contrato se comprovar que houve intervenção do contratante público no modo como aquele foi executado, através de ordens, da elaboração do projecto, do fornecimento de materiais, da omissão de prestar informações ou esclarecimentos ou de qualquer outra intervenção que diminua a autonomia do co-contratante no âmbito da execução do contrato[690]. A verificação desta situação afasta a responsabilidade contratual do co-contratante particular perante a Administração e acarreta a responsabilidade extracontratual desta perante terceiros que sejam lesados pela execução do contrato.

Além destes casos, a Administração é também responsável perante terceiros pela violação dos seus deveres de vigilância e fiscalização. De facto, estas prerrogativas, constantes do artigo 180.º do CPA, são "poderes--deveres" que a Administração tem o direito (e a obrigação) de exercer

---

[688] Esta responsabilidade decorre, como salienta GIUSEPPE MUSOLINO, *La responsabilità extracontrattuale nel contratto di appalto*, in RTA, 1998, pág. 707, da autonomia que os co-contratantes, especialmente os empreiteiros, possuem na execução do contrato.

[689] FRANCK MODERNE, *Recherches sur l'obligation in solidum dans la jurisprudence administrative*, in *Études et Documents du Conseil d'État*, 1973, págs. 66 e segs, defende mesmo que se trata de um "terreno de eleição" para aplicar a responsabilidade (contratual ou extracontratual) solidária. No mesmo sentido, v. LAURENT RICHER, *Droit...*, *cit.*, pág. 226.

[690] Neste sentido, v. PELINO SANTORO, *I contratti pubblici*, 2ª Edição, Rimini, 1997, pág. 450.

"...*para evitar surpresas prejudiciais ao interesse público, de que a Administração só viesse, porventura, a aperceber-se demasiado tarde*"[691]. Trata-se de poderes funcionais, cuja violação, como refere MARIA JOÃO ESTORNINHO, apesar de não afastar a responsabilidade do co-contratante[692], justifica a responsabilidade da Administração face a terceiros lesados, por não ter velado diligentemente pela correcta execução do contrato[693].

Existe, assim, uma co-responsabilização da Administração e do co--contratante, decorrente da omissão culposa dos deveres de fiscalização e direcção por parte da primeira, embora tal não afaste a responsabilidade do empreiteiro. Aliás, o dono da obra também tem o poder de fiscalizar as empreitadas particulares, solução que se justifica ainda mais nas empreitadas de obras públicas porque esse poder não é atribuído apenas no interesse particular da Administração, mas sim para garantir uma melhor prossecução do interesse público. É essa a razão pela qual as regras sobre fiscalização nos contratos de empreitadas de obras públicas estão definidas de forma muito pormenorizada, nos termos dos artigos 178.º e seguintes do Decreto-Lei n.º 59/99.

Parece-nos elucidativa, a este propósito, a expressão de PEDRO GONÇALVES, relativamente ao contrato de concessão, quando refere que o facto de a Administração concessionar a um particular a gestão de um serviço público modifica a sua responsabilidade mas não a exclui: deixa de ser uma "responsabilidade pela gestão" para ser uma "responsabilidade por garantir que o gestor cumpre os deveres que assumiu"[694]. No mesmo sentido, referindo-se às empreitadas de obras públicas, MARCELLO CAETANO refere que "...*a responsabilidade do empreiteiro pela execução do contrato de empreitada de obras públicas tem (...) de ser determinada tendo em conta a ingerência da Administração na execução contratual e a dependência em que se encontra da sua direcção*"[695].

Finalmente, a Administração responde também por "*culpa in eligendo*", se o adjudicatário seleccionado se revelar manifestamente incapaz de prosseguir o interesse público que constitui a causa do contrato, desde que isso pudesse ter sido previsto pela entidade adjudicatária no pro-

---

[691] Cfr. FREITAS DO AMARAL, *Direito...*, cit., volume III, pág. 458.
[692] Cfr. MARIA JOÃO ESTORNINHO, *Para uma comparação entre a empreitada civil e as empreitadas celebradas por entidades públicas*, separata do DJ, Lisboa, 1996, pág. 4.
[693] V. MARIA JOÃO ESTORNINHO, *A responsabilidade...*, cit., págs. 429 e 430.
[694] Cfr. PEDRO GONÇALVES, *A concessão...*, cit., pág. 176.
[695] Cfr. MARCELLO CAETANO, *Empreitadas de obras públicas*, in *Estudos de Direito Administrativo*, Lisboa, 1974, pág. 397.

cedimento pré-contratual[696]. Refira-se, aliás, que é exactamente devido à necessidade de escolher o co-contratante melhor qualificado para executar o contrato, que o procedimento pré-contratual assume uma importante função de protecção do interesse público e não apenas de garantia dos direitos dos outros concorrentes.

4. A superação definitiva do princípio da eficácia *inter partes* dos contratos da Administração Pública

A análise dos efeitos dos contratos da Administração face a terceiros teve como principal objectivo demonstrar que o princípio da relatividade do contrato está completamente ultrapassado. Aliás, a importância da protecção dos terceiros perante as relações contratuais decorre exactamente do pressuposto de que os contratos não são apenas "lei entre as partes", pelo que se torna necessário encontrar formas de tutelar aqueles que, não sendo destinatários da actuação contratual da Administração, são por esta afectados.

A eficácia relativa dos contratos é, actualmente, um mero dogma, que está em crise quer nos contratos entre privados, quer nos contratos celebrados pela Administração Pública.

De facto, mesmo no âmbito do Direito Privado, a maioria da doutrina considera que a relatividade não é uma característica dos direitos de crédito, surgindo, por isso, a teoria da eficácia externa das obrigações e os conceitos de "oponibilidade fraca", "oponibilidade média" e "oponibilidade forte" das obrigações[697].

Nos contratos da Administração Pública, contudo, a produção de efeitos na esfera jurídica de terceiros é ainda mais relevante e evidente. Alguns autores consideram mesmo que esta é uma característica própria dos contratos administrativos, por contraposição aos contratos privados[698].

---

[696] Neste sentido, v. GIUSEPPE MUSOLINO, *op. cit.*, pág. 709.

[697] V., MENEZES CORDEIRO, *Direito...*, *cit.*, págs. 253 e seguintes e, em especial, as págs. 282 e 283 e ALMEIDA E COSTA, *Direito das Obrigações*, 8ª Edição, Coimbra, 2000, págs. 309 e seguintes, admitindo também desvios ao princípio da relatividade do contrato consagrado no artigo 406.°, n.° 2, do CC. Em sentido diferente, v. PIRES DE LIMA e ANTUNES VARELA, *Código Civil anotado*, Coimbra, volume I, 4ª Edição, Coimbra, 1987, pág. 373, por considerarem que apenas os efeitos reflexos e não os efeitos directos dos contratos afectam terceiros.

[698] Cfr. LÉON PONCE e PÉREZ BERENJENA, *La contratación de las Administraciónes*

Ao invés, GARCÍA DE ENTERRÍA e TOMÁS-RAMÓN FERNÁNDEZ defendem que toda a eficácia "extrasubjectiva" do contrato administrativo resulta apenas da aplicação das leis gerais sobre os serviços públicos (poder regulamentar, poder de expropriar, poder de cobrar tarifas, etc.) sendo, por isso, um efeito *"ex lege"* e não *"ex contractu"*[699]. Não nos parece, contudo, que seja assim. De facto, nem todos os efeitos que os contratos produzem relativamente a terceiros se reconduzem aos poderes de autoridade da Administração ou do co-contratante, como resulta claramente da análise efectuada. Veja-se, por exemplo, a responsabilidade por incumprimento ou por cumprimento negligente do contrato ou, mesmo ao nível dos serviços públicos, a omissão de prestação dos mesmos.

Aliás, se assim fosse, apenas os contratos celebrados pela Administração produziriam efeitos perante terceiros, o que é infirmado pelas teorias civilísticas acima referidas. Admitimos, porém, que o facto de o contrato prosseguir o interesse público implica um alargamento do conjunto de pessoas afectados pelo seu conteúdo. JEAN-PAULE PAYRE, defende que, atendendo ao fim de interesse público prosseguido, o juiz deve tender a considerar a situação jurídica objectiva constituída através do contrato, desprendendo-se da sua génese negocial[700]. Também LAURENT FOLLIOT põe em causa o efeito relativo dos contratos, salientando que os terceiros podem invocar o vício de desvio de poder contra o contrato[701].

Assim, não podemos concordar inteiramente com PEDRO GONÇALVES, quando defende um critério de qualificação dos contratos administrativos assente na sua eficácia, distinguindo "contratos com efeitos restritos às partes" de "contratos com eficácia lateral", sendo que estes ainda se distinguem, por sua vez, dos "contratos com efeitos regulamentares", cujo exemplo típico são as concessões de serviço público[702].

Parece-nos, pelo contrário, que, salvo raríssimas excepções, todos os contratos – e, sobretudo, os que são celebrados pela Administração – têm eficácia perante terceiros, não havendo quaisquer razões para distinguir esses efeitos "laterais" em função da natureza da cláusula contratual que

---

Públicas, Madrid, 1995, pág. 48. No mesmo sentido, v. JEAN-DAVID DREYFUS, *Contribution...*, *cit.*, pág. 350.

[699] Cfr. GARCÍA DE ENTERRÍA e TOMÁS-RAMÓN FERNÁNDEZ, *Curso...*, *cit.*, volume I, pág. 685.

[700] V. JEAN-PAULE PAYRE, *Recherche sur la notion d'indivisibilité du contrat administratif*, in *Mélanges offerts à Pierre Montane de la Roque*, Tomo I, Toulouse, 1986, pág. 510.

[701] Cfr. LAURENT FOLLIOT, *op. cit.*, Tomo I, pág. 162.

[702] Cfr. PEDRO GONÇALVES, *Contrato...*, *cit.*, págs. 47 a 49.

os prevê, consoante esta seja regulamentar ou não. Aliás, como refere o próprio autor, estas cláusulas dos contratos de concessão não deixam de ter uma natureza contratual, possuindo apenas uma eficácia regulamentar[703]. Neste contexto, as concessões de serviço público constituem um terreno por excelência para a aplicação do conceito de relação jurídica multilateral, visto que, apesar de os utentes não serem partes no contrato, são obviamente afectados por este[704]. Aliás, a prova disso é que a anulação ou declaração de nulidade das cláusulas do contrato a pedido de um terceiro repercutir-se-á necessariamente no próprio contrato, através do mecanismo da redução ou da conversão. É aspecto que retomaremos no capítulo seguinte.

Por outro lado, o facto de os contratos da Administração serem precedidos de uma fase procedimental, com vista à selecção do co-contratante, contribui para alargar o âmbito de sujeitos afectados pelo contrato[705]. No mesmo sentido, FRACCHIA considera que a construção juspublicística da relação contratual faz com que esta supere a rígida negociação bilateral que existe nos contratos privados, fazendo entrar em jogo os terceiros relativamente ao acordo[706]. A procedimentalização é, por isso, uma forma de superar o princípio da eficácia *inter partes* dos contratos, até porque o procedimento pré-contratual é regido por regras de ordem pública, cujo escopo é essencialmente a protecção dos terceiros. Esta objectivização da formação da vontade negocial esteve também na base da abertura gradual aos terceiros do contencioso dos contratos com a criação da figura do acto destacável, impugnável em sede de recurso contencioso de anulação.

---

[703] Cfr. PEDRO GONÇALVES, *A concessão...*, *cit.*, pág. 371. No mesmo sentido, v. DENYS DE BECHILLON, *Le contrat comme norme dans le Droit public prositif*, in RFDA, n.º 8, 1992, pág. 19 e FRANÇOIS LLORENS, *La concession de service public face au Droit communautaire*, Paris, 1992, pág. 29. Veja-se que mesmo os autores que autonomizam os contratos do tipo regulamentar, enquanto contratos através dos quais o Estado e um ou mais particulares convencionam a adopção de certas normas de conduta, não incluem nestes contratos as concessões de serviço público. V., por todos, PIERRE MOOR, *op. cit.*, pág. 249.

[704] No mesmo sentido, v. PEDRO GONÇALVES, *A concessão...*, *cit.*, págs. 223 e 224. V. também LAURENT FOLLIOT, *op. cit.*, Tomo I, pág. 164.

[705] Neste sentido, v. JEAN-PAULE PAYRE, *Recherche...*, *cit.*, pág. 507, referindo-se aos contratos administrativos como "operações complexas de actos". Não concordamos, no entanto, com o autor, quando menciona apenas os contratos administrativos, desconsiderando o facto de, actualmente, a fase de formação dos contratos privados da Administração estar sujeita às mesmas regras procedimentais.

[706] Cfr. FABRIZIO FRACCHIA, *op. cit.*, pág. 186.

Por sua vez, no âmbito da execução do contrato, além de se verificar igualmente um fenómeno de procedimentalização, o cumprimento do contrato e a realização do seu objecto mediato, ou seja, a prossecução do interesse público, dizem também respeito a terceiros.

CAPÍTULO III
Os actos destacáveis dos contratos da Administração Pública e as consequências da sua invalidade

1. A procedimentalização dos contratos da Administração Pública

O tema da procedimentalização dos contratos da Administração foi já abordado por nós a propósito da publicização dos contratos privados celebrados pelas entidades administrativas. De facto, a procedimentalização destes contratos é uma das tendências mais marcantes do Direito Administrativo actual.

Uma análise sistemática desta "evolução para a procedimentalização" da actuação administrativa contratual permite distinguir quatro momentos neste processo:

– primeiro, ocorreu a procedimentalização da fase da formação dos designados contratos administrativos;
– depois, avançou-se para a sujeição de todos os contratos celebrados pela Administração a um procedimento pré-contratual;
– um terceiro momento ficou marcado pela procedimentalização também da fase da execução de todos os contratos;
– finalmente, consagrou-se a destacabilidade dos actos praticados quer na fase da formação, quer na fase da execução dos contratos para efeitos da sua impugnação contenciosa autónoma (*teoria dos actos destacáveis*).

A procedimentalização da fase da formação dos tradicionais contratos administrativos surge, no Direito português, com a consagração destes como um modo típico de conclusão do procedimento administrativo, nos termos do artigo 179.° do CPA. A celebração de contratos como forma de prossecução do interesse público torna-se uma actuação comum, a par da prática de actos administrativos unilaterais.

A contratualização da actividade administrativa assume-se paulatinamente como um importante fenómeno, cada vez mais frequente, ao que não é alheio o exponencial aumento das atribuições cometidas à Administração Pública no contexto do Estado Social de Direito[707]. V. PEREIRA DA SILVA refere-se, a este propósito, ao surgimento de uma "Administração concertada", que se manifesta tanto na celebração de contratos entre a Administração Pública e os privados, como das autoridades administrativas entre si[708].

Assim, como a actuação administrativa contratual não pode constituir uma excepção ao princípio da legalidade, a sujeição da fase da formação dos contratos a regras procedimentais de natureza jurídico-pública é a forma mais eficaz de assegurar a vinculação a esse princípio. Daí que o artigo 181.º do CPA determine que são aplicáveis aos contratos as regras procedimentais estabelecidas naquele Código para a actuação unilateral da Administração, naquilo que pode ainda ser considerado um resquício do Direito Administrativo actocêntrico. Neste sentido, MARIA JOÃO ESTORNINHO, criticando a opção do legislador, refere-se a um preconceito contra o contrato e defende a existência de um procedimento próprio para a celebração de contratos por parte da Administração[709], que seria um reflexo da "autonomia procedimental" do contrato face ao acto administrativo[710].

Os principais objectivos da sujeição dos contratos a um procedimento pré-contratual são os seguintes: garantir o respeito pelos princípios gerais da actuação administrativa, nomeadamente, o princípio da prossecução do interesse público, da legalidade, da imparcialidade, da igualdade e da publicidade; proteger os particulares que se relacionam com a Administração; e objectivar e evidenciar os motivos e os fins da Administração[711].

---

[707] Sobre esta matéria v., entre outros, SÉRVULO CORREIA, Legalidade..., cit., págs. 353 e seguintes; REBELO DE SOUSA, O concurso público..., cit., pág. 10; e V. PEREIRA DA SILVA, Em busca..., cit., págs. 71 e seguintes.

[708] Cfr. V. PEREIRA DA SILVA, Em busca..., cit., pág. 105.

[709] Cfr. MARIA JOÃO ESTORNINHO, A fuga..., cit., págs. 304 e 305.

[710] Neste sentido, v. PEDRO GONÇALVES, Contrato..., cit., pág. 22.

[711] SÉRVULO CORREIA, Legalidade..., cit., pág. 550, refere-se a uma tripla função do procedimento: assegurar a prossecução do fim público; garantir a publicidade dos motivos da Administração; e possibilitar um controlo prévio da conveniência e da legalidade dos contratos da Administração. Estas funções do procedimento são sublinhadas também por grande parte da doutrina estrangeira. V., por todos, AURETTA BENEDETTI, op. cit., pág. 133, defendendo que o procedimento pré-contratual não visa só tutelar o co-contratante e os terceiros, mas também exteriorizar a vontade da Administração Pública e evidenciar os seus fins; e DELGADO PIQUERAS, La terminación..., cit., pág. 145, que considera que o tratamento doutrinal do procedimento sempre se orientou para o seu aperfeiçoamento como instrumento de garantia dos particulares.

Verifica-se, assim, que o procedimento acaba por assumir uma função subjectivista, de protecção de particulares; e, paralelamente, uma função objectivista, para garantir a melhor prossecução do interesse público[712].

A protecção dos terceiros obtém-se através de duas vias fundamentais: a consagração de formas de participação procedimental; e a destacabilidade de actos endoprocedimentais para efeitos de impugnação imediata e autónoma[713]. MARIA DA GLÓRIA GARCIA refere-se ainda, neste âmbito, à "pré-tutela" dos terceiros eventualmente lesados pelas futuras cláusulas contratuais[714], o que aponta não só para a destacabilidade de actos da execução do contrato, mas também para a intervenção no procedimento de formação do contrato daqueles particulares que, apesar de não terem interesse na adjudicação do mesmo, possam vir a ser, previsivelmente, lesados pelo conteúdo do contrato, aquando da respectiva execução.

A tutela procedimental dos terceiros resulta da participação dos interessados no procedimento[715], que contribui para a legitimação da actuação administrativa e, simultaneamente, para a redução da litigiosidade entre a Administração e os particulares[716], e também dos mecanismos da impugnação administrativa (reclamações e recursos).

Por outro lado, o procedimento permite um alargamento do controlo judicial, por via da impugnação contenciosa imediata de actos endoprocedimentais. Existe, assim, uma complementaridade entre procedimento e

---

[712] Como já tivemos oportunidade de defender – cfr. ALEXANDRA LEITÃO, *A protecção..., cit.*, págs. 68 e 69. No mesmo sentido, v. CHRISTINE BRÉCHON-MOULÉNES, *Choix des procédures..., cit.*, pág. 754.

[713] PAULO OTERO, *As garantias impugnatórias dos particulares no Código do Procedimento Administrativo*, in SJ, Tomo XLI, n.ºs 235-237, 1992, pág. 51, refere-se genericamente às "garantias procedimentais", incluindo três tipos de garantias: as garantias materiais ou substantivas; as garantias procedimentais *"stricto sensu"*; e as garantias impugnatórias.

[714] Cfr. MARIA DA GLÓRIA GARCIA, *Direito..., cit.*, pág. 45.

[715] SÉRVULO CORREIA, *O direito à informação..., cit.*, pág. 147, refere-se a uma "participação dialógica" e a uma "participação co-constitutiva", ambas presentes no procedimento pré-contratual. Sobre as várias formas de participação procedimental previstas no CPA, v. PAULO OTERO, *As Garantias..., cit.*, pág. 53. V. também, FRANCESCO CASTIELLO, *Gli accordi...cit.*, pág. 142, salientando a "polifuncionalidade" da participação que, além de garantir a protecção dos interessados, desempenha um papel instrumental relativamente à prossecução dos objectivos da Administração Pública, e ITALO FRANCO, *op. cit.*, págs. 69 e seguintes.

[716] Salientando este aspecto, da perspectiva da sua importância para a menor morosidade da Justiça administrativa, v. OLIVIERO ZUCCARO, *Il tempo ed il processo amministrativo*, Milão, 1999, pág. 62.

processo, apesar de, no Direito português, o segundo ter primazia sobre o primeiro ao nível da protecção jurídica subjectiva[717].

A "destacabilidade" de actos para efeitos da sua impugnação contenciosa resulta da autonomização de posições jurídicas subjectivas dos particulares e possibilita uma antecipação da sua tutela judicial. MARIO NIGRO considera o procedimento uma forma de tutela antecipatória e preventiva, permitindo corrigir a actividade administrativa quando a mesma está ainda *in itinere*, através do *accertamento* contido na sentença proferida no âmbito do recurso contencioso de anulação[718].

Aliás, esta é a tendência imposta pela ordem jurídica comunitária, traduzida na exigência da antecipação da tutela jurisdicional, através do alargamento da recorribilidade a outros actos que não apenas o acto final do procedimento[719]. Em sentido próximo, pronunciou-se recentemente SÉRVULO CORREIA, defendendo que se assiste *"à multiplicação de actos administrativos que servem de elemento de conexão entre o procedimento e o processo e que não são actos conclusivos da fase decisória do procedimento"*[720].

O procedimento pré-contratual estabelecido no CPA para os contratos administrativos não apresenta, como referimos, grandes especificidades relativamente ao procedimento dos actos administrativos, excepto quanto à determinação das formas de escolha dos co-contratantes, referidas no artigo 182.º do CPA: concurso público; concurso limitado por prévia qualificação, com ou sem apresentação de candidaturas; negociação, com ou sem publicação prévia de anúncio; e ajuste directo. As regras do CPA são de aplicação supletiva relativamente aos diplomas específicos sobre contratação pública, nomeadamente, o Decreto-Lei n.º 59/99 e o Decreto-Lei n.º 197/99. Assim, outros tipos de contratos, que não cabem no âmbito de aplicação de nenhum destes diplomas, como, por exemplo, os contratos de concessão, devem ser adjudicados através de um dos pro-

---

[717] Neste sentido, v. V. PEREIRA DA SILVA, *Em busca...*, *cit.*, págs. 390 e seguintes. PAOLO DURET, *op. cit.*, págs. 12 e seguintes, refere que existem três modelos possíveis de relacionamento entre o procedimento e o processo: separação, complementaridade e alternatividade. V. também RICCARDO VILLATA, *Riflessioni in tema di partecipazione...*, *cit.*, pág. 175.

[718] v. MARIO NIGRO, *Procedimento amministrativo...*, *cit.*, págs. 263 e seguintes, em especial, a pág. 269. No mesmo sentido, v. ONORATO SEPE, *op. cit.*, pág. 331, salientando a importante função do procedimento como forma de ampliar os juízos de mérito por parte dos tribunais (na lógica do sistema italiano de Justiça administrativa).

[719] Neste sentido, v. MARIANO PROTTO, *op. cit.*, pág. 193.

[720] Cfr. SÉRVULO CORREIA, *Impugnação...*, *cit.*, pág. 14.

cedimentos constantes do artigo 182.º do CPA, nomeadamente, o concurso público, de acordo com a regra geral do artigo 183.º[721].

O segundo momento na progressiva procedimentalização da actividade contratual da Administração é, talvez, aquele que mais importância assume do ponto de vista dogmático, pelas profundas implicações que acarreta ao nível da própria natureza dos contratos. A doutrina clássica considerava que a fase de formação dos contratos privados da Administração, sendo acessória relativamente a estes, assumia também natureza privada. Contudo, esta posição foi sendo gradualmente ultrapassada, e já na década de sessenta, alguns autores entendiam que há elementos de Direito Público e de Direito Privado em todos os contratos da Administração, porque estes não podem escapar a um conjunto de vinculações jurídico-públicas, tais como as regras de competência e os princípios da legalidade, da imparcialidade, da igualdade, entre outros[722]. Esta é a única forma de evitar que, sob o "mito da eficácia" da actuação administrativa se esteja, na realidade, a iludir os controlos legais[723].

De facto, o princípio da legalidade, enquanto "princípio da juridicidade"[724] implica a sujeição de todas as formas de actuação administrativas a regras jurídico-públicas, através, nomeadamente, do procedimento[725]. Aliás, o artigo 2.º, n.º 5, do CPA corrobora este entendimento, quando determina a aplicação *"a toda e qualquer actuação da Administração Pública, ainda que meramente técnica ou de gestão privada"* dos princípios gerais do Código e das normas que concretizam preceitos constitucionais. Isto implica a aplicação aos contratos privados dos princípios

---

[721] Neste sentido, v. FAUSTO DE QUADROS, *O concurso público...*, cit., pág. 703 e PEDRO GONÇALVES, *A concessão...*, cit., pág. 213. O autor refere que, relativamente às concessões de serviço público, essa regra está consagrada no artigo 10.º do Decreto-Lei n.º 390/82, de 17 de Setembro. Quanto às concessões de obras públicas, o artigo 244.º do Decreto-Lei n.º 59/99, que revogou o diploma anterior no que respeita a este tipo de concessões, estabelece também a obrigatoriedade de concurso público.

[722] V. FLAMINO FRANCHINI, *op. cit.*, págs. 429 e 430. Na mesma altura, GARCÍA DE ENTERRÍA, *La figura del contrato amministrativo*, in *Studi in memoria di Guido Zanobini*, Milão, 1965, págs. 658 e 659, defendia também a existência de uma "unidade de sentido" entre os contratos administrativos e os contratos privados da Administração, nomeadamente na fase da formação da vontade da Administração e da formalização do contrato.

[723] Como refere MARTÍN-RETORTILLO BAQUER, *op. cit.*, pág. 212.

[724] A expressão é de MARIA DA GLÓRIA GARCIA, *Da Justiça administrativa em Portugal – sua origem e evolução*, Lisboa, 1994, pág. 639.

[725] Sobre o procedimento administrativo como forma de vinculação jurídico-pública da actuação privada da Administração, v., por todos, MARIA JOÃO ESTORNINHO, *A fuga...*, *cit.*, págs. 294 e seguintes.

gerais do procedimento, constantes dos artigos 3.º a 12.º do CPA, das regras sobre competência dos órgãos administrativos dos artigos 13.º a 53.º do CPA e de algumas das regras relativas à actividade administrativa previstas nos artigos 54.º e seguintes do CPA[726].

A maior parte da doutrina justifica, assim, a procedimentalização da actividade privada da Administração a partir de uma perspectiva estatutária, segundo a qual a presença da Administração implica sempre um conjunto de características e limitações específicas. É o caso de SÉRVULO CORREIA[727] e também de MARIA JOÃO ESTORNINHO[728], bem como de muitos autores estrangeiros[729].

Parece-nos, contudo, que não é este o único factor que está na base da gradual sujeição dos contratos privados a vinculações jurídico-públicas, nomeadamente ao procedimento administrativo. Além do elemento estatutário, assume também grande importância o facto de aqueles contratos visarem a prossecução do interesse público, e estarem funcionalizados estruturalmente a esse objectivo. CERULLI IRELLI defende mesmo que o princípio do procedimento serve essencialmente para garantir que toda a actuação administrativa é pré-ordenada à prossecução do interesse público[730]. Tal justifica, aliás, a extensão subjectiva da procedimentalização a pessoas privadas que desenvolvam actividades de interesse público[731],

---

[726] Cfr. MARIA JOÃO ESTORNINHO, *A fuga...*, *cit.*, págs. 301 e seguintes. Quanto à Parte III do CPA, referente à actividade administrativa, a autora considera que deve aplicar-se na "dose certa" de garantismo que não implique um bloqueio da actuação administrativa de Direito Privado.

[727] Cfr. SÉRVULO CORREIA, *Legalidade...*, *cit.*, págs. 394 e seguintes.

[728] V. MARIA JOÃO ESTORNINHO, *A fuga...*, *cit.*, pág. 244, referindo-se a uma "zona comum de contratação", de fonte estatutária. Também MARQUES GUEDES, *O processo...*, *cit.*, pág. 68, defende que o procedimento é inerente à própria estrutura orgânica da Administração Pública.

[729] V., apenas a título de exemplo, PAREJO ALFONSO, *Organización y actividad en la Adminstración Pública*, in *Eficacia y Administracion – Tres estudios*, Madrid, 1995, pág. 71, MARTÍN-RETORTILLO, *Instituicion...*, *cit.*, pág. 236 e RAMON PARADA, *Derecho público...*, *cit.*, pág. 23. Este autor salienta, de forma muito elucidativa, que a procedimentalização é necessária porque a Administração, mesmo quando actua em regime de Direito Privado, não assume riscos empresariais porque "dispara com a pólvora do Rei". V. também REINHARD HENDLER, *op. cit.*, págs. 131 e seguintes.

[730] Cfr. CERULLI IRELLI, *op. cit.*, pág. 419.

[731] Como salienta AURETTA BENEDETTI, *op. cit.*, pág. 80. Sobre a importância do interesse público na determinação dos sujeitos aos quais são aplicáveis as regras sobre contratação pública, v. MERCEDES FUERTES LÓPEZ, *Personificaciones públicas y contratos administrativos. La última doctrina del Tribunal de Justicia de las Comunidades Euro-

como resulta do disposto no artigo 2.º, n.ºs 3 e 4 do CPA, quanto aos concessionários e às instituições particulares de interesse público, respectivamente, e também do artigo 3.º do Decreto-Lei n.º 197/99 e do artigo 3.º, n.º 1, alínea g), h) e i) e n.º 2, do Decreto-Lei n.º 59/99.

A polémica dogmática quanto ao procedimento pré-contratual aplicável aos contratos privados da Administração está, actualmente, ultrapassada, devido à influência comunitária sobre a matéria. São, efectivamente, muitas as directivas que versam sobre a contratação pública[732], atendendo à importância financeira que os contratos da Administração assumem na economia europeia. Estas directivas, cujo fundamento assenta directamente na livre circulação de pessoas, serviços, mercadorias e capitais, bem como no direito de estabelecimento[733], são norteadas pelos princípios da não discriminação, da igualdade, da livre concorrência, da publicidade e da transparência[734].

A transposição destas directivas em todos os Estados-membros tem contribuído para uma aproximação das regras sobre contratação pública nos diferentes países da UE. Além dos procedimentos de selecção do co-

---

peas, in REALA, n.º 279, 1999, págs. 27 e seguintes. V. também, em sentido próximo, FRANCK MODERNE, Les contrats de maîtrise d'oeuvre des societés d'économie mixte, in RFDA, n.º 10, volume 6, 1994, em especial a pág. 1088.

[732] As directivas mais importantes são as seguintes: Directiva n.º 93/36/CEE, do Conselho, de 14 de Junho (contratos públicos de fornecimentos); Directiva n.º 93/37/CEE, do Conselho, da mesma data (contratos de empreitadas de obras públicas); Directiva n.º 92/50/CEE, do Conselho, de 18 de Junho (contratos públicos de serviços) e Directiva n.º 93/38/CEE, do Conselho, de 14 de Junho (contratos nos sectores excluídos – água, energia, transportes e telecomunicações). Apesar de não haver normas de Direito Comunitário especialmente destinadas aos contratos de concessão, são aplicáveis a estes contratos, como salienta PIERRE DELVOLVÉ, La concession..., cit., págs. 104 e 105, os artigos 7.º (princípio da não discriminação), 30.º (sobre restrições quantitativas), 52.º (liberdade de estabelecimento), 59.º (liberdade de prestação de serviços) do TUE, bem como algumas das directivas sobre empreitadas de obras públicas.

[733] Neste sentido v. BASSOLS COMA, Aproximación a la normativa comunitaria europea sobre contratacion administrativa, in Notícias CEE, n.º 21, 1986, pág. 28, BORRAJO INIESTA, Las directivas sobre contratación pública como manifestación de la libertad comunitaria de circulación, in Notícias CEE, n.º 21, 1986, págs. 42 e seguintes, e GIMENO FELIU, op. cit., págs. 46 e seguintes, que consideram a legislação sobre contratação pública uma forma de garantir as denominadas "quatro liberdades". V. também, no mesmo sentido, MIGUEL CATELA, A legislação comunitária sobre os contratos públicos, in RAL, n.º 158, Ano 20.º, 1997, pág. 164.

[734] V., a este propósito, MESTRE DELGADO, La normativa comunitaria europea sobre contratación administrativa: una vision general, in Notícias CEE, n.º 21, 1986, págs. 59 e seguintes e JOSÉ BERMEJO VERA, op. cit., pág. 37.

contratante, as normas comunitárias introduziram também critérios mais ou menos vinculados de adjudicação, eliminando a injustificada discricionariedade que por vezes existia nas legislações nacionais[735].

Sendo assim, não são apenas os princípios gerais do CPA ou as regras sobre competência constantes deste Código que se aplicam aos contratos privados, mas todo o procedimento pré-contratual, que passou a ser comum a todos os contratos, independentemente da sua natureza pública ou privada. São os casos dos contratos de aquisição e locação de bens móveis e serviços, regulados pelo Decreto-Lei n.º 197/99, e dos contratos abrangidos pela LCAP, em Espanha. Pode, por isso, dizer-se que o Direito Comunitário travou de forma irreversível a fuga para o Direito Privado[736].

A constatação deste facto leva até alguns autores, como STICCHI DAMIANI, a considerar que a procedimentalização põe termo à autonomia negocial da Administração Pública[737]. Não nos parece, no entanto, que assim seja. Este fenómeno apenas reflecte o facto de que a autonomia negocial da Administração, bem como de todas as entidades que prosseguem o interesse público, não é semelhante à autonomia negocial que rege as relações entre privados no âmbito do Direito Privado.

Aliás, esta diferente natureza resulta da hetero-vinculação da autonomia privada da Administração ao princípio da legalidade e ao princípio da prossecução do interesse público, relativamente aos quais o procedimento desempenha uma função instrumental[738]. Daí que existam importantes limitações à liberdade de celebração e de estipulação por parte da Administração Pública.

---

[735] Este aspecto é realçado por IGNACIO MONEDERO GIL, *Criterios de adjudicacion del contrato administrativo en el Derecho comunitario*, in Notícias CEE, n.º 21, 1986, pág. 68. V. também CLIMENT BARBERÁ, *La seleccion de contratistas en los contratos de las Administraciones Públicas en el derecho comunitario y en el Derecho español*, in Notícias CEE, n.º 21, 1986, págs. 50 e seguintes.

[736] Neste sentido, v. PAREJO ALFONSO, JIMÉNEZ-BLANCO e ORTEGA ÁLVAREZ, *op. cit.*, pág. 626.

[737] Cfr. STICCHI DAMIANI, *La nozione...*, *cit.*, pág. 7.

[738] SÉRVULO CORREIA, *Legalidade...*, *cit.*, págs. 779 e 787, refere que os contratos atípicos com objecto passível de contrato privado *"apenas se encontram sujeitos à legalidade material na escassa medida em que recebem uma orientação normativa teleológica indirecta..."*, enquanto a autonomia privada se distingue da autonomia pública porque *"...se desenvolve através de comportamentos aos quais basta a ilicitude"*, mas acrescenta que *"a capacidade de gozo de direitos privados das pessoas colectivas públicas é a que se justifica em ordem ao desempenho das suas atribuições"*.

Pode mesmo dizer-se, na nossa opinião, que a diferença entre a autonomia pública e a autonomia privada da Administração tende a esbater-se, senão mesmo a desaparecer. Na verdade, quer a autonomia pública, quer a autonomia privada são mais amplas nos casos de menor pré-determinação normativa, mas ambas têm, pelo menos, uma vinculação teleológica a determinado fim, que pode ser autonomamente estabelecida ou resultar dos fins específicos da pessoa colectiva pública.

A procedimentalização não ocorre apenas na fase da formação do contrato, embora seja aí que assume maior relevância. A verdade, porém, é que muitas das regras procedimentais consagradas no CPA e em legislação avulsa sobre contratação pública – por exemplo, no Decreto-Lei n.º 59/99 – têm também um importante âmbito de aplicação na fase da execução do contrato. As principais características deste procedimento são, por um lado, o facto de a sua função essencial ser a protecção do co-contratante e não dos terceiros; por outro lado, aplicar-se apenas ao contratante público e não ao contratante particular.

Quanto ao primeiro aspecto, está sobretudo em causa a tutela do contraente privado perante a utilização pela entidade administrativa das suas prerrogativas de autoridade constantes do artigo 180.º do CPA, que, sendo realizadas através da prática de actos administrativos unilaterais, estão sujeitas às regras gerais do procedimento e a algumas regras específicas da legislação aplicável. Estes actos são destacáveis para efeitos de impugnação autónoma, sem prejuízo de grande parte da doutrina entender que prevalece, nestes casos, a teoria da incorporação. É assunto que retomaremos no § 2 deste capítulo.

Contudo, a procedimentalização da execução dos contratos também permite aumentar as garantias dos terceiros, sobretudo a dois níveis: primeiro, por clarificar as regras relativas à responsabilidade das partes perante estes (cfr. os artigos 36.º a 38.º do Decreto-Lei n.º 59/99); segundo, porque, muitas vezes, o modo como a Administração utiliza os seus poderes de autoridade também afecta terceiros, por exemplo, ao determinar o modo como um serviço público é desenvolvido pelo concessionário[739]. Como refere ANDREA RALLO, o procedimento não se exaure na emanação do acto final, continuando aberto à dinâmica dos interesses públicos e privados envolvidos e às eventuais alterações da relação jurídica administrativa[740].

---

[739] Não concordamos, por isso, com SEVERO GIANNINI, *Diritto...*, *cit.*, volume II, pág. 365, quando defende que os actos da "serie negocial" apenas dizem respeito às partes contratantes.

[740] Cfr. ANDREA RALLO, *op. cit.*, pág. 333.

A execução dos contratos ditos privados está também sujeita a regras procedimentais, embora com diferente intensidade, uma vez que as prerrogativas que a Administração utiliza nestes contratos são, também elas, menos intensas. Contudo, mesmo os autores que consideram que a fase da execução releva essencialmente do Direito Privado, salientam a necessidade de os actos da Administração contraente serem precedidos de um procedimento administrativo[741], bem como o facto de alguns desses actos serem destacáveis para efeitos de impugnação contenciosa autónoma: é o caso do acto através do qual a Administração modifica unilateralmente o contrato, dirige o seu modo de execução, rescinde o contrato, ou aplica multas contratuais. Neste sentido, GUIDO GRECO defende, a propósito dos contratos de empreitadas de obras públicas, que são qualificados no Direito italiano como contratos privados, que existe também uma fase de *"evidenza pubblica"* na execução destes contratos[742].

A procedimentalização da execução de todos os contratos celebrados pela Administração radica exactamente no facto de essa fase implicar, a cada momento, uma nova valoração do interesse público, que deve ser sempre norteada por regras de Direito Administrativo. A natureza pública dos actos praticados na fase de execução do contrato justifica-se, além disso, pela necessidade de todos esses actos estarem sujeitos às vinculações jurídico-públicas e às formas de controlo típicas dos actos administrativos[743].

A última fase deste gradual processo de procedimentalização dos contratos da Administração Pública corresponde à autonomização de actos administrativos destacáveis do procedimento de formação e de execução do contrato para efeitos da sua impugnação contenciosa. Esta é, aliás, a principal (se não a única) forma actualmente prevista de protecção dos terceiros perante o contrato, visto que o contencioso dos contratos está, por enquanto, limitado às partes. Por isso, dedicaremos especial atenção à figura do acto destacável nos números seguintes da presente dissertação.

---

[741] V., por todos, SEVERO GIANNINI, *Diritto...*, cit., volume II, págs. 406 e 407. Em sentido próximo, quanto ao contrato de empreitada de obras públicas, v. CERULLI IRELLI, *op. cit.*, pág. 676.

[742] Cfr. GUIDO GRECO, *I contratti dell'Amministrazione tra Diritto pubblico e privato*, Milão, 1986, págs. 72 e seguintes.

[743] Neste sentido, v. GUIDO GRECO, *I contratti...*, cit., pág. 73 e pág. 79.

2. A noção de acto destacável

A destacabilidade de certos actos do procedimento de formação e execução dos contratos para efeitos de impugnação autónoma em sede de recurso contencioso de anulação é, como referimos, o meio mais importante de protecção dos terceiros no contencioso dos contratos da Administração[744]. A teoria dos actos destacáveis merece, por isso, especial atenção.

São quatro as principais questões a analisar neste âmbito: a noção de acto destacável, com uma breve referência histórico-comparatística; a identificação dos actos destacáveis da fase da formação e da execução dos contratos da Administração, independentemente da sua natureza; as causas de invalidade dos actos destacáveis; e, finalmente, a determinação das consequências da invalidade de um acto destacável sobre o contrato já celebrado.

A figura do acto destacável é uma construção jurisprudencial do Conselho de Estado francês, que surgiu no início do século XX, com o Acórdão *"Martin"*, em 1905, afastando a teoria da incorporação, que havia dominado a doutrina e a jurisprudência durante todo o século XIX[745]. Segundo esta teoria, após a celebração do contrato, os actos praticados no âmbito da sua formação deixavam de ser impugnáveis autonomamente, uma vez que se incorporavam no próprio contrato.

Esta solução deixava totalmente desprotegidos os terceiros lesados pelo contrato, na medida em que estes não têm acesso ao contencioso contratual, ou seja, não têm legitimidade para intentar uma acção de invalidade do contrato.

A criação da figura do acto destacável radica no entendimento do contrato como uma operação complexa[746] e surge ligada – numa lógica

---

[744] Neste sentido, v. FAUSTO DE QUADROS, LUÍS FÁBRICA, FERREIRA DE ALMEIDA e PAULO OTERO, *Procedimento...*, *cit.*, pág. 533. V. também PHILIPPE TERNEYRE, *Les paradoxes du contentieux de l'annulation des contrats administratifs*, in ED (F), n.º 39, 1988, pág. 72.

[745] PROSPER WEIL, *Les conséquences...*, *cit.*, pág. 202, considera que esta fase foi dominada pela teoria do "todo indivisível". Sobre a evolução da teoria dos actos destacáveis, v. JEAN ABESSOLO, *Les effets de la nullité des contrats administratifs: probléme de effectivité*, inédito, Pau, 1994, págs. 13 e seguintes; e LAURENT FOLLIOT, *op. cit.*, Tomo II, págs. 240 e seguintes.

[746] A aplicação desta expressão aos contratos administrativos é de CHARLES HUBERT, *Actes rattachables et actes détachables*, Paris, 1968, págs. 65 e seguintes. LAURENT FOLLIOT, *op. cit.*, Tomo II, pág. 260, considera, por sua vez, que o contrato e os actos

tradicionalmente francesa – a uma visão objectivista do contencioso, já que a impugnação dos actos destacáveis por parte dos terceiros constituía apenas uma forma de garantir a legalidade dos procedimentos pré-contratuais. Neste sentido, LAURENT RICHER refere-se à teoria dos actos destacáveis como um "...*bastião avançado do princípio da legalidade no âmbito do contrato...*"[747]. Esta tese pressupõe, naturalmente, a eficácia *erga omnes* das sentenças proferidas em sede de recurso contencioso de anulação, aspecto sobre o qual já nos debruçámos antes.

A doutrina e jurisprudência francesas foram gradualmente aceitando a existência de actos destacáveis da formação dos contratos da Administração[748] e, posteriormente, da sua execução, embora apenas no âmbito dos contratos administrativos, visto que apenas nestes a Administração estaria dotada de poderes de autoridade. Contudo, enquanto os primeiros são impugnáveis por qualquer interessado, os actos da execução do contrato só são destacáveis para possibilitar a sua impugnação contenciosa por terceiros, valendo, relativamente ao co-contratante, a teoria da incorporação. Esta solução é muito criticada pela maioria da doutrina, porque o co--contratante particular não pode obter, através do contencioso contratual, o mesmo efeito que obtém através do *"recours pour excès de pouvoir"*, ou seja, a anulação dos actos de autoridade praticados pela Administração no âmbito da execução do contrato, não havendo, por isso, lugar à aplicação da "teoria do recurso paralelo"[749].

Por outro lado, aceita-se também a destacabilidade de actos da fase da formação dos contratos privados da Administração, sendo essa uma questão prejudicial suscitada perante os tribunais comuns, que compete aos tribunais administrativos apreciar[750].

---

pré-contratuais formam um sistema coerente e não uma operação complexa, pois esta terminaria com a celebração do contrato, mas não integraria o próprio contrato.

[747] Cfr. LAURENT RICHER, *Droit...*, cit., pág. 147. No mesmo sentido, v. XAVIER LATOUR, *Détachabilité et contrat administratif*, in *Petites Affiches*, n.º 97, 1998, pág. 3.

[748] V., por todos, JEAN-MARIE AUBY e ROLAND DRAGO, *Traité de contentieux administratif*, Tomo I, Paris, 1984, pág. 427 e CHARLES HUBERT, *op. cit.*, págs. 198 e seguintes. MICHEL VIVIANO, *La théorie de la distinction des recours et le contentieux administrative contractuel*, inédito, Lille, 1995, págs. 228 e seguintes, defende, contudo, um elenco mais restritivo de actos destacáveis da formação do contrato, incluindo apenas os actos de tutela, os actos de aprovação e a própria celebração do contrato.

[749] Neste sentido, v. DOMINIQUE POUYAUD, *La nullité...*, cit., págs. 308 e seguintes e CHARLES HUBERT, *op. cit.*, pág. 152. Em sentido diferente v. JEAN-MARIE-AUBY e ROLAND DRAGO, *op. cit.*, Tomo II, págs. 247 e seguintes.

[750] Cfr., por todos, HENRI SAVOIE, *L'acte détachable d'un contrat de droit privé*, in RFDA, n.º 12, volume 3, 1996, pág. 429 e seguintes.

Em Espanha, a figura dos "actos separáveis" é aceite pelo Tribunal Supremo desde a década de sessenta, e alguns autores referem-se mesmo à formação do contrato como uma "fase administrativa separável" de todos os contratos celebrados pela Administração[751]. CARRETERO PEREZ distingue três tipos de situações: a "separabilidade necessária", com vista à tutela dos terceiros; a "separabilidade legal", determinada expressamente por lei; e a "separabilidade judicial", que resulta do reenvio prejudicial dos tribunais comuns para os tribunais administrativos[752]. Discordamos, contudo, do autor, quando defende que os actos separáveis têm uma função essencialmente de garantia da legalidade objectiva, apesar de esta ser obtida através da impugnação do acto por um terceiro, sobretudo no contexto do contencioso administrativo espanhol, cuja função e estrutura está completamente subjectivizada.

A principal especificidade da doutrina espanhola relativamente à solução francesa reside no facto de a autonomização de actos da fase da formação e da execução assumir mais importância nos contratos privados da Administração, como forma de delimitar a competência dos tribunais administrativos relativamente a estes contratos. A teoria dos actos separáveis teve, por isso, a virtualidade de permitir superar a solução dos blocos de competência, segundo a qual cada contrato formava um bloco, competindo todas as questões – mesmo relativas aos actos administrativos praticados no seu âmbito – aos tribunais comuns. Como salienta GARRIDO FALLA, esta solução implica, na prática, a negação do controlo judicial destes actos[753].

A LCAP, que determina, no seu artigo 62.º, a invalidade consequente dos contratos administrativos quando o sejam os respectivos actos preparatórios e o acto de adjudicação, reserva, no entanto, o conceito de acto separável apenas para os actos administrativos emitidos na fase de formação dos contratos privados[754].

---

[751] Cfr. CARRETERO PEREZ, op. cit., pág. 99. Sobre a evolução histórica da teoria dos actos separáveis em Espanha, v. SOLAS RAFECAS, op. cit., págs. 238 e seguintes. O autor distingue três períodos nesta evolução: desde meados do século XIX até a Ley de Jurisdicción Contenciosos-Administrativa de 1956; da entrada em vigor deste diploma legal até à Ley de Contratos del Estado de 1965; e, finalmente, desde essa data até hoje. É claro que a actual LCAP marca uma nova etapa nesta evolução, de que a obra não trata, uma vez que foi publicada em 1990.
[752] Cfr. CARRETERO PEREZ, op. cit., págs. 115 a 117.
[753] V. GARRIDO FALLA, Tratado..., cit., volume II, pág. 82.
[754] Cfr. REBOLLO PUIG, La invalidez de los contratos administrativos, in Estudios sobre la contratación en las Administraciónes Públicas, Granada, 1996, pág. 399. O autor

Na Itália e na Alemanha, a situação é um pouco diferente, devido à forma como a actividade contratual da Administração é encarada nestes países.

Na Itália, os *"contratti amministrativi"* são autonomizados dos restantes contratos privados para efeitos contenciosos, sendo a competência para dirimir os litígios deles emergentes atribuída aos tribunais administrativos. No entanto, como todos os contratos da Administração possuem uma *"serie procedimentale"* e uma *"serie negoziale"*, a competência para apreciar a validade dos actos administrativos integrados na fase procedimental cabe sempre aos tribunais administrativos, sendo permitido aos terceiros recorrer destes actos. Admite-se mesmo a recorribilidade de qualquer acto endoprocedimental, bem como de cláusulas regulamentares aplicáveis ao procedimento de selecção do co-contratante. Tal implica a destruição dos actos subsequentes e do próprio contrato[755], se já estiver celebrado (pode haver até cumulação do pedido de anulação do acto com o pedido de anulação do contrato) e a reconstituição do procedimento a partir do acto inválido.

Finalmente, na Alemanha, apesar de só terem natureza pública os contratos com conteúdo idêntico ao dos correspondentes actos administrativos, quer estes, quer os contratos privados da Administração são nulos quando for inválido um acto inserido no procedimento pré-contratual[756]. A nulidade dos contratos públicos e dos contratos privados, quando decorra da invalidade de actos preparatórios, pode ser arguida por qualquer interessado, através da acção declarativa prevista no artigo 43.º da VwGO, perante a Jurisdição administrativa[757].

Em Portugal, a noção de acto destacável está expressamente consagrada no artigo 9.º, n.º 3, do ETAF, nos termos do qual a acção sobre contratos *"não exclui o recurso contencioso dos actos destacáveis respeitantes à formação e à execução dos contratos administrativos"*. Esta

---

salienta, contudo, que os actos preparatórios também são destacáveis, no "modesto sentido" em que podem ser impugnados autonomamente do contrato.

[755] Neste sentido, v. ERMANNO LIUZZO, *La responsabilità precontrattuale della Pubblica Amministrazione*, Milão, 1995, pág. 53.

[756] Cfr. HARTMUT MAURER, *op. cit.*, págs. 389 e 390.

[757] Na Alemanha, o contencioso administrativo está completamente subjectivizado, pelo que só compreende acções, não existindo a figura do recurso. Por outro lado, apenas as acções de indemnização extracontratual são da competência dos tribunais comuns, pelo que o ressarcimento quer do terceiro, quer do co-contratante tem de ser obtido junto destes tribunais. V. HARTMUT MAURER, *op. cit.*, pág. 402.

opção mantém-se na PLCPTA, uma vez que o artigo 4.º, n.º 2, alínea *g*) refere-se aos *"...actos praticados no âmbito da relação contratual."*

Não restam, assim, quaisquer dúvidas quanto à autonomização de certos actos administrativos relativamente aos contratos administrativos para efeitos da sua impugnação contenciosa, quer por parte de terceiros, quer do próprio co-contratante particular. No plano substantivo, o CPA corrobora este entendimento, estabelecendo a invalidade consequente dos contratos administrativos quando sejam inválidos os *"actos de que dependa a sua celebração"* (cfr. o artigo 185.º, n.º 1, do CPA). Refira-se, no entanto, que os dois diplomas adoptam terminologias diferentes, suscitando a questão de saber se todos os actos destacáveis são também actos de que depende a celebração do contrato.

Pelo contrário, relativamente aos designados contratos privados da Administração, a doutrina clássica considerava que os respectivos actos preparatórios são de Direito Privado, uma vez que são instrumentais face ao contrato em cujo procedimento se inserem[758]. Esta posição foi, contudo, criticada por SÉRVULO CORREIA[759] e está, actualmente, ultrapassada, devido à gradual procedimentalização da fase de formação de todos os contratos celebrados por entidades administrativas, independentemente da sua natureza. Mais duvidosa continua a ser a destacabilidade dos actos da execução dos contratos privados, aspecto que desenvolveremos à frente, embora adiantemos desde já que, em coerência com o que defendemos quanto à natureza destes contratos, não nos parece de excluir a existência desses actos.

Optámos, por isso, por analisar os actos destacáveis da formação e da execução dos contratos da Administração, sem distinguir entre contratos administrativos e contratos privados, visto que não nos parece existir, quanto a esta matéria, diferenças de vulto, atendendo à crescente publicização destes últimos[760].

Existem, assim, dois tipos de actos destacáveis: os praticados no âmbito do procedimento pré-contratual e aqueles que são praticados no âmbito da execução do contrato, sendo que estes podem assumir a natureza de "actos administrativos secundários ou de segundo grau", segundo a designação adoptada por ROGÉRIO SOARES[761], quando recaiam sobre o próprio contrato, alterando alguma das suas cláusulas.

---

[758] Já referimos este aspecto. V., por todos, FREITAS DO AMARAL, *Apreciação...*, *cit.*, págs. 175 e 176, invocando a regra *"accessorium principale sequitur"*.
[759] Cfr. SÉRVULO CORREIA, *Legalidade...,cit.*, págs. 501 e seguintes.
[760] Em sentido próximo, v. REBELO DE SOUSA, *O concurso público...*, *cit.*, pág. 17.
[761] Cfr. ROGÉRIO SOARES, *Direito...*, *cit.*, pág. 125.

LAURENT FOLLIOT, por sua vez, distingue os actos pré-contratuais, praticados na fase de formação dos contratos, dos actos destacáveis, expressão que deveria ser reservada para os actos praticados no âmbito da execução do contrato[762]. Não concordamos com esta posição por duas razões: em primeiro lugar, porque o autor parte do pressuposto de que os actos praticados durante a execução do contrato só são destacáveis se a sua impugnação assentar apenas na violação da lei e nunca na violação do próprio contrato, entendimento que não acompanhamos; em segundo lugar, porque em ambos os casos a destacabilidade assume-se como uma característica material e não formal do acto relativamente ao contrato. De facto, mesmo os actos pré-contratuais, apesar de serem praticados antes da celebração do contrato, têm autonomia perante este para efeitos contenciosos após a sua celebração. Aliás, o artigo 9.º, n.º 1, do ETAF, refere-se genericamente a actos destacáveis da formação e da execução dos contratos, não distinguindo as duas situações.

Ainda quanto à noção de acto destacável, assume grande importância o problema da natureza destes actos, nomeadamente, saber se apenas os actos administrativos (individuais e concretos) podem ser autonomizados dos contratos, ou se também regulamentos (gerais e abstractos) podem ser destacados da relação contratual. Parece-nos que a resposta terá de ser positiva, devendo admitir-se a destacabilidade quer das cláusulas das peças concursais, quer das cláusulas regulamentares de certos contratos, *v.g.* dos contratos de concessão. Estas cláusulas, apesar da sua origem contratual, têm efeitos regulamentares perante terceiros, pelo que são recorríveis através do meio processual adequado à impugnação dos regulamentos administrativos[763].

Aliás, mesmo os decretos-leis materialmente administrativos podem constituir actos destacáveis de contratos, nos termos do artigo 268.º, n.º 4, da CRP, que garante o direito a impugnar todos os actos administrativos, independentemente da sua forma. É o caso, por exemplo, dos decretos-leis que determinem o procedimento de selecção do co-contratante aplicável à celebração de determinado contrato, o que acontece quando é necessária a intervenção do Conselho de Ministros para autorizar a despesa ou para dis-

---

[762] Cfr. LAURENT FOLLIOT, *op. cit.*, Tomo II, pág. 367.
[763] Neste sentido, v. PEDRO GONÇALVES, *A concessão...*, *cit.*, págs. 202 e 203. No mesmo sentido, v. FRANÇOIS LLORENS, *La concession...*, *cit.*, pág. 45. PIERRE DELVOLVÉ, *Le recours pour excès de pouvoir contre les dispositions réglementaires d'un contrat*, in RFDA, n.º 13, volume 1, 1997, pág. 96, defende, por sua vez, que estas cláusulas dos contratos de concessão são materialmente regulamentares e formalmente contratuais.

pensar a celebração de contrato escrito, nos termos do artigo 17.º, n.º 1, alínea e) e do artigo 60.º, n.º 3, do Decreto-Lei n.º 197/99.

Por outro lado, também actos tácitos podem configurar-se como actos destacáveis, quer quando sejam praticados no âmbito do procedimento pré-contratual, quer na fase da execução do contrato, sempre que à Administração é permitido praticar actos administrativos[764]. Neste segundo caso, contudo, o meio de impugnação varia consoante o interessado na sua impugnação seja o co-contratante ou um terceiro: se for um terceiro, o meio adequado é o recurso contencioso de anulação; se for o próprio co-contratante particular deve ser-lhe dada a possibilidade de optar entre o recurso e a acção sobre contratos. Esta opção justifica-se pela natureza "ficcional" do indeferimento tácito, que, quanto a nós, deve tender a desaparecer, permitindo-se o acesso a meios processuais que permitam condenar a Administração à prática dos actos administrativos legalmente devidos[765].

Parece-nos, assim, que se deve adoptar uma concepção abrangente de acto destacável, de acordo com o princípio *pro actione*, facilitando, dessa forma, o acesso à tutela judicial por parte dos lesados. Concordamos, por isso, com CARRETERO PÉREZ, quando defende que, em caso de dúvida sobre a destacabilidade de determinado acto, deve optar-se pela resposta afirmativa, em nome de uma efectiva tutela judicial dos terceiros[766].

3. Os actos destacáveis da formação dos contratos

A procedimentalização da fase pré-contratual é um aspecto comum aos contratos públicos e privados da Administração e tem como principal

---

[764] Neste sentido, v. MARIA JOÃO ESTORNINHO, *Um contrato ilegal... é legal?!*, in CJA, n.º 1, 1997, págs. 21 e seguintes, criticando um Acórdão do STA em que este tribunal se pronunciou em sentido contrário (cfr. o Acórdão de 15 de Outubro de 1996, proferido no Processo n.º 38.665).

[765] Como acontece nos artigos 66.º e seguintes da PLCPTA, apesar de se manter, simultaneamente, o recurso dos actos tácitos, o que cria uma situação de confusão quanto à delimitação rigorosa do âmbito da acção para a determinação dos actos legalmente devidos com o recurso contencioso de anulação dos actos tácitos, como assinala V. PEREIRA DA SILVA, *Vem aí a Reforma...*, cit., págs. 15 e 16.

[766] V. CARRETERO PÉREZ, *op. cit.*, pág. 117. M. ESTEVES DE OLIVEIRA, *Direito...*, cit., pág. 677, refere mesmo que a destacabilidade de actos procedimentais é uma manifestação obrigatória do Estado de Direito, nos termos dos artigos 20.º e 269.º da CRP (actual artigo 268.º). No mesmo sentido pronuncia-se também XAVIER LATOUR, *op. cit.*, pág. 3.

consequência, ao nível contencioso, a autonomização de actos destacáveis passíveis de recurso contencioso de anulação. Esta autonomização permite, por um lado, um alargamento do controlo judicial sobre o procedimento de formação dos contratos e, por outro lado, a protecção dos terceiros que são afectados por esse procedimento.

Actualmente, grande parte da legislação aplicável aos procedimentos pré-contratuais adopta um regime comum para todos os contratos celebrados por entidades administrativas, que culminam com o acto de adjudicação. Assim, não há quaisquer dúvidas quanto à existência de actos destacáveis dos contratos privados da Administração. Contudo, mesmo antes da entrada em vigor desses diplomas legais, SÉRVULO CORREIA entendia que a autonomia privada da Administração estava sujeita a vinculações jurídico-públicas, sendo sempre possível autonomizar pelo menos um acto destacável: a própria decisão de contratar[767], até porque neste acto estão implícitas outras decisões importantes, tais como, a localização da obra pública; o sistema e as prioridades de execução; a escolha da fórmula contratual em detrimento da execução directa pela Administração, etc[768].

Não podemos, por isso, acompanhar JACQUES GEORGEL quando defende que a decisão de contratar só é autonomamente impugnável se for necessária uma autorização concedida por uma entidade diferente daquela que celebra o contrato[769]. Pelo contrário, não se vislumbra qualquer razão para distinguir as duas situações, uma vez que em ambas está em causa a adequação do contrato à prossecução de determinado interesse público. A única diferença reside na falta de exteriorização da decisão de contratar, mas esse óbice é apenas formal, visto que essa decisão resulta implicita-

---

[767] Cfr. SÉRVULO CORREIA, *Legalidade...*, *cit.*, pág. 501. XAVIER LATOUR, *op. cit.*, pág. 5, considera este acto "intelectualmente destacável", distinguindo-o dos restantes actos destacáveis. Em sentido contrário, considerando esta hipótese uma "artificialização da teoria dos actos destacáveis", pronuncia-se J. PEREIRA DA SILVA, *A invalidade dos contratos administrativos*, in DJ, volume X, Tomo 2, 1996, pág. 119.

[768] Neste sentido, v. PELINO SANTORO, *I controlli...*, *cit.*, pág. 35. O autor considera, no entanto, que estas decisões só pressupõem a existência de posições subjectivas tuteláveis de terceiros quando sejam exteriorizadas, deixando de ser meras intenções (cfr. a pág. 45).

[769] V. JACQUES GEORGEL, *Formation du contrat administratif*, in JCA, n.° 8, fascículo n.° 507, 1990, pág. 3. Em sentido próximo parece pronunciar-se SEVERO GIANNINI, *Diritto...*, *cit.*, pág. 369, quando defende que quando esta decisão for uma acto meramente interno não é recorrível. No sentido de que o acto de abertura do concurso é recorrível contenciosamente, v. GOMES CANOTILHO e VITAL MOREIRA, *Constituição...*, *cit.*, 1993, pág. 939.

mente da própria abertura do procedimento de selecção do co-contratante[770].

A sujeição da fase pré-contratual a vinculações jurídico-públicas implica uma aproximação crescente entre a autonomia privada e a autonomia pública da Administração, que apenas se distinguiriam pela natureza do próprio contrato. Neste sentido, GUIDO GRECO defende que os actos da fase da formação dos contratos privados têm regime administrativo e efeitos privatísticos, designando-os, por isso, como "actos negociais", enquanto que os actos da formação dos contratos administrativos têm regime e efeitos públicos[771]. Não concordamos com esta distinção, atendendo à gradual publicização dos contratos privados que, em última análise, acaba por pôr em crise a própria distinção entre autonomia pública e privada da Administração. A prova desta tendência é o facto de os contratos privados também serem inválidos quando o sejam os actos pré-contratuais, nos termos gerais do artigo 185.º, n.º 1, do CPA. Outra solução implicaria a total inutilidade da procedimentalização da fase de formação destes contratos, na medida em que essa procedimentalização não teria quaisquer consequências relevantes sobre a sua validade.

Assim, apesar de o procedimento pré-contratual ser um modo de formação da vontade contratual da Administração, não é assimilável aos vícios da vontade do Código Civil, pelo que não se pode remeter o problema da invalidade consequente do contrato para o regime do artigo 185.º, n.º 2, do CPA, em vez do seu n.º 1. Este entendimento seria inaceitável, por duas razões fundamentais: primeiro, porque esvazia completamente o alcance do artigo 185.º, n.º 1, do CPA, tornando inútil a procedimentalização da actividade administrativa[772]; e segundo, porque os vícios civilísticos da vontade têm objectivos totalmente diferentes dos que estão na

---

[770] NICOLA GIOFFRÉ, *op. cit.*, págs. 23 e seguintes, considera que o primeiro acto recorrível é o anúncio público do concurso, que torna pública a decisão de contratar, evidencia o motivo de interesse público que justifica a celebração do contrato, determina o seu objecto, bem como as cláusulas essenciais, e selecciona o procedimento aplicável. No mesmo sentido, v. SABINO CASSESE, *op. cit.*, pág. 390.

[771] Cfr. GUIDO GRECO, *I contratti..., cit.*, págs. 95 e seguintes. Em sentido diferente, considerando que são verdadeiros e próprios actos administrativos, v. AURETTA BENEDETTI, *op. cit.*, págs. 137 e seguintes, e GARRIDO FALLA, *Tratado..., cit.*, págs. 80 e seguintes.

[772] Este aspecto é realçado por GUIDO GRECO, *I contratti...cit.*, pág. 127. O autor defende que assimilar os vícios da fase pré-contratual aos vícios civilísticos da vontade é *"desconhecer todo o fenómeno da evidenza pubblica e da funcionalização da actividade administrativa"*.

base da procedimentalização da fase pré-contratual. De facto, aqueles são estabelecidos apenas no interesse do próprio (é o caso da coacção e do erro), enquanto que as regras procedimentais visam essencialmente proteger terceiros e garantir a legalidade, a correcção e a transparência da actuação administrativa, bem como assegurar a melhor prossecução do interesse público. É por esta razão que os vícios procedimentais podem ser invocados por qualquer interessado, nomeadamente, os concorrentes preteridos, e não apenas pela própria Administração, cuja vontade está viciada[773].

A destacabilidade dos actos da formação de todos os contratos da Administração, independentemente da sua natureza, é, simultaneamente, uma causa e uma consequência da publicização dos contratos privados e assume-se claramente como a mais importante forma de protecção contenciosa dos terceiros. Por isso, o elenco dos actos materialmente destacáveis coincide tendencialmente com as situações lesivas dos direitos dos terceiros que podem ocorrer durante o procedimento pré-contratual e que referimos anteriormente: a decisão de contratar; o acto através do qual se escolhe o procedimento de selecção do co-contratante; a falta de convite nos procedimentos restritos; as cláusulas discriminatórias dos cadernos de encargos e de outras peças concursais; os actos que imponham obrigações ou recusem vantagens a determinados concorrentes; a admissão condicionada ou a exclusão de concorrentes; a admissão de outros concorrentes; a falta de audiência prévia; a decisão de não adjudicar o contrato ou de anular o procedimento; a adjudicação; a minuta do contrato; e o próprio acto de celebrar o contrato[774]. Concordamos, assim, com SÉRVULO CORREIA quando defende que não é possível caracterizar um acto destacável que seja por definição o único acto recorrível, até porque são destacáveis todos os actos lesivos que antecedem o acto final do procedimento[775].

Justifica-se, na nossa opinião, distinguir a destacabilidade material, que constitui um pressuposto autónomo de recorribilidade de certos actos

---

[773] Em sentido próximo, v. GUIDO GRECO, *I contratti...*, *cit.*, págs. 84 e 85.

[774] Mantemos, por isso, o entendimento, que já tivemos oportunidade de defender, segundo o qual a fase da formação do contrato não deve considerar-se terminada no momento da adjudicação, mas sim no da celebração do contrato, por forma a permitir aos terceiros lesados a impugnação da minuta do contrato e do acto de celelebração do mesmo, que constituem também actos destacáveis. V. ALEXANDRA LEITÃO, *Duas questões...*, *cit.*, págs. 61 e 62. No mesmo sentido, considerando que o procedimento pré-contratual só termina com a celebração do contrato, v. MICHEL VIVIANO, *op. cit.*, pág. 224.

[775] Cfr. SÉRVULO CORREIA, *Legalidade...*, *cit.*, pág. 784.

dos pressupostos de recorribilidade dos actos administrativos, que são comuns a todos eles. Por outras palavras, além da tipificação dos actos endoprocedimentais com potencialidade lesiva, a autonomização contenciosa destes actos não prescinde da verificação dos pressupostos de recorribilidade dos actos administrativos, nos termos gerais.

O problema da recorribilidade do acto coloca-se, no entanto, com particular acuidade relativamente aos actos destacáveis, uma vez que estão integrados num procedimento e permitem a apreciação *in itinere* da actividade administrativa. Os dados da questão são sobejamente conhecidos: trata-se de saber se o artigo 268.º, n.º 4, da CRP, na redacção introduzida pela Revisão Constitucional de 1989, implica a inconstitucionalidade superveniente do artigo 25.º da LPTA, substituindo as noções de definitividade e executoriedade pelo requisito da lesividade do acto[776]. Independentemente da posição adoptada, o critério da lesividade parece-nos o mais adequado no caso específico dos actos destacáveis, sendo inaceitáveis as restrições da jurisprudência do STA à recorribilidade de actos anteriores à adjudicação, remetendo todo o controlo do procedimento para o acto final, ainda que com fundamento na invalidade de actos anteriores[777]. Como refere FREITAS DO AMARAL, concordando com esta posição da jurisprudência, os actos endoprocedimentais, ainda que sejam lesivos, não o são autonomamente, mas pelo filtro do acto conclusivo do procedimento[778].

---

[776] Sobre esta matéria, v. V. PEREIRA DA SILVA, *Em busca...*, cit., págs. 400 e seguintes. V. também PAULO OTERO, *As Garantias...*, cit., pág. 60; e, em sentido próximo, MÁRIO TORRES, *A garantia constitucional do recurso contencioso*, in SJ, Tomo XXXIX, n.ºs 223-228, 1990, págs. 48 e 49. Em sentido contrário pronunciam-se FREITAS DO AMARAL, *Apreciação da dissertação de doutoramento do Mestre Vasco Pereira da Silva...*, cit., págs. 274 e 275 e ROGÉRIO SOARES, *O Acto administrativo*, in SJ, Tomo XXXIX, n.ºs 223-228, 1990, págs. 32 a 35. Refira-se, quanto a esta questão, que o artigo 51.º, n.º 3, da PLCPTA determina que não são necessárias quaisquer impugnações administrativas prévias, mas, nos termos do artigo 59.º, n.º 4, as mesmas têm sempre efeito suspensivo.

[777] V., a título de exemplo, os Acórdãos do STA de 27 de Janeiro de 1999, Processo n.º 44.556; de 21 de Julho de 1999, Processo n.º 45.264; de 2 de Dezembro de 1999, Processo n.º 45.546; e o Acórdão do TCA de 1 de Julho de 1999 (Processo n.º 3.209/99). A jurisprudência espanhola vai no mesmo sentido, como salienta GARCÍA-TREVIJANO GARNICA, *La impugnación de los actos administrativos de trámite*, Madrid, 1993, pág. 66. O autor refere-se aos actos finais como "actos-esponja", que absorvem os vícios dos actos procedimentais (cfr. a pág. 91).

[778] V. FREITAS DO AMARAL, *Apreciação da dissertação de doutoramento do Mestre Vasco Pereira da Silva...*, cit., pág. 275. Também REBELO DE SOUSA, *O concurso pú-*

Esta solução revela-se particularmente prejudicial para os lesados, porque a possibilidade de impugnação contenciosa imediata dos actos endoprocedimentais, enquanto o procedimento ainda está em curso, é a única forma de proteger os terceiros e, mais do que isso, de conciliar a tutela dos terceiros com a prossecução do interesse público. Senão vejamos: só admitindo a interposição imediata do recurso contencioso de anulação do acto lesivo, no momento em que este é praticado, pode corrigir--se o procedimento a partir desse momento e repor a legalidade do mesmo sem grandes atrasos na celebração do contrato.

Aliás, é este o objectivo do Decreto-Lei n.º 134/98, que transpôs a Directiva "Recursos" para a ordem jurídica portuguesa, ao determinar, no seu artigo 2.º, n.º 1, que *"todos os actos administrativos relativos à formação do contrato que lesem direitos ou interesses legalmente protegidos são susceptíveis de recurso contencioso..."*[779], fazendo acompanhar o recurso de medidas cautelares adequadas com vista a corrigir a ilegalidade ou a impedir que sejam causados outros danos aos interesses em causa.

Pelo contrário, se apenas o acto de adjudicação for recorrível, é impossível assegurar o controlo judicial *in itinere* do procedimento e põe-se em causa o próprio efeito útil do recurso, uma vez que, estando o contrato já celebrado quando a sentença é proferida, nada mais resta ao terceiro do que uma indemnização pelos danos sofridos na sua esfera jurídica.

Por outro lado, se prevalecer o interesse do terceiro, tal implica a destruição retroactiva do contrato já celebrado, causando maiores prejuízos para a prossecução do interesse público. É por isso que, no caso dos actos endoprocedimentais, a exigência do requisito da definitividade vertical e horizontal nos parece ainda mais gravosa para os interesses dos particulares e para a garantia da sua tutela judicial efectiva[780]. Merece, aliás,

---

blico..., *cit.*, pág. 62, parece defender posição análoga, pois considera que as irregularidades procedimenais graves reflectem-se no acto final, determinando a invalidade do acto de adjudicação.

[779] MARIA JOÃO ESTORNINHO, *A propósito do Decreto-Lei n.º 134/98, de 15 de Maio, e das alterações introduzidas ao regime do contencioso dos contratos da Administração Pública...*, in CJA, n.º 11, 1998, pág. 4, considera que é a consagração do critério de recorribilidade decorrente do artigo 268.º, n.º 4, da CRP, ou seja, da lesividade dos actos administrativos. Pelo contrário, M. ESTEVES DE OLIVEIRA e R. ESTEVES DE OLIVEIRA, *op. cit.*, pág. 670, consideram que o recurso urgente do Decreto-Lei n.º 134/98 só pode ser usado contra actos verticalmente definitivos, nos termos gerais da LPTA.

[780] No mesmo sentido, v. OLIVIERO ZUCCARO, *op. cit.*, págs. 65 e 66, salientando dois aspectos: por um lado, faz notar que os meios de impugnação administrativa não contribuem para a redução da litigiosidade, na medida em que, atendendo à normal parciali-

o nosso aplauso um aresto recente do STA, no qual este Tribunal entendeu que existem diferentes graus de lesividade, aceitando a recorribilidade de actos preparatórios, apesar de *"...não poder exigir-se dos actos preparatórios a mesma potencialidade lesiva dos actos definitivos ou destacáveis, bastando que os direitos ou interesses sejam ameaçados, perturbados ou colocados em posição concorrencial desfavorável..."*[781]. Refira-se, contudo, que não acompanhamos o tribunal na referência aos actos destacáveis como definitivos, parecendo excluir daquele conceito os actos preparatórios, ainida que, no caso em apreço, ter admitido a sua recorribilidade.

SÉRVULO CORREIA, apesar de não considerar inconstitucional a exigência de recurso hierárquico necessário, entende também que a multiplicação dos actos recorríveis funciona como elemento de conexão entre o procedimento e o processo, cuja ligação se faz através da execução de julgados, retomando-se o procedimento a partir do acto anulado ou declarado nulo[782].

Nos procedimentos regidos pelo Decreto-Lei n.º 197/99, a reclamação só é admitida no acto público do concurso (cfr. o artigo 99.º) pelo que, a exigir-se a impugnação administrativa prévia de quaisquer actos lesivos anteriores, tal só pode ocorrer nesse momento, protelando a tutela judicial do terceiro. Contudo, os artigos 180.º e 181.º do Decreto-Lei n.º 197/99 consagram o carácter facultativo quer da reclamação, quer do recurso hierárquico, o que tem duas consequências fundamentais: os vícios que não sejam invocados no recurso hierárquico podem ser utilizados no recurso contencioso; e a impugnação administrativa não é necessária à interposição do recurso contencioso de anulação[783]. Outra solução seria

---

dade da Administração Pública, raramente se traduz num instrumento de tutela dos particulares; por outro lado, o recurso hierárquico necessário conduz normalmente ao silêncio da Administração, implicando o respectivo indeferimento tácito e, consequentemente, a manutenção do acto recorrido. Assim, acaba por apenas retardar o acesso à tutela judicial ou mesmo impedi-lo se não se exaurir previamente o meio gracioso. O prazo de dois meses para o recurso contencioso de anulação fica, por isso, reduzido, na prática, a um mês, que é o prazo para a interposição do recurso hierárquico. Refira-se que, mesmo em França, alguns autores defendem o fim do *"recours administratif préalable"*, embora ainda considerem vantajosa a interposição do recurso facultativo. V., por todos, JEAN-FRANÇOIS BRISSON, *Les recours administratifs en Droit public français*, Paris, 1996, pág. 473.

[781] V. o Acórdão do STA de 26 de Janeiro de 2000, proferido no Processo n.º 45.707.

[782] Cfr. SÉRVULO CORREIA, *Impugnação...*, cit., pág. 14.

[783] Na vigência do Decreto-Lei n.º 55/95, de 29 de Março, e do Decreto-Lei n.º 405/93, de 10 de Dezembro, a natureza necessária ou facultativa do recurso hierárquico era

altamente gravosa, tanto mais que não pode haver reclamações fora do acto público do concurso e consideram-se notificados todos os concorrentes, independentemente de estarem ou não presentes ou representados no acto público do concurso, nos termos do artigo 181.°, n.° 4, do Decreto-Lei n.° 197/99. Esta fórmula legal é, aliás, de duvidosa constitucionalidade, atendendo ao dever de notificação dos actos administrativos resultante do artigo 268.°, n.° 3, da CRP. Contudo, o prazo para recorrer contenciosamente de quaisquer deliberações tomadas no acto público do concurso teria sempre de se começar a contar a partir do conhecimento efectivo, na medida em que qualquer "presunção de notificação" é claramente inconstitucional.

Pelo contrário, no Decreto-Lei n.° 59/99, relativo às empreitadas de obras públicas, pode haver reclamações antes do acto público do concurso (cfr. o artigo 49.°), mas, em contrapartida, todas as impugnações administrativas são necessárias. Assim, o artigo 103.° determina a recorribilidade contenciosa dos actos que indefiram os recursos graciosos, embora se permita a invocação de vícios contra os quais se tenha reclamado ou recorrido sem sucesso (o que decorre da eliminação do artigo 55.° do Decreto-Lei n.° 405/93, de 10 de Dezembro, que aprovou o anterior regime das empreitadas de obras públicas). O preceito do artigo 103.° suscita, contudo, algumas dificuldades de interpretação, visto que, apesar de continuar a pressupor a impugnação administrativa prévia, admite o recurso de quaisquer actos lesivos, o que parece permitir a impugnação de todos os actos endoprocedimentais, independentemente da sua definitividade vertical. A solução mais adequada, de um ponto de vista literal, parece ser a de considerar que os actos previstos nos artigos 49.°, 88.° e 98.° estão sujeitos a impugnação graciosa necessária, sendo os restantes imediatamente recorríveis. Esta hipótese afigura-se, contudo, contraditória, na medida em que estabelece regimes diferentes para actos inseridos no mesmo procedimento, exigindo o esgotamento dos meios graciosos exactamente quando aos actos potencialmente mais lesivos.

---

muito discutida pela doutrina. M. ESTEVES DE OLIVEIRA e R. ESTEVES DE OLIVEIRA, *op. cit.*, págs. 627 e seguintes, e 661 e seguintes, entendiam que as impugnações administrativas referidas naqueles diplomas eram necessárias. Pelo contrário, MARGARIDA CABRAL, *O concurso público...*, *cit.*, págs. 170 e seguintes, em especial, a pág. 176, considerava que em ambos os diplomas as impugnações administrativas eram meramente facultativas. No entanto, a orientação seguida maioritariamente pela jurisprudência era a primeira, defendendo a exigência de impugnação administrativa prévia. V., por todos, o Acórdão do STA de 23 de Março de 1999, Processo n.° 41.256.

Em conclusão, parece-nos que a recorribilidade dos actos destacáveis deve aferir-se em função da sua potencialidade lesiva, pelo que o conceito de "destacabilidade material" acaba por ser o único requisito de recorribilidade destes actos, sem necessidade da verificação de outros requisitos. Não concordamos, por isso, com GARCÍA-TREVIJANO GARNICA, quando defende que apenas são recorríveis os actos de trâmite que ponham termo ao procedimento ou decidam de fundo sobre o assunto, antecipando a decisão final[784]. Pelo contrário, seguimos a posição de V. PEREIRA DA SILVA, quando preconiza a recorribilidade dos actos praticados no decurso de um procedimento, incluindo os pareceres, os actos preparatórios, as medidas internas, as decisões provisórias e os actos de execução[785].

Outro pressuposto da recorribilidade dos actos administrativos que se coloca com particular acuidade no caso dos actos destacáveis – além do prazo, que analisaremos a propósito dos meios contenciosos – é a legitimidade activa. Sobre esta matéria, que desenvolvemos na parte I da presente dissertação, cumpre apenas focar três aspectos.

Em primeiro lugar, e de acordo com as posições que assumimos quanto à natureza do contencioso administrativo, parece-nos que a figura do acto destacável tem uma função essencialmente subjectivista, de protecção dos terceiros e não de tutela da legalidade objectiva. Aliás, mesmo em França, onde os actos destacáveis surgiram como forma de controlar a legalidade dos procedimentos de adjudicação, a tendência jurisprudencial tem evoluído naquele sentido[786].

Em Portugal, apenas M. ESTEVES DE OLIVEIRA se pronunciou no sentido da função objectivista da autonomização dos actos destacáveis, justificando essa posição com o facto de o juiz, em sede de recurso contencioso de anulação, apenas anular ou declarar nulo o acto, tendo o particular que intentar uma acção de responsabilidade extracontratual para ser ressarcido[787].

Esta posição, além de ser redutora quanto ao alcance das sentenças proferidas no âmbito do recurso de anulação, parece "esquecer" dois aspectos essenciais: em primeiro lugar, a possibilidade de, em execução da sentença, se considerar inválido o próprio contrato (como, aliás, decorre

---

[784] Cfr. GARCÍA-TREVIJANO GARNICA, *La impugnación...*, *cit.*, pág. 129. No mesmo sentido, v. CHARLES HUBERT, *op. cit.*, págs. 196 e 197, considerando destacáveis apenas os actos regulamentares, os actos que prejudiquem necessariamente a decisão final e aqueles que, ainda que dissimuladamente, adoptem a mesma decisão.

[785] Cfr.. V. PEREIRA DA SILVA, *Em busca...*, *cit.*, págs. 706 e seguintes.

[786] Cfr. DOMINIQUE POUYAUD, *La nullité...*, *cit.*, págs. 313 e seguintes.

[787] Cfr. M. ESTEVES DE OLIVEIRA, *Direito...*, *cit.*, pág. 353.

do artigo 185.º, n.º 1, do CPA); depois, que a impossibilidade de cumular o recurso com a acção de responsabilidade decorre apenas de um obstáculo processual, resultante do artigo 38.º da LPTA e não de uma incompatibilidade de natureza entre os dois meios[788].

Em segundo lugar, a legitimidade activa não pode ser limitada aos concorrentes que, em caso de provimento do recurso, poderiam vir a ser escolhidos como adjudicatários. Tal não nos parece correcto, por duas razões: por um lado, a invalidade da adjudicação pode resultar de um vício ocorrido numa fase inicial do procedimento, caso em que os candidatos preteridos são afastados muito antes de ser possível determinar qual seria a sua posição relativa se chegassem ao fim do procedimento; por outro lado, é muito difícil determinar *a priori* as hipóteses que cada candidato teria se determinada ilegalidade não tivesse sido cometida. Este aspecto deve relevar apenas para a determinação do montante da indemnização se o recorrente não chegasse a ser escolhido como adjudicatário e não enquanto pressuposto processual do recurso contencioso de anulação[789]. Como refere LUCIANO TOZZI, para que se possa recorrer de um acto destacável basta que o particular recorrente esteja inserido naquela relação jurídica em concreto[790]. Ora, como defendemos antes, o terceiro relativamente ao contrato é, obviamente, parte na relação jurídica que se estabelece com o procedimento pré-contratual.

Questão diferente prende-se com a legitimidade de um concorrente para impugnar o acto final do procedimento com fundamento na violação dos direitos de um outro concorrente numa fase anterior do procedimento. Como vimos, à luz de uma concepção subjectivista do contencioso administrativo, a resposta deve ser negativa, uma vez que apenas o concorrente que foi prejudicado pelo acto endoprocedimental poderia ter recorrido imediatamente do mesmo, logo, a legitimidade activa relativamente ao acto final deve ser aferida nos mesmos moldes[791].

---

[788] A maioria dos autores critica esta solução. V., por todos, RUI MEDEIROS, *Acções...*, cit., págs. 46 e seguintes. Na legislação actual, apenas FREITAS DO AMARAL, *Direito...*, cit., volume I, pág. 215, admite a cumulação no caso dos recursos que sejam da competência do TAC. Na PLCPTA permite-se esta cumulação, nos termos do artigo 4.º, n.º 2, alínea f).

[789] Neste sentido, v. EZIO BARBIERI, *Riflessioni...*, cit., pág. 740.

[790] Cfr. LUCIANO TOZZI, *op. cit.*, págs. 386 e 387.

[791] Em sentido próximo pronuncia-se GRACÍA-TREVIJANO GARNICA, *La impugnación...*, cit., pág. 122, embora adopte uma perspectiva diferente, tratando esta questão em sede de recorribilidade do acto e não de legitimidade activa, por considerar que um acto pode ser recorrível para determinado particular e não o ser para outro.

Finalmente, existe um pressuposto de verificação negativa, que se traduz na não aceitação, expressa ou tácita, do acto impugnado, nos termos do artigo 47.º do RSTA e do artigo 827.º do CA, e que é mantido no artigo 56.º da PLCPTA. De acordo com estes preceitos, o candidato que não tivesse recorrido graciosamente ou contenciosamente, por exemplo, do acto que lhe tenha recusado certos esclarecimentos complementares relativos à proposta, não poderia, depois, vir a impugnar o acto de adjudicação com esse fundamento. Já tivemos oportunidade de criticar esta posição, atendendo ao facto de, na maior parte das vezes, os concorrentes evitarem situações litigiosas com a entidade adjudicante, com receio de diminuir as probabilidades de serem seleccionados[792]. Por outro lado, esse entendimento acaba também por se traduzir num ónus adicional que recai sobre o recorrente, que restringe o seu acesso à tutela judicial efectiva[793]. Mais: na maior parte dos casos, uma aplicação rígida dos artigos 47.º do RSTA e 827.º do CA seria contraditória com a jurisprudência mais conservadora do STA que recusa a recorribilidade imediata dos actos endoprocedimentais, pois vedaria essa possibilidade, mas, depois, utilizaria a falta de impugnação desses actos como fundamento para rejeitar o recurso do acto final. Aliás, como salienta GARCÍA-TREVIJANO GARNICA, tal violaria o próprio princípio *pro actione*, atendendo, sobretudo, às dúvidas razoáveis que se colocam muitas vezes quanto à recorribilidade autónoma de certos actos[794].

Na fase da formação do contrato também podem considerar-se destacáveis certo tipo de cláusulas regulamentares, constantes das peças concursais, quando estas contenham regras discriminatórias, em função da nacionalidade ou de outros factores que não estejam relacionados com o objecto do contrato. Assim, quer no procedimento pré-contratual, quer na fase da execução do contrato, podem ser autonomizadas cláusulas de natureza regulamentar, para efeitos da sua impugnação autónoma em via principal, através do meio processual adequado, ou em via incidental, quando se impugna a validade de um acto destacável com base na ilegalidade da norma regulamentar na qual este se baseia. É o caso do programa do concurso, relativamente ao qual a doutrina é unânime quanto à sua natureza regulamentar e, na nossa opinião, do caderno de encargos, que,

---

[792] Neste sentido, v. MARGARIDA CABRAL, *O concurso público...*, cit., pág. 264. ORTEGA ÁLVAREZ, *La coacción institucional para desistir del accesso al juiz*, in RAP, n.º 100-102, vol. II, 1983, pág. 1437, refere o facto de existir, nos procedimentos concursais, uma certa "coacção institucional para desistir do acesso ao juiz".

[793] V. ALEXANDRA LEITÃO, *A protecção...*, cit., págs. 77 e 78. Em sentido diferente, v. COSCULLUELA MONTANER, *Manual...*, cit., pág. 399.

[794] Cfr. GARCÍA-TREVIJANO GARNICA, *La impugnación...*, cit., pág. 344 e 347.

apesar da sua natureza *sui generis*, por ser simultaneamente um regulamento do concurso e uma declaração negocial[795], deve também considerar-se destacável para efeitos de impugnação contenciosa imediata[796].

Finalmente, cumpre analisar os fundamentos da invalidade dos actos destacáveis, que podem padecer dos vícios gerais dos actos administrativos, nos termos dos artigos 133.º e 135.º do CPA, bem como da violação dos princípios gerais da contratação pública, consagrados nos artigos 7.º a 14.º do Decreto-Lei n.º 197/99. De facto, apesar de a maioria destes princípios serem, na realidade, comuns a toda a actividade administrativa e não específicos da actividade contratual, acabam por constituir mais um parâmetro de validade dos actos praticados pela Administração no âmbito do procedimento pré-contratual.

Além disso, os actos destacáveis podem ainda ser inválidos por violarem o próprio contrato ou algumas das suas cláusulas[797], que tenham sido estipuladas em benefício do interesse público ou de terceiros, como, por exemplo, os utentes nos contratos de concessão. No entanto, esta especificidade é típica dos actos destacáveis da execução do contrato e não da formação do contrato, uma vez que, aquando da sua prática, momento em que se aprecia a respectiva validade, o contrato ainda não está celebrado. Mesmo que se entenda, como alguns autores, que o conteúdo do contrato pode ser fundamento da invalidade da decisão de contratar, independentemente da natureza pública ou privada do contrato[798], não é a violação do próprio contrato que gera a invalidade deste acto, mas sim o facto de se violarem os limites legais à utilização da via contratual.

Os vícios da vontade decorrentes do Direito Privado não constituem fundamento de invalidade dos actos destacáveis, uma vez que dizem respeito apenas às partes no contrato, sendo aplicável, por isso, o regime do CC, nos termos do artigo 185.º, n.º 2, do CPA. Estes vícios, que se podem verificar na formação de qualquer contrato da Administração, não se con-

---

[795] Neste sentido, v. M. ESTEVES DE OLIVEIRA, *Direito...*, cit., pág. 683.

[796] Em sentido contrário, v. MARGARIDA CABRAL, *O concurso público...*, cit., pág. 247, defendendo que os particulares apenas podem expressar nas respectivas propostas as suas reservas relativamente às cláusulas.

[797] Neste sentido, v. MARIA JOÃO ESTORNINHO, *Algumas questões...*, cit., pág. 30. Em sentido contrário, v. MICHEL VIVIANO, *op. cit.*, pág. 283.

[798] Cfr. ETIENNE PICARD, *La liberté contractuelle des personnes publiques constitue-t-elle un droit fondamental?*, in AJDA, 1998, pág. 665. No mesmo sentido pronuncia-se JEAN ABESSOLO, *op. cit.*, pág. 18, considerando que a ilicitude de algumas cláusulas do contrato podem servir de fundamento à invalidade da decisão de celebrar o contrato, por "invadir" matérias reservadas à actuação unilateral da Administração.

fundem com os vícios procedimentais, cujo escopo se prende com a tutela dos terceiros e com o respeito dos princípios fundamentais da actuação administrativa.

4. Os actos destacáveis da execução dos contratos e a teoria da incorporação

A autonomização de actos administrativos da fase da execução do contrato para efeitos de impugnação contenciosa revela-se mais problemática, por duas razões fundamentais: primeiro, porque a procedimentalização da execução dos contratos não é ainda tão intensa como na fase da formação; segundo, porque, após a celebração do contrato, este é visto como um mundo fechado, reservado apenas às partes, no âmbito do qual não é admitida a intervenção de terceiros[799].

Quanto ao primeiro aspecto, tivemos já oportunidade de defender que, actualmente, a procedimentalização é um denominador comum de toda a actividade da Administração Pública, incluindo, nomeadamente, a actividade desenvolvida através de meios jurídico-privados. Assim, também a fase da execução dos contratos, independentemente da sua natureza pública ou privada, está sujeita a vinculações jurídico-públicas, sobretudo, ao princípio da legalidade e às regras procedimentais. Em sentido próximo, NIL SYMCHOWICZ considera que, apesar de o controlo judicial sobre a formação dos contratos, através da figura dos actos destacáveis, ser muito mais intenso do que na execução, deve procurar-se uma harmonia e uma continuidade entre o Direito da formação e o Direito da execução do contrato, sem prejuízo da preservação da liberdade contratual das partes[800].

Por outro lado, os contratos não dizem apenas respeito aos contraentes, nem no caso dos contratos entre privados, nem, por maioria de razão, no caso dos contratos da Administração, cuja finalidade é a prossecução do interesse público. De facto, a execução dos contratos celebrados pela Administração pode afectar terceiros, aos quais deve ser garantida uma forma de tutela judicial face a esses efeitos lesivos.

A destacabilidade de actos praticados no âmbito da execução do contrato, a par das formas de efectivação da responsabilidade contratual e extracontratual, é um meio de proteger terceiros e, o que não é despiciendo, também uma forma de assegurar a tutela do próprio co-contratante parti-

---

[799] Neste sentido, criticando a jurisprudência francesa, v. PHLIPPE TERNEYRE, *Les paradoxes...*, *cit.*, pág. 89.
[800] Cfr. NYL SYMCHOWICZ, *op. cit.*, pág. 779.

cular perante a actuação da Administração. Não pode, por isso, acolher-se a "velha" teoria francesa da incorporação, segundo a qual, após a celebração do contrato, todos os actos praticados com vista à sua execução, tornam-se parte integrante da relação contratual, só passível de controlo judicial através da acção sobre contratos. Esta solução resultaria numa denegação da tutela contenciosa quer dos terceiros, quer do contratante particular, visto que os primeiros não têm legitimidade para impugnar o contrato, pelo menos sem obter previamente a anulação ou declaração de nulidade de um acto destacável; e os segundos não podem impugnar, através do acção de contratos, os actos administrativos praticados pela Administração durante a execução do contrato.

Aliás, a legislação portuguesa é sensível a este problema, uma vez que permite expressamente, no artigo 9.º, n.º 3, do ETAF, a impugnação autónoma dos actos destacáveis da execução do contrato em sede de recurso contencioso de anulação.

Existem três tipos de actos destacáveis na fase da execução do contrato: aqueles através dos quais a Administração exerce as suas prerrogativas de autoridade; as próprias cláusulas do contrato, quando estas assumem relevância para terceiros; e, finalmente, os actos praticados pelo co-contratante ou pela Administração com fundamento no contrato ou em violação do mesmo.

Quanto aos primeiros, os principais interessados – mas não os únicos – na sua autonomização são os co-contratantes particulares, como forma de recorrer contenciosamente dos actos através dos quais a Administração utiliza ilegalmente ou abusivamente algumas das prerrogativas constantes do artigo 180.º do CPA[801].

Causa, por isso, alguma perplexidade a actual redacção do artigo 255.º do Decreto-Lei n.º 59/99, relativo ao contencioso dos contratos de empreitadas de obras públicas, no qual se dá a entender que, perante um acto definitivo do dono da obra, o empreiteiro deve reagir através da interposição de uma acção sobre contratos, no prazo de 132 dias. Além de poder ser entendido como um retorno à teoria da incorporação, o preceito é confuso e aparentemente contraditório com o artigo 9.º, n.º 3, do ETAF.

---

[801] Refira-se, contudo, que, numa fase inicial, só se admitia a destacabilidade destes actos perante terceiros, por se considerar que, relativamente aos contraentes, valia a "teoria do recurso paralelo", porque tinham acesso ao contencioso do contrato. Esta doutrina foi, contudo, abandonada, por se traduzir num paradoxo, que consistia em permitir que terceiros impugnassem esses actos, vedando tal direito aos respectivos destinatários, ou seja, os co-contratantes particulares. Sobre esta questão, v. MARC FORNACCIARI, *Contribution à la resolution de quelques "paradoxes"*, in ED (F), n.º 39, 1988, pág. 97.

Parece-nos, contudo, que não é essa a intenção do legislador, uma vez que os actos definitivos a que se refere o artigo são aqueles através dos quais *"...seja negado algum direito ou pretensão do empreiteiro..."* e não os actos administrativos que traduzem a utilização de uma das prerrogativas de autoridade da Administração sobre o co-contratante particular[802]. Trata-se, portanto, da decisão mediante a qual o contraente público recusa à outra parte uma pretensão que este tenha pretendido efectivar, funcionando tal pedido como interpelação ao credor, nos termos e para os efeitos do artigo 805.º, n.º 1, do CC, a partir da qual a Administração fica em mora e considera-se incumprido o contrato. Ora, esta matéria integra-se na acção sobre contratos, que é a único meio adequado para efectivar a responsabilidade contratual das partes.

Refira-se, todavia, que a jurisprudência dos tribunais administrativos tem-se revelado algo inconstante nesta matéria, pronunciado-se, umas vezes, pela destacabilidade dos actos, e, noutros casos, pela sua integração na acção de contratos[803]. Conviria que houvesse alguma estabilidade nesta matéria, uma vez que a incerteza resulta sempre em prejuízo do particular: se utilizar a acção, corre o risco de a ver rejeitada por o tribunal considerar que o meio correcto é o recurso; e se usar o recurso acontecer exactamente o inverso. No caso de actos tácitos, deve utilizar-se a acção, com a legitimidade activa alargada a terceiros, uma vez que os actos tácitos são uma mera ficção legal.

Parece-nos que é necessário avançar com alguns critérios de distinção que permitam distinguir entre actos administrativos e declarações negociais, tais como: a comparação com o contrato privado equivalente; a forma do acto; a actuação ser ou não precedida de negociações; a possibilidade de aplicação do regime jurídico do CPA; o grau de pré-determinação das cláusulas contratuais relativamente à actuação administrativa; e os efeitos sobre terceiros.

---

[802] Concordamos, assim, parcialmente com M. ESTEVES DE OLIVEIRA, *Direito...*, *cit.*, pág. 721, quando considera que o facto de a lei consagrar a acção não afasta a possibilidade de a Administração praticar actos administrativos, embora o autor considere que estes são sindicáveis através da acção sobre contratos e não do recurso contencioso de anulação. Em sentido diferente, v. SÉRVULO CORREIA, *Legalidade...*, *cit.*, págs. 737 e 738.

[803] Cfr., o Acórdão do STA de 4 de Outubro de 2000, proferido no Processo n.º 46.106, no sentido da natureza destacável do acto através do qual a Administração aplicou ao co-contratante uma multa contratual; e os Acórdãos do STA de 25 de Março de 1999, (Processo 41.832) e do TCA de 30 de Setembro de 1999 (Processo n.º 3.318/99), que consideraram como meras declarações negociais os actos de rescisão unilateral do contrato por parte da Administração.

Por vezes, a própria motivação do acto pode revelar-se um critério adequado. Por exemplo, a rescisão unilateral por motivos de interesse público é, na nossa opinião, no acto administrativo destacável; e, pelo contrário, a rescisão que constitua uma sanção pelo incumprimento por parte do contraente particular assume a natureza de declaração negocial.

A impugnação contenciosa dos actos através dos quais a Administração exerce os seus poderes de autoridade sobre o contraente particular é, essencialmente, uma forma de protecção judicial deste último, até porque lhe permite requerer a suspensão de eficácia dos actos administrativos, o que não é possível através da acção.

No entanto, também terceiros podem ter interesse na impugnação daqueles actos, sobretudo quando estejam em causa situações de violação do princípio da imparcialidade[804], ou quando a Administração renuncia à utilização desses poderes, ou exerce-os de forma pouco diligente, comprometendo, por isso, a boa execução do contrato e demitindo-se dos seus poderes-deveres de fiscalização e direcção. CARRETERO PÉREZ defende que os terceiros têm o direito de controlar a execução do contrato, nomeadamente infracções do co-contratante particular que a Administração não fiscalize, uma vez que, ao demitir-se dessa obrigação, incorre em desvio de poder por não garantir a prossecução do interesse público[805]. Em alguns casos, deve mesmo permitir-se ao terceiro recorrer do acto através do qual a Administração resolve unilateralmente o contrato ou se recusa a fazê-lo, desde que, em virtude da natureza do contrato, isso afecte direitos dos terceiros, nomeadamente, dos utentes[806].

A possibilidade de impugnação autónoma, através do meio contencioso adequado, das cláusulas do contrato é, talvez, a questão mais debatida pela doutrina francesa a propósito dos actos destacáveis da execução dos contratos da Administração. DOMINIQUE POUYAUD considera que a autonomização das cláusulas regulamentares dos contratos de concessão é uma "falsa excepção" à teoria da incorporação, uma vez que essas

---

[804] CHARLES HUBERT, op. cit., págs. 177 e seguintes, descreve uma decisão do Conselho de Estado francês, de 1964, em que foi admitido o recurso contencioso interposto por uma sociedade telefónica contra o acto administrativo através do qual a Administração concedeu a uma sociedade concorrente, no âmbito da execução de um contrato semelhante, uma prerrogativa que havia negado à recorrente.

[805] Cfr. CARRETERO PÉREZ, op. cit., pág. 99.

[806] Neste sentido, v. DOMINIQUE POUYAUD, La nullité..., cit., págs. 308 e seguintes; CHARLES HUBERT, op. cit., pág. 179; e DANIEL CHABANOL e JEAN-PIERRE JOUGUELET, op. cit., pág. 320. O Conselho de Estado francês já admitiu esta possibilidade no Acórdão "Société L.I.C.", de 1964, citado por LAURENT FOLLIOT, op. cit., Tomo II, pág. 318.

cláusulas são materialmente regulamentares e apenas formalmente contratuais[807]. Também PEDRO GONÇALVES defende que estas cláusulas têm origem contratual, mas efeitos regulamentares[808].

Na determinação das cláusulas susceptíveis de impugnação autónoma, a doutrina tende a distinguir as cláusulas que regem o funcionamento do serviço público, daquelas que apenas interessam às partes, por se referirem às relações patrimoniais entre estes[809]. Assim, apenas a destacabilidade das segundas se revelaria uma "verdadeira excepção" à teoria da incorporação.

Parece-nos, contudo, que a questão do carácter "falso ou verdadeiro" da destacabilidade das cláusulas dos contratos é meramente terminológica e relativamente despicienda, até porque a distinção entre esses dois tipos de cláusulas é fluida e, muitas vezes, duvidosa. Assim, XAVIER LATOUR salienta que certas cláusulas financeiras dos contratos de concessão, que, em princípio, só têm efeitos *inter partes*, são impugnáveis por terceiros, visto que o equilíbrio financeiro do contrato está estreitamente relacionado, por exemplo, com o preço das tarifas a pagar pelos utentes ou com as condições de prestação do serviço por parte do concessionário[810].

De facto, o que é verdadeiramente importante é a afirmação de que todas as cláusulas contratuais podem ser destacadas para efeitos da sua impugnação contenciosa autónoma por terceiros, *v.g.*, os utentes, quer em via principal, quer em via incidental[811]. Por outro lado, concordamos com

---

[807] Cfr. DOMINIQUE POUYAUD, *La nullité...*, *cit.*, págs. 305 e seguintes. A autora assenta esta ideia no facto de as normas regulamentares estarem sujeitas a uma permanente mutação em função do interesse público, que não se compagina com a assunção de compromissos contratuais (cfr. a pág. 228). Em sentido próximo, AFONSO QUEIRÓ, *Lições...*, *cit.*, pág. 481, defende também a existência de um dever de modificar, suspender ou revogar regulamentos se as circunstâncias de facto se alterarem.

[808] Cfr. PEDRO GONÇALVES, *A concessão...*, *cit.*, págs. 202 e 203.

[809] V. PHILIPPE PORTAIL, *Le déféré préfectoral ne peut être fondé sur la violation d'un contrat*, in RFDA, n.º 13, vol. 1, 1997, pág. 101. Também RENÉ CHAPUS, *Droit du contentieux...*, *cit.*, pág. 641 refere que, de um modo geral, não são destacáveis as decisões que estejam ligadas ao contrato de forma demasiadamente estreita, nomeadamente, as que digam respeito às relações patrimoniais entre os contratantes.

[810] Cfr. XAVIER LATOUR, *op. cit.*, pág. 4.

[811] E tal tem sido admitido nomeadamente pela jurisprudência francesa, como resulta do Acórdão *Cayzeele*, do *Conseil d'État*, proferido em 1996, que aceitou o recurso contra uma cláusula de um contrato administrativa intentado por terceiros, por dizer respeito ao funcionamento de serviços públicos. Esta decisão, citada por PIERRE DELVOLVÉ, *Le recours...*, *cit.*, pág. 93. é, segundo o autor, uma forma de permitir o recurso contra o próprio contrato, ou parte deste.

os autores que defendem que, apesar de muitos contratos terem efeitos regulamentares, não se transformam em regulamentos, relevando sempre a sua origem contratual[812]. A prova disso é que a anulação ou declaração de nulidade dessas cláusulas tem reflexos no próprio contrato, sendo esse um dos mais complexos problemas que a jurisprudência e a doutrina têm procurado resolver.

A ligação entre as cláusulas do contrato e o próprio contrato é tal que, como salienta PIERRE DELVOLVÉ, alguma jurisprudência considera que a sua impugnação por parte de terceiros só é possível se essas cláusulas forem divisíveis[813]. Ora, essa solução é inaceitável, desde logo, devido à incerteza gerada pela caracterização de cada cláusula e por representar uma diminuição da tutela judicial dos terceiros. Isso seria tanto mais gravoso quanto, numa certa perspectiva, todas as cláusulas contratuais se presumem indivisíveis, na medida em que é do seu conjunto que resulta o equilíbrio negocial[814].

Sendo assim, parece-nos que se deve admitir sempre o recurso contra as cláusulas contratuais, regulamentares ou não, que afectem terceiros, desde que estes possam demonstrar o seu interesse em agir, o que é um argumento a favor de se admitir o recurso contencioso de anulação contra o próprio contrato[815]. Depois, se o recurso tiver provimento, essa decisão tem, obviamente, efeitos sobre o contrato, traduzindo-se na sua invalidade parcial[816].

Finalmente, resta analisar a destacabilidade dos actos administrativos praticados pela Administração ou pelos co-contratantes particulares com fundamento no contrato – ou por causa dele – ou em violação de alguma das suas cláusulas.

A primeira questão prende-se com a possibilidade de um contrato constituir base habilitante para a prática de actos administrativos. O artigo 29.º do CPA determina que as competências administrativas são sempre definidas por lei ou regulamento, sendo nulo qualquer contrato que tenha por objecto a renúncia à titularidade ou ao exercício da competência con-

---

[812] Cfr., por todos, DENYS DE BECHILLON, op. cit., págs. 19 e seguintes.

[813] Cfr. PIERRE DEL VOLVÉ, Le recours..., cit., pág. 98. No mesmo sentido, v. HENRI SAVOIE, La directive sur les marchés publics de travaux, in RFDA, n.º 14, vol. 2, 1998, pág. 418.

[814] Cfr. JACQUES-HENRI STAHL, Les incertitudes de la force juridique des contrats de plan, in RFDA, n.º 13, volume 2, 1997, pág. 341.

[815] Neste sentido, v. MATERNE STAUB, L'indivisibilité en Droit administratif, Paris, 1999, pág. 728.

[816] Cfr. infra o Capítulo III.

ferida a um órgão administrativo[817]. Este preceito não obsta, contudo, nem à definição convencional do conteúdo de determinado acto administrativo (é o caso dos contratos integrativos do procedimento), nem à atribuição pontual do poder de praticar actos administrativos a co-contratantes da Administração, quando tal seja absolutamente necessário à execução dos respectivos contratos[818]. Aliás, mesmo que se entenda que estes poderes resultam – pelo menos no caso das concessões – do diploma legal que aprova as bases da concessão, a verdade é que os actos administrativos praticados pelo co-contratante particular se integram na operação contratual e, por isso, para efeitos da respectiva impugnação contenciosa autónoma, têm de ser destacados daquela operação e a sua invalidade tem consequências sobre o próprio contrato[819].

Noutras situações, apesar de os actos serem praticados pela Administração, resultam de obrigações assumidas perante o co-contratante, nos termos das cláusulas contratuais. Nestes casos, o interesse do co-contratante particular à emissão, por parte da entidade administrativa, de certos actos colide com os direitos de terceiros, que, ao impugnarem estes actos, estão a interferir directamente na esfera contratual. De facto, muitos contratos contêm cláusulas através das quais a Administração se obriga, por exemplo, a expropriar terrenos, a constituir servidões, a conceder licenças ou a obter licenças junto de outros órgãos da Administração para possibilitar ou facilitar a execução do contrato[820]. Tal pode ocorrer, inclusivamente, no âmbito de contratos privados celebrados pela Administração[821].

---

[817] Com base neste preceito, BERNARDO AYALA, *Considerations...*, cit., págs. 437 e 438, considera que os contratos nunca podem servir de base habilitante para o exercício de competências administrativas.

[818] Como salienta BRUTI LIBERATI, *La "costruzione" pubblicistica della concessione di opere pubbliche e la giurisdizione esclusiva del giudice amministrativo*, in DPA, n.º 4, 1990, pág. 692, a propósito das concessões de construção de obras públicas, a tendência é conferir ao concessionário o poder para celebrar as necessárias convenções urbanísticas, requerer a expropriação dos terrenos necessários, bem como as licenças e autorizações para construir, etc. O autor refere-se a estas concessões como "concessões translativas". Em sentido contrário, v. MARIA DA GLÓRIA GARCIA, *Direito...*, cit., pág. 47.

[819] Neste sentido, v. DANIEL CHABANOL e JEAN-PIERRE JOUGUELET, *op. cit.*, pág. 320, defendendo a natureza destacável destes actos face ao contrato.

[820] V., por exemplo, o artigo 20.º do Decreto-Lei n.º 337/99, de 24 de Agosto, que instituiu o regime geral da concessão da rede de metropolitano da margem Sul do Tejo.

[821] Neste sentido, v. LAURENT FOLLIOT, *op. cit.*, Tomo II, pág. 337. V. também GARCÍA-TREVIJANO GARNICA, *La licencia de obras en los contratos administrativos*, in RAP, n.º 116, 1988, págs. 49 e seguintes.

Refira-se que o facto de o acto administrativo resultar de uma obrigação assumida contratualmente ou ter o seu conteúdo pré-determinado pelo contrato não afasta a natureza administrativa do acto. Veja-se, por exemplo, os contratos integrativos do procedimento, cujo objecto é exactamente condicionar a actuação ulterior da Administração, sem que esta deixe de ser um acto administrativo[822].

São também recorríveis por terceiros quaisquer actos praticados pelo co-contratante da Administração em violação do contrato, tais como: cobrança de preços desproporcionados; violação de regras de segurança e do princípio da não discriminação[823].

Quanto aos actos que sejam inválidos por assentarem em cláusulas ilegais, estas são impugnáveis em via incidental, nos termos gerais da LPTA. Veja-se, aliás, que outra solução seria incoerente, na medida em que não faz sentido admitir a impugnação do caderno de encargos antes da celebração do contrato, momento em que este assume natureza regulamentar, e vedar essa possibilidade após a celebração do contrato, em virtude da sua transformação numa cláusula contratual[824].

Por outro lado, as cláusulas de um contrato são consideradas normas de Direito Administrativo para efeitos da utilização, por parte dos utentes, do mecanismo da intimação para um comportamento, previsto nos artigos 86.º e seguintes da LPTA, contra o contratante particular[825].

Os terceiros devem também ter acesso à acção sobre contratos quando tenham interesse em exigir o cumprimento das prestações que estejam em falta. Esta é, aliás, a solução consagrada no artigo 40.º, n.º 2, alínea b) da

---

[822] Como já tivemos ocasião de salientar. Cfr. ALEXANDRA LEITÃO, *Da natureza jurídica dos actos praticados pela Administração no âmbito da execução dos contratos*, in CJA, n.º 25, 2001, pág. 24, em anotação ao Acórdão do STA de 23 de Junho de 1998, proferido no Processo n.º 32.282. Neste acórdão, o STA considerou que o acto através do qual o Governo fixou uma indemnização compensatória à RTP pela prestação do serviço público de televisão era uma declaração negocial, pelo que rejeitou o recurso interposto pela SIC e pela TVI.

[823] Cfr. PIERRE DELVOLVÉ, *La concession..., cit.*, pág. 116. Em sentido oposto, v. LAURENT FOLLIOT, *op. cit.*, pág. 351.

[824] Esta é a posição maioritária na doutrina quanto à natureza jurídica do caderno de encargos. V., por todos, M. ESTEVES DE OLIVEIRA, *Direito..., cit.*, págs. 683 e 684. Contudo, esta posição não é unânime: MARGARIDA CABRAL, *O concurso..., cit.*, págs. 246 e 247, considera que o caderno de encargos não tem natureza regulamentar, tratando-se de uma declaração negocial pública. Não podemos, no entanto, acompanhar a autora, uma vez que retira desta natureza negocial do contrato a inimpugnabilidade por parte de terceiros.

[825] V. PEDRO GONÇALVES, *A concessão..., cit.*, pág. 371.

PLCPTA, que atribui legitimidade para intentar acções de cumprimento do contrato às *"pessoas singulares ou colectivas portadoras ou defensoras de direitos subjectivos ou interesses legalmente protegidos em função dos quais as cláusulas contratuais tenham sido estabelecidas"*.

Estes terceiros têm um direito individualizado que resulta da apropriação individual do serviço público e não de um mero interesse de facto, de acordo com o conceito de serviço público elaborado por MARCELLO CAETANO, segundo o qual este *"...destina-se à prestação de utilidades concretas aos indivíduos, para satisfazer uma necessidade colectiva individualmente sentida"*[826].

O contrato funciona, assim, como parâmetro de validade dos actos destacáveis da execução do contrato, quer estes sejam praticados pela Administração, quer pelo contraente particular[827]. E nem se diga, como DENYS DE BECHILLON, relativamente aos actos da Administração, que, se esta pode modificar unilateralmente o contrato, também pode praticar actos em violação do mesmo[828], uma vez que o poder de *"ius variandi"* está sujeito a limites relativamente estritos, que decorrem do artigo 180.°, alínea *a*) do CPA, sendo vedado ao órgão contratante alterar o objecto do contrato ou pôr em causa o equilíbrio financeiro do mesmo[829].

Refira-se que, ao contrário do que defendemos antes[830], parece-nos que existem também actos destacáveis no âmbito da execução dos ditos

---

[826] V. MARCELLO CAETANO, *Manual...*, cit., vol. II, pág. 1067.

[827] Neste sentido, v. MARIA JOÃO ESTORNINHO, *Algumas questões...*, cit., págs. 29 e 30. Da mesma forma, deve admitir-se a impugnação dos actos que a Administração ou o particular pratiquem com base numa errada interpretação das cláusulas do contrato, como salientam CATHERINE BERGEAL, *Le contrôle, par le juge de cassation, de l'interprétation des cahiers-types des contrats administratifs*, in RFDA, n.° 14, volume 4, 1998, pág. 733, e ANTOINE BOURREL, *Le contrôle, par le juge de cassation, de l'interprétation des cahiers-types des contrats administratifs*, in RFDA, n.° 14, volume 4, 1998, pág. 753. Pelo contrário, não faz sentido falar na impugnação autónoma do acto através do qual a Administração fixa a interpretação do contrato, uma vez que, nos termos do artigo 186.°, n.° 1, do CPA, a Administração pratica, nessa matéria, actos meramente opinativos.

[828] Cfr. DENYS DE BECHILLON, *op. cit.*, pág. 31.

[829] Sobre esta matéria. v. FERREIRA DE ALMEIDA, *Legalidade e estabilidade objectiva do contrato administrativo*, in SJ, volume XXXVII, 1988, págs. 130 e seguintes. O autor acrescenta um outro limite à utilização desta prerrogativa, que é a vinculação ao interesse público, em termos tais que o acto através do qual a mesma é utilizada é passível de incorrer no vício de desvio de poder.

[830] V. ALEXANDRA LEITÃO, *A protecção...*, cit., págs. 70 e 71. Contudo, já aí havíamos defendido que *"...se a Administração Pública praticar actos administrativos no âmbito de um contrato de direito privado que sejam lesivos dos direitos de terceiros ou do*

contratos privados da Administração. Isto decorre da gradual publicização destes contratos e da sua funcionalização à prossecução do interesse público.

De facto, apesar de a doutrina admitir que a Administração pode praticar actos administrativos no âmbito de relações jurídicas de Direito Privado, parece-nos que, a partir do momento em que a Administração se prevalece do seu poder de definir unilateralmente o direito aplicável, a relação jurídica assume natureza administrativa. Como refere SÉRVULO CORREIA, embora não concordando com a publicização da relação jurídica, também existe um acto administrativo "*... naqueles casos em que, não obstante a natureza jurídico-privada da relação subjacente, se verifica pelo exame objectivo do acto, que a Administração usou de autoridade para emitir uma definição material da situação jurídica dotada de imperatividade própria*"[831]. Neste sentido, o STA já admitiu também a existência de actos administrativos mesmo no âmbito de situações em que as partes estão, supostamente, numa relação de paridade[832].

Aliás, ainda que se considere que os actos administrativos podem produzir efeitos de Direito Privado[833], a verdade é que isso não transforma o acto numa declaração negocial, mesmo que a sua prática tenha sido precedida de negociações. Veja-se, por exemplo, o caso do acto de expropriação, que, na maior parte das vezes, é adoptado após a frustração das tentativas da Administração para adquirir o bem ao proprietário[834].

---

próprio co-contratante, estes podem recorrer contenciosamente perante os tribunais administrativos...".

[831] Cfr. SÉRVULO CORREIA, *Arrendamentos...*, cit., pág. 40. O autor considera, contudo, que estes actos são nulos por usurpação de poder e, por isso, a sua legalidade pode ser apreciada pelos tribunais comuns, entendimento que já mereceu a concordância do STA no Acórdão de 4 de Março de 1986 (Processo n.º 22.608). Em sentido contrário, considerando que a competência para apreciação destes actos cabe aos tribunais administrativos, v. FREITAS DO AMARAL e JOÃO CAUPERS, *Arrendamentos pelo Estado. Empresa Pública de Águas de Lisboa. Competência do Tribunal administrativo*, in CJ, volume XVI, Tomo V, pág. 60. Tendemos a concordar com estes autores, pois, ainda que se considere que a questão principal é da competência dos tribunais comuns, a validade do acto administrativo configura-se como uma questão prejudicial e não como uma questão incidental relativamente àquele processo.

[832] Cfr. os Acórdãos do STA de 29 de Março de 1984 (Processo n.º 19.679) e de 4 de Março de 1986 (Processo n.º 22.608).

[833] Cfr. SÉRVULO CORREIA, *Arrendamentos...*, cit., pág. 40, citando a doutrina alemã.

[834] Como salientam FREITAS DO AMARAL e JOÃO CAUPERS, *Arrendamentos pelo Estado. Empresa Pública de Águas de Lisboa. Competência do Tribunal Administrativo...*, cit., pág. 60.

Assim, a prática de actos administrativos e o exercício de poderes de autoridade por parte da Administração no âmbito de um contrato privado, é, quanto a nós, um sintoma inequívoco da publicização destes contratos, até porque, sempre que isso se verifique em concreto, transforma a natureza da relação jurídica subjacente, publicizando-a.

5. A invalidade consequente dos contratos da Administração Pública

5.1. Perspectiva comparatística

A referência à invalidade consequente dos contratos da Administração Pública pretende incluir todas as situações em que a invalidade de um acto destacável, quer da fase da formação, quer da fase da execução do contrato, se repercute na validade deste. De facto, não são apenas os actos pré-contratuais que condicionam a validade do contrato, também alguns actos destacáveis da execução do contrato podem afectá-lo, nomeadamente quando esteja em causa a impugnação directa ou em via incidental de determinadas cláusulas contratuais.

Assim, cumpre analisar quais são exactamente as consequências para o contrato resultantes da invalidade dos actos destacáveis, tendo em atenção que essas consequências podem variar em função de factores como: o acto em causa e o grau de dependência do contrato relativamente a este; o tipo de invalidade; o desvalor do acto destacável; e a natureza do contrato, consoante tenha objecto passível de acto administrativo ou objecto passível de direito privado, e, dentro destes, se é um dos designados contratos privados da Administração. Neste sentido, iniciaremos o nosso estudo por uma perspectiva comparatística, apreciando as soluções legais, doutrinais e jurisprudenciais dos países aos quais temos vindo a fazer referência.

Em França, a doutrina e jurisprudência maioritárias vão no sentido de considerar que a anulação de um acto destacável não tem nenhum efeito directo e automático sobre o contrato, sendo necessário obter a invalidação consequente do contrato junto dos tribunais, através do meio processual adequado, ou seja, da acção sobre contratos[835]. Esta posição não é, contudo, unânime. PROSPER WEIL defende que a anulação dos actos destacáveis tem um efeito directo e automático sobre o contrato, afastando a

---

[835] V., por todos, PIERRE DELVOLVÉ, *Le recours..., cit.*, págs. 91 e 92; DOMINIQUE POUYAUD, *La nullité..., cit.*, pág. 328 e LAURENT RICHER, *Contrats administratifs*, in AJDA, 1998, pág. 169.

solução actual por ser demasiado penalizadora para os terceiros, que não têm acesso à acção de invalidade do contrato, e muito complexa, uma vez que exige a intervenção de dois juizes através de dois meios processuais autónomos[836]. Esta seria a forma, segundo o autor, de acabar com uma situação em que a sentença de anulação dos actos destacáveis tem efeitos meramente platónicos relativamente ao contrato[837].

Verifica-se, no entanto, que, mesmo os autores que defendem a ausência de efeito directo para o contrato consideram que, se for requerido ao juiz do contrato que aprecie a validade do mesmo, este nada mais pode fazer do que conformar-se com a decisão proferida em sede de *recours pour excès de pouvoir* do acto destacável e, consequentemente, anular o contrato, em virtude da autoridade de caso julgado de que goza aquela decisão[838]. Apesar disto, este sistema revela-se pouco eficaz da perspectiva da protecção dos terceiros, na medida em que estes não podem intentar uma acção de validade do contrato, ficando à mercê das partes, que têm legitimidade activa para o fazer.

Por sua vez, os co-contratantes podem optar por resolver o contrato; alterá-lo em conformidade com a sentença; ou, ainda, podem accionar, eles próprios, o juiz do contrato com vista à sua anulação. Refira-se, aliás, que seria esta a solução adequada, visto que a Administração tem obrigação de executar e retirar todas as ilações da decisão judicial, razão pela qual o Conselho de Estado tem utilizado, por vezes, a figura da *astreinte* para compelir a Administração a intentar uma acção de validade do contrato administrativo[839].

---

[836] Cfr. PROSPER WEIL, *Les conséquences...*, cit., pág. 205.

[837] V. PROSPER WEIL, *Les conséquences...*, cit., pág. 207.

[838] Neste sentido, v. DOMINIQUE POUYAUD, *La nullité...*, cit., págs. 322 a 324 e JEAN ABESSOLO, *op. cit.*, págs. 21 e 22. RÉMY SCHWARTZ, *Les conséquences de l'annulation de l'acte détachable sur le contrat lui-même: une avancée jurisprudentielle notable*, in RFDA, n.º 10, vol. 6, 1994, pág. 1092 salienta que, sendo os actos destacáveis também a base dos contratos privados da Administração, a consequência da sua invalidade é a mesma.

[839] Neste sentido pronuncia-se RÉMY SCHWARTZ, *Les conséquences...*, cit., págs. 1093 e 1095, embora entenda que o recurso sistemático ao juiz do contrato não é a melhor solução em todas as situações. Também DOMINIQUE POUYAUD, *Les conséquences de l'annulation de l'acte détachable sur le contrat lui-même: une avancéé jurisprudentielle notable*, in RFDA, n.º 10, volume 6, 1994, pág. 1101, apesar de considerar que graças à astreinte "*...existe uma passadeira entre o acórdão de anulação e a decisão do juiz do contrato...*", aponta várias deficiências no que respeita à protecção dos terceiros.

Assim, a situação actualmente existente é algo paradoxal[840]: se os contraentes não intentarem a acção, a invalidade do acto destacável não tem quaisquer consequências para o contrato; mas, se o fizerem, o juiz deve anular o contrato, respeitando a decisão proferida em sede de recurso contencioso de anulação. A sorte do terceiro fica, por isso, na dependência da vontade das partes contratantes, pelo que a anulação ou declaração de nulidade do acto destacável corre o risco de se tornar meramente platónica[841], apesar de ficar a pairar sobre o contrato, como uma verdadeira "espada de Dâmocles"[842].

A jurisprudência tende, contudo, a seguir uma "política de preservação da coisa contratada"[843], considerando que a prejudicialidade da decisão de invalidar o acto destacável face à (in)validade do contrato depende da relação existente entre o acto e o contrato e do tipo de invalidade de que padece o primeiro[844]. LAURENT FOLLIOT distingue as ilegalidades internas e externas dos actos destacáveis da fase de formação do contrato, dividindo-as, por sua vez em três níveis, organizados como círculos concêntricos, de acordo com a sua maior ou menor proximidade relativamente ao contrato[845]. Assim, estando as ilegalidades de primeiro nível num menor grau de dependência relativamente ao contrato, seriam passíveis de regularização, por exemplo, através da obtenção das autorizações necessárias ou da aprovação do contrato por parte do órgão de tutela, não implicando sempre a anulação do contrato[846].

---

[840] Neste sentido, referindo-se aos "paradoxos do contencioso de anulação dos contratos administrativos", v. PHILIPPE TERNEYRE, *Les paradoxes..., cit.*, págs. 69 e seguintes.

[841] A expressão é de PROSPER WEIL, *Les conséquences..., cit.*, pág. 204 e é adoptada por DOMINIQUE POUYAUD, *La nullité..., cit.*, pág. 326.

[842] A expressão é de LAURENT FOLLIOT, *op. cit.*, Tomo II, pág. 317. DANIEL CHABANOL e JEAN-PIERRE JOUGUELET, *op. cit.*, pág. 319, realçam também a precaridade do contrato após a anulação de um acto destacável.

[843] V. DOMINIQUE POUYAUD, *La nullité..., cit.*, pág. 552. Esta tendência para a manutenção da estabilidade das relações contratuais não é, por isso, ao contrário do que defende ANTOINETTE HASTINGS-MARCHANDIER, *op. cit.*, pág. 693, uma especificidade dos contratos privados da Administração.

[844] RÉMY SCHWARTZ, *Les conséquences..., cit.*, pág. 1093 refere a este propósito que "...de acordo com uma jurisprudência antiga, a anulação pelo juiz do recurso, a pedido de um terceiro, de um acto destacável do contrato, não tem, por si própria, nenhum efeito directo sobre o contrato: este continua a ser lei entre as partes e a sua execução no interesse do serviço público pode ser prosseguida, sem prejuízo do direito à indemnização do requerente".

[845] Cfr. LAURENT FOLLIOT, *op. cit.*, Tomo II, págs. 261 e seguintes.

[846] Cfr. LAURENT FOLLIOT, *op. cit.*, Tomo II, pág. 320.

Em Espanha, a invalidade consequente dos contratos celebrados pela Administração opera automaticamente, na sequência da invalidade dos actos separáveis da formação do contrato, determinando a nulidade deste, nos termos do artigo 62.º da LCAP[847]. O contrato entra, por isso, imediatamente em fase de liquidação, independentemente da sua natureza pública ou privada, bem como do desvalor que recaia sobre o acto destacável (nulidade ou anulabilidade), desde que este tenha sido judicialmente anulado ou declarado nulo[848]. Existe apenas uma excepção a esta regra, quando a invalidade do contrato for declarada pela própria Administração[849], e que consiste no facto de se permitir que o contrato continue a ser executado transitoriamente quando da sua imediata extinção resultar grave inconveniente para o interesse público. Não se trata, contudo, como realça REBOLLO PUIG, de uma excepção à invalidade do contrato, uma vez que este mantém-se inválido. As partes é que ficam vinculadas às mesmas obrigações a que estriam adstritas se o contrato fosse válido, justificando-se esta "ficção" em nome do interesse público[850].

Quanto às formas de terminação convencional do procedimento, aplica-se, por maioria de razão, um regime semelhante, visto que, tratando-se de convenções integrativas ou substitutivas de actos administrativos, seguem, naturalmente, o regime de invalidade dos actos administrativos,

---

[847] Este diploma legal utiliza o conceito de acto separável apenas a propósito dos actos administrativos emitidos na fase de formação dos contratos privados, designando como actos preparatórios aqueles que são praticados no âmbito dos contratos administrativos, embora a consequência seja a mesma. Sobre esta matéria, v. REBOLLO PUIG, *La invalidez...*, *cit.*, pág. 399. Alguns autores criticam esta solução legal por entenderem que as consequências para o contrato devem variar em função do tipo de vício de que padeça o acto destacável e do respectivo desvalor. V., por todos, SOLAS RAFECAS, *op. cit..*, pág. 232.

[848] Cfr. CARRETERO PÉREZ, *op. cit.*, pág. 116. Apesar de não resultar expressamente da lei, a maioria da doutrina entende que o artigo 62.º da LCAP também se aplica aos contratos privados da Administração. Neste sentido, v., por todos, REBOLLO PUIG, *La invalidez...*, *cit.*, pág. 388.

[849] Em Espanha, a Administração tem o poder de anular o contrato que tenha sido indevidamente celebrado. RAMON PARADA, *Derecho administrativo...*, *cit.*, pág. 357, considera que essa faculdade está implícita no poder de decidir os recursos graciosos que os particulares interponham relativamente à validade do contrato, bem como nas prerrogativas de resolver o contrato e de interpretar as suas cláusulas.

[850] Cfr. REBOLLO PUIG, *La invalidez...*, *cit.*, pág. 436. ENRIQUE LUCAS, *Los contratos de las Administraciónes Públicas*, Barcelona, 1995, pág. 148, sublinha, por sua vez, o carácter absolutamente excepcional deste mecanismos, bem como a sua precariedade.

que estabelece a nulidade dos actos consequentes de actos nulos ou anulados[851].

Verifica-se, por isso, que, no ordenamento jurídico espanhol, ao contrário do que acontece em França, apesar de a "separabilidade substantiva" também implicar uma "separabilidade processual", ao nível dos meios processuais e até dos tribunais competentes[852], não há qualquer desfasamento entre a anulação ou declaração de nulidade de um acto destacável e a invalidade consequente do contrato, uma vez que esta opera imediatamente. Aliás, é por esta razão que a Directiva "Recursos" não foi transposta em Espanha, por se entender que o sistema espanhol era suficientemente garantístico dos direitos dos terceiros em matéria de contratação pública[853].

Quanto à Itália, a situação afigura-se bastante mais complexa e é objecto de amplo debate na doutrina. VALERIO MOSCARINI considera que os actos praticados no âmbito da fase de *evidenza pubblica* que antecede todos os contratos da Administração são *condictiones juris* do acto negocial, pelo que o contrato é anulável[854]. Em sentido próximo, GIANNINI entende que a invalidade dos actos pré-contratuais, inclusive a total supressão do procedimento, implicam a anulabilidade do contrato, sendo possível a respectiva sanação através de uma deliberação sanatória ou, se necessário, da reconstituição total ou parcial do procedimento[855]. Tal pode ocorrer mesmo que o contrato já esteja celebrado com outro adjudicatário, que é substituído pelo particular que seja seleccionado de acordo com o novo procedimento, na medida em que a invalidade dos actos de formação do contrato priva, com eficácia ex tunc, a Administração de legitimidade para contratar[856]. CERULLI IRELLI defende, contudo, que, apesar de a con-

---

[851] V. DELGADO PIQUERAS, *op. cit.*, págs. 192 e seguintes.

[852] Neste sentido, v. CARRETERO PÉREZ, *op. cit.*, pág. 107.

[853] No entanto, há algumas vozes discordantes na doutrina. GIMENO FELIU, *op. cit.*, págs. 64 e seguintes, considera que os mecanismos existentes não são suficientes, por três razões: morosidade das decisões dos tribunais administrativos; inexistência de uma regra geral de tutela cautelar; e generalizada situação de incumprimento das sentenças condenatórias que recaem sobre a Administração.

[854] Cfr. VALERIO MOSCARINI, *Profili...*, *cit.*, págs. 205 e seguintes. O autor exclui a nulidade do contrato, uma vez que se permite a sanação do vício, através, por exemplo, da obtenção de uma autorização que faltava, ou da reformulação de certa fase do procedimento.

[855] Cfr. SEVERO GIANNINI, *Diritto...*, *cit.*, volume II, pág. 414. No mesmo sentido pronuncia-se EUGENIO MELE, *op. cit.*, pág. 314.

[856] Este aspecto é sublinhado por STICCHI DAMIANI, *La nozione...*, *cit.*, pág. 65. No

sequência normal ser a anulabilidade do contrato, este é nulo se o acto de adjudicação for inválido, por falta de consenso de uma das partes, bem como em caso de incompetência absoluta do órgão estipulante[857].

A invalidade dos actos praticados na fase pré-contratual repercute-se também nos contratos privados da Administração, determinando a sua anulabilidade, que pode ser demandada junto dos tribunais comuns, após a obtenção, perante a Jurisdição administrativa, da anulação ou declaração de nulidade do acto procedimental[858].

Assim, ao contrário do que acontece em Espanha, o particular que tenha obtido a anulação ou declaração de nulidade de um acto procedimental da fase de *evidenza pubblica* tem sempre de recorrer ao tribunal competente para obter, através do meio contencioso adequado, a invalidade consequente do contrato. Criticando esta solução, GUIDO GRECO defende a caducidade automática do contrato, em nome de uma maior tutela dos terceiros que participaram no procedimento de formação do contrato, aplicando analogicamente o regime da anulabilidade das deliberações de associações e fundações, nos termos da lei civil; e, em caso de total ausência de procedimento pré-contratual, a figura da representação sem poderes[859]. Esta solução não prejudica os direitos adquiridos por terceiros de boa fé, nomeadamente pelo co-contratante particular, mas se este estiver de má fé, ou, independentemente da sua posição subjectiva, se se verificar uma situação de representação sem poderes, a anulação dos actos anteriores, incluindo o próprio acto de celebrar o contrato, implica a imediata e automática caducidade deste, sem necessidade de declaração judicial, devendo a Administração renovar o procedimento pré-contratual.

---

mesmo sentido, v. CERULLI IRELLI, *op. cit.*, pág. 695, ALDO SANDULLI, *Manuale...*, *cit.*, volume 1, pág. 740 e NICOLA GIOFFRÈ, *op. cit..*, pág. 10. Estes autores defendem, no entanto, que, tratando-se de vícios na formação da vontade da Administração, apenas esta os pode invocar, entendimento que não podemos, obviamente, acompanhar, uma vez que as regras relativas ao procedimento pré-contratual são de ordem pública, estabelecidas em favor de todos os particulares e em função do interesse público.

[857] Cfr. CERULLI IRELLI, *op. cit.*, pág. 696. Em sentido próximo, embora alargando os casos de nulidade a outras situações, v. PAOLO VAIANO, *op. cit.*, pág. 116.

[858] Neste sentido v., por todos, ALDO SANDULLI, *Spunti sul regime dei contratti di Diritto privato della Pubblica Amministrazione*, Anotação à Sentença n.º 2.390 de 18 de Julho de 1953, da *Corte di Cassazione*, in FI, Roma, 1953, págs. 1584 e seguintes, *apud* MARIA JOÃO ESTORNINHO, *A fuga...*, *cit.*, pág. 289.

[859] V. GUIDO GRECO, *I contratti...*, *cit.*, págs. 138 e seguintes. Em sentido contrário, v. AURETTA BENEDETTI, *op. cit.*, pág. 165.

Apesar da pertinência do objectivo que visa alcançar, esta posição suscita-nos duas objecções: por um lado, será sempre preciso recorrer à via judicial quando, apesar de ter obrigação de reconstituir o procedimento e adjudicar o contrato a outro particular, a Administração não o faça; por outro lado, a ressalva inerente à tutela do co-contratante particular quando esteja de boa fé acaba por esvaziar a invalidade consequente do contrato, visto que tal acontece, efectivamente, na maior parte das vezes. Parece-nos, pelo contrário, que a boa fé do contraente não pode, só por si, obstar à anulação do contrato e consequente reconstituição do procedimento, sob pena de se pôr em causa a protecção dos terceiros, devendo antes procurar-se mecanismos de compensação, através da responsabilidade pré-contratual ou da responsabilidade extracontratual da Administração ou do enriquecimento sem causa[860]. Esta é, aliás, a solução defendida por ERMANNO LIUZZO, considerando que, mesmo que o contrato já esteja celebrado, é automaticamente inválido quando seja inválido um acto preparatório, independentemente da boa fé ou da má fé do contratante particular, que só releva para efeitos do seu direito a ser ressarcido[861].

Resta ainda referir o caso específico dos contratos integrativos e substitutivos do procedimento. Estes contratos, tal como os acordos procedimentais em geral, são também consequentemente inválidos quando o sejam os actos administrativos que os antecedem. Neste sentido, SEVERO GIANNINI considera que a anulação do acto preparatório implica a perda derivada de validade do contrato, mas, pelo contrário, a invalidade deste não se reflecte necessariamente no acto praticado em cumprimento do contrato[862].

Finalmente, na Alemanha, a consequência da invalidade de um acto destacável é a nulidade do contrato, sendo esta nulidade invocável por qualquer interessado perante os tribunais administrativos, através da acção declarativa. De facto, o artigo 59.º da Lei de Procedimento alemã determina que são nulos os contratos em que se verifique uma causa de nulidade de Direito Civil; quando for ilegal um acto administrativo de igual conteúdo; e quando for inválido um acto procedimental, desde que ambas

---

[860] Como já tivemos oportunidade de defender antes. Cfr. ALEXANDRA LEITÃO, *A protecção...*, cit., págs. 109 e 110.

[861] V. ERMANNO LIUZZO, *op. cit.*, págs. 53 e seguintes.

[862] Cfr. SEVERO GIANNINI, *Diritto...*, cit., volume II, pág. 433. GUIDO GRECO, *I contratti...*, cit., pág. 86, defende mesmo, embora sem desenvolver, que nestes contratos, os actos anteriores são constitutivos da própria relação contratual, o que justifica que a sua invalidade se repercuta automaticamente sobre o contrato.

as partes conheçam essa invalidade. Assim, quando o vício do acto pré--contratual não for do conhecimento de ambos os contratantes, o contrato continua a produzir efeitos, apesar da ilegalidade subsistir. Esta solução é criticada por alguns autores, por ser contrária ao princípio da legalidade, não se justificando sequer à luz do princípio *pacta sunt servanda*, uma vez que esta regra só pode valer se o contrato estiver conforme à ordem jurídica[863]. Além disso, a manutenção do contrato ilegal implica um défice de protecção do terceiro lesado, ao qual apenas se assegura uma indemnização pelo interesse contratual negativo ou, quando muito, pelo interesse contratual positivo, se provar a existência de uma "possibilidade fundada" de vir a ser escolhido como adjudicatário[864].

Por sua vez, os actos praticados ao abrigo de contratos inválidos são, em princípio, também inválidos, excepto quando se possa encontrar outro fundamento jurídico[865]. Contudo, a invalidade é afastada quando se trate de um acto constitutivo de direitos, entendendo-se que prevalece sempre, nesses casos, a necessidade de proteger a confiança do destinatário do acto[866].

5.2. A solução do Código de Procedimento Administrativo

O CPA consagra uma única disposição ao problema da invalidade consequente dos contratos da Administração. Trata-se do artigo 185.º, n.º 1, que se refere apenas à invalidade dos actos destacáveis da fase da formação dos contratos administrativos, adoptando a expressão *"actos de que haja dependido a sua celebração"*.

Assim, o primeiro aspecto a salientar prende-se com o facto de a lei de procedimento ser omissa quanto a dois aspectos: por um lado, é omissa quanto às consequências da invalidade de actos destacáveis da execução do contrato; por outro lado, a lei é também omissa quanto às consequências para os ditos contratos privados da Administração.

Em segundo lugar, cumpre analisar o alcance da expressão "acto de que dependa a celebração do contrato", nomeadamente, para verificar se

---

[863] V., por todos, HARTMUT MAURER, *op. cit.*, págs. 396 e 397.

[864] Neste sentido, v. REINHARDT HENDLER, *op. cit.*, págs. 134 e 135. O autor salienta ainda que, perante isto, os lesados acabam por não recorrer aos tribunais, evitando litígios com a Administração, com receio de virem a ser prejudicados em futuros procedimentos.

[865] Cfr. DELGADO PIQUERAS, *op. cit.*, pág. 55.

[866] V., em sentido aparentemente discordante, HARTMUT MAURER, *op. cit.*, pág. 395.

estes actos correspondem aos actos destacáveis da formação do contrato mencionados no artigo 9.º, n.º 3, do ETAF[867]. Parece-nos que a resposta deve ser negativa, uma vez que esta última categoria é mais abrangente por poder haver actos destacáveis do procedimento pré-contratual dos quais o contrato não esteja directamente dependente.

Nesta medida, é exactamente a densificação em concreto deste conceito que garante ao juiz uma certa margem de manobra para, apesar da invalidade do acto destacável, não determinar sempre a invalidade consequente do contrato. Esta solução afigura-se mais correcta, atendendo a que o grau de dependência do contrato relativamente ao acto preparatório é um dos factores que, na nossa opinião, deve ser ponderado na definição do regime aplicável à invalidade consequente dos contratos da Administração.

A principal questão que o preceito suscita prende-se, no entanto, com a natureza da invalidade aí consagrada, mais especificamente saber se se trata de uma verdadeira invalidade consequente, ou, pelo contrário, de uma invalidade própria do contrato. De facto, como salienta GARCÍA DE ENTERRÍA, estes dois tipos de invalidades dos contratos da Administração são extremamente difíceis de distinguir, visto que os vícios do processo de formalização da vontade da Administração repercutem-se sempre directamente no contrato, devido à possibilidade de impugnação autónoma dos actos praticados nesta fase[868].

Esta questão prende-se com a noção de acto destacável, visto que a adopção de uma perspectiva mais restritiva quanto ao conceito de acto destacável traduz-se na assimilação da invalidade dos actos destacáveis à invalidade do próprio contrato. Neste sentido, por exemplo, MARCELLO CAETANO defende que "*...os próprios vícios dos actos administrativos em que se funda a celebração do contrato se convertem em vícios deste...*"[869]. Pelo contrário, a autonomização, nomeadamente para efeitos de impugnação contenciosa, dos actos praticados no âmbito da operação contratual aponta para um modelo de invalidade consequente do contrato.

Estas concepções teóricas repercutem-se, no plano prático, na possibilidade de impugnação prévia dos actos destacáveis da formação dos contratos e nas consequências da procedência desse recurso. Assim, enquanto

---

[867] Esta questão é suscitada por MARIA JOÃO ESTORNINHO, *Algumas questões...*, cit., págs. 24 e 25.

[868] Cfr. GARCÍA DE ENTERRÍA e TOMÁS-RAMÓN FERNÁNDEZ, *op. cit.*, volume I, pág. 747.

[869] Cfr. MARCELLO CAETANO, *Manual...*, cit., volume I, pág. 639.

que a invalidade consequente pressupõe sempre a obtenção de uma sentença judicial sobre a invalidade do acto, proferida em sede de recurso contencioso de anulação; no caso de se tratar de uma invalidade intrínseca do contrato, tal não é necessário. Ora, o artigo 185.º, n.º 1, do CPA adopta a segunda solução, uma vez que considera nulos ou anuláveis os contratos quando sejam nulos ou anuláveis (e não anulados) os actos de que dependa a sua celebração, não parecendo exigir a prévia impugnação judicial destes actos. Neste sentido, PEDRO GONÇALVES considera que este preceito opera uma conversão da invalidade dos actos antecedentes numa invalidade própria do contrato, através de uma "comunicação automática" da invalidade do acto ao contrato. O autor discorda desta solução por implicar um *"completo desarranjo em aspectos estruturais do processo administrativo"*, ao sugerir a viabilidade de uma acção contra o contrato que inclua também a discussão da legalidade de um acto administrativo prévio[870].

Efectivamente, parece-nos que a solução consagrada no artigo 185.º, n.º 1, do CPA é um regime *sui generis* de invalidade dos contratos administrativos que não se reconduz exactamente ao regime das invalidades consequentes, constante do artigo 133.º, n.º 2, alínea *i*) do CPA. Contudo, na prática, verifica-se que a jurisprudência sempre exigiu a prévia impugnação do acto destacável enquanto pressuposto da invalidade do respectivo contrato administrativo, sobretudo devido ao carácter constitutivo da sentença anulatória[871].

Deste modo, a invalidade consagrada no artigo 185.º, n.º 1, do CPA não opera *ope legis*, sendo necessária a intervenção dos tribunais para o efeito. Neste sentido, MARIA DA GLÓRIA GARCIA, salienta que, apesar do *"contágio substantivo dos vícios"*, tal não se verifica no plano processual, pelo que é necessário intentar um recurso e, depois, propor uma acção de validade do contrato[872].

Existe, assim, um desfasamento entre a solução adoptada no plano substantivo e aquela que é aplicada ao nível contencioso, que se traduz num grave défice de tutela dos terceiros lesados pela fase pré-contratual, dado que não têm legitimidade activa para intentar uma acção de invalidade do contrato e ficam, por isso, sem meios para fazer valer a sentença

---

[870] V. PEDRO GONÇALVES, *A concessão...*, cit., págs. 222 e 223.

[871] V., por exemplo, o Acórdão do STA de 7 de Julho de 1994, proferido no Processo n.º 30.612.

[872] Cfr. MARIA DA GLÓRIA GARCIA, *Direito...*, cit., págs. 51 e 52.

proferida em sede de recurso contencioso de anulação[873]. Este problema, que desenvolveremos na Parte III desta dissertação, é parcialmente resolvido – embora não da melhor forma, na nossa opinião – no artigo 40.º, n.º 1, alínea c), da PLCPTA, através do alargamento da legitimidade activa na acção sobre contratos aos terceiros que tenham obtido a anulação ou declaração de nulidade de um acto destacável. No entanto, a solução proposta mantém o desfasamento actualmente existente, uma vez que continua a exigir a prévia anulação do acto administrativo, ao contrário do disposto no artigo 185.º, n.º 1, do CPA, que aponta claramente para a possibilidade de impugnar num único meio processual o acto e o contrato, seja através do recurso, seja através da acção.

5.3. Posição adoptada

O problema das consequências da anulação ou declaração de nulidade de um acto destacável de um contrato celebrado pela Administração é, provavelmente, um dos mais complexos que se coloca ao nível da contratação pública e, especialmente, da protecção dos terceiros perante essa forma de actuação. Após a análise das soluções adoptadas por outros ordenamentos jurídicos, bem como da solução legal constante do artigo 185.º, n.º 1, do CPA, cumpre tomar posição. Para tal, justifica-se distinguir os actos destacáveis da formação do contrato e os actos destacáveis da execução do contrato; e, relativamente aos primeiros, os casos em que o acto é anulado ou declarado nulo antes da celebração do contrato daqueles casos em que a decisão judicial é proferida depois da celebração do contrato.

A primeira situação não oferece, pelo menos no plano substantivo, dificuldades de maior, uma vez que a anulação ou declaração de nulidade de um acto administrativo praticado durante a formação do contrato implica que, em execução da respectiva sentença, se proceda à reconstituição do procedimento a partir do momento em que foi praticado o acto impugnado[874].

---

[873] Como já defendemos antes. Cfr. ALEXANDRA LEITÃO, A protecção..., cit., pág. 86.

[874] Como refere EUGENIO MELE, op. cit., pág. 314, tal resulta do próprio conceito de procedimento como sequência encadeada de actos administrativos tendentes a um determinado resultado. No mesmo sentido, GARCIA-TREVIJANO GARNICA, La impugnación..., cit, pág. 20, salienta que, como a anulação de um acto de trâmite exige a anulação do procedimento a partir daí, se se impugnar apenas o acto final, mas com fundamento no vício de um acto anterior, é muito importante identificar-se qual é esse acto, porque é a partir daí que tem de se repetir o procedimento.

Assim, a invalidade é imediatamente sanada, através da repetição do acto, corrigindo-se o procedimento ainda *in itinere*, sem que seja necessário pôr em causa a estabilidade das relações contratuais, visto que o contrato ainda não foi celebrado. Daí que a melhor solução – no plano contencioso – seja admitir a impugnação autónoma e imediata dos actos endoprocedimentais, criando meios processuais urgentes que permitam apreciar rapidamente a validade desses actos, antes da celebração do próprio contrato. Esta é, aliás, a solução imposta pela Directiva "Recursos", que foi já transposta em França, em Itália e em Portugal, através do Decreto-Lei n.º 134/98.

Nesta perspectiva, pode dizer-se, com JEAN ABESSOLO, que, antes da celebração do contrato, a anulação do acto destacável tem efeitos absolutos, porque o contrato não pode ser celebrado[875]. Contudo, a Administração só será impedida de celebrar o contrato se o recurso for acompanhado pelas providências cautelares adequadas, nomeadamente, a suspensão de eficácia do acto recorrido, como veremos a propósito do contencioso contratual.

Outra hipótese, que nos parece viável, é permitir, em caso de urgência para a prossecução do interesse público, que o contrato seja celebrado, mas sujeito à condição resolutiva de o acto destacável vir a ser anulado ou declarado nulo[876]. Tal solução tem a virtualidade de não obstar à celebração e execução do contrato, assegurando, simultaneamente, o efeito útil da decisão proferida em sede de recurso contencioso de anulação do acto preparatório.

Conclui-se, por isso, que as consequências da invalidade de um acto destacável da formação do contrato que seja anulado ou declarado nulo antes da celebração do contrato não variam nem em função do tipo de invalidade de que padeça o acto, nem da natureza do contrato em causa.

A segunda situação afigura-se bem mais complexa, e mais frequente, por três razões essenciais: porque a jurisprudência portuguesa é muito restritiva quanto à impugnabilidade dos actos endoprocedimentais, apenas

---

[875] Cfr. JEAN ABESSOLO, *op. cit.*, pág. 20.

[876] Esta solução parece-nos melhor do que a sugerida por PIERRE MOOR, *op. cit.*, pág. 259 ou por JACQUES GEORGEL, *Execution...*, *cit.*, pág. 14, que consiste na sujeição do contrato a uma condição suspensiva, nos termos da qual o contrato só seria eficaz se não houvesse interposição do recurso ou se, havendo, este não tivesse provimento. Ora, esta solução tem dois inconvenientes: por um lado, não permite que o contrato comece a ser executado, atrasando a realização do interesse público; por outro lado, não se traduz na resolução do contrato em caso de provimento do recurso, mas apenas na manutenção da sua ineficácia.

admitindo o recurso do acto final do procedimento; devido também à tradicional morosidade das decisões judiciais; e, finalmente, pelo facto de as providências cautelares serem, normalmente, pouco utilizadas.

Assim, quando o acto pré-contratual é declarado nulo ou anulado após a celebração e início de execução do contrato, o artigo 185.º, n.º 1, do CPA, acima analisado, determina a nulidade ou anulabilidade do contrato. Vejamos, agora, se é essa a melhor solução.

Parece-nos que as consequências para o contrato da invalidade de um acto destacável devem variar em função dos seguintes factores: do tipo de acto e grau de dependência do contrato relativamente a ele; do vício de que padece o acto e do respectivo desvalor jurídico; e da natureza do contrato. Pelo contrário, não nos parece relevante, no plano substantivo, o facto de a sentença de anulação ou declaração de nulidade ter sido proferida a pedido de um dos contratantes ou de um terceiro – o que é mais vulgar – uma vez que tal apenas interessa ao nível do acesso aos meios contenciosos.

Quanto ao primeiro aspecto, o próprio artigo 185.º, n.º 1, do CPA refere-se aos actos de que dependa a celebração do contrato e não ao conceito de acto destacável, que é utilizado no artigo 9.º, n.º 3, do ETAF. Assim, o preceito parece indiciar que a invalidade consequente dos contrato não resulta da invalidade de todos e quaisquer actos destacáveis do procedimento pré-contratual, mas apenas daqueles relativamente aos quais o contrato esteja numa situação de dependência directa[877]. É o caso, sem dúvida, do acto de adjudicação, mas também, em nossa opinião, de todos os actos procedimentais anteriores que influenciem de forma determinante o conteúdo da decisão final, tais como: o acto de escolha do procedimento de selecção do co-contratante[878]; a falta de convite nos procedimentos restritos; a inclusão de cláusulas discriminatórias nas peças concursais; a igualdade no tratamento dos concorrentes; e, em certos casos, a admissão condicionada ou a exclusão de concorrentes, quando estes reunissem as condições, de acordo com um juízo de prognose póstuma, para vir a ser escolhidos como adjudicatários.

---

[877] Neste sentido, v. J. PEREIRA DA SILVA, *op. cit.*, pág. 134, referindo-se aos actos que constituam "um verdadeiro suporte do contrato".

[878] A maioria da doutrina considera que este vício procedimental é tão grave e lesivo como a total ausência de procedimento e implica sempre a nulidade do contrato. V., por exemplo, VICENTE LÓPEZ, *La contratación administrativa – condicines generales y eficacia*, Granada, 1996, pág. 383 e GARRIDO FALLA, *Tratado...*, *cit.*, págs. 83 e 84.

Pelo contrário, não implicarão a invalidade do contrato os actos que não afectam o conteúdo da decisão final do procedimento: os meros actos de aprovação tutelar, quando sejam exigidos por lei[879]; os actos de mero expediente que não relevem para a decisão final; e, inclusivamente, o afastamento de um concorrente por razões totalmente vinculadas, tais como, por exemplo, a existência de proibições legais de contratar. Assim, o STA já considerou – e, na nossa opinião, ajuizou correctamente – que não implicavam a invalidade consequente do contrato a preterição de formalidades respeitantes a actos apenas indirectamente relacionados com o mesmo, como, por exemplo, licenças urbanísticas necessárias à realização de uma determinada obra pública[880].

Outra aspecto que influencia a solução adoptada prende-se com a natureza do vício que afecta o acto pré-contratual e o desvalor jurídico que este vício acarreta. Os fundamentos da invalidade dos actos destacáveis da fase da formação do contrato não apresentam, como vimos, quaisquer especificidades relativamente aos actos administrativos em geral. Aliás, como estes actos são praticados antes da celebração do contrato, não podem, naturalmente, ser inválidos por violação do próprio contrato ou por se fundamentarem em cláusulas contratuais ilegais. Não concordamos, por isso, com alguma doutrina francesa que faz depender a solução quanto à invalidade consequente do contrato do facto de o acto pré-contratual ser inválido por um vício próprio ou por um vício decorrente do contrato[881].

Pelo contrário, já se afigura pertinente distinguir os vícios materiais dos meros vícios de forma; e, por outro lado, os vícios geradores de nulidade daqueles que apenas implicam a anulabilidade do acto.

Apesar de o artigo 185.º, n.º 1, do CPA não ponderar a natureza do vício, parece-nos que esta não é despicienda, por duas razões: primeiro, porque, como salientam alguns autores, caracterizando-se os procedimentos de adjudicação por um grande formalismo, o sistema tem de possuir algumas "válvulas de escape" que permitam atenuar as consequências excessivas desse formalismo[882]; segundo, porque a Administração pode,

---

[879] Neste sentido, v. LAURENT RICHER, Contrats..., cit., pág. 171.

[880] Cfr. o Acórdão do STA de 22 de Abril de 1999, proferido no Processo n.º 42.341. No caso, tratava-se de uma autorização para a construção de uma Estação de Tratamento de Águas e Resíduos Sólidos numa Área de Paisagem Protegida.

[881] Neste sentido pronunciam-se, por exemplo, LAURENT RICHER, Contrats..., cit., pág. 171 e DOMINIQUE POUYAUD, Le sort des contrats après annulation d'un acte détachable: nouvelles difficultés, in RFDA, n.º 13, vol. 2, 1997, pág. 359.

[882] V. M. ESTEVES DE OLIVEIRA e R. ESTEVES DE OLIVEIRA, op. cit., págs. 93 e seguintes.

em execução da sentença, praticar o mesmo acto, limitando-se a eliminar o vício formal. Ora, neste caso, o contrato seria invalidado consequentemente, com todas as (graves) consequências que isso acarreta quer para as partes (*v.g.* restituição das prestações já executadas), quer para o interesse público, para voltar, provavelmente, a ser celebrado com o mesmo contratante, na sequência da repetição, por parte da Administração, de um acto de igual conteúdo ao acto impugnado. Aliás, a protecção da confiança do co-contratante particular pode justificar, no caso de vícios meramente formais, um *favor acti*, que já não é aceitável quando o acto padeça de vícios materiais[883].

Assim, justificar-se-ia, *de iure condendo*, uma solução legal que permitisse ao juiz apreciar a validade consequente do contrato em função da natureza do vício do acto destacável e das consequências previsíveis da sua anulação[884].

É verdade que o artigo 133.º, n.º 2, alínea *i*) do CPA, que determina a nulidade dos actos consequentes dos actos anteriormente anulados ou revogados, não distingue a natureza do vício. Contudo, tal não obsta, por si só, à consagração da solução legal que preconizamos, até porque, no que respeita à invalidade dos actos administrativos, a jurisprudência do STA tende a admitir, à luz do princípio do aproveitamento dos actos administrativos, a convalidação de certos actos quando estes sejam meramente irregulares por preterição de formalidades não essenciais que não afectem o conteúdo final da decisão[885]. Neste sentido, parece-nos correcto o critério que distingue, para este efeito, entre as formalidades e os requisitos consagrados para garantir os direitos dos particulares que participam no procedimento e aqueles que são estabelecidos apenas em benefício da Administração[886].

---

[883] Neste sentido, v. GONZÁLEZ PÉREZ, *El principio general de la buena fe en el Derecho administrativo*, 3ª Edição, Madrid, 1999, pág. 103.

[884] No mesmo sentido, v. DOMINIQUE POUYAUD, *Le sort...*, *cit.*, pág. 359.

[885] V., por exemplo, o Acórdão do STA de 30 de Março de 1995 (Processo n.º 34.967), no qual o Tribunal não anulou a decisão de exclusão de um concorrente pelo facto de a Administração ter incorrido num erro (a Administração considerou que o concorrente agiu como representante quando o mesmo agiu em nome próprio), na medida em que o considerou irrelevante, atendendo à verificação de um pressuposto legal que tornava o acto de exclusão totalmente vinculado.

[886] Este critério é proposto, por exemplo, por M. ESTEVES DE OLIVEIRA e R. ESTEVES DE OLIVEIRA, *op. cit.*, págs. 94 e 95. Neste sentido pronunciam-se também ANDRÉ DE LAUBADÈRE, FRANCK MODERNE e PIERRE DELVOLVÉ, *Traité...*, *cit.*, Tomo I, pág. 612.

Quanto à distinção entre os casos de nulidade e de anulabilidade dos actos destacáveis, há duas soluções possíveis: estabelecer uma total correspondência entre a invalidade do acto e a invalidade do contrato, em termos tais que este seja nulo ou anulável consoante aquele o seja também; ou determinar que, independentemente do acto ser nulo ou anulável, o contrato é sempre nulo.

O artigo 185.º, n.º 1, do CPA adopta, como vimos, a primeira solução, à semelhança do que acontece em Espanha. Trata-se de um sistema de repercussão automática da invalidade dos actos pré-contratuais sobre o contrato, que deveria ter como consequência a imediata entrada deste em fase de liquidação. Ora, como já referimos, não é esta a orientação seguida pela jurisprudência portuguesa, que exige sempre a prévia anulação ou declaração de nulidade do acto destacável em sede de recurso contencioso de anulação, sem que, depois, exista qualquer mecanismo processual que faça a "ponte" para a acção de validade do contrato.

Parece-nos que, pelo menos quando a invalidade do acto preparatório decorrer de um vício material, tal deve implicar sempre a nulidade do contrato, mesmo que o acto seja meramente anulável[887]. De facto, ou o acto administrativo padece de uma mera "irregularidade não invalidante"[888] e, nesse caso, não deve haver nenhum reflexo sobre o contrato; ou, pelo contrário, o acto é inválido e o contrato deve, consequentemente, ser nulo[889]. Esta é a solução mais adequada, por duas razões:

– primeiro, porque, sendo as regras procedimentais de ordem pública, a sua violação não se pode traduzir num mero vício na formação da vontade da Administração. Aliás, estando em causa a violação de regras destinadas a salvaguardar os direitos dos particulares, o contrato deve ser considerado nulo, uma vez que este interesse prevalece sobre a certeza e a estabilidade das relações entre os particulares e a Administração, que justificaria a mera anulabilidade do contrato[890];

---

[887] Não concordamos, por isso, com J. PEREIRA DA SILVA, *op. cit.*, pág. 137, quando defende que o valor negativo que corresponde às invalidades consequentes do contrato administrativo é o valor-regra da invalidade do contrato administrativo em causa: anulabilidade no caso dos contratos com objecto passível de acto administrativo e nulidade no caso de contratos com objecto passível de contrato de direito privado.

[888] A expressão é de REBOLLO PUIG, *La invalidez...*, *cit.*, pág. 395.

[889] Em sentido um pouco diferente, admitindo consequências distintas em função da gravidade do vício de que padece o acto antecedente, v. CERULLI IRELLI, *op. cit.*, pág. 565.

[890] Neste sentido, elegendo como critério de distinção entre a nulidade e anulabili-

– por outro lado, não se vislumbra qualquer razão para aplicar aos contratos um regime diverso daquele que resulta do artigo 133.º, n.º 2, alínea i) do CPA, que determina a nulidade dos actos consequentes de actos nulos ou anulados[891]. De facto, os contratos integram-se plenamente no conceito de acto consequente adoptado pela doutrina, nomeadamente por FREITAS DO AMARAL, que define como actos consequentes aqueles que são *"...praticados, ou dotados de certo conteúdo, em virtude da prática de um acto administrativo anterior."*[892] Nestes actos, PROSPER WEIL inclui três graus de dependência relativamente ao acto inicial: casos de total indivisibilidade; casos em que o acto inicial é o motivo determinante do acto consequente; e, finalmente, situações em que o primeiro torna possível a própria existência do segundo[893]. A relação entre os actos pré-contratuais e o contrato integra-se na terceira hipótese referida pelo autor, mas, em qualquer destas situações, a consequência da anulação do acto inicial determina forçosamente a invalidade do "acto-consequência".

Por outro lado, afigura-se mais correcto exigir a prévia anulação ou declaração de nulidade do acto destacável, tal como resulta do artigo 133.º, n.º 2, alínea i) do CPA para a invalidade consequente dos actos administrativos, até porque, no caso de o acto ser meramente anulável, este continua a produzir efeitos até à sentença anulatória, que é constitutiva,

---

dade o critério do interesse predominantemente protegido, v. REBELO DE SOUSA, *O valor jurídico do acto inconstitucional*, I, Lisboa, 1988, págs. 222 e 223.

[891] A objecção apontada por J. PEREIRA DA SILVA, *op. cit.*, págs. 138 e 139, segundo a qual estar-se-ia a adoptar, desta forma, um desvalor jurídico que não é a regra no Direito Administrativo não merece acolhimento: é que a nulidade é, efectivamente, a regra quando se trata de invalidades consequentes, não se aplicando o disposto no artigo 135.º do CPA. Esta é, aliás, a solução mais adequada, atendendo a que as invalidades consequentes são necessariamente originárias e, regra geral, totais. Neste sendo, v. FRANCESCA TRIMARCHI BANFI, *op. cit.*, pág. 799 e GIORGIO PAGLIARI, *Contributo allo studio della c.d. invalidità successiva dei provvedimenti amministrativi*, Pádua, 1991, pág. 64. Por outro lado, ANDRÉ DE LAUBADÈRE, FRANCK MODERNE e PIERRE DELVOLVÉ, *Traité...*, *cit.*, Tomo I, págs. 571 e 572, consideram que a sanção-regra dos contratos administrativos é a nulidade.

[892] Cfr. FREITAS DO AMARAL, *A execução...*, *cit.*, pag. 84.

[893] V. PROSPER WEIL, *Les conséquences...*, *cit.*, págs. 195 a 197. De facto, como salienta MATERNE STAUB, *op. cit.*, págs. 740 e seguintes, a indivisibilidade é apenas uma das causas da anulação por via de consequência, pelo que os conceitos de indivisibilidade e de invalidade consequente não se devem confundir.

pelo que só pode determinar a invalidade *ab initio* do contrato após essa sentença ser proferida[894]. Assim, a solução proposta acaba por ser também mais adequada ao regime da invalidade dos actos administrativos consagrado no nosso ordenamento jurídico.

A aplicação do regime dos actos consequentes de actos nulos ou anulados aos contratos da Administração pressupõe, quanto a nós, a antecipação da decisão sobre a invalidade consequente dos contratos para o momento em que é apreciada a validade do acto destacável, ou seja, para o recurso contencioso de anulação. Aliás, é unanimemente aceite que a invalidade consequente opera *ope legis*[895], pelo que o processo mais célere e eficaz seria permitir, no âmbito do recurso, a cumulação do pedido de invalidade do acto com o pedido de invalidade do contrato (como acontece no artigo 4.°, n.° 2, alínea *d*) da PLCPTA, embora no artigo 40.°, n.° 1, alínea *d*), do mesmo diploma se exija a prévia impugnação do acto destacável, o que se afigura contraditório). Isso não é incompatível com a natureza deste meio processual, tanto mais que a decisão proferida no recurso acarreta já, actualmente, consequências para o contrato, quer devido à total vinculação do juiz do contrato a essa decisão; quer porque a Administração está obrigada a executar a sentença, o que implica, nomeadamente, tentar resolver o contrato ou suspendê-lo unilateralmente durante a pendência do recurso[896].

Mais: esta é a única via contenciosa que permite retirar todas as vantagens da solução preconizada, uma vez que centrando-se num único meio contencioso, o juiz tem uma visão de conjunto do "sistema contratual", que lhe permite ponderar todos os factores que podem afectar a invalidade desse sistema: o grau de dependência entre o acto impugnado e o contrato; a verificação de um mero vício de forma ou de uma "irregularidade não invalidante" que não justifique a invalidade consequente do contrato; a forma de acautelar o contra-interessado, ou seja, o co-contratante particu-

---

[894] Neste sentido, v. GUIDO GRECO, *I contratti..., cit.*, pág. 129. É certo que a anulação tem efeitos retroactivos, mas, mesmo esses efeitos só se podem produzir após a sentença anulatória ser proferida.

[895] Neste sentido, v. FREITAS DO AMARAL, *A execução..., cit.*, págs. 87 e seguintes, em especial, a pág. 90.

[896] Esta possibilidade não está prevista no artigo 180.° do CPA, mas consta do artigo 186.° do Decreto-Lei n.° 59/99 para as empreitadas de obras públicas, embora a situação aí referida apenas tenha a ver com dificuldades surgidas durante a execução do contrato. Sobre a possibilidade de a Administração suspender unilateralmente o contrato por motivos de interesse público, v. MARÍA CONCEPCIÓN RODRÍGUEZ, *La suspension de la ejecucion del contrato de obra pública*, in RAP, n.° 142, 1997, págs. 111 e seguintes.

lar, nos termos da parte final do artigo 133.º, n.º 2, alínea i) do CPA. Aliás, esta norma permite ao juiz ressalvar os efeitos do contrato, mesmo que o acto preparatório seja inválido, se considerar ser essa a única forma de proteger esse contra-interessado, concedendo mais margem de manobra ao juiz do recurso contencioso de anulação do que possui, actualmente, o juiz do contrato, quando seja demandado por umas das partes após a anulação de um acto destacável. Refira-se, no entanto, que, apesar de o artigo 133.º, n.º 2, alínea i) do CPA não o exigir expressamente, o contra-interessado só merece a protecção da ordem jurídica se estiver de boa fé.

A solução proposta garante, finalmente, uma maior tutela dos terceiros lesados no âmbito do procedimento pré-contratual, uma vez que podem, através de um único meio processual, obter a anulação do acto e do contrato, ultrapassando o actual desfasamento existente ao nível dos meios processuais que estão à disposição dos terceiros[897].

Refira-se ainda que o regime da invalidade dos actos consequentes é, sem dúvida, o mais adequado aos contratos com objecto passível de acto administrativo e, sobretudo, aos contratos substitutivos de actos administrativos na medida em que o seu conteúdo é em tudo semelhante ao dos actos unilaterais[898].

Vejamos, no entanto, se a solução adoptada se coaduna também com os contratos administrativos com objecto passível de direito privado e com os designados contratos privados da Administração. De facto, no que respeita às consequências da invalidade dos actos destacáveis da formação do contrato, assume maior relevância a distinção entre contratos com objecto passível de acto administrativo e contratos com objecto passível de direito privado do que entre contratos administrativos e contratos privados. Esta não é, contudo, a solução adoptada pelo artigo 185.º, n.º 1, do CPA, que nada refere quanto aos ditos contratos privados da Administração e trata unitariamente a invalidade consequente de todos os contratos administrativos, o que, aliás, resulta da lógica do CPA quanto à clivagem entre gestão pública e gestão privada.

---

[897] Voltaremos a este aspecto na última parte da dissertação.

[898] CERULLI IRELLI, op. cit., pág. 530, defende mesmo que estes contratos podem ser impugnados directamente perante os tribunais administrativos por terceiros lesados, e, relativamente aos acordos integrativos, admite quer a impugnação directa do acordo, quer do acto praticado pela Administração em execução do mesmo. Em sentido contrário, embora admitindo que seria uma solução mais eficaz e simples, pronuncia-se BRUTI LIBERATI, Consenso..., cit., pág. 138.

Parece-nos que todos os contratos da Administração Pública devem ser considerados nulos na sequência da invalidade dos actos preparatórios integrados na fase de formação do contrato, independentemente da natureza deste. Esta é a única solução compatível com a procedimentalização da fase pré-contratual, que se verifica em todos os contratos celebrados pela Administração e com a publicização substantiva dos contratos privados.

Aliás, mesmo os autores que defendem a dicotomia entre contratos administrativos e contratos privados admitem que a formação dos primeiros está totalmente sujeita a regras jurídico-públicas, cuja violação tem consequências para o próprio contrato. SÉRVULO CORREIA, por exemplo, defende que a invalidade dos actos procedimentais implica a nulidade dos contratos privados, por falta de poderes de representação da pessoa colectiva pública, nos termos dos artigos 258.º e 294.º do CC[899].

Por outro lado, a violação de normas jurídico-públicas no âmbito da actuação privada implica, em princípio, a sua nulidade, nos termos do artigo 294.º do CC, até porque, ao contrário do que acontece no Direito Administrativo, esse é a sanção-regra no Direito Privado.

Não podemos concordar, por isso, com alguns autores franceses quando defendem que os contratos privados não são afectados com a mesma intensidade pela invalidade dos actos administrativos preparatórios, aplicando a teoria do mandato aparente, ao ponto de fazer prevalecer a aparência sobre a sentença do recurso contencioso de anulação[900]. Esta teoria priva de todo o efeito útil a anulação dos actos destacáveis, em detrimento do interesse geral e do princípio da legalidade, mas também dos direitos e interesses dos terceiros lesados que obtiveram provimento na impugnação desse acto[901].

Assim, resta apenas a questão de saber se, relativamente aos contratos com objecto passível de contrato de direito privado, se aplicam as regras privatísticas da falta de poderes de representação da pessoa colectiva pública ou, pelo contrário, se adopta o regime da invalidade consequente. Parece-nos que não há qualquer razão para adoptar soluções distintas em função do tipo de contrato. É que, não se tratando de uma invalidade própria do contrato, a natureza deste não deve relevar para a determinação do regime dessa invalidade. Tal reflecte-se, aliás, na legislação portuguesa,

---

[899] Cfr. SÉRVULO CORREIA, *Legalidade...*, cit., pág. 561.
[900] Neste sentido, v. ETIENNE FATÔME e LAURENT LEVENEUR, *Contrats de l'Administration*, in AJDA, 1998, pág. 165.
[901] Neste sentido, v. DOMINIQUE POUYAUD, *Le sort...*, cit., págs. 359 e 360.

visto que, quanto à invalidade consequente não consagra nenhuma distinção em função do tipo de contrato, e, pelo contrário, no que respeita à invalidade própria do contrato, adopta a dicotomia entre contratos com objecto passível de acto administrativo e contratos com objecto passível de direito privado (cfr. o n.º 1 e o n.º 3 do artigo 185.º do CPA).

De facto, estando em causa a violação das regras aplicáveis à fase da formação do contrato, que são estabelecidas no interesse geral e são comuns a todos os contratos celebrados pela Administração, as consequências dessa violação devem ser também semelhantes.

Por outro lado, não se afigura correcto assimilar a invalidade dos actos destacáveis aos vícios na formação da vontade, aplicando o regime do CC, na medida em que a própria lei distingue essas duas situações, no n.º 1 e no n.º 2 do artigo 185.º do CPA, exactamente porque a fase procedimental visa tutelar terceiros e garantir o respeito pelos princípios da legalidade e da prossecução do interesse público, enquanto que os vícios da vontade apenas dizem respeito às partes.

A especificidade do regime da invalidade consequente dos contratos face ao disposto no artigo 133.º, n.º 2, alínea i) do CPA não resulta do tipo de contrato, mas sim da sua natureza bilateral, que pode justificar, em certas situações, uma política jurisprudencial de "preservação da coisa contratada", nomeadamente para proteger o co-contratante particular que esteja de boa fé. Mas também isso é comum a todos os contratos.

Quanto aos actos destacáveis da execução do contrato, a legislação portuguesa é omissa, e alguns autores consideram que a invalidade destes actos não se repercute na validade do contrato[902]. Contudo, não nos parece que seja assim.

Por um lado, como salienta SÉRVULO CORREIA, os contratos administrativos são "elementos de legalidade", a par da Constituição, das leis, das convenções internacionais, dos regulamentos e dos princípios gerais do Direito[903], ou, por outras palavras, fazem parte do "bloco de legalidade"[904].

Por outro lado, dos três tipos de actos destacáveis da execução do contrato que referimos antes – aqueles através dos quais a Administração

---

[902] Neste sentido, v. J. PEREIRA DA SILVA, op. cit., pág. 127 e RODOLFO C. BARRA, op. cit., pág. 140.
[903] Cfr. SÉRVULO CORREIA, Noções de Direito Administrativo, volume I, Lisboa, 1982, pág. 235.
[904] V. MAURICE HAURIOU, Précis de Droit administratif et de Droit public, Paris, 1911, págs. 61 e 62.

exerce as suas prerrogativas de autoridade, as próprias cláusulas do contrato e os actos praticados pelo co-contratante ou pela Administração com fundamento no contrato ou em violação do mesmo – verifica-se que a invalidade dos dois últimos afecta a validade do contrato.

Efectivamente, se uma cláusula do contrato foi anulada, em via principal, por acção de um terceiro lesado, ou, em via incidental, por servir de fundamento a um acto administrativo inválido, o contrato é parcialmente inválido. Neste caso, pode ocorrer uma de duas situações:

- ou a cláusula inválida é essencial ao contrato, em termos tais que as partes não teriam celebrado o contrato sem aquela cláusula, pelo que é impossível a redução do negócio jurídico e este deve ser considerado nulo *ab initio*;
- ou, pelo contrário, a cláusula é acessória e pode proceder-se à redução do contrato[905]. A possibilidade de se proceder à redução do contrato, desde que preenchidos os requisitos do artigo 292.º do CC não é, contudo, unânime na doutrina. PROSPER WEIL, referindo-se a um retorno à teoria do "todo indivisível", considera que a decomposição da operação contratual, através da teoria dos actos destacáveis, tem como única finalidade permitir a impugnação destes actos em sede de recurso contencioso de anulação, mas, em caso de provimento deste, o contrato torna-se novamente indivisível, pelo que deve ser declarado nulo no seu conjunto[906]. Por sua vez, JEAN-PAULE PAYRE defende que, mesmo quando o contrato seja viável sem a cláusula impugnada, se esta for inválida por violar uma regra fundamental de Direito Administrativo, que releva da ordem pública, o contrato deve ser declarado nulo no seu todo, não se podendo recorrer à sua redução[907].

Parece-nos, pelo contrário, que o mecanismo da redução constitui uma forma eficaz de articulação entre a tutela dos terceiros, por um lado, e os princípios da estabilidade e da conservação da "coisa contratada", por

---

[905] Neste sentido, considerando que a cláusula deve ter-se por não escrita, v. ANDRÉ DE LAUBADÈRE, FRANCK MODERNE e PIERRE DELVOLVÉ, *Traité...*, *cit.*, Tomo I, pág. 571.
[906] V. PROSPER WEIL, *Les conséquences...*, *cit.*, págs. 206 e 207.
[907] Cfr. JEAN-PAULE PAYRE, *op. cit.*, págs. 514 e 515. O autor refere-se a uma "indivisibilidade de geometria variável", na medida em que as consequências para o contrato variam em função do tipo de cláusula que seja objecto de impugnação, o que põe em causa a certeza e segurança jurídicas nesta matéria.

outro lado[908]. Cumpre, no entanto, distinguir duas situações, em função do tipo de contrato, consoante este tenha objecto passível de acto administrativo ou de contrato de direito privado (incluindo nestes os designados contratos privados da Administração)[909].

Assim, quanto aos segundos, nada obsta à aplicação das regras dos artigos 292.º e 293.º do CC sobre redução e conversão dos negócios jurídicos, nos termos do artigo 185.º, n.º 3, alínea *b*) do CPA. Mais: esta possibilidade funciona independentemente da gravidade do vício, uma vez que, sendo eliminada a cláusula inválida, esse aspecto torna-se irrelevante.

Refira-se apenas, quanto à possibilidade de se proceder à conversão do contrato, que esta não é admissível em dois casos: quando o *"negócio de tipo ou conteúdo diferente"* em que se converteria o contrato implicasse um procedimento de formação mais solene do que aquele que foi efectivamente adoptado, visto que tal defraudaria as exigências de procedimentalização inerente à fase pré-contratual; e quando a conversão viole regras de ordem pública. Não nos parece, contudo, que a conversão dos contratos com objecto passível de direito privado – e, por maioria de razão, dos designados contratos privados da Administração – deva ser liminarmente afastada, até porque isso resultaria num regime menos flexível destes contratos relativamente aos contratos com objecto passível de acto administrativo, nos quais se permite a conversão, por aplicação do artigo 137.º do CPA *ex vi* artigo 185.º, n.º 3, alínea *a*) do mesmo Código.

De facto, no caso dos contratos com objecto passível de acto administrativo aplicam-se as regras respeitantes à invalidade dos actos administrativos, de acordo com o disposto no artigo 185.º, n.º 3, alínea *a*) do CPA, sem prejuízo das necessárias adaptações. Assim, é possível a ratificação, a reforma e a conversão dos contratos anuláveis mas não dos contratos nulos ou inexistentes, sendo competente para o efeito o órgão contratante, nos termos do artigo 137.º, n.º 2, do CPA, que determina a

---

[908] Em sentido próximo, embora justificando a redução com a necessidade de prosseguir o interesse público, sem deixar de respeitar o consensulismo, v. JEAN ABESSOLO, *op. cit.*, pág. 36. O autor defende, contudo, que a redução pode operar mesmo contra a vontade das partes, *v.g.*, do co-contratante particular.

[909] A necessidade de fazer esta distinção resulta do facto de o CPA adoptar um regime de invalidade dos contratos da Administração que é um misto do regime de invalidade do acto administrativo com o regime da invalidade do negócio jurídico. Neste sentido, v. MARIA JOÃO ESTORNINHO, *Algumas questões...*, *cit.*, pág. 31. MARIA DA GLÓRIA GARCIA, *Direito...*, *cit.*, pág. 54, salienta, contudo, que a remissão para as regras do CC traduz-se numa *"recepção material"*, ou seja, estas regras são interpretadas, integradas e aplicadas à luz do ordenamento jurídico administrativo e não do civilístico.

aplicação das regras sobre revogação dos actos administrativos. Contudo, atendendo à natureza bilateral e consensual do acto em causa deve, nesta situação, exigir-se o acordo do co-contratante, pelo menos quando a alteração introduzida ao contrato exceda os limites do exercício do direito de modificação unilateral do contrato por parte da Administração definidos no artigo 180.º, alínea *a*) do CPA.

Por outro lado, apesar de o artigo 137.º do CPA não se referir à redução dos actos administrativos, esta deve admitir-se, por maioria de razão, relativamente aos contratos com objecto passível de acto administrativo.

6. A preservação da "coisa contratada" e a protecção dos terceiros: dois interesses inconciliáveis?

A análise efectuada quanto aos efeitos substantivos dos contratos da Administração permite-nos concluir que estes não possuem uma mera eficácia *inter partes*. Pelo contrário, os contratos afectam os terceiros que se relacionam com a Administração, quer na fase da formação, quer na fase da execução do contrato.

No plano substantivo, a procedimentalização e a autonomização de actos destacáveis praticados no âmbito da "operação contratual", bem como os mecanismos de responsabilidade civil, são os principais meios de tutela dos terceiros. Isso implica que a invalidade dos actos destacáveis tenha repercussões directas sobre a validade do próprio contrato, nos termos acima referidos.

Assim, a invalidade consequente dos contratos da Administração tem o reflexo imediato de permitir a abertura aos terceiros do "mundo fechado" do contrato, pondo, eventualmente, em causa a estabilidade e a preservação das relações contratuais.

De facto, existem, no âmbito da protecção dos terceiros perante os contratos da Administração, dois valores contrapostos e, muitas vezes, contraditórios: por um lado, a necessidade de manter o contrato; e, por outro lado, o facto de a sua destruição ser a única forma de tutelar eficazmente os terceiros lesados.

A preservação da coisa contratada pode justificar-se por razões que se prendem com a prossecução do interesse público ou com a protecção da confiança do co-contratante particular, se este estiver de boa fé[910]; ou, em

---

[910] Para que o co-contratante tenha direito à protecção jurídica da confiança é

alguns casos, pode mesmo ser impossível destruir retroactivamente os efeitos do contrato.

Por outro lado, a eliminação dos actos consequentes, incluindo do próprio contrato, é necessária para se obter a reintegração da ordem jurídica e a reconstituição da situação actual hipotética[911], e, por isso, a protecção efectiva dos terceiros lesados.

O grande problema prende-se, assim, com a necessidade de decidir qual dos valores deve prevalecer no caso concreto, o que pode revelar-se uma operação extremamente complexa, pois, como refere MARCELLO CAETANO, a execução da sentença de anulação do acto destacável de um contrato é *"...condicionada pelas possibilidades de destruição dos efeitos já produzidos e deve ser temperada segundo as exigências do interesse público, atendendo-se à imputação da responsabilidade da invalidade para determinar a obrigação de indemnizar ou de suportar a maior quota das consequências prejudiciais da anulação."*[912] Não pode dizer-se, contudo, que o facto de o contrato já estar celebrado constitui sempre uma causa legítima de inexecução da sentença proferida em sede de recurso contencioso de anulação[913], até porque isso equivaleria a retirar todo o efeito útil à própria autonomização de actos destacáveis.

Pelo contrário, parece-nos que ao juiz deve ser permitido fazer uma ponderação casuística dos valores em causa, que deve ser balizada pelos seguintes factores: a urgência na prossecução do interesse público; o vício de que padece o acto impugnado; a boa fé ou a má fé do contratante particular; e a posição relativa do terceiro. Estes factores relevam sobretudo para decidir qual dos dois deve, na expressão de MARCELLO CAETANO, *"...suportar a maior quota das consequências prejudiciais da anulação"*. Por outras palavras, trata-se de saber se se justifica ou não a destruição retroactiva do contrato e qual o montante da indemnização a que cada sujeito terá direito. O que não pode é admitir-se, como acontece actualmente, que as partes no contrato têm direitos adquiridos que não podem

---

necessário que se verifiquem quatro pressupostos: uma situação de confiança, traduzida na boa fé subjectiva e ética; uma justificação para essa confiança, expressa na existência de elementos de facto em que assente a situação subjectiva de confiança; um investimento de confiança, que consiste na actividade desenvolvida pelo sujeito com base na situação de confiança; e, finalmente, a imputação da situação de confiança a outra pessoa. Sobre esta matéria, v., por todos, MENEZES CORDEIRO, *Teoria geral..., cit.*, págs. 391 e 392.

[911] Neste sentido, v. FREITAS DO AMARAL, *A execução..., cit.*, pág. 84.
[912] Cfr. MARCELLO CAETANO, *Manual..., cit.*, volume I, pág. 640.
[913] Em sentido contrário, v. PEDRO GONÇALVES, *A concessão..., cit.*, pág. 220.

ser postos em causa por terceiros, independentemente dos danos que estes tenham sofrido[914].

Cumpre, por isso, pôr termo a uma política de preservação da coisa contratada que é seguida pela jurisprudência portuguesa, o que não significa, contudo, rejeitar liminarmente a possibilidade de se afastar a invalidade do contrato, sobretudo quando a reintegração da situação implica uma despesa excessiva para o erário público[915].

De facto, apesar de, em abstracto, considerarmos que deve prevalecer o interesse traduzido na salvaguarda dos direitos dos particulares, razão pela qual defendemos a nulidade consequente dos contratos da Administração Pública, pode ser necessário proceder a uma ponderação em concreto dos interesses em presença[916]. Esta ponderação deve efectuar-se de acordo com os seguintes princípios e regras:

– princípio da legalidade, em função da gravidade do vício de que padece o acto destacável;
– princípio da protecção da confiança do co-contratante, relevando, para o efeito, a boa fé e o investimento de confiança que o mesmo tenha realizado;
– princípio da proporcionalidade, quer na sua vertente de equilíbrio, quer de necessidade, pois, como já afirmou o STA, *"...nem todos os actos consequentes são necessariamente nulos: a Administração deve restringir-se ao estritamente necessário na reconstituição da situação hipotética, doutro modo, excedidos aqueles limites e sempre que com isso sejam afectados direitos entretanto adquiridos, viola o princípio da proporcionalidade"*[917];
– e, finalmente, tendo em conta a posição jurídica subjectiva do terceiro e a importância dos danos sofridos na sua esfera jurídica.

Refira-se, quanto à posição subjectiva do co-contratante, que tendemos a concordar com AURETTA BENEDETTI quando refere que, apesar

---

[914] Neste sentido, v. CHARLES HUBERT, *op. cit.*, pág. 176.

[915] Como salientam, por exemplo, PIER MARIA PIACENTINI, *op. cit.*, pág. 785, e GIL IBÁÑEZ, *Procedimientos y formas de adjudicación de los contratos administrativos*, Madrid, 1998, pág. 3. Aliás, esta é a orientação seguida pelo Tribunal Supremo espanhol, que procede a uma ponderação dos vários aspectos relevantes em cada situação concreta.

[916] Neste sentido, REBELO DE SOUSA, *O valor jurídico..., cit.*, págs. 223 e 224, considera mesmo, apesar de discordar, que a legislação portuguesa adopta o "critério" da ponderação casuística dos interesses envolvidos.

[917] Cfr. o Acórdão do STA de 7 de Julho de 1994, proferido no Processo n.º 30.612.

de o decurso do tempo contribuir para a estabilização do vínculo contratual, o facto de a formação da vontade administrativa ser exteriorizada através de um procedimento pré-contratual reduz muito as possibilidades de o co-contratante particular estar de boa fé[918].

Parece-nos, no entanto, que, mesmo que o particular esteja de boa fé, isso não pode, por si só, obstar à declaração de nulidade do contrato, sob pena de se pôr em causa a protecção dos terceiros, sendo necessário, neste caso, procurar mecanismos de compensação do co-contratante, através da responsabilidade da Administração ou do enriquecimento sem causa.

O facto de o artigo 133.º, n.º 2, alínea *i*) do CPA ressalvar, na parte final, os direitos dos contra-interessados (de boa fé) na manutenção do acto consequente, também não afasta a nulidade dos contratos da Administração, por duas razões: em primeiro lugar, porque essa interpretação põe em causa a garantia constitucional da tutela judicial dos terceiros[919]; em segundo lugar, porque o contra-interessado só merece tutela se não for também contra-interessado no acto impugnado. É que, se o contraente particular participou no recurso contencioso de anulação do primeiro acto, na qualidade de contra-interessado, e teve, por isso, oportunidade de defender a sua posição, de acordo com o princípio do contraditório, a ressalva da parte final do preceito do CPA não pode funcionar[920].

Em conclusão, pode dizer-se que a preservação da coisa contratada é, na maior parte das vezes, inconciliável com a protecção dos terceiros, sobretudo se estiver em causa a invalidade de actos integrados na fase de formação do contrato. Quando se trata, pelo contrário, de actos destacáveis da execução do contrato, aqueles valores podem ser conciliados, por exemplo, através do mecanismo da redução ou da conversão dos negócios jurídicos.

Por outro lado, existem outras formas de proteger ou ressarcir os particulares envolvidos, nomeadamente pela efectivação da responsabilidade civil da Administração.

---

[918] V. AURETTA BENEDETTI, *op. cit.*, págs. 161 e seguintes, em especial a pág. 166.

[919] Neste sentido pronunciam-se FAUSTO DE QUADROS, JOSÉ MÁRIO FERREIRA DE ALMEIDA, PAULO OTERO e LUÍS FÁBRICA, *Procedimento...*, *cit.*, págs. 533 e 534.

[920] Cfr. ALEXANDRA LEITÃO, *A protecção...*, *cit.*, pág. 103. Neste sentido, v. FREITAS DO AMARAL, *A execução...*, *cit.*, pág. 87 e M. ESTEVES DE OLIVEIRA, PEDRO GONÇALVES e J. PACHECO DE AMORIM, *op. cit.*, pág. 651. Esta é também a orientação constante da jurisprudência. V., por exemplo, o Acórdão do STA de 30 de Junho de 1998, proferido no Processo n.º 29.719.

Contudo, para que se obtenha uma tutela judicial efectiva dos terceiros é necessário encontrar uma forma de eliminar o desfasamento actualmente existente entre a solução substantiva e os meios contenciosos que estão ao alcance dos terceiros lesados; e, por outro lado, definir parâmetros que orientem o juiz na ponderação dos interesses e valores em presença no caso concreto. É esse o objectivo da última parte da presente dissertação.

PARTE III
A tutela dos terceiros no contencioso dos contratos da Administração Pública

CAPÍTULO I
O contencioso dos contratos da Administração Pública

1. A diversidade de meios processuais integrados no contencioso dos contratos da Administração Pública

1.1. *O recurso contencioso de anulação dos actos destacáveis e o recurso urgente do Decreto-Lei n.° 134/98, de 15 de Maio*

A principal característica do contencioso dos contratos da Administração é a multiplicidade dos meios processuais que fazem parte desse sistema contencioso. De facto, no nosso país, como na maioria dos Estados europeus, o contencioso dos contratos da Administração Pública inclui, além da acção sobre contratos, o recurso contencioso de anulação dos actos destacáveis e, desde a transposição da Directiva do Conselho n.° 89/665/CEE (ou Directiva "Recursos"), um meio processual urgente que permite impugnar os actos administrativos praticados no âmbito da formação de certos contratos da Administração[921].

---

[921] Esta Directiva foi transposta em França através da consagração do mecanismo da *"référé précontractuel"*, previsto na Lei de 4 de Janeiro de 1992, que alterou o artigo 22.° do Código dos Tribunais Administrativos; e em Itália, pela Lei n.° 142/92, de 19 de Fevereiro. Em Espanha, pelo contrário, entendeu-se que não era necessário proceder à transposição da Directiva, embora esta opção seja criticada por grande parte da doutrina, sobretudo pela ausência de uma tutela cautelar eficaz. V., por todos, GIMENO FELIU, *op. cit.*, págs. 64 e seguintes, em especial as págs. 82 e 83. Na Alemanha optou-se por um sistema de recursos graciosos, interpostos perante uma entidade administrativa que foi constituída propositadamente para o efeito. A UE considerou, no entanto, que a Directiva havia sido transposta incorrectamente e o Estado alemão foi condenado pelo TJCE através do Acórdão de 11 de Agosto de 1995. Salientando a necessidade de um modelo público judicialista de controlo, v. GONZÁLEZ-VARAS IBÁÑEZ, *El Derecho..., cit.*, págs. 243 e seguintes, e REINHARD HENDLER, *op. cit.*, págs. 137 e seguintes. Este autor refere que deve haver uma preferência pelo controlo judical do procedimento pré-contratual, mesmo que tal implique maior morosidade do processo, até porque os tribunais proporcionam muito maiores garantias de imparcialidade e transparência.

Quanto ao recurso contencioso de anulação, a sua integração no contencioso contratual resulta da destacabilidade dos actos administrativos da fase da formação e da execução do contrato para efeitos da sua impugnação judicial autónoma, quer para tutelar os terceiros que participam no procedimento pré-contratual, quer para tutelar o próprio co-contratante. Com efeito, tratando-se de actos unilaterais, o respectivo controlo judicial é efectuado através do recurso directo de anulação, de acordo com o princípio da separação entre o contencioso de anulação e o contencioso de plena jurisdição, sendo que no âmbito deste último o juiz não pode anular ou declarar a nulidade de actos administrativos[922]. O "mito" da separação de contenciosos acaba, assim, por determinar uma separação estanque entre diferentes actuações integradas na "operação contratual", colocando, consequentemente, o difícil problema da articulação entre os meios processuais[923].

Em Portugal, a interposição do recurso contencioso dos actos destacáveis está sujeita aos pressupostos processuais previstos na LPTA, ou seja: legitimidade, interesse em agir, tempestividade, recorribilidade do acto e competência do tribunal. Como tivemos oportunidade de defender, a destacabilidade material não é um pressuposto processual, mas sim uma característica específica de certos actos administrativos integrados numa operação complexa, pelo que a principal particularidade destes actos ao nível dos pressupostos processuais prende-se com a recorribilidade. Esta deve ser entendida em moldes amplos, permitindo a impugnação dos actos endoprocedimentais, com vista à reposição *in itinere* da legalidade do procedimento.

Refira-se que, nesta situação, o candidato que impugne o acto administrativo através do qual a Administração o excluiu do procedimento pré-contratual, apesar de não continuar integrado nesse mesmo procedimento (a menos que obtenha a suspensão de eficácia do acto recorrido), deve ser notificado do acto de adjudicação, para poder utilizar os mecanismos processuais adequados, nomeadamente, a ampliação do objecto do processo, nos termos do artigo 51.º, n.º 1, da LPTA. Contudo, a orientação da

---

[922] Este aspecto é salientado por LAURENT RICHER, *Droit...*, *cit.*, págs. 268 e 269 e por PHILIPPE TERNEYRE, *Les paradoxes...*, *cit.*, pág. 92. Este autor questiona mesmo se, perante esta limitação, podemos ainda considerar o contencioso dos contratos como um contencioso de plena jurisdição.

[923] Veja-se que, no contencioso administrativo espanhol, por exemplo, não existe a distinção entre "acções" e "recursos". Como salientam PAREJO ALFONSO, JIMÉNEZ-BLANCO e ORTEGA ÁLVAREZ, *op. cit.*, pág. 76, existe um único meio processual, definido em função da pretensão do particular, e que é de plena jurisdição.

jurisprudência tem sido outra, não permitindo aos concorrentes excluídos impugnar o acto de adjudicação[924].

Por outro lado, quanto às condições de procedência do recurso, os actos destacáveis dos contratos podem padecer dos mesmos vícios que os restantes actos administrativos, pelo que, também neste âmbito, não existem especificidades, excepto no que respeita aos vícios decorrentes da ilegalidade do próprio contrato ou da sua violação pelas partes. Como vimos, nestes casos, a anulação ou declaração de nulidade do acto destacável implica a nulidade parcial do contrato, sendo este mais um argumento em favor do abandono da separação de contenciosos. É que, apesar da nulidade consequente do contrato, o juiz não pode, em sede de recurso, declarar essa nulidade.

Finalmente, quanto à execução da sentença proferida no âmbito do recurso contencioso de anulação, aspecto que será desenvolvido oportunamente, adiantaremos desde já que o principal entorse à obtenção de uma tutela judicial efectiva dos terceiros prende-se com o facto de se considerar que a celebração do contrato traduz-se numa causa legítima de inexecução da sentença proferida no âmbito do recurso contencioso de anulação de um acto pré-contratual[925]. Assim, os tribunais limitam-se a remeter o terceiro para uma tutela meramente ressarcitória, transformando o recurso contencioso numa condição formal da acção de responsabilidade extracontratual. Este entendimento, associado à parca utilização dos meios de tutela cautelar, resulta numa denegação da protecção judicial dos terceiros e, inclusivamente, na subalternização do princípio da legalidade subjacente à procedimentalização da fase pré-contratual.

Por outro lado, apesar de, na sequência da anulação ou declaração de nulidade de um acto destacável, recair sobre a Administração o dever de executar a sentença, a verdade é que, na maior parte das vezes, esse dever não é cumprido. De facto, a Administração deve conformar-se com a decisão judicial, não concluindo o contrato; ou, se já o tiver feito, inten-

---

[924] Cfr. o Acórdão do STA de 5 de Maio de 1998, proferido no Processo n.º 37.815, no qual aquele Tribunal considerou que *"...um recorrente excluído dum concurso que impugne o acto final de adjudicação carece de legitimidade para o fazer..."*.

[925] Esta posição é defendida por PEDRO GONÇALVES, *Apreciação do Decreto-Lei n.º 134/98, de 15 de Maio, que estabelece o regime jurídico da impugnação contenciosa dos actos administrativos relativos à formação de certos "contratos públicos"*, in Lusíada, RCC, 1998, pág. 55 e é também dominante na jurisprudência do STA. Cfr., a título de exemplo, o Acórdão de 23 de Junho de 1998, proferido no Processo n.º 33.295; e o Acórdão de 9 de Junho de 1998, proferido no Processo n.º 29.166-B.

tando ela própria uma acção de invalidade do mesmo[926]. Contudo, não é isso que se verifica, a coberto exactamente do mecanismo da causa legítima da inexecução das sentenças previsto no artigo 6.º do Decreto-Lei n.º 256-A/77, de 17 de Junho, e da ilegitimidade activa dos terceiros para aceder à acção de invalidade do contrato (cfr. o artigo 825.º do CA)[927].

A clara desprotecção dos terceiros perante a actividade contratual da Administração e a repetida violação das normas comunitárias sobre o procedimento pré-contratual levou a UE a aprovar a Directiva "Recursos", visando a criação de um meio processual eficaz e célere no âmbito do procedimento de formação de certos contratos da Administração que permitisse efectuar o controlo judicial num momento em que a infracção ainda pode ser corrigida[928].

O alcance desta Directiva tem sido amplamente discutido na doutrina europeia, nomeadamente, no que respeita à sua natureza essencialmente objectivista ou subjectivista. Alguns autores consideram que o principal objectivo é garantir o respeito pelas normas comunitárias, sendo a tutela dos particulares meramente instrumental relativamente àquele fim, como forma de incentivar os particulares a recorrer, actuando como paladinos da legalidade objectiva[929]. Essa não é, contudo, a nossa opinião, pelas razões que já expusemos[930].

---

[926] J. PEREIRA DA SILVA, op. cit., págs. 140 e 141, refere-se também aos deveres de cessar a execução do contrato e/ou declarar a sua nulidade. Parece-nos, contudo, que tal não é suficiente à plena e completa execução da sentença: em primeiro lugar, porque a cessação da execução do contrato não põe termo à relação contratual; em segundo lugar, porque a Administração não pode declarar a nulidade do contrato, de acordo com o disposto no artigo 186.º do CPA.

[927] Como já tivemos ocasião de salientar. Cfr. ALEXANDRA LEITÃO, A protecção..., cit., págs. 93 e 94.

[928] A necessidade de um recurso urgente deste tipo havia sido já salientada, na década de '60, por MAURICE-ANDRÉ FLAMME, op. cit., pág. 462. Este aspecto é também salientado, já a propósito da norma comunitária, por SUBRA DE BIEUSSES, La incidencia del Derecho comunitario europeo sobre el Derecho francés de contratos públicos: el caso de la Directiva "Recursos", in Contratación Pública, I, Madrid, 1996, págs. 177 e 178. Sobre a influência do Direito Comunitário no Direito Administrativo dos Estados membros e, em especial, no que respeita à protecção judicial dos particulares perante a Administração, v. FAUSTO DE QUADROS, A nova dimensão do Direito Administrativo, Coimbra, 1999, págs. 21 e seguintes. V. também HENRI LABAYLE, L'effectivité de la protection juridictionelle des particuliers, in RFDA, n.º 8, vol. 4, 1992, págs. 619 e seguintes, e FRANCESCO ASTONE, Integrazione giuridica europea e giustizia amministrativa, Nápoles, 1999, págs. 222 e seguintes, respectivamente quanto à experiência francesa e italiana.

[929] Neste sentido, v., por todos, MARIANO PROTTO, op. cit., págs. 116 e 117. V. tam-

A solução adoptada em Portugal e consagrada no Decreto-Lei n.º 134/98[931] consistiu na criação de um recurso urgente para apreciar a validade dos actos relativos à formação dos contratos. Refira-se, contudo, que ainda não se procedeu à transposição da Directiva n.º 92/13/CEE, relativa aos sectores excluídos (água, energia, transportes e telecomunicações), que foi aprovada pelo Conselho em 25 de Fevereiro de 1992.

A solução prevista no Decreto-Lei n.º 134/98 aproxima-se da que foi adoptada em França, através da figura da *"référé précontractuel"*, embora este mecanismo atribua ao presidente do tribunal poderes excepcionais, ao contrário do que acontece no nosso sistema. Estes poderes incluem a possibilidade de condenar a Administração e de lhe dirigir injunções, bem como de suspender ou suprimir cláusulas constantes das peças concursais, o que leva muitos autores a referir-se à *"référé"* como "exorbitante" e a integrá-la no contencioso de plena jurisdição[932].

O recurso previsto naquele diploma legal caracteriza-se por dois aspectos essenciais: pela sua natureza urgente, que se traduz sobretudo no

---

bém, na doutrina francesa, RENÉ CHAPUS, *Droit du contentieux...*, cit., pág. 1216, JEAN ABESSOLO, *op. cit.*, pág. 125; e LOÏC CADIET, *Les marchés publics devant le juge civil*, in RFDA, n.º 9, 1993, pág. 186.

[930] Cfr. *supra* o Capítulo II da Parte I.

[931] Não desenvolveremos aqui a questão da possível inconstitucionalidade orgânica do diploma, por se tratar de matéria da reserva relativa de competência legislativa da Assembleia da República, nos termos do artigo 165.º, n.º 1, alíneas b) e s) da CRP. Parece-nos, contudo, que o diploma não é inconstitucional, visto que não cria nenhum meio processual novo, limitando-se a consagrar pressupostos processuais diferentes e medidas cautelares que, em bom rigor, já estavam ao alcance dos tribunais administrativos através da aplicação subsidiária do CPC *ex vi* artigo 1.º da LPTA. O TC já se pronunciou sobre esta questão, no Acórdão n.º 115/2000 (Processo n.º 644/99), e no Acórdão n.º 128/2000 (Processo n.º 547/99), respectivamente da 1ª e da 3ª Secções, não se tendo pronunciado pela inconstitucionalidade orgânica do diploma, por considerar que este contém apenas normas processuais e não versa sobre matéria de direitos, liberdades e garantias, *v.g.* direito de acesso aos tribunais. No mesmo sentido, v., por todos, os Acórdãos do STA de 16 de Março de 1999 (Processo n.º 44.631) e de 14 de Dezembro de 1999 (Processo n.º 45.664).

[932] V. ROLAND VANDERMEEREN, *Le référé précontractuel*, in AJDA, 1994, pág. 99 e 100, SERGE LASVIGNES, *Le champ d'application de la procédure de référé et l'exigence d'une audience publique*, in RFDA, n.º 10, volume 4, pág. 731 e SANDRA LAGUMINA e EDOUARD PHILIPPE, *Le référé précontractuel*, in AJDA, 2000, págs. 287 e 288. Refira-se, contudo, que a decisão proferida em sede de *"référé précontractuel"* não é passível de recurso jurisdicional.

encurtamento do prazo de interposição do recurso[933]; e pelo facto de ser acompanhado de medidas cautelares *"...destinadas a corrigir a ilegalidade ou a impedir que sejam causados outros danos aos interesses em causa, incluindo medidas destinadas a suspender o procedimento de formação do contrato"* (cfr. o artigo 2.º, n.º 2, do Decreto-Lei n.º 134/98).

A criação deste recurso é, obviamente, de saudar, pois vem colmatar uma grave lacuna do contencioso administrativo português, ou seja, a falta de um meio célere de resolução dos litígios ocorridos no âmbito de procedimentos do tipo concursal, que permita a obtenção de uma decisão judicial antes de o contrato estar celebrado (e, por vezes, executado!), salvaguardando, dessa forma, o efeito útil da sentença[934]. Por outro lado, o facto de o processo ser célere liberta os tribunais das suas tradicionais peias em utilizar as providências cautelares ao seu dispor. Aliás, sendo um dos objectivos da Directiva "Recursos" a consagração de uma tutela cautelar eficaz, a sua transposição seria gorada se fosse outra a orientação jurisprudencial sobre a matéria.

Além disso, os termos em que o recurso está previsto no diploma, parece ser a consagração definitiva, ao nível da legislação ordinária, de uma tutela cautelar atípica no Direito Administrativo[935], bem como da

---

[933] A natureza urgente do recurso não se aplica apenas na primeira instância, mas também no recurso jurisdicional, como já foi afirmado pelo STA, através do seu Acórdão de 27 de Outubro de 1998, proferido no Processo n.º 44.164.

[934] Já antes tínhamos salientado a imperiosa necessidade de transpor rapidamente esta Directiva comunitária. V. ALEXANDRA LEITÃO, *A protecção..., cit.*, pág. 74. Discordamos, assim, de BERNARDO AYALA, *A tutela contenciosa dos particulares em procedimentos de formação de contratos da Administração Pública: reflexões sobre o Decreto-Lei n.º 134/98, de 15 de Maio*, in CJA, n.º 14, 1999, pág. 4, quando defende que os meios existentes antes da transposição da Directiva eram *teoricamente suficientes* e davam *satisfação formal*, caso imperasse o "activismo judicial". Por outro lado, discordamos também de CARLOS CADILHA, *A reforma do contencioso administrativo: a intervenção do Ministério Público no recurso contencioso de anulação*, in RMP, Ano 21.º, n.º 83, 2000, págs. 46 e 47, quando critica a existência de recursos urgentes e não urgentes, defendendo a instituição de um modelo de tramitação único, bem como o critério – puramente económico, segundo o autor – que esteve na base da criação de um recurso urgente no âmbito dos procedimento pré-contratuais.

[935] Aspecto que já tivemos oportunidade de salientar. Cfr. ALEXANDRA LEITÃO, *Duas questões..., cit.*, pág. 59. A consagração da cláusula geral do artigo 2.º, n.º 2, do Decreto-Lei n.º 134/98 constitui um importante avanço no âmbito do contencioso administrativo, bem como os pressupostos de aplicação das medidas que são consagrados no artigo 5.º, n.º 4, do mesmo diploma, nos termos do qual a suspensão só não será decretada quando *"...o tribunal, em juízo de probabilidade, ponderados os direitos ou interesses*

lesividade como único critério de recorribilidade do acto e da impugnabilidade imediata dos actos endoprocedimentais (cfr. o artigo 2.º, n.º 1, do Decreto-Lei n.º 134/98), permitindo a intervenção directa e imediata do juiz no procedimento pré-contratual para corrigir a ilegalidade[936].

Apesar das virtualidades do recurso, este meio processual está longe de solucionar todos os paradoxos do contencioso dos contratos da Administração, por vários motivos, que se podem dividir em três grandes grupos: os que se prendem com deficiências de transposição da Directiva; aqueles que resultam de limitações da própria Directiva; e, finalmente, razões decorrentes da aplicação jurisprudencial do Decreto-Lei n.º 134/98.

Quanto à primeira ordem de razões, os aspectos relativamente aos quais a transposição da Directiva é insuficiente prendem-se com a legitimidade activa para a interposição do recurso e os próprios poderes do juiz no âmbito deste meio processual.

O artigo 1.º, n.º 3, da Directiva estabelece que o recurso pode ser interposto por *"...qualquer pessoa que esteja ou tenha estado interessada em obter determinado contrato (...) e que tenha sido ou possa vir a ser lesada por uma alegada violação"*, admitindo, assim, o acesso ao recurso por parte de quem tenha sido prejudicado por uma lesão meramente potencial e não actual, o que corresponde a um alargamento considerável da posição de tutela[937]. Pelo contrário, o artigo 3.º, n.º 1, do Decreto-Lei n.º

---

susceptíveis de serem lesados, concluir que as consequências negativas para o interesse público excedem o proveito a obter pelo requerente." MARIANO PROTTO, *op. cit.*, pág. 240, considera, por isso, que o interesse público é tratado na normas comunitárias como uma mera parte na ponderação casuística da decretação da providência cautelar. Tal implica o afastamento dos pressupostos consagrados no artigo 76.º da LPTA, tendo os tribunais decretado a suspensão de eficácia mesmo quando os danos sofridos pelo particular são susceptíveis de avaliação pecuniária. Neste sentido, v. os Acórdãos do STA de 16 de Março de 1999 (Processo n.º 44.631) e de 22 de Abril de 1999 (Processo n.º 44.670-A) e o Acórdão do TAC de Lisboa de 22 de Setembro de 1998 (Processo n.º 953-A/98).

[936] Neste sentido, como já referimos, v. MARIA JOÃO ESTORNINHO, *A propósito...*, *cit.*, pág. 4. Em sentido contrário, M. ESTEVES DE OLIVEIRA e R. ESTEVES DE OLIVEIRA, *op. cit.*, pág. 670, e BERNARDO AYALA, *A tutela...*, *cit.*, pág. 6. Esta solução é semelhante à adoptada em França, como refere CHRISTINE MAUGÜE, *L'actualité communautaire des marchés publics*, in AJDA, 1994, pág. 42, salientando a importância da intervenção judicial no procedimento quando este ainda está *in itinere*.

[937] Neste sentido, v. FRANCESO D'OTTAVI, *Il contenzioso in materia di gare per gli appalti di opere pubbliche alla luce della normativa comunitaria*, in FA, volume 68, 1992, pág. 2450. Em sentido contrário, v. MESTRE DELGADO, *El control de la adjudicación de los contratos públicos a tenor del Derecho comunitario europeo: una nueva ordenación de las medidas cautelares*, in Notícias CEE, n.º 74, 1991, pág. 39.

134/98 apenas se refere a uma lesão efectiva e actual da esfera jurídica do particular, não permitindo uma efectiva antecipação da tutela judicial, através da prevenção da verificação do dano, que é o principal objectivo da Directiva[938].

A segunda incorrecção na transposição da Directiva, prende-se, na nossa opinião, com a omissão do disposto no artigo 2.º, alínea *b)* da norma comunitária, ou seja, a possibilidade de o juiz *"...suprimir as especificações técnicas, económicas ou financeiras discriminatórias que constem dos documentos do concurso, dos cadernos de encargos ou de qualquer outro documento relacionado com o processo de adjudicação..."*[939]. De facto, apesar de esta faculdade se poder considerar ínsita nos poderes do juiz em sede de recurso contencioso de anulação ou da impugnação de normas regulamentares, a verdade é que a inclusão no diploma de uma referência expressa teria a virtualidade de afastar a tradicional auto-contenção dos juízes nesta matéria e proporcionar um meio célere de resolver um dos mais frequentes vícios dos procedimentos pré-contratuais, ou seja, a inclusão de cláusulas discriminatórias nas peças concursais. Refira-se que, em França, esta possibilidade ficou expressamente consagrada na lei que instituiu *"référé précontractuel"*[940] e no Reino Unido criou-se um novo meio processual designado *"amendement of documents"*[941].

Ainda quanto aos poderes do juiz, parece-nos que a limitação dos meios instrutórios à prova documental, consagrada no artigo 4.º, n.º 2, do Decreto-Lei n.º 134/98, é manifestamente desajustada e, inclusivamente, anacrónica, uma vez que reproduz a solução ultrapassada do artigo 12.º da LPTA para os processos que correm termos perante o STA.

O défice de tutela judicial dos terceiros lesados resulta também de insuficiências da própria Directiva, que se fazem sentir sobretudo a três níveis[942]:

---

[938] Sobre esta matéria v. MARIANO PROTTO, *op. cit.*, pág. 130 e pág. 193, referindo-se à existência de uma "garantia de tutela cautelar *ante causam*".

[939] Neste sentido, v. BERNARDO AYALA, *A tutela..., cit.*, págs. 5 e 6.

[940] Cfr. FRANCIS MALLOL, *Le contrôle des qualifications professionnelles dans la procédure d'appel d'offres*, in RFDA, n.º 10, volume 4, 1994, pág. 748.

[941] V., por todos, JEAN-DAVID DREYFUS, *La directive sur les marchés publics de services*, in RFDA, n.º 14, vol. 2, 1998, pág. 434 e GIORGIO CUGURRA, *Direttive comunitarie in materia di appalti pubblici e giudice amministrativo*, in DPA, n.º 3, 1989, pág. 366.

[942] MARIANO PROTTO, *op. cit.*, pág. 117, critica também a Directiva por ser demasiadamente vaga, permitindo aos Estados-membros adoptar soluções muito diversas, mantendo, por isso, grande heterogeneidade nesta matéria.

– o facto de a Directiva apenas se aplicar aos contratos de empreitadas de obras públicas e de prestação e fornecimento de bens e serviços (incluindo, nestes últimos, contratos ditos privados da Administração)[943];
– a limitação do recurso aos actos praticados no âmbito da formação dos contratos, sem abranger os actos da execução, apesar de estes também terem efeitos lesivos quer para terceiros, quer para o próprio co-contratante;
– a insuficiência das medidas cautelares previstas, mantendo o acento tónico na suspensão de eficácia. Parece-nos que seria de consagrar outro tipo de medidas provisórias, nomeadamente de natureza positiva, tal como a admissão condicional de concorrentes.

Em todos estes aspectos, o legislador nacional poderia – e deveria – ter ido mais longe, em vez de se limitar a transpor a Directiva, superando, dessa forma, as suas limitações e aproveitando para consagrar um mecanismo de efectiva tutela dos particulares perante a actividade contratual da Administração.

Outro aspecto em que o Decreto-Lei n.º 134/98 fica aquém do desejado, embora sem violar a Directiva, prende-se com a execução da sentença proferida no âmbito do recurso urgente. É que, apesar de a Directiva admitir, no seu artigo 2.º, n.º 6, que, caso o contrato esteja já celebrado, o lesado tenha apenas direito a uma indemnização, o legislador nacional deveria ter ido mais longe. Efectivamente, cabia ao legislador fixar critérios para a determinação do montante da indemnização e estabelecer parâmetros para a ponderação dos interesses em presença, determinando quando deve prevalecer a força de caso julgado da sentença de anulação ou a estabilidade da "coisa contratada"[944].

Cumpre, finalmente, referir as inoperâncias do sistema que resultam da própria interpretação e aplicação que os tribunais têm feito do diploma. Sendo um diploma omisso quanto a muitas questões e em grande parte

---

[943] No mesmo sentido, v. PEDRO GONÇALVES, *Apreciação...*, cit., pág. 53 e BERNARDO AYALA, *A tutela...*, cit., págs. 10 e 11. Este autor defende que se poderia tentar alargar o regime do Decreto-Lei n.º 134/98 a todos os contratos administrativos através do mecanismo da integração de lacunas ou de uma sentença aditiva do TC. No entanto, o TCA já se pronunciou contra este alargamento, no que respeita às concessões, no Acórdão de 6 de Abril de 2000, proferido no Processo n.º 45.987.

[944] Esta crítica é também efectuada por PEDRO GONÇALVES, *Apreciação...*, cit., pág. 57.

remissivo para as leis gerais do contencioso administrativo, o papel da jurisprudência assume particular relevância. E, também aqui, são duas as situações que levam à menor efectividade do recurso urgente previsto no Decreto-Lei n.º 134/98:

– em primeiro lugar, o facto de ser jurisprudência constante dos tribunais administrativos que este recurso substitui o recurso geral previsto na LPTA, sendo a sua aplicação alternativa e não cumulativa;
– por outro lado, o entendimento generalizado de que o recurso e as medidas cautelares a ele associadas só são aplicáveis até ao acto de adjudicação, por ser o acto final do procedimento pré-contratual, embora o contrato ainda não esteja celebrado.

Vejamos cada um destes aspectos.

Quanto à articulação entre o recurso urgente do Decreto-Lei n.º 134/98 e o recurso previsto nos termos gerais, a jurisprudência unânime dos tribunais administrativos vai no sentido de considerar, referindo-se àquele diploma que *"...o regime jurídico em causa para impugnação de actos lesivos na fase pré-contratual, tem a natureza de um regime único e exclusivo, não constituindo o recurso a esse meio uma faculdade dos interessados"*[945]. Assim, o recurso urgente teria substituído o recurso previsto na LPTA quando esteja em causa a validade de actos praticados no âmbito do procedimento de formação dos contratos de empreitadas de obras públicas e de fornecimentos de bens e serviços, afastando a possibilidade de o particular optar entre esses dois meios. Tal resulta, na prática, na redução do prazo para interpor o recurso de dois meses para 15 dias, nos termos do artigo 3.º, n.º 2, do Decreto-Lei n.º 134/98, transformando este diploma num retrocesso na tutela judicial dos particulares, ao arrepio da intenção manifesta do legislador comunitário[946].

Por outro lado, a utilização do recurso urgente deve ser entendida como uma faculdade e não um ónus que recai sobre o particular, justificando-se até a possibilidade de conversão da tramitação de recurso urgente em recurso comum, se se concluir que o primeiro é intempestivo[947].

---

[945] Cfr. o Acórdão do STA de 14 de Dezembro de 1999, proferido no Processo n.º 45.664 e o Acórdão do STA de 15 de Fevereiro de 2000, proferido no Processo n.º 45.849.

[946] Neste sentido, v. MARIA JOÃO ESTORNINHO, *A propósito...*, cit., págs. 8 e 9.

[947] Cfr. BERNARDO AYALA, *A tutela...*, cit., pág. 12. O STA pronunciou-se, contudo, contra esta possibilidade, através do Acórdão de 29 de Fevereiro de 2000 (Processo n.º 45.552).

Parece-nos que tal é possível à luz do princípio *pro actione* e do princípio da adequação formal, previsto no artigo 265.°-A do CPC, embora o recorrente não beneficie das medidas cautelares previstas no Decreto-Lei n.° 134/98 se o processo seguir a tramitação da LPTA.

A jurisprudência tendeu, em certo momento, a aceitar a alternatividade dos dois recursos apenas quando o acto fosse nulo ou inexistente e não meramente anulável (cfr. o Acórdão do STA de 27 de Outubro de 1998, proferido no Processo n.° 44.153). Contudo, recentemente, alterou esta orientação, considerando que o recurso do Decreto-Lei n.° 134/98 é o único meio admissível e o prazo de 15 dias é aplicável mesmo quando se invoquem vícios geradores de nulidade ou de inexistência (cfr. o Acórdão do TCA de 17 de Fevereiro de 2000, Processo n.° 2.125).

De facto, não existe, quanto a nós, nenhuma razão para adoptar soluções diferentes em função do desvalor jurídico do acto recorrido, pois em ambas as situações o que está em causa são os pressupostos processuais do recurso previsto na LPTA e não as condições de procedência do mesmo.

No entanto, o nosso desacordo decorre de considerarmos que deve admitir-se sempre a utilização cumulativa dos meios processuais em causa, permitindo-se ao particular recorrer nos termos do Decreto-Lei n.° 134/98 e, seguidamente, se estiverem reunidos os necessários pressupostos processuais, lançar mão do recurso contencioso da LPTA[948]. Isto pode acontecer quando no primeiro recurso não se tenha obtido uma decisão sobre o fundo da causa (de acordo com o disposto nos artigos 57.° § 4 do RSTA e 838.° do CA, bem como no artigo 54.° da LPTA); mas também quando o recurso seja considerado improcedente, nos estritos limites do caso julgado[949]. Contra esta possibilidade militaria o princípio da estabilidade contratual, que, segundo VIEIRA DE ANDRADE, justifica a adopção de soluções intermédias que tenham em conta a existência ou não de uma situação de confiança do recorrente que seja digna de protecção jurídica[950]. Parece-nos, no entanto, que esta ponderação deve ser efectuada *a posteriori* em sede de execução de sentenças (daí a necessidade de estabelecer critérios legais para o fazer) e não " *a priori*", afastando-se o direito fundamental ao recurso contencioso.

---

[948] V. ALEXANDRA LEITÃO, *Duas questões...*, *cit.*, pág. 61.
[949] Sobre esta matéria v. *supra* o Capítulo III da Parte I.
[950] Cfr. VIEIRA DE ANDRADE, *A Justiça...*, *cit.*, págs. 153 e 154.

Por sua vez, o facto de o recurso urgente do Decreto-Lei n.º 134/98 só ser aplicável à fase da formação do contrato levou a jurisprudência a considerar que este é inadmissível após o acto de adjudicação, excluindo, assim, a possibilidade de, através dos meios cautelares previstos no diploma, suspender o acto de celebração do contrato ou os efeitos do próprio contrato[951]. Isto significa, na prática, que o último acto passível de impugnação é a adjudicação, pelo que, se o recurso não for acompanhado da suspensão de eficácia, o contrato estará já celebrado e em execução quando a decisão judicial for proferida, pondo em causa o efeito útil da mesma[952].

Este entendimento não merece o nosso acordo, por duas razões:

– primeiro, porque, após a adjudicação, quer o acto de aprovação da minuta, quer a celebração do contrato são recorríveis contenciosamente e podem, por isso, ser objecto de todas as medidas cautelares previstas no diploma. E nem se diga que, nestes casos, a impugnação do acto de adjudicação seria um meio idóneo a afastar a lesão da esfera jurídica do particular porque muitas vezes verificam-se ilegalidades após esse momento, por exemplo, quando a minuta não corresponde ao contrato posto a concurso[953];
– em segundo lugar, a Directiva e o diploma nacional referem-se à suspensão do procedimento da formação do contrato e não à sus-

---

[951] Cfr. o Acórdão do STA de 15 de Outubro de 1998, proferido no Processo n.º 44.171-A.

[952] A determinação do momento exacto a partir do qual o contrato se considera celebrado não é linear: se houver lugar à celebração de contrato escrito, esse momento é a data da assinatura do mesmo (cfr. o artigo 59.º do Decreto-Lei n.º 197/99 e o artigo 119.º do Decreto-Lei n.º 59/99); se o contrato não tiver de ser reduzido a escrito ou essa forma for dispensada, nos termos do artigo 60.º do Decreto-Lei n.º 197/99, a formalização do contrato ocorre com a aceitação tácita ou expressa da minuta pelo adjudicatário, após ter prestado caução. Sobre este aspecto, v. ALEXANDRA LEITÃO, *Duas questões..., cit.*, págs. 61 e 62.

[953] Concordamos, por isso, com PHILIPPE TERNEYRE, *L'influence..., cit.*, pág. 91, quando defende que o facto de o contrato já estar assinado não pode afastar só por si a *référé précontractuel*, pois isso traduzir-se-ia num incentivo a que as partes celebrassem o contrato a todo o custo, ainda que irregularmente, para paralisar os poderes do juiz. No mesmo sentido, v. CHRISTINE BRÉCHON-MOULÈNES, *Contrats*, in AJDA, 1995, pág. 153 e MANUEL GROS, *Le juge administratif, la procédure et le temps*, in RDP (F), n.º 6, 1999, pág. 1710. Em sentido diferente, v. CHRISTOPHE CHANTEPY, *L'encadrement du référé pré-contractuel*, in RFDA, n.º 11, volume 6, 1995, págs. 1080 e 1081 e SANDRA LAGUMINA e EDOUARD PHILIPPE, *op. cit.*, pág. 285.

pensão dos actos praticados no âmbito desse procedimento, pelo que as *"medidas destinadas a corrigir a ilegalidade"* podem incluir, nomeadamente, a suspensão do acto de celebração do contrato e dos efeitos do mesmo, caso este já esteja celebrado[954], bem como a intimação da Administração para a prática de actos devidos. Aliás, a diversificação das providências cautelares é uma das inovações decorrentes do Decreto-Lei n.º 134/98, embora na maior parte das vezes os tribunais tenham decretado apenas a suspensão de eficácia do acto recorrido[955].

Parece-nos que devem admitir-se providências cautelares contra o contrato quando essa seja a única forma de assegurar, no caso concreto, a tutela judicial efectiva dos terceiros lesados.

Em conclusão, pode dizer-se que a criação de um recurso urgente para apreciar os actos relativos à formação dos contratos da Administração não trouxe inovações significativas no âmbito do contencioso dos contratos da Administração Pública, uma vez que se integra totalmente na "velha" dicotomia entre o contencioso de anulação aplicável aos actos destacáveis e o contencioso contratual de plena jurisdição, mantendo, por isso, todas as deficiências e ineficácias desse sistema[956].

1.2. *O contencioso de plena jurisdição dos contratos administrativos*

O meio processual típico do contencioso contratual é a acção sobre contratos, prevista nos artigos 71.º e 72.º da LPTA, que revela a autonomia contenciosa dos contratos da Administração, além da sua autonomia substantiva relativamente às restantes formas de actuação administrativa.

---

[954] Neste sentido, v. PEDRO GONÇALVES, *Apreciação...*, *cit.*, pág. 59.

[955] De facto, os tribunais têm aplicado essencialmente a suspensão de eficácia do acto recorrido. Cfr. o Acórdão do STA de 15 de Outubro de 1998 (Processo n.º 44.171-A) e o Acórdão do TCA de 12 de Novembro de 1998 (Processo n.º 2.017/98). O TAC de Lisboa decidiu, contudo, uma vez pela suspensão do procedimento, no Acórdão de 22 de Setembro de 1999, proferido no Processo n.º 953-A/98, já após a adjudicação. Os tribunais nunca aplicaram a suspensão de eficácia do próprio contrato.

[956] Concordamos, assim, com CRISTOPHE CHANTEPY, *op. cit.*, pág. 1082, que se perdeu a oportunidade de criar um "recurso de nova geração", que permitisse a anulação contenciosa do próprio contrato.

Concordamos, porém, com MARIA DA GLÓRIA GARCIA, quando defende que, além da acção, também é sintomática dessa autonomia a articulação *sui generis* entre a acção e o recurso contencioso dos actos destacáveis[957].

As acções sobre contratos, que são sempre da competência dos Tribunais Administrativos de Circulo, nos termos do artigo 51.°, n.° 1, alínea g) do ETAF, incluem acções sobre a validade do contrato, sobre a sua interpretação e execução, e ainda acções para efectivar a responsabilidade contratual (cfr. também o artigo 254.° do Decreto-Lei n.° 59/99). Estes tipos de acções, definidas em função do seu objecto e pedido, correspondem a sentenças de natureza diferente: sentenças declarativas de nulidade ou anulatórias (constitutivas); sentenças declarativas que esclarecem o sentido das cláusulas contratuais; e sentenças condenatórias no âmbito da execução do contrato e da responsabilidade contratual[958].

A necessidade de haver uma acção judicial para apreciar a validade do contrato e para fixar a interpretação das cláusulas contratuais decorre do facto de a Administração não o poder fazer unilateralmente, nos termos do artigo 186.°, n.° 1, do CPA. Assim, ou existe acordo entre as partes quanto a essa matéria, ou tem de se recorrer aos tribunais.

Contudo, no que respeita à interpretação do contrato, as partes só podem demandar o tribunal quando se verifiquem dois requisitos cumulativos: a divergência de interpretação entre as partes traduzir-se num litígio quanto à execução do contrato; e ainda não estar instaurada uma acção sobre a execução do contrato[959]. Como salienta MARCELLO CAETANO, as acções sobre interpretação não são meros pareceres do tribunal, mas sim verdadeiras e próprias sentenças, que constituem caso julgado para os contraentes e que passam a ser parte integrante do contrato[960]. Assim, também nesta matéria, a solução actual, que recusa legitimidade activa aos terceiros para intentar este tipo de acções, acaba por não fazer sentido, na medida em que a interpretação de uma cláusula contratual pode ter repercussões perante terceiros, nomeadamente se se tratar de uma cláusula estipulada a favor destes.

Quanto às acções de execução do contrato e efectivação da responsabilidade, o aspecto mais curioso da sua evolução prende-se com o facto de estas acções apresentarem uma utilidade semelhante para a Adminis-

---

[957] Cfr. MARIA DA GLÓRIA GARCIA, *Direito...*, *cit.*, pág. 37.

[958] V., todos, FREITAS DO AMARAL, *Direito...*, *cit.*, págs. 282 e 283. V. também COSTA PIMENTA, *Contencioso administrativo*, Coimbra, 1995, pág. 134.

[959] Neste sentido, v. COSTA PIMENTA, *op. cit.*, pág. 136.

[960] Cfr. MARCELLO CAETANO, *Manual...*, *cit.*, volume II, pág. 1391.

tração e para o co-contratante particular, ao contrário do que acontecia antes da alteração introduzida ao artigo 187.º do CPA. Na versão original do CPA, a Administração podia promover a execução coerciva por via administrativa das prestações em falta, pelo que as acções de condenação interessavam sobretudo aos particulares[961]. Actualmente, e em virtude da revogação do n.º 2 do artigo 187.º do CPA, quer a Administração, quer o particular têm de recorrer aos tribunais para obter a execução coactiva dessas prestações, pelo que a utilidade destas acções é semelhante para ambas as partes, e, inclusivamente, para terceiros que tenham interesse na execução do contrato.

Apesar de se tratar de um contencioso de plena jurisdição, o juiz não pode, através da acção, apreciar a validade dos actos destacáveis da formação (o que poderia ocorrer quando estes fossem impugnados após a celebração do contrato) e da execução do contrato, visto que, nesses casos, o meio adequado é o recurso contencioso de anulação, como resulta expressamente do artigo 9.º, n.º 3, do ETAF. VIEIRA DE ANDRADE, pelo contrário, defende um alargamento do âmbito das acções, com prejuízo do contencioso dos actos destacáveis, admitindo que todas as questões sobre execução do contrato sejam dirimidas em sede de acção, utilizando como argumento o disposto nos artigos 254.º e 255.º do Decreto-Lei n.º 59/99, relativo ao contencioso dos contratos de empreitadas de obras públicas[962]. Não nos parece, contudo, que seja esse o alcance dos preceitos, como já tivemos oportunidade de defender[963], na medida em que, apesar de o contraente público não poder obter a execução coerciva das prestações por via administrativa, continua a praticar actos administrativos, por exemplo, para exercer as suas prerrogativas de autoridade, que se integram também no âmbito da execução do contrato. De facto, o artigo 187.º, n.º 2, do CPA refere-se apenas às prestações e não os actos administrativos propriamente ditos[964].

As acções sobre contratos podem ser intentadas a todo o tempo, de acordo com o disposto no artigo 71.º, n.º 1, da LPTA. A vigência desta norma tem vindo, contudo, a ser questionada por alguns autores[965]. J. PEREIRA DA SILVA, por sua vez, defende que o artigo 185.º do CPA, ao

---

[961] Como salienta MARCELLO CAETANO, *Manual...*, *cit.*, volume II, pág. 1392.
[962] Cfr. VIEIRA DE ANDRADE, *A Justiça...*, *cit.*, págs. 141 e 142.
[963] Cfr. *supra* o Capítulo II da Parte II.
[964] Neste sentido pronuncia-se PEDRO GONÇALVES, *Contrato...*, *cit.*, pág. 76.
[965] V. VIEIRA DE ANDRADE, *A Justiça...*, *cit.*, pág. 142.

remeter o regime da invalidade para o CC, derrogou aquele preceito no que respeita às acções de validade. Assim, se o contrato for nulo, a acção não está sujeita a prazo, nos termos do artigo 286.º do CC, mas se for meramente anulável, valeria o disposto no artigo 287.º do CC, pelo que o prazo seria de apenas um ano a contar da data da cessação do vício gerador de anulabilidade[966].

Esta solução merece-nos algumas considerações.

Por um lado, esta revogação seria duplamente parcial, na medida em que apenas se refere às acções de validade, mas também porque se aplica apenas aos contratos com objecto passível de contrato de direito privado. De facto, de acordo com a actual redacção do n.º 3 do artigo 185.º do CPA, a invalidade dos contratos com objecto passível de acto administrativo segue o regime dos actos administrativos, pelo que, seguindo um raciocínio análogo ao desenvolvido pelo autor, a acção de validade ficaria sujeita ao prazo previsto para o recurso contencioso de anulação dos actos administrativos, ou seja, dois meses para os contratos anuláveis e impugnação a todo o tempo para os contratos nulos. Ora, não nos parece que assim seja.

Pelo contrário, as regras do CPA sobre a validade dos contratos administrativos têm natureza substantiva e, apesar de terem reflexos ao nível contencioso, não se repercutem em aspectos estritamente processuais.

Por outro lado, podem existir, isso sim, derrogações pontuais ao prazo consagrado no artigo 71.º, n.º 1, da LPTA, previstas nos diplomas específicos para cada tipo de contrato, visto que esta disposição ressalva o disposto em legislação especial. Tal acontece, por exemplo, nas empreitadas de obras públicas, de acordo com o artigo 255.º do Decreto-Lei n.º 59/99, que fixa um prazo de 132 dias para o empreiteiro intentar as acções de execução do contrato. Este preceito parece estabelecer, assim, um prazo diferente para o empreiteiro e para o dono da obra, uma vez que para este continua a valer a regra do artigo 71.º, n.º 1, da LPTA, ou seja, pode intentar a acção a todo o tempo[967]. Não podemos concordar com a solução legal, que introduz uma importante vantagem para o contraente público,

---

[966] Cfr. J. PEREIRA DA SILVA, *A invalidade...*, *cit.*, pág. 122. Saliente-se que o autor se pronunciava relativamente à versão do artigo 185.º, n.º 1, do CPA anterior à alteração introduzida pelo Decreto-Lei n.º 6/96, nos termos do qual *"...são aplicáveis à falta e vícios da vontade, bem como à nulidade e anulabilidade dos contratos administrativos, as correspondentes disposições do Código Civil para os negócios jurídicos..."*.

[967] Neste sentido, v. VIEIRA DE ANDRADE, *A Justiça...*, *cit.*, pág 142, citando o Acórdão do STA de 14 de Janeiro de 1992, proferido no Processo n.º 29.632.

mesmo no âmbito do contencioso de plena jurisdição, que sempre se caracterizou pela absoluta igualdade entre as partes. Na nossa opinião, o prazo para intentar a acção de responsabilidade contratual deveria ser idêntico para as duas partes, embora no caso, por exemplo, de cumprimento defeituoso do contrato de empreitada, o prazo de 132 dias só se começaria a contar a partir da denúncia desses defeitos por parte do dono da obra, segundo o artigo 1220.º, n.º 1, e 1225.º, n.º 2, do CC (este último para imóveis de longa duração).

Outro pressuposto processual que tem suscitado alguma discussão doutrinária prende-se com a legitimidade para intentar as acções sobre contratos, que está limitada às partes, de acordo com o artigo 825.º do CA.

Alguns autores consideram que este preceito é supervenientemente inconstitucional, por violar o princípio da tutela judicial efectiva consagrado no artigo 268.º, n.º 4, da CRP[968]. Esta posição não é, contudo, seguida pela jurisprudência, que tem entendido que a legitimidade activa nas acções está limitada às partes[969].

J. PEREIRA DA SILVA, por seu lado, defende que o artigo 185.º do CPA revogou também o artigo 825.º do CA, valendo as regras dos artigos 286.º e 287.º do CC para os contratos nulos e para os contratos anuláveis, respectivamente[970]. Sendo assim, a acção de nulidade estaria aberta a todos os interessados, e a acção de anulação apenas às pessoas em cujo interesse a lei estabelece a anulabilidade. A revogação apenas se verificaria para as acções de validade e não para as acções de interpretação e execução do contrato, relativamente às quais manter-se-ia em vigor o artigo 825.º do CA.

Não podemos acompanhar o autor, pelo menos de *iure condito*, sem prejuízo das vantagens que esta solução poderia trazer da perspectiva da protecção dos terceiros.

Em primeiro lugar, pela mesma razão que aduzimos relativamente ao prazo para intentar a acção: é que a remissão para o CC apenas diz respeito aos contratos com objecto passível de contrato de direito privado, nos ter-

---

[968] Neste sentido, v. BERNARDO AYALA, *A tutela...*, *cit.*, pag. 22. V. também MADEIRA DE BRITO, *Da legitimidade no contencioso dos contratos administrativos*, inédito, Lisboa, 1992, pág. 51, defendendo que à legitimidade nas acções sobre contratos administrativos dever-se-ia aplicar pura e simplesmente o artigo 26.º do CPC.

[969] Cfr., apenas a título de exemplo, o Acórdão do STA de 12 de Outubro de 1995, proferido no Processo n.º 32.297.

[970] Cfr. J. PEREIRA DA SILVA, *A invalidade...*, *cit.*, págs. 121 e 122. O autor refere-se, mais uma vez, à redacção do artigo 185.º, n.º 1, do CPA anterior à revisão de 1996.

mos do artigo 185.º, n.º 3, alínea b) do CPA. Assim, quanto aos contratos com objecto passível de acto administrativo, teria de se aplicar, de acordo com a alínea *a*) do mesmo preceito, a regra dos artigos 46.º do RSTA e 821.º do CA, relativa à legitimidade activa no recurso contencioso de anulação.

Por outro lado, mantemos que, atendendo à natureza das normas do CPA, não se podem tirar ilações sobre os pressupostos processuais da acção, até porque, se assim não fosse, teríamos de o fazer também para outros aspectos, tais como, por exemplo, a competência dos tribunais.

Finalmente, da perspectiva da tutela judicial efectiva dos terceiros, o alargamento da legitimidade activa nas acções sobre contratos não se justifica apenas nas acções de validade, mas também nas acções de cumprimento do contrato e de interpretação das suas cláusulas, quando os contratos contenham cláusulas estipuladas em favor de terceiros.

As acções sobre contratos, independentemente da sua natureza, seguem os termos do processo civil de declaração, na sua forma ordinária, de acordo com o disposto no artigo 72.º da LPTA, pelo que a sua tramitação é inteiramente remetida para o CPC, apesar de, em matéria de execução das sentenças, se aplicar o Decreto-lei n.º 256-A/77, bem como os artigos 95.º e 96.º da LPTA[971].

1.3. *O contencioso dos contratos privados da Administração*

Um dos aspectos essenciais do Direito da contratação pública em Portugal é, como vimos antes, a dicotomia entre contratos administrativos e contratos privados da Administração, apesar da tendência actual para a crescente publicização destes últimos, quer no plano do direito aplicável, quer no plano factual. Pode mesmo dizer-se que, no que respeita à fase da formação do contrato, essa publicização já é absoluta.

A principal consequência desta dicotomia substantiva é a separação ao nível contencioso, atribuindo-se competência aos tribunais administrativos para dirimir os litígios emergentes dos contratos administrativos e aos tribunais civis os litígios que decorrem dos designados contratos priva-

---

[971] Em sentido contrário, v. AROSO DE ALMEIDA, *Execução de sentenças*, in *Seminário permanente de Direito constitucional e administrativo*, volume I, Braga, 1999, pág. 90, considerando que o processo do Decreto-Lei n.º 256-A/77 não é compatível com a execução das acções do contencioso administrativo, o que decorre, aliás, da posição do autor relativamente à natureza declarativa e não executiva daquele processo.

dos da Administração. Esta separação resulta do facto de o artigo 4.º, n.º 1, alínea f) do ETAF excluir do âmbito das atribuições dos tribunais administrativos as "...*questões de direito privado, ainda que qualquer das partes seja pessoa de direito público*".

Esta não nos parece ser a melhor solução, devido ao gradual processo de publicização substantiva dos contratos privados da Administração, razão pela qual defendemos a unificação de jurisdições em torno de toda a actuação contratual da Administração.

Contudo, e independentemente da posição adoptada, cumpre analisar o contencioso dos contratos ditos privados da Administração, tal como resulta da legislação actualmente em vigor. E, diga-se desde já, que esta é uma tarefa espinhosa atendendo à complexa teia de relações que se estabelecem entre as duas ordens jurisdicionais.

Assim, o primeiro problema prende-se com a determinação da natureza pública ou privada do contrato, sempre que estamos perante um contrato que não consta do elenco dos artigos 9.º, n.º 2, do ETAF e 178.º, n.º 2, do CPA. Esta operação revela-se extremamente difícil devido à multiplicação de características comuns aos dois tipos de contratos e ao facto de os contratos da Administração, mesmo atípicos, se presumirem administrativos[972].

Em segundo lugar, se se optar pela qualificação do contrato como privado, há que ter em conta que, mesmo assim, há inúmeros aspectos do contrato que assumem natureza pública, aos quais se aplica o Direito Administrativo. É o caso, por exemplo, do procedimento pré-contratual e de alguns aspectos da própria execução do contrato, que podem resultar, inclusivamente, de cláusulas acordadas pelas partes. Isto significa que, de acordo com a situação actual, certas questões que relevam do Direito Público são apreciadas pelos tribunais comuns; e, em contrapartida, questões de Direito Privado, como por exemplo, os vícios da vontade, são da competência dos tribunais administrativos (cfr. o artigo 185.º, n.ºs 2 e 3, alínea b) do CPA)[973].

Com efeito, o artigo 9.º, n.º 3, do ETAF não exclui a existência de actos destacáveis no âmbito dos contratos privados da Administração, cuja competência para a sua prática resulta, aliás, das normas legais aplicáveis genericamente à Administração. Assim, verifica-se no contencioso destes

---

[972] Como salienta MARIA JOÃO ESTORNINHO, *Contencioso dos contratos...*, cit., pág. 30.
[973] Neste sentido, v. MARIA JOÃO ESTORNINHO, *Contencioso dos contratos...*, cit., pág. 30.

contratos um dualismo de meios processuais semelhante ao que existe para os contratos administrativos, embora agravado pelo facto de existir também um dualismo ao nível da jurisdição competente[974]: as acções sobre validade, interpretação e cumprimento dos contratos privados são da competência dos tribunais comuns; o recurso contencioso de anulação dos actos destacáveis é da competência dos tribunais administrativos.

Nestes termos, a verdadeira distinção ao nível do contencioso dos contratos privados da Administração não resulta essencialmente da sua natureza, mas sim da fase em que o tribunal é chamado a pronunciar-se, ou seja, cabe aos tribunais administrativos apreciar o procedimento pré-contratual e aos tribunais comuns controlar a fase da execução do contrato. Esta é a solução adoptada em Itália, relativamente aos contratos com objecto passível de contrato de direito privado e que tem vindo a ser objecto de grandes críticas por parte da doutrina[975].

Os actos destacáveis, sendo materialmente administrativos, apresentam-se como questões prejudiciais relativamente ao contrato privado[976], tal como as questões do Direito Privado que sejam suscitadas no âmbito do contencioso administrativo[977].

Refira-se, no entanto, que o artigo 4.º, n.º 2, do ETAF permite aos tribunais administrativos pronunciar-se sobre essa matéria, concedendo-lhe apenas a faculdade de sobrestar na decisão até que o tribunal competente se pronuncie.

Por sua vez, o artigo 7.º da LPTA determina que, nestas situações, a inércia dos interessados relativamente à instauração ou andamento do processo respeitante à questão prejudicial por mais de três meses determina que a questão seja decidida pelo próprio tribunal administrativo, embora essa decisão tenha apenas o efeito de caso julgado formal. Este prazo é reduzido para trinta dias no artigo 15.º da PLCPTA. Trata-se de um reflexo do "princípio da suficiência dos tribunais administrativos"[978], sobrepondo-

---

[974] Como já tivemos oportunidade de referir antes. V. ALEXANDRA LEITÃO, *A protecção..., cit.*, pág. 90.

[975] V., entre outros, MARIO NIGRO, *Giurisdizione..., cit.*, pág. 150; STEFANO CIVITARESE, *op. cit.*, pág. 91; e EUGENIO MELE, *op. cit.*, pág. 330.

[976] Neste sentido, v. HENRI SAVOIE, *L'acte détachable..., cit.*, pág. 431.

[977] Sobre o conceito de questão prejudicial, v. ANTUNES VARELA, MIGUEL BEZERRA e SAMPAIO E NORA, *Manual..., cit.*, págs. 220 a 222.

[978] Cfr. JOÃO CAUPERS e JOÃO RAPOSO, *op. cit.*, pág. 100 e também FERREIRA PINTO e GUILHERME DA FONSECA, *Direito processual administrativo contencioso*, 2ª Edição, Porto, 1992, pág. 60. FAUSTO QUADROS, *Algumas considerações gerais sobre a reforma do contencioso administrativo. Em especial, as providências cautelares*, in *Reforma*

-se o interesse da celeridade processual ao da maior garantia de acerto ou perfeição da decisão[979].

Na hipótese inversa, isto é, no caso de ser suscitada perante os tribunais comuns uma questão que releve do Direito Administrativo, nomeadamente, a legalidade de um acto destacável inserido no procedimento pré-contratual, o juiz pode também sobrestar na decisão, nos termos do artigo 97.º, n.º 1, do CPC, embora a suspensão do processo fique sem efeito se os tribunais administrativos não forem chamados a pronunciar-se no prazo de um mês ou se o processo estiver parado, por negligência das partes, durante igual período de tempo. Isto significa que, quando tal acontece, o juiz comum aprecia a validade dos actos administrativos, embora a sua decisão não produza efeitos fora do processo (cfr. o artigo 92.º, n.º 2, do CPC).

Sendo assim, se no âmbito das questões prejudiciais cada uma das jurisdições acaba por dirimir litígios que relevam da competência de outra jurisdição, melhor seria optar pela sua unificação, quer no que se refere à contratação pública, quer quanto à responsabilidade civil extracontratual da Administração[980]. Esta solução comportaria duas vantagens fundamentais: facilitar a determinação da competência contenciosa dos tribunais, evitando as situações de conflito; e facilitar o acesso à Justiça, uma vez que a multiplicação das questões prejudiciais pode constituir um entrave e um atraso no exercício desse direito fundamental[981].

Aliás, isto é tanto mais verdadeiro quanto o ónus de submeter o litígio ao tribunal competente e de obter uma decisão sobre a questão prejudicial recai inteiramente sobre as partes, não estando prevista qualquer forma de actuação oficiosa por parte dos tribunais.

Na perspectiva da protecção dos particulares que sejam preteridos na fase de formação do contrato, há que distinguir consoante estes impugnam o acto pré-contratual antes ou depois da celebração do contrato e, no primeiro caso, se a sentença é proferida antes ou depois de tal ocorrer:

---

do contencioso adminsitrativo, trabalhos preparatórios, Ministério da Justiça, 2000, pág. 157, defende mesmo que todas as questões prejudiciais devem passar a ser decididas pelos tribunais administrativos.

[979] Como salientam ANTUNES VARELA, MIGUEL BEZERRA e SAMPAIO E NORA, *Manual...*, cit., pág. 222.

[980] Neste sentido, v. RUI MACHETE, *A acção para efectivação da responsabilidade civil extracontratual*, in *Reforma do contencioso administrativo*, trabalhos preparatórios, Ministério da Justiça, 2000, págs. 147. Em sentido contrário, v. RUI MEDEIROS, *Acções...*, cit., pág. 35.

[981] Neste sentido, v. YVES GAUDEMET, *Les questions préjudicielles devant les deux ordres de juridiction*, in RDFA, n.º 6, vol. 5, 1990, pág. 78.

– se o recurso for decidido antes da celebração do contrato e tiver provimento, o problema da validade do acto pré-contratual não se configura, obviamente, como uma questão prejudicial, devendo a Administração, em execução da sentença, reconstituir o procedimento a partir do acto anulado ou declarado nulo;
– se, pelo contrário, o contrato já estiver celebrado, a invalidade do acto administrativo implica, segundo a melhor doutrina, a nulidade do contrato privado[982], pelo que o terceiro lesado pode intentar uma acção de invalidade (consequente) do contrato, nos termos do artigo 286.º do CC.

Neste caso, contudo, o tribunal comum está totalmente vinculado à decisão proferida em sede de recurso contencioso de anulação quanto à validade do acto destacável, tendo de se conformar inteiramente com esta sentença, quer por razões substantivas, que se prendem com a nulidade consequente do contrato, quer devido ao seu "efeito absoluto" do caso julgado, que vincula todos os tribunais, bem como outras entidades públicas e privadas[983]. Sendo assim, a verdadeira decisão quanto à validade do contrato é tomada em sede de recurso contencioso de anulação, pelo que a exigência de intentar uma nova acção perante uma jurisdição diferente constitui apenas mais um obstáculo e um atraso no acesso a uma tutela judicial efectiva. Nada obsta, por isso, a que se adopte para os contratos privados uma solução análoga à que propomos para a validade dos contratos administrativos[984].

No caso de haver terceiros lesados pela execução do contrato ou por actuações da Administração ou do co-contratante particular decorrentes do cumprimento de obrigações assumidas contratualmente que se traduzam na prática de actos administrativos, a competência cabe aos tribunais administrativos. Neste caso, os terceiros podem intentar o respectivo recurso contencioso de anulação, mas se quiserem retirar as necessárias consequências para o contrato (*v.g.* a sua invalidade parcial), têm de submeter o litígio ao tribunal civil, competente para apreciar a validade do contrato.

---

[982] V., por todos, SÉRVULO CORREIA, *Legalidade...*, cit., pág. 561. V. também *supra* o Capítulo III da Parte II.

[983] Neste sentido, v. PROSPER WEIL, *Les conséquences...*, cit., págs. 72 e 73. O autor distingue o *"efeito absoluto"* da sentença do *"efeito erga omnes"*, considerando que o primeiro tem a ver com o facto de o caso julgado se impor a todos os tribunais, enquanto o segundo apenas diz respeito à eficácia subjectiva da sentença (cfr. a pág. 88).

[984] Cfr. *infra* o Capítulo II.

Esta solução merece-nos duas críticas: por um lado, o juiz do contrato tenderá certamente a fazer prevalecer a estabilidade das relações contratuais (até porque os mecanismos da redução e da conversão dos negócios jurídicos exigem o acordo das partes), em detrimento dos direitos de terceiros; por outro lado, constitui uma duplicação de meios processuais, com a morosidade e complexidade inerentes.

2. O défice de tutela judicial dos terceiros como consequência da falta de articulação entre os diferentes meios processuais

O défice de tutela judicial dos terceiros perante a actuação administrativa contratual resulta essencialmente de dois factores: no plano substantivo, de uma concepção relativista dos contratos, nos termos da qual estes são considerados como um mundo fechado à intervenção dos terceiros; no plano contencioso, da falta de articulação entre os meios processuais integrados no contencioso dos contratos da Administração.

A forma típica de protecção dos terceiros perante a actividade contratual, quer na fase da formação, quer na fase da execução do contrato, consiste na autonomização de actos destacáveis para efeitos de impugnação contenciosa. Esta solução, que nos parece positiva e lógica no plano substantivo, tem como principal consequência, ao nível do contencioso, a dualidade de meios processuais, e, por isso, só é verdadeiramente eficaz se existir uma efectiva articulação entre esses meios processuais. Ora, tal não acontece actualmente no sistema português.

Quanto à articulação entre o recurso contencioso de anulação dos actos destacáveis da formação do contrato, incluindo o recurso urgente previsto no Decreto-Lei n.º 134/98, e a acção sobre contratos, refira-se, em primeiro lugar, que a questão coloca-se com especial acuidade quando a decisão de anular ou declarar nulo o acto em causa é proferida após a celebração do contrato. Isto ocorre (quase) sempre que esse recurso não é acompanhado das necessárias providências cautelares. Aliás, esta é a razão pela qual a tutela cautelar assume tanta relevância no âmbito específico da protecção dos terceiros perante a actividade contratual da Administração.

De facto, no caso de o acto ser anulado antes da celebração do contrato, a execução da sentença implica a repetição do procedimento[985], de acordo com o *accertamento* contido na sentença.

---

[985] O procedimento só não será totalmente repetido se houver actos que, apesar de posteriores ao acto anulado ou declarado nulo, sejam totalmente independentes deste,

Pelo contrário, quando o contrato já esteja celebrado, coloca-se um verdadeiro problema de articulação entre os dois meios processuais, uma vez que, apesar de o contrato ser consequentemente inválido, o terceiro não pode obter, através do recurso contencioso de anulação, qualquer decisão quanto à (in)validade do contrato.

A jurisprudência maioritária considera, inclusivamente, que a celebração do contrato na pendência do recurso de um acto destacável implica a inutilidade superveniente da lide ou, se o processo prosseguir, configura uma causa legítima de inexecução[986].

Por outro lado, o terceiro não tem legitimidade, nos termos do artigo 825.º do CA, para intentar a respectiva acção de invalidade do contrato[987]. Aliás, esta limitação da legitimidade activa nas acções sobre contratos não resulta apenas deste preceito, mas de toda a lógica francesa de separação entre o contencioso de mera anulação e o contencioso de plena jurisdição. A anulação do acto pré-contratual fica, por isso, completamente desprovida de efeitos para o contrato, revelando-se inútil e meramente platónica[988].

O facto de, na sequência da decisão judicial sobre o acto destacável, recair sobre a Administração a obrigação de intentar, ela própria, uma acção de validade do contrato não resolve o problema, porque, mesmo que assim seja, a verdade é que, no actual contexto legislativo, não há meios para a compelir a fazê-lo. Pelo contrário, são os tribunais que entendem existir, nestas situações, uma causa legítima de inexecução da sentença.

---

como salienta MARGARITA BELADIEZ ROJO, *Validez y eficacia de los actos administrativos*, Madrid,1994, pág. 291. Esta hipótese parece-nos, no entanto, relativamente remota, uma vez que o procedimento pressupõe uma sequência encadeada de actos ligados entre si por um escopo funcional.

[986] V., por exemplo, os Acórdãos do STA de 30 de Setembro de 1997, de 9 de Junho de 1998 e de 23 de Junho de 1998, proferidos, respectivamente, nos Processos n.º 39.858, n.º 29166-B e n.º 33.295. Neste último aresto, o Tribunal entendeu que, estando o contrato já em execução, *"a eventual anulação da adjudicação não podia, pois, no caso, levar à destruição das prestações contratuais realizadas pelo concorrente contemplado pela adjudicação (...) o que significa que se encontra prejudicada a satisfação do interesse que o recorrente prosseguia com a interposição do recurso..."*. Discordando desta orientação jurisprudencial, v. MARIA JOÃO ESTORNINHO, *A propósito...*, cit., pág. 6.

[987] Assim, a forma aparentemente mais simples de ultrapassar este desfasamento seria alargar a legitimidade nas acções sobre validade dos contratos, solução que foi adoptada na PLCPTA. Esta não nos parece, contudo, a melhor solução, pelas razões que referiremos no capítulo seguinte da presente dissertação.

[988] A expressão é de PROSPER WEIL, *Les conséquences...*, cit., pág. 204.

Em França, o juiz de *excès de pouvoir* tem utilizado a *astreinte* como forma de coagir a Administração a intentar uma acção contra o contrato ou, em alternativa, a resolver unilateralmente o mesmo, mas o efeito útil desta medida é diminuto, pois, como salientam vários autores, traduz-se numa maior complexidade e morosidade do processo, com intervenção de outro juiz e possibilidade de contradição de julgados[989]. Por outro lado, há também autores que consideram discricionário o comportamento subsequente da Administração, pelo que não aceitam que possa ser objecto de intimação por parte dos tribunais[990].

Verifica-se, assim, que, no actual quadro legislativo, os terceiros lesados no decurso da formação do contrato não têm nenhum meio de obter a anulação ou a declaração de nulidade do contrato, ficando limitados à obtenção de uma indemnização por responsabilidade extracontratual[991].

O défice de tutela judicial dos terceiros daí resultante constitui uma violação do artigo 20.º da CRP[992] e representa um enorme desfasamento entre o Direito substantivo e o Direito processual, uma vez que o facto de o contrato ser precedido de um procedimento pré-contratual e estar sujeito a vinculações jurídico-públicas acaba por não se reflectir na sua validade em caso de violação dessas regras.

Esta situação acaba por ser também negativa para o interesse público, pois obriga a Administração a indemnizar os terceiros, pagando duas vezes o preço contratual[993], e faz com que saia gorado o objectivo legal de garantir que a Administração seleccione sempre o melhor contratante e a melhor proposta[994].

Além de conduzir a uma desprotecção dos terceiros, esta falta de articulação provoca algumas situações paradoxais. Veja-se, por exemplo,

---

[989] Neste sentido, v. RÉMY SCHWARTZ, *Les conséquences...*, *cit.*, pág. 1095, XAVIER LATOUR, *op. cit.*, pág. 7 e DOMINIQUE POUYAUD, *Les conséquences de l'annulation...*, *cit.*, págs. 1104 e 1105.

[990] V., por todos, LAURENT FOLLIOT, *op. cit.*, pág. 297.

[991] Esta solução fica, aliás, aquém do que é determinado pelas normas e pela jurisprudência comunitárias em matéria de contencioso contratual, que tendem a resolver o litígio de acordo com a pretensão concreta do sujeito. Cfr. GONZÁLEZ-VARAS IBÁÑEZ, *La contratación de las Comunidades Europeas*, in RAP, n.º 142, 1997, pág. 222.

[992] Neste sentido, v. FAUSTO DE QUADROS, LUÍS FÁBRICA, FERREIRA DE ALMEIDA e PAULO OTERO, *Procedimento...*, *cit.*, pág. 535.

[993] No mesmo sentido, v. GONZÁLEZ-BERENGUER URRUTIA, *op. cit.*, págs. 371 e 372.

[994] No mesmo sentido, v. ARIÑO ORTIZ, *La reforma de la ley de contratos del Estado*, Madrid, 1984, pág. 61.

o caso de o tribunal anular ou declarar nulo um acto pré-contratual, na sequência do que a Administração opta por suspender a execução do contrato, recorrendo, depois, o co-contratante particular à acção de cumprimento do contrato para forçar o contraente público a cumprir um contrato (consequentemente) nulo! Nesta situação parece-nos que a Administração pode defender-se por excepção, invocando a invalidade consequente do contrato, sem prejuízo de ser obrigada a ressarcir o co-contratante particular, se este estiver de boa fé, eventualmente, a título de enriquecimento sem causa[995].

Por outro lado, a invalidade do contrato e do próprio acto destacável apresenta-se, nestes casos, como questão incidental (ou prejudicial, se se tratar de um contrato privado), o que acarreta, obviamente, o perigo de contradição de julgados, até porque o juiz do contrato tem tendência para preservar o contrato, por razões pragmáticas, atendendo à dificuldade em destruir retroactivamente os seus efeitos[996]. Fica, assim, posto em causa o efeito absoluto da sentença proferida em sede de recurso contencioso de anulação[997].

Quanto à fase da execução do contrato, existe também uma deficiente articulação entre o recurso dos actos destacáveis e a acção sobre contratos, nomeadamente, no caso de aqueles actos serem anulados ou declarados nulos a pedido de terceiros. De facto, os terceiros que são afectados pela execução do contrato, não podendo impugnar directamente o contrato, têm legitimidade activa para impugnar os actos administrativos praticados pela Administração e pelo próprio co-contratante particular no âmbito da execução do contrato.

No entanto, a obtenção de uma sentença de provimento em sede de recurso contencioso de anulação, que tem, como vimos, efeitos sobre a validade substantiva do contrato, arrisca-se a ser também meramente platónica, dado que o terceiro não tem acesso à acção de validade do contrato.

Não se trata, contudo, apenas de um problema de legitimidade processual activa, mas de ultrapassar a construção dogmática do contrato

---

[995] Em sentido próximo, v. ANDRÉ DE LAUBADÈRE, FRANCK MODERNE e PIERRE DELVOLVÉ, *Traité...*, cit., Tomo I, pág. 575.

[996] Neste sentido, v. JEAN ABESSOLO, *op. cit.*, pág. 8. DOMINIQUE POYAUD, *La recevabilité du recours pour excès de pouvoir contre les contrats administratifs: une nouvelle avancée*, in RFDA, n.º 15, vol. 1, 1999, pág. 146, refere-se, a este propósito, à "brutalidade" da destruição retroactiva dos efeitos do contrato como um óbice à admissibilidade do recurso contencioso de anulação contra o contrato.

[997] Como salienta também JEAN ABESSOLO, *op. cit.*, pág. 23.

como *res inter alios acta*, que veda qualquer intervenção por parte de terceiros e que retira todo o efeito útil da invalidade dos actos destacáveis da execução do contrato relativamente à validade do próprio contrato. Assim, mesmo que aos terceiros fosse atribuída legitimidade activa para intentar uma acção de validade do contrato, na sequência, por exemplo, da impugnação bem sucedida de uma cláusula de um contrato de concessão, o tribunal não retiraria, provavelmente, quaisquer consequências para a validade do contrato. É que, apesar de se admitir que as cláusulas contratuais podem lesar terceiros, a validade das mesmas não pode ser posta em causa por estes, pois isso afectaria o equilíbrio sinalagmático do contrato e os direitos adquiridos das partes contratantes[998].

Outra hipótese, igualmente paradoxal, é a de, após a anulação de um acto pré-contratual a pedido de um terceiro, as partes poderem sanar a invalidade por comum acordo, sem efeitos retroactivos e independentemente da gravidade do vício ou do desvalor do acto, defraudando assim quer os direitos dos terceiros, quer o princípio da legalidade. É certo que essa actuação constitui uma clara violação da sentença, mas não existe, actualmente, nenhum modo de impedir que tal aconteça, nem sequer através do processo de execução julgados, se se entender que o facto de o contrato já estar celebrado constitui causa legítima de inexecução da sentença[999].

Por outro lado, o desfasamento entre os meios processuais também é visível quando é o próprio co-contratante particular a impugnar, em sede de recurso contencioso de anulação, os actos praticados pela Administração no âmbito da execução do contrato.

Efectivamente, apesar de terem acesso ao contencioso de plena jurisdição, os contraentes são obrigados a requerer primeiro ao juiz do recurso a anulação do acto, para poderem, depois, intentar uma acção. Pode tratar-se de uma acção sobre contratos, se o particular pretender obter a anulação parcial do contrato ou efectivar a responsabilidade contratual da Administração; ou de uma acção de responsabilidade extracontratual se o acto lesivo extrapolar o âmbito contratual. Isto traduz-se numa duplicação inútil e desnecessária de meios processuais, com a inerente morosidade.

---

[998] Como salienta DOMINIQUE POUYAUD, *La recevabilité...*, *cit.*, pág. 145.

[999] Entendimento que é, como já vimos, largamente maioritário na jurisprudência portuguesa. Cfr. os já citados Acórdãos do STA de 30 de Setembro de 1997 (Processo n.º 39.858), de 9 de Junho de 1998 (Processo n.º 29.166-B) e de 23 de Junho de 1998 (Processo n.º 33.295).

Finalmente, nos designados contratos privados da Administração, a "confusão" entre os vários meios processuais é ainda maior, atendendo à teia de questões prévias e incidentais que se estabelece e à concorrência de vícios de Direito Administrativo e de Direito Civil[1000].

[1000] Neste sentido, DOMINIQUE POUYAUD, *La recevabilité...*, *cit.*, pág. 149.

CAPÍTULO II
Vias de solução: a necessidade de construir um sistema unitário de protecção dos terceiros

1. A solução da PLCPTA

A análise do contencioso dos contratos da Administração Pública na perspectiva da protecção dos terceiros não pode prescindir de uma referência à solução consagrada na PLCPTA que se encontra actualmente em discussão na Assembleia da República

O artigo 4.º, n.º 1, alínea *e*) da PLETAF procede à uniformização de jurisdições em matéria de contratos da Administração, determinando que compete aos tribunais administrativos apreciar todas as questões relativas a contratos celebrados por pessoas colectivas de direito público[1001]. Por sua vez, a alínea *f*) do n.º 1 do mesmo preceito estabelece que cabe também à Jurisdição administrativa apreciar litígios emergentes de *"... contratos que a lei submeta a um procedimento pré-contratual de direito público, celebrados por pessoas colectivas de direito privado."*

Apesar de esta solução merecer o nosso aplauso, suscita-nos ainda algumas críticas.

Em primeiro lugar, o facto de o artigo 4.º, n.º 1, alínea *e*) da PLETAF se referir aos contratos celebrados por pessoas colectivas de direito público exclui do âmbito de aplicação do preceito os contratos celebrados por concessionários e sociedades anónimas de capitais maioritariamente ou exclusivamente públicos. Contudo, a tendência actual vai no sentido de incluir estas entidades na Administração Pública em sentido orgânico, uma vez que prosseguem o interesse público e estão sujeitas a vinculações jurídico--administrativas[1002].

[1001] Contra esta solução, pronunciando-se pela sua inconstitucionalidade material por violação do artigo 212.º, n.º 3, da CRP, v. SÉRVULO CORREIA, *Colóquio sobre a PLCPTA*, realizado na FDUL, em 2 de Fevereiro de 2000, in http://www.mj.pt/ca. Em sentido contrário, v. MARIA JOÃO ESTORNINHO, *Colóquio...*, cit. e VIEIRA DE ANDRADE, *Âmbito e limites da jurisdição administrativa*, in CJA, n.º 22, 2000, pág. 14.

[1002] V., por todos, JOÃO CAUPERS, *Introdução...*, cit., pág. 34.

Em segundo lugar, quanto aos contratos celebrados entre pessoas colectivas de direito privado, adopta-se como critério de delimitação da jurisdição competente a sujeição a um procedimento pré-contratual.

Ora, este não é, quanto a nós, o critério determinante para definir a natureza jurídica de um contrato celebrado pela Administração. Aliás, foi sempre rejeitado pela doutrina que defende a manutenção da dicotomia entre contratos administrativos e contratos privados da Administração, por considerar que isso dependia apenas da opção do legislador.

Parece-nos, pelo contrário, que o critério adoptado deveria ter sido o do fim do contrato, ou seja, o facto de o contrato prosseguir ou não o interesse público.

Além disso, o critério da sujeição a um procedimento pré-contratual suscita muitas dúvidas, a saber: o caso dos subcontratos, que não são, regra geral, sujeitos a um procedimento desse tipo e, no entanto, ainda prosseguem um fim público (por exemplo, a subconcessão); e dos contratos celebrados por concessionários e sociedades anónimas de capitais públicos, que não são abrangidos pelo regime jurídico do Decreto-Lei n.º 197/99, nos termos dos artigos 2.º e 3.º deste diploma. Esta última situação é particularmente grave, quer pela importância quantitativa que estas entidades possuem no quadro da actual Administração Pública, quer porque se trata de um grande número de contratos que escapam ao contencioso administrativo.

A questão resolver-se-ia, na nossa opinião, através da adopção do critério do fim de interesse público e do regime jurídico do contrato, definindo-se o contrato administrativo através do recurso a esses aspectos.

Quanto aos meios processuais, a PLCPTA introduz alterações importantes e, na sua maioria, positivas. De facto, a Proposta acaba, aparentemente, com a dicotomia entre recursos e acções, passando a referir-se a "acções comuns" e "acção especial". Contudo, na prática a dicotomia mantém-se, uma vez que a acção especial corresponde ao actual recurso contencioso de anulação de actos administrativos e as acções comuns ao contencioso de plena jurisdição.

A alteração terminológica traduz, no entanto, uma subjectivização do recurso, que, na sequência do que defendemos na presente dissertação, não podemos deixar de aplaudir.

Esta transformação é acompanhada de amplas possibilidades de cumulação de pedidos, como resulta das várias alíneas do artigo 4.º da PLCPTA, o que permite superar muitas das inoperâncias da actual lei de processo. Saliente-se especialmente, no âmbito dos contratos, a possibilidade de cumular a impugnação de actos destacáveis da formação do contrato com o pedido de anulação ou declaração de nulidade do contrato (cfr. o artigo 4.º, n.º 2, alínea d); bem como as questões relativas à validade, interpretação e cumprimento do contrato com a impugnação de actos administrativos praticados no âmbito da relação contratual (cfr. o artigo 4.º, n.º 2, alínea g).

Por sua vez, a acção sobre contratos sofre alterações, sobretudo ao nível da legitimidade activa, no sentido de admitir que terceiros intentem quer acções de validade do contrato, quer acções de cumprimento do mesmo.

Quanto às acções de validade podem ser intentadas, nos termos das várias alíneas do artigo 40.º, n.º 1, da PLCPTA, pelas partes na relação contratual; por actores populares; por quem tenha previamente impugnado um acto da formação do contrato; por quem tenha participado no procedimento pré-contratual e alegue que o contrato celebrado não corresponde ao que foi posto a concurso; por quem, apesar de não ter participado no procedimento pré-contratual, alegue que o teria feito se as condições postas a concurso correspondessem ao contrato celebrado; e por todos os que sejam lesados pela execução do contrato.

Estas situações vêm de encontro a muitas das preocupações que já manifestámos ao longo desta dissertação, nomeadamente no que se refere à tipificação das actuações lesivas ocorridas no decurso do procedimento de formação do contrato e às situações em que a execução de um contrato ilegal pode prejudicar terceiros.

Contudo, da perspectiva da tutela judicial efectiva dos terceiros, a solução adoptada ainda se afigura minimalista[1003], não exactamente por manter a actual dualidade entre contencioso dos actos destacáveis e contencioso contratual de plena jurisdição – solução que preconizamos – mas por fazer recair inteiramente sobre os particulares o ónus da articulação entre esses dois meios processuais. De facto, a criação de um sistema unitário de protecção dos terceiros passaria por uma de duas soluções relativamente radicais, a saber:

– a eliminação da figura do acto destacável e a assimilação de todo o contencioso dos contratos em torno da acção, sendo esta, naturalmente, aberta aos terceiros[1004];

[1003] Esta expressão foi utilizada por MARIA JOÃO ESTORNINHO. Cfr. CARLOS CADILHA, *A Reforma do contencioso administrativo: debate público (I)*, in CJA, n.º 20, 2000, pág. 9, a propósito do projecto anterior.

[1004] Esta é, aparentemente, a solução preconizada por VIEIRA DE ANDRADE, *A Justiça...*, cit., págs. 141 e 142 e PEDRO GONÇALVES, *Contrato...*, cit., pág. 61. Em sen-

– ou, pelo contrário, a manutenção da separação substantiva entre o contrato e os actos destacáveis da formação e da execução do mesmo, mas fazendo repercutir de forma directa e imediata a invalidade destes actos na própria invalidade do contrato, garantindo aos terceiros os meios contenciosos necessários para efectivar essa invalidade. Quanto à melhor forma de obter esta garantia, parece-nos que passa pela unificação num único meio contencioso da apreciação da validade dos actos destacáveis e do contrato[1005].

Refira-se, aliás, que esta última hipótese é a mais consentânea com o disposto no artigo 185.º, n.º 1, do CPA, que estabelece a invalidade consequente dos contratos na sequência da invalidade de um acto pré-contratual, não se justificando, por isso, uma duplicação de meios processuais[1007].

Na PLCPTA não se adopta nenhuma das duas soluções, razão pela qual considerámos minimalista o regime efectivamente consagrado, nomeadamente no que se refere ao contencioso da validade dos contratos, acabando por consagrar soluções semelhantes para a invalidade consequente do contrato e para a invalidade intrínseca do mesmo, apesar de as duas situação serem objecto de uma distinção clara no artigo 185.º do CPA.

Por outro lado, a legitimidade activa dos terceiros está limitada pela impugnação prévia dos actos pré-contratuais (cfr. o artigo 40.º, n.º 1, alínea *c*) da PLCPTA), sendo negada ao juiz a possibilidade de, em sede de recurso contencioso de anulação, apreciar a validade do próprio contrato. Dir-se-ia que o legislador não conseguiu ultrapassar o dogma francês da separação absoluta de contenciosos, transformando o recurso contencioso de anulação dos actos destacáveis numa espécie de recurso *préalable* relativamente à acção[1007].

Retoma-se, assim, no âmbito do contencioso dos contratos, a solução adoptada no artigo 7.º do Decreto-Lei n.º 48.051, de 21 de Novembro de 1967, para a responsabilidade civil extracontratual da Administração, que tantas críticas tem merecido por parte da doutrina[1008].

---

tido contrário, v. MARIA JOÃO ESTORNINHO, *Contencioso dos contratos..., cit.*, pág. 32, alertando para o risco do retorno à "velha" teoria da incorporação.

[1005] Cfr. *infra* o n.º 3 do presente capítulo.

[1006] Mantém-se, assim, uma esquizofrenia do contencioso dos contratos da Administração Pública que, ao contrário do que defende RÉMY SCHWARTZ, *Les conséquences..., cit.*, pág. 1092, nada tem de "benigna".

[1007] Neste sentido, v. MICHEL VIVIANO, *op. cit.*, pág. 293.

[1008] V., por todos, RUI MEDEIROS, *Acções..., cit.*, págs. 39 e seguintes.

Refira-se, finalmente, quanto ao mesmo preceito, que este coloca ainda a complexa questão de saber em que termos o juiz do contrato está vinculado à decisão proferida em sede de recurso contencioso de anulação. De facto, nos termos do artigo 185.º, n.º 1, do CPA e de acordo com o regime das invalidades consequentes, a sua margem de livre decisão é muito reduzida, visto que a ponderação da gravidade e natureza do vício do acto e, em certa medida, do grau de dependência do contrato relativamente a ele, já foi efectuada pelo juiz do recurso. Assim, os riscos de contradição de julgados e as dificuldades de articulação com o regime de execução das sentenças do recurso contencioso de anulação serão, sem dúvida, enormes e constituem mais um argumento contra uma duplicação "esquizofrénica" de meios processuais. A possibilidade, prevista no artigo 63.º, n.º 2, da PLCPTA de se proceder à ampliação do objecto do processo quando, na pendência da impugnação do acto destacável da formação do contrato, este venha a ser celebrado, não evita completamente esta duplicação de meios processuais, apesar de minimizar as dificuldades daí resultantes.

As acções relativas à execução do contrato podem ser intentadas, nos termos do artigo 40.º, n.º 2, da PLCPTA: pelas partes na relação contratual; pelas pessoas em função das quais as cláusulas do contrato tenham sido estabelecidas; pelo Ministério Público, quando se trate de um contrato cujo incumprimento pode afectar um interesse público especialmente relevante; por actores populares; e por quem tenha sido preterido no procedimento pré-contratual.

O alargamento da legitimidade a terceiros que tenham interesse no cumprimento do contrato parece-nos muito positivo, até porque, como já vimos, muitos contratos administrativos – em especial, os contratos de concessão – são autênticos contratos a favor de terceiros.

No entanto, para que tal não resulte num alargamento desmesurado, que pode, inclusivamente, conduzir a uma interpretação judicial que transforme o preceito em "letra morta", deve limitar-se este universo de terceiros àqueles que, efectivamente, cabem no âmbito de protecção da cláusula contratual. Por outras palavras, não bastará um mero interesse de facto, mas sim a apropriação individualizada por cada sujeito das vantagens inerentes ao cumprimento do contrato, apesar de a necessidade que o contrato visa satisfazer poder ser colectivamente sentida. Trata-se, assim, de situações em que o terceiro está integrado numa relação jurídica multilateral constituída por um contrato da Administração.

Tal não obsta, obviamente, à possibilidade de se intentar uma acção de cumprimento do contrato através da acção popular, caso em que não será necessária esta apropriação individual das vantagens concedidas pelo contrato.

Por outro lado, não se esclarece no projecto como se articula a acção de cumprimento do contrato com a impugnação de actos destacáveis da execução do contrato, apesar de se permitir a cumulação destes pedidos.

A possibilidade de terceiros intentarem acções de cumprimento do contrato suscita ainda uma outra dúvida de difícil solução, que se prende com a legitimidade passiva nestas acções. Por outras palavras, trata-se de saber se as acções de execução do contrato e efectivação da responsabilidade contratual devem ser intentadas só contra a Administração co-contratante, só contra o co-contratante particular, ou contra ambos em regime de litisconsórcio necessário.

A questão afigura-se complexa. Parece-nos que a solução terá de passar pela análise casuística da situação, para determinar qual dos contraentes é responsável pelo incumprimento. Se, por exemplo, a Administração for culpada por omissão no uso dos seus poderes-deveres de autoridade, então deve ser também demandada.

Parece-nos, contudo, que não se deve optar pelo litisconsórcio necessário, até porque se trata de uma situação de responsabilidade contratual solidária[1009]. Assim, o terceiro lesado pode requerer que seja demandada apenas a Administração, apesar de, regra geral, ser a prestação do co-contratante particular que está adstrita à prossecução do fim público.

Aliás, o litisconsórcio suscitaria um problema ao nível da tramitação processual em sede de processo executivo, uma vez que o artigo 157.º, n.ºs 1 e 2, da PLCPTA determina que aquele processo é regido pela lei processual administrativa quando a execução seja dirigida contra entidades públicas e pela lei processual civil quando seja dirigida contra particulares.

Refira-se ainda, quanto à legitimidade do Ministério Público, que nos parece algo paradoxal que este alargamento da legitimidade abranja as acções de cumprimento e não as acções de validade do contrato, visto que o Ministério Público tem funções de defesa da legalidade, mas não de prossecução do interesse público, sob pena de se substituir à Administração[1010].

[1009] Concordamos com REBELO DE SOUSA, *Responsabilidade dos estabelecimentos públicos de saúde: culpa do agente ou culpa da organização?*, in *Direito da Saúde e da Bioética*, Lisboa, 1996, pág. 161, quando defende que o artigo 22.º se aplica à responsabilidade contratual. V. *infra* o Capítulo III.

[1010] Esta é, aliás, a interpretação que o próprio Ministério Público faz das suas

Finalmente, no que respeita aos prazos, mantém-se a regra geral de que as acções são propostas a todo o tempo (cfr. o artigo 41.°, n.° 1, da PLCPTA), reduzindo-se para seis meses o prazo para formular o pedido de anulação do contrato a contar da celebração do mesmo ou do conhecimento efectivo[1011]. Ora, o preceito nada diz quanto à contagem deste prazo quando seja necessário impugnar previamente o acto da formação (ou da execução) do contrato, apenas se referindo ao prazo prescricional (que é substantivo e não processual). Deve entender-se, na nossa opinião, que o prazo de seis meses se interrompe aquando da impugnação do acto administrativo, se o contrato já estiver celebrado. É que, apesar de ser possível cumular os pedidos de invalidade do acto destacável e do contrato, essa é uma faculdade e não uma obrigação do recorrente.

Aliás, se a invalidade parcial do contrato resultar da impugnação autónoma de um acto destacável da execução do contrato, o prazo de seis meses a contar da celebração do mesmo afigura-se demasiadamente curto.

A PLCPTA revoga o Decreto-Lei n.° 134/98, prevendo, nos artigos 100.° e seguintes, um contencioso de natureza urgente para a formação de certos contratos da Administração. No entanto, algumas das críticas que fizemos a propósito daquele diploma mantêm-se, nomeadamente:

- o contencioso urgente continua a abranger apenas as empreitadas de obras públicas, os contratos de prestação de serviços e fornecimento de bens, acrescentando-se só às concessões de obras públicas;
- a tramitação urgente apenas se aplica à impugnação de actos praticados no âmbito da formação dos contratos, sem abranger os actos da execução, apesar de estes também terem efeitos lesivos quer para terceiros, quer para o próprio co-contratante;
- devia esclarecer-se expressamente como se articula o meio urgente com a acção especial de impugnação dos actos destacáveis da formação do contrato, por forma a evitar o entendimento actualmente

---

funções, e que resulta numa posição de *"self-restraint"*, como referem VITAL MOREIRA e CATARINA SARMENTO E CASTRO, *Relatório preliminar do projecto de investigação sobre a Justiça administrativa em Portugal*, relatório preliminar, inédito, Coimbra, 2000, pág. 62, citando um despacho do Procurador-Geral da República, datado de 23 de Julho de 1990.

[1011] Na discussão pública sobre a PLCPTA, que versou sobre a versão anterior do projecto, MARIA JOÃO ESTORNINHO, *Colóquio sobre a PLCPTA*, realizado na FDUL, em 11 de Abril de 2000, in http://www.mj.pt/ca, defendeu que estes prazos deveriam coincidir com o prazo de validade dos contratos celebrados pela Administração.

seguido pelos tribunais administrativos, segundo o qual aquele meio substitui o recurso geral previsto na LPTA, sendo a sua aplicação alternativa e não cumulativa;
– finalmente, devia permitir-se expressamente a aplicação do meio urgente até à própria celebração do contrato e não apenas até ao acto de adjudicação.

Pelo contrário, é de assinalar que a PLCPTA colmatou algumas falhas do Decreto-Lei n.º 134/98, por exemplo, ao nível da impugnação directa e imediata das peças concursais, que agora é admitida nos termos do artigo 100.º, n.º 2.

2. A unificação de jurisdições no âmbito da actividade contratual da Administração

A tentativa de construir um sistema unitário de protecção dos terceiros perante a actividade contratual da Administração passa, em primeiro lugar, pela unificação de jurisdições no âmbito da actividade contratual da Administração. Este aspecto, apesar de ser preconizado por alguns autores, quer na doutrina nacional, quer estrangeira, tem sido sempre uma reforma adiada no contencioso administrativo português.

A atribuição aos tribunais administrativos da competência para controlar a legalidade da contratação pública e para dirimir os litígios emergentes de todos os contratos da Administração justifica-se, na nossa opinião, por duas razões principais:

– por um lado, é a consequência natural da publicização substantiva dos contratos privados da Administração;
– por outro lado, a unificação de jurisdições contribui para garantir uma maior eficácia da tutela judicial dos particulares e, simultaneamente, do controlo da legalidade dos contratos da Administração.

Refira-se, em primeiro lugar, que a unificação na Jurisdição administrativa da competência para apreciar todos os contratos da Administração não pressupõe, necessariamente, a eliminação da dicotomia entre contratos administrativos e contratos privados. De facto, alguns autores consideram que a competência para apreciar a validade e dirimir os litígios decorrentes dos contratos privados da Administração também deve ser atribuída aos tribunais administrativos, independentemente da natureza substantiva desses contratos. VIEIRA DE ANDRADE, por exemplo, defende essa solução, excepto quanto a alguns contratos expressamente elencados, relativamente aos quais os tribunais comuns continuariam a ser competentes[1012].

O principal problema que esta posição suscita prende-se com a cláusula geral do artigo 212.º, n.º 3, da CRP, nos termos da qual a competência dos tribunais administrativos é limitada pelo conceito de relação jurídico-administrativa[1013], o que significa que o alargamento legal da competência da Jurisdição administrativa relativamente aos contratos privados seria materialmente inconstitucional. Contudo, se se entender que aquele preceito constitucional não estabelece uma *reserva material absoluta de jurisdição*, mas sim um *modelo típico*, que admite adaptações ou desvios, desde que não fique prejudicado o núcleo caracterizador do modelo, nada obsta à adopção daquela solução[1014].

Não pode, efectivamente, considerar-se que o artigo 212.º, n.º 3, da CRP constitui um limite absoluto no sentido de que apenas os litígios emergentes de relações jurídico-administrativas podem ser dirimidos pelos tribunais administrativos e, simultaneamente, defender-se que não tem um carácter absoluto no que se refere à possibilidade de conferir aos tribunais comuns competência para apreciar questões jurídico-públicas. De facto, ou se defende o carácter absoluto dessa reserva de jurisdição em ambos os sentidos; ou, pelo contrário, o preceito apenas pretende afirmar os tribunais administrativos como tribunais comuns do Direito Administrativo e, então, admitem-se excepções e desvios. Estas excepções podem implicar desaforamentos da competência dos tribunais administrativos, tal como acontece, por exemplo, em matéria de expropriações (que passará, nos termos do artigo 4.º, n.º 1, alínea *k*) da PLETAF, para a competência dos tribunais administrativos), mas também a atribuição à Jurisdição administrativa de questões jurídico-privadas, tais como a matéria dos contratos privados da Administração e a responsabilidade civil extracontratual por actos de gestão privada. Assim, estaria apenas em causa a alteração do actual artigo 4.º, n.º 1, alínea *f*) do ETAF.

Este exercício exegético não nos parece, contudo, necessário, atendendo ao gradual processo de publicização dos contratos privados da

---

[1012] Cfr. VIEIRA DE ANDRADE, *A Justiça..., cit.*, pág. 141. Em sentido próximo, v. MARTÍN-RETORTILLO, *Reflexiones..., cit.*, pág. 53, que se refere a uma *"vis atractiva"* da Jurisdição contencioso-administrativa relativamente a todas as formas de actuação administrativa.

[1013] Sobre este conceito, v. *supra* o Capítulo I da Parte I.

[1014] Neste sentido, v. VIEIRA DE ANDRADE, *A Justiça..., cit.*, págs. 19 e seguintes, em especial, a pág. 21. Em sentido contrário, GOMES CANOTILHO e VITAL MOREIRA, *Constituição..., cit.*, pág. 814.

Administração, que permite integrar estes contratos na noção de relação jurídica administrativa.

Efectivamente, os ditos contratos privados da Administração são, actualmente, modos de constituição, extinção e modificação de relações jurídicas administrativas, de acordo com a concepção que temos vindo a defender. O aspecto que releva para a determinação da natureza do contrato é o fim que prosseguem e o facto de o seu regime ser essencialmente regulado por normas de Direito Administrativo.

Esta é também uma forma de impedir que a Administração desvirtue a lógica do artigo 212.°, n.° 3, da CRP, escapando à Jurisdição administrativa através da celebração de contratos ditos privados, como tenta fazer, aliás, ao nível da organização administrativa quando constitui pessoas colectivas públicas sob forma privada. Se, neste caso, o Direito Administrativo se transformou no sentido de incluir estas entidades numa noção ampla de Administração Pública[1015], tem de se ponderar a adopção de uma solução semelhante ao nível da contratação pública, como a legislação comunitária, aliás, já fez.

Além disso, torna-se cada vez mais difícil determinar a natureza dos contratos da Administração, e, em situação de dúvida, os contratos presumem-se sempre administrativos, atendendo ao seu fim. Basta, assim, a presença de um elemento de natureza pública para "publicizar" todo o contrato, uma vez que não existem "contratos mistos"[1016].

O legislador deve, por isso, aproveitar a indubitável aproximação substantiva entre todos os tipos de contratos celebrados pela Administração para, sem violar o disposto no artigo 212.°, n.° 3, da CRP, unificar a competência jurisdicional em torno dos tribunais administrativos, em vez de, pelo contrário, continuar a procurar diferenças substantivas para justificar a tradicional separação de jurisdições[1017]. Esta solução teria, assim, a

---

[1015] V. JOÃO CAUPERS, *Introdução...*, cit., pág. 34.

[1016] Neste sentido, v. KARL-PETER SOMMERMANN, *Autorité et contrat dans l'Administration moderne en Allemagne*, in *Annuaire Européen d'Administration Publique*, Paris, 1997/1998, pág. 28.

[1017] Esta solução tem vindo a ser defendida em Portugal por MARIA JOÃO ESTORNINHO, *Contencioso dos contratos...*, cit., pág. 31; e também por alguma doutrina estrangeira. V., por exemplo, RAMON PARADA, *Derecho administrativo...*, cit., pág. 348, referindo-se a uma "esquizofrenia dos contratos da Administração" e GIMENO FELIU, *op. cit.*, pág. 25. V. ainda, em Itália, FRANCESCO D'OTTAVI, *op. cit.*, pág. 452; e, em sentido próximo, embora não inteiramente coincidente, STICCHI DAMIANI, *La nozione...*, cit., págs. 63 e seguintes; PAOLO MICHIARA, *op. cit.*, pág. 13, e VINCENZO CAIANIELLO, *Il giudice...*, cit., pág. 951.

virtualidade de restituir uma imagem unitária do Direito Administrativo, travando definitivamente a "fuga para o Direito Privado"[1018], pelo menos no âmbito contratual.

A solução que temos vindo a preconizar justifica-se também por garantir uma tutela judicial mais eficaz dos particulares e, simultaneamente, por assegurar melhor o respeito pelo princípio da legalidade.

Em primeiro lugar, a Jurisdição administrativa já não pode ser encarada, actualmente, como o "foro privativo" da Administração, que surgiu historicamente para proteger a Administração e não os particulares[1019], nem, consequentemente, a intenção de alargar a competência dos tribunais administrativos significa um qualquer "favor" à Administração[1020]. Pelo contrário, verifica-se até que, quando os tribunais comuns são chamados a julgar a Administração revelam uma maior auto-contenção do que os juízes administrativos.

Por outro lado, de um ponto de vista estritamente processual, a remissão para os meios do contencioso administrativo não representa tão pouco uma diminuição das garantias dos particulares por implicar uma redução dos poderes do juiz, sobretudo ao nível das providências cautelares e do processo de execução das sentenças[1021].

De facto, a verdade é que a Administração dispõe sempre de certas prerrogativas, independentemente da natureza do litígio em que esteja envolvida, mesmo perante a Jurisdição comum[1022], tais como: a impenhorabilidade dos bens públicos (cfr. o artigo 822.º do CPC); a possibilidade de inexecução das sentenças por motivo de interesse público; a dispensa

---

[1018] Neste sentido, v. AGATHE VAN LANG, *Juge judiciaire et Droit Administratif*, Paris, 1996, pág. 333, PELINO SANTORO, *I contratti...*, *cit.*, págs. 415 e 416, e STEFANO CIVITARESE, *op. cit.*, pág. 138, defendendo que isto permite superar a tradicional dicotomia entre a parte publicística e a parte privatística do fenómeno contratual.

[1019] Referimo-nos, naturalmente, ao traumático *"Arrêt Blanco"*. do Tribunal de Conflitos francês, de 1873 Sobre este acórdão e as consequências para a evolução do contencioso administrativo, v. V. PEREIRA DA SILVA, *Em busca...*, *cit.*, págs. 35 e seguintes; MARIA DA GLÓRIA GARCIA, *A responsabilidade civil do Estado...*, *cit.*, págs. 13 e seguintes; e RUI MEDEIROS, *Acções...*, *cit.*, págs. 26 e 27.

[1020] Este aspecto é salientado por RUI MEDEIROS, *Acções...*, *cit.*, págs. 31 e 32, quanto às acções de responsabilidade civil extracontratual da Administração.

[1021] Esta dificuldade é apontada por BASSOLS COMA, *La ejecution de sentencias condenatorias de la Administracion Publica en jurisdicciones distintas a la contencioso-administrativa*, in *Libro de Homenaje al Professor José Luis Villar Palasi*, Madrid, 1989, pág. 114.

[1022] No mesmo sentido, v. BRUNO SASSANI, *op. cit.*, pág. 220.

do pagamento de custas judiciais e a impossibilidade de condenação da Administração por litigância de má fé[1023].

Além disso, apesar de serem impostas algumas restrições aos poderes do juiz administrativo, sobretudo devido à limitação dos meios de prova (v.g. a inadmissibilidade da prova testemunhal, nos termos do artigo 12.º da LPTA) e à tipicidade das providências cautelares aplicáveis, isso não deve constituir um óbice ao alargamento da competência dos tribunais administrativos. Pelo contrário, são essas restrições que devem ser eliminadas, como último grande passo no processo de total jurisdicionalização destes tribunais. Referimo-nos essencialmente ao alargamento dos poderes de cognição e de condenação do juiz; à admissibilidade da prova testemunhal em todos os meios processuais[1024]; à expressa previsão de uma cláusula geral de tutela cautelar, ou, pelo menos, de providências cautelares eficazes; e à alteração das regras sobre impenhorabilidade dos bens públicos, distinguindo entre bens afectos às pessoas colectivas públicas e bens do domínio público.

Finalmente, no plano prático, a unificação do contencioso de todos os contratos da Administração tem a enorme vantagem de pôr termo à teia de questões prejudiciais e incidentais que se estabelecem entre as duas jurisdições, que implicam maior morosidade e complexidade dos processos, em prejuízo dos particulares e também da próprio princípio da legalidade. Neste sentido, alguns autores defendem mesmo que, não se procedendo à unificação de jurisdições, devia, pelo menos, instaurar-se um sistema de remessa oficiosa entre as duas jurisdições ou outras "válvulas de segurança" processuais[1025].

Por outro lado, sendo os tribunais administrativos a Jurisdição comum do Direito Administrativo, evitar-se-ia, desta forma, que fossem os tribunais civis a aplicar o Direito Administrativo e a apreciar as questões jurídico-públicas que surgem a propósito dos contratos privados da Admi-

---

[1023] Criticando esta regra, que considera ser "injusta e perversa" porque desigualitária e violadora do princípio da boa fé, v. JOÃO CAUPERS, *A arbitragem nos litígios entre a Administração Pública e os particulares*, in CJA, n.º 18, 1999, pág. 8.

[1024] Mesmo que para tal o STA deixe de julgar em 1ª instância, como, aliás, deveria acontecer. Este aspecto é salientado por FREITAS DO AMARAL, *Projecto de Código do Contencioso Administrativo*, in SJ, Tomo XLI, n.ºs 235-237, 1992, pág. 19, embora referindo-se a um projecto anterior ao que está actualmente em fase de discussão pública.

[1025] Cfr. CÂNDIDO DE OLIVEIRA, *Apontamentos sobre a reforma do Direito processual administrativo*, in *Reforma do contencioso administrativo*, trabalhos preparatórios, Ministério da Justiça, 2000, pág. 79.

nistração, sobretudo na fase pré-contratual[1026]. Os tribunais civis apenas podem desaplicar o acto administrativo naquele caso concreto e não declarar nulo ou anular o contrato, pelo que o particular fica sempre limitado à tutela ressarcitória[1027]. Veja-se, por exemplo, as enormes vantagens que haveria em consagrar um recurso urgente também para os actos destacáveis da fase da formação dos contratos privados, alargando e esclarecendo o âmbito de aplicação do recurso previsto no Decreto-Lei n.º 134/98, por forma a permitir a sua impugnação em tempo útil e a reposição da legalidade violada antes mesmo de o contrato estar celebrado[1028].

3. O alargamento do objecto do recurso contencioso de anulação

3.1. *Solução proposta: o recurso contencioso de anulação dos contratos da Administração Pública*

O défice de tutela judicial dos terceiros perante a actividade contratual da Administração resulta da falta de articulação entre os vários meios processuais integrados no contencioso dos contratos da Administração.

Assim, além da unificação de jurisdições, qualquer melhoria do sistema de tutela contenciosa dos particulares no âmbito dos contratos da Administração implica uma tendencial concentração das questões relativas à validade, execução e interpretação dos contratos num único meio processual. Tal pode efectuar-se, como defendemos antes, por uma de duas vias: através da eliminação da figura dos actos destacáveis e concentração de todo o contencioso contratual na acção; ou, pelo contrário, mantendo-se a separação substantiva entre os actos destacáveis e o contrato, mas facultando aos particulares um meio contencioso único para apreciar a validade daqueles actos e a sua repercussão sobre o próprio contrato. Ambas as soluções implicam, obviamente, uma alteração legislativa e, quanto a nós, a segunda é mais eficaz e, sobretudo, mais adequada no plano do direito substantivo.

[1026] Neste sentido, v. MARIA JOÃO ESTORNINHO, *Contencioso dos contratos...*, cit., pág. 30 e AGATHE VAN LANG, *op. cit.*, págs. 54 a 57.

[1027] No mesmo sentido, v. GIUSEPPE MARIA BERRUTI, *La disapplicazione dell'atto amministrativo nel giudizio civile*, Milão, 1991, págs. 59 a 61 e pág. 133.

[1028] Neste sentido pronuncia-se ANTOINETTE HASTINGS-MARCHADIER, *Les contrats de droit privé des personnes publiques et la liberté contractuelle*, in AJDA, 1998, págs. 689 e 690.

A concentração de todo o contencioso contratual na acção, tendo como pressuposto a eliminação da figura dos actos destacáveis, não nos parece a melhor solução, por várias razões, quer de ordem teórica, quer prática.

Em primeiro lugar, essa opção traduzir-se-ia, no plano dogmático, num retorno à velha teoria da incorporação, segundo a qual, após a celebração do contrato, todas as actuações com ele relacionadas passam a fazer parte da operação contratual e são, por isso, inseparáveis e insusceptíveis de impugnação contenciosa autónoma. A total eliminação da figura do acto destacável iria mesmo além do preconizado pela antiga doutrina francesa do "todo indivisível", na medida em que se aplicaria também aos actos pré-contratuais, que apenas teriam autonomia enquanto o contrato não estivesse celebrado. Tal redundaria numa situação de indistinção entre os conceitos de autonomia pública e de autonomia privada, reconduzindo a violação das regras jurídico-públicas a meros vícios de vontade, solução que é infirmada pelo artigo 185.º do CPA, uma vez que este preceito distingue claramente as duas situações, enquanto fundamentos autónomos de invalidade dos contratos administrativos (cfr. os n.ºs 1 e 2 do artigo 185.º do CPA).

Além disso, a evolução do Direito substantivo aplicável à contratação pública não permite acolher este entendimento, que é contrário ao fenómeno da procedimentalização e publicização da actividade contratual da Administração.

Por outro lado, a figura do acto destacável representa um papel fulcral no âmbito da protecção dos terceiros, que só não se revela mais eficaz por existirem limitações ao nível do contencioso administrativo.

Efectivamente, é através da impugnação autónoma e imediata dos actos lesivos praticados durante a formação do contrato que os terceiros podem obter uma antecipação da tutela judicial que permita remediar a ilegalidade procedimental *in itinere*; ou, se tal não for já possível, obter uma indemnização pelo interesse contratual positivo e negativo. Não pode, por isso, dizer-se que, no caso de se alargar a legitimidade activa nas acções sobre a validade dos contratos, os actos destacáveis da formação e da execução do contrato se tornam absolutamente desnecessários. Pelo contrário, o terceiro lesado pode manter o interesse na mera anulação desses actos para efeitos de obtenção de uma indemnização a título de responsabilidade civil extracontratual, sem pretender pôr em causa a validade (consequente) do contrato[1029].

[1029] Como já tivemos oportunidade de realçar. Cfr. ALEXANDRA LEITÃO, *A protecção...*, *cit.*, pág. 110.

A solução que preconizamos é a de admitir o recurso contencioso dirigido contra o contrato, aproveitando a possibilidade de cumulação de pedidos e o mecanismo de execução das sentenças[1030]. Trata-se de unificar num único meio processual, cujo *nomen iuris* é irrelevante, a apreciação de todos os litígios relacionados com a validade dos contratos celebrados pela Administração. De facto, é mais ou menos indiferente se este meio deve ser um recurso – "acção especial", como é designada na PLCPTA – ou uma acção, uma vez que a proposta que apresenrtamos implica de *iure condendo* uma alteração ao regime do recurso contencioso de anulação, bem como o aperfeiçoamento do processo de execução de sentenças e a consagração expressa de formas de articulação claras entre o recurso e a acção sobre contratos.

Por outras palavras, preconizamos um recurso contra o contrato que, pelas suas características processuais, está completamente subjectivizado. Aliás, esta solução vai de encontro à gradual superação da distinção entre contencioso de anulação e contencioso de plena jurisdição, que, num contencioso administrativo cuja função é a tutela dos direitos dos particulares, deixa de fazer sentido[1031].

[1030] Esta posição é defendida em França por PIERRE DELVOLVÉ, *Le recours..., cit.*, págs. 91 e 92; DOMINIQUE POYAUD, *La nullité..., cit.*, págs. 333 a 335 e JEAN ABESSOLO, *op., cit.*, págs. 144 e seguintes, para quem se trata apenas de um prolongamento da teoria dos actos destacáveis, e o *Conseil d'État* já admitiu pelo menos por uma vez a interposição de um *recours pour excès de pouvoir* contra um contrato, no Acórdão *"Ville de Lisieux"*, proferido em 30 de Outubro de 1998. Aliás, em França existe um mecanismo, a *"déféré préfectoral"*, introduzido pela Lei de descentralização de 22 de Março de 1982, através do qual se permite ao *préfet* impugnar, por iniciativa própria ou a pedido de qualquer pessoa lesada, a validade de um contrato delebrado por uma entidade local ou, desde 1993, por uma sociedade de economia mista local. A doutrina francesa é unânime em considerar que este meio processual é um autêntico recurso contencioso de anulação. Neste sentido, v., entre outros, PIERRE DELVOLVÉ, *Le recours..., cit.*, pág. 99; DOMINIQUE POUYAUD, *La nullité..., cit.*, pág. 535; PHILIPPE PORTAIL, *op. cit.*, pág. 101; LAURENT RICHER, *Droit..., cit.*, pág. 162 e THIBAUT CÉLÉRIER, *Déféré préfectoral et recours gracieux*, in RFDA, n.º 14, vol. 3, 1998, pág. 551. Este mecanismo, que já designámos como uma "revolução silenciosa" no contencioso administrativo francês (cfr. ALEXANDRA LEITÃO, *A protecção..., cit.*, pág. 26) vem comprovar que não há nenhuma incompatibilidade de natureza entre recurso e contrato e que a recusa em aceitar essa solução é apenas (mais uma) deferência para com a Administração central. No mesmo sentido, v. DOMINIQUE POUYAUD, *La recevabilité..., cit.*, pág. 140. Para mais desenvolvimentos sobre o regime jurídico da *"déféré préfectoral"*, v. LAURENT FOLLIOT, *op. cit.*, Tomo II, págs. 257 e seguintes e DANIEL CHABANOL e JEAN-PIERRE JOUGUELET, *op. cit.*, págs. 307 e seguintes.

[1031] Em sentido próximo, v. REBELO DE SOUSA, *Lições..., cit.*, pág. 474.

A acção continuaria a ser o meio adequado para apreciar os aspectos relativos à execução e interpretação do contrato, bem como para a efectivação da responsabilidade contratual. Refira-se ainda que, independentemente da posição adoptada, parece-nos que se continua a justificar um alargamento da legitimidade activa no âmbito das acções de cumprimento e de interpretação do contrato, por forma a que os terceiros tenham acesso a este meio processual.

Existem dois tipos de objecções relativamente à admissibilidade do recurso contra o contrato, umas de natureza teórico-dogmática; e outras de natureza essencialmente processual.

Quanto ao primeiro tipo de objecções prendem-se sobretudo, de acordo com MARC FORNACIARI, com o facto de representar uma intrusão de terceiros no mundo do contrato; de se tratar de um recurso de legalidade objectiva no âmbito contratual; e, finalmente, de o recurso não se poder fundamentar na própria violação do contrato[1032]. Estes argumentos podem sintetizar-se em torno da tradicional separação entre o contencioso de mera anulação e o contencioso de plena jurisdição e da natureza objectivista do primeiro.

Nenhuma das objecções é, contudo, decisiva, porque assentam em dogmas que estão, quanto a nós, ultrapassados:

– por um lado, o dogma da eficácia *inter-partes* dos contratos, que já tivemos oportunidade de refutar, demonstrando que todos os contratos, nomeadamente aqueles que visam prosseguir o interesse público, têm efeitos lesivos para terceiros;
– por outro lado, o dogma da natureza estritamente objectivista do recurso contencioso de anulação, enquanto "processo feito a um acto". É, aliás, esta concepção que está subjacente ao disposto no artigo 6.º do ETAF, segundo o qual os recursos contenciosos de anulação têm como objecto *"... a declaração de invalidade ou a anulação dos actos recorridos"*. Mas este preceito é, actualmente, apenas *"o símbolo de uma época encerrada e de uma concepção esgotada"*[1033], e carece de uma interpretação actualista, quer quanto ao objecto do recurso, quer quanto ao seu alcance[1034].

[1032] Cfr. MARC FORNACCIARI, *op. cit.*, pág. 93.
[1033] A expressão é de JOÃO CAUPERS e JOÃO RAPOSO, *op. cit.*, pág. 23.
[1034] Como refere V. PEREIRA DA SILVA, *"O nome e a coisa" – A acção chamada recurso de anulação e a reforma do contencioso administrativo*, in CJA, n.º 22, 2000, págs. 39 e seguintes, o recurso já não é verdadeiramente um recurso, mas sim uma acção; e já não é de mera anulação. Aliás, mesmo em França, o recurso tem-se vindo a subjec-

Assim, o verdadeiro objecto do recurso é a posição jurídica subjectiva que o particular pretende fazer valer em juízo e a relação jurídica administrativa subjacente, de acordo com a função que lhe é constitucionalmente cometida no artigo 268.º da CRP, ou seja, garantir uma tutela judicial efectiva dos particulares[1035]. Efectivamente, o contencioso administrativo português tem-se vindo a subjectivizar, por imperativo constitucional, equacionando-se, inclusivamente, a sua evolução para um sistema do tipo espanhol, no qual o objecto do processo são as pretensões dos particulares[1036], sem prejuízo, contudo, do princípio da tipicidade dos meios processuais[1037].

Nesta perspectiva, nada obsta, no plano puramente teórico, à possibilidade de se remeter a apreciação da validade do contrato para o recurso contencioso em vez da acção sobre contratos. Em ambos os casos, o que está em causa é a posição jurídica do particular, independentemente da forma do acto que tenha produzido essa lesão, pelo que não estamos perante uma intromissão da legalidade objectiva no plano contratual. Aliás, se a função do recurso é essencialmente subjectivista, isto significa que não é apenas a legalidade que está em causa, nem o alcance da decisão proferida se pode limitar à mera declaração de nulidade ou anulação do acto.

Este sistema tem ainda a virtualidade de permitir a conciliação entre a função subjectivista e a função objectivista do contencioso, pois garante total efectividade à sentença proferida em sede de recurso contencioso de anulação do acto destacável, retirando as respectivas consequências para o contrato, que, apesar de ser um acto consensual, está igualmente sujeito ao princípio da legalidade.

---

tivizar. Neste sentido, v. GARCÍA DE ENTERRÍA, *La transformación del contencioso administrativo francés: la reforma radical del sistema de ejecución de sentencias*, in REDA, 1990, págs. 611 e 612.

[1035] Como refere V. PEREIRA DA SILVA, *"O nome e a coisa"..., cit.*, pág. 38. Para esta evolução do objecto do processo, no sentido da sua substantivização e subjectivização contribuiu também a influência do Direito Comunitário, como salienta FRANCESCO ASTONE, *op. cit.*, pág. 298.

[1036] Cfr. MARTA GARCÍA PÉREZ, *El objeto del processo contencioso-administrativo*, Pamplona, 1999, pág. 131.

[1037] A questão da unidade ou pluralidade de meios processuais principais no contencioso administrativo português foi equacionada por SÉRVULO CORREIA, *Unidade ou pluralidade de meios processuais principais no contencioso administrativo*, in CJA, n.º 22, 2000, págs. 26 e seguintes.

Outra objecção à solução preconizada prende-se com o princípio da tipicidade dos meios processuais e com a necessidade de proteger também o co-contratante particular, que fica à mercê da intervenção de terceiros[1038].

Em primeiro lugar, os vários meios processuais continuariam a ter campos de aplicação diferentes, deslocando-se apenas a matéria da validade do contrato para o âmbito do recurso, mas mantendo as restantes questões do contrato em sede de acção.

Esta opção tem, desde logo, uma vantagem: é que, sendo a invalidade dos actos praticados durante a formação dos contratos a principal causa de invalidade dos mesmos, essa matéria acaba por cair, necessariamente, no âmbito de cognição do juiz do recurso, por se tratar de uma invalidade consequente. Sendo assim, a solução actual é que se traduz numa limitação anómala dos poderes do juiz em sede de recurso contencioso de anulação[1041], negando-lhe a possibilidade de declarar a nulidade consequente do contrato.

A solução actual retira também toda a efectividade às sentenças de declaração de nulidade ou de anulação por este pronunciadas, uma vez que o juiz do contrato tem tendência a seguir uma política de preservação da coisa contratada incompatível com os direitos de terceiros e com o próprio princípio da legalidade[1040]. Neste sentido, não podemos deixar de concordar com MICHEL VIVIANO, quando defende que a recusa em admitir o recurso não é mais do que o reflexo dessa política de protecção da matéria contratual[1041], que o legislador quis afastar através da consagração da invalidade consequente do contrato.

A abertura do recurso às relações contratuais permite ainda ao juiz, se tal lhe for requerido, eliminar cláusulas constantes das peças concursais que se destinem a fazer parte do contrato, quando sejam discriminató-

---

[1038] Esta é uma das objecções colocada por DOMINIQUE POUYAUD, *La recevabilité...*, cit., pág. 145, apesar de, como é sabido, a autora defender a admissibilidade do recurso contra os contratos administrativos.

[1039] Neste sentido, defendendo também a admissibilidade do recurso contra o contrato para ultrapassar as restrições aos poderes do juiz de *"excès de pouvoir"*, v. JACQUES--HENRI STAHL, *La recevabilité du recours pour excès de pouvoir contre les contrats administratifs: une nouvelle avancée*, in RFDA, n.º 15, vol. 1, 1999, págs. 133 e 134.

[1040] Neste sentido, v. PROSPER WEIL, prefácia à obra de DOMINIQUE POUYAUD, *La nullité...*, cit., pág. 12.

[1041] Cfr. MICHEL VIVIANO, *op. cit.*, págs. 278 e 279. No mesmo sentido, v. PHILIPPE TERNEYRE, *Les paradoxes...*, cit., pág. 79 e JEAN ABESSOLO, *op. cit.*, pág. 81, referindo-se à "auto-contenção" dos juízes.

rias ou lesivas de direitos de terceiros[1042]. Desta forma, o recurso teria verdadeiramente um efeito útil sobre o contrato, revelando-se uma importante função de "pré-controlo"[1043].

Por outro lado, a natureza consensual do acto recorrido não afasta o recurso contencioso de anulação, nem existe qualquer incompatibilidade intrínseca entre o recurso e o contrato. Pelo contrário, é mesmo a solução mais adequada à invalidade consequente dos contratos, de acordo com o artigo 133.º, n.º 2, alínea i) do CPA ex-vi o artigo 185.º, n.º 1, do CPA; bem como aos contratos com objecto passível de acto administrativo, aos quais é aplicável o regime da invalidade dos actos administrativos (cfr. o artigo 185.º, n.º 3, alínea a) do CPA)[1044].

Quanto aos contratos com objecto passível de direito privado, o recurso é o meio adequado quando se trate de invalidade consequente, nos termos do artigo 185.º, n.º 1, do CPA, e o facto de seguirem o regime da invalidade do negócio jurídico, de acordo com o disposto na alínea b) do n.º 3 do artigo 185.º do CPA, não constitui um obstáculo relevante, uma vez que o regime do recurso também se adapta, como veremos, aos vícios da vontade do Direito Civil. Aliás, os próprios actos administrativos podem ser anulados ou declarados nulos com fundamento neste tipo de vícios – erro, dolo, coacção, e outras divergências entre a vontade real e a vontade declarada – e não apenas com fundamento em ilegalidade[1045].

No entanto, poder-se-ia optar por um sistema em que o recurso se aplicasse à invalidade dos contratos com objecto passível de acto administrativo, mas, quanto aos restantes contratos da Administração, o recurso apenas fosse admissível em caso de invalidade consequente, na sequência da invalidade de um acto pré-contratual e não quando estivessem em causa vícios intrínsecos do contrato. Esta solução, próxima da que é defendia por DOMINIQUE POUYAUD[1046], seria, certamente, bem menos radical, mas não a perfilhamos, por duas razões:

[1042] Neste sentido, referindo-se à *"référé précontractuel"*, v. CHRISTINE BRÉCHON-MOULÈNES, *Contrat...*, *cit.*, pág. 147 e SERGE LASVIGNES, *op. cit.*, pág. 729.

[1043] A expressão é de MARIA DA GLÓRIA GARCIA *Direito...*, *cit.*, pág. 45.

[1044] VIEIRA DE ANDRADE, *A Justiça...*, *cit.*, págs. 143 e 144, utiliza este argumento para defender a aplicação das regras sobre legitimidade activa às acções de validade deste tipo de contratos. Então, porque não ir mais longe e fazer semelhante analogia mesmo relativamente ao meio processual aplicável?

[1045] Como defende FREITAS DE AMARAL, *Projecto de código...*, *cit.*, pág. 17.

[1046] Cfr. DOMINIQUE POYAUD, *La recevabilité...*, *cit.*, págs. 145 e 146. A autora admite que a questão da validade do contrato continue a ser apreciada através da acção quando esta seja intentada pelas partes.

– primeiro, porque criava – ou melhor, mantinha – uma dualidade de meios processuais na matéria da validade dos contratos;
– segundo, porque pode haver vícios civilísticos que, por dizerem respeito à actuação do contraente público, não relevam apenas da relação entre as partes, afectando também terceiros.

De facto, a questão da validade dos contratos celebrados pela Administração Pública coloca-se, quanto a nós, exactamente no mesmo plano da validade dos actos administrativos, ou seja, ambos têm a ver com a tutela judicial efectiva dos particulares, ou seja, inserem-se numa perspectiva subjectivista.

Sendo assim, as diferenças entre o recurso e a acção são sobretudo de índole processual e resultam, em grande parte, das deficiências e limitações que ainda se mantêm no regime do recurso contencioso ao nível da tutela cautelar e da execução de sentenças.

Aliás, a própria expressão recurso tem, como salientam alguns autores, uma conotação negativa e limitadora, que deve ser substituída, mesmo relativamente aos actos administrativos, por "acção de impugnação de actos", porque o que está em causa é sempre a satisfação de uma pretensão do particular[1047]. Muitos autores consideram mesmo que o recurso se trata já de uma verdadeira e própria acção[1048].

É verdade que o artigo 186.º do CPA se refere à acção como meio adequado para a Administração obter os efeitos pretendidos, nomeadamente, quanto à interpretação e invalidade do contrato, uma vez que não pode, nessas matérias, praticar actos administrativos. Dir-se-ia, pois, que o CPA inviabiliza a possibilidade de se apreciar a validade dos contratos através do recurso contencioso de anulação. Não nos parece, contudo, que seja assim, visto que o preceito tem apenas efeitos substantivos e não processuais, ou seja, visa apenas afastar a possibilidade de a Administração definir unilateralmente o direito aplicável nestas situações, não pretendendo estabelecer qual o meio adequado para obter judicialmente essa definição. É, aliás, por essa razão que o preceito apenas menciona a legiti-

---

[1047] V. CÂNDIDO DE OLIVEIRA, *Apontamentos...*, *cit.*, pág. 80 e V. PEREIRA DA SILVA, *"O nome e a coisa"...*, *cit.*, págs. 39 e seguintes.

[1048] Esta tese foi, desde há muito, defendida em Portugal por V. PEREIRA DA SILVA, *Para um contencioso...*, *cit.*, em especial as págs. 275 e seguintes. No mesmo sentido, v. JORGE MIRANDA, *Os parâmetros constitucionais da reforma do contencioso administrativo*, in *Reforma do contencioso administrativo*, trabalhos preparatórios, Ministério da Justiça, 2000, pág. 286.

midade da Administração para intentar essa acção, apesar de o co-contratante particular também ter, obviamente, essa faculdade. Por outro lado, como defende JORGE MIRANDA, referindo-se ao recurso contencioso de anulação, *"...está sempre em causa uma acção, seja quem for que a proponha e sejam quais forem os tipos ou as categorias em que (tendo em conta as tramitações dos meios processuais e os efeitos das sentenças) ela haja de se desdobrar"*[1049].

Finalmente, a admissibilidade do recurso contra o contrato não implica uma especial desprotecção do co-contratante particular, nem ao nível processual, uma vez que este participa, como contra-interessado, no processo; nem ao nível substantivo, na medida em que, se o contrato for declarado nulo, o contraente tem direito a ser ressarcido, a título de responsabilidade contratual ou extracontratual, ou, eventualmente, de enriquecimento sem causa, através da *"actio in rem verso"*[1050].

Além das objecções dogmáticas à admissibilidade do recurso contra os contratos da Administração, existem também dificuldades de ordem prática, que, como já tivemos oportunidade de dizer, não decorrem de uma incompatibilidade de natureza entre recurso e contrato, mas sim da verificação de algumas deficiências e limitações no actual regime do recurso contencioso de anulação.

A primeira dificuldade prende-se com a determinação do tribunal competente, uma vez que, segundo a actual distribuição de competências entre o STA, o TCA e os TACs, só a estes últimos é atribuída competência em matéria de acções sobre contratos, nos termos do artigo 51.º, n.º 1, alínea g) do ETAF; enquanto que, pelo contrário, o STA e o TCA apreciam os recursos de alguns actos administrativos (cfr. os artigos 26.º e 40.º do ETAF). Esta solução legislativa inviabilizaria, por um lado, a possibilidade de cumulação entre o recurso do acto destacável e o recurso contra o contrato em alguns casos; e, por outro lado, teria como consequência que, por analogia, também fosse atribuída competência ao STA para apreciar a validade de certos contratos. Contudo, esta objecção não se nos afigura decisiva, por várias razões:

[1049] Cfr. JORGE MIRANDA, *Os parâmetros constitucionais...*, cit., pág. 286.

[1050] Como já tivemos oportunidade de defender, a figura do enriquecimento sem causa como fonte de obrigações da Administração pode ser aplicada no caso de contratos nulos, na medida em que as prestações já realizadas pelo contratante particular ficam desprovidas de causa. Cfr. ALEXANDRA LEITÃO, *O enriquecimento...*, cit., págs. 83 e seguintes. No mesmo sentido, v. DANIELA MEMMO, *Il Diritto privato nei contratti della Pubblica Amministrazione*, Milão, 1999, pág. 431.

- em primeiro lugar, a diferença entre o "juiz do contrato" e o "juiz do recurso", para adoptar uma terminologia de matriz francesa, é, mesmo no actual contexto legislativo, falaciosa, pelo menos nos recursos para os quais são competentes os TACs;
- em segundo lugar, são as regras de distribuição de competências entre os vários tribunais administrativos que devem ser alteradas, por forma a que o STA deixe de julgar qualquer recurso em primeira instância, reservando este tribunal exclusivamente para a apreciação dos recursos jurisdicionais[1051];
- finalmente, há uma relação directa entre as actuais regras competenciais em matéria de recurso e a dualidade processual entre os recursos dos actos da Administração Central e os recursos dos actos da Administração Local decorrente das alíneas *a*) e *b*) do artigo 24.º da LPTA. Esta dualidade de tramitações reflecte-se ao nível dos meios probatórios e das consequências da falta de resposta/ /contestação de autoridade recorrida (cfr., respectivamente, o artigo 12.º da LPTA e o artigo 50.º do mesmo diploma por contraposição ao artigo 840.º CA) e assenta numa injustificada deferência protocolar. Por isso, deve passar a haver uma única tramitação processual para o recurso contencioso de anulação, independentemente da natureza do autor do acto[1052].

Outro aspecto que pode suscitar dificuldades prende-se com o facto de não ser admitida a prova testemunhal nos recursos contenciosos dos actos praticados por órgãos da Administração Central, ou seja, exactamente aqueles cuja apreciação é da competência do STA. Ora, mais uma vez, é o actual regime do recurso que carece de reformulação profunda a este nível, na medida em que a impossibilidade de utilizar este meio de prova pode pôr em causa a própria tutela judicial efectiva dos particulares[1053].

[1051] V., por todos, V. PEREIRA DA SILVA, *Breve crónica...*, cit., págs. 5 e 6.

[1052] Esta é, aliás, a solução adoptada na PLCPTA, embora se mantenha uma certa deferência protocolar no que respeita à repartição de competências em função do autor do acto recorrido. Sobre o regime do recurso contencioso de anulação na PLCPTA, v. SÉRVULO CORREIA, *O recurso contencioso...*, cit., págs. 12 e seguintes. Referindo-se especialmente à unificação da marcha do processo no recurso, v. V. PEREIRA DA SILVA, *Vem aí a Reforma...*, cit., pág. 15.

[1053] A PLCPTA admite expressamente a prova testemunhal em todos os meios processuais, nos termos do artigo 90.º. Contra esta possibilidade, v. CARLOS CADILHA, *Reflexões sobre a marcha...*, cit., págs. 66 e 67.

Assim, não existe nenhum impedimento de ordem dogmática à admissibilidade da prova testemunhal no âmbito do recurso contencioso, pelo que a solução actualmente consagrada resulta apenas de uma opção do legislador que urge alterar de *iure condendo*.

Refira-se, finalmente, ainda quanto às eventuais dificuldades práticas da admissibilidade do recurso contra o contrato, que (quase) todas seriam supríveis através do princípio da adequação formal, consagrado no artigo 265.°-A do CPC[1054]. Este princípio tem, aliás, afloramentos na própria LPTA, nomeadamente no âmbito da acção para reconhecimento de direitos e interesses legítimos, quando concede ao juiz, no artigo 70.°, n.° 2, a possibilidade de substituir a normal tramitação, que segue os termos do recurso contencioso de anulação dos actos da Administração Local, pelo processo civil de declaração sempre que a complexidade da matéria controvertida o justifique.

A admissibilidade do recurso contra o contrato apresenta ainda enormes vantagens ao nível da tramitação processual.

Se o particular lesado recorrer de um acto destacável da formação do contrato antes de este ser celebrado, e se tal vier a ocorrer na pendência do recurso (por não ter sido concedida a suspensão de eficácia do acto), o particular pode requerer a ampliação ou substituição do objecto do processo, em termos semelhantes aos que resultam do artigo 51.° da LPTA, embora, eventualmente, com maior amplitude do que este preceito concede, nomeadamente quanto à faculdade de invocar novos fundamentos (o artigo 63.°, n.° 2, da PLCPTA permite expressamente a ampliação do objecto do processo nestes casos, embora não esclareça se se podem invocar novos fundamentos).

Assim, não haveria razões para considerar extinto o recurso por inutilidade superveniente da lide[1055], com grande prejuízo do terceiro lesado,

---

[1054] Sobre a possibilidade de aplicar este princípio no contencioso administrativo como forma de ultrapassar as eventuais limitações decorrentes do princípio da tipicidade dos meios processuais, v. CARLOS CADILHA, *A reforma do contencioso administrativo: a intervenção...*, cit., pág. 49.

[1055] MARIA JOÃO ESTORNINHO, *A propósito...*, cit., pág. 6, critica a orientação jurisprudencial, bem como BERNARDO AYALA, *A tutela...*, cit., págs. 8 e 9. Esta solução é tanto mais criticável quanto a impugnação prévia dos actos administrativos lesivos é necessária para se poder efectivar a responsabilidade extracontratual da Administração, de acordo com a interpretação que a jurisprudência faz do artigo 7.° do Decreto-Lei n.° 48.051, como salienta, aliás, AROSO DE ALMEIDA, *Utilidade da anulação contenciosa de actos administrativos*, in CJA, n.° 8, 1998, págs. 53 a 55, em anotação ao Acórdão do STA de 30 de Setembro de 1997 (Processo n.° 39.858).

ao qual apenas resta intentar uma acção de responsabilidade civil extra-contratual contra a Administração (e nem esta pode cumular com a impugnação do acto administrativo lesivo). A situação actual, além de resultar numa clara denegação da Justiça, acaba por implicar também uma violação do princípio da legalidade, pois torna os contratos completamente imunes aos vícios dos actos pré-contratuais.

A possibilidade de apreciar a validade dos contratos através do recurso permite também, no caso de o contrato já estar celebrado, mas ser consequentemente inválido, a impugnação cumulativa do acto pré-contratual e do próprio contrato, que actualmente é impossível devido ao disposto no artigo 38.º, n.º 2, da LPTA[1056]. Seria também possível impugnar apenas o contrato com fundamento na invalidade do acto pré-contratual, evitando, assim, quer a morosidade inerente a uma duplicação de meios, quer os riscos de uma deficiente articulação entre estes. Aliás, o contencioso administrativo deve evoluir no sentido de facilitar a cumulação de pedidos, pois isso *"impede compartimentações rígidas e quase artificiais e permite alguma porosidade entre os vários meios processuais"*[1057].

De facto, o particular pretende, através da interposição do recurso, obter tutela para uma *"lesão complexa da sua posição jurídica substantiva"*, que compreende pedidos diferentes, cuja cumulação deve ser admitida em moldes amplos[1058].

Por outro lado, mesmo que a invalidade do contrato não decorra da invalidade de um acto administrativo praticado no decurso do procedimento pré-contratual, ou seja, mesmo que se trate de uma invalidade intrínseca do próprio contrato, nada obsta à utilização do recurso. A aplicação do recurso contra o contrato tem ainda a vantagem de permitir aplicar a providência cautelar de suspensão de eficácia ao contrato, ao contrário do que acontece hoje[1059].

[1056] Apesar deste preceito, MADEIRA DE BRITO, *op. cit.*, pág. 49, defendeu a possibilidade de cumulação, mesmo no quadro actual, por considerar que o artigo 134.º, n.º 2, do CPA, afasta o disposto no artigo 38.º da LPTA, o que nos parece um pouco duvidoso, atendendo à natureza substantiva das normas integradas no CPA e à própria lógica dos meios processuais no contencioso administrativo. Além disso, esta solução não resolve as situações – mais frequentes – em que o contrato é celebrado após a interposição do recurso contencioso de anulação do acto destacável.

[1057] Cfr. SÉRVULO CORREIA, *O recurso contencioso...*, *cit.*, págs. 13 e 14, embora referindo-se a outros meios processuais e não ao contencioso dos contratos. No mesmo sentido, v. V. PEREIRA DA SILVA, *Vem aí a reforma...*, *cit.*, págs. 13 e seguintes.

[1058] Neste sentido pronuncia-se VITTORIO DOMENICHELLI, *op. cit.*, pág. 224.

[1059] Como salienta PHILIPPE TERNEYRE, *La responsabilité contractuelle des personnes publiques en Droit administratif*, Paris, 1989, págs. 279 e seguintes.

No caso dos actos destacáveis da execução do contrato que são autonomamente impugnados através do recurso contencioso de anulação, a solução preconizada também apresenta vantagens. O juiz poderia, em sede de recurso contencioso de anulação, retirar imediatamente as consequências para o contrato da anulação ou declaração de nulidade do acto destacável, determinando, por exemplo, a invalidade parcial do contrato e a respectiva reforma, redução ou conversão, nos termos do CPA ou do CC, consoante se tratasse de um contrato com objecto passível de acto administrativo ou com objecto passível de direito privado[1060].

Refira-se, finalmente, que a unificação num único meio processual da matéria da validade dos contratos tem ainda a vantagem de eliminar um outro desfasamento que pode ocorrer quando se verifica a invalidade de um acto destacável. Não tendo esta invalidade nenhum efeito directo sobre o contrato, tal pode ser utilizado como defesa por excepção no caso de uma das partes contraentes ser demandada pela outra para cumprir o contrato[1061]. Neste caso, a invalidade do acto pré-contratual constitui uma questão incidental, que o juiz da acção deve remeter para apreciação do juiz em sede de recurso contencioso de anulação, o que contribui para a maior complexidade e morosidade do processo.

Conclui-se, assim, que, apesar de representar uma "revolução" na tradicional separação de contenciosos, a solução proposta tem a virtualidade de eliminar a dualidade de meios processuais no âmbito do contencioso da validade dos contratos, pondo termo aos complexos problemas de articulação entre os mesmos.

3.2. *O regime jurídico do recurso contra o contrato*

A admissibilidade do recurso como meio processual para apreciar a validade dos contratos celebrados pela Administração não implica neces-

---

[1060] Neste sentido, salientando o facto de esta solução permitir conjugar a tutela dos terceiros com a continuidade do serviço público, v. MATERNE STAUB, *op. cit.*, págs. 654 e 655. Aliás, actualmente, o juiz já pode apreciar incidentalmente a validade do contrato em sede de recurso contencioso de anulação do acto destacável da execução do contrato quando este seja parâmetro de validade do acto, mas sem poder retirar as respectivas consequências para o próprio contrato, como salienta LAURENT FOLLIOT, *op. cit.*, Tomo II, págs. 280 e 281.

[1061] Esta hipótese é referida por BERNARD PACTEAU, *A propos des conséquences de l'annulation de l'acte détachable du contrat: comment le contrat demeurant toujours applicable devient cependant ininvocable*, in RFDA, n.º 10, vol. 2, 1994, pág. 250.

sariamente que o regime jurídico deste (novo) meio deva ser pura e simplesmente decalcado do actual regime do recurso contencioso de anulação dos actos administrativos. De facto, apesar de defendermos a adopção do mesmo meio processual para a impugnar actos e contratos, pode haver diferenças de regime entre esses dois tipos de recursos – ou acções chamadas recursos.

Assim, no que respeita aos pressupostos processuais, os dois aspectos mais importantes prendem-se com a legitimidade activa e o prazo para interposição do recurso.

Quanto à legitimidade activa, além das partes no contrato, têm também legitimidade os terceiros afectados pelo contrato, cumprindo, no entanto, distinguir duas situações, consoante se trate de uma invalidade consequente ou de uma invalidade intrínseca do contrato.

No caso da invalidade consequente do contrato, de acordo com o disposto no artigo 185.º, n.º 1, do CPA, o recorrente pode cumular o pedido de anulação ou declaração de nulidade do acto destacável com o do contrato, sendo a legitimidade aferida nos termos gerais, ou seja, do artigo 821.º, § 2, do Código Administrativo e do artigo 46.º do RSTA.

Pelo contrário, se a invalidade do contrato resultar de um vício intrínseco do mesmo, tem de se distinguir os contratos com objecto passível de acto administrativo dos contratos com objecto passível de negócio privado. No primeiro caso, aplica-se o regime da invalidade do acto administrativo, que é, naturalmente, compatível com o recurso contencioso de anulação, tendo legitimidade para impugnar o contrato quem seja titular da relação material controvertida e demonstre ter um interesse directo, pessoal e legítimo.

Quanto aos contratos com objecto passível de direito privado ou, independentemente do tipo de contrato, quando a invalidade resulta de um vício da vontade, sendo aplicável o regime do CC, a situação afigura-se um pouco mais complexa. A legitimidade activa deve ser determinada de acordo com a lei civil: caso o contrato seja nulo, qualquer interessado poderá impugná-lo contenciosamente (cfr. o artigo 286.º do CC), se for apenas anulável, terão legitimidade as pessoas em favor de quem essa invalidade seja estabelecida, nos termos do artigo 287.º do CC. Sendo assim, tratando-se de vícios na formação da vontade, que, regra geral, provocam a anulabilidade do contrato[1062], apenas o contraente afectado poderá impugnar o contrato com esse fundamento. É por isso que alguns

---

[1062] É o caso do erro, previsto nos artigos 247.º a 252.º do CC; do dolo, previsto nos artigos 253.º e 254.º do CC e da coacção moral, consagrada nos artigos 255.º e 256.º do CC.

autores consideram que a legitimidade activa no recurso contra contratos é naturalmente mais restrita do que no recurso de actos administrativos[1063].

Verifica-se, assim, que o facto de se abrir o recurso contra o contrato não implica um alargamento excessivo da legitimidade activa, nem é incompatível com o regime civilístico dos vícios da vontade. Nem se diga que os tribunais administrativos são chamados, desta forma, a aplicar regras de Direito Civil, porque tal já acontece no regime actual, no âmbito da acção de validade do contrato, que é da competência dos TACs.

A delimitação da legitimidade activa nos recursos contra os contratos resulta, assim, da conjugação das regras substantivas do CPA e do CC sobre a invalidade dos contratos com as regras processuais sobre a legitimidade e o interesse em agir. Assim, além dos concorrentes que participaram no procedimento pré-contratual, têm também legitimidade os particulares que são potencialmente lesados pela execução do contrato, bem como aqueles que sejam titulares de direitos incompatíveis com o contrato, *v.g.*, pelo facto de este violar as obrigações perante eles assumidas pela Administração, quer unilateralmente, quer contratualmente[1064].

Por sua vez, no que respeita à legitimidade passiva, deve consagrar-se uma situação de litisconsórcio necessário entre a Administração e o particular co-contratante. Não é, por isso, verdade que apenas a acção permite garantir os direitos processuais do contraente particular, ao contrário do que defendem alguns autores[1065]. Pelo contrário, e de acordo com as posições que defendemos quanto à delimitação das partes necessárias no contencioso administrativo, estas incluem todos os particulares que possam vir a ser previsivelmente afectados pelo *accertamento* contido na sentença, sendo essa a única forma de assegurar o respeito pelo princípio do contraditório.

Refira-se ainda, quanto à legitimidade, que não é de excluir, na nossa opinião, a possibilidade de se desencadear uma acção popular contra um acto destacável ou contra um contrato, desde que se verifiquem os restantes requisitos para a utilização deste meio[1066]. Veja-se, por exemplo, o caso de uma associação de defesa do ambiente que pretenda recorrer contra um contrato-programa celebrado entre a Administração e uma empresa para executar um plano de redução da poluição ambiental, como acontece com os contratos de adaptação ambiental.

[1063] Cfr. JACQUES-HENRI STAHL, *La recevabilité...*, *cit.*, pág. 135.
[1064] Como refere JEAN ABESSOLO, *op. cit.*, pág. 280.
[1065] V., por exemplo, J. PEREIRA DA SILVA, *op. cit.*, pág. 143.
[1066] No mesmo sentido, v. LAURENT FOLLIOT, *op. cit.*, Tomo II, pág. 256.

Quanto ao prazo para impugnar a validade do contrato, não vislumbramos motivos para estipular prazos diferentes daqueles que sejam estabelecidos para os actos, embora o prazo geral de dois meses consagrado no artigo 28.º, n.º 1, alínea *a*) da LPTA nos pareça manifestamente curto. A PLCPTA estabelece um prazo de seis meses, nos termos do artigo 41.º, o que parece razoável, desde que não se estabeleça, como faz este preceito, a necessidade de prévia impugnação dos actos destacáveis, no caso da invalidade consequente.

A sujeição a um prazo, ao contrário do que acontece actualmente na acção sobre contratos, que pode ser intentada a todo o tempo, não acarreta uma diminuição das garantias dos particulares, desde que seja um prazo razoável, que comece a contar a partir do efectivo conhecimento do vício e não da mera presunção desse conhecimento e que deve variar em função da natureza do desvalor que recai sobre o contrato, tal como acontece actualmente para os actos administrativos. Ora, como em certo tipo de vícios intrínsecos do contrato não há, naturalmente, qualquer tipo de "notificação", é ao recorrente que cumpre demonstrar em que momento tomou conhecimento do vício.

3.3. *A execução das sentenças de provimento dos recursos contenciosos dos actos destacáveis e dos contratos da Administração Pública*

A problemática da execução de sentenças justifica uma abordagem autónoma no âmbito da presente dissertação, por se tratar de um momento crucial para a tutela judicial efectiva dos particulares. Não analisaremos, naturalmente, todas as questões que se prendem com esta matéria, mas apenas as especificidades inerentes à protecção dos terceiros perante a actividade contratual da Administração. Para tal cumpre, desde logo, distinguir duas situações: por um lado, a execução das sentenças declarativas de invalidade ou anulatórias de actos destacáveis da formação do contrato; por outro lado, a execução das sentenças que se pronunciem sobre a validade do próprio contrato.

No primeiro caso, a invalidade dos actos pré-contratuais implica, como defendemos antes, a nulidade consequente do contrato, pelo que o juiz deve, em sede de execução da sentença, proceder à declaração da nulidade do contrato, no caso de este ser celebrado durante a pendência do recurso. Trata-se de aplicar o disposto no artigo 185.º, n.º 1, do CPA, de acordo com o estipulado no artigo 133.º, n.º 2, alínea *i*) do CPA, uma vez que não há motivos para afastar este preceito apenas devido à natureza contratual do acto consequente. O único obstáculo à aplicação do regime da invalidade consequente seria o desfasamento ao nível dos meios processuais, decorrente da inadequação do meio processual, ou seja, da impossibilidade de apreciar a invalidade do contrato no âmbito do recurso contencioso de anulação. Ora, este obstáculo fica ultrapassado através da solução que propomos.

Por outro lado, o facto de o artigo 133.º, n.º 2, alínea i) do CPA afastar a invalidade consequente quando esta afecte contra-interessados no acto não constitui tão pouco um obstáculo pertinente, mesmo que o contraente particular esteja de boa fé. É que esta ressalva não se aplica quando o particular lesado já tenha sido chamado a pronunciar-se no recurso de anulação do primeiro acto, por ser também contra-interessado relativamente a este[1067]. Por outras palavras, a protecção da confiança do contra-interessado só excluiria a aplicação do regime da invalidade consequente quando o mesmo não seja também contra-interessado na anulação do primeiro acto.

Sendo assim, não existe nenhum óbice à aplicação do preceito no caso vertente, visto que o co-contratante particular é, obviamente, contra-interessado no recurso contencioso de anulação do acto destacável do qual depende a validade do contrato. O juiz deve, contudo, ponderar os interesses do contra-interessado na manutenção do acto consequente, sem que isso deva obstar, por si só, à nulidade do mesmo (esta é a solução consagrada expressamente no artigo 173.º, n.º 3, da PLCPTA).

Na impugnação de actos concursais, também são contra-interessados os restantes concorrentes, os quais, estando integrados na relação jurídica multilateral, são partes necessárias no processo, pelo que não existe, neste caso, qualquer excepção à eficácia *inter-partes* das sentenças dos tribunais administrativos[1068].

Parece-nos, por isso, que cabe no âmbito do recurso e da competência do respectivo juiz o poder de declarar, em sede de execução da sentença, a invalidade consequente do contrato. Esta decisão não seria proferida *ultra petitum*, ao contrário do que defende alguma doutrina francesa[1069], porque se trata apenas de aplicar o regime substantivo da

---

[1067] Neste sentido, v. M. Esteves de Oliveira, Pedro Gonçalves e Pacheco de Amorim, *op. cit.*, pág. 651.

[1068] No mesmo sentido, v. Elena Stoppini, *op. cit.*, págs. 359 e 360.

[1069] V., por todos, Laurent Folliot, *op. cit.*, pág. 315. Aliás, mesmo no actual sistema vigente em França, o *Conseil d'État* já considerou, no Acórdão *"Societé Le Yacht-*

invalidade consequente, tanto mais que a nulidade é de conhecimento oficioso.

Mais complexo é o problema de saber em que situações deve o contrato ser considerado nulo na sequência da declaração de nulidade ou anulação de um acto pré-contratual. Efectivamente, quando a anulação resultar de vícios formais ou se existir uma mera irregularidade não invalidante, o juiz tem a faculdade de, em nome da estabilidade da coisa contratada e do aproveitamento dos actos administrativos, não declarar a nulidade consequente do contrato[1070]. Como dissemos atrás, o grande problema que se coloca em sede de execução da sentença de anulação de um acto destacável é exactamente a definição de parâmetros que orientem o juiz na ponderação dos interesses e valores em presença no caso concreto.

Nesta ponderação devem considerar-se factores como o grau de dependência entre o acto inválido e o contrato; a posição relativa do recorrente no procedimento pré-contratual; e ainda, atendendo ao vício concreto do acto, se a sua invalidade implica uma alteração qualitativa da posição do recorrente relativamente à adjudicação do contrato[1071]. Por exemplo, no caso de se tratar de um vício de forma, a Administração pode, sem violar a sentença, renovar o acto, isto é, praticar um acto de igual conteúdo, mas sem o vício formal que fundamentou a respectiva anulação. Esta possibilidade transforma a declaração da nulidade consequente do contrato num mero atraso na prossecução do interesse público, visto que, após a repetição do acto, o contrato poderia ser adjudicado ao mesmo particular em moldes idênticos e com conteúdo semelhante.

Assim, quando a anulação assentar em vícios meramente formais, não implica a declaração de nulidade dos actos consequentes, embora confira ao particular lesado o direito a ser indemnizado pelos danos sofridos[1072]. Este direito resulta, desde logo, do facto de o segundo acto não ter eficá-

---

-*Club international de Bormes-les-Mimosas*" de 1993, que a decisão do juiz de *excès de pouvoir* constitui um *"prejugé pour le juge du contrat"*. Em comentário a este acórdão, BERNARD PACTEAU, *op. cit.*, pág. 249, defende que o Tribunal poderia mesmo, ao anular o acto destacável, declarar a nulidade consequente do contrato.

[1070] Neste sentido, v. RÉMY SCHWARTZ, *Les conséquences...*, *cit.*, pág. 1095 e JACQUES-HENRI STAHL, *La recevabilité...*, *cit.*, pág. 135.

[1071] Cfr. *supra* o ponto 5. do Capítulo III da Parte II da dissertação.

[1072] Neste sentido, v. FREITAS DO AMARAL, *A execução...cit.*, págs. 95 a 98. Não têm, por isso, razão os autores italianos que defendem a irressarcibilidade dos danos provocados por actos ilegais por meros vícios de forma. V., por todos, ENRICO FOLLIERI, *op. cit.*, pág. 188.

cia retroactiva, nos termos do artigo 128.º, n.º 1, alínea *b*) do CPA, pois adoptar a solução contrária implicaria a produção de efeitos ainda mais gravosos para o particular, permitindo-se a renovação retroactiva do acto lesivo[1073].

Conclui-se, por isso, que é a própria unidade do sistema de regras aplicáveis à execução das sentenças e à ulterior actuação da Administração que indica qual a melhor forma de resolver o conflito entre os interesses em presença, ou seja, a estabilidade do contrato e a tutela dos terceiros, merecendo protecção aquele que for no sentido do *accertamento* contido na decisão judicial[1074].

O Tribunal pode também optar por não declarar a invalidade consequente do contrato, independentemente da natureza do vício de que padeça o acto destacável, quando existam motivos de interesse público que o justifiquem, em função do tipo de contrato, da intensidade da sua ligação à prossecução de determinado fim público e da urgência na execução do mesmo. Esta situação, que se reconduz à figura da causa legítima de inexecução, deve ser sempre excepcional, na medida em que implica uma autêntica "expropriação"[1075] dos direitos que decorrem da sentença para o terceiro e, por outro lado, viola o princípio da legalidade[1076].

Tendencialmente, esta solução deve apenas aplicar-se às invalidades do contrato decorrentes de vícios da vontade, estipuladas apenas no interesse das partes, e não no caso de violação do procedimento pré-contratual, regido maioritariamente por regras de ordem pública.

Nestes casos, parece-nos que a possibilidade de regularização só é admissível se tiver a concordância dos terceiros afectados[1077], no âmbito de uma espécie de transacção, e que nunca pode ocorrer quando o acto

---

[1073] Sobre a interpretação deste preceito, v. M. ESTEVES DE OLIVEIRA, PEDRO GONÇALVES e PACHECO AMORIM, *op. cit.*, págs. 621 e 622.

[1074] Neste sentido, FRANCESCA TRIMARCHI BANFI, *op. cit.*, págs. 783 e 784. A autora considera que não se trata, assim, de graduar a importância dos direitos de cada parte, mas sim de ver em que sentido aponta a legalidade objectiva, que a sentença pretende repor.

[1075] Esta expressão é utilizada neste sentido por alguns autores espanhóis. V., por todos, PIÑAR MAÑAS, *Sobre la ejecución de sentencias contencioso-administrativas: la STC de 12 de Noviembre de 1985*, in PJ, n.º 4, 1986, pág. 164.

[1076] Em sentido próximo, GIUSEPPE PALMA, *op. cit.*, pág. 125, refere que a protecção da legalidade só pode ser assegurada através de um *"sincero sentimento de justiça para com as posições dos administrados"*.

[1077] Cfr. DOMINIQUE POUYAUD, *L'injonction de résoudre un contrat*, in RFDA, n.º 15, vol. 5, 1999, pág. 979.

antecedente seja nulo, uma vez que a nulidade não é passível de regularização.

Assim, quando o contrato seja consequentemente inválido, a execução da sentença do recurso contencioso de anulação inclui, além da declaração de nulidade do contrato, a declaração do direito do terceiro (recorrente) à adjudicação, pelo menos nos casos em que esta seja totalmente vinculada, ou, quando o não seja, a adjudicação ao segundo classificado na lista de classificação final dos concorrentes[1078]. Isto significa, na nossa opinião, que a Administração é condenada a celebrar o contrato com o recorrente e que, mesmo nos casos em que o acto de adjudicação envolva o exercício de poderes discricionários, ao juiz deve ser permitido definir as linhas gerais da actuação administrativa subsequente, como já admitiu o Tribunal Supremo espanhol, numa sentença de Junho de 1991[1079].

A amplitude dos poderes do juiz em sede de recurso é uma *vaexata quaestio* do Direito Administrativo, cuja discussão não podemos retomar no âmbito da presente dissertação. Contudo, e em coerência com tudo o que temos vindo a defender quanto à natureza do recurso, parece-nos que existem ponderosas razões, relacionadas com a tutela judicial efectiva dos particulares e a economia processual, que justificam a inclusão na sentença de regras quanto à actuação ulterior da Administração[1080], correspondendo à noção italiana de *accertamento*[1081].

[1078] Tal como pode acontecer quando o adjudicatário não esteja em condições de prestar caução (cfr. o artigo 114.º do Decreto-Lei n.º 59/99 e o artigo 69.º do Decreto-Lei n.º 197/99) ou não apresente os documentos comprovativos das declarações efectuadas quando apresentou a sua candidatura ao concurso (cfr. o artigo 56.º, n.º 1, alínea *a*) do Decreto-Lei n.º 197/99). Como salientam M. ESTEVES DE OLIVEIRA e R. ESTEVES DE OLIVEIRA, *op. cit.*, pág. 589, a Administração só poderá deixar de chamar o segundo classificado, após audiência do interessado, se houver um motivo de interesse público atendível ou se a proposta for manifestamente desvantajosa. Em Espanha, esta possibilidade está expressamente prevista no artigo 85.º da LCAP, enquanto uma forma de "adjudicação por substituição". Cfr. JURISTO SÁNCHEZ, *El contrato de obra pública*, Madrid, 1997, pág. 164.

[1079] Neste sentido, v. REBOLLO PUIG, *La invalidez...*, *cit.*, pág. 437. VALERIO MOSCARINI, *La risarcibilità...*, *cit.*, págs. 819 e 820, admite também a intervenção do tribunal no caso de os critérios de adjudicação serem discricionários.

[1080] Neste sentido pronuncia-se também CABAÑAS GARCÍA, *op. cit.*, pág. 471.

[1081] Aliás, é posição quase unânime na doutrina italiana que, nas sentenças de anulação, o que tutela verdadeiramente o particular não é a anulação, mas sim o *accertamento* contido na sentença e a tutela directa através da reconstituição da situação actual hipotética. V. por todos, V., por todos, VITTORIO DOMENICHELLI, *op. cit.*, págs. 190 e 191 e SERGIO SANTORO, *L'esecuzione del giudicato ed il problema del risarcimento del danno*, in DPA, n.º 3, 1993, pág. 456.

Neste sentido, a sentença de anulação deve incluir directrizes que conformem a actuação ulterior da Administração e, no caso de actividades totalmente vinculadas, o tribunal deve mesmo poder substituir-se à Administração[1082]. Parece-nos, aliás, como defendem alguns autores, que nada obsta à atribuição de poderes de substituição ao juiz quando, apesar de existir, em abstracto, discricionariedade, *"...esta desaparece no caso concreto, ou porque a escolha já foi realizada, ou porque a avaliação subjectiva já teve lugar no decurso da fase instrutória do procedimento administrativo"*[1083].

É certo que, em Itália, existe execução "subrogatória". através *giudizio di ottemperanza* e da nomeação dos comissários *ad acta*[1084], não se limitando os poderes do juiz à mera actividade compulsória. No entanto, as medidas do tipo compulsório, tais como, sanções pecuniárias e injunções permitem igualmente coagir a Administração a executar o *indirizzo* contido na sentença, pelo que seria vantajoso para os particulares que o juiz pudesse lançar mão das mesmas[1085].

[1082] Neste sentido, v. AROSO DE ALMEIDA, *Pronúncias judiciais e sua execução na reforma do contencioso administrativo*, in CJA, n.º 22, 200, págs. 73 e seguintes. V. também LEONARDO FERRARA, *Diritti soggettivi ad accertamento amministrativo*, Pádua, 1996, págs. 87 e 99; e GIUSEPPE PALMA, *op. cit.*, págs. 126 e 127.

[1083] V., por todos, PACHECO DE AMORIM, *A substituição judicial da Administração na prática de actos administrativos devidos*, in *Reforma do contencioso administrativo*, trabalhos preparatórios, Ministério da Justiça, 2000, pág. 382.

[1084] Não denvolveremos, naturalmente, a matéria relativa ao *giudizio di ottemperanza*. Refira-se apenas que, através dos comissários *ad acta*, o juiz possui uma *longa manus* para se substituir à actuação da Administração, adoptando todas as medidas idóneas para obter a satisfação cabal da pretensão do particular. Estes comissários são, por isso, considerados órgãos auxiliares do juiz, que praticam actos materialmente e formalmente administrativos, mas no exercício da função judicial. V. sobre esta matéria, entre outros, ITALO FRANCO, *op. cit.*, págs. 279 e seguintes, RICARDO VILLATA, *Riflessioni in tema di giudizio..., cit.*, pág. 393 e BRUNO SASSANI, *op. cit.*, págs. 132 e seguintes.

[1085] Em França está consagrada a possibilidade de aplicar *astreintes* contra a Administração, forçando-a, assim, a cumprir a decisão judicial. Refira-se, contudo, que existem dois tipos de *astreintes*: a *astreinte* repressiva, que visa coagir a Administração a cumprir uma sentença; e a *astreinte* preventiva, que pretende forçar a Administração a actuar ou deixar de actuar em determinado sentido. Esta medida tem natureza cautelar, enquanto a primeira integra-se no processo executivo. V. JEAN GOURDOU, *Les nouveaux pouvoirs do juge administratif en matière d'injonction et d'astreinte*, in RFDA, n.º 12, vol. 2, 1996, pág. 334, MURIEL DREIFUSS e ALAIN BOMPARD, *Du pouvoir comminatoire au pouvoir de saction: la liquidation de l'astreinte*, in AJDA, n.º 1, 1998, pág. 4 e AFIF DAHER, *La faillité de facto de la loi sur les astreintes administratives*, in RA (F), 1992,

Por outro lado, as posições doutrinais em favor da consagração de um poder substitutivo na execução das sentenças dos tribunais administrativos são cada vez mais numerosas[1086]. Existem, contudo, alguns limites: a infungibilidade de certas actuações; a discricionariedade; e a existência de um interesse público na inexecução da sentença, sobretudo a continuidade na prestação dos serviços públicos, o que assume particular acuidade no âmbito dos contratos da Administração. Parece-nos, na linha de alguma doutrina italiana, que as sentenças podem conter medidas inibitórias, ordenatórias e substitutivas, incluindo a condenação da Administração em prestações administrativas *de facere*, quer de natureza jurídica, quer material[1087].

Por outro lado, apesar de no Direito Administrativo não vigorar, ao contrário do que acontece no Direito Civil, o princípio da preferência pelo ressarcimento em espécie[1088], o juiz administrativo tem que possuir amplos poderes para satisfazer a pretensão primária do recorrente, ou seja, no caso concreto, para condenar a Administração a adjudicar o contrato ao particular que teria esse direito se o procedimento adjudicatório tivesse sido legal. Concordamos, assim, com AROSO DE ALMEIDA, quando distingue pretensões primárias e secundárias do recorrente, consistindo a primeira na reconstituição da situação actual hipotética e a segunda no

---

págs. 409 e seguintes. Estes autores questionam, contudo, a eficácia destas medidas, por serem muito pouco utilizadas pela jurisprudência administrativa francesa. Sobre as deficiências e limitações do processo de execução das sentenças dos tribunais administrativos em França, v. BÉNÉDICTE DELAUNAY, *L'amélioration des rapports entre l'Administration et les administrés*, Paris, 1993, págs. 892 e seguintes.

[1086] V. BELTRAN DE FELIPE, *El poder de sustitucion en la ejecucion de las sentencias condenatorias de la Administracion*, Madrid, 1995, em especial, as págs. 245 e seguintes. O autor defende mesmo que o poder judicial de substituição é uma exigência constitucional, sem o qual a Administração "compra o direito a não cumprir as sentenças". No prólogo a esta obra, GARCÍA DE ENTERRÍA refere mesmo que *"...não há jurisdição sem poder de substituição"* (cfr. a pág. 18).

[1087] V., por todos, MARCO SICA, *Effettività della tutela giurisdizionale e provvedimenti d'urgenza*, Milão, 1991, págs. 246 e seguintes.

[1088] V., por todos, MARIA DA GLÓRIA GARCIA, *A responsabilidade civil do Estado...*, *cit.*, págs. 36 e 37. Refira-se, contudo, que este entendimento não é unânime na doutrina estrangeira. V., por exemplo, VALERIO MOSCARINI, *La risarcibilità...*, *cit.*, págs. 819 e seguintes; e GIUSEPPE PALMA, *op. cit.*, págs. 130 e 131. No Direito Internacional, a restituição em espécie é, pelo contrário, a primeira forma de reparação dos danos. Para mais desenvolvimentos sobre este aspecto, v. FAUSTO DE QUADROS, *A protecção da propriedade privada pelo Direito Internacional Público*, Coimbra, 1998, págs. 420 e seguintes.

ressarcimento pecuniário, defendendo que aquela tem sempre preferência sobre esta[1089].

Assim, a reconstituição da situação jurídica do particular lesado, mesmo quando implique a condenação da Administração em prestações *de facere*, só deve ser substituída pela indemnização em circunstâncias excepcionais. Estas podem ocorrer se o terceiro lesado tiver perdido o interesse na celebração do contrato ou quando existam ponderosas razões de interesse público que justifiquem a manutenção do contrato inválido, sendo que o montante da indemnização varia em função da posição relativa do terceiro no procedimento pré-contratual. É verdade que o § 2 do artigo 6.º da Directiva "Recursos" estabelece que *"...os Estados-membros podem prever que, após a celebração do contrato na sequência da atribuição de um contrato de direito público, os poderes da instância de recurso responsável se limitem à concessão de indemnizações a qualquer pessoa que tenha sido lesada..."*, remetendo para o Direito interno de cada Estado a determinação das consequências para o contrato da anulação ou declaração de nulidade de um acto pré-contratual.

No entanto, pode dizer-se que, na lógica da Directiva e do conjunto da legislação comunitária sobre contratação pública, a solução indemnizatória é excepcional e subsidiária[1090] e o próprio TJCE tem entendido que o princípio da confiança legítima nem sempre justifica a manutenção de direitos adquiridos ilegalmente ou através de actos administrativos ilegais[1091]. Aliás, a manutenção de direitos adquiridos em virtude de actuações administrativas inválidas depende de vários outros factores, tais como, a boa fé do beneficiário do acto, a duração da relação jurídica constituída pelo acto e o interesse público[1092].

Em Portugal, o CPA determina que a invalidade dos actos de que dependa o contrato implicam sempre a sua invalidade consequente, independentemente de o contrato já ter sido celebrado. Assim, a celebração do contrato na pendência do recurso contencioso de anulação não afasta por

---

[1089] Cfr. AROSO DE ALMEIDA, *Utilidade...*, cit., págs. 55 e 56.

[1090] Neste sentido pronuncia-se ISABEL FÉRNANDEZ DEL VALLE, *Los procedimientos de recurso en materia de adjudicación de los contratos públicos de suministros y de obras*, in Notícias CEE, n.º 89, 1992, pág. 46.

[1091] Como realça VALLEJO LOBETE, *El respeto a la confianza legitima. Importancia de este principio general del Derecho en Derecho comunitario, su evolucion en la jurisprudencia del TJCE y su possible aplicacion en Derecho español*, in Gaceta Juridica CEE, n.º 44, 1988, pág. 9.

[1092] Neste sentido, v. CONSTANTIN YANNAKOPOULOS, *La notion de droits acquis en Droit administratif français*, Paris, 1997, pág. 253.

si só a invalidade do mesmo, excepto quando outros valores, nomeadamente, a prossecução do interesse público o justifiquem, mas isso tem de ser apreciado casuisticamente. Concordamos, no entanto, com MESTRE DELGADO, quando defende que *"... é conveniente, em todo o caso, que a regra geral seja a correcta aplicação do Direito, e a excepção a tradução das regras previstas para a adjudicação dos contratos numa espécie de medidas indemnizatórias..."* [1093].

A destruição do contrato e a celebração subsequente de outro contrato com o novo adjudicatário tem, obviamente, desvantagens para a Administração: por um lado, desvantagens económicas, pois a Administração tem de pagar as prestações já efectuadas pelo co-contratante e, eventualmente, ressarci-lo e, simultaneamente, celebrar novo contrato com outro particular; por outro lado, existem também desvantagens decorrentes do atraso que isso representa para a prossecução do interesse público. Neste caso, a melhor solução seria aproveitar as prestações já realizadas pelo primeiro co-contratante, retomando-se a partir daí a execução do contrato com o segundo co-contratante[1094].

No entanto, esta solução apresenta duas dificuldades. A primeira, de ordem teórica, prende-se com o próprio regime da nulidade, uma vez que esta implica a destruição retroactiva dos efeitos do contrato, enquanto a segunda, de ordem prática, resulta do facto de nem sempre ser possível retomar a execução do contrato sem destruir o anteriormente prestado. Veja-se, por exemplo, o caso dos contratos de concepção/construção, em que a escolha de um novo adjudicatário implica também a realização de um novo projecto, com o consequente abandono do projecto em construção. Admitimos, por isso, que este seja um tipo de contrato em que a reconstituição da situação actual hipotética possa ser afastada em nome do interesse público, sem se dispensar, contudo, a ponderação dos outros factores.

Poder-se-ia também estudar a possibilidade de a Administração celebrar com o terceiro lesado um outro contrato em vez do contrato impugnado, como forma de o compensar, desde que aquele contrato admita, pelo seu valor, a adjudicação por ajuste directo[1095]. Tal implicaria, obviamente, a concordância do terceiro e a verificação da sua capacidade técnica e financeira para executar o contrato em apreço, pelo que só seria admissí-

---

[1093] Cfr. MESTRE DELGADO, *El control...*, *cit.*, pág. 36.
[1094] Neste sentido, v. VALERIO MOSCARINI, *La risarcibilità...*, *cit.*, págs. 828 e seguintes.
[1095] Como é sugerido por HUERGO LORA, *op. cit.*, pág. 104.

vel no âmbito de uma transacção e nos limites estritos em que esta se pode efectuar.

Quanto à execução das sentenças que se pronunciem sobre a invalidade do contrato com fundamento em vícios intrínsecos do mesmo, a pedido das partes contraentes ou de terceiros lesados pela sua execução, segue o regime do Decreto-Lei n.º 256-A/77, que, aliás, é aplicável também às acções. No que respeita, por sua vez, às consequências da declaração de nulidade ou anulação do contrato, valem as regras do CC para os contratos com objecto passível de direito privado e, independentemente do tipo de contrato, quando estejam em causa vícios da formação da vontade (cfr. o artigo 185.º, n.º 2, e n.º 3, alínea *b*) do CPA); e as regras do CPA relativas aos actos administrativos, no que respeita aos contratos com objecto passível de acto administrativo (cfr. o artigo 185.º, n.º 3, alínea *a*) daquele diploma).

Nos dois primeiros casos, aplica-se o disposto nos artigos 289.º e seguintes do CC. Assim, quer a nulidade, quer a anulabilidade implicam a destruição retroactiva dos efeitos do contrato e, consequentemente, as partes ficam obrigadas à restituição *in natura* de tudo o prestado, ou, quando tal não seja possível, à devolução de montante equivalente ao das prestações já efectuadas. No caso dos contratos de execução continuada, em que a natureza das prestações não permite a sua restituição, a invalidade tem efeitos apenas para o futuro.

Aliás, a natureza pública do interesse prosseguido através do contrato justifica, muitas vezes, que a sua anulação tenha apenas efeitos *ex nunc*, uma vez que as prestações estão adstritas a fins públicos, assumindo maior relevância o princípio da conservação dos negócios jurídicos[1096].

As principais dificuldades surgem a propósito dos contratos com objecto passível de acto administrativo, aos quais é aplicável o regime da invalidade dos actos administrativos consagrado no CPA, visto que este regime tem de sofrer as necessárias adaptações, atendendo à natureza bilateral dos contratos. Assim, quanto aos efeitos da invalidade do contrato, não nos parecem de afastar as regras do CC, na medida em que os artigos 133.º a 137.º do CPA referem-se essencialmente ao regime da invocação da nulidade e da anulabilidade dos actos administrativos e não aos respectivos efeitos. Veja-se, por exemplo, o caso de um contrato anulável por desvio de poder, no qual, apesar da natureza pública do vício, nada obsta à aplicação do artigo 289.º do CC quanto à restituição do prestado, uma

---

[1096] Neste sentido, v. VILLAR PALASÍ, *Lecciones sobre contratación administrativa*, Madrid, 1969, págs. 266 e 267.

vez que a anulabilidade dos actos administrativos tem também efeitos retroactivos, tal como resulta daquele preceito do CC.

Existem, finalmente, dificuldades que são comuns a todos os tipos de contratos celebrados pela Administração e que resultam do facto de as prestações efectuadas no âmbito desses contratos estarem adstritas à prossecução do interesse público. Assim, a restituição dessas prestações pode pôr em causa a continuação de um determinado serviço público, justificando-se, nesses casos, que, em vez da restituição *in natura*, se opte por manter essas prestações, indemnizando o co-contratante particular através da figura do enriquecimento sem causa[1097].

Em Espanha, os artigos 22.º e 66.º, n.º 3, da LCAP prevêem situações em que a entidade administrativa contratante pode manter a execução do contrato nulo ou anulado *"pelo tempo indispensável para evitar prejuízos ao interesse público"*[1098], ou seja, consagra-se uma espécie de "causa legítima de inexecução provisória" da sentença. Esta solução, que não é possível verificar-se em Portugal, pois carece de consagração legislativa expressa, só é admissível, em todo o caso, quando a invalidade do contrato tenha sido suscitada pelas partes e não por um terceiro, uma vez que a protecção deste depende exactamente da destruição de todos os efeitos do contrato.

4. A tutela cautelar

A análise da protecção judicial dos terceiros no âmbito da actividade contratual da Administração Pública não ficaria completa sem uma alusão, ainda que breve, à tutela cautelar. A abordagem que adoptamos não se prende, por isso, com os pressupostos, regime ou tramitação do processo de

---

[1097] V., neste sentido, ALXANDRA LEITÃO, *O enriquecimento..., cit.*, pág. 85; COSCULLUELA MONTANER, *Consideraciones sobre el enriquecimiento injusto en el Derecho administrativo*, in RAP, n.º 84, 1977, pág. 192; FRANÇOIS LLORENS, *Revue de jurisprudence administratif – contrats administratifs*, in RDP (F), volume 5, 1992, págs. 1526 e 1527; FRANCK MODERNE, *Les quasi-contrats administratifs*, Paris, 1995, págs. 74 a 76 e REBOLLO PUIG *El enriquecimiento injusto de la Administración Pública*, Madrid, 1995, pág. 353.

[1098] Sobre esta solução legal, v. JURISTO SÁNCHEZ, *op. cit.*, pág. 543. A doutrina considera que a subsistência dos efeitos do contrato, que deveria, aliás, ser limitada aos contratos anulados e não nulos, decorre exclusivamente da lei, não existindo nenhum vínculo contratual entre a Administração e o co-contratante, que deve, por isso, ser ressarcido a título de enriquecimento sem causa.

decretação das providências cautelares, o que extrapolaria amplamente o âmbito da presente dissertação, mas sim com a necessidade de diversificar os meios de tutela cautelar colocados à disposição dos particulares no contencioso administrativo.

Assim, analisaremos apenas os aspectos que assumem maior relevância para o tema do nosso estudo e as especificidades existentes em matéria de contratação pública.

A falência do sistema de tutela cautelar no processo administrativo, assente quase exclusivamente na suspensão da eficácia dos actos administrativos, é, actualmente, um dado adquirido, sobre o qual a doutrina e a jurisprudência, quer portuguesa, quer estrangeira, se têm pronunciado abundantemente[1099]. Não se justifica, por isso, repetir todos os argumentos esgrimidos pelos vários autores, aos quais aderimos quase sem reservas.

A evolução da Justiça administrativa tende para a consagração de uma tutela cauletar atípica, à semelhança do que existe no processo civil. Esta é, aliás, a solução adoptada na Alemanha, onde, além de o recurso gozar de efeito suspensivo automático, o § 123 do VwGO atribui ao juiz administrativo o poder de decretar todas as medidas cautelares idóneas a evitar o *periculum in mora*, que se podem traduzir mesmo numa antecipação da decisão final quando o princípio da tutela judicial efectiva o exija[1100].

[1099] V., na doutrina nacional, entre outros, MARIA DA GLÓRIA GARCIA, *Os meios cautelares...*, cit., pág. 44, CARLA GOMES, *Todas as cautelas são poucas no contencioso administrativo*, in CJA, n.º 18, 1999, págs. 35 a 37 e JOÃO TIAGO SILVEIRA, *O princípio da tutela jurisdicional efectiva e as providências cautelares não especificadas no contencioso administrativo*, in *Perspectivas constitucionais*, volume III, Coimbra, 1998, págs. 414 e seguintes. V. ainda, na doutrina estrangeira, CASTILLO BLANCO, *La nueva regulación de las medidas cautelares en la LJCA de 1998*, in *Estudios sobre la Jurisdicción Contencioso-Administrativa*, obra colectiva, Madrid, 1999, pág. 562; RIVERO ORTEGA, *Medidas cautelares innominadas en lo contencioso-administrativo*, in REDA, n.º 98, 1998, págs. 279 e 280, referindo-se a um *"numerus apertus"* de medidas cautelares e SÁNCHEZ-BORDONA, *Reflexiones iniciales sobre algunos problemas que plantea el nuevo regimen de las medidas cautelares en la ley reguladora de la Jurisdiccion Contencioso--Administrativa de 1998*, in RAP, n.º 149, 1999, págs. 106 e 107. GARCÍA DE ENTERRÍA, *La batalha por las medidas cautelares*, 2ª Edição, Madrid, 1995, pág. 259, refere-se à necessidade de se estabelecer uma *"...liberdade de configuração das medidas cautelares que sejam precisas em cada caso para assegurar a tutela judicial efectiva do peticionário..."*.

[1100] Sobre esta matéria, v. GONZÁLEZ-VARAS IBAÑEZ, *La jurisdiccion contencioso--administrativa en Alemania*, Madrid, 1993, em especial as págs. 216 e seguintes.

Da mesma forma, em Espanha, o artigo 129.º da LJCA permite ao juiz adoptar quaisquer medidas que assegurem a efectividade da sentença. Sem questionar as enormes vantagens deste sistema de tutela cautelar por oposição ao que vigora actualmente em Portugal, talvez fosse preferível a consagração de um elenco amplo e flexível de providências cautelares em vez da referência genérica a "qualquer medida", que pode ter um efeito contrário na prática, por gerar alguma incerteza na jurisprudência[1101].

A melhoria do sistema de tutela cautelar, além de ser um imperativo constitucional decorrente do princípio da tutela judicial efectiva consagrado no artigo 268.º, n.º 4, da CRP, é exigida pelo Direito Comunitário. De facto, a jurisprudência criativa do TJCE tem-se pronunciado repetidamente pela necessidade de assegurar aos administrados uma verdadeira e completa tutela cautelar perante a Administração dos respectivos Estados--membros, sobretudo quando esteja em causa o respeito pelas normas de Direito Comunitário[1102]. Neste contexto, a matéria da contratação pública, cujo regime substantivo está sujeito a inúmeras normas comunitárias, constitui um excelente exemplo da intervenção da UE ao nível das providências cautelares. Veja-se, por exemplo, o caso da Directiva "Recursos", que marcou, ainda que timidamente, a introdução nos sistemas de matriz francesa de uma tutela cautelar atípica, como a *"référé pré-contractuel"* em França e o Decreto-Lei n.º 134/98, em Portugal.

[1101] Este argumento é utilizado por LÓPEZ-FRAGOSO ÁLVAREZ, *Las medidas cautelares en la nueva Ley de la Jurisdicción Contencioso-Administrativa*, in *La nueva Ley de la Jurisdicción Contencioso-Administrativa*, Madrid, 1999, pág. 351, para criticar a solução adoptada no artigo 129.º da LJCA.

[1102] Cfr., designadamente, os Acórdãos *"Factortame"*, de 19 de Junho de 1990, *"Zuckerfabrick"*, de 21 de Fevereiro de 1991, e *"Atlanta"*, de 9 de Novembro de 1995, nos quais o TJCE reconheceu ao juiz nacional o poder de suspender um acto administrativo praticado com base numa norma comunitária ilegal. Sobre estes arestos, v. FAUSTO DE QUADROS, *A nova dimensão...*, cit., págs. 29 e seguintes, referindo-se aos Acórdãos *"Factortame"*, *"Zuckerfabrick"* e *"Atlanta"*. V. também GARCÍA DE ENTERRÍA, *Las medidas cautelares que puede adoptar el Juez nacional contra el Derecho comunitario: la sentencia "Zuckerfabrik" del Tribunal de Justicia de las Comunidades Europeas de 21 de Febrero de 1991*, in REDA, n.º 72, 1991, págs. 537 e seguintes e DENYS SIMON e AMI BARAV, *Le Droit Communautaire et la suspension provisoire des mesures internationales*, in RMC, n.º 340, 1990, págs. 591 e seguintes. A propósito da influência do Direito Comunitário e da jurisprudência do TJCE sobre o Direito Processual Administrativo dos Estados--membros e, em especial, sobre a tutela cautelar, v. FRANCESCO DE LEONARDIS, *La tutela cautelar: principi comunitari ed evoluzione della giurisprudenza amministrativa europea*, in DPA, n.º 4, 1993, págs. 670 e seguintes.

As regras comunitárias determinam a existência de medidas cautelares que permitam ao juiz vincular a Administração activa, antecipando a sua actuação quando se trata de actos negativos[1103]. Supera-se, assim, por influência comunitária, a concepção tradicional do princípio da separação de poderes, segundo a qual seria vedado aos tribunais interferir na actuação administrativa, mesmo quando tal se revela absolutamente indispensável à garantia das posições jurídicas subjectivas dos particulares.

Assim, alguns autores referem-se mesmo ao aparecimento de uma "cultura da urgência" no contencioso administrativo[1104], que se traduz na instituição de *"medidas provisionalisimas"*[1105], como a suspensão provisória dos actos administrativos[1106]; na diversificação e melhoria do processo de decretação das providência cautelares, incluindo medidas positivas; e também na aceleração da tramitação nos processos principais. Este objectivo pode ser alcançado através da redução dos prazos, da criação de formas de processo simplificadas em função do valor da causa e do recurso a meios extra-judiciais de resolução de litígios[1107].

Neste âmbito, talvez se justificasse mesmo a consagração de um processo cautelar urgente, semelhante ao que foi introduzido em França pela Lei de 2 de Março de 1982, que permite decretar a suspensão de eficácia dos actos administrativos num prazo muito curto (48 horas)[1108].

A insuficiência dos meios cautelares meramente conservatórios, como a suspensão de eficácia dos actos administrativos, reflecte-se de forma mais evidente na tutela cautelar de direitos do tipo pretensivo, como os que estão em causa no âmbito dos procedimentos concursais para adjudicação de contratos da Administração. Nestas situações, é necessária a

---

[1103] Neste sentido, v. GIUSEPPE MORBIDELLI, *Note introduttive sulla Direttiva Ricorsi*, in RIDPC, n.º 3, 1991, págs. 842 e 843.

[1104] Cfr. SANDRA LAGUMINA e EDOUARD PHILIPPE, *op. cit.*, pág. 283.

[1105] A expressão é de MOROTE SARRIÓN, *La suspension de la ejecutividad de los actos administrativos tras la sentencia del Tribunal Constitucional 78/1996, de 20 de Mayo*, in REDA, n.º 94, 1997, pág. 317.

[1106] O artigo 5.º, n.º 6, do Decreto-lei n.º 134/98 não remete para o artigo 80.º da LPTA, relativo à suspensão provisória dos actos administrativos durante a pendência do processo cautelar. Parece-nos que esta lacuna deve considerar-se um lapso e ter-se como efectuada essa remissão, sob pena de os objectivos do diploma serem postos em causa. De facto, a própria utilidade da suspensão da eficácia dos actos administrativos depende da suspensão provisória dos mesmos.

[1107] V. OLIVIERO ZUCCARO, *op. cit.*, págs. 68 e seguintes.

[1108] Sobre este processo, que se aplica apenas aos actos da Administração Local, v. BÉNÉDICTE DELAUNAY, *op. cit.*, pág. 803.

consagração de medidas preventivas e antecipatórias, que se caracterizam pela sua natureza inovadora, não se limitando a conservar o *status quo* afectado pelo acto impugnado[1110]. Esta solução é, aliás, mais adequada à Administração de prestação, típica do Estado Social[1110].

Trata-se, por isso, de substituir uma tutela cautelar meramente conservatória por uma tutela com efeitos positivos e propulsivos, que se traduza na efectiva antecipação dos efeitos da sentença[1111], ou, por outras palavras, substituir uma tutela sumária por uma verdadeira tutela preventiva, que actue antes ainda de a lesão se produzir[1112].

Por outro lado, sendo que as medidas cautelares devem acompanhar o *accertamento* contido na sentença, a admissibilidade de sentenças do tipo condenatório e constitutivo, e não meramente anulatório, tem de se repercutir na amplitude da tutela cautelar, até porque esta visa exactamente antecipar ou, pelo menos, garantir o efeito útil da decisão final[1113]. Deve

---

[1109] Neste sentido, v. MARIA FERNANDA MAÇÃS, *As medidas cautelares*, in *Reforma do contencioso administrativo*, trabalhos preparatórios, Ministério da Justiça, 2000, págs. 361 e seguintes, defendendo que não existe nenhuma violação do princípio da separação de poderes, nem do princípio da prossecução do interesse público. Na doutrina italiana, que desenvolveu profundamente esta matéria, v. DOMENICO LUNDINO, in *La sospensione nel giudizio amministrativo*, obra colectiva, Turim, 1999, pág. 102 e ITALO VOLPE, in *La sospensione nel giudizio amministrativo*, obra colectiva, Turim, 1999, pág. 152. Por sua vez, a *Corte Costituzionale* italiana declarou, através do Acórdão n.º 190/1985, a inconstitucionalidade do preceito que limitava a intervenção cautelar do juiz à suspensão dos actos administrativos. Sobre esta decisão e as suas consequências, v. ANDREA VALORZI, *Tutela cautelare in processo amministrativo*, Pádua, 1991, págs. 190 e seguintes.

[1110] Como salienta MARIANO BACIGALUPO, *op. cit.*, pág. 25.

[1111] V. MODESTINO ACONE, *op. cit.*, pág. 343. FILIPPO LUMBRANO, *Il giudizio cautelare amministrativo*, Roma, 1997, págs. 87 e 88, considera mesmo que a tutela cautelar no contencioso administrativo deve ir além do processo civil, configurando-se como um verdadeiro *accertamento* da situação jurídica do particular.

[1112] Neste sentido, v. GÜNTER PÜTTNER, *Mésures préventives dans le Droit allemand*, in *Reforma do contencioso administrativo*, trabalhos preparatórios, Ministério da Justiça, 2000, pág. 332 e FRANCESCO PUGLIESE, *Appalti di lavori, forniture e servizi: nel processo cautelare e nelle recenti disposizioni sul contenzioso*, in RTA, 1995, pág. 9, que se refere mesmo às providências cautelares como autênticas "sentenças provisórias condicionadas".

[1113] Neste sentido, v. FRANCESCO PUGLIESE, *Le ragioni...*, *cit.*, pág. 444. Concordamos, por isso, com CLÁUDIO MONTEIRO, *Suspensão da eficácia de actos administrativos de conteúdo negativo*, reimpressão, Lisboa, 1990, pág. 54, quando defende que a suspensão de eficácia dos actos administrativos é, simultaneamente, autónoma e instrumental face ao meio principal. A autonomia resulta da diversidade de objecto e de pressupostos e a instrumentalidade decorre da pré-ordenação das providências cautelares à realização dos fins do meio principal.

admitir-se, inclusivamente, a condenação provisória da Administração, em sede de tutela cautelar, desde que essa condenação não produza efeitos irreversíveis[1114]. Aliás, estas medidas, tal como a intimação para um comportamento, são mais adequadas para assegurar a tutela cautelar dos particulares perante actos administrativos negativos, relativamente aos quais a suspensão de eficácia suscita algumas dificuldades[1115]. Saliente-se, contudo, que a suspensão de eficácia de actos negativos deve admitir-se sempre que estes actos, apesar de negarem uma pretensão ao particular, impliquem uma alteração da sua situação jurídica, ou seja, quando se traduzam numa obrigação para o particular ou quando ponham termo a uma situação de vantagem[1116].

Definido, ainda que com brevidade, o quadro geral em que se move a tutela cautelar no âmbito do contencioso administrativo actual, cumpre analisar que tipo de providências deveriam ser introduzidas na legislação portuguesa em matéria de contratação pública.

No âmbito dos procedimentos concursais de adjudicação, justificava--se, em primeiro lugar, a consagração legal da possibilidade de o tribunal decretar a admissão condicional dos concorrentes excluídos em qualquer fase do procedimento, como, aliás, resulta do artigo 112.°, n.° 2, da PLCPTA[1117].

[1114] Neste sentido, v. MARIANO BACIGALUPO, op. cit., pág. 140. Em sentido próximo, VIEIRA DE ANDRADE, A Justiça..., cit., pág. 185, defende que devem aplicar-se ao contencioso administrativo "...todas as providências que não afectem a autonomia do poder administrativo, incluindo, por isso, as actuações ou comportamentos legalmente devidos, mesmo que imponham ou impeçam a execução de actos administrativos."

[1115] Neste sentido, v. SÉRVULO CORREIA, Prefácio..., cit., pág. XXII

[1116] Neste sentido, v. CLÁUDIO MONTEIRO, Suspensão..., cit., págs. 128 e 129, apesar de o autor admitir que, efectivamente, para este tipo de actos seria desejável consagrar outro tipo de providências cautelares, inclusivamente, medidas cautelares não especificicadas. Cfr. CLÁUDIO MONTEIRO, Ainda a suspensão de eficácia de actos administrativos de conteúdo negativo, in CJA, n.° 1, 1997, pág. 28. V. também RENATO LABRIOLA, Il procedimento cautelare nel Diritto amministrativo, in NR, n.° 7, 1991, pág. 658. Este autor elenca três tipos de actos negativos passíveis de suspensão: recusas de renovação de actos positivos; recusa de adiamento do serviço militar; e exclusão de procedimentos concursais. FILIPPO LUMBRANO, op.cit., pág. 58, defende que, nestes casos, a medida cautelar é formalmente suspensiva, mas, substancialmente, tem efeitos positivos e conformativos.

[1117] MARIA FERNANDA MAÇÃS, A suspensão judicial da eficácia dos actos administrativos e a garantia constitucional da tutela judicial efectiva, Coimbra, 1996, págs. 80 a 82, considera que esta medida não é mais do que uma forma de suspensão da eficácia de actos negativos. Não concordamos inteiramente com a autora, até porque, como a própria admite, esta medida conduz claramente à admissibilidade de medidas positivas no contencioso administrativo.

Esta solução, que é permitida pelo artigo 2.º, n.º 2, do Decreto-Lei n.º 134/98, quando se refere a "...*medidas provisórias destinadas a corrigir a ilegalidade ou a impedir que sejam causados outros danos aos interesses em causa*...", não é, contudo, utilizada pelos tribunais administrativos, nem tem sido sequer requerida pelos particulares lesados.

O procedimento retomar-se-ia com a participação do candidato admitido condicionalmente e, se a escolha da Administração recaísse sobre este concorrente, teria que se aguardar pela decisão do processo principal para se proceder à adjudicação, podendo adjudicar-se o contrato ao segundo classificado no caso de o recurso não ter provimento[1118]. Desta forma, permite-se conjugar dois interesses:

— por um lado, evita-se a suspensão do procedimento, com o atraso que tal representa para a prossecução do interesse público;
— por outro lado, se o tribunal atender a pretensão do recorrente, não é necessário repetir todo o procedimento, uma vez que o concorrente já participou no mesmo. Não nos parece, ao contrário do que defende FRANCESCO PUGLIESE[1119], que esta medida deva aplicar-se apenas quando o acto impugnado padeça de vícios substantivos, até porque os vícios de natureza formal são, na maior parte das vezes, mais visíveis e, por isso, facilitam uma apreciação sumária em sede cautelar. É certo que a invalidade formal do acto não impede a Administração de excluir novamente o concorrente, mas, através da admissão condicional, evita-se a obrigação de indemnizar.

Existem, no entanto, algumas situações em que, atendendo à fase em que se insere o acto impugnado, não é possível optar pela admissão condicional dos concorrentes. É o que acontece, por exemplo, quando se recorre do acto através do qual a Administração adopta um determinado procedimento de selecção do co-contratante. Nestes casos, o meio mais adequado é, em princípio, a suspensão do procedimento adjudicatório, como está previsto no Decreto-lei n.º 134/98[1120].

[1118] Neste sentido v. GUIDO CORSO, *La tutela cautelare nel processo amministrativo*, in FA, vol. 63, 1987, pág. 1657, FILIPPO LUMBRANO, *op. cit.*, pág. 55 e MARIANO PROTTO, *op. cit.*, págs. 224 e 225.

[1119] Cfr. FRANCESO PUGLIESE, *Movenze del processo cautelare tra direttive, pronunce comunitarie e recenti norme interne sugli appalti*, in RTA, 1998, pág. 683.

[1120] Em sentido contrário, v. PEDRO GONÇALVES, *A apreciação...*, *cit.*, pág. 55.

Pelo contrário, quando o acto impugnado for a adjudicação, deve proceder-se à suspensão de eficácia deste acto ou, inclusivamente, do próprio contrato[1121]. Esta medida pode justificar-se pelo menos em três situações: quando o acto impugnado seja, por exemplo, a minuta do contrato; quando o candidato preterido interponha o recurso (por erro desculpável) após a celebração do contrato; ou, naturalmente, quando o recurso se dirija contra o próprio contrato, seja por uma invalidade consequente, seja por uma invalidade intrínseca do mesmo.

Aliás, sendo o objecto do processo a relação jurídica controvertida e não o acto administrativo, devem adoptar-se todas as medidas cautelares adequadas à situação jurídica em apreço, mesmo que não recaiam exactamente sobre o acto impugnado[1122].

O maior argumento aduzido contra esta possibilidade prende-se com o facto de a suspensão do contrato se traduzir, implicitamente, na suspensão do acto de adjudicação, apesar de os efeitos deste acto estarem totalmente exauridos[1123]. No entanto, este obstáculo não nos parece inultrapassável, por duas razões: primeiro, porque o contrato é consequentemente inválido; segundo, porque, como resulta do artigo 81.º da LPTA, pode ser requerida a suspensão de actos já executados, quer no caso de execução continuada, quer para eliminar os efeitos práticos da execução do acto. Esta solução justifica-se plenamente, visto que a suspensão não se limita a interromper a produção de efeitos e incide sobre as alterações jurídicas e factuais que entretanto se tenham verificado, devendo os efeitos já concretizados considerar-se como não produzidos[1124]. Aliás, o TJCE já decre-

---

[1121] Cfr. ALEXANDRA LEITÃO, *Duas questões..., cit.*, págs. 61 e 62. Contra, v. M. ESTEVES DE OLIVEIRA e R. ESTEVES DE OLIVEIRA, *op. cit.*, pág. 673, em nota. Na doutrina estrangeira pronunciam-se favoravelmente à possibilidade de suspender o contrato, por exemplo, JEAN ABESSOLO, *op. cit.*, pág. 137 e EZIO MARIA BARBIERI, *I limiti del processo cautelare amministrativo*, in DPA, Ano IV, 1986, págs. 209. Refira-se que, em Espanha, está legalmente prevista, desde 1956, a possibilidade de suspensão judicial de acordos celebrados pelas entidades locais que violem as competências do Estado e das Comunidades Autónomas, como salienta RODRÍGUEZ-ARANA MUÑOZ, *La suspensión del acto administrativo*, Madrid, 1986, págs. 271 a 273 e esse meio processual mantém-se actualmente no artigo 127.º da LJCA. Sobre esta figura, v. GONZÁLEZ-CUÉLLAR SERRANO, *El procedimiento en los casos de suspensión administrativa previa de acuerdos*, in *La nueva Ley de la Jurisdicción Contencioso-Administrativa*, Madrid, 1999, págs. 159 e seguintes.

[1122] Neste sentido, v. SÁNCHEZ-BORDONA, *Reflexiones..., cit.*, pág. 108.

[1123] V., por todos, LUIGI LA MARCA, *Sospensione cautelare dell'appalto già aggiudicato e conciliazione giudiziale: il caso Storebaelt*, in RDE, n.º 4, Ano XXX, 1990, págs. 839 a 841.

[1124] Neste sentido, v. CLÁUDIO MONTEIRO, *Suspensão..., cit.*, pág. 65. A possibili-

tou a suspensão de um contrato adjudicado, no Acórdão *"Storebaelt"*, de 22 de Setembro de 1989, por considerar ser essa a única forma de evitar danos maiores na esfera jurídica dos terceiros lesados pelas cláusulas discriminatórias do programa de concurso, visto que o contrato já havia sido celebrado. Pelo contrário, a jurisprudência portuguesa continua a não admitir esta possibilidade[1125].

Outra providência cautelar que deveria ser expressamente consagrada no âmbito dos recursos dos actos pré-contratuais é a possibilidade de o juiz ordenar imediatamente a eliminação ou a correcção de cláusulas ilegais constantes das peças concursais e do caderno de encargos, ou até a inclusão de certo tipo de cláusulas (cfr. o artigo 132.º, n.º 7, da PLCPTA)[1126]. Tal é possível, como já referimos, através da *"référé pré-contractuel"* e apresenta duas grandes vantagens: primeiro, não permite que o procedimento prossiga assente em regras ilegais e discriminatórias, que implicam a invalidade de todos os actos subsequentes; segundo, traduz-se numa verdadeira tutela antecipatória, ou "pré-tutela"[1127], pois evita a inclusão dessas cláusulas no próprio contrato.

Esta medida integra-se num conjunto de providências atípicas, que se caracterizam por constituírem autênticas injunções provisórias, através das quais o juiz intima a Administração a actuar (ou deixar de actuar) de determinada forma, as quais podem inclusivamente, ser acompanhadas de sanções pecuniárias compulsórias[1128], ou seja, as *"astreintes provisoires"* a que se refere CHAPUS[1129]. Estas sanções pecuniárias compulsórias estão, aliás, previstas expressamente no artigo 2.º, n.º 1, alínea c) da Directiva

---

dade de suspender actos já executados ou em execução prende-se com o problema dos efeitos *ex-nunc* ou *ex-tunc* da providência cautelar da suspensão da eficácia dos actos administrativos, que, como salienta MARIA FERNANDA MAÇÃS, *A suspensão...*, *cit.*, pág. 110, deve ser resolvido casuisticamente pelo juiz, atendendo aos interesses envolvidos.

[1125] V., a título de exemplo, o Acórdão do STA de 15 de Outubro de 1998, proferido no Processo n.º 44.171-A e publicado nos CJA, n.º 19, 2000.

[1126] O TAC de Lisboa já o admitiu uma vez, em 27 de Outubro de 1997, no âmbito do Processo n.º 77/97, decisão que foi posteriormente confirmada pelo TCA, através do Acórdão de 8 de Janeiro de 1998, ambos citados por ISABEL FONSECA, *A urgência na reforma do processo administrativo*, in *Reforma do contencioso administrativo*, trabalhos preparatórios, Ministério da Justiça, 2000, pág. 266.

[1127] A expressão é de MARIA DA GLÓRIA GARCIA, *Direito...*, *cit.*, pág. 45.

[1128] Como defende MARIA DA GLÓRIA GARCIA, *Da exclusividade de uma medida cautelar típica à atipicidade das medidas cautelares ou a necessidade de uma nova compreensão do Direito e do Estado*, in CJA, n.º 16, 1999, págs. 80 e 81.

[1129] Cfr. RENÉ CHAPUS, *Droit du contentieux...*, *cit.*, pág. 1120. No mesmo sentido, v. ROLAND VANDERMEEREN, *op. cit.*, pág. 101

n.º 92/13/CEE, relativa aos sectores excluídos (água, energia, transportes e telecomunicações), que foi aprovada pelo Conselho em 25 de Fevereiro de 1992.

O Tribunal poderia, assim, ordenar à Administração que reexamine a situação à luz dos fundamentos invocados pelo recorrente e que reponha a legalidade violada, admitindo mesmo alguns autores que o juiz se substitua à Administração, intervindo cautelarmente no procedimento[1130]. De facto, esta técnica processual permitiria verdadeiramente fazer a "ponte" entre o procedimento e o processo, retirando todas as consequências da possibilidade de impugnação autónoma dos actos endoprocedimentais.

Devem, por isso, admitir-se pronúncias cautelares do tipo conformativo e propulsivo da actividade procedimental subsequente, mesmo que estas se traduzam em actuações administrativas urgentes que não estejam pré-determinados normativamente, e que sejam variáveis em função da situação concreta de facto e de Direito[1131]. A possibilidade da utilização deste tipo de medidas é, aliás, corroborada pelo facto de a tutela cautelar incluir uma vertente de cognição (declarativa) e uma vertente executiva, que visa assegurar a execução coerciva da providência decretada[1132].

Aliás, parece-nos que seria de estudar, eventualmente, as vantagens de consagrar em Portugal um sistema de *"référés"*, como existe em França. Bastaria, para tal, prever a existência de uma *"référé général"*, que permitisse ao juiz, em tempo útil e a pedido de uma das partes, ordenar qualquer medida adequada, mesmo que não haja nenhuma decisão administrativa prévia[1133].

[1130] V. VINCENZO SALAMONE, *La sospensione nel giudizio amministrativo*, obra colectiva, Turim, 1999, pág. 123, e GIANCARLO SORRENTINO, *Ordinanza cautelare e jus superveniens*, in DPA, n.º 3, 1995, pág. 460.

[1131] Neste sentido, v. ITALO FRANCO, *op. cit.*, pág. 312.

[1132] Neste sentido, v. MARIA FERNANDA MAÇÃS, *A suspensão..., cit.*, pág. 247, considerando que o Decreto-lei n.º 256-A/77 é aplicável às medidas cautelares. Em sentido contrário pronuncia-se PEDRO MACHETE, *A suspensão jurisdicional da eficácia de actos administrativos*, separata de OD, Ano 123.º, I e II, 1991, págs. 293 e 294, por considerar que a suspensão da eficácia é *"...uma simples obrigação de conteúdo negativo..."*. Em Espanha, o artigo 134.º da LJCA determina a aplicação do sistema geral de aplicação de sentenças às medidas cautelares e em Itália, a maioria da doutrina considera que o *"giudizio di ottemperanza"* se aplica a estas medidas. V., entre outros, VINCENZO SALAMONE, *op. cit.*, pág. 127, ITALO FRANCO, *op. cit.*, pág. 280 e CESARE CATURANI, *Ordinanze di sospensione e giudizio d'ottemperanza*, in RTA, 1988, págs. 459.

[1133] Esta solução, adoptada em França, é desenvolvida por CARMEN CHINCHILLA MARÍN, *La tutela cautelar en la nueva Justicia administrativa*, Madrid, 1991, págs. 86 e seguintes. FAUTO QUADROS, *Algumas considerações ..., cit.*, pág. 161, defende também a

Em alguns Estados europeus, como a Espanha, admite-se a execução provisória das sentenças de provimento quando tal for requerido pelo recorrente, mesmo antes do respectivo trânsito em julgado, ou seja, enquanto está pendente recurso judicial. Para tal, basta que o tribunal *a quo* considere que o atraso na execução da sentença pode causar danos irreparáveis na esfera jurídica do particular[1134]. Esta medida tem natureza cautelar, uma vez que visa assegurar o efeito útil da sentença, evitando a ocorrência de danos irreversíveis. Aliás, sendo necessário, na maior parte dos sistemas judiciais, a verificação do *fumus boni iuris*[1135], o facto de já ter sido proferida uma decisão de provimento em primeira instância facilita, obviamente, a decretação de qualquer providência cautelar, até por-

---

consagração de providências cautelares principais ou independentes, como as injunções e as intimações.

[1134] Sobre este meio processual, v. GONZÁLEZ SALINAS, *La ejecución provisional de las sentencias apeladas*, in REDA, n.º 65, 1990, págs. 145 e seguintes, FONT I LLOVET, *Medidas para hacer efectiva la ejecucion de las sentencias*, in *Estudios en homenaje al Prof. Jesus González Péres*, Tomo II, Madrid, págs. 1184 e 1185 e PISÓN APARICIO, *La ejecución provisional de sentencias en lo contencioso-administrativo*, Madrid, 1999, em especial as págs. 59 e seguintes.

[1135] O requisito do *fumus boni iuris* é exigido em França (*"moyen serieux"*), em Itália e em Espanha. V., por todos, YVES GAUDEMET, *Les procédures d'urgence dans le contentieux administratif*, in RFDA, n.º 4, volume 3, 1988, pág. 424, FRANCESCO PUGLIESE, *Movenze...*, cit., pág. 669 e CARMEN CHINCHILLA MARÍN, *El Derecho a la tutela cautelar como garantía de la efectividad de las resoluciones judiciales*, in RAP, n.º 131, 1993, págs. 172 e 173. Esta autora considera, no entanto, que o requisito essencial é o *periculum in mora*, razão pela qual a fase instrutória do processo cautelar deve ser especialmente dirigida para a averiguação da situação de facto e exige, por isso, uma maior amplitude de meios instrutórios e probatórios. No mesmo sentido, v. IVAN MELIS, *Prove e istruttoria nel processo cautelare amministrativo*, in NR, n.º 9, 1988, pág. 953. Curiosamente, em Portugal, o artigo 76.º, n.º 1, alínea c) da LPTA não parece exigir esse requisito, mas apenas a não existência de fortes indícios de ilegalidade da interposição do recurso, o que tem sido entendido pela doutrina como referindo-se aos pressupostos processuais ou à litigância de má fé. V., por exemplo, JOÃO CAUPERS e JOÃO RAPOSO, *op. cit.*, págs. 176 e 177 e CLÁUDIO MONTEIRO, *Suspensão...*, cit., pág. 56. Existem ainda, ao contrário do que defende este autor, pressupostos processuais próprios da providência cautelar da suspensão de eficácia, que não se confundem com os requisitos de procedência do artigo 76.º, n.º 1, da LPTA. MARIA FERNANDA MAÇÃS, *A suspensão...*, cit., págs. 219 e 220 salienta que a solução portuguesa acaba por ser mais favorável à decretação da medida, mas refere que a verificação deste requisito não dá qualquer garantia quanto ao futuro êxito do pedido principal. Refira-se, contudo, que a apreciação do pressuposto processual relativo à legitimidade activa pode implicar, muitas vezes, uma apreciação, ainda que sumária, do fundo da causa.

que, como salienta alguma doutrina, esse requisito corresponde a uma espécie de *fumus mali acti* relativamente ao acto recorrido[1136].

A adopção de medidas cautelares do tipo propulsivo não pressupõe a sujeição a requisitos mais exigentes do que aqueles que são estabelecidos para a suspensão de eficácia. De facto, não nos parece que os pressupostos de decretação das providências devam variar em função da natureza das mesmas, sem prejuízo de se justificar, em certos casos, um maior rigor ao nível da apreciação desses pressupostos. É o caso, por exemplo, da eliminação de certas cláusulas contratuais, cuja decretação pressupõe a verificação do *fumus boni iuris* e não apenas da ausência de indícios de ilegalidade da interposição do recurso.

Por outro lado, a possibilidade de sujeitar as medidas cautelares a termo ou condição permite ao juiz compatibilizar os interesses do particular com os da Administração. Concordamos, aliás, com alguns autores, que defendem que as medidas cautelares estão sempre sujeitas a uma cláusula *rebus sic stantibus*, podendo ser alteradas ou revogadas pelo juiz a todo o tempo, em função de circunstâncias de facto ou de Direito[1137]. A faculdade de inserir cláusulas modais deste tipo, que o artigo 79.°, n.° 1, da LPTA consagra para a suspensão dos actos administrativos, justifica-se também relativamente a outras providências cautelares, nomeadamente, a admissão com reservas e a suspensão da execução do contrato, como, aliás, resulta do artigo 124.° da PLCPTA.

Por outro lado, se não se verificar nenhuma alteração deste tipo, parece-nos que a Administração não pode, em sede de execução do recurso de provimento, invocar causa legítima de inexecução da sentença, visto que a urgência na prossecução do interesse público já foi apreciada pelo tribunal na decretação da medida cautelar.

[1136] V. BOQUERA OLIVER, *Insusceptibilidad de la suspensión de la eficacia del acto administrativo*, in RAP, n.° 135, 1994, pág. 66.

[1137] Parece-nos que a solução legal actual só admite, tal como em Espanha, a revisão das medidas cautelares quando ocorram alterações das circunstâncias exteriores, de facto ou de Direito, não permitindo uma mera reapreciação dos mesmos factos por parte do juiz, ao contrário do que é permitido na Alemanha. Sobre esta questão, v. MARIANO BACIGALUPO, *op. cit.*, págs. 191 e 192. I. LÓPEZ CÁRCAMO, *Analisis de la novisima doctrina sobre la tutela cautelar en el ambito contencioso-administrativo*, in RVAP, n.° 35, 1993, pág. 125, considera, no entanto, que o requisito do *fumus boni iuris* não "casa bem" com a cláusula *rebus sic stantibus*, na medida em que as circunstâncias de facto, que se prendem com o *periculum in mora*, podem alterar-se, mas as circunstâncias de Direito mantêm-se sempre inalteráveis. Discordamos, no entanto, de CORNIDE-QUIROGA, *Nuevas perspectivas en el proceso contencioso-administrativo*, Madrid, 1997, págs. 327 a 329, quando defende que esta *potestas variandi* do juiz só pode ser utilizada a pedido das partes.

Ao nível da tramitação, admitem-se algumas limitações ao princípio do contraditório, nomeadamente no que respeita aos prazos para audição dos contra-interessados na decretação das providências, devido à natureza urgente do processo[1138]. Tal não significa, contudo, que se possa prescindir completamente do contraditório, até porque o prejuízo que advém para o contra-interessado da decretação da medida cautelar também deve ser ponderado. Assim, o balanço dos interesses em presença no âmbito da tutela cautelar deve incluir não só o interesse do recorrente na decretação da providência e o interesse público, mas também o correlativo dano que se produz na esfera jurídica do(s) contra-interessado(s), sobretudo se o recurso não vier a ter provimento[1139].

Esta "tripla ponderação" ganha particular acuidade em matéria contratual, uma vez que existe sempre pelo menos um contra-interessado, que é o co-contratante particular, bem como naquelas situações em que se impõe a decretação de uma medida cautelar positiva, devido aos efeitos

---

[1138] No mesmo sentido, v., por exemplo, LORENZO MIGLIORINI, *op. cit.*, pág. 103, STEFANO BACCARINI, *La sospensione nel giudizio amministrativo*, obra colectiva, Turim, 1999, pág. 31 e FRANCESCO PUGLIESE, *Movenze..., cit.*, pág. 672, embora este autor admita a oposição de terceiros à execução da medida cautelar. Saliente-se que a natureza urgente do processo não justifica, na nossa opinião, a violação do princípio do duplo grau de jurisdição, ao contrário do que resulta do artigo 103.º, n.º 2, da LPTA, que afasta a possibilidade de recurso quando a decisão sobre a providência cautelar for proferida pelo STA. Sobre a possível inconstitucionalidade desta solução legal (que foi mantida pelo Decreto-Lei n.º 229/96, de 29 de Novembro) por violação dos princípios da igualdade e do duplo grau de jurisdição, v. MARIA FERNANDA MAÇÃS, *A suspensão..., cit.*, págs. 221 e seguintes e LUCIANO MARCOS, *Da inconstitucionalidade do artigo 103.º/d) da LPTA*, separata da RJ, Lisboa, 1989, págs. 46 e seguintes.

[1139] Na Alemanha, a posição do contra-interessado consubstancia mesmo uma excepção ao efeito suspensivo automático da acção impugnatória, nos termos do artigo 80.º da VwGO, como salienta KARL-PETER SOMMERMANN, *La Justicia administrativa alemana*, in *La Justicia administrativa en el Derecho comparado*, coordenação de Javier Barnes Vazquez, Madrid, 1993, págs. 102 e 103. Este é também o entendimento dominante na doutrina espanhola. V., por todos, RODRÍGUEZ PONTÓN, *op. cit.*, pág. 127, quando defende que a consideração dos efeitos da decretação da medida sobre os terceiros afectados não é o critério central que o juiz deve ponderar, mas é relevante como elemento auxiliar de decisão. Aliás, em Espanha, os artigos 127.º e 131.º da LJCA determinam que a medida cautelar tem de ser sujeita à *conditio iuris* da prestação de caução pelo requerente sempre que da mesma possam derivar prejuízos para terceiros, como forma de garantir o seu ressarcimento. Em sentido diferente, defendendo que o processo cautelar apenas respeita ao requerente e à Administração Pública, v. GUGLIELMO SAPORITO, *Limiti soggetivi dei provvedimenti cautelari*, in RA (I), 1985, págs. 605 e 606.

conformativos sobre a ulterior actuação administrativa[1140], e ainda no caso da suspensão de actos já executados[1141]. A legislação portuguesa, apesar de prever nos artigos 77.º e 78.º da LPTA a necessidade de notificação e audiência dos interessados a quem a pretendida suspensão de eficácia do acto possa prejudicar[1142], não inclui a ponderação dos interesses dos terceiros entre os requisitos do artigo 76.º da LPTA. Pelo contrário, o artigo 120.º, n.º 2, 4 e 5 da PLCPTA determina que o Tribunal pode substituir a medida cautelar pedida pelo requerente por outra que seja menos gravosa para o interesse público ou para os interesses de terceiros, ou fazer acompanhar a providência de outras medidas que atenuem as consequências para os interesses envolvidos, incluindo os interesses de terceiros.

Assim, parece-nos que tem de existir sempre uma ponderação entre os interesses em presença, quer públicos, quer privados, pelo que não acompanhamos GARCÍA DE ENTERRÍA quando defende que basta a verificação do *fumus boni iuris* para ser decretada a medida cautelar, independentemente da lesão que daí possa advir para o interesse público[1145]. É verdade, contudo, que esta ponderação não deve constituir uma limitação do direito à tutela judicial efectiva, não podendo, por isso, resultar sistematicamente numa restrição deste direito constitucionalmente garantido, razão pela qual nos referimos à necessidade de ponderar os interesses em presença e não a uma prevalência absoluta do interesse público, ao contrário do que é defendido ainda pelos tribunais administrativos portugueses[1144].

[1140] Neste sentido, v. FILIPPO LUMBRANO, *op. cit.*, pág. 34.

[1141] Neste sentido, v. SÉRVULO CORREIA, Prefácio..., cit., pág. XV.

[1142] No sentido de que a não indicação dos contra-interessados no pedido de suspensão de eficácia dos actos administrativos dá azo a regularização do requerimento, v. MARIA FERNANDA MAÇÃS, *Tutela judicial efectiva e suspensão da eficácia: balanço e perspectivas*, in CJA, n.º 16, 1999, págs. 55 e 56 e GONÇALVES DA SILVA, *Os contra-interessados na suspensão da eficácia dos actos administrativos*, in CJA, n.º 12, 1998, pág. 48. Os autores defendem que este mecanismo é aplicável à suspensão de eficácia, posição com a qual concordamos, e o artigo 114.º, n.º 4, da PLCPTA permite a regularização no prazo de cinco dias. Por sua vez, o STA tem-se pronunciado contra a possibilidade de regularização (cfr. o Acórdão do STA de 15 de Junho de 1999, proferido no Processo n.º 44.965-A) e, pelo contrário, o TCA considera que a recusa de tal hipótese é inconstitucional por não permitir um processo justo e equitativo, violando o artigo 20.º da CRP (cfr. os Acórdãos do TCA de 1 de Julho de 1999 e de 14 de Julho de 1999, proferidos nos Processos n.º 3004-A e n.º 3008-A).

[1143] Cfr. GARCÍA DE ENTERRÍA, *Reflexión sobre la constitucionalización de las medidas cautelares en el contencioso-administrativo*, in REDA, n.º 76, 1996, pág. 628.

[1144] Veja-se, apenas a título de exemplo, o Acórdão do STA, de 12 de Novembro

Em conclusão, a tutela cautelar no contencioso administrativo tende a evoluir no sentido da admissibilidade de medidas atípicas ou de providências não especificadas, optando-se sempre por aquela que for mais adequada à situação em apreço, variando em função de vários factores, nomeadamente: a existência de um acto administrativo prévio, a natureza deste acto, o tipo de interesse que se pretende proteger, e o momento em que a medida é requerida.

No caso específico do contencioso dos contratos da Administração, admitimos que a intensidade da tutela cautelar garantida quer aos terceiros, quer ao próprio co-contratante particular, varie de acordo com o tipo de contrato em causa e o interesse público que este visa prosseguir. Por exemplo, em circunstâncias fácticas e jurídicas semelhantes, pode não ser decretada a suspensão de um contrato de empreitada de obras públicas para a construção de um hospital mas sê-lo, pelo contrário, se se tratar de um contrato para a construção de um ponte ou de uma estrada[1145]. Por outro lado, deve também ponderar-se a posição substantiva do co-contratante particular, tendo, contudo, em atenção que a mera possibilidade de ressarcimento dos danos provocados ao terceiro não obsta à decretação da medida cautelar, uma vez que a ausência desta pode implicar a perda definitiva do bem e a tutela ressarcitória é sempre a *ultima ratio*[1146].

5. Os meios extra-judiciais de resolução de litígios

A referência aqui introduzida quanto aos meios extra-judiciais de resolução de litígios justifica-se por ser uma das formas de garantir uma

---

de 1998, proferido no Processo n.º 44.249-A, citado por SANTOS BOTELHO, *Contencioso administrativo*, 2ª Edição, Coimbra, 1999, pág. 396, que não concedeu a suspensão da eficácia de um acto de exclusão de um concurso público para concessão de lanços de auto-estrada. Esta orientação jurisprudencial vem, aliás, na linha do que é defendido por FREITAS DO AMARAL, *Direito...*, *cit.*, volume IV, págs. 314 e 315, quanto à interpretação do artigo 76.º, n.º 1, alínea *b*) da LPTA.

[1145] Como aconteceu, aliás, no Acórdão do STA de 15 de Outubro de 1998, proferido no Processo n.º 44.171-A, já referido. Mais recentemente, no Acórdão do STA de 29 de Fevereiro de 2000, Processo n.º 45.667-A, também não foi decretada a suspensão de eficácia, embora estivesse apenas em causa uma empreitada para remodelação das instalações do Ministério da Educação afectas ao funcionamento do Departamento de Ensino Básico, situação que não nos parece merecedora da mesma tutela.

[1146] Neste sentido, v. MARIO SANINO, *La nuova disciplina del contenzioso tra Amministrazione committente e appaltatore in materia di opere pubbliche*, in *La disciplina del contenzioso nel contratto di appalto di opere pubbliche*, Roma, 1997, pág. 41.

melhor e, sobretudo, mais célere, tutela judicial dos particulares perante a Administração. No âmbito da presente dissertação interessa-nos apenas explorar as vantagens que podem advir do recurso a meios não judiciais de resolução de litígios para os terceiros afectados pela actividade contratual da Administração.

Estes meios podem definir-se como modos de composição de litígios jurídicos que só podem ser utilizados com o consentimento das partes e que conduzem a uma solução que não é imposta por nenhuma delas[1147]. Dividem-se, tradicionalmente, em dois grandes tipos: os mecanismos de auto-composição de conflitos, isto é, os acordos; e os de hetero-composição dos conflitos, ou seja, aqueles que pressupõem a intervenção de um árbitro ou juiz imparcial.

Quanto aos primeiros, podem reconduzir-se, muitas vezes, aos acordos procedimentais, integrativos e substitutivos do procedimento, que referimos antes. Aliás, a transacção é exactamente um dos contratos públicos expressamente previsto na Lei de Procedimento Administrativo alemã. Não desenvolveremos a problemática da transacção no âmbito do presente estudo[1148]. Diga-se apenas que a transacção pressupõe necessariamente que estejam em causa direitos disponíveis das partes e matérias "transaccionáveis", ou seja, matérias em que o conteúdo da actuação administrativa não seja totalmente vinculado.

De acordo com a concepção tradicional, a legalidade dos actos administrativos não pode ser objecto de transacção, pelo que esta nunca poderia ocorrer no âmbito de um recurso contencioso de anulação. Não nos parece que seja assim: primeiro, porque o recurso tende a subjectivizar-se; segundo, porque, se é possível ao recorrente desistir da impugnação do acto, por maioria de razão, pode fazê-lo mediante a obtenção de determi-

---

[1147] Neste sentido, v. LAURENT RICHER, *Les modes alternatifs de règlement des litiges et le Droit administratif*, in AJDA, n.º 1, 1997, pág. 4. Sobre a possibilidade de os recursos administrativos graciosos funcionarem como verdadeiros meios alternativos de resolução de litígios, v. JEAN-FRANÇOIS BRISSON, *op. cit.*, págs. 470 a 473, GIMENO FELIU, *op. cit.*, págs. 97, e SARMIENTO ACOSTA, *Los recursos administrativos en el marco de la Justicia administrativa*, Madrid, 1996, págs. 407 e seguintes, desde que tenham as seguintes características: serem facultativos, precedidos de um processo contraditório, não haver indeferimento tácito, e serem decididos por serviços jurídicos dirigidos por um alto administrador com poder suficiente para resistir a pressões.

[1148] Sobre a transacção e outros "negócios procesuais" no Direito Processual Civil português, v. TEIXEIRA DE SOUSA, *Estudos...*, *cit.*, págs. 193 e seguintes.

nada contrapartida da Administração recorrida[1149]. Assim, é apenas o conteúdo do contrato de transacção que varia em função do meio processual em que a transacção ocorre.

Tratando-se da impugnação de um acto administrativo, o recorrente renuncia à sua pretensão de ver declarado nulo ou anulado um acto administrativo, mediante a satisfação de um outro interesse por parte da Administração, sem prejuízo de, no quadro legislativo actual, o Ministério Público poder continuar o recurso, nos termos do artigo 27.º, alínea e) da LPTA, desde que ainda esteja dentro do prazo de um ano que o Ministério Público possui para impugnar o acto. Nestes casos, alguns autores defendem mesmo que o caso julgado abrange o desistente[1150], posição com a qual não concordamos.

Pelo contrário, se estiver em causa uma acção de responsabilidade contratual ou extracontratual ou mesmo uma acção de reconhecimento de direitos, a transacção implica que a Administração se comprometa a actuar no sentido de satisfazer a pretensão do particular, cumprindo o contrato, pagando a indemnização ou concedendo o direito[1151].

Contudo, a actividade ulterior da Administração nunca pode deixar de prosseguir o interesse público, sob pena de desvio de poder, nem violar normas de ordem pública. Isto significa, por exemplo, que a Administração Pública não pode acordar pagar, a título de responsabilidade contratual ou extracontratual, uma quantia superior àquela que efectivamente deve[1152]. Esta limitação decorre também do princípio da legalidade orçamental, que implica um apertado controlo das despesas públicas e o respectivo cabimento orçamental[1153]. Poderia, contudo, ultrapassar-se este óbice através da responsabilização pessoal do titular do órgão ou agente administrativo e da consagração do direito de regresso da Administração.

A transacção pode ser extra-judicial (ou preventiva, na terminologia do artigo 1250.º do CC), com vista à prevenção de um litígio ou a pôr termo a uma situação de incerteza relativamente a determinada relação

---

[1149] Este argumento é utilizado por LAURENT RICHER, Les modes alternatifs..., cit., pág. 8.

[1150] Cfr. FREITAS DO AMARAL e PAULO OTERO, op. cit., págs. 545 e 546.

[1151] Neste sentido, v. GONZÁLEZ PÉREZ, Comentarios a la Ley de la Jurisdiccion Contencioso-Administrativa, Madrid, 1994, pág. 375.

[1152] Cfr. FRANÇOISE DUCAROUGE, Le juge administratif et les modes alternatifs de règlement des conflits: transaction, médiation, conciliation et arbitrage en Droit public français, in RFDA, n.º 12, volume 1, 1996, pág. 87.

[1153] Como refere JOÃO CAUPERS, A arbitragem..., cit., pág. 6, a propósito da arbitragem.

jurídica[1154]; ou judicial, se ocorrer no âmbito de um processo pendente em tribunal. Neste último caso, a convenção de transacção tem de ser homologada pelo juiz, como resulta do artigo 300.°, n.° 4, do CPC, o qual aprecia a validade das concessões recíprocas das partes, devendo recusar a homologação se essas concessões violarem manifestamente o princípio da proporcionalidade, se o acordo violar regras de ordem pública ou se for lesivo para o interesse público[1155]. A transacção devidamente homologada tem a força de caso julgado e serve de título executivo[1156].

Em qualquer dos casos, a transacção é sempre um contrato administrativo, pois o carácter judicial não afasta a natureza contratual[1157], pelo que está sujeita ao visto do Tribunal de Contas[1158].

Os termos da transacção não podem ser modificados unilateralmente pela Administração, pois tal implicaria uma violação do princípio da boa fé[1159]. Parece-nos, contudo, de admitir essa possibilidade quando se verificar uma profunda alteração das circunstâncias de facto ou de Direito, e desde que o particular possa ser devidamente tutelado.

Os mecanismos de hetero-composição de litígios visam substituir a intervenção judicial e são uma forma de as partes ultrapassarem a actual crise de eficácia da Justiça, provocada pela morosidade, sistemática inexecução das sentenças e falta de meios processuais para impugnar certo tipo de actuações ou omissões administrativas. JOÃO CAUPERS distingue, a este propósito, entre causas conjunturais e causas estruturais do desenvolvimento destes mecanismos, sendo que as primeiras correspondem aos problemas acima referidos, e as segundas, que o autor considera mais relevantes, têm a ver com a necessidade de especialização dos juizes, o que

---

[1154] É o caso, por exemplo, das transacções em matéria de expropriações ou das transacções fiscais. Sobre estas últimas, v. CASALTA NABAIS, *op. cit.*, págs. 108 e seguintes.

[1155] Cfr. LAURENT RICHER, *Les modes alternatifs..., cit.*, pág. 9, ARNAUD LYON--CAEN, *Sur la transaction en Droit administratif*, in AJDA, n.° 1, 1997, pág. 51 e J. GONZÁLEZ PÉREZ, *La transacción en el proyecto de ley de la Jurisdiccion contencioso--administrativa*, in RAP, n.° 145, 1998, pág. 14.

[1156] Como salienta YVES GAUDEMET, *Le précontentieux*, in AJDA, n.° especial, 1994, pág. 90.

[1157] Neste sentido, v. J. GONZÁLEZ PÉREZ, *La transacción..., cit.*, pág. 12. Está, por isso, ultrapassado, mesmo em Itália, o entendimento de ENRICO GUICCIARDI, *La giustizia amministrativa*, 3ª Edição, Pádua, 1957, págs. 371 e 372, segundo o qual a transacção seria um acto administrativo sujeito a um negócio unilateral de aceitação por parte do particular.

[1157] Como salienta SÉRVULO CORREIA, *A efectivação processual da responsabilidade civil extracontratual da Administração por actos de gestão pública*, in *La responsabilidad patrimonial de los poderes públicos*, Madrid, 1999, pág. 278.

[1159] Neste sentido, v. LAURENT RICHER, *Les modes alternatifs..., cit.*, págs. 7 e 8.

justifica cada vez mais o recurso a árbitros-peritos, nomeadamente no âmbito das obras públicas, do urbanismo e do ambiente[1160].

Os métodos de hetero-composição de litígios podem dividir-se, segundo alguns autores espanhóis, entre "técnicas filtro ou preventivas", que actuam antes do conflito surgir, tais como a mediação e a conciliação; e "técnicas complementares", cujo objectivo é resolver um litígio já existente, como a arbitragem[1161].

A mediação e a conciliação distinguem-se essencialmente em função da intensidade da intervenção da entidade imparcial que tenta obter uma solução consensual para o litígio. Assim, o mediador desempenha um papel mais activo e propõe soluções para o conflito, ao contrário do conciliador, que adopta uma posição passiva, limitando-se a aguardar que as partes cheguem a acordo. Trata-se, por isso, de uma diferença de método e não de conteúdo[1162], embora, após um processo de conciliação mal sucedido possa seguir-se um processo de mediação, procurando obter-se um acordo através da intervenção activa do mediador.

Tal como a transacção, quer a mediação, quer a conciliação são formas de resolução consensual de litígios, dando azo a contratos que serão públicos ou privados consoante o objecto sobre o qual versem[1163], com a especificidade, no caso da mediação, de o conteúdo desse acordo ser proposto por uma entidade exterior e independente. Concordamos, por isso, com GUIDO GRECO, quando defende que, em virtude dessa natureza contratual, aqueles mecanismos só são admissíveis no âmbito dos poderes discricionários da Administração, são limitados pelo princípio da legalidade[1164] e são passíveis de impugnação judicial[1165].

V. PEREIRA DA SILVA refere também a necessidade de se tratar de direitos indisponíveis e de o acordo ser fruto de uma vontade livre e escla-

---

[1160] Cfr. JOÃO CAUPERS, *A arbitragem...*, cit., págs. 6 e 7.

[1161] V. ROSA MORENO, *El arbitraje administrativo*, Madrid, 1998, pág. 23.

[1162] Neste sentido, v. GIMENO FÉLIU, *op. cit.*, pág. 94, FRÉDÉRIQUE MUNOZ, *Pour une logique de conciliation*, in AJDA, n.º 1, 1997, pág. 45 e MICHÈLE GIULLAUME-HOFNUNG, *La médiation*, in AJDA, n.º 1, 1997, pág. 40, referindo-se a várias formas de mediação institucionalizada existente em França.

[1163] Veja-se, por exemplo, o caso da transacção, que é definida no artigo 1248.º, n.º 1, do CC, como *"...o contrato pelo qual as partes previnem ou terminam um litígio mediante recíprocas concessões"*.

[1164] Cfr. GUIDO GRECO, *Modelli arbitrali e potestà amministrative*, in Arbitrato e Pubblica Amministrazione, Milão, 1999, pág. 166.

[1165] Neste sentido, v. ROSA MORENO, *op. cit.*, pág. 53.

recida, atendendo, nomeadamente, ao perigo de se verificar uma situação de coacção[1166].

Além destes limites, deve ainda atender-se à necessidade de proteger os terceiros, razão pela qual os acordos decorrentes da mediação ou da conciliação não podem afectar os direitos destes, nem impor restrições que a Administração não pudesse impor por via unilateral, estando sujeitos aos limites gerais que já tivemos oportunidade de referir quanto aos acordos procedimentais[1167]. A realização de um acordo no âmbito de uma tentativa de conciliação depende, por isso, da participação e concordância de terceiros quando vise produzir efeitos na esfera jurídica destes[1168], o mesmo acontecendo relativamente à transacção. De facto, na transacção, independentemente da sua natureza judicial ou extra-judicial, devem participar todas as partes necessárias do processo, incluindo, naturalmente, os contra-interessados[1169]. Parece-nos mesmo que esta é a maior dificuldade à utilização da figura da transacção no Direito Administrativo, atendendo à enorme dificuldade em determinar os contra-interessados em certo tipo de processos.

Assim, a transacção, a mediação e a conciliação, apesar de serem meios de resolução de litígios, não assumem grande relevância no contexto actual, pois pressupõem sempre a obtenção de um acordo entre as partes, ainda que a instâncias e com a intervenção de um terceiro. Daí que, quando esse acordo não é obtido, as partes acabem por recorrer aos tribunais ou, eventualmente, à arbitragem.

Justificar-se-ia, ainda assim, a constituição em Portugal de entidades independentes que actuassem como mediadores entre a Administração e os particulares no âmbito da contratação pública, tal como existem em França os *"Comités de Réglement Amiable"*, e em Espanha a *"Mesa de Contratación"*. Aliás, o regime das empreitadas de obras públicas, aprovado pelo Decreto-lei n.º 59/99 prevê a existência de uma tentativa de conciliação necessária no âmbito das acções contratuais, nos termos dos arti-

---

[1166] Cfr. V. PEREIRA DA SILVA, *Vem aí a reforma...*, cit., pág. 12.

[1167] Cfr. *supra* o Capítulo II da Parte II.

[1168] Não podemos, por isso, concordar com SUZANA TAVARES DA SILVA, *op. cit.*, págs. 98 e 99, quando defende que o única desvantagem destas soluções negociadas prende-se com a exclusão dos terceiros.

[1169] Como refere CABAÑAS GARCÍA, *op. cit.*, pág. 47, na transacção têm que participar todas as partes envolvidas, visto que cada uma delas só pode dispor processualmente das suas próprias pretensões. No mesmo sentido pronuncia-se J. GONZÁLEZ PÉREZ, *La transacción...*, cit., pág. 20, salientando que também é necessário o consentimento de todas as partes para permitir à Administração revogar o contrato transaccional.

gos 260.º a 264.º, à qual preside o presidente do Conselho Superior de Obras Públicas e Transportes. A Directiva "Recursos" para os sectores excluídos prevê também um processo de conciliação perante a Comissão europeia caso o particular assim o pretenda.

A arbitragem, pelo contrário, é uma verdadeira técnica de resolução de litígios, que se caracteriza essencialmente pelo facto de o tribunal judicial ou administrativo ser substituído por um árbitro ou uma comissão arbitral, cuja competência e autoridade para dirimir o conflito é conferida por acordo das partes[1170]. Sendo assim, o recurso à arbitragem pode estar previsto no contrato ou num acordo adicional, constituindo uma cláusula compromissória se for prevista para resolver um conflito futuro ou eventual, e um compromisso arbitral se for para resolver um litígio actual, já existente (tribunal arbitral voluntário).

A natureza jurídica da arbitragem é, por isso, muito discutida na doutrina, que oscila entre uma tese "judicialista" e uma tese "contratualista"[1171]. É matéria que não cabe, contudo, na economia da presente dissertação, embora nos inclinemos para a tese "judicialista", na medida em que é a única compatível com o regime decorrente da Lei n.º 31/86, de 29 de Agosto (LAV), nomeadamente com o facto de as comissões arbitrais terem natureza judicial[1172], de as sentenças arbitrais constituírem título executivo e de serem passíveis de recurso jurisdicional[1173].

No âmbito do Direito Administrativo, sempre se considerou problemática a admissibilidade da arbitragem, por duas razões essenciais: devido ao facto de a competência dos tribunais administrativos ser de ordem pública; e, por outro lado, devido à natureza indisponível de muitas matérias, decorrente do princípio da legalidade e do carácter imperativo de determinadas normas de Direito Administrativo. Não nos parece, contudo, que exista qualquer tipo de incompatibilidade de natureza entre a arbi-

---

[1170] Como salienta ANNA MARIA BERNINI, *Opere pubbliche e composizione delle controversie: quale spazio per l'arbitrato? Qualche riflessione*, in RTA, 1998, pág. 102, enquanto que a arbitragem substitui os tribunais, a conciliação e a mediação apenas adiam o recurso aos tribunais, actuando numa fase pré-contenciosa.

[1171] Para maiores desenvolvimentos, v. ROSA MORENO, *op. cit.*, págs. 60 e seguintes.

[1172] Neste sentido, v. REBELO DE SOUSA, *As indemnizações por nacionalização e as comissões arbitrais em Portugal*, in ROA, Ano 49.º, II, 1989, pág. 389.

[1173] Neste sentido, v. JOÃO CAUPERS, *A arbitragem..., cit.*, págs. 3 e 4. Este autor considera mesmo que se trata de um modo para-jurisdicional de resolução de conflitos, muito próximo da via jurisdicional propriamente dita.

tragem e o Direito Público, uma vez que não existe uma "reserva de jurisdição estatal" para julgar a Administração Pública[1174].

As matéria da contratação pública e da responsabilidade extracontratual são aquelas em que a arbitragem tem maior aplicação, como resulta, desde logo, da norma genérica do artigo 2.º, n.º 2, do ETAF[1175]. No artigo 180.º da PLCPTA prevê-se também o recurso a tribunais arbitrais para julgar acções ou recursos que versem sobre contratos administrativos, responsabilidade civil extracontratual e funcionalismo público, mantendo-se, por isso, a orientação seguida anteriormente, apenas se acrescentando a função pública. Esta opção não parece ser, contudo, a mais feliz, na medida em que é uma matéria quase inteiramente vinculada pela lei, não deixando a margem de liberdade necessária para a utilização da arbitragem[1176]. Por outro lado, seria de ponderar a inclusão de uma cláusula geral de admissibilidade do recurso à arbitragem, sem indicação de matérias, estabelecendo como limites os direitos indisponíveis e as questões totalmente vinculadas pela lei[1177].

O artigo 2.º, n.º 2, do ETAF deve ser conjugado com o disposto no artigo 1.º, n.º 4, da LAV, segundo o qual o Estado e outras pessoas colec-

---

[1174] No mesmo sentido, v. CHARLES JARROSSOM, *L'arbitrage en Droit public*, in AJDA, n.º 1, 1997, pág. 17. Este autor considera, no entanto, que o "contencioso da legalidade" escapa completamente à arbitragem, ou seja, apenas aplica a arbitragem ao contencioso de plena jurisdição (cfr. a pág. 20).

[1175] O recurso à arbitragem no âmbito da contratação pública é expressamente previsto em Espanha, no artigo 61.º da LCAP, e em Itália, no artigo 2.º da Lei n.º 662, de 1996, para as concessões, e no artigo 32.º da Lei n.º 216, de 1995, para as empreitadas de obras públicas. Em França, a arbitragem em matéria de contratação pública foi introduzida no contrato entre o Estado francês e a *"Walt Disney"* para a instalação da *"EuroDisney"*, uma vez que essa era uma condição exigida pela empresa americana, o que levou o legislador a consagrar expressamente uma regra de permissão de recurso à arbitragem por parte da Administração Pública, no artigo 9.º da Lei de 19 de Agosto de 1986. É, aliás, no âmbito da contratação internacional dos Estados que a arbitragem tem o seu campo de aplicação mais significativo, como salienta APOSTOLOS PATRIKIOS, *L'arbitrage en matière administrative*, Paris, 1997, págs. 85 e seguintes.

Trata-se, contudo, de uma matéria sobre a qual não nos debruçaremos na presente dissertação.

[1176] Neste sentido, v. JOÃO CAUPERS, *A arbitragem...*, cit., pág. 9 e V. PEREIRA DA SILVA, *Vem aí a reforma...*, cit., pág. 12.

[1177] MANUEL TRAYTER, *El arbitraje de Derecho administrativo*, in RAP, n.º 143, 1997, págs. 97 e 98, refere outras áreas em que a arbitragem pode revelar-se vantajosa, tais como, a matéria das subvenções públicas e os procedimentos de concessão, alteração e extinção de autorizações.

tivas públicas podem celebrar convenções de arbitragem no âmbito de relações de Direito Privado, ou, independentemente da natureza da relação jurídica, quando tal estiver previsto em legislação especial, como acontece no contencioso administrativo, através do artigo 2.º, n.º 2, do ETAF[1178].

Verifica-se, contudo, que no caso dos contratos da Administração a arbitragem parece ser admitida apenas nas relações entre a Administração e o co-contratante particular e não para dirimir litígios com terceiros, até porque estes surgem sobretudo no decurso do procedimento pré-contratual, que é regido essencialmente por normas imperativas que não estão na disponibilidade das partes.

Por outro lado, as cláusulas compromissórias e os compromissos arbitrais têm apenas eficácia *inter partes*, não se aplicando a terceiros. Este entendimento é corroborado pelo artigo 188.º do CPA, que permite a celebração de cláusulas compromissórias para dirimir litígios que venham a surgir entre as partes num contrato administrativo.

Sendo assim, estaria, em princípio, afastada a possibilidade de recorrer à arbitragem como forma de protecção dos terceiros, devido à impossibilidade de apreciar, através desse meio, a legalidade de actos administrativos, e também em virtude da ineficácia dos acordos arbitrais relativamente aos terceiros[1179]. Aliás, o artigo 188.º do CPA revela-se demasiado restritivo, quer no que respeita à possibilidade do recurso a árbitros por parte de terceiros, quer por não prever a possibilidade da celebração de compromissos arbitrais após o aparecimento do litígio.

As restrições impostas pelo artigo 188.º do CPA são, no entanto, ultrapassáveis, à luz da cláusula geral do artigo 2.º, n.º 2, do ETAF, que não se limita às partes e refere genericamente "tribunais arbitrais", ou seja, qualquer convenção arbitral, incluindo quer as cláusulas compromissórias, quer os compromissos arbitrais[1180].

[1180] Neste sentido, v. SÉRVULO CORREIA, *A arbitragem voluntária no domínio dos contratos administrativos*, in *Estudos em memória do Professor Doutor João de Castro Mendes*, Lisboa, 1995, págs. 236 e 237, considerando que o artigo 2.º, n.º 2, do ETAF não é apenas uma norma de remissão, mas sim uma norma de habilitação da qual flui directamente a permissão de celebração de convenções arbitrais no âmbito das relações jurídicas administrativas. Quanto à responsabilidade civil extracontratual da Administração, v. RUI MEDEIROS, *Acções...*, cit., págs. 29 e 30.

[1179] Neste sentido, v. PEDRO GONÇALVES, *Contrato...*, cit., pág. 114.

[1180] Neste sentido, v. SÉRVULO CORREIA, *A arbitragem...*, cit., pág. 251 a 253, salienta que, estando o artigo 188.º do CPA inserido num diploma sobre procedimento administrativo, é sistematicamente lógico que apenas se refira às cláusulas compromissórias, que fazem parte do conteúdo dos contratos administrativos, e não aos compromissos

Cumpre, por isso, distinguir consoante os efeitos lesivos para terceiros decorram do procedimento pré-contratual ou, pelo contrário, surjam no âmbito da execução do contrato.

Quanto aos conflitos decorrentes da fase pré-contratual, parece-nos que a arbitragem deve ser admitida quando existam cláusulas compromissórias inseridas nas peças concursais e desde que o concorrente manifeste expressamente o seu acordo no momento da apresentação da respectiva proposta. De facto, a inclusão de uma cláusula compromissória geral nas peças do concurso, permite, seja qual for o procedimento de adjudicação adoptado, abranger todos os concorrentes, embora dependente da aceitação por parte de cada candidato. O particular deve ter a possibilidade de recusar a arbitragem, sem que a sua proposta possa ser prejudicada por esse motivo, não contando a mera participação como manifestação de concordância[1181].

Após a admissão do candidato, durante o decurso do procedimento, qualquer litígio emergente entre a Administração e cada concorrente, pode ser objecto de um compromisso arbitral concreto, independentemente da previsão genérica de uma cláusula compromissória.

Este compromisso pode ser proposto pela Administração ou pelo particular, considerando alguns autores que, neste último caso, a Administração deveria ser legalmente obrigada a aceitar o compromisso sugerido pelo particular[1182], transformando-se o recurso à arbitragem num verdadeiro direito potestativo dos particulares. Efectivamente, esta seria uma forma de aumentar a utilização da arbitragem, convertendo-a numa verdadeira alternativa aos tribunais administrativos, com a vantagem de evi-

---

arbitrais, que são celebrados já numa fase contenciosa. No mesmo sentido, v. FREITAS DO AMARAL, JOÃO CAUPERS, MARTINS CLARO, JOÃO RAPOSO, SIZA VIEIRA e V.PEREIRA DA SILVA, *Código de Procedimento Administrativo anotado*, 3ª Edição, Coimbra, 1998, pág. 316, e também M. ESTEVES DE OLIVEIRA, PEDRO COSTA GONÇALVES e PACHECO DE AMORIM, *Código...*, *cit.*, págs. 855 e 856.

[1181] No mesmo sentido, v. SABINO CASSESE, *L'arbitrato nel Diritto amministrativo*, in RTDP, 1996, págs. 319 e 320, considerando que só assim se pode derrogar a regra geral da "estadualidade" da Justiça. Em sentido contrário, v. EMANUELE ODORISIO, *La risoluzione delle controversie negli appalti di opere pubbliche: dall'arbitrato obbligatorio al divieto di arbitrato*, in *La disciplina del contenzioso nel contratto di appalto di opere pubbliche*, Roma, 1997, pág. 111.

[1182] Neste sentido, v. FREITAS DO AMARAL, *Projecto de código...*, *cit.*, pág. 22. Em sentido próximo, OLIVIERO ZUCCARO, *op. cit.*, pág. 91, sugere que a Administração seja obrigada a fundamentar quando não aceita o compromisso arbitral. MICHEL VIVIANO, *op. cit.*, pág. 494, salienta, por sua vez, que o acto através do qual a Administração recuse a arbitragem é recorrível contenciosamente.

tar a morosidade inerente ao seu funcionamento, que se traduz, normalmente, em prejuízos para o particular. Não foi, contudo, esta a opção do nosso legislador, o qual, aliás, mantém a mesma solução nos artigos 180.º e seguintes da PLCPTA[1183].

O recurso à arbitragem no âmbito da fase pré-contratual coloca questões complexas ao nível dos efeitos da decisão arbitral, uma vez que esta incide, regra geral, sobre a legalidade dos actos administrativos praticados pela Administração durante o procedimento de adjudicação. Ora, o meio legalmente previsto para apreciar a validade de actos administrativos é o recurso contencioso de anulação, pelo que a arbitragem estaria, aparentemente, excluída, a não ser que aquela regra fosse derrogada por outra norma legal[1184]. Tal poderia ocorrer apenas quando a cláusula compromissória fosse incluída nas bases de uma concessão ou se as peças concursais fossem aprovadas por Lei ou Decreto-Lei, o que raramente acontece, e, mesmo assim, só quando se tratasse de Lei da Assembleia da República, uma vez que as leis de processo administrativo não podem ser derrogadas por decretos-leis simples.

Não nos parece, contudo, que seja necessária uma derrogação legal para admitir a arbitragem nesta matéria. A solução avançada pela doutrina italiana prende-se com a amplitude dos efeitos da decisão arbitral, que nunca poderia anular ou declarar nulo um acto administrativo, mas apenas apreciá-lo com vista à reposição da situação jurídica do particular no caso de o acto ser considerado inválido[1185]. O árbitro ou a comissão arbitral poderiam, assim, obrigar a Administração a indemnizar o particular, mas

---

[1183] Este preceito determina que o particular interessado em recorrer à arbitragem deve requerer ao Ministro da Justiça a celebração da respectiva convenção de arbitragem, tendo o Ministro sessenta dias para aceitar ou recusar a convenção, valendo o silêncio como recusa. Como salienta MARTINS CLARO, *A arbitragem no anteprojecto de Código de Processo nos Tribunais Administrativos*, in CJA, n.º 22, 2000, pág. 85, este prazo deveria interromper ou suspender o prazo para interposição do recurso ou para propor a acção.

[1184] Neste sentido, v. PEDRO GONÇALVES, *Contrato..., cit.*, págs. 114 e 115. Em sentido próximo, PELINO SANTORO, *I controlli..., cit.*, pág. 125, considerando que as peças do concurso que incluam cláusulas compromissórias são *"lex specialis"*.

[1185] V., por todos, ITALO FRANCO, FRANCESCO STADERINI e SERGIO ZAMBARDI, *op. cit.*, pág. 282. APOSTOLOS PATRIKIOS, *op. cit.*, págs. 219 e 220, apesar de excluir a arbitragem no âmbito do *recours pour excès de pouvoir*, admite que se possa reconhecer ao tribunal arbitral um *"...certo poder de apreciação da legalidade dos actos administrativos..."*, pelo menos quando as partes não renunciaram ao direito ao recurso jurisdicional, pois aí a matéria da validade do acto ainda pode ser aferida, em última instância, pela jurisdição estatal.

não seria possível proceder à reconstituição da situação actual hipotética, uma vez que isso pressupõe a eliminação do acto impugnado[1186]. A utilidade da arbitragem neste âmbito fica, por isso, diminuída, mas continuaria a ser aplicável quando o concorrente preterido apenas pretenda o ressarcimento pecuniário dos danos sofridos, *v.g.* por ter perdido o interesse no contrato.

Por outro lado, como refere JOÃO CAUPERS, raramente os actos administrativos são totalmente vinculados pela lei, sendo apenas "modulados" por esta, o que deixa alguma margem de liberdade à concertação com o particular na densificação da norma legal. Assim, apenas os aspectos totalmente vinculados do acto constituiriam um verdadeiro limite à arbitragem no âmbito dos meios impugnatórios[1187].

A gradual subjectivização do recurso contencioso de anulação e a sua aproximação ao contencioso de plena jurisdição contribui também para a admissibilidade do julgamento por tribunais arbitrais, uma vez que estão em causa os direitos dos particulares e não a legalidade objectiva[1188].

Assim, parece-nos que não se deve excluir liminarmente a possibilidade de utilizar a arbitragem para dirimir litígios surgidos durante o procedimento pré-contratual, nem tão pouco, para apreciar a legalidade dos acordos procedimentais, integrativos ou substitutivos do procedimento, bem como a invalidade consequente ou intrínseca dos contratos administrativos, nos mesmos termos e desde que a actuação se insira no âmbito do exercício de poderes discricionários da Administração[1189].

[1186] Esta limitação dos efeitos da sentença arbitral reduz – mas não elimina – a necessidade de estarem presentes os contra-interessados na manutenção do acto, pois diminui o seu âmbito. Refira-se, contudo, que concordamos com MARTINS CLARO, *A arbitragem..., cit.*, pág. 84, quando defende que a intervenção processual dos contra-interessados é uma das dificuldades em recorrer à arbitragem no contencioso administrativo.

[1187] Cfr. JOÃO CAUPERS, *A arbitragem..., cit.*, pág. 8.

[1188] Neste sentido, v. REBELO DE SOUSA, *As indemnizações por nacionalização..., cit.*, pág. 392.

[1189] No mesmo sentido pronunciam-se VITTORIO DOMENICHELLI, *L'arbitrato nell'ambito dei lavori pubblici*, in *Arbitrato e Pubblica Amministrazione*, Milão, 1999, pág. 56 e FRANCO PUGLIESE, *Poteri del collegio arbitrale e provvedimenti amministrativi*, in *Arbitrato e Pubblica Amministrazione*, Milão, 1999, pág. 73. Mais problemática é a questão, equacionada, por exemplo, por TORNOS MAS, *Medios complementares..., cit.*, pág. 177, de saber se os tribunais arbitrais podem decretar medidas cautelares. Parece-nos que a resposta deve ser afirmativa, embora não possam executar coactivamente essas medidas, tal como não o podem fazer relativamente à decisão principal. Em sentido próximo, v. MANUEL TRAYTER, *op. cit.*, pág. 99.

Aliás, o artigo 2.º, n.º 2, do ETAF refere-se ao *"contencioso dos contratos administrativos"*, não excluindo a fase pré-contratual, e o artigo 203.º do Decreto-Lei n.º 197/99, que apenas se aplica à fase procedimental, permite também a submissão a tribunal arbitral. Só estão, por isso, excepcionados do domínio da arbitragem os poderes administrativos totalmente vinculados e os direitos indisponíveis, como resulta do artigo 1.º, n.º 1, da LAV. Diga-se, contudo, quanto a este último requisito, que tendemos a concordar com RAÚL VENTURA e SÉRVULO CORREIA quando consideram que a indisponibilidade dos direitos não deveria ser um requisito da "arbitrabilidade" do litígio, na medida em que não há qualquer ligação entre a influência da vontade das partes para a determinação dos juízes do seu litígio e a influência dessa vontade quanto às vicissitudes da relação jurídica substantiva[1190].

Deve, por isso, admitir-se a apreciação da validade dos actos administrativos através do recurso à arbitragem[1191], excepto quando se pretenda julgar segundo a equidade, visto que, nessa matéria, o tribunal arbitral nunca pode julgar *"contra legem"* ou *praeter legem*, mas apenas *secundum legem*.

Na fase da execução do contrato, a possibilidade de recurso à arbitragem é pacífica e muito mais frequente[1192]. Pode mesmo dizer-se que é o domínio por excelência de aplicação deste meio extra-judicial de resolução de litígios no âmbito do Direito Administrativo.

O artigo 253.º, n.º 2, do Decreto-Lei n.º 59/99 prevê expressamente a possibilidade de as partes acordarem na submissão do litígio a tribunais arbitrais, seguindo-se, nesse caso, as regras definidas nos artigos 258.º e 259.º do mesmo diploma. Saliente-se que os preceitos referem-se apenas a compromissos arbitrais, que devem ser assinados antes de expirado o prazo de caducidade do direito, e não a cláusulas compromissórias incluídas no próprio contrato, embora estas sejam também admissíveis, nos termos do artigo 188.º do CPA, já mencionado.

No âmbito das empreitadas de obras públicas, o recurso a árbitros durante a execução do contrato está também previsto: no artigo 27.º, n.ºs

---

[1190] Cfr. RAÚL VENTURA, *Convenção de arbitragem*, in ROA, Ano 46.º, II, pág. 321 e SÉRVULO CORREIA, *A arbitragem...*, *cit.*, págs. 234 e 235, em nota.

[1191] Neste sentido, v. SÉRVULO CORREIA, *A arbitragem...*, *cit.*, pág. 235, em nota e GAETANO SCOCA *La capacità della Pubblica Amministrazione di compromettere in arbitri*, in *Arbitrato e Pubblica Amministrazione*, Milão, 1991, pág. 108.

[1192] V., entre outros, PEDRO GONÇALVES, *Contrato...*, *cit.*, pág. 114 e EUGENIO MELE, *op. cit.*, pág. 298.

6 e 7, do Decreto-Lei n.º 59/99, quanto à fixação de novos preços pela realização de trabalhos a mais; no artigo 33.º, para o cálculo do valor dos trabalhos para efeitos de rescisão; para fixação da indemnização prevista no artigo 158.º; entre outras situações. Em todos estes casos pode funcionar como tribunal arbitral o Conselho Superior de Obras Públicas e Transportes, aproveitando-se o facto de ser uma entidade imparcial já institucionalizada.

Apesar da consagração legislativa da arbitragem em matéria de contratos da Administração, subsistem muitas dificuldades no que respeita à utilização da arbitragem como forma de tutela dos terceiros, até porque os preceitos referem-se sempre apenas aos litígios entre as partes.

O primeiro obstáculo prende-se com a eficácia *inter partes* da cláusula compromissória constante do contrato, que não pode afectar aqueles que não participaram na sua celebração. Assim, quando estejam em causa danos provocados pela execução do contrato na esfera jurídica de terceiros, estes podem recorrer aos tribunais administrativos, independentemente de as partes terem acordado entre si que todos os litígios surgidos no âmbito da execução do contrato seriam submetidos a um determinado árbitro ou comissão arbitral. Dir-se-ia, por isso, que o terceiro nunca é afectado pela cláusula arbitral contida num contrato, visto que esta não tem quaisquer efeitos perante ele. Mas nem sempre é assim, porque há casos, como por exemplo nos contratos de concessão de serviços públicos, em que o contrato de concessão prevê que todos os litígios entre o concessionário e os utentes sejam dirimidos por determinada entidade[1193]. Nesta situação, a cláusula compromissória produz, naturalmente, efeitos relativamente a certo tipo de terceiros: os utentes.

Se se tratasse de um contrato privado, esta cláusula seria simplesmente ineficaz para os utentes, valendo o primado da jurisdição estatal, embora esta questão se coloque também no âmbito do Direito Privado quanto aos contratos a favor de terceiros[1194]. Contudo, atendendo à natu-

---

[1193] Esta possibilidade é apresentada por PEDRO GONÇALVES, *Contrato...*, *cit.*, pág. 114, dando o exemplo do contrato de concessão entre o Estado e a Portugal TELECOM, no qual se determina que os litígios entre esta e os utentes são resolvidos pelo Instituto das Comunicações de Portugal. V. também, no mesmo sentido, GIUSEPPE CAIA, *Materie compromettibili in arbitrato con la Pubblica Amministrazione*, in *Arbitrato e Pubblica Amministrazione*, Milão, 1999, pág. 19.

[1194] Esta questão é muito controvertida na doutrina italiana. V., por todos, FRANCESCO BENATTI, *Sulla circolazione della clausola compromissoria*, in *Arbitrato e Pubblica Amministrazione*, Milão, 1999, págs. 113 e seguintes. JEAN-LOUIS GOUTAL, *op. cit.*, pág. 449, considera, por sua vez, que as cláusulas compromissórias constantes de con-

reza específica dos contratos administrativos, e, em especial, daqueles que têm um objecto público, como as concessões, justifica-se, na nossa opinião, um desvio a esta regra, considerando-se a cláusula compromissória eficaz perante terceiros, mas garantindo a estes a possibilidade de a afastar, através de uma mera declaração de vontade.

As cláusulas compromissórias constituem actos destacáveis para efeitos de impugnação contenciosa autónoma[1195], devendo considerar-se nulo qualquer compromisso arbitral que coloque uma das partes (ou ambas as partes contraentes) em situação de privilégio perante a outra ou perante terceiros.

Se, pelo contrário, após a celebração do contrato, for um terceiro lesado a sugerir a realização de um compromisso arbitral, este deverá ter o acordo de ambos os contraentes, no caso de se tratar da interposição de um recurso de invalidade do contrato; ou do contraente contra quem o particular pretender intentar a respectiva acção, no caso de incumprimento do contrato ou de responsabilidade extracontratual.

Finalmente, e ainda no âmbito da execução do contrato, quando esteja em causa a impugnação de actos administrativos praticados pela Administração ou pelo contraente particular (por exemplo, o concessionário), colocam-se problemas idênticos aos que referimos quanto ao procedimento pré-contratual. É que, mesmo que estes actos sejam impugnados pelo co-contratante e não por um terceiro, o árbitro ou a comissão arbitral apenas podem desaplicar o acto no caso concreto e não proceder à sua anulação ou declaração de nulidade. Por outro lado, não pode considerar-se aplicável, nestes casos, o disposto no artigo 258.º, n.º 2, do Decreto-Lei n.º 59/99, que permite o julgamento segundo a equidade, uma vez que a apreciação da validade dos actos administrativos releva do domínio da estrita legalidade.

Quanto aos efeitos e execução da sentença proferida pelo tribunal arbitral, parece-nos que, tal como acontece quanto às sentenças judiciais, têm apenas efeitos *inter-partes*[1196], e constituem título executivo para efeito da sua execução coactiva. Esta processa-se perante o tribunal administrativo que seja competente para executar uma sentença de conteúdo

---

tratos a favor de terceiros só têm efeitos activos perante estes, ou seja, só atribuem direitos, não podendo nunca colocá-los em situação passiva.

[1195] Neste sentido, v. FRANCESCO BENATTI, *Sulla circolazione...*, cit., pág. 102 e MICHEL VIVIANO, *op. cit.*, pág. 494.

[1196] Em sentido contrário, defendendo o seu efeito *erga omnes*, v. JEAN-LOUS GOUTAL, *op. cit.*, pág. 455.

idêntico proferida por outro tribunal administrativo, sendo aplicável os artigos 95.° e 96.° da LPTA e o Decreto-Lei n.° 256-A/77[1197].

Os tribunais administrativos são também competentes para apreciar o recurso jurisdicional da sentença arbitral, na medida em que a existência de uma convenção arbitral não altera a natureza do litígio, que continua a ter natureza administrativa. Assim, apesar de o ETAF ser omisso quanto a esta matéria, deve considerar-se competente para apreciar estes recursos o TCA e não o Tribunal da Relação, ao contrário do que resultaria do artigo 29.°, n.° 1, da LAV, que apenas regula a matéria quanto ao processo civil[1198].

Para as acções de anulação da decisão arbitral são competentes os TACs, de acordo com a sua competência residual, nos termos do artigo 51.°, n.° 1, alínea j) da LPTA, embora com os fundamentos previstos no artigo 27.° da Lei n.° 31/86. Refira-se, finalmente, que quanto aos restantes aspectos, tais como a forma da convenção arbitral, a designação dos árbitros, entre outros, é aplicável a Lei n.° 31/86, com as devidas adaptações.

O desenvolvimento dos meios extra-judiciais de resolução de conflitos pode, assim, constituir uma via de solução para melhorar a tutela judicial efectiva dos particulares perante a Administração, mas concordamos inteiramente com JOÃO CAUPERS quando defende que estes mecanismos não podem ser *"...um expediente cómodo para escapar aos riscos inerentes à tomada de decisões políticas e legislativas indispensáveis à reforma da Jurisdição administrativa"*[1199], pois deve manter-se sempre a primazia da função jurisdicional estatal.

[1197] Este critério é avançado por SÉRVULO CORREIA, *A arbitragem...*, *cit.*, pág. 257.

[1198] SÉRVULO CORREIA, *A arbitragem...*, *cit.*, pág. 256, considerava, antes da alteração legislativa através da qual foi criado o TCA, que era competente o STA, retirando um argumento do facto de ser o presidente deste Tribunal a nomear os árbitros, função que é executada pelo presidente do Tribunal da Relação no processo civil (cfr. o artigo 14.°, n.° 2, da LAV). Apesar de, actualmente, continuar a ser o presidente do STA quem nomeia os árbitros, nos termos do artigo 19.°, n.° 1, alínea n) do ETAF, parece-nos que deve considerar-se competente o TCA para apreciar os recurso jurisdicionais das decisões arbitrais, pois aquele Tribunal corresponde à segunda instância, tal como, no processo civil, o Tribunal da Relação. Aliás, é esta a solução adoptada nos artigos 181.° da PLCPTA.

[1199] Cfr. JOÃO CAUPERS, *A arbitragem...*, *cit.*, pág. 11.

CAPÍTULO III
A efectivação da responsabilidade da Administração como forma de composição dos interesses em presença

1. A responsabilidade pré-contratual

O último capítulo da presente dissertação não poderia deixar de ser dedicado à responsabilidade da Administração como forma de composição dos interesses em presença, visto que o pagamento de uma indemnização permite sempre, em última análise, ressarcir o particular que, em cada caso concreto, seja lesado.

De facto, como vimos, o problema da protecção dos terceiros perante os contratos da Administração implica sempre uma ponderação entre a posição jurídica subjectiva do(s) terceiro(s) e a do próprio co-contratante, para se optar ou não pela invalidade e destruição do contrato. Esta questão coloca-se sobretudo nos casos de invalidade consequente do contrato, mas também, por exemplo, quando este é anulado ou declarado nulo por vícios intrínsecos, a pedido de um terceiro, apesar de as partes contratantes manifestarem interesse na continuação do contrato. Tradicionalmente, os tribunais administrativos optam sempre pela manutenção da coisa contratada, limitando-se a remeter o terceiro para a acção de responsabilidade extra-contratual da Administração. No entanto, isto não nos parece correcto: a solução adoptada em cada situação deve depender de uma ponderação entre o interesse público, o interesse do co-contratante particular e o interesse do terceiro. Esta ponderação deve ser efectuada de acordo com o princípio da proporcionalidade, tendo em consideração o tipo de invalidade do contrato, as posições jurídicas substantivas dos particulares, a urgência na prossecução do interesse público, entre outros factores que já tivemos oportunidade de referir.

Sendo assim, cumpre agora determinar em que medida a responsabilidade administrativa, nas suas diversas vertentes, pode ser útil à composição de todos estes interesses.

Em primeiro lugar, analisaremos a responsabilidade pré-contratual, atendendo ao facto de ser durante o procedimento de formação dos contratos que se verificam muitas das situações lesivas dos direitos dos terceiros.

Dir-se-ia, à primeira vista, que todas as violações ocorridas no decurso da fase procedimental dão azo a responsabilidade pré-contratual da Administração perante os candidatos ilegalmente preteridos. Existem, no entanto, duas grandes dificuldades em aplicar a figura da culpa *in contrahendo*:

– em primeiro lugar, uma dificuldade de carácter geral, que se prende com o papel do princípio da boa fé no Direito Administrativo;
– em segundo lugar, uma dificuldade concreta, que tem a ver com o facto de não se estabelecer entre a Administração e cada um dos concorrentes uma relação especial de confiança que permita alicerçar uma situação de culpa *in contrahendo*.

Sendo a responsabilidade pré-contratual, tal como está definida no artigo 227.º do CC, uma decorrência directa do princípio da boa fé na formação do contrato, o problema da aplicação deste princípio às relações entre a Administração e os particulares é de fundamental importância. Essa questão está, actualmente, ultrapassada, não só entre a doutrina e a jurisprudência, mas também ao nível da legislação, pelo menos desde a sua consagração no artigo 6.º-A do CPA.

O principal obstáculo à admissibilidade do princípio da boa fé residia na sua eventual inutilidade face à vinculação da actividade administrativa ao princípio da legalidade[1200], ao princípio da justiça[1201] e ao princípio da imparcialidade[1202]. Ora, nem essa vinculação é total, nem a legalidade objectiva afasta a necessidade de os sujeitos de Direito se relacionarem entre si de acordo com o princípio da boa fé, até porque os problemas de

---

[1200] Cfr. GONZÁLEZ PÉREZ, *El principio general...*, cit., pág. 37.

[1201] DAVID DUARTE, *op. cit.*, pág. 330 defende que *"...o princípio da justiça é um princípio que integra os diferentes limites que não se reconduzem a princípios autonomizáveis ou que ainda não adquiriram no Direito Público, porventura, a sedimentação necessária suficiente para configurarem limites independentes"*, tais como, nomeadamente, o princípio da boa fé e o princípio da protecção da confiança.

[1202] Cfr. FRANCESCO MANGANARO, *Principio di buona fede e attività delle Amministrazioni Pubbliche*, Nápoles, 1995, págs. 52 e 125, embora o autor não siga esta orientação. Em Itália, alguns autores continuam a defender que, apesar de a Administração estar sujeita ao princípio da boa fé, essa vinculação decorre do Direito Privado e não do Direito Público. V., por todos, GIANLUCA SICCHIERO, *Conclusione di contratti con la P.A.*, in FP, 1992, págs. 49 a 50.

Direito Público não se limitam a uma simples oposição dialéctica entre interesses públicos e interesses privados[1203]. Aliás, muitas vezes o interesse público coincide com o interesse privado de determinado particular e a Administração tem de ponderar todos esses factores na sua decisão, razão pela qual alguns autores consideram mesmo que o princípio da boa fé, além de uma regra de conduta administrativa, é um critério de decisão[1204].

De facto, embora no âmbito da contratação pública a boa fé actue principalmente enquanto regra de conduta, existem outros sectores da actividade administrativa em que aquele princípio releva essencialmente como critério de decisão – é o caso, por exemplo, da actuação administrativa de planificação. Conclui-se, assim, que o princípio da boa fé não é apenas um princípio de Direito Privado, mas sim um princípio geral do Direito, aplicável a todos os sujeitos, públicos ou privados[1205].

Alguns autores defendem mesmo a maior importância do princípio da boa fé nos contratos da Administração do que nos contratos privados, devido à especial configuração do procedimento pré-contratual e do regime de execução, por exemplo, ao nível do equilíbrio das prestações na economia do contrato[1206].

Outra dificuldade prende-se com a maior impessoalidade das relações jurídicas que se estabelecem entre a Administração e os particulares[1207]. No entanto, tal não acontece, por exemplo, no domínio da contratação pública, e a verdade é que existem muitos casos em que a actuação administrativa cria situações de confiança legítima nos particulares, devendo a Administração actuar em conformidade, na medida em que lhes tenha dado azo.

Aliás, nos termos do artigo 6.º-A do CPA, há uma relação estreita entre o princípio da boa fé e a protecção da confiança, que é especificamente referida no n.º 2 do preceito, até porque a presença da Administração e o formalismo inerente à sua actividade tendem a criar maiores e mais justificadas expectativas na esfera jurídica dos particulares.

[1203] Neste sentido, v. SAINZ MORENO, *La buena fe en las relaciones de la Administracion con los administrados*, in RAP, n.º 89, pág. 317.

[1204] V., por todos, FRANCESCO MANGANARO, *op. cit.*, pag. 61.

[1205] Como já entendeu o STA no Acórdão de 17 de Dezembro de 1999, proferido no Processo n.º 40.313.

[1206] V., por todos, ESCOBAR GIL, *op. cit.*, pág. 94.

[1207] Cfr. M. ESTEVES DE OLIVEIRA, PEDRO COSTA GONÇALVES e PACHECO DE AMORIM, *Código...*, *cit.*, pág. 111.

Em Portugal, a possibilidade de a Administração incorrer em responsabilidade pré-contratual é admitida consensualmente pela doutrina e pela jurisprudência, pelo menos desde a década de '80. Existe, aliás, um parecer da Procuradoria-Geral da República que considera haver culpa *in contrahendo* da Administração por esta não ter sujeito um contrato ao visto do Tribunal de Contas, e vir, depois, invocar a ineficácia do contrato por esse mesmo motivo[1208].

O princípio da boa fé, enquanto princípio relacional, desempenha uma função particularmente relevante no âmbito da contratação pública, uma vez que, nesse contexto, a Administração relaciona-se de forma especial com determinados particulares. Sendo assim, em todas as fases do contrato, o contratante público deve agir de boa fé, o que significa, nomeadamente, não causar prejuízos injustificados à outra parte; não arguir invalidades às quais conscientemente deu azo (*tu quoque*); não criar, através de comportamentos contraditórios, uma confiança legítima na outra parte com intenção de retirar algum benefício (*venire contra factum proprium*)[1209]; nem, sob qualquer forma, violar os deveres de protecção, informação e lealdade que decorrem da boa fé negocial, enquanto padrão de conduta ético-social e que são especialmente fortes face a entidades mais poderosas, como é o caso da Administração Pública[1210].

A segunda dificuldade à admissibilidade da responsabilidade pré-contratual prende-se com o facto de nos procedimentos de adjudicação "abertos", ou seja, o concurso público e o concurso limitado por prévia qualificação e sem apresentação de candidaturas (cfr. o artigo 182.º, n.º 1,

---

[1208] V. o Parecer da PGR n.º 138/79, de 20 de Dezembro, publicado no BMJ, n.º 298, 1980, págs. 20 a 22. Em Itália, por sua vez, a aplicação da responsabilidade pré-contratual nas relações entre a Administração e os particulares é consensual na jurisprudência italiana desde 1963, com a decisão do Tribunal da *Cassazione* de 8 de Maio de 1963. V. sobre esta matéria, DANIELA MEMMO, *op. cit.*, pág. 231 e seguintes.

[1209] O STA tem entendido que para criar essa situação de confiança não basta qualquer comportamento passivo da Administração, quando desacompanhado de sinais objectivos de manifestação de vontade estrenizante de efeitos jurídicos conformes (cfr. o Acórdão de 8 de Julho de 1999, Processo n.º 44.670).

[1210] V. MENEZES CORDEIRO, *Da boa fé no Direito Civil*, Coimbra, 1997, págs. 582 a 584. A noção de boa fé adoptada no CPA é essencialmente objectiva, enquanto regra ética-social e valorativa de conduta, como salientam M. ESTEVES DE OLIVEIRA, PEDRO COSTA GONÇALVES e PACHECO DE AMORIM, *Código...*, *cit.*, pág. 109, embora a diferença entre a boa fé objectiva e a boa fé subjectiva seja questionada por MENEZES CORDEIRO, *Direito...*, *cit.*, 1.º volume, pág. 137, defendendo uma unificação definitiva do conceito de boa fé, que, enquanto regra de conduta (objectiva) vai projectar-se na situação jurídica de boa fé (subjectiva).

do CPA), não se estabelecer uma relação especial de confiança entre a Administração e cada um dos concorrentes, requisito que é essencial à verificação da responsabilidade pré-contratual.

Pelo contrário, na negociação e no ajuste directo, essa relação especial existe, na medida em que nesses procedimentos a Administração negoceia directamente com um número limitado de candidatos, à semelhança do que acontece, regra geral, nas relações entre privados.

A esta dualidade de situações parece estar subjacente, tal como em Itália, a distinção entre direitos subjectivos e interesses legítimos: a violação do princípio da boa fé implica a violação de direitos subjectivos, enquanto que os vícios procedimentais dão (apenas) azo à violação de interesses legítimos[1211]. Sendo assim, existiria, no primeiro caso, responsabilidade pré-contratual; e, no segundo caso, responsabilidade extracontratual.

Contudo, recusando-se esta distinção tradicional, a admissibilidade da responsabilidade pré-contratual não deve passar, quanto a nós, pelo tipo de procedimento de selecção do co-contratante adoptado pela Administração, até porque a entidade adjudicante não deixa de estar vinculada ao princípio da boa fé nos procedimentos abertos[1212]. Verifica-se apenas que neste tipo de procedimentos existem mais vinculações legais que reduzem a margem de liberdade da Administração e, consequentemente, a boa fé tem um menor âmbito de aplicação.

Além disso, os vínculos que integram a "relação legal unitária de protecção" abarcam também todos os terceiros que intervenham nas negociações[1213], ou seja, não impendem apenas sobre a Administração e o particular com o qual procede a negociações ou contrata através de ajuste directo, mas também com os restantes concorrentes no caso de opção por um procedimento alargado. Na doutrina italiana, admite-se que a Admi-

---

[1211] Esta é a posição maioritária na doutrina italiana. V., por todos, GUIDO GRECO, *I contratti...*, cit., pág. 123, ERMANNO LIUZZO, *op. cit.*, pág. 74 e PELINO SANTORO, *I contratti...*, cit., págs. 455 e 456. Em sentido contrário, v. MARCO PETRONE, *La responsabilità precontrattuale della P.A.*, in RTA, 1991, pág. 238.

[1212] No mesmo sentido, v. REINHARDT HENDLER, *op. cit.*, pág. 134, pois considera que em qualquer procedimento existe um dever especial de diligência por parte da Administração. Não concordamos, por isso, com GIULIO BACOSI, *op. cit.*, pág. 399, quando defende que a procedimentalização da *trattativa privata* afasta a responsabilidade pré--contratual.

[1213] Cfr. REBELO DE SOUSA, *Responsabilidade pré-contratual – vertentes privatística e publicística*, in OD, Ano 125.º, III e IV, 1993, pág. 400.

nistração também responde por culpa *in contrahendo* perante terceiros de boa fé[1214].

Assim, seja qual for o procedimento, a violação da boa fé por parte da Administração deve dar azo a responsabilidade pré-contratual, enquanto que a violação das vinculações jurídico-legais implica responsabilidade extracontratual perante o concorrente lesado. Só não será assim quando essa violação tenha sido propositada, com intenção de, posteriormente, ser invocada pela própria Administração, pois, nesse caso, configura uma situação de *tu quoque*. Tal não obsta a que seja, efectivamente, nos procedimentos restritos que a boa fé desempenha um papel mais importante, devido ao facto de a margem de liberdade da Administração ser muito maior.

Por outro lado, a responsabilidade pré-contratual tem sempre um âmbito de aplicação mais limitado do que a responsabilidade extracontratual. Veja-se, a título de exemplo, o caso de a celebração do contrato não ser aprovada pelo órgão de controlo da despesa pública: se a Administração contratante tiver sido previamente avisada desse facto e nada disser aos concorrentes, há responsabilidade pré-contratual (se a Administração tivesse avisado o adjudicatário, não haveria dever de indemnizar, porque a adjudicação estaria sujeita a uma espécie de condição suspensiva), mas se a Administração não tivesse conhecimento prévio disso, existe responsabilidade extracontratual[1215].

A responsabilidade pré-contratual tem, contudo, um espaço próprio de aplicação sempre que a Administração proceda a uma ruptura injustificada do procedimento pré-contratual, sem que tal implique a prática de qualquer acto administrativo, *v.g.* da revogação da vontade de contratar[1216]. De facto, quando a Administração inviabiliza a prossecução do procedimento por inércia isso pode configurar um comportamento contrário à boa fé, embora não exista nenhum acto administrativo ilegal impugnável autonomamente. Tal acontece, por exemplo, quando a Administração não convoca reuniões ou não obtém os pareceres técnicos e as autorizações necessárias, ou quando, após a adjudicação, não submete a minuta de contrato à aprovação do adjudicatário.

[1214] Cfr. LINA BIGLIAZZI-GERI, *"Culpa in contrahendo", Pubblica Amministrazione e terzi*, in FI, Ano 6.°, volume LXXXV, 1962, pág. 1170.

[1215] O exemplo é apresentado por SEVERO GIANNINI, *La responsabilità precontrattuale dell'Amministrazione Pubblica*, in *Raccolta di scritti in onore di Arturo Carlo Jemolo*, Milão, 1963, págs. 271 e seguintes. A jurisprudência italiana já assim o entendeu, em acórdão anotado por FRANCESO BENATTI, *Brevi note sulla responsabilità precontrattuale della Pubblica Amministrazione*, in FP, 1962, pág. 1362.

[1216] Neste sentido, v. MARCO PETRONE, *op. cit.*, págs. 252 a 255.

Nos procedimentos por negociação a responsabilidade pré-contratual tem um âmbito privilegiado de aplicação, na medida em que a Administração procede a negociações paralelas e separadas com dois ou três candidatos escolhidos na fase concursal, para adjudicar o contrato a um deles, o que torna muito mais difusa e difícil de controlar judicialmente a violação das vinculações jurídico-públicas a que a Administração está sujeita.

Refira-se, por outro lado, que a responsabilidade pré-contratual apenas pode ser utilizada como forma de compor os interesses das várias partes envolvidas antes da efectiva celebração do contrato[1217]. Por outras palavras, se o candidato preterido impugnar o acto de adjudicação e a respectiva sentença for proferida após a celebração do contrato, implicando, por isso, a invalidade consequente do mesmo, a Administração tem de repetir o procedimento de adjudicação e indemnizar o co-contratante, mas a título de responsabilidade contratual ou de enriquecimento sem causa e não de responsabilidade pré-contratual. Se, pelo contrário, o juiz optar por manter o contrato é o candidato preterido que deve ser indemnizado por responsabilidade extracontratual por facto ilícito.

No entanto, no caso de o contrato ainda não estar celebrado, se a Administração for condenada a repetir o procedimento e, eventualmente, adjudicar ao recorrente, o adjudicatário poderá ser, efectivamente, ressarcido a título de culpa *in contrahendo*, excepto se estiver de má fé ou houver conluio com a Administração.

A delimitação dos três tipos de responsabilidade não pode deixar de se fazer em concreto, de acordo com as linhas gerais traçadas, podendo verificar-se situações de concurso de responsabilidades perante diferentes intervenientes ou, inclusivamente, face ao mesmo particular. Basta que sejam violados, simultaneamente, os deveres de boa fé e a lei, caso em que o terceiro preterido deve ser ressarcido quer a título de responsabilidade pré-contratual, quer extracontratual. Alguns autores referem mesmo um tipo de responsabilidade específico dos procedimentos administrativos pré-contratuais, que se poderia designar como "responsabilidade procedimental" ou "responsabilidade contratual atenuada"[1218].

O problema da delimitação de cada uma das formas de responsabilidade não é, contudo, despiciendo, na medida em que o âmbito dos danos ressarcíveis pode variar em função do tipo de responsabilidade. No caso da responsabilidade pré-contratual, a indemnização devida ao lesado cobre

---

[1217] Em sentido contrário, v. PIRES DE LIMA e ANTUNES VARELA, *Código...*, *cit.*, pág. 216.
[1218] V. ITALO FRANCO, *op. cit.*, págs. 512 e seguintes.

o interesse contratual negativo, ou seja, os danos emergentes da formação do contrato, e, parcialmente, os lucros cessantes, descontando-se os eventuais encargos que o co-contratante teria com o efectivo cumprimento do contrato[1219]. A indemnização pode incluir também o ressarcimento pela perda da oportunidade negocial relativamente a outro contrato a que a pessoa deixou de concorrer[1220], mas não o interesse contratual positivo[1221].

Por sua vez, a indemnização por responsabilidade extracontratual tem um âmbito mais alargado, que deixa uma maior margem de liberdade ao juiz para fixar casuisticamente o montante da indemnização, podendo abranger também o interesse contratual positivo, quando as circunstâncias concretas o justifiquem[1222]. Além disso, a responsabilidade pré-contratual pode revelar-se menos vantajosa para o lesado, uma vez que, pressupondo uma violação do princípio da boa fé, este tipo de responsabilidade não é "objectivável", ao contrário do que acontece com a responsabilidade extracontratual, cabendo ao lesado provar a má fé da Administração[1223].

Quanto ao modo de efectivação da responsabilidade pré-contratual depende, naturalmente, da natureza jurídica que se atribua a este tipo de responsabilidade. Alguns autores consideram que se trata de responsabilidade extracontratual; outros, de responsabilidade contratual e existe ainda uma corrente que defende a natureza *sui generis* da responsabilidade pré-contratual[1224]. A primeira posição parece ser maioritária na doutrina

---

[1219] Cfr. REBELO DE SOUSA, *Responsabilidade pré-contratual...*, cit., pág. 403 e MENEZES CORDEIRO, *Da boa fé...*, cit., pág. 585, citando RUY DE ALBUQUERQUE.

[1220] Como refere GALVÃO TELLES, *Culpa na formação do contrato*, separata de OD, Ano 125.º, n.ºs III-IV, 1993, pág. 346, os prejuízos ressarcíveis são todos aqueles que a vítima não teria sofrido se o contrato não tivesse sido celebrado ou houvesse sido concluído em termos idóneos.

[1221] Como salienta OLIVEIRA ASCENSÃO, *Acções...*, cit., pág. 214.

[1222] Este é, aliás, o argmento de MARIANO PROTTO, *op. cit.*, pág. 430, para considerar que a responsabilidade prevista na Directiva "Recursos" é extracontratual e não pré-contratual, visto que admite o ressarcimento do interesse contratual positivo. No mesmo sentido pronuncia-se ITALO FRANCO, *op. cit.*, pág. 514. Em sentido contrário, defendendo que a Directiva "Recursos" consagra a responsabilidade pré-contratual da Administração, v. AURETTA BENEDETTI, *op.cit.*, pág. 173 e MODESTINO ACONE, *op. cit.*, pág. 327, embora este autor entenda que a indemnização inclui também os lucros cessantes.

[1223] Contudo, uma vez demonstrada a violação dos deveres decorrentes da boa fé, a culpa da parte faltosa presume-se, nos termos do artigo 799.º, n.º 1, do CC, como realça MENEZES CORDEIRO, *Da boa fé...*, cit., pág. 585.

[1224] V., por todos, DANIELA MEMMO, *op. cit.*, pág. 260 e ERMANNO LIUZZO, *op. cit.*, págs. 16 e 17

nacional e estrangeira, excluindo-se a responsabilidade contratual por esta pressupor sempre a celebração do contrato, o que não chega a acontecer quando se verificam situações de culpa in contrahendo[1225]. Por outro lado, um dos traços distintivos entre a responsabilidade pré-contratual e a responsabilidade extracontratual que é salientado pela doutrina estrangeira prende-se com os diferentes prazos de prescrição[1226], distinção essa que não existe no nosso ordenamento jurídico, uma vez que o artigo 227.°, n.° 2, do CC remete, quanto a este aspecto, para o artigo 498.° do CC.

Sendo assim, a responsabilidade pré-contratual é efectivada processualmente através da acção de responsabilidade extracontratual, permitindo-se a cumulação dos vários pedidos na mesma acção[1227], o que tem enormes vantagens devido às dificuldades inerentes à delimitação conceptual das duas formas de responsabilidade, bem como ao facto de, muitas vezes, estas coexistirem no caso concreto.

2. A responsabilidade contratual

Numa dissertação sobre a protecção dos terceiros perante os contratos da Administração, não haveria, aparentemente, qualquer motivo para referir a responsabilidade contratual, que apenas diz respeito às

---

[1225] MENEZES CORDEIRO, *Da boa fé...*, cit., págs. 554 e 555, refere, a este propósito, que se verifica um fenómeno de "descontratualização" da culpa *in contrahendo* em favor das soluções "legais", abandonando-se o entendimento segundo o qual a responsabilidade pré-contratual resultaria de uma "pré-eficácia" do contrato. O autor segue, contudo, uma orientação segundo a qual se supera a contraposição entre a natureza obrigacional ou extra-obrigacional da culpa *in contrahendo*, aplicando-se o regime que for mais adequado a cada caso concreto. Cfr. MEnezes Cordeiro, *Teoria geral...*, cit., pág. 723. Em sentido um pouco diferente, GALVÃO TELLES, *op. cit.*, pág. 346, considera que se trata de uma responsabilidade obrigacional ou para-contratual, aplicando-se-lhe a presunção de culpa do artigo 799.° do CC.

[1226] V., por todos, DONATO CARUSI, *Problemi della responsabilità precontrattuale alla luce della giurisprudenza sulla "culpa in contrahendo" della Pubblica Amministrazione*, in GI, I, 1995, pág. 108.

[1227] Razão pela qual não se nos afigura correcta a solução adoptada na Alemanha, que atribui competência aos tribunais administrativos, em sede de acção de condenação, para efectivar a responsabilidade pré-contratual; mas, pelo contrário, se se tratar de responsabilidade extracontratual, são competentes os tribunais comuns. V. HARTMUT MAURER, *op. cit.*, pág. 402.

partes[1228]. No entanto, tal como já referimos a propósito de muitos outros aspectos, a relação que se estabelece entre os co-contratantes afecta sempre os terceiros que, por sua vez, se relacionam com estes.

A matéria da responsabilidade não constitui excepção a esta regra.

Os terceiros podem intervir no cumprimento do contrato e na efectivação da responsabilidade contratual em três tipos de situações: quando são prejudicados pelo não cumprimento do contrato; quando são lesados pela deficiente execução do mesmo; e, finalmente, quando o contrato é anulado ou declarado nulo a instâncias de um terceiro. São estes três casos que analisaremos seguidamente.

Sendo os contratos da Administração – públicos ou privados – celebrados para a prossecução do interesse publico, o seu cumprimento pontual não beneficia apenas as partes, mas toda a colectividade, ou, pelo menos, alguns particulares determinados ou determináveis.

Pode mesmo dizer-se que, na maior parte dos casos, os principais interessados na execução do contrato são os particulares e não a Administração, pois é sempre no interesse daqueles que as prestações contratuais são estabelecidas. Veja-se, por exemplo, o caso dos residentes de uma zona relativamente à construção de uma estrada ou à instalação de um serviço de transportes públicos[1229].

Tal não significa que todos os contratos da Administração sejam, em sentido técnico, contratos a favor de terceiros, mas sim que, pela sua causa e função específicas, bem como pelo facto de as prestações estarem adstritas à prossecução do interesse público, o seu cumprimento interessa a toda a comunidade. É por isso que o artigo 40.º, n.º 2, alínea b) da PLCPTA confere legitimidade activa às pessoas *"...em função das quais as cláusulas contratuais tenham sido estabelecidas..."* para intentar uma acção de cumprimento do contrato. A delimitação dos sujeitos com legitimidade para propor este tipo de acções é extremamente difícil e constitui, talvez, um alargamento exagerado da legitimidade activa, correndo o risco, como já referimos antes, de se tornar mera "letra morta" e ser totalmente desaplicado pela jurisprudência. Parece-nos, contudo, que a intenção da Proposta de Lei não é proteger todos e quaisquer particulares que, enquanto mem-

---

[1228] A doutrina clássica aponta no sentido de que a responsabilidade contratual nunca pode dizer respeito a terceiros. V., por todos, JACQUES MOREAU, *Principes generaux et concepts fondamentaux de la responsabilité administrative*, in JCA, n.º 5, fascículo n.º 700, 1990, pág. 4.

[1229] No sentido de que os contratos de empreitadas de obras públicas podem ser celebrados a favor de terceiros, v. MELO ALEXANDRINO, *op. cit.*, pág. 69.

bros da comunidade, sejam beneficiados pela execução de um determinado contrato, mas apenas aqueles que sejam especialmente e pessoalmente beneficiados. Assim, têm de se incluir os utentes de certo tipo de serviços públicos concessionados e o conjunto determinado de particulares para quem uma obra pública seja especificamente dirigida. É o caso, por exemplo, dos habitantes de uma aldeia relativamente à construção de uma escola ou de um centro de saúde destinados a servir a população local[1230].

Por outro lado, os contratos podem ter efeitos relativamente a terceiros que não decorrem do facto de as prestações principais serem estipulados em seu favor, mas sim do facto de as partes se comprometerem a actuar, para com o terceiro, com um especial dever de cuidado ou dever de protecção, cuja violação é ressarcível através da responsabilidade contratual[1231]. Trata-se dos "contratos com eficácia protectora de terceiros", que traduzem uma manifestação do envolvimento de (certos) terceiros no quadro da relação contratual[1232]. Veja-se, por exemplo, a situação do vendedor que vende ao dono de uma fábrica uma máquina defeituosa, sabendo que quem ia accionar a dita máquina era um trabalhador, o qual poderia ser ferido.

Este tipo de situações adquirem, aliás, maior relevância nos contratos da Administração, atendendo ao facto de estarem adstritos à prossecução do interesse geral e afectarem, por isso, um maior número de terceiros. As cláusulas com efeitos de protecção relativamente a terceiros são relativamente comuns nos contratos de concessão, nos quais o concessionário se compromete a assegurar certo tipo de condições de segurança e qualidade nos serviços que presta[1233]. O desrespeito destas cláusulas gera responsabilidade contratual ou "quase-contratual" do concessionário perante o terceiro, que beneficia, por isso, da presunção de culpa do artigo 799.º do CC[1234].

[1230] Como já defendemos antes, não se trata de uma forma de acção popular, na medida em que este conjunto de particulares actua para a prossecução de interesses próprios e não do interesse geral.

[1231] Cfr. VIEIRA DE ANDRADE, *A Justiça...*, cit., pág. 143, em nota.

[1232] Cfr. MOTA PINTO, *Cessão da posição contratual*, Coimbra, 1970, págs. 419 e seguintes e MENEZES CORDEIRO, *Da boa fé...*, cit., pág. 619 a 621.

[1233] Veja-se, por exemplo, a Base XXXVI do contrato de concessão entre a BRISA e o Estado, aprovado pelo Decreto-Lei n.º 294/97, de 24 de Outubro, na qual se estabelece que *"...a concessionária será obrigada, salvo caso de força maior devidamente verificado, a assegurar permanentemente, em boas condições de segurança e comodidade, a circulação nas auto-estradas..."*.

[1234] Neste sentido, v. SINDE MONTEIRO, *Anotação ao Acórdão do STJ de 12 de Novembro de 1996*, in RLJ, Ano 131.º, n.º 3899, 1998, pág. 61.

Conclui-se, assim, que os terceiros podem ter, em algumas circunstâncias, um interesse substantivo no cumprimento pontual do contrato e, consequentemente, a sua pretensão deve ser tutelada contenciosamente de forma efectiva, o que implica, além da possibilidade de intentar acções de cumprimento do contrato, o respectivo ressarcimento em sede de responsabilidade contratual. De facto, como salienta VIEIRA DE ANDRADE, sempre que a execução ou a não execução de um contrato cause prejuízos a um terceiro, apesar de ser aplicável a responsabilidade civil extracontratual da Administração, este pode ter interesse em intentar uma acção de responsabilidade contratual, na medida em que nesta se presume a culpa do devedor, nos termos do artigo 799.º do CC, cabendo a este o ónus da prova em contrário[1235].

Saliente-se que, em caso de incumprimento, a responsabilidade contratual traduz-se não apenas na obrigação de proceder ao cumprimento das prestações em dívida, como também no pagamento de uma indemnização à outra parte e ao(s) terceiro(s) pelos prejuízos sofridos. No caso, por exemplo, das empreitadas, isso resulta dos artigos 1223.º e 1225.º, n.º 1, do CC, que remetem para as regras gerais dos artigos 562.º e seguintes do CC.

Os tribunais administrativos são competentes para apreciar a acção de responsabilidade contratual proposta pelos terceiros, quer esta seja intentada contra a Administração, quer contra o contratante particular, uma vez que o factor determinante é a natureza jurídico-pública do contrato, valendo, por isso, as considerações que acima tecemos quanto à unificação de jurisdições nesta matéria[1236].

Aliás, esta solução tem a vantagem de permitir situações de litisconsórcio, quando o incumprimento for culposamente imputável quer à Administração, quer ao particular[1237].

[1235] Cfr. VIEIRA DE ANDRADE, *A Justiça...*, cit., pág. 144, em nota. No sentido de ser dado ao lesado a faculdade de optar, em caso de concurso cumulativo da responsabilidade contratual e aquiliana, v. CALVÃO DA SILVA, *Estudos de Direito Civil e Processo Civil*, Coimbra, 1996, pág. 25.

[1236] Cfr. *supra* o ponto 2. do Capítulo anterior.

[1237] Trata-se de uma espécie de "aplicação invertida" da teoria civilística do "terceiro cúmplice", na medida em que, em vez de ser o credor a accionar um terceiro que tenha provocado o incumprimento por parte do devedor (cfr. MENEZES CORDEIRO, *Direito...*, cit., págs. 262 e 263), é um terceiro a accionar ambos os contraentes pelo "incumprimento conjugado" do contrato.

Questão diferente é a de saber se, tendo os terceiros direito à indemnização a título de responsabilidade contratual, lhes são oponíveis as cláusulas contratuais que limitem a responsabilidade das partes. Parece-nos que não.

Sem prejuízo da possibilidade de, em alguns casos, se verificarem situações de eficácia externa das obrigações, essas cláusulas valem apenas *inter-partes*, o que significa que os terceiros lesados podem exigir a totalidade da indemnização a qualquer um dos contraentes, sendo a distribuição das respectivas culpas efectuada nos termos da lei, ou, se existir uma cláusula contratual sobre a matéria, nos termos desta[1238].

Refira-se ainda que a exigência que impende sobre o co-contratante de prestar caução, nos termos do artigo 112.º do Decreto-Lei n.º 59/99, visa essencialmente garantir o exacto e pontual cumprimento do contrato, mas também assegurar a solvência do co-contratante particular para ressarcir eventuais prejuízos causados a terceiros durante a execução do contrato[1239].

Os terceiros têm também um interesse substantivo em propor uma acção de responsabilidade contratual quando sejam lesados pela execução do contrato. Nestas situações, não está em causa o incumprimento das prestações contratuais, mas sim a deficiente execução das mesmas. Os danos causados a terceiros pela falta de diligência na execução do contrato geram, na maior parte das situações, responsabilidade extracontratual do co-contratante particular e da Administração, como veremos no ponto seguinte.

Contudo, existe ainda um âmbito de aplicação da responsabilidade contratual no caso específico das garantias contratuais que estão legalmente consagradas em certo tipo de contratos[1240]. O caso típico é o prazo de garantia previsto no artigo 226.º do Decreto-Lei n.º 59/99, nos termos do qual o empreiteiro responsabiliza-se por todas as deficiências da obra verificadas nos cinco anos subsequentes à sua recepção provisória, só havendo lugar à recepção definitiva após o decurso desse prazo.

A natureza desta responsabilidade, também consagrada no artigo 1225.º do CC, é muito discutida na doutrina, embora seja considerada de

---

[1238] Neste sentido, v. ANDRÉ DE LAUBADÈRE, FRANCK MODERNE e PIERRE DELVOLVÉ, *Traité...*, *cit.*, Tomo I, págs. 768 e 769, PHILIPPE TERNEYRE, *La responsabilité...*, *cit.*, pág. 238 e, na doutrina espanhola, CORNIDE-QUIROGA, *op. cit.*, pág. 139.

[1239] Neste sentido, v. GARCIA-TREVIJANO GARNICA, *El regimen...*, *cit.*, pág. 103.

[1240] Referindo-se à responsabilidade *"décennal"* como um tipo de responsabilidade pós-contratual, v. LAURENT RICHER, *Droit...*, *cit.*, pág. 233.

natureza contratual pela maioria dos autores[1241]. Esta parece ser, efectivamente, a melhor solução, atendendo ao facto de a responsabilidade decorrer ainda do contrato de empreitada celebrado entre as partes, que, embora se projecte após a recepção da obra, não se pode considerar, na nossa opinião, como uma forma de *culpa post pactum finitum*. De facto, esta não decorre essencialmente das obrigações assumidas contratualmente, mas sim do princípio da boa fé, traduzindo-se na obrigação de as partes contratantes se absterem de comportamentos susceptíveis de colocar em perigo ou prejudicar o contrato[1242].

Por outro lado, no caso das empreitadas de obras públicas, ao contrário das empreitadas particulares, a recepção definitiva só ocorre após o decurso do prazo de garantia, pelo que não se pode sequer afirmar que a relação contratual esteja extinta.

Aliás, talvez seja por esse motivo que a garantia consagrada no artigo 226.º do Decreto-Lei n.º 59/99 é mais exigente do que a responsabilidade prevista no artigo 1225.º do CC, uma vez que a primeira inclui quaisquer *"...deficiências, deteriorações, indícios de ruína ou de falta de solidez..."* (cfr. o artigo 227.º, n.º 2, do Decreto-Lei n.º 59/99), enquanto a segunda apenas cobre a ruína total ou parcial, defeitos graves ou perigo de ruína[1243].

Assim, se se verificarem defeitos ou a ruína da obra durante o período de garantia e isso provocar danos a terceiros[1244], estes podem accionar quer a Administração, quer o empreiteiro, embora a primeira tenha direito de regresso sobre o segundo[1245]. A obrigação do empreiteiro inclui

---

[1241] Neste sentido, v., por todos, PIRES DE LIMA e ANTUNES VARELA, *Código...*, *cit.*, volume II, 4ª Edição, Coimbra, 1997, pág. 903. Em sentido diferente, v. VICTOR HAÏM, *Les effets de la réception dans les marchés publics*, in AJDA, 1998, págs. 398 a 402

[1242] Neste sentido, v. MENEZES CORDEIRO, *Da boa fé...*, *cit.*, págs. 630 e 631 e ALMEIDA E COSTA, *op. cit.*, págs. 318 e 319.

[1243] Como salientam, em termos um pouco críticos, ROMANO MARTINEZ e MARÇAL PUJOL, *Empreitada de obras públicas*, Coimbra, 1995, págs. 308 e 309, referindo-se aos artigos 207.º e 208.º do Decreto-Lei n.º 405/93, de 10 de Dezembro, que eram semelhantes aos artigos 226.º e 227.º do actual Decreto-Lei n.º 59/99.

[1244] No âmbito do Direito Civil distinguem-se os danos *extra rem*, ou seja, aqueles que dizem respeito a pessoas ou patrimónios exteriores ao objecto da prestação, dos danos *circa rem*, que se reconduzem a prejuízos causados no próprio objecto da prestação. ROMANO MARTINEZ, *Direito...*, *cit.*, págs. 441 e 442, considera que nestes casos existe um concurso de responsabilidade delitual e contratual, respectivamente, que não impede a cumulação de fundamentos num mesmo pedido.

[1245] Neste sentido, v. DANIEL CHABANOL, *Responsabilité contractuelle et quasi-*

a reconstrução da obra, nos termos do artigo 1221.º, n.º 1, do CC[1246] e também o pagamento de uma indemnização pelos prejuízos sofridos pela entidade administrativa contraente, e por terceiros, de acordo com o disposto nos artigos 1223.º e 1225.º, n.º 1, do CC, que remete para o regime geral dos artigos 562.º e seguintes do CC. Isto significa que a recepção da obra não põe termo à relação contratual entre as partes e, sendo inoponível a terceiros, por maioria de razão, não desonera o empreiteiro da responsabilidade perante aqueles.

A possibilidade de os terceiros accionarem directamente o empreiteiro no período de garantia de cinco anos, ou seja, ainda a título de responsabilidade contratual, tem vantagens para os lesados, que beneficiam da presunção de culpa do devedor. Na doutrina espanhola defende-se uma "presunção de culpa profissional", por violação das regras de arte e das normas técnicas da profissão[1247]. A competência para apreciar estas acções cabe aos tribunais administrativos, ainda que o terceiro demande directamente o co-contratante particular, em função da natureza pública dos contratos da Administração[1248].

O período de garantia estabelecido no artigo 226.º do Decreto-Lei n.º 59/99 tem, tal como o artigo 1225.º do CC, uma função de garantia do interesse público que não se limita às partes. Por isso, a doutrina discute a natureza de ordem pública destas disposições[1249] e, consequentemente, a (im)possibilidade de serem afastadas pelas partes, pois, nos termos do ar-

---

-contractuelle, in JCA, n.º 5, fascículo 854, 1994, pág. 11. Saliente-se, contudo, que a deficiente fiscalização do dono da obra pode reduzir a responsabilidade do empreiteiro, como salienta PHILIPPE TERNEYRE, La responsabilité..., cit., págs. 129 e 130, designando este tipo de responsabilidade da Administração como secundária. Em sentido diferente, considerando que o terceiro só pode demandar o empreiteiro, v. ROMANO MARTINEZ e MARÇAL PUJOL, Empreitada..., cit., pág. 310.

[1246] Esta obrigação decorre, como salienta ROMANO MARTINEZ, Direito..., cit., págs. 464 e 465, do facto de o empreiteiro continuar obrigado à prestação de facto positivo, uma vez que não obteve o resultado pretendido; e, por outro lado, da preferência pela reconstituição em espécie, quando esta for possível, ainda que onerosa.

[1249] Cfr. JURISTO SÁNCHEZ, op. cit., pág. 504.

[1248] Neste sentido, v. PHILIPPE TERNEYRE, Contentieux de l'exécution des marchés de travaux publics et répartition des compétences juridictionnelles, in Mélanges René Chapus – Droit administratif, Paris, 1992, pág. 601.

[1249] Cfr. ROMANO MARTINEZ e MARÇAL PUJOL, Empreitadas..., cit., pág. 309, concluindo em sentido negativo. Esta questão é muito debatida na doutrina francesa a propósito da responsabilidade "décennal". V., por todos, ANDRÉ DE LAUBADÈRE, FRANCK MODERNE e PIERRE DELVOLVÉ, op. cit., Tomo II, págs. 829 e 830.

tigo 800.º, n.º 2, do CC, só são admitidos acordos de exclusão ou limitação da responsabilidade quando esta não resulte da violação de deveres impostos por normas de ordem pública. No caso em apreço, o artigo 226.º permite que o caderno de encargos estabeleça um prazo inferior – nunca superior – desde que *"...a natureza dos trabalhos ou o prazo previsto de utilização da obra o justifiquem"*, mas parece afastar completamente a possibilidade de haver cláusulas de exoneração da responsabilidade do empreiteiro[1250].

O último aspecto que cumpre referir a propósito da responsabilidade contratual já não tem directamente a ver com o ressarcimento dos terceiros, mas sim com os mecanismos de tutela do co-contratante particular quando o contrato é anulado ou declarado nulo a pedido de um terceiro. Trata-se, assim, de tutelar o contraente particular prejudicado pela interferência de um terceiro na relação contratual.

O contratante particular tem direito a ser ressarcido quando esteja de boa fé, isto é, não tenha contribuído para a invalidade do contrato, nem tenha conhecimento do fundamento dessa invalidade, e tenha já iniciado a execução do contrato. Neste caso, o contraente tem direito a ser compensado pelas despesas efectuadas com as prestações já realizadas, sob pena de se verificar uma situação de enriquecimento sem causa da Administração, por esta ficar, devido à invalidade do contrato, desonerada do cumprimento da sua prestação.

Alguns autores, sobretudo entre a doutrina italiana, consideram que a responsabilidade da Administração obtém-se a título de responsabilidade pré-contratual[1251]. Parece-nos, contudo, que a solução depende do caso em concreto. É que, como defendemos antes, a responsabilidade pré-contratual pressupõe a violação de deveres decorrentes da boa fé, enquanto a invalidade do contrato resulta, na maior parte das vezes, da verificação de ilegalidades no procedimento pré-contratual. Sendo assim, estaríamos no domínio da responsabilidade civil extracontratual da Administração.

No entanto, a efectivação da responsabilidade civil extracontratual pressupõe sempre uma actuação administrativa ilícita, cuja prova compete

---

[1250] O artigo 1225.º, n.º 1, do CC é menos exigente, fixando apenas um prazo supletivo, cujo aumento ou redução por via contratual é admitida. Cfr. PIRES DE LIMA e ANTUNES VARELA, *Código...*, *cit.*, volume II, pág. 902.

[1251] Cfr. AURETTA BENEDETTI, *op. cit.*, pág. 101 e ERMANNO LIUZZO, *op. cit.*, págs. 111 e seguintes. Em sentido contrário pronuncia-se, contudo, PELINO SANTORO, *I controlli...*, *cit.*, pág. 219, considerando que se trata de uma situação de enriquecimento sem causa da Administração.

ao lesado, o que nem sempre é fácil[1252]. Assim, há casos em que o instituto do enriquecimento sem causa, apesar de subsidiário, tem um âmbito próprio de aplicação como fonte de obrigações da Administração[1253], quer no caso dos contratos nulos[1254], quer pela prestação de trabalhos a mais não cobertos contratualmente[1255]. Trata-se de uma situação em que a figura do enriquecimento sem causa actua como uma relação *praeter-contractuale* na medida em que as prestações decorrem do contrato, mas, por qualquer razão, não são cobertas pelo mesmo[1256].

Apesar de serem aplicáveis as regras gerais dos artigos 473.º e seguintes do CC, a competência para conhecer da *actio in rem verso* cabe à jurisdição administrativa sempre que a deslocação patrimonial resultar de uma relação jurídica administrativa, podendo efectivar-se através da acção para reconhecimento de direitos[1257]. Contudo, a condenação da Administração através do instituto do enriquecimento sem causa pode também ocorrer no âmbito da acção sobre contratos ou do recurso contra o contrato, quando, depois de ponderar os interesses em presença, o tribunal opte por anular ou declarar nulo o contrato, deixando desprotegido

---

[1252] Como salienta FRANCK MODERNE, *Les quasi-contrats...*, *cit.*, pág. 76.

[1253] Como já antes tivemos oportunidade de defender. V. ALEXANDRA LEITÃO, *O enriquecimento...*, *cit.*, págs. 83 e seguintes. Esta possibilidade é defendida por grande parte da doutrina francesa. V., entre outros, ANDRÉ DE LAUBADÈRE, FRANCK MODERNE e PIERRE DELVOLVÉ, *op. cit.*, Tomo I, pág. 729, JACQUES GEORGEL, *op. cit.*, pág. 6 e JEAN ABESSOLO, *op. cit.*, págs. 60 e seguintes. Na doutrina espanhola, v., por todos, REBOLLO PUIG, *El enriquecimiento...*, *cit.*, págs. 353 e seguintes, e, no âmbito específico das empreitadas de obras públicas, JURISTO SÁNCHEZ, *op. cit.*, pág. 526.

[1254] Neste sentido, v. o Acórdão do STA de 7 de Dezembro de 1999, proferido no Processo n.º 45.000, que aplicou a figura do enriquecimento sem causa como forma de compensar um particular que havia efectuado prestações contratuais ao abrigo de um contrato verbal, e, por isso, nulo.

[1255] Neste sentido, v. PAULO OTERO, *Estabilidade contratual, modificação unilateral e equilíbrio financeiro em contrato de empreitada de obras públicas*, separata da ROA, Lisboa, 1986, págs. 42. Neste caso, o enriquecimento sem causa "compete", enquanto fonte de obrigações para a Administração, com o princípio do equilíbrio financeiro do contrato.

[1256] Neste sentido, v. REBOLLO PUIG, *El enriquecimiento...*, *cit.*, pág. 290. Em geral, sobre a figura do enriquecimento sem causa, v. MENEZES LEITÃO, *O enriquecimento sem causa em Direito Civil*, Lisboa, 1996.

[1257] Como já haviamos defendido antes. V. ALEXANDRA LEITÃO, *O enriquecimento...*, *cit.*, págs. 133 e seguintes. Aliás, esta é a solução do artigo 37.º, n.º 2, alínea *i*), da PLCPTA.

o co-contratante particular, desde não existam outros meios de fundamentar a obrigação indemnizatória da Administração[1258].

3. A responsabilidade extracontratual

A responsabilidade extracontratual da Administração é a forma mais genérica de responsabilização das entidades administrativas e, por isso, assume natureza residual. Assim, todas as situações que impliquem a lesão de direitos dos particulares dão azo a este tipo de responsabilidade. Trata-se de uma "responsabilidade civil pública", para usar a expressão de VIEIRA DE ANDRADE, que continua a considerar-se uma forma de responsabilidade civil por decorrer dos danos provocados pela Administração na esfera jurídica dos particulares[1259].

A "teoria geral da responsabilidade do Estado" sempre assentou numa *"summa divisio"* entre a responsabilidade por (f)acto lícito e a responsabilidade por (f)acto ilícito, embora exista, depois, uma identidade ao nível do respectivo ressarcimento[1260]. Tal implicou, como salienta MARIA LÚCIA AMARAL, que *"...no domínio da responsabilidade civil do Estado, a jurispublicística revelou uma particularíssima capacidade de síntese porque soube transformar a diversidade original em unidade final..."*[1261].

No âmbito da presente dissertação, a responsabilidade extracontratual releva essencialmente como forma de ressarcir os terceiros lesados durante a fase pré-contratual, e também os terceiros a quem a execução (ou a inexecução) do contrato cause danos, bem como os meios de efectivação dessa responsabilidade. Por isso, apenas referiremos os aspectos que

---

[1258] O STA aplicou a figura do enriquecimento sem causa no âmbito de uma acção sobre contratos, através do seu Acórdão de 29 de Março de 1990 (Processo n.º 25.769), relativo a uma empreitada de obras públicas. Este aresto consubstancia uma importante evolução relativamente a uma decisão anterior, em que o STA não aplicou o instituto do enriquecimento sem causa por considerar que essas questões *"...só serão de conhecer quando na petição tal pedido tenha sido efectivamente formulado, subsidiariamente"* (cfr. o Acórdão de 13 de Outubro de 1988, proferido no Processo n.º 25.963).

[1259] Cfr. VIEIRA DE ANDRADE, *Panorama geral do Direito da responsabilidade "civil" da Administração Pública em Portugal*, in *La responsabilidad patrimonial de los poderes públicos*, Madrid, 1999, pág. 57.

[1260] Neste sentido, v. MARIA LÚCIA AMARAL, *Responsabilidade do Estado e dever de indemnizar do legislador*, Coimbra, 1998, págs. 20 e 21.

[1261] Cfr. MARIA LÚCIA AMARAL, *Responsabilidade...*, *cit.*, pág. 22.

assumem especificidades no âmbito da contratação pública, limitando a nossa análise ao plano das relações externas da Administração, e não entre estas e os seus funcionários e agentes. Por outro lado, parte-se do princípio que têm de estar presentes os pressupostos gerais da responsabilidade civil, ou seja, a verificação de um dano e a existência de nexo de causalidade entre aquele e o facto ou acto praticado pelo agente, ou, por outras palavras, a imputação[1262].

Quanto à responsabilidade extracontratual decorrente de ilegalidades cometidas pela Administração durante a formação do contrato, esta tem lugar sempre que, após a anulação ou declaração de nulidade de um acto procedimental, o juiz opta por manter o contrato já celebrado, remetendo o terceiro lesado para o ressarcimento pecuniário. Esta solução não deve ser a regra, uma vez que desvirtua todo o regime da invalidade consequente do contrato, mas é admissível quando se justifique a continuação do contrato, devido à necessidade de proteger o interesse público.

Por outro lado, se o acto impugnado padecer de um mero vício de forma, o juiz pode também optar por preservar a coisa contratada, atendendo ao limitado efeito conformativo da sentença.

Assim sendo, caso se opte pela fixação de uma indemnização ao terceiro lesado, cumpre analisar dois aspectos fundamentais: primeiro, os critérios para determinação do montante da indemnização; segundo, o meio processual para efectivar a responsabilidade da Administração.

Quanto ao primeiro aspecto, existem muitos factores a ter em conta, nomeadamente: a posição do recorrente no procedimento de selecção do co-contratante; o tipo de vício de que padece o acto impugnado e o efeito conformativo da sentença; e a margem de liberdade que a Administração possui no âmbito do procedimento de adjudicação.

Como dissemos na Parte I da presente dissertação, a posição relativa dos concorrentes na lista de classificação final não constitui, quanto a nós, um problema de legitimidade activa para interpor o respectivo recurso contencioso de anulação, relevando apenas para a determinação do montante da indemnização. Assim, será devida uma indemnização superior ao

---

[1262] Estes pressupostos não apresentam grandes especificidades no Direito Administrativo relativamente ao Direito Civil, como salienta FREITAS DO AMARAL, *A responsabilidade da Administração no Direito português*, separata da RFDUL, Lisboa, 1973, pág. 29. Sobre a forma como estes pressupostos são interpretados e aplicados pela jurisprudência administrativa, v. a análise evolutiva da mesma na *Responsabilidade civil extracontratual da Administração Pública*, coordenação de Fausto de Quadros, Coimbra, 1995, págs. 274 e seguintes.

concorrente que esteja classificado em segundo lugar, uma vez que este teria maiores hipóteses de vir a ser o adjudicatário caso não se tivesse verificado uma ilegalidade procedimental.

Em França, a jurisprudência refere-se a uma *chance sérieuse* como critério para determinar se o particular tem direito a uma indemnização pelo interesse contratual positivo ou se esta indemnização deve cobrir apenas o interesse contratual negativo[1263]. Esta é também a solução adoptada em Itália[1264] e na Alemanha[1265].

Da mesma forma, se o particular não tinha qualquer oportunidade de ser escolhido, não existe nenhum dano ressarcível, nem mesmo as despesas efectuadas com a participação no procedimento.

A indemnização pela "perda de oportunidades" ou pela "perda de chances" não é uma questão de causalidade adequada, como entende alguma doutrina francesa, mas sim de determinação concreta do montante da indemnização, em função das vantagens efectivas que o lesado teria se o acto lesivo não tivesse sido praticado[1266].

Pode haver, no entanto, situações em que esta probabilidade séria seja difícil de determinar, sobretudo quando o acto impugnado tiver ocorrido numa fase muito inicial do procedimento[1267]. Nestes casos, torna-se essencial acompanhar o recurso de uma providência cautelar, na medida em que se torna muito mais difícil ressarcir totalmente o lesado, pois tem de se efectuar um juízo de prognose póstuma para saber qual seria o resultado final do procedimento se a ilegalidade não tivesse sido cometida[1268]. Assim, na maioria das vezes, recaindo o ónus desta demonstração sobre o terceiro lesado, o mais certo é que a indemnização se limite ao interesse contratual negativo. Podem existir, contudo, indícios que facilitem a determinação da probabilidade que o recorrente tinha de vir a ser o escolhido,

---

[1263] V., por todos, LAURENT FOLLIOT, *op. cit.*, Tomo I, págs. 161 e 162. O autor considera mesmo que isso obriga o juiz a substituir-se à Administração Pública na apreciação do mérito dos candidatos.

[1264] Cfr., por todos, GIUSEPPE MORBIDELLI, *Note introduttive...*, *cit.*, pág. 855.

[1265] Cfr. por todos, REINHARDT HENDLER, *op. cit.*, pág. 134.

[1266] Neste sentido, v. ROBERTO CARANTA, *La responsabilità extracontrattuale della Pubblica Amministrazione*, Milão, 1993, pág. 427 e FRÉDÉRIQUE SALLET, *La perte de chance dans la jurisprudence asministrative relative à la responsabilité de la puissance publique*, Paris, 1994, pág. 14.

[1267] Este aspecto é realçado por PELINO SANTORO, *I controlli...*, *cit.*, pág. 184.

[1268] Neste sentido, v. NICOLA GIOFFRÈ, *op. cit.*, pág. 209.

tais como, por exemplo, o facto de este pertencer a um grupo de entidades que sejam privilegiadas nos termos do regulamento do concurso[1269].

O tipo de vício de que padece o acto impugnado pode também influenciar o montante da indemnização, embora de forma menos directa. Esta influência não se prende essencialmente com a gravidade do vício, mas sim com a sua natureza, visto que é este factor que determina o efeito conformativo da sentença e, consequentemente, a actuação ulterior da Administração[1270]. De facto, se se tratar de um mero vício de forma, a Administração condenada pode, sem violar a sentença, praticar um novo acto de igual conteúdo, mas sem aquele vício de forma, pelo que a posição dos concorrentes não sofreria nenhuma alteração[1271]. Veja-se, por exemplo, o caso da adjudicação anulada por falta de fundamentação que é repetida, mas, desta vez, com a necessária fundamentação. A natureza meramente formal do vício não pode, contudo, afastar totalmente a obrigação de indemnizar[1272], podendo apenas influenciar a determinação em concreto do montante da indemnização. Outra solução, além de implicar a total inutilidade do recurso, desvirtua o disposto no artigo 6.º do Decreto-Lei n.º 48.051[1273]. Nos termos deste preceito, quando esteja em causa um acto administrativo lesivo, a ilicitude corresponde à ilegalidade desse mesmo acto, independentemente do tipo de vício que dê azo a essa ilegalidade[1274].

[1269] Este critério é utilizado pelo Tribunal Federal alemão, como salienta REINHARDT HENDLER, *op. cit.*, pág. 135.

[1270] Neste sentido, v. GIUSEPPE MORBIDELLI, *Note introduttive...*, *cit.*, pág. 855.

[1271] Este aspecto é salientado também por VIEIRA DE ANDRADE, *Panorama geral...*, *cit.*, pág. 49, citando o Acórdão do STA de 1 de Julho de 1997, proferido no Processo n.º 41.588, no qual este Tribunal estabeleceu uma distinção entre ilicitude e ilegalidade, considerando que, sendo o vício meramente formal, a ilegalidade não configura uma situação de ilicitude.

[1272] No mesmo sentido, v., por exemplo, CONSTANTIN YANNAKOPOULOS, *op. cit.*, pág. 507. Em sentido contrário, v. ENRICO FOLLIERI, *op. cit.*, pág. 188.

[1273] Este preceito corresponde ao artigo 9.º da proposta de lei que aprova o novo regime da responsabilidade civil extracontratual do Estado e que se encontra também em discussão na Asembleia da República. Esta proposta, que está publicada no Diário da Assembleia da República n.º 76, II série-A, de 18 de Julho de 2001, não altera profundamente o regime da responsabilidade pela prática de actos da função administrativa, embora apresente uma importante inovação, por contemplar a responsabilidade civil por actos da função legislativa e da função judicial.

[1274] Neste sentido, v. MARIA DA GLÓRIA GARCIA, *A responsabilidade civil do Estado...*, *cit.*, pág. 39. V. também o Acórdão do STA de 29 de Janeiro de 1991, Processo n.º 28.505

Aliás, o facto de o artigo 128.º, n.º 1, alínea *b*) do CPA excluir a retroactividade dos actos praticados em execução das sentenças quando sejam actos renováveis significa que os danos sofridos *in medio temporis*, entre a prática do acto inválido e do acto que executa a sentença, ficam desprovidos de base jurídica e, devem, por isso, ser, ressarcidos[1275]. Não concordamos, pois, com RUI MEDEIROS, quando considera que a possibilidade de a Administração substituir o acto inválido por um acto de conteúdo idêntico consubstancia uma situação de relevância negativa da causa virtual, pelo que, em certos casos, afasta a obrigação de indemnizar[1276].

Alguns autores entendem mesmo que *"...a relevância da distinção entre vícios formais e vícios substanciais é expressa em termos de causalidade: se o acto lesivo podia ser adoptado livre de vícios, não é a sua invalidade a causa do prejuízo"*[1277], pelo que as ilegalidades meramente formais não preenchem o conceito de ilicitude, mas apenas aquelas que resultem na violação de direitos ou interesses legalmente protegidos de terceiros[1278]. Segundo esta concepção, a única utilidade do recurso residiria no facto de ser vedado à Administração reexercitar o acto com o mesmo vício que determinou a sua anulação[1279]. Outros autores consideram, por

---

[1275] Como é, aliás, orientação comum na jurisprudência portuguesa. V., por todos, os Acórdãos do STA de 6 de Abril de 1989 e de 30 de Março de 1993, proferidos, respectivamente, nos Processos n.º 23.068-B e n.º 31.909. V. também o Acórdão do STA de 24 de Abril de 1996, Processo n.º 28.189, no qual o Tribunal considera que os vícios de forma consubstanciam uma ilicitude para efeitos da aplicação do artigo 6.º do Decreto-Lei n.º 48.051, na medida em que este preceito não estabelece distinção alguma entre os diferentes tipos de ilicitude.

[1276] V. RUI MEDEIROS, *Ensaio sobre a responsabilidade civil do Estado por actos legislativos*, Coimbra, 1992, págs. 209 e 210. O autor, que se pronuncia antes da alteração introduzida pelo Decreto-Lei n.º 6/96 ao artigo 128.º, n.º 2, alínea *b*) do CPA, distingue os casos de perda total do bem dos casos em que os prejuízos resultam da indisponibilidade temporária do bem, entendendo que o dever de indemnizar só existe no segundo caso. Ora, não podemos concordar com uma distinção assente no tipo de prejuízo quando o que está em causa são ilegalidades do mesmo tipo, quando, além do mais, se tutela com maior intensidade a perda temporária do bem do que a perda total do mesmo. Por outro lado, bastava, por exemplo, que o imóvel demolido estivesse arrendado, para, segundo a concepção do autor, já haver lugar a indemnização pela perda das rendas.

[1277] Cfr. ROBERTO CARANTA, *op. cit.*, pág. 386.

[1278] V. MARGARIDA CORTEZ, *Responsabilidade civil da Administração Pública*, in *Seminário permanente de Direito Constitucional e Administrativo*, vol. I, Braga, 1999, págs. 72 e seguintes.

[1279] Como defende MARGARIDA CORTEZ, *O crepúsculo da invalidade formal?*, in CJA, n.º 7, 1998, pág. 42.

sua vez, que os vícios formais consubstanciam uma ilicitude geradora de responsabilidade civil da Administração, mas apenas quando impliquem a violação de uma posição jurídica subjectiva de um particular[1280].

Pelo contrário, parece-nos que estes factores apenas relevam para a fixação do montante indemnizatório, que será tanto maior quanto menos discricionária for a actuação da Administração após a decisão judicial[1281]. Este factor contribui para saber se a indemnização deve incluir ou não o interesse contratual positivo, isto é, os lucros que o particular obteria se celebrasse o contrato com a Administração ou, inclusivamente, outros lucros cessantes, por ter deixado de concorrer à adjudicação de outro contrato.

Este aspecto prende-se também com a margem de liberdade que a Administração possui no âmbito do procedimento de selecção do co-contratante, que tem a ver com o critério de adjudicação escolhido. De facto, se a Administração tiver optado pelo critério do preço mais baixo (cfr. o artigo 55.º, n.º 1, alínea *b*) do Decreto-Lei n.º 197/99), a adjudicação torna-se um acto totalmente vinculado[1282]. Por isso, a anulação do acto através do qual a entidade adjudicante escolha outra proposta deve ter como efeito directo a nulidade consequente do contrato e a sua destruição.

Contudo, se por razões excepcionais relacionadas com o interesse público, tal não ocorrer, a indemnização devida ao terceiro lesado deve cobrir quer as despesas por si efectuadas, quer os lucros cessantes, justificando-se a fixação de uma indemnização de montante muito elevado[1283].

Refira-se ainda que a jurisprudência do TJCE[1284] e as normas comunitárias sobre a contratação pública, nomeadamente a Directiva "Recursos"[1285] apontam no sentido do ressarcimento completo dos danos sofri-

---

[1280] Cfr. RUI MEDEIROS, *Ensaio...*, cit., pág. 169.

[1281] Neste sentido, v. SERGIO SANTORO, *op. cit.*, pág. 457.

[1282] Cfr., neste sentido, o Acórdão do STA de 24 de Junho de 1997, Processo n.º 31.087.

[1283] Neste sentido, v. ANGELO PIAZZA, *Risarcimento del danno in materia di appalti pubblici (art. 13.º Legge n.º 142/1992) e tutela cautelare avanti al giudice amministrativo*, in DPA, n.º 1, 1995, pág. 40.

[1284] As duas decisões mais importantes do TJCE sobre a responsabilidade do Estado por violação de normas comunitárias são o Acórdão *"Francovich"*, de 19 de Novembro de 1991; e o Acórdão *"Brasserie du pêchêur, S.A."*, de 5 de Março de 1996. Sobre estes arestos, v. FAUSTO DE QUADROS, *Responsabilidade dos poderes públicos no Direito comunitário: responsabilidade extracontratual da Comunidade Europeia e responsabilidade dos Estados por incumprimento do Direito comunitário*, in *La responsabilidad patrimonial de los poderes públicos*, Madrid, 1999, págs. 145 e seguintes.

[1285] V., por exemplo, o parecer do Comité Económico Social, publicado no JOCE

dos pelo terceiro, incluindo, naturalmente, o interesse contratual positivo, o que significa que a indemnização pode mesmo ser superior ao preço do contrato. Esta solução não se afigura, contudo, injusta, atendendo a que nenhuma indemnização compensa os eventuais danos morais pelo demérito profissional e pela publicidade negativa que a não adjudicação pode acarretar[1286]. Os tribunais administrativos já admitiram, no entanto, a ressarcibilidade dos danos patrimoniais decorrentes do "empobrecimento do currículo"[1287].

Quanto ao problema dos meios processuais para efectivar a responsabilidade extracontratual da Administração, limitaremos a nossa análise a algumas questões processuais que se prendem directamente com o regime da acção de responsabilidade extracontratual da Administração no ordenamento jurídico português. Não entraremos, por isso, aqui na *vaexata questio* do mito da irresponsabilidade das entidades administrativas e do longo caminho que se percorreu até se ultrapassar definitivamente a máxima segundo a qual *"the king can do no wrong"*[1288].

Refira-se, em primeiro lugar, que a procedimentalização da actividade administrativa provoca uma certa "atomização" da responsabilidade administrativa, devido à multiplicação dos actos lesivos autonomamente impugnáveis[1289]. Este factor pode dificultar a efectivação das responsabilidade sobretudo quando num mesmo procedimento participam vários órgãos diferentes, sendo difícil determinar o grau de culpa de cada um deles.

C-347, 1987, págs. 23 a 26, no qual aquele órgão se pronuncia sobre a proposta do Conselho para o texto da Directiva "Recursos", considerando que *"...seria necessário alargar a noção de prejuízo que confere direito a indemnização para além das simples despesas directamente decorrentes de uma proposta inútil. Importaria assim prever igualmente uma possibilidade de reparação total ou parcial pelos "lucros cessantes"* (cfr. o ponto 3.1.1. do parecer, pág. 25).

[1286] Neste sentido, v. REBOLLO PUIG, *La invalidez...*, cit., pág. 433. Em sentido diferente, considerando que a responsabilidade civil *"...não é modo de enriquecer..."*, v. OLIVEIRA ASCENSÃO, *Acções...*, cit., pág. 214. Quanto ao ressarcimento dos danos morais, MARIA DA GLÓRIA GARCIA, *A responsabilidade civil do Estado...*, cit., pág. 41, defende que só são indemnizáveis os danos morais singulares ou especiais, ou seja, aqueles que são sentidos especialmente por um particular e não pela generalidade dos membros da comunidade.

[1289] Cfr. o Acórdão do TAC de Lisboa de 22 de Setembro de 1998, proferido no Processo n.º 953-A/98.

[1288] Sobre esta longa evolução, v., por todos, MARIA DA GLÓRIA GARCIA, *A responsabilidade civil do Estado...*, cit., págs. 17 e seguintes.

[1289] Como realça ANNARITA MAVELLI, *Brevi riflessioni sul responsabile del procedimento*, in *La legge sul procedimento amministrativo*, Milão, 1999, págs. 83 a 85.

Existe, talvez por essa razão, uma tendência para a objectivação da responsabilidade administrativa[1290], que se verifica em três aspectos fundamentais:

- na ampliação do conceito de ilicitude, nos termos do artigo 6.º do Decreto-Lei n.º 48.051;
- na generalização da figura da "culpa do serviço" (agora expressamente prevista no artigo 7.º, n.º 2, da proposta de lei que aprova o novo regime da responsabilidade do Estado)[1291];
- e no facto de a Administração responder solidariamente com o titular do órgão, funcionário ou agente que tiver causado prejuízos a terceiros, nos termos do artigo 22.º da CRP, o que implica a caducidade, por inconstitucionalidade superveniente, do artigo 3.º, n.º 2, do Decreto-Lei n.º 48.051[1292].

Assim, sempre que o particular obtenha a declaração de nulidade ou a anulação de um acto administrativo deve ser ressarcido dos danos que este tenha provocado na sua esfera jurídica, excepto quando a execução da sentença anulatória seja suficiente para reintegrar completamente a situação do particular. No caso dos procedimentos pré-contratuais, se o terceiro, que impugna, por exemplo, o acto de adjudicação, obtiver a adjudicação do contrato, não haverá, em princípio, quaisquer danos a ressarcir. Pelo contrário, se se verificar uma causa legítima de inexecução da sentença, o terceiro lesado deve ser ressarcido a título de responsabilidade extracontratual por acto lícito.

Da relação estreita que se estabelece entre a impugnação de um acto administrativo lesivo e a responsabilidade extracontratual decorre, de *iure condendo*, a possibilidade de se cumular a tutela constitutivo-anulatória com a tutela condenatório-ressarcitória, ou, por outras palavras, a possibilidade de cumular o recurso contencioso de anulação com o pedido de

---

[1290] Neste sentido, v. VIEIRA DE ANDRADE, *Panorama geral...*, cit., págs. 44 e 45. Em sentido contrário, MARGARIDA CORTEZ, *Responsabilidade civil...*, cit., págs. 75 e 76.

[1291] Sobre esta figura, v. MARIA JOSÉ MESQUITA, *Da responsabilidade civil extracontratual da Administração no ordenamento jurídico-constitucional vigente*, in *Responsabilidade civil extracontratual da Administração Pública*, coordenação de Fausto de Quadros, Coimbra, 1995, pág. 50.

[1292] Como considerou o STJ no Acórdão de 6 de Maio de 1986, in BMJ, n.º 357, págs. 392 e seguintes. No mesmo sentido, v. GOMES CANOTILHO e VITAL MOREIRA, *Constituição...*, cit., pág. 168. Em sentido contrário pronuncia-se, entre outros, VIEIRA DE ANDRADE, *Panorama geral...*, cit., pág. 53.

indemnização (o que passa a ser expressamente permitido nos termos do artigo 4.º, n.º 2, alínea *f*) da PLCPTA)[1293]. A principal razão para se afastar, na legislação nacional, essa solução prende-se com a competência dos tribunais e com a diferença de formas de processo, de acordo com o artigo 38.º da LPTA, que terá revogado, segundo a doutrina maioritária, o artigo 835.º, § 3 do CA[1294].

Verifica-se, contudo, que, mesmo antes da entrada em vigor da LPTA, a jurisprudência sempre restringiu o disposto neste preceito aos casos do artigo 851.º, § único, do CA, actualmente também revogado pelo artigo 9.º, n.º 3, do ETAF[1295], ou seja, nos casos de responsabilidade pelos actos praticados pela Administração ou por concessionários no âmbito da execução dos contratos. Esta possibilidade deveria ser, contudo, admitida de forma muito mais ampla, pois *"...o reconhecimento de que houve um facto ilícito e dele decorreram prejuízos a indemnizar é perfeitamente compatível com o processo de recurso, podendo, como se pode, deixar a liquidação da indemnização a pagar para execução posterior se não for possível no próprio recurso determinar os danos causados..."* (MARCELLO CAETANO)[1296].

Além disso, os obstáculos de índole processual são ultrapassáveis através da transformação do STA num verdadeiro tribunal de última instância, com competência apenas em matéria de Direito, e com a possibilidade de cumulação de várias formas de processo, atribuindo ao juiz o poder de adaptar a respectiva tramitação. A possibilidade de cumulação de pedidos apresenta vantagens específicas no âmbito da matéria em apreço, atendendo à importância que o tipo de vício de que padece o acto adminis-

---

[1293] Neste sentido, v. SÉRVULO CORREIA, *A efectivação..., cit.*, pág. 276, até porque, como salienta o autor, o juiz é chamado a apreciar, em via incidental, a legalidade do acto administrativo, em sede de acção, naqueles casos em que é permitida a propositura da acção sem prévia impugnação do acto administrativo lesivo. No mesmo sentido, v. GIULIO BACOSI, *op. cit.*, pág. 407.

[1294] Neste sentido, v. JOÃO CAUPERS e JOÃO RAPOSO, *op. cit.*, pág. 277. Em sentido contrário pronunciam-se FREITAS DO AMARAL, *Direito..., cit.*, volume IV, pág. 215 e RUI MEDEIROS, *Acções..., cit.*, págs. 47 e seguintes.

[1295] Cfr. o Acórdão do STA de 14 de Março de 1958, anotado, em sentido bastante crítico, por MARCELLO CAETANO, *Responsabilidade da Administração Pública*, in OD, Ano 90.º, n.ºs 3-4, 1958, págs. 235 e seguintes. Esta orientação jurisprudencial mantém-se actualmente, como refere RUI MEDEIROS, *Acções..., cit.*, pág. 49, citando abundante jurisprudência do STA (v., por exemplo, os Acórdãos da 1ª Secção de 7 de Julho de 1988 e de 17 de Maio de 1990).

[1296] Cfr. MARCELLO CAETANO, *Responsabilidade..., cit.*, pág. 238.

trativo pode ter para a determinação em concreto do montante da indemnização relativamente aos danos patrimoniais consequentes[1297].

Em França, por exemplo, o juiz pode condenar a Administração a pagar uma indemnização no âmbito da *"référé précontractuel"*, pelo menos quando se trata de "consequências pecuniárias inseparáveis"[1298]; e em Espanha, a possibilidade de cumulação é uma opção do recorrente, nos termos dos artigos 41.º e 42.º da LJCA[1299].

Por outro lado, se o terceiro lesado tiver perdido o interesse em contratar e pretender apenas obter uma indemnização pelos despesas efectuadas com a participação no procedimento pré-contratual, deve ser possível intentar uma acção de indemnização contra a Administração sem impugnar previamente o acto lesivo. Tal implicaria adoptar uma interpretação "substancialista" da parte final do artigo 7.º do Decreto-Lei n.º 48.051, no sentido de a não interposição do recurso contra este acto apenas relevar para a determinação do montante indemnizatório, a título de culpa do lesado, mas não afaste totalmente a responsabilidade delitual da Administração[1300]. Se a validade do acto administrativo for essencial para o apuramento da responsabilidade da Administração, aquele problema é resolvido enquanto questão incidental, podendo o juiz fazê-lo em sede de acção, mas com efeitos apenas para o processo em apreço, devendo, chamar-se ao processo os contra-interessados na manutenção do acto[1301]. Esta é a solu-

---

[1297] Neste sentido pronuncia-se ITALO FRANCO, *op. cit.*, pág. 290

[1298] Cfr., por todos, MATERNE STAUB, *op. cit.*, pág. 366.

[1299] Cfr., por todos, GARCIA-TREVIJANO GARNICA, *Plazo para exigir la responsabilidad extracontractual de las Administraciones Públicas*, Madrid, 1998, pág. 113.

[1300] Neste sentido, v. MOREIRA DA SILVA, *Da responsabilidade civil da Administração Pública por actos ilícitos*, in *Responsabilidade civil extracontratual da Administração Pública*, coordenação de Fausto de Quadros, Coimbra, 1995, pág. 162, RUI MEDEIROS, *Acções...*, *cit.*, pág. 41 e seguintes e MARGARIDA CORTEZ, *Fogo-fátuo: a autonomia das acções de indemnização*, in CJA, n.º 1, 1997, págs. 17 e 18, em anotação ao Acórdão da 1ª Secção do STA, de 27 de Fevereiro de 1996, proferido no Processo n.º 23.058, que pela primeira vez adoptou este entendimento, embora considerando que a culpa do lesado se consubstancia como um facto interruptivo do nexo de causalidade, aspecto que é criticado pela autora. Contra a interpretação "substancialista" do preceito, v., por todos, SÉRVULO CORREIA, *A efectivação...*, *cit.*, págs. 269 e seguintes, por três razões: primeiro, porque a acção de responsabilidade não é o meio processual próprio para dirimir litígios sobre a subsistência de actos administrativos ilegais; a segunda prende-se com a inviabilidade da utilização imediata da acção quando o dano material pudesse ter sido evitado ou eliminado através da impugnação do acto lesivo; e a terceira, porque a exigência de prévia impugnação do acto ilegal tem uma importante função de controlo jurídico objectivo.

[1301] É que, como salienta VALERIO MOSCARINI, *op. cit.*, pág. 809, na acção de res-

ção adoptada em Itália pelo artigo 35.º do Decreto-Lei n.º 80, de 30 de Junho de 1998, que alterou o artigo 13.º da Lei n.º 142, de 1992, que exigia a prévia interposição do recurso perante os tribunais administrativos[1302].

Aliás, a impugnação do acto destacável não deve ser um ónus que recai sobre o particular lesado, na medida em que este não tem a obrigação de conhecer as vinculações jurídico-legais a que a Administração está sujeita na fase procedimental, nem, por outro lado, deve ser exigido ao particular que desempenhe o papel de "paladino da legalidade". Além disso, se a impugnação prévia for um requisito essencial para a propositura da acção de responsabilidade, significa que esta fica limitada ao prazo de dois meses estabelecido legalmente para a interposição do recurso contencioso de anulação, porque uma vez exaurido este prazo, o particular não pode impugnar o acto e, consequentemente, deixa de poder intentar a acção[1303].

Da mesma forma, o facto de o recorrente, apesar de ter impugnado o acto lesivo, não ter requerido a decretação de uma providência cautelar, não afasta a responsabilidade da Administração[1304], podendo apenas revelar alguma culpa do lesado por, devido à sua falta de diligência, não ter evitado a produção dos danos. Refira-se, contudo, que isso só releva se, através de uma actuação mais diligente, o particular lesado pudesse efectivamente, no caso concreto, ter evitado os danos, não bastando a mera verificação abstracta dessa possibilidade. Daí que as probabilidades de êxito no pedido de suspensão de eficácia sejam determinantes para a aplicação da parte final do artigo 7.º do Decreto-Lei n.º 48.051[1305]. Pode até acontecer que, apesar de ser decretada uma medida provisória, e, por isso, se acautelar a utilidade principal do recurso, sobrevenham outros prejuízos, que também devem ser ressarcidos, juntamente com a execução da sentença principal.

Resta, finalmente, analisar a responsabilidade extracontratual da Administração decorrente dos danos causados a terceiros no âmbito da execução dos contratos celebrados por entidades administrativas ou de contratos celebrados entre privados para a prossecução do interesse público.

---

ponsabilidade, ao contrário do que acontece no recurso contencioso de anulação, não há contra-interessados.

[1302] Cfr. ITALO FRANCO, *op. cit.*, págs. 469 e 470.

[1303] Tal afigura-se inaceitável, como refere MOREIRA DA SILVA, *Da responsabilidade..., cit.*, págs. 162 e 163, embora, como o próprio autor salienta, seja a solução adoptada pela jurisprudência dos tribunais administrativos.

[1304] Em sentido aparentemente diferente, v. FRANCESCO PUGLIESE, *Movenze..., cit.*, pág. 687.

[1305] Como salienta MARGARIDA CORTEZ, *op.cit.*, pág. 18.

Como já tivemos oportunidade de referir, a execução do contrato, tal como o procedimento pré-contratual, não é um mundo limitado às partes, podendo, pelo contrário, provocar prejuízos a terceiros[1306]. Estes danos podem resultar do risco inerente ao normal funcionamento do serviço prestado ou à normal execução do contrato; da violação de normas de cuidado na execução do contrato; da inexecução do contrato; ou do deficiente exercício dos poderes-deveres de fiscalização e vigilância por parte da Administração. Em qualquer destes casos, se se verificarem os restantes pressupostos da responsabilidade civil, os terceiros têm direito de ser indemnizados pelos prejuízos sofridos. Aliás, quaisquer cláusulas contratuais que visem limitar a responsabilidade das partes, nomeadamente, no sentido de eximir a responsabilidade da Administração por danos causados a terceiros, são inoponíveis a estes últimos[1307].

O dever de a Administração indemnizar os particulares pelo normal funcionamento de um serviço prestado pelo seu co-contratante ou pela execução do contrato por parte deste, já foi por nós abordado no âmbito da presente dissertação, a propósito dos efeitos lesivos para terceiros.

A responsabilidade objectiva da Administração justifica-se, nesses casos, porque a contratualização da actividade administrativa não pode ter o efeito de eximir a Administração das suas responsabilidades relativamente ao funcionamento dos serviços públicos[1308]. Trata-se, por isso, na maioria dos casos, de uma forma de responsabilidade por acto lícito, que decorre essencialmente do princípio da equitativa repartição dos encargos públicos. De facto, se um determinado particular for especialmente onerado pela execução de um contrato que visa prosseguir o interesse colectivo, tem direito a uma indemnização pelo esforço suplementar que lhe é exigido em nome do interesse público.

Aliás, é por isso que, ao contrário do que acontece no Direito Civil, em que a responsabilidade por actos lícitos é excepcional e só existe nos

---

[1306] LAURENT FOLLIOT, op. cit., Tomo I, pág. 159, designa mesmo a responsabilidade extracontratual perante terceiros por actos de execução dos contratos como "responsabilidade para-contratual".

[1307] Este tipo de cláusulas é frequente nos contratos de concessão. Veja-se, por exemplo, a Base XXVIII do contrato de concessão entre os CTT – Correios de Portugal, S.A. e o Estado, aprovado pelo Decreto-Lei n.º 448/99, de 4 de Novembro.

[1308] V., por todos, MARIA JOÃO ESTORNINHO, Responsabilidade por danos..., cit., págs. 429 e seguintes. Não concordamos, por isso, com a solução do artigo 11.º da proposta de lei, uma vez que apenas se refere à indemnização pelo anormal funcionamento dos serviços. Ora, há situações em que o normal funcionamento dos serviços gera danos, que devem ser indemnzados.

casos especificamente previstos na lei (cfr. o artigo 483.º, n.º 2, do CC), no Direito Administrativo, essa forma de responsabilidade não é excepcional, em virtude da cláusula geral consagrada nos artigos 8.º e 9.º do Decreto-Lei n.º 48.051[1309]. Estes preceitos prevêem, respectivamente, a responsabilidade administrativa pelo risco e por actos lícitos praticados para prossecução do interesse geral. Coloca-se, então, o problema de saber em qual destas disposições se deve integrar a responsabilidade da Administração pelos danos provocados pelos seus co-contratantes na execução de um contrato. Por exemplo, a responsabilidade por obras públicas, que surgiu enquanto responsabilidade pelo risco, por serem consideradas "serviços administrativos excepcionalmente perigosos", reconduz-se, actualmente, por influência da doutrina francesa, à *"responsabilité du fait des choses"*, ou seja, à responsabilidade por actos lícitos[1310]. Como defende GOMES CANOTILHO, *"...não há, pois, que remeter estes danos para uma inespecífica responsabilidade por risco: eles são danos ou encargos resultantes de actos materiais lícitos e, por conseguinte, perfeitamente enquadráveis na responsabilidade por actos lícitos"*[1311].

Assim, a responsabilidade pelos danos causados no âmbito da execução contratual deve incluir-se no artigo 9.º do Decreto-Lei n.º 48.051, até porque este não se refere apenas a actos administrativos, mas também a actos materiais, excepto quando estejam em causa serviços particularmente perigosos, tais como, centrais nucleares ou serviços militares.

No entanto, como a admissibilidade genérica da responsabilidade por actos lícitos corresponde a um enorme alargamento da responsabilidade da Administração, para se limitar essa responsabilização, o artigo 9.º, n.º 1, do Decreto-Lei n.º 48.051 determina que apenas são indemnizados os particulares a quem tenham sido impostos encargos ou causados prejuízos especiais, que excedam os encargos normais que cada particular tem de suportar como contrapartida pelos benefícios para a colectividade, incluindo

---

[1309] Como salientam FREITAS DO AMARAL, *A responsabilidade...*, cit., pág. 40 e DIAS GARCIA, *Da responsabilidade civil objectiva do Estado e demais entidades públicas*, in *Responsabilidade civil extracontratual da Administração Pública*, coordenação de Fausto de Quadros, Coimbra, 1995, pág. 201

[1310] Cfr. PIERRE TIFINE, *La place des ouvrages publics exceptionnellement dangereux dans la structure de la responsabilité du fait des ouvrages publics*, in RDP, n.º 5, 1996, págs. 1424 e seguintes, em especial, a pág. 1431. O autor considera que o que está na base do dever de indemnizar por parte da Administração é o princípio da equitativa repartição dos encargos públicos e não a responsabilidade pelo risco.

[1311] Cfr. GOMES CANOTILHO, *O problema da responsabilidade do Estado por actos lícitos*, Coimbra, 1974, págs. 242 e seguintes, em especial, a pág. 246.

para o próprio[1312]. Tal não significa que a indemnização por actuações lícitas deva ser menor do que a indemnização devida pela prática de actos ilícitos, visto que está em causa o ressarcimento total do terceiro e não uma mera compensação pelos prejuízos sofridos, seguindo-se em ambas as situações as regras dos artigos 562.º e seguintes do CC para fixar o montante concreto da indemnização[1313].

Pelo contrário, se os danos resultarem do anormal funcionamento de um serviço, ou da negligente execução do contrato trata-se de responsabilidade por acto ilícito. Se se tratar de um serviço público essencial, tais como correios, transportes públicos, abastecimento de água e luz, etc, está também em causa a protecção da confiança legítima dos particulares no funcionamento normal e razoável dos serviços públicos[1314]. Parece-nos mesmo que a maior ou menor onerosidade para os particulares, bem como a qualidade do serviço prestado são critérios determinantes que devem nortear a Administração na escolha entre prestar ela própria o serviço público (ou executar a obra) ou optar pela contratualização[1315]. REBELO DE SOUSA refere-se, a este propósito, à existência de uma responsabilidade solidária da Administração por ilícito de serviço, inerente *"...à colectivização, em regime não concorrencial, a satisfação de necessidades colectivas..."*[1316].

No caso das empreitadas de obras públicas, os artigos 36.º a 38.º do Decreto-Lei n.º 59/99 estabelecem que é o empreiteiro que responde pelos danos causados a terceiros, excepto se estes resultarem de deficiências do projecto ou do cumprimento de ordens da Administração. Deve entender-se, contudo, que a Administração responde solidariamente e objectivamente por todos os danos causados a terceiros, tendo apenas direito de regresso quando os prejuízos sejam da exclusiva responsabilidade do

---

[1312] Sobre os critérios para aferir a "especialidade" e a "anormalidade" do prejuízo, v. GOMES CANOTILHO, *O problema...*, *cit.*, págs. 272 e seguintes.

[1313] Neste sentido, v. GOMES CANOTILHO, *O problema...*, *cit.*, págs. 322 a 324, salientando que a indemnização por actos lícitos não é um instituto complementar dos impostos.

[1314] Neste sentido, v. SANZ RUBIALES, *Criterios del Consejo de Europa y ordenamiento español: algunos problemas*, in *La responsabilidad patrimonial de los poderes públicos*, Madrid, 1999, pág. 68.

[1315] Em sentido próximo, referindo-se ao princípio da proporcionalidade, v. GOMES CANOTILHO, *O problema...*, *cit.*, pág. 333.

[1316] Cfr. REBELO DE SOUSA, *Responsabilidade dos estabelecimentos públicos de saúde...,cit.*, págs. 170 e 171.

empreiteiro[1317]. Este é, por isso, um campo privilegiado de aplicação da responsabilidade solidária, mesmo que não exista qualquer ilegalidade, desde que se verifique a violação de regras de ordem técnica e de prudência comum[1318].

Parece-nos, assim, que, independentemente da situação em concreto, a Administração deve responder sempre solidariamente pelos danos causados a terceiros pelos seus co-contratantes, quer subjectivamente, a título de culpa *in eligendo*[1319] ou *in instruendo*, quer objectivamente, devido à sua posição especial de garante[1320]. Isso significa que o lesado pode accionar a Administração pela totalidade dos danos que sofreu, sem lhe ser exigido demandar conjuntamente a Administração e o co-contratante particular[1321].

Os prejuízos sofridos na esfera jurídica de terceiros podem resultar ainda do facto de a Administração não exercer os seus poderes-deveres de fiscalização, nomeadamente, o poder de dirigir a execução do contrato e de fiscalizar o cumprimento das normas de segurança. Nestes casos, a

---

[1317] Os tribunais administrativos pronunciam-se de modo muito mais restritivo quanto à responsabilização da Administração contraente, considerando que *"...no contrato de empreitada não existe qualquer vínculo de subordinação do empreiteiro em relação ao dono da obra, pelo que aquele, em princípio, responde pelos danos causados a terceiro com a execução das obras."* Cfr. os Acórdãos do STA de 17 de Outubro de 1996 (Processo n.º 39.310) e de 1 de Fevereiro de 2000 (Processo n.º 45.489). Em França, pelo contrário, é jurisprudência constante que a Administração responde objectivamente pelos danos causados a terceiros decorrentes da execução de uma empreitada de obras públicas. V., por todos, JACQUES MOREAU, *Principes..., cit.*, pág. 11.

[1318] Neste sentido, v. CARMINE VOLPE, *La responsabilità civile nei confronti della Pubblica Amministrazione. Alcuni aspetti problematici in tema di appalti di lavori pubblici*, in RTA, 1998, pág. 433, referindo-se à responsabilidade solidária do empreiteiro e do projectista.

[1319] Cfr. PELINO SANTORO, *I contratti..., cit.*, pág. 451.

[1320] Tal como acontece relativamente aos seus funcionários e agentes, de acordo com o artigo 22.º da CRP, sem prejuízo do respectivo direito de regresso. Neste sentido, v. ENTRENA CUESTA, – *Responsabilidad e inactividad de la Administración*, in *La responsabilidad patrimonial de los poderes públicos*, Madrid, 1999, pág. 370. Em sentido contrário, v. BOCANEGRA SIERRA, *La responsabilidad civil de los concesionarios y contratistas de la Administración por daños causados a terceros*, in DA, n.ºs 237-238, 1994, págs. 229 e 230, defendendo que a responsabilidade só é solidária se os danos forem imputáveis à Administração, caso contrário, existe apenas, quando muito, responsabilidade subsidiária em caso de insolvência do co-contratante particular.

[1321] Como salienta RUI MEDEIROS, *Admissibilidade de uma responsabilidade solidária em regime de litisconsórcio necessário*, in CJA, n.º 4, 1997, pág. 28, citando o artigo 519.º, n.º 1, do CC.

Administração responde por culpa *in vigilando*, que pode reconduzir-se genericamente a uma forma de responsabilidade por inactividade administrativa[1322], relativamente à qual se poderiam mesmo estabelecer presunções de culpa em certas situações[1323]. Esta solução permitiria retirar ao particular o ónus da prova nesta matéria, uma vez que responsabilidade por inactividade é sempre subjectiva, porque pressupõe a omissão culposa de um dever legal de agir[1324]. A responsabilidade por inactividade pode configurar-se também, sobretudo em certos tipos de contratos administrativos, como uma inactividade prestacional, sempre que a não intervenção da entidade administrativa resulte, por exemplo, na não construção de obras públicas[1325] ou na denegação da prestação de um serviço a um determinado conjunto de pessoas devido às tarifas cobradas pelo concessionário ou à eliminação por este da prestação de serviços em certa zona do país[1326].

[1322] Neste sentido, v. MAGIDE HERRERO, *El criterio de imputación de la responsabilidad in vigilando a la Administración: referencia a la responsabilidad de la Administración en su actividad de supervisión de sectores económicos*, in *La responsabilidad patrimonial de los poderes públicos*, Madrid, 1999, pág. 378.

[1323] Neste sentido, v. MARIA DA GLÓRIA GARCIA *A responsabilidade civil da Administração Pública pela inactividade*, in *La responsabilidad patrimonial de los poderes públicos*, Madrid, 1999, pág. 355, e especificamente sobre a responsabilidade pela execução de contratos, v. MARIA JOÃO ESTORNINHO, *Responsabilidade por danos...*, *cit.*, pág. 430. Em sentido próximo, v. JACQUES MOREAU, *Principes...*, *cit.*, pág. 8, referindo-se a uma *présomption de faute* quanto aos danos provocados por empreitadas de obras públicas. Trata-se de presunções de culpa aplicáveis à própria Administração e que não se confundem, por isso, com as presunções de culpa a favor do autor material do dano, ou seja, do titular do órgão, funcionário ou agente da Administração, que relevam apenas no âmbito das relações internas entre este e a Administração em termos de direito de regresso. Sobre os casos em que se justifica a existência de presunções deste tipo (crime, actos nulos ou inexistentes, etc), v. PAULO OTERO, *Responsabilidade civil pessoal dos titulares de órgãos, funcionários e agentes da Administração do Estado*, in *La responsabilidad patrimonial de los poderes públicos*, Madrid, 1999, págs. 500 e 501. Por sua vez, MARIA JOSÉ RANGEL MESQUITA, *Presunção de culpa das autarquias locais: um imperativo do dever de boa administração*, in CJA, n.º 10, 1998, págs. 8 e 9, defende a aplicação à Administração da presunção de culpa do artigo 493.º, n.º 1, do CC, a propósito da violação do dever de vigilância sobre coisas móveis e imóveis.

[1324] Neste sentido, v. GÓMEZ PUENTE, *Responsabilidad por inactividad de la Administración*, in DA, n.ºs 237-238, 1994, pág. 150.

[1325] V. ROBERTO CARANTA, *op. cit.*, págs. 22 e seguintes.

[1326] Refira-se, aliás, como salientam ANDRÉ DE LAUBADÈRE, FRANCK MODERNE e PIERRE DELVOLVÉ, *Traité...*, *cit.*, Tomo II, 2ª Edição, Paris, 1984, pág. 363, que, por isso mesmo, qualquer cláusula contratual que retire à Administração o poder de intervir na fixação das tarifas é ilegal e deve ter-se por não escrita.

A responsabilidade perante terceiros por danos ocorridos durante a execução de um contrato não pode ser desligada da responsabilidade dos próprios co-contratantes, o que suscita problemas substantivos, ao nível da repartição das respectivas responsabilidades e também processuais, quanto ao meio contencioso adequado para obter o ressarcimento frente a cada responsável.

De facto, se não há quaisquer dúvidas quanto à aplicabilidade da acção de responsabilidade prevista nos artigos 71.º e seguintes da LPTA contra a Administração, quando esta seja responsável subjectivamente (por culpa *in vigilando*, *in instruendo* ou *in eligendo*) ou objectivamente (pelo normal funcionamento dos serviços ou solidariamente com o co-contratante), o mesmo não acontece no que respeita aos concessionários e demais contratantes da Administração.

Cumpre, em primeiro lugar, distinguir os concessionários e, de um modo geral, todos aqueles que, por praticarem actos administrativos, integram-se num conceito amplo de Administração, dos restantes co-contratantes, nomeadamente dos empreiteiros.

Quanto aos primeiros, a efectivação da sua responsabilidade obtém-se perante a Jurisdição administrativa, nos mesmos termos que se aplicam à Administração, uma vez que se trata de responsabilidade por actos de gestão pública[1327]. Em sentido contrário, PEDRO GONÇALVES considera que a relação entre os utentes e o concessionário é "titulada por um contrato de direito privado, mas regulada também por normas de Direito Público"[1328]. De facto, é duvidoso que o contrato que cada utente celebra com uma empresa concessionária, por exemplo, do serviço de transportes públicos, quando adquire um bilhete seja de Direito Público. Contudo, a responsabilidade dos concessionários, por exemplo, por mau funcionamento dos serviços não resulta das obrigações assumidas perante o utente no momento da aquisição do título de transporte, mas sim das obrigações decorrentes do contrato de concessão celebrado entre o concessionário e a Administração. Trata-se, por isso, de uma responsabilidade por actos de gestão pública.

Efectivamente, o contrato celebrado entre cada utente e concessionário é apenas um "pressuposto de entrada na relação jurídica", mas o conteúdo desta relação é regido pelo Direito Administrativo, nomeadamente, pelas regras do contrato de concessão[1329].

[1327] Cfr. MARIA JOÃO ESTORNINHO, *Responsabilidade por danos...*, cit., pág. 422.

[1328] Cfr. PEDRO GONÇALVES, *A concessão*, pág. 318. No mesmo sentido, v. PHILIPPE TERNEYRE, *Contentieux de l'exécution...*, cit., pág. 614.

[1329] Neste sentido, v. SÉRVULO CORREIA, *As relações jurídicas...*, cit., pág. 33. Em sentido próximo, v. MARCELLO CAETANO, *Manual...*, cit., volume I, pág. 426.

A questão afigura-se mais complexa no que respeita a outros co-contratantes da Administração, nomeadamente, aos empreiteiros, que respondem perante terceiros por danos causados pela execução da obra. Neste caso, a doutrina maioritária considera que se trata de responsabilidade por actos de gestão privada entre duas pessoas privadas (o co-contratante e o terceiro lesado) cuja efectivação é, por isso, da competência dos tribunais comuns[1330].

Esta solução suscita-nos, porém, algumas dúvidas, uma vez que, estando o co-contratante associado à Administração na prossecução de um fim de utilidade pública, a actividade por aquele desenvolvida com vista à execução do contrato pode configurar-se, na nossa opinião, como um acto de gestão pública. O aspecto relevante para determinar a competência jurisdicional não seria, assim, a natureza do co-contratante ou o facto de este ficar ou não dotado de poderes de autoridade, mas sim a natureza pública ou privada do contrato[1331].

Aliás, sendo a gestão pública *"aquela que a Administração desempenha nos termos do Direito Público"* e a gestão privada *"aquela que a Administração desenvolve sob a égide do Direito Privado"*[1332], o factor essencialmente relevante prende-se com o enquadramento do acto ou facto lesivo numa actividade regulada por normas de Direito Administrativo ou por normas de Direito Civil. Nesta perspectiva, qualquer comportamento danoso praticado no âmbito de um contrato administrativo deverá considerar-se integrado na gestão pública e, por isso, fonte de responsabilidade administrativa. FREITAS DO AMARAL entende mesmo que *"...um acto material ou uma actividade não jurídica deverão qualificar-se como de*

[1330] Como refere MARIA JOÃO ESTORNINHO, *Responsabilidade por danos..., cit.*, pág. 422, citando o Acórdão do STA de 26 de Novembro de 1996, proferido no Processo n.º 41.222. V. também GAMERO CASADO *Responsabilidad administrativa: conflictos de jurisdicción*, Pamplona, 1997, pág. 127. Este autor defende que mesmo a responsabilidade dos concessionários deveria ser da competência da Jurisdição comum (cfr. a pág. 223). No mesmo sentido, v., também na doutrina espanhola, CORNIDE-QUIROGA, *op. cit.*, pág. 140.

[1331] Neste sentido, v. BOCANEGRA SIERRA, *op. cit.*, pág. 209 e PHILIPPE TERNEYRE, *Contentieux de l'exécution..., cit.*, pág. 611. Pelo contrário, este autor entende que os danos que sejam provocados pelo empreiteiro no âmbito de uma actuação que não esteja coberta pelo contrato são ressarcíveis nos termos do Direito Civil e perante os tribunais comuns (cfr. a pág. 613). V. também FRANCK MODERNE, *Nouvelles difficultés pour la notion de "rapports de Droit privé" comme critère de compétence judiciaire*, in AJDA, 1970, pág. 543.

[1332] Como refere FREITAS DO AMARAL, *A responsabilidade..., cit.*, pág. 18.

gestão pública se na sua prática ou no seu exercício forem de algum modo influenciados pela prossecução do interesse colectivo..."[1333].

Por outro lado, no plano prático, a solução preconizada pela doutrina maioritária pode revelar-se penalizadora para o terceiro lesado. É que, apesar de a responsabilidade do co-contratante ser regida pelo Direito Privado, mais especificamente pelos artigos 483.º e seguintes do CC, e ser da competência dos tribunais comuns, a responsabilidade da Administração está confiada à Jurisdição administrativa. Sendo assim, o terceiro lesado não pode, apesar de ter todo o interesse em fazê-lo, demandar conjuntamente a Administração e o seu co-contratante, cumulando ambos os pedidos no mesmo processo e perante o mesmo tribunal. Esta é, aliás, uma das razões que leva muitos autores a defender a unificação da competência contenciosa em matéria de responsabilidade extracontratual da Administração nos tribunais administrativos[1334], solução que foi já consagrada em Espanha, na Lei do Contencioso Administrativo de 1998[1335].

No caso de danos provocados a terceiros pela execução dos contratos ditos privados da Administração, a responsabilidade civil da Administração e, por maioria de razão, dos seus co-contratantes reger-se-ia, de acordo com a concepção tradicional, pelo Direito Civil, mais especificamente, pelo artigo 500.º do CC, relativo à responsabilidade do comitente, *ex-vi* o artigo 501.º do CC. Assim, o Estado e as demais pessoas colectivas de direito público respondem objectivamente pelos danos provocados pelos seus órgãos, agentes ou representantes no exercício de actividades de gestão privada, desde que sobre estes recaia também obrigação de indemnizar, com ou sem culpa[1336]. Não concordamos, por isso, com FREITAS DO AMARAL, quando defende que, apesar de a responsabilidade da Administração por actos de gestão privada ter um fundamento objectivo, assenta nos requisitos da responsabilidade subjectiva, porque pressupõe que haja culpa dos seus órgãos, agentes ou representantes[1337]. De facto, a culpa

---

[1333] Cfr. FREITAS DO AMARAL, *A responsabilidade..., cit.*, págs. 24 e 25.

[1334] Cfr. VIEIRA DE ANDRADE, *Panorama geral..., cit.*, pág. 56 e V. PEREIRA DA SILVA, *Responsabilidade administrativa..., cit.*, pág. 19. Em sentido contrário, v. SÉRVULO CORREIA, *A efectivação..., cit.*, págs. 269 e seguintes e RUI MEDEIROS, *Acções..., cit.*, pág. 35.

[1335] V., por todos, MARTA GARCÍA PÉREZ, *La Ley dela Jurisdicción contencioso-administrativa de 1998*, in *Reforma do contencioso administrativo*, trabalhos preparatórios, Ministério da Justiça, 2000, pág. 195.

[1336] Neste sentido, v. MENEZES CORDEIRO, *Direito..., cit.*, 2.º volume, reimpressão, Lisboa, 1990, pág. 379. V. também MARIA JOSÉ MESQUITA, *op. cit.*, pág. 63.

[1337] Cfr. FREITAS DO AMARAL, *A responsabilidade..., cit.*, págs. 27 e 28.

destes apenas releva no âmbito das relações internas com a Administração, uma vez que esta só tem direito de regresso quando a responsabilidade daqueles seja culposa, e na medida das respectivas culpas (cfr. o artigo 500.º, n.º 3, do CC). Pelo contrário, no caso de responsabilidade por actos de gestão pública, a Administração só tem direito de regresso sobre os seus funcionários e agentes quando estes tenham agido dolosamente ou fora dos limites das suas funções, como resulta do cotejo dos artigos 2.º e 3.º do Decreto-Lei n.º 48.051[1338].

Não nos parece que seja esta a melhor solução quando estejam em causa danos resultantes de contratos celebrados pela Administração, por duas razões: primeiro, porque a publicização substantiva destes contratos implica a sua integração no âmbito da gestão pública e a correspondente vinculação do co-contratante particular à prossecução do interesse público; segundo, porque, na nossa opinião, toda a responsabilidade civil extracontratual da Administração deve ser unificada na Jurisdição administrativa, como já acontece actualmente em Espanha, nos termos do artigo 144.º da nova *Ley de Procedimiento Administrativo* (Ley n.º 4/1999, de 13 de Janeiro).

Aliás, o critério da gestão pública ou privada revela-se, muitas vezes, insuficiente, visto que as actividades de carácter técnico não são reconduzíveis a esse critério[1339], sendo apenas a "ambiência" em que são desempenhadas que determina a sua natureza pública ou privada, o que sugere a necessidade da unificação contenciosa da responsabilidade civil da Administração.

[1338] Como realça MARIA DA GLÓRIA GARCIA, *A responsabilidade...*, *cit.*, pág. 34. PAULO OTERO, *Responsabilidade civil...*, *cit.*, pág. 497, considera que esta "espécie de privilégio" visa impedir que os funcionários, atemorizados pela hipótese de responderem pelos danos da sua acção, apliquem a máxima *"in dubio abstine"* e se recusem a agir, comprometendo a eficácia da actividade administrativa.

[1339] Como salienta V. PEREIRA DA SILVA, *Responsabilidade administrativa...*, *cit.*, pág. 18.

CONCLUSÕES

I. A definição de terceiro no Direito Administrativo deve ser encontrada através de um critério unitário, por referência a um mínimo denominador comum de todas as formas de actuação administrativa, entendidas como modos de constituição, modificação e extinção de relações jurídicas administrativas.

II. A relação jurídica administrativa é "uma relação social entre dois ou mais sujeitos de Direito, públicos ou privados, visando a prossecução do interesse público, regulada essencialmente por normas de Direito Administrativo, e cujo conteúdo são as situações jurídicas activas e passivas dos sujeitos envolvidos".

III. Tomando como critério o conceito de relação jurídica administrativa, podem definir-se terceiros, no âmbito do Direito Administrativo, como "todos os sujeitos de Direito que, não sendo destinatários de certa actuação administrativa, integram a relação multilateral por esta constituída, na medida em que as suas posições jurídicas subjectivas são afectadas".

IV. Os direitos subjectivos e os interesses legítimos podem incluir-se numa categoria conceptual unitária, enquanto posições jurídicas subjectivas substantivas dos particulares perante a Administração, sendo que a matéria da contratação pública trouxe um contributo importante para a superação da dicotomia entre aquelas duas figuras.

V. As partes no processo administrativo devem ser determinadas através do critério do interesse substantivo no resultado da demanda, pelo que são partes necessárias os sujeitos da relação material controvertida, incluindo os terceiros, enquanto sujeitos de uma relação jurídica administrativa multilateral.

VI. A eficácia subjectiva das sentenças abrange apenas os sujeitos que participaram na demanda, pelo que a ampliação do juízo a todos os interessados permite compatibilizar a vertente objectivista de assegurar o efeito útil da decisão judicial com a vertente subjectivista do respeito pelo princípio do contraditório e pelos direitos dos particulares envolvidos no litígio.

VII. O dualismo entre contratos administrativos e contratos privados da Administração (ligado a razões históricas e tendo como consequência a dicotomia de jurisdições competentes) está, actualmente, posto em causa, devido à publicização substantiva dos segundos, que se traduz na sua funcionalização à prossecução do interesse público, sob pena de desvio de poder, e no regime jurídico aplicável.

VIII. A funcionalização ao interesse público justifica a sujeição dos contratos privados da Administração a regras de Direito Administrativo, mesmo que o fim público seja apenas indirectamente ou mediatamente prosseguido.

IX. Todos os contratos da Administração Pública são regidos por um regime jurídico uniforme, caracterizado pela combinação de regras de Direito Administrativo e de regras de Direito Privado, quer ao nível do procedimento pré-contratual, quer ao nível da execução dos contratos.

X. Os actos endoprocedimentais praticados no decurso do procedimento pré-contratual são impugnáveis por terceiros desde que sejam lesivos. Assim, são actos passíveis de recurso contencioso: a escolha do procedimento de selecção; a falta de convite nos procedimentos restritos; a imposição de cláusulas discriminatórias nos cadernos de encargos e outras peças concursais, bem como a sua alteração no decurso do procedimento; a falta de publicação do anúncio ou de outros elementos ao quais deva ser dada publicidade; a errada composição do júri, da comissão de abertura do concurso ou da comissão de análise das propostas; a submissão dos concorrentes a obrigações, desvantagens ou regalias diferentes; a exclusão, a admissão condicionada e a admissão dos concorrentes e das propostas; a falta de audiência prévia; a decisão de não adjudicar o contrato ou de anular o procedimento; a adjudicação; a minuta do contrato; e a própria celebração do contrato ou a recusa em fazê-lo.

XI. A posição dos terceiros perante os contratos substitutivos e integrativos do procedimento assume uma configuração especial, uma vez que estes contratos substituem ou fixam o conteúdo discricionário de actos administrativos. Por isso, os contratos deste tipo só podem ser celebrados num momento em que o sentido da decisão final do procedimento seja já perceptível, sempre sujeitos à condição resolutiva da compatibilidade com o resultado final do procedimento e sob reserva da manutenção dos elementos de facto e de Direito em que assentou o contrato. Exige-se também a participação de todos os interessados no procedimento prévio à celebração do acordo, sendo permitida a sua impugnação pelos terceiros afectados.

XII. Os efeitos lesivos decorrentes da execução do contrato variam em função do tipo de contrato, podendo, contudo, distinguir-se três situações diferentes: danos decorrentes do risco inerente à execução do contrato ou do normal funcionamento do serviço prestado; danos resultantes da negligente execução do contrato ou do seu não cumprimento por parte do co-contratante; e danos imputáveis ao deficiente exercício dos poderes-deveres de fiscalização e vigilância por parte da Administração.

XIII. A superação definitiva do princípio da eficácia relativa dos contratos da Administração decorre da produção de efeitos lesivos para terceiros, quer durante a formação do contrato, quer no âmbito da respectiva execução.

XIV. A procedimentalização dos contratos da Administração Pública, que contribui para a tendencial indistinção entre contratos administrativos e contratos privados, ocorreu gradualmente em quatro momentos distintos: primeiro, a procedimentalização da fase da formação dos designados contratos administrativos; depois, a sujeição de todos os contratos celebrados pela Administração a um procedimento pré-contratual; em terceiro lugar, a procedimentalização também da fase da execução desses contratos; e, finalmente, a destacabilidade dos actos praticados quer na fase da formação, quer na fase da execução dos contratos para efeitos da sua impugnação contenciosa autónoma.

XV. A procedimentalização da fase da formação dos contratos da Administração traduz-se essencialmente na autonomização de actos destacáveis para efeitos de impugnação contenciosa em sede de recurso contencioso de anulação, de acordo com a sua potencialidade lesiva, critério que se pode reconduzir à noção de "destacabilidade material".

XVI. Na fase da execução do contrato também se podem autonomizar actos administrativos recorríveis contenciosamente, sem importar a natureza do contrato. São destacáveis os actos através dos quais a Administração utiliza as suas prerrogativas de autoridade, os actos praticados pelo co-contratante particular ou pela Administração com fundamento no contrato ou em violação do mesmo, e as próprias cláusulas contratuais, quando assumem relevância para terceiros.

XVII. A Administração Pública também pratica actos administrativos no âmbito de relações jurídicas de Direito Privado, sempre que se prevalece do seu poder de definir unilateralmente o Direito aplicável. Quando isso se verifica, tem o efeito de transformar a natureza da relação jurídica subjacente, publicizando-a.

XVIII. A invalidade dos actos administrativos de que dependa a celebração do contrato implica a invalidade derivada do contrato, nos termos do artigo 185.º, n.º 1, alínea a) do CPA. A solução ideal seria, contudo, a consagração de um regime de nulidade consequente dos contratos, à qual seria aplicável o artigo 133.º, n.º 2, alínea i) do CPA, independentemente da natureza do contrato, sendo necessária a prévia anulação ou declaração de nulidade do acto pré-contratual.

XIX. A invalidade dos actos destacáveis da execução dos contratos traduz-se na invalidade total ou parcial dos mesmos. Neste último caso, é possível proceder à redução ou conversão do contrato, nos termos dos artigos 292.º e 293.º do CC, se se tratar de um contrato com objecto passível de direito privado (incluindo, por maioria de razão, os ditos contratos privados da Administração); ou à reforma, redução ou conversão, nos termos do artigo 137.º do CPA, se se tratar de um contrato com objecto passível de acto administrativo.

XX. O princípio da preservação da coisa contratada e a protecção dos terceiros são conciliáveis através da ponderação em concreto dos interesses em presença, efectuada de acordo com o princípio da legalidade, o princípio da protecção da confiança do co-contratante e o princípio da proporcionalidade, tendo sempre em conta a posição jurídica subjectiva do terceiro e a importância dos danos sofridos na sua esfera jurídica.

XXI. O contencioso dos contratos da Administração Pública caracteriza-se pela dualidade de jurisdições competentes e pela multiplicidade de meios processuais nele integrados: recurso contencioso de anulação dos actos destacáveis, recurso urgente do Decreto-Lei n.º 134/98, de 15 de Maio, e acção sobre contratos.

XXII. O défice de tutela judicial dos terceiros perante a actuação administrativa contratual resulta da falta de articulação entre os meios processuais integrados no contencioso dos contratos da Administração, motivada essencialmente pelo facto de os terceiros não poderem obter, no actual contexto legislativo, a declaração de nulidade ou anulação de um contrato.

XXIII. A construção de um sistema unitário de protecção dos terceiros passa, em primeiro lugar, pela unificação de jurisdições no âmbito da actividade contratual da Administração. Esta solução não viola o artigo 212.º, n.º 3, da CRP, sendo, pelo contrário, uma decorrência da publicização substantiva dos contratos privados da Administração, de acordo com a noção de relação jurídica administrativa adoptada. Por outro lado, a unificação nos tribunais administrativos de toda a competência contenciosa em matéria contratual tem a vantagem de eliminar a complexa teia de questões prejudiciais entre as diferentes jurisdições.

XXIV. O alargamento do objecto do recurso contencioso de anulação no sentido de incluir também o pedido de anulação ou declaração de invalidade dos contratos da Administração tem a virtualidade de colmatar o desfasamento existente ao nível dos meios processuais e permitir aproveitar as vantagens dos mecanismos da cumulação e da ampliação de pedidos. Esta é também a solução mais coerente com a invalidade consequente dos contratos, sem prejuízo de se manterem as acções para o cumprimento do contrato.

XXV. A admissibilidade do recurso como meio processual para apreciar a validade dos contratos celebrados pela Administração implica algumas adaptações ao nível do regime jurídico aplicável, nomeadamente quanto à legitimidade activa, que deve ser aferida através da conjugação das regras substantivas do CPA e do CC sobre a invalidade dos contratos com as regras processuais sobre a legitimidade e o interesse em agir. Por outro lado, nestes recursos existe sempre um contra-interessado, que é o co-contratante particular.

XXVI. Ao nível da tramitação, o recurso, entendido como uma verdadeira acção, deveria garantir uma maior amplitude dos meios de prova e a estrita igualdade das partes. Quanto à execução das sentenças, é a própria unidade do sistema de regras aplicáveis a este processo e à ulterior actuação da Administração que indica qual a melhor forma de resolver o conflito entre os interesses em presença, ou seja, entre a estabilidade do contrato e a tutela dos terceiros, merecendo protecção aquele que for no sentido do *accertamento* contido na decisão judicial.

XXVII. A tutela judicial efectiva dos terceiros exige a diversificação e o aumento da eficácia das providências cautelares, nomeadamente através da consagração de medidas positivas específicas para a contratação pública, bem como um maior aproveitamento das potencialidades dos meios extra-judiciais de resolução de litígios, sem prejuízo da primazia da função jurisdicional estatal.

XXVIII. A efectivação da responsabilidade pré-contratual, contratual e extracontratual da Administração por parte de terceiros é uma forma de composição dos interesses envolvidos nos litígios relacionados com a actividade contratual da Administração, quando não seja possível ou desejável a reconstituição da situação actual hipotética, garantindo o ressarcimento do particular que seja lesado.

XXIX. Existe responsabilidade pré-contratual da Administração Pública quando esta viola, durante a fase da formação do contrato, deveres especiais decorrentes da boa fé. O âmbito de aplicação desta forma de responsabilidade é tanto mais amplo quanto menor for a pré-determinação normativa da actuação administrativa, razão pela qual desempenha um papel mais importante nos procedimentos adjudicatórios restritos ou negociados.

XXX. A Administração Pública incorre em responsabilidade contratual perante terceiros quando estes são prejudicados pelo não cumprimento do contrato ou quando são lesados pela violação dos deveres de cuidado e protecção estipulados contratualmente em seu favor. Nestes casos, justifica-se um alargamento da legitimidade activa nas acções sobre contratos para permitir aos terceiros efectivar a responsabilidade contratual das partes, beneficiando da presunção de culpa consagrada no artigo 799.º do CC.

XXXI. A responsabilidade extracontratual verifica-se sempre que a Administração viola as vinculações jurídico-públicas a que está sujeita durante a formação o contrato, lesando terceiros. O montante da indemnização varia de acordo com a posição do terceiro e com o tipo de vício de que padece o acto lesivo, devendo permitir-se a efectivação da responsabilidade sem necessidade de prévia interposição de recurso deste acto, bem como a cumulação dos dois pedidos.

XXXII. A Administração responde também quer objectivamente, quer subjectivamente, por culpa *in eligendo* ou por culpa *in vigilando*, de forma solidária com o co-contratante particular, pelos danos causados a terceiros pelo normal funcionamento do serviço prestado ou pela execução do contrato, bem como pela sua deficiente execução ou inexecução.

BIBLIOGRAFIA

AAVV – *La concession de service public face au Droit communautaire*, Paris, 1992

AAVV – *La reforma del processo contencioso-administrativo*, Pamplona, 1995

AAVV – *Comentarios a la Ley de Contratos de las Administraciones Públicas*, 2ª Edição, Barcelona, 1996

AAVV – *Contratación Pública*, II Madrid, 1997

AAVV – *La disciplina del contenzioso nel contratto di appalto di opere pubbliche*, Roma, 1997

AAVV – *Derecho Público y Derecho Privado en la actuación de la Administración Pública*, Madrid, 1999

AAVV – *La nueva ley de la jurisdicción contencioso-administrativa*, Madrid, 1999

AAVV – *La reforma del procedimiento administrativo*, Madrid, 1999

AAVV – *La sospensione nel giudizio amministrativo*, Turim, 1999

ABESSOLO, Jean – *Les effets de la nullité des contrats administratifs: probléme de effectivité*, inédito, Pau, 1994

ACONE, Modestino – *Diritto e processo nelle procedure di aggiudicazione degli appalti pubblici: dalla Direttiva CEE 89/665 ala legge "comunitaria" per il 1991*, FI, vol. 115, 1992, págs. 322 a 352

AGUADO I CUDOLÀ, Vicenç – *La reciente evolucion de la tutela cautelar en el proceso contencioso-administrativo*, in *Estudios en homenaje al Prof. Jesus González Pérez*, Tomo II, Madrid, 1993, págs. 1675 a 1719

AICARDI, Nicola – *La disciplina generale e i principi degli accordi amministrativi: fondamento e caractteri*, in RTDP, 1997, págs. 1 a 59

ALESSI, Renato – *Osservazioni intorno ai limiti soggetivi di efficacia del giudicato amministrativo*, in RTDP, 1954, págs. 51 a 69

ALEXANDRINO, José de Melo – *O procedimento pré-contratual nos contratos de empreitadas de obras públicas*, Lisboa, 1997

ALMEIDA, Mário Aroso de – *Sobre a autoridade do caso julgado das sentenças de anulação de actos administrativos*, Coimbra, 1994
– *Contributo para a reforma do sistema do contencioso administrativo*, in DJ, vol. IX, Tomo II, 1995, págs. 103 a 121
– *Utilidade da anulação contenciosa de actos administrativos*, in CJA, n.º 8, 1998, págs. 49 a 56
– *Execução de sentenças*, in *Seminário permanente de Direito constitucional e administrativo*, volume I, Braga, 1999, págs. 83 a 96
– *Tutela declarativa e executiva no contencioso administrativo português*, in CJA, n.º 16, 1999, págs. 67 a 73
– *Pronúncias judiciais e sua execução na reforma do contencioso administrativo*, in CJA, n.º 22, 2000, págs. 71 a 82
– *A execução das sentenças no anteprojecto de reforma do processo nos Tribunais administrativos*, in *Reforma do contencioso administrativo*, trabalhos preparatórios, Ministério da Justiça, págs. 411 a 422

ALMEIDA E COSTA, Mário Júlio – *Direito das obrigações*, 8ª Edição, Coimbra, 2000

ALMEIDA FERRÃO, Alfredo Mendes – *Questões prévias e prejudiciais no contencioso administrativo*, Coimbra, 1959

ALONSO GARCÍA, Ricardo – *Derecho comunitario, Derechos nacionales y Derecho común europeo*, Madrid, 1989

AMARAL, Maria Lúcia – *Responsabilidade do Estado e dever de indemnizar do legislador*, Coimbra, 1998
– *Responsabilidade civil extracontratual do Estado: a propósito do prazo de prescrição do direito à indemnização*, in CJA, n.º 12, 1998, págs. 31 a 38

AMSELEK, Paul – *Une méthode peu usuelle d'identification des contrats administratifs: l'identification directe*, in RA (F), 1973, págs. 633 e seguintes

ANDRADE, Manuel Domingues de – *Teoria geral da relação jurídica*, vol. I, reimpressão, Coimbra, 1997, e vol. II, reimpressão, Coimbra, 1998

ANTUNES VARELA / BEZERRA, J. Miguel / SAMPAIO E NORA – *Manual de processo civil*, 2ª Edição, Coimbra, 1985

ANTUNES VARELA / PIRES DE LIMA – *Código Civil anotado*, vol. I, 4ª Edição, Coimbra, 1987 e vol. II, 4ª Edição, Coimbra, 1997

ARIÑO ORTIZ, Gaspar – *Teoria del equivalente económico en los contratos administrativos*, Madrid, 1968
— *La reforma de la ley de contratos del Estado*, Madrid, 1984
— *El concepto de contrato público en la CEE*, in Notícias CEE, n.º 21, 1986, págs. 19 a 26

ARREDONDO GUTIÉRREZ, José Manuel – *Los convenios urbanísticos y su régimen jurídico*, Granada, 1999

ASTONE, Francesco – *Integrazione giuridica europea e giustizia amministrativa*, Nápoles, 1999

ATAÍDE, Augusto – *Limites e efeitos do exercício da modificação unilateral pela Administração Pública*, in Estudos de Direito Público em homenagem ao Professor Marcello Caetano, págs. 71 a 106

AUBY, Jean-Marie / DRAGO, Roland – *Traité de contentieux administratif*, Tomos I e II, Paris, 1984

AYALA, Bernardo Diniz de – *O (défice de) controlo judicial da margem de livre decisão administrativa*, Lisboa, 1995
— *Considerations sur l'interchangeabilité entre acte administratif et contrat administratif dans le Droit portugais*, in REDP, vol. 10, n.º 2, 1998, págs. 423 a 441
— *A tutela contenciosa dos particulares em procedimentos de formação de contratos da Administração Pública: reflexões sobre o Decreto-Lei n.º 134/98, de 15 de Maio*, in CJA, n.º 14, 1999, págs.3 a 23
— *O método de escolha do co-contratante da Administração nas concessões de serviço público*, in CJA, n.º 26, 2001, págs. 3 a 25

BACIGALUPO, Mariano – *La nueva tutela cautelar en el contencioso-administrativo*, Madrid, 1999

BACOSI, Giulio – *Trattativa privata e tutela del privato contraente*, Milão, 1999

BALESTRERI, Adolfo M. – *Trattativa privata e ragioni d'urgenza: punti di incontro tra ordenamento comunitario ed ordemamento nazionale*, in RIDPC, n.ºs 1-2, 1993, págs. 123 a 128

BANFI, Francesca Trimarchi – *Considerazioni sull'opposizione alla sentenza di anullamento, proposta dal terzo titolare di posizione "autonoma e incompatibile"*, in DPA, n.º 4, 1998, págs. 780 a 802

BARAV, Ami / SIMON, Denys – *Le Droit communautaire et la suspension provisoire des mesures nationales*, in RMC, n.º 340, 1990, págs. 591 a 597

BARBIERI, Ezio Maria – *I limiti del processo cautelare amministrativo*, in DPA, Ano IV, 1986, págs. 200 a 211
 – *Riflessioni sul rissarcimento del danno da lesione di interesse legittimi*, in RIDPC, n.º 3, 1992, págs. 735 a 748

BARBOSA DE MELO, António Moreira – *Os vícios de forma nos actos administrativos*, 2ª Edição, texto dactilografado, 1986
 – *Responsabilidade civil extracontratual. Não cobrança de derrama pelo Estado*, in CJ, Ano XI, Tomo 4, 1986, págs. 27 a 40
 – *Acção processual administrativa*, in DJAP, vol. I, Lisboa, 1990 págs. 61 a 65
 – *Parâmetros constitucionais da Justiça administrativa*, in Reforma do contencioso administrativo, trabalhos preparatórios, Ministério da Justiça, 2000, págs. 295 a 314

BARNÉS VÁZQUEZ, Javier – *Introduccion a la doctrina alemana del "Derecho privado administrativo"*, in Libro Homenaje a manuel Francisco Clavero Arevalo, Tomo I, Madrid, 1994, págs. 229 a 238

BARRA, Rodolfo C. – *Los actos administrativos contractuales*, Buenos Aires, 1989

BARRERO RODRÍGUEZ, María Concepción – *La suspension de la ejecucion del contrato de obra pública*, in RAP, n.º 142, 1997, págs. 111 a 153

BARTOLOMEI, Franco – *Sull'eficacia e rilevanza giuridica dell'ordinanza giurisdizionale (positiva) nel processo cautelare amministrativo*, in DPA, Ano VII, n.º 3, 1989, págs. 323 a 356

BASSI, Franco – *Litisconsorzio necessario e processo amministrativo*, in DPA, Ano V, 1985, págs. 171 a 177

BASSOLS COMA, Martín – *Aproximacion a la normativa comunitaria europea sobre contratacion administrativa*, in Notícias CEE, n.º 21, 1986, págs. 27 a 34
 – *La ejecution de sentencias condenatorias de la Administracion Publica en jurisdicciones distintas a la contencioso-administrativa*, in Libro de Homenaje al Professor José Luis Villar Palasi, Madrid, 1989, págs. 109 a 141

BATÀ, Antonella – *Responsabilità precontrattuale della Pubblica Amministrazione e identificazione del contraente*, in CG, I, 1994, págs. 208 a 210

BECHILLON, Denys de – *Le contrat comme norme dans le Droit public prositif*, in RFDA, n.º 8, 1992, págs. 15 a 35

BELADIEZ ROJO, Margarita – *Validez y eficacia de los actos administrativos*, Madrid, 1994
 – *Responsabilidad e imputación de daños por el funcionamiento de los servicios públicos*, Madrid, 1997

BELTRAN DE FELIPE, Miguel – *El poder de sustitucion en la ejecucion de las sentencias condenatorias de la Administracion*, Madrid, 1995

BENEDETTI, Auretta – *I contratti della Pubblica Amministrazione tra specialità e Diritto comune*, Turim, 1999

BERGEAL, Catherine – *Combinaison du contentieux contractuel et du contentieux de l'excès de pouvoir: le cas des résiliations de concession*, in RFDA, n.° 14, vol. 3, 1998, págs. 535 a 538
– *Le contrôle, par le juge de cassation, de l'interprétation des cahiers-types des contrats administratifs*, in RFDA, n.° 14, vol. 4, 1998, págs. 732 a 742

BERNINI, Anna Maria – *Opere pubbliche e composizione delle controversie: quale spazio per l'arbitrato? Qualche riflessione*, in RTA, 1998, págs. 78 a 103

BENATTI, Francesco – *Brevi note sulla responsabilità precontrattuale della Pubblica Amministrazione*, in FP, 1962, págs. 1357 a 1362
– *Sulla circolazione della clausola compromissoria*, in Arbitrato e Pubblica Amministrazione, Milão, 1999, págs. 101 a 117

BERMEJO VERA, José – *La publicidad en el procedimiento de contratación*, in Notícias CEE, n.° 21, 1986, págs. 35 a 47

BERRUTI, Giuseppe Maria – *La disapplicazione dell'atto amministrativo nel giudizio civile*, Milão, 1991

BEZERRA, J. Miguel / ANTUNES VARELA / SAMPAIO E NORA – *Manual de processo civil*, 2ª Edição, Coimbra, 1985

BIEUSSES, Pierre Subra de – *La incidencia del Derecho comunitario europeo sobre el Derecho francés de contratos públicos: el caso de la Directiva "Recursos"*, in Contratación Pública, I, Madrid, 1996

BIGLIAZZI-GERI, Lina – *Culpa in contrahendo, Pubblica Amministrazione e terzi*, in FI, Ano 62.°, vol. LXXXV, 1962, págs. 1166 a 1170

BLANCO DE MORAIS, Carlos – *As leis reforçadas*, Coimbra, 1998

BOCANEGRA SIERRA, Raúl – *La responsabilidad civil de los concesionarios y contratistas de la Administración por daños causados a terceros*, in DA, n.°s 237-238, 1994, págs. 205 a 238

BOMPARD, Alain / DREIFUSS, Muriel – *Du pouvoir comminatoire au pouvoir de saction: la liquidation de l'astreinte*, in AJDA, n.° 1, 1998, págs. 3 a 10

BOQUERA OLIVER, José Maria – *Insusceptibilidad de la suspensión de la eficacia del acto administrativo*, in RAP, n.º 135, 1994, págs. 37 a 76

BORRAJO INIESTA, Ignacio – *Las directivas sobre contratación pública como manifestación de la libertad comunitaria de circulación*, in Notícias CEE, n.º 21, 1986, págs. 41 a 47
– *El intento de huir del Derecho administrativo*, in REDA, n.º 78, 1993, págs. 233 a 251

BOURREL, Antoine – *Le contrôle, par le juge de cassation, de l'interprétation des cahiers-types des contrats administratifs*, in RFDA, n.º 14, vol. 4, págs. 742 a 753

BRÉCHON-MOULÈNES, Christine – *L'effectivité de la concurrence dans les marchés publics: les recours*, in *L'Europe et les marchés publics*, coordenação de Nicole Catala, Paris, 1994, págs. 25 a 45
– *Contrat*, in AJDA, 1995, págs. 147 a 153
– *Choix des procédures, choix dans les procédures*, in AJDA, 1998, págs. 753 a 759
– *Liberté contractuelle des personnes publiques*, AJDA, 1998, págs. 643 a 650

BRIGNOLA, Francesco – *Cointeressati e controinteressati nel processo amministrativo*, in *Studi per il centocinquantenario del Consiglio di Stato*, vol. III, Roma, 1981, págs. 1683 a 1713

BRISEUL, Jean-Paul – *Déféré préfectoral*, in AJDA, 1998, págs. 630 e 631

BRISSON, Jean-François – *Les recours administratifs en Droit public français*, Paris, 1996

BUSCEMA, Angelo / BUSCEMA, Salvatore – *I conttrati della pubblica Amministrazione*, 2ª Edição, Pádua, 1994

BUSTILLO BOLADO, Roberto O. – *Convenios y contratos administrativos: transacción, arbitraje y terminación convencional del procedimiento*, Elacano, 2001

CABAÑAS GARCÍA, Juan Carlos – *El recurso contencioso-administrativo*, Madrid, 1999

CABRAL DE MONCADA, Luís Solano – *O Problema do critério do contrato administrativo e os novos contratos-programa*, in Estudos em Homenagem do Prof. Doutro J.J. Teixeira Ribeiro, vol. II, Coimbra, 1979, págs. 585 a 637

CABRAL, Margarida Olazabal – *O concurso público nos contratos administrativos*, Coimbra, 1197
– *Direito de reversão face a terceiros adquirentes?*, in CJA, n.º 6, 1997, págs. 38 a 44

CADIET, Loïc – *Les marchés publics devant le juge civil*, in RFDA, n.º 9, 1993, págs. 184 a 187

CADILHA, Carlos Alberto Fernandes – *A Reforma do contencioso administrativo*: debate público (I), in CJA, n.º 20, 2000, págs. 3 a 11
– *A Reforma do contencioso administrativo: debate público (II)*, in CJA, n.º 21, 2000, págs. 3 a 15
– *A reforma do contencioso administrativo: a intervenção do Ministério Público no recurso contencioso de anulação*, in RMP, Ano 21.º, n.º 83, 2000, págs. 45 a 60
– *Reflexões sobre a marcha do processo*, in CJA, n.º 22, 2000, págs. 60 a 70

CAETANO, Marcelo – *Competência contenciosa em matéria de contratos administrativos*, in OD, Ano 62.º – 63.º, n.º 7, Lisboa, 1930-31, págs. 194 a 198
– *Responsabilidade da Administração Pública*, in OD, Ano 90.º, n.ºs 3-4, 1958, págs. 232 a 240
– *Responsabilidade da Administração Pública*, in OD, Ano 95.º, 1963, págs. 185 a 196
– *Sobre o problema da legitimidade das partes no contencioso administrativo português*, in Estudos de Direito Administrativo, Lisboa, 1974
– *O interesse como condição de legitimidade no recurso directo de anulação*, in Estudos de Direito Administrativo, Lisboa, 1974
– *Conceito de contrato administrativo*, in Estudos de Direito Administrativo, Lisboa, 1974
– *Subsídios para o estudo da teoria da concessão de serviços públicos*, in Estudos de Direito Administrativo, Lisboa, 1974
– *Empreitadas de obras públicas*, in Estudos de Direito Administrativo, Lisboa, 1974
– *Natureza jurídica das tarifas dos serviços públicos concedidos*, in Estudos de Direito Administrativo, Lisboa, 1974
– *Manual de Direito Administrativo*, vols. I e II, 10ª Edição, 5ª reimpressão, Coimbra, 1991 e 1994

CAIA, Giuseppe – *Materie compromettibili in arbitrato con la Pubblica Amministrazione*, in Arbitrato e Pubblica Amministrazione, Milão, 1999, págs. 9 a 27

CAIANIELLO, Vincenzo – *Il giudice amministrativo ed i nuovi criteri di riparto delle giurisdizioni*, in RDP (I), Ano III, 1998, págs. 941 a 957
– *L'esecuzione delle sentenze del giudice amministrativo: il caso italiano*, in Reforma do contencioso administrativo, trabalhos preparatórios, Ministério da Justiça, 2000, págs. 489 a 509

CAILLOSSE, Jacques – *Droit public-Droit privé: sens et portée d'un partage académique*, in AJDA, 1996, págs. 955 a 964

CALVÃO, Filipa Urbano – *A recorribilidade do acto de adjudicação condicionado*, in CJA, n.º 12, 1998, págs. 19 a 30

CALVÃO DA SILVA, João – *Estudos de Direito Civil e Processo Civil*, Coimbra, 1996

CALVET, Hugues – *Droit administratif de la responsabilité et Droit communautaire*, in AJDA, 1996, págs. 92 a 96

CALVO ROJAS, Eduardo – *Medidas cautelares en el proceso contencioso-administrativo. Medidas provisionalisimas y medidas cautelares positivas. Últimos avances en esta materia y algun exceso*, in REDA, n.º 83, 1994, págs. 465 a 476

CAMMEO, Federico – *Corso di Diritto Amministrativo*, 1914

CAMPO CABAL, Juan Manuel – *Perspectivas de las medidas cautelares en el proceso contencioso-administrativo*, Colombia, 1997

CAMPOS SÁNCHEZ-BORDONA, Manuel – *Reflexiones iniciales sobre algunos problemas que plantea el nuevo regimen de las medidas cautelares en la ley reguladora de la Jurisdiccion Contencioso-Administrativa de 1998*, in RAP, n.º 149, 1999, págs. 105 a 130

CANAS, Vitalino – *Relação jurídico-pública*, in DJAP, vol. VII, Lisboa, 1996, págs. 207 a 234

CÂNDIDO DE OLIVEIRA, António – *A Administração Pública de prestação e o Direito Administrativo*, in SJ, Tomo XLV, n.ºs 259, 260 e 261, 1996, págs. 97 a 118
– *A reforma da organização dos tribunais administrativos e tributários*, in CJA, n.º 22, 2000, págs. 15 a 22
– *Apontamentos sobre a reforma do Direito processual administrativo*, in Reforma do contencioso administrativo, trabalhos preparatórios, Ministério da Justiça, 2000, págs. 77 a 82

CANO, Maria Isabel Gonzalez – *La proteccion de los intereses legitimos en el proceso administrativo*, Valencia, 1997

CARANTA, Roberto – *La responsabilità extracontrattuale della Pubblica Amministrazione*, Milão, 1993

CARIAS, Allan-Randolph Brewer – *La formación de la voluntad de la Administración Pública en los contratos administrativos*, RDJA, Tomo 62, n.ºs 2-3, Montevideo, págs. 25 a 62

CARRETERO PÉREZ, Adolfo – *La teoria de los actos separables*, in RAP, n.º 61, 1970, págs. 83 a 117

CARRILLO DE ALBORNOZ, Antonio Jiménez-Blanco – *La cesión de los contratos administrativos*, in *Poder Judicial*, n.º 4, 1986, págs. 155 a 158

CARUSI, Donato – *Problemi della responsabilità precontrattuale alla luce della giurispru-*

denza sulla "culpa in contrahendo" della Pubblica Amministrazione, in GI, I, 1995, págs. 96 a 110

CARVALHO, Orlando de – *Contrato administrativo e acto jurídico público*, in *Escritos – Páginas de Direito*, vol. I, Coimbra, 1998, págs. 169 a 246

CASALTA NABAIS, José – *Contratos fiscais*, Coimbra, 1994

CASSARINO, Sebastiano – *Riflessioni sul sistema italiano di Giustizia amministrativa*, in *Scritti in onore di Pietro Virga*, Tomo I, Milão, 1995, págs. 483 a 498

CASSESE, Sabino – *Le basi del Diritto Amministrativo*, 3ª Edição, Milão, 1995
– *L'arbitrato nel Diritto amministrativo*, in RTDP, 1996, págs. 311 a 327

CASTIELLO, Francesco – *Gli accordi integrativi e sostitutivi di provvedimenti amministrativi*, in DPA, n.º 1, 1993, págs. 124 a 169
– *Procedimenti ed accordi amministrativi: dagli "accordi ufficiosi" agli accordi codificati con la L. 241/90*, in *La contrattualizzazione dell'azione amministrativa*, Turim, 1993

CASTILLO BLANCO, Federico A. – *La nueva regulación de las medidas cautelares en la LJCA de 1998*, in *Estudios sobre la Jurisdicción Contencioso-Administrativa*, obra colectiva, Madrid, 1999, págs. 559 a 601

CASTRO, Torquato de – *Legitimação (Direito material)*, in RDES, 1979

CATELA, Miguel – *A legislação comunitária sobre os contratos públicos*, in RAL, n.º 158, Ano 20.º, 1997, págs. 163 a 168

CATURANI, Cesare – *Ordinanze di sospensione e giudizio d'ottemperanza*, in RTA, 1988, págs. 458 a 469

CAUPERS, João – *Ciência da Administração*, Lisboa, 1998
– *Direito Administrativo*, 3ª Edição, Lisboa, 1998
– *Imposições à Administração Pública*, in CJA, n.º 16, 1999, págs. 49 a 51
– *A arbitragem nos litígios entre a Administração Pública e os particulares*, in CJA, n.º 18, 1999, págs. 3 a 11
– *Introdução ao Direito Administrativo*, Lisboa, 2000
– v. FREITAS DO AMARAL

CAUPERS, João / RAPOSO, João – *Contencioso administrativo anotado*, Lisboa, 1994

CÉLÉRIER, Thibaut – *Déféré préfectoral et recours gracieux*, in RFDA, n.º 14, vol. 3, 1998, págs. 546 a 552

CERULLI IRELLI, Vincenzo – *Corso di Diritto Amministrativo*, Turim, 1997

CHABANOL, Daniel – *Responsabilité contractuelle et quasi-contractuelle*, in JCA, n.º 5, fascículo 854, 1994, págs. 1 a 22

CHABANOL, Daniel / JOUGUELET, Jean-Pierre – *Droits et obligations des signataires des marchés publics de travaux*, Paris, 1992

CHAMORRO BERNAL, Francisco – *La tutela judicial efectiva*, Barcelona, 1994

CHANTEPY, Christophe – *L'encadrement du référé précontractuel*, in RFDA, n.º 11, vol. 6, 1995, págs. 1077 a 1091

CHAPUS, René – *Droit Administratif géneral*, Tomos 1 e 2, 7ª Edição, Paris, 1993
– *Droit du contentieux administratif*, 8ª Edição, Paris, 1999

CHINCHILLA MARÍN, Carmen – *La tutela cautelar en la nueva Justicia administrativa*, Madrid, 1991
– *El derecho a la tutela cautelar como garantia de la efectividad de las resoluciones judiciales*, in RAP, n.º 131, 1993, págs. 167 a 189
– *La desviacion de poder*, 2ª Edição, Madrid, 1999

CHIOVENDA, Giuseppe – *Lezioni di Diritto Amministrativo*, Milão, 1991

CIVITARESE M. – Stefano – *Contributo allo studio del principio contrattuale nell' attività amministrativa*, Turim, 1997

CLIMENT BARBERÁ, Juan – *La seleccion de contratistas en los contratos de las Administraciones Públicas en el derecho comunitario y en el Derecho español*, in Notícias CEE, n.º 21, 1986, págs. 49 a 56

COLAÇO ANTUNES, Luís Filipe – *A tutela dos interesses difusos em Direito Administrativo: para uma legitimação procedimental*, Coimbra, 1989
– *A reforma do contencioso administrativo. O último ano em Marienband*, in RMP, Ano 21.º, n.º 83, 2000, págs. 29 a 44

COLMENAR LUIS, José / COLMENARES SOTO, Pedro – *Contratos de las Administraciónes Públicas*, Madrid, 1995

CORDEIRO, António – *A protecção de terceiros em face de decisões urbanísticas*, Coimbra, 1995

CORLETTO, Daniele – *La tutela dei terzi nel processo amministrativo*, Milão, 1992

CORSO, Guido – *La tutela cautelare nel processo amministrativo*, in FA, vol. 63, 1987, págs. 1655 a 1668

CORTEZ, Margarida – *O crepúsculo da invalidade formal?*, in CJA, n.º 7, 1998, págs. 32 a 43
– *Fogo-fátuo: a autonomia das acções de indemnização*, in CJA, n.º 1, 1997, págs. 8 a 18
– *Responsabilidade civil da Administração Pública*, in *Seminário permanente de Direito constitucional e administrativo*, vol. I, Braga, 1999, págs. 69 a 82

COSCULLUELA MONTANER, Luis – *Consideraciones sobre el enriquecimiento injusto en el Derecho administrativo*, in RAP, n.º 84, 1977, págs. 185 a 202
– *Manual de Derecho Administrativo*, 7ª Edição, Madrid, 1996

COUTINHO DE ABREU, Jorge – *Sobre os regulamentos administrativos e o princípio da legalidade*, Coimbra, 1987

CRETELLA JÚNIOR, J. – *As cláusulas de "privilégio" nos contratos administrativos*, in RIL, Ano 23, n.º 89, 1986, págs. 303 a 322

CROSETTI, Alessandro – *L'attività contrattuale della Pubblica Amministrazione: aspetti evolutivi*, Turim, 1984

CUGURRA, Giorgio – *Direttive comunitarie in materia di appalti pubblici e giudice amministrativo*, in DPA, n.º 3, 1989, págs. 357 a 368

D'AMATO, Giorgio – *L'arbitrato in sede amministrativa: fonte del vincolo compromissorio ed efficacia vincolante del lodo*, in *Arbitrato e Pubblica Amministrazione*, Milão, 1991, págs. 111 a 128

D'AURIA, Gaetano – *Autorité et contrat dans l'Administration moderne en Italie*, in *Annuaire Européen de l'Administration Publique*, Paris, 1997/1998, págs. 93 a 122

D'OTTAVI, Francesco – *Il contenzioso in materia di gare per gli appalti di opere pubbliche alla luce della normativa comunitaria*, FA, vol. 68, 1992, págs. 2444 a 2455

DAHER, Afif – *La faillité de factp de la loi sur les astreintes administratives*, RA (F), 1992, págs. 409 a 412

DAMIANI, Ernesto Sticchi – *Le parti necessarie nel processo amministrativo*, Milão, 1988
– *Gli accordi amministrativi*, in *La contrattualizzazione dell'azione amministrativa*, Turim, 1993
– *La nozione di appalto pubblico*, Milão, 1999

DANIELE, Luigi – *Brevi note in tema di attuazione delle directive comunitarie da parte degli stati membri*, in RIDPC, n.º 3, 1992, págs. 803 a 807

DEBBASCH, Charles / RICCI, Jean-Claude – *Contentieux administratif*, 6ª Edição, Paris, 1994

DEGOFFE, Michel – *L'impartialité de la décision administrative*, in RFDA, n.º 14, vol. 4, 1998, págs. 711 a 731

DELAUNAY, Bénédicte – *L'amélioration des rapports entre l'Administration et les administrés*, Paris, 1993

DELGADO PIQUERAS, Francisco – *La terminación convencional del procedimiento administrativo*, Pamplona, 1995

DELVOLVÉ, Pierre – *Le recours pour excès de pouvoir contre les dispositions réglementaires d'un contrat*, in RFDA, n.º 13, vol. 1, 1997, págs. 89 a 99
— *Les stipulations contractuelles ne sont ni attaquables ni invocables en excès de pouvoir*, in RFDA, n.º 13, vol. 2, 1997, págs. 349 a 351

DELVOLVÉ, Pierre / LAUBADÈRE, André de / MODERNE, Franck – *Traité des contratos administratifs*, Tomo I, 2ª Edição, Paris, 1983; e Tomo II, 2ª Edição, 1984

DELVOLVÉ, Pierre / VEDEL, Georges – *Droit Administratif*, 10ª Edição, Paris, 1988

DESDENTADO DAROCA, Eva – *La crisis de identidad del Derecho Administrativo: privatización, huida de la regulación pública y Administraciones independientes*, Valencia, 1999

DÍAZ-RATO REVUELTA, José – *La propuesta de directiva presentada por la Comision al Consejo el 19 de Junio de 1986*, in Notícias CEE, n.º 21, 1986, págs. 115 a 123

DIMAS DE LACERDA, J. A. – *Responsabilidade civil extracontratual do Estado (alguns aspectos)*, in RMP, Ano 6.º, vol. 21, 1985, págs. 43 a 78

DOMENICHELLI, Vittorio – *Giurisdizione esclusiva e processo amministrativo*, Pádua, 1988
— *Giurisdizione amministrativa e arbitrato: riflessioni e interrogativi*, in DPA, n.º 2, 1996, págs. 227 a 243
— *Le prospettive dell'arbitrato nei rapporti amministrativi (tra matginalità, obbligatorietà e consensualità*, in DPA, n.º 2, 1998, págs. 241 a 252
— *L'arbitrato nell'ambito dei lavori pubblici*, in Arbitrato e Pubblica Amministrazione, Milão, 1999, págs. 45 a 57

DRAGO – Roland – *Le contrat administratif aujourd'hui*, in Droits, 1990, n.ºs 11-12, págs. 117 a 128

DRAGO, Roland / AUBY, Jean-Marie – *Traité de contentieux administratif*, Tomos I e II, Paris, 1984

DREIFUSS, Muriel / BOMPARD, Alain – *Du pouvoir comminatoire au pouvoir de saction: la liquidation de l'astreinte*, in AJDA, n.º 1, 1998, págs. 3 a 10

DREYFUS, Jean-David – *Contribution a une theorie generale des contrats entre personnes publiques*, Paris, 1997
– *La directive sur les marchés publics de services*, in RFDA, n.º 14, vol. 2, 1998, págs. 434 a 441

DUARTE, David – *Procedimentalização, participação e fundamentação: para uma concretização do princípio da imparcialidade administrativa como parâmetro decisório*, Coimbra, 1996

DUARTE DE ALMEIDA, António / MONTEIRO, Cláudio / MOREIRA DA SILVA, José Luís – *A caminho da plenitude da justiça administrativa*, in CJA, n.º 7, 1998, págs. 3 a 7

DUBOUCHET, Paul – *La tierce-opposition en Droit Administratif*, in RDPSP, n.º 3, 1990, págs. 712 a 766

DUCAROUGE, Françoise – *Le juge administratif et les modes alternatifs de règlement des conflit: transaction, médiation, conciliation et arbitrage en Droit public français*, in RFDA, n.º 12, vol. 1, 1996, págs. 86 a 95

DUGATO, Marco – *Atipicità e funzionalizzazione nell'attività amministrativa per contratti*, Milão, 1996

DURET, Paolo – *Partecipazione procedimentale e legittimazione processuale*, Turim, 1996

ENTRENA CUESTA, Rafael – *Responsabilidad e inactividad de la Administración*, in *La responsabilidad patrimonial de los poderes públicos*, Madrid, 1999, págs. 357 a 371

ESCOBAR GIL, Rodrigo A. – *Responsabilidad contractual de la Administración Pública*, Bogotá, 1989

ESTEVES DE OLIVEIRA, Mário – *Direito Administrativo*, vol. I, Lisboa, 1980
– *A impugnação e anulação contenciosas dos regulamentos*, in RDP (P), n.º 2, 1986, págs. 29 a 51

ESTEVES DE OLIVEIRA, Mário /ESTEVES DE OLIVEIRA, Rodrigo – *Concursos e outros procedimentos de adjudicação administrativa*, Coimbra, 1998

ESTEVES DE OLIVEIRA, Mário /GONÇALVES, Pedro /AMORIM, Pacheco de, J. – *Código do Procedimento Administrativo anotado*, 2ª Edição, Coimbra, 1997

ESTORNINHO, Maria João – *Princípio da legalidade e contratos da Administração*, in BMJ, n.º 368, 1987, págs. 79 a 122
– *Requiem pelo contrato administrativo*, Coimbra, 1990
– *A Fuga para o Direito Privado*, Coimbra, 1996

- *Algumas questões de contencioso dos contratos da Administração Pública*, Lisboa, 1996
- *Para uma comparação entre a empreitada civil e as empreitadas celebradas por entidades públicas*, separata do DJ, Lisboa, 1996
- *Um contrato ilegal... é legal?!*, in CJA, n.° 1, 1997, págs. 19 a 23
- *Critério da ambiência de direito público: esforço inglório para salvar o contrato administrativo?*, in CJA, n.° 2, 1997, págs. 15 a 17
- *A propósito do Decreto-Lei n.° 134/98, de 15 de Maio, e das alterações introduzidas ao regime do contencioso dos contratos da Administração Pública...*, in CJA, n.° 11, 1998, págs. 3 a 9
- *Contratos da Administração Pùblica (esboço de autonomização curricular)*, Coimbra, 1999
- *Responsabilidade por danos de concessionários*, in *La responsabilidad patrimonial de los poderes públicos*, Madrid, 1999, págs. 419 a 431
- *Contencioso dos contratos da Administração Pública*, in CJA, n.° 16, 1999, págs. 28 a 32
- *Colóquio sobre a PLCPTA*, realizado na FDUL, em 11 de Abril de 2000, in http://www.mj.pt/ca

FÁBRICA, Luís Sousa – v. QUADROS, Fausto de

FALCONE, Nicola – *Trattativa privata e tutela del privato non contraente*, in NR, n.°s 11-12, 1990

FÂTOME, Etienne – *Les avenants*, in AJDA, 1998, págs. 760 a 766

FATÔME, Etienne / LEVENEUR, Laurent – *Contrats de l'Administration*, in AJDA, 1998, págs. 161 a 166

FAZIO, Giuseppe – *L'attività contrattuale della Pubblica Amministrazione*, vol. I, Milão, 1988

FEDERICO, Andrea – *Autonomia negoziale e discrezionalità amministrativa – gli "accordi" tra privati e Pubbliche Amministrazioni*, Nápoles, 1999

FENOR DE LA MAZA Y CORNIDE-QUIROGA, Ángel – *Nuevas perspectivas en el proceso contencioso-administrativo*, Madrid, 1997

FÉRNANDEZ TORRES, Juan Ramón – *Jurisdicción administrativa revisora y tutela judicial efectiva*, Madrid, 1998

FERNÁNDEZ, Tomás-Ramón / GARCÍA DE ENTERRÍA, Eduardo – *Curso de Derecho administrativo*, vols. I e II, 5ª Edição, Madrid, 1998

FERRARA, Leonardo – *Diritti soggettivi ad accertamento amministrativo*, Pàdua, 1996

FERRARA, Rosario – *Gli accordi tra i privati e la Pubblica Amministrazione*, Milão, 1985

FERRARI, Annibale – *La giurisdizione esclusiva nell'ambito degli artt. 11 e 15 della L. n. 241/1990 sul procedimento amministrativo*, in *La contrattualizzazione dell'azione amministrativa*, Turim, 1993

FERREIRA DE ALMEIDA, Carlos Alberto – *A legitimidade e os efeitos do caso julgado no recurso de anulação interposto directamente para o Supremo Tribunal Administrativo*, in Rev.J, Ano XXX, 1945, págs. 129 a 132

FERREIRA DE ALMEIDA, José Mário – v. QUADROS, Fausto de
– *Legalidade e estabilidade objectiva nos contratos administrativos*, in SJ, vol. XXXVII, n.ºs 211-216, 1988, págs.121 a 140

FERREIRA PINTO, Fernando / FONSECA, Guuilherme da – *Direito Processual Administrativo contencioso*, 2ª Edição, Porto, 1992

FERRI, Pier Giorgio – *La tutela risarcitoria del diritto comunitario degli appalti pubblici*, in RIDPC, Ano II, n.º 4, 1992, págs. 1261 a 1274

FÉVRIER, Jean-Marc – *La jurisprudence communautaire et le contentieux administratif du sursis à exécution*, in AJDA, 1995, págs. 867 a 874

FÉZAS VITAL, Domingos – *O caso julgado nos recursos directos de anulação*, in RLJ, n.ºs 61 e 62, 1928, págs. 177 e seguintes

FLAMME, Maurice-André – *Traité théorique et pratique des marchés publics*, Tomo I, Bruxelas, 1969

FOLLIERI, Enrico – *Giudizio cautelare amministrativo e interesse tutelati*, Milão, 1981
– *La tutela rissarcitoria degli interessi legittimi*, in *Trattato di Diritto Amministrativo*, vol. II (*Le situazioni giuridiche soggetive del Diritto Amministrativo*), Pádua, 1999

FOLLIOT, Laurent – *Pouvoirs des juges administratifs et distinction des contentieux en matiére contractuelle*, inédito, Paris II, 1992, Tomos I e II

FONSECA, Guilherme da / FERREIRA PINTO, Fernando – *Direito Processual Administrativo contencioso*, 2ª Edição, Porto, 1992

FONSECA, Isabel Celeste – *Para uma nova tutela cautelar na justiça administrativa. Prólogo de uma batalha...*, in CJA, n.º 8, 1998, págs. 37 a 48
– *A urgência na reforma do processo administrativo*, in *Reforma do contencioso administrativo*, trabalhos preparatórios, Ministério da Justiça, 2000, págs. 259 a 273

FONT I LLOVET, Tomás – *Medidas para hacer efectiva la ejecucion de las sentencias*, in *Estudios en homenaje al Prof. Jesus González Péres*, Tomo II, Madrid, págs. 1173 a 1186

FORNACCIARI, Marc – *Contribution à la resolution de quelques "paradoxes"*, in ED (F), n.º 39, 1988, págs. 93 a 97

FORSTHOF, Ernst – *Tratado de Derecho administrativo*, Madrid, 1958

FRACCHIA, Fabrizio – *L'accordo sostitutivo*, Pádua, 1998

FRANCHINI, Flamino – *Pubblico e privato nei contratti della Pubblica Amministrazione*, in *Studi in memoria di Guido Zanobini*, vol. II, Milão, 1965, págs. 411 a 449

FRANCO, Italo / STADERINI, Francesco / ZAMBARDI, Sergio – *I contratti degli enti locali*, Pádua, 1996

FRANCO, Italo – *Strumenti di tutela del privato nei confronti della Pubblica Amministrazione*, Pádua, 1999

FREITAS DO AMARAL, Diogo – *A utilização do domínio público pelos particulares*, Lisboa, 1965
– *A responsabilidade da Administração no Direito português*, separata da RFDUL, Lisboa, 1973, págs. 7 a 42
– *Direitos fundamentais dos administrados*, in *Nos dez anos da Constituição*, Lisboa, 1986, págs. 9 a 28
– *Direito Administrativo*, vols. II, III e IV, Lisboa, 1988
– *Apreciação da dissertação de doutoramento do Lic. J. M. Sérvulo Correia*, in RFDUL, vol. XXIX, 1988, págs. 161 a 177
– *O Novo Código do Procedimento Administrativo*, in *O Código do Procedimento Administrativo*, INA, 1992, págs. 21 e seguintes
– *Projecto de Código do Contencioso Administrativo*, in SJ, Tomo XLI, n.ºs 235--237, 1992, págs. 7 a 26
– *Apreciação da dissertação de doutoramento do Mestre Vasco Pereira da Silva*, in DJ, vol. X, Tomo 2, 1996, págs. 255 a 280
– *A execução das sentenças dos tribunais administrativos*, Coimbra, 1997
– *Considerações gerais sobre a reforma do contencioso administrativo*, in CJA, n.º 22, 2000, págs. 3 a 5

FREITAS DO AMARAL, Diogo / CAUPERS, João – *Arrendamentos pelo Estado. Empresa Pública de Águas de Lisboa*, in CJ, vol. XVI, Tomo V, 1991, págs. 49 a 54
– *Arrendamentos pelo Estado. Empresa Pública de Águas de Lisboa. Competência do Tribunal administrativo*, in CJ, vol. XVI, Tomo V, 1991, págs. 55 a 60

FREITAS DO AMARAL, Diogo / CAUPERS, João / MARTINS CLARO, João / RAPOSO, João / SIZA VIEIRA, Pedro / PEREIRA DA SILVA, Vasco – *Código de Procedimento Administrativo anotado*, 3ª Edição, Coimbra, 1998

FREITAS DO AMARAL, Diogo / OTERO, Paulo – *Eficácia subjectiva das sentenças de provimento no recurso contencioso de anulação*, in *Estudos em Homenagem ao Professor Doutor Manuel Gomes da Silva*, Coimbra, 2001

FUERTES LÓPEZ, Mercedes – *El contratista y el subcontratista ante las Administraciones Publicas*, Madrid, 1997
– *Personificaciones públicas y contratos administrativos. La última doctrina del Tribunal de Justicia de las Comunidades Europeas*, in REALA, n.º 279, 1999, págs. 25 a 34

GALVÃO TELLES, Inocêncio – *Culpa na formação do contrato*, separata de OD, Ano 125.º, n.ºs III-IV, 1993

GAMERO CASADO, Eduardo – *Responsabilidad administrativa: conflictos de jurisdicción*, Pamplona, 1997

GARCIA, António Dias – *Da responsabilidade civil objectiva do Estado e demais entidades públicas*, in *Responsabilidade civil extracontratual da Administração Pública*, coordenação de Fausto de Quadros, Coimbra, 1995, págs. 189 a 219

GARCÍA DE ENTERRÍA, Eduardo – *El principio de la interpretacion mas favorable al derecho del administrado al enjuiciamiento jurisdiccional de los actos administrativos*, in RAP, n.º 42, 1963, págs. 267 a 293
– *La figura del contrato amministrativo*, in *Studi in memoria di Guido Zanobini*, Milão, 1965, págs. 639 a 672
– *La sentencia "Factortame" (19 de Junio de 1990) del Tribunal de Justicia de las Comunidades Europeas. La obligación del juez nacional de tutelar cautelarmente la eficacia del Derecho comunitario aun a costa de su propio Derecho nacional. Transcendencia general de la Sentencia en el derecho comunitario y en el sistema español de medidas cautelares*, in REDA, n.º 67, 1990, págs. 401 a 420
– *La transformación del contencioso administrativo francés: la reforma radical del sistema de ejecución de sentencias*, in REDA, n.º 68, 1990, págs. 593 a 612
– *Las medidas cautelares que puede adoptar el Juez nacional contra el Derecho comunitario: la sentencia "Zuckerfabrik" del Tribunal de Justicia de las Comunidades Europeas de 21 de Febrero de 1991*, in REDA, n.º 72, 1991, págs. 537 a 551
– *Refléxion sobre la constitucionalización de las medidas cautelares en el contencioso-administrativo*, in REDA, n.º 76, 1992, págs. 615 a 633
– *La batalla por las medidas cautelares*, 2ª Edição, Madrid, 1995

GARCÍA DE ENTERRÍA, Eduardo / FERNÁNDEZ, Tomás-Ramón – *Curso de Derecho administrativo*, vol. I, 8ª Edição, Madrid, 1997 e vol. II, 5ª Edição, Madrid, 1998

GARCÍA BERNALDO DE QUIRÓS, Joaquín / RUIZ OJEDA, Alberto – *Comentarios a la ley de contratos de las Administraciónes Públicas y su reglamento de desarollo parcial*, Madrid, 1996

GARCIA, Maria da Glória Dias – *Da Justiça administrativa em Portugal – sua origem e evolução*, Lisboa, 1994
- *Os meios cautelares em Direito processual administrativo*, in DJ, vol. IX, Tomo I, 1995, págs. 33 a 46
- *A responsabilidade civil do Estado e demais pessoas colectivas públicas*, Lisboa, 1997
- *Direito Administrativo*, policopiado, UCP, 1997/1998
- *Da exclusividade de uma medida cautelar típica à atipicidade das medidas cautelares ou a necessidade de uma nova compreensão do Direito e do Estado*, in CJA, n.° 16, 1999, págs.74 a 81
- *A responsabilidade civil da Administração Pública pela inactividade*, in *La responsabilidad patrimonial de los poderes públicos*, Madrid, 1999, págs. 345 a 356
- *Direito do Urbanismo. Relatório*, Lisboa, 1999
- *As medidas cautelares entre a correcta prossecução do interesse público e a efectividade dos direitos dos particulares*, in CJA, n.° 22, 2000, págs. 49 a 59

GARCÍA PÉREZ, Marta – *El objeto del proceso contencioso-administrativo*, Pamplona, 1999
- *La Ley dela Jurisdicción contencioso-administrativa de 1998*, in *Reforma do contencioso administrativo*, trabalhos preparatórios, Ministério da Justiça, 2000, págs. 189 a 210

GARCÍA-TREVIJANO GARNICA, Ernesto – *La licencia de obras en los contratos administrativos*, in RAP, n.° 116, 1988, págs. 49 a 64
- *La suspensión de pagos como causa de resolución de los contratos administrativos de obras*, in REDA, n.° 77, 1993, págs. 51 a 70
- *La impugnación de los actos administrativos de trámite*, Madrid, 1993
- *La cesión del contrato administrativo. La subcontratación*, Madrid,1997
- *El regimen de las garantias en la contratacion administrativa*, Madrid, 1997
- *Plazo para exigir la responsabilidad extracontractual de las Administraciones Públicas*, Madrid, 1998

GARRI, Francesco – *I controlli tra garanzia del procedimento e verifica dei risultati*, in RTA, 1996, págs. 603 a 612

GARRIDO FALLA, Fernando – *Interes legitimo*, in Nueva Enciclopedia Jurídica Seix, vol. XIII, págs. 221 a 226
- *Sustancia y forma del contrato administrativo ecconomico*, in *Studi in memoria di Guido Zanobini*, Milão, 1965, págs. 527 a 566
- *Tratado de Derecho administrativo*, vols. I e II, 10ª Edição, Madrid, 1992

GAUDEMET, Yves / LAUBADÈRE, André de / VENEZIA, Jean-Claude / – *Traité de Droit administratif*, Tomo I, 13ª Edição, Paris, 1994

GAUDEMET, Yves – *Les procédures d'urgence dans le contentieux administratif*, in RFDA, n.º 4, vol. 3, 1988, págs. 420 a 431
– *Les questions préjudicielles devant les deux ordres de juridiction*, in RDFA, n.º 6, vol. 5, 1990, págs. 78 a 90
– *Le "précontentieux"*, in AJDA, número especial, 1994, págs. 84 a 90

GEORGEL, Jacques – *Formation du contrat administratif*, in JCA, n.º 8, fascículo n.º 507, 1990, págs. 1 a 10
– *Execution du contrat administratif*, in JCA, n.º 5, fascículo n.º 512, 1991, págs. 1 a 17

GIACCHETTI, Salvatore – *Partecipazione e tutela cautelare*, in RA (I), 1991, págs. 931 a 935

GIANNINI, Massimo Severo – *La responsabilità precontrattuale dell'Amministrazione Pubblica*, in *Raccolta di scritti in onore di Arturo Carlo Jemolo*, Milão, 1963, págs. 263 a 295
– *Diritto Amministrativo*, vols. I e II, 3ª Edição, Milão, 1993

GIL IBAÑEZ, José Luis – *Procedimientos y formas de adjudicación de los contratos administrativos*, Madrid, 1998

GIMENO FELIU, Jose Maria – *El control de la contratación pública*, Madrid, 1995
– *La Directiva de recursos y su incorporacion al ordenamiento español*, in *La contratación publica en los llamados sectores excluidos, agua, energia, transportes, telecomunicaciones*, Madrid, 1997, págs. 279 a 302

GIOFFRÈ, Nicola – *L'evidenza pubblica nell'attività di Diritto privato della P.A.*, Nápoles, 1995

GOHIN, Olivier – *La contradiction dans la procédure administrative contentieuse*, Paris, 1988

GOMES, Carla Amado – *A suspensão jurisdicional da eficácia de regulamentos imediatamente exequíveis – breves reflexões*, separata da RJ, n.º 21, 1997
– *Contributo para o estudo das operações materiais da Administração Pública e do seu controlo jurisdicional*, Coimbra, 1999
– *Todas as cautelas são poucas no contencioso administrativo*, in CJA, n.º 18, 1999, págs. 27 a 40

GOMES CANOTILHO, José Joaquim – *O problema da responsabilidade do Estado por actos lícitos*, Coimbra, 1974

– *Relações jurídicas poligonais, ponderação ecológica de bens e controlo judicial preventivo*, in RJUA, n.º 1, 1994, págs. 55 a 66
– *Direito Constitucional*, 3ª Edição, Coimbra, 1999

GOMES CANOTILHO, José Joaquim / MOREIRA, Vital – *Constituição da República portuguesa anotada*, 3ª Edição, Coimbra, 1993

GÓMEZ DE MERCADO, Francisco García – *Contratos administrativos y contratos privados tras la Ley de Contratos de las Administraciones Públicas*, in REDA, n.º 95, 1997, págs. 385 a 403

GÓMEZ PUENTE, Marcos – *Responsabilidad por inactividad de la Administración*, in DA, n.ºs 237-238, 1994, págs.139 a 204

GONÇALVES DA SILVA, Luís – *Os contra-interessados na suspensão da eficácia dos actos administrativos*, in CJA, n.º 12, 1998, págs. 39 a 49

GONÇALVES, Pedro – *Quem vence um concurso para escolha de funcionário a nomear: o primeiro classificado ou, em conjunto, todos os que ficam em condições de ser nomeados?*, in CJA, n.º 6, 1997
– *Contrato administrativo*, Coimbra, 1998
– *Apreciação do Decreto-Lei n.º 134/98, de 15 de Maio, que estabelece o regime jurídico da impugnação contenciosa dos actos administrativos relativos à formação de certos "contratos públicos"*, in Lusíada, RCC, 1998, págs. 53 a 60
– *A concessão de serviços públicos*, Coimbra, 1999

GONÇALVES, Pedro / ESTEVES DE OLIVEIRA, Mário / AMORIM, Pacheco de, J. – *Código do Procedimento Administrativo anotado*, 2ª Edição, Coimbra, 1997

GONZÁLEZ-BERENGUER URRUTIA, José Luís – *La contratación administrativa*, Madrid, 1966

GONZÁLEZ PÉREZ, Jesús – *Interesados*, in Nueva Enciclopedia Jurídica Seix, vol. XIII, págs. 226 a 234
– *Comentarios a la Ley de la Jurisdiccion Contencioso-Administrativa*, Madrid, 1994
– *La transaccion en el proyecto de ley de la jurisdiccion contencioso-administrativa*, in RAP, n.º 145, 1998, págs. 7 a 28
– *El principio general de la buena fe en el Derecho administrativo*, 3ª Edição, Madrid, 1999

GONZÁLEZ SALINAS, Pedro – *La ejecución provisional de las sentencias apeladas*, in REDA, n.º 65, 1990, págs. 145 a 148

GONZÁLEZ-VARAS IBÁÑEZ, Santiago – *La jurisdiccion contencioso-administrativa en Alemania*, Madrid, 1993

– *La participación de los ciudadanos en el procedimiento administrativo*, in *Procedimiento administrativo*, I Colóquio hispano-português, Santiago de Compostela, 1994, págs. 245 a 255
– *El Derecho Administrativo privado*, Madrid, 1996
– *La contratación de las Comunidades Europeas*, in RAP, n.° 142, 1997, págs. 195 a 223
– *Una tesis "substancialista" del contrato administrativo?*, in REALA, n.° 279, 1999, págs. 35 e seguintes

GOURDOU, Jean – *Les nouveaux pouvoirs du juge administratif en matiére d'injonction et d'astreinte*, in RFDA, n.° 12, vol. 2, 1996, págs. 333 a 352

GOUTAL, Jean-Louis – *L'arbitrage et les tiers: le droit des contrats*, in Rarb., 1988, págs. 439 a 455

GRECO, Guido – *I contratti dell'Amministrazione tra Diritto pubblico e privato*, Milão, 1986
– *Gli appalti pubblici di servizi e le concessioni di pubblico servizio*, in *Appalti pubblici di servizi e concessioni di servizio pubblico*, Milão, 1998
– *Modelli arbitrali e potestà amministrative*, in *Arbitrato e Pubblica Amministrazione*, Milão, 1999, págs. 157 a 168

GROS, Manuel – *Le juge administratif, la procédure et le temps*, in RDP (F), n.° 6, 1999, págs.1707 a 1722

GUICCIARDI, Enrico – *La giustizia amministrativa*, 3ª Edição, Pádua, 1957

GUILLAUME-HOFNUNG, Michèle – *La médiation*, in AJDA, n.° 1, 1997, págs. 30 a 40

HAÏM, Victor – *Les effets de la réception dans les marchés publics*, in AJDA, 1998, págs. 398 a 402

HANCHER, Leigh – *La transposición de las normas comunitarias sobre contratos administrativos en el Reino Unido*, in *Contratación Pública*, I, Madrid, 1996

HASTINGS-MARCHADIER, Antoinette – *Les contrats de droit privé des personnes publiques et la liberté contractuelle*, in AJDA, 1998, págs. 683 a 793

HAURIOU, Maurice – *Précis de Droit administratif et de Droit public*, Paris, 1911

HENDLER, Reinhard – *Convenio jurídico-público y contrato público en la República Federal de Alemania*, in *Contratación Pública*, I, Madrid, 1996

HERNÁNDEZ Y FERNÁNDEZ DEL VALLE, Isabel – *Los procedimientos de recurso en materia de adjudicación de los contratos públicos de suministros y de obras*, in Notícias CEE, n.º 89, 1992, págs. 43 a 48

HORGUÉ BAENA, Concepción – *La responsabilidad del contratista por daños causados a terceros en la ejecucion de los contratos administrativos*, in RAP, n.º 147, 1998, págs. 337 a 367

HUBERT, Charles – *Actes rattachables et actes détachables*, Paris, 1968

HUERGO LORA, Alejandro – *Los contratos sobre los actos y las potestades administrativas*, Madrid, 1998

IANNIELLO, Valeria – *La tutela aquiliana degli interese legittimi nella Directiva CEE del 21 Dicembre 1989, n.º 665*, in RTA, 1991, págs. 123 a 160

ITALIA, Vittorio – *Appalti di opere pubbliche e criteri informatori del nuovo decreto di applicazione della Direttiva 89/440/CEE*, in RIDPC, n.º 1, 1992, págs. 93 a 109

JARROSSON, Charles – *L'arbitrage en Droit public*, in AJDA, n.º 1, 1997, págs. 16 a 29

JÉZE, Gaston – *Les contrats administratifs*, Paris, 1927

JIMÉNEZ LECHUGA, Francisco Javier – *La responsabilidad patrimonial de los poderes públicos en el Derecho español*, Madrid, 1999

JIMÉNEZ-BLANCO, A./ ORTEGA ÁLVAREZ, L./ PAREJO ALFONSO, L. – *Manual de Derecho Administrativo*, 4ª Edição, Barcelona, 1996

JOLIET, René – *Protection juridictionnelle provisoire et Droit communautaire*, in RDE, n.º 2, Ano XXXII, 1992, págs. 253 a 284

JOUGUELET, Jean-Pierre / CHABANOL, Daniel – *Droits et obligations des signataires des marchés publics de travaux*, Paris, 1992

JURISTO SÁNCHEZ, Rafael – *El contrato de obra pública*, Madrid, 1997

KNAPP, Blaise – *La relation de droit adminstratif et les tiers*, págs. 447 a 466

KORNPROBST, Bruno – *La notion de partie et le recours pour excès de pouvoir*, Paris, 1959

KREBS, Walter – *Contratos y convenios entre la Administración y particulares*, in DA, n.ºs 235-236, 1993, págs. 55 a 87

LA GROTTERIA, Alfredo Caracciolo – *Parti e contraddittorio nel processo amministrativo*, in DPA, n.º 1, 1993, págs. 33 a 49

LA MARCA, Luigi – *Sospensione cautelare delláppalto già aggiudicato e conciliazione giudiziale: il caso Storebaelt*, in RDE, n.º 4, Ano XXX, 1990, págs. 803 a 859

LABAYLE, Henri – *L'effectivité de la protection juridictionelle des particuliers*, in RFDA, n.º 8, vol. 4, 1992, págs. 619 a 642

LABRIOLA, Renato – *Il procedimento cautelare nel Diritto amministrativo*, in NR, n.º 7, 1991, págs.650 a 660

LAFERRIÈRE, Edouard – *Traité de la juridiction administrative et des recours contentieux*, Tomos 1 e 2, 2ª Edição, reimpressão, Paris, 1989

LAGUMINA, Sandra / PHILIPPE, Edouard – *Le référé précontractuel*, in AJDA, 2000, págs. 283 a 289

LAMARQUE, Jean – *Recherches sul l'application du Droit privé aux services publics administratifs*, Paris, 1960

LANG, Agathe Van – *Juge judiciaire et Droit Administratif*, Paris, 1996

LASVIGNES, Serge – *Le champ d'application de la procédure de référé et l'exigence d'une audience publique*, in RFDA, n.º 10, vol. 4, 1994, págs. 728 a 740

LATOUR, Xavier – *Détachabilité et contrat administratif*, in *Petites Affiches*, n.º 97, 1998, págs. 3 a 8

LAUBADÈRE, André de – *Administration et contrat*, in *Pages de Doctrine*, Paris, 1980, págs. 239 a 252
 – *Du pouvoir de l'Administration d'imposer unilatéralement des changements aux dispositions des contrats administratifs*, in *Pages de Doctrine*, Paris, 1980, págs. 253 a 275

LAUBADÈRE, André de / MODERNE, Franck / DELVOLVÉ, Pierre – *Traité des contrats administratifs*, Tomo I, 2ª Edição, Paris, 1983; e Tomo II, 2ª Edição, 1984

LAUBADÈRE, André de / VENEZIA, Jean-Claude / GAUDEMET, Yves – *Traité de Droit administratif*, Tomo I, 13ª Edição, Paris, 1994

LE CHATELIER, Gilles – *Les incidences du Droit communautaire sur le Droit du contentieux administratif*, in AJDA, 1996, págs. 97 a 101

LEITÃO, Alexandra – *A protecção dos terceiros no contencioso dos contratos da Administração Pública*, Coimbra, 1998
 – *O enriquecimento sem causa da Administração Pública*, Lisboa, 1998

– *Duas questões a propósito da aplicação do Decreto-Lei n.° 134/98, de 15 de Maio*, in CJA, n.° 19, 2000, págs. 50 a 63

– *Da natureza jurídica dos actos praticados pela Administração no âmbito da execução dos contratos*, in CJA, n.° 25, 2001, págs. 15 a 26

LEONARDIS, Francesco de – *La tutela cautelare: principi comunitari ed evoluzione della giurisprudenza amministrativa europea*, in DPA, n.° 4, 1993, págs. 670 a 708

LEVENEUR, Laurent / FATÔME, Etienne – *Contrats de l'Administration*, in AJDA, 1998, págs.161 a 166

LIBERATI, Eugenio Bruti – *La "costruzione" pubblicistica della concessione di opere pubbliche e la giurisdizione esclusiva del giudice amministrativo*, in DPA, n.° 4, 1990, págs. 686 a 709

– *Consenso e funzione nei contratti di Diritto Pubblico tra Amministrazioni e privati*, Milão, 1996

LINGUITI, Aldo – *Le procedure di aggiudicazione*, in *Appalti pubblici di servizi e concessioni di servizio pubblico*, Milão, 1998

LIUZZO, Ermanno – *La responsabilità precontrattuale della Pubblica Amministrazione*, Milão, 1995

LLORENS, François – *Les presomptions de faute dans le contentieux de la responsabilité*, Paris, 1985

– *Revue de jurisprudence administratif – contrats administratifs*, in RDP (F), vol. 5, 1992, págs. 1516 a 1570

LODIGIANI, Angelica – *Arbitrato in materia di opere pubbliche*, in RTA, 1991, págs. 177 a 194

LOPES, José Joaquim Almeida – *Os contratos administrativos*, RDP (P), Ano VIII, n.° 15, 1995, págs. 17 a 114

LÓPEZ BLANCO, Carlos – *La doctrina del Tribunal de Justicia sobre la contratación pública*, in Notícias CEE, n.° 21, 1986, págs. 127 a 130

LÓPEZ CÁRCAMO, I. – *Analisis de la novisima doctrina sobre la tutela cautelar en el ambito contencioso-administrativo*, in RVAP, n.° 35, 1993, págs. 105 a 136

LÓPEZ-FONT, José Francisco Márquez – *La apertura de los procedimientos nacionales de adjudicacion de contratos públicos a las empresas de otros Estados miembros de la Union Europea*, in RAP, n.° 133, 1994, págs. 311 a 342

LORENZOTTI, Fabrizio – *L'opposizione di terzo nel processo amministrativo*, Camerino, 1997

LOURENÇO, Luís Leitão – *O Direito Comunitário e a formação dos contratos da Administração*, inédito, Lisboa, 1998

LYON-CAEN, Armand – *Sur la transaction en Droit administratif*, in AJDA, n.º 1, 1997, págs. 48 a 53

LOUGHLIN, Martin – *The development of public law in the United Kingdom*, in DP, n.º 3, 1998, págs. 621 a 640

LUCAS, Enrique – *Los contratos de las Administraciónes Públicas*, Barcelona, 1995

LUMBRANO, Filippo – *Il giudizio cautelare amministrativo*, Roma 1997

MAÇÃS, Maria Fernanda dos Santos – *A suspensão judicial da eficácia dos actos administrativos e a garantia constitucional da tutela judicial efectiva*, Coimbra, 1996
– *Tutela judicial efectiva e suspensão da eficácia: balanço e perspectivas*, in CJA, n.º 16, 1999, págs. 52 a 61
– *Os acordos sectoriais como um instrumento da política ambiental*, in RCEDOUA, Ano III, n.º 1, 2000, págs. 37 a 55
– *As medidas cautelares*, in *Reforma do contencioso administrativo*, trabalhos preparatórios, Ministério da Justiça, 2000, págs. 355 a 367

MACHADO, João de Melo – *Teoria jurídica do contrato administrativo*, Coimbra, 1937

MACHETE, Pedro – *A suspensão jurisdicional da eficácia de actos administrativos*, separada de OD, Ano 123.º, II e III, 1991, págs. 231 a 318
– *A audiência dos interessados nos procedimentos de concurso público*, in CJA, n.º 3, 1997, págs. 37 a 46

MACHETE, Rui – *Contribuição para o estudo das relações entre o processo administrativo gracioso e o contencioso*, Lisboa, 1969
– *O Contencioso administrativo*, separata do DJAP, Coimbra, 1973, págs. 8 a 112
– *O Caso julgado nos recursos directos de anulação*, separata do DJAP, Coimbra, 1973. págs. 113 a 135
– *A garantia contenciosa para obter o reconhecimento de um direito ou interesse legalmente protegido*, in *Nos dez anos da Constituição*, Lisboa, 1986, págs. 225 a 247
– *Relações jurídicas dependentes e execução da sentença*, in ROA, Ano 50.º, 1990, págs. 395 a 410
– *Contencioso administrativo*, in *Estudos de Direito Público e Ciência Política*. Lisboa, 1991, págs. 283 a 333
– *Os princípios gerais do Código do Procedimento Administrativo*, in *O Código do Procedimento Administrativo*, INA, 1992, págs. 39 a 50
– *A acção para efectivação da responsabilidade civil extracontratual*, in *Reforma*

do contencioso administrativo, trabalhos preparatórios, Ministério da Justiça, 2000, págs. 143 a 150
— *Efeitos das sentenças e recursos*, in *Reforma do contencioso administrativo*, trabalhos preparatórios, Ministério da Justiça, 2000, págs. 369 a 375

MADEIRA DE BRITO, Pedro — *Da legitimidade no contencioso dos contratos administrativos*, inédito, Lisboa, 1992

MADIOT, Yves — *Aux frontières du contrat et de l'acte administratif unilatéral: recherches sur la notion d'acte mixte en Droit public français*, Paris, 1971

MAGALHÃES COLLAÇO, João Maria Tello de — *Concessões de serviços públicos*, Coimbra, 1928

MAGIDE HERRERO, Mariano — *El criterio de imputación de la responsabilidad in vigilando a la Administración: referencia a la responsabilidad de la Administración en su actividad de supervisión de sectores económicos*, in *La responsabilidad patrimonial de los poderes públicos*, Madrid, 1999, págs. 373 a 397

MAGLIANO, Mario — *Il contenzioso degli appalti pubblici nella prospettiva del mercato unico europeo*, in RDE, n.º 4, Ano XXX, 1991, págs. 883 a 893

MALLOL, Francis — *Le contrôle des qualifications professionnelles dans la procédure d'appel d'offres*, in RFDA, n.º 10, vol. 4, 1994, págs. 747 a 755

MANGANARO, Francesco — *Principio di buona fede e attività delle Amministrazioni Pubbliche*, Nápoles, 1995

MARÇAL PUJOL, José Manuel / MARTINEZ, Pedro Romano — *Empreitada de obras públicas*, Coimbra, 1995

MARÇAL PUJOL, José Manuel — *Aplicação do regime jurídico das empreitadas de obras públicas às empreitadas particulares*, in ROA, n.º 54, 1994, págs. 505 a 567

MARCOS, Luciano — *Da inconstitucionalidade do artigo 103.º/d) da LPTA*, separata da RJ, Lisboa, 1989, págs. 43 a 82

MARI, Angelo — *Gli appalti pubblici senza gare*, in RTDP, n.º 1, 1995, págs. 187 a 222

MARKUS, Jean-Paul — *Sursis à exécution et intérêt général*, in AJDA, n.º 4, 1996, págs. 251 a 263

MARQUES GUEDES, Armando — *A Concessão*, Coimbra, 1954
— *O regulamento*, in BDGCI, n.º 12, 1959, págs. 2003 a 2014

– *Tribunais arbitrais administrativos*, in RFDUL, Tomo XIV, 1960, págs. 141 a 151
– *O Processo burocrático*, Lisboa, 1969
– *Os contratos administrativos*, in RFDUL, vol. XXXII, 1991, págs. 9 a 27

MARQUES, Pedro Marchão – *A audiência prévia nos procedimentos pré-contratuais da Administração Pública*, inédito, Lisboa, 1998

MARTÍN-RETORTILLO BAQUER, Sebastián – *Institucion contractual en el Dercho Administrativo*, in *Studi in memoria di Guido Zanobini*, vol. II, Milão, 1965, págs. 217 a 264
– *El Derecho civil en la genesis del Derecho administrativo y sus instituciónes*, Madrid, 2ª Edição, 1996
– *Reflexiones sobre la "huida" del Derecho Administrativo*, in RAP, n.º 140, 1996, págs. 25 a 67

MARTINS CLARO, João – *O contrato administrativo*, separata de *O Código de Procedimento Administrativo*, INA, 1992
– *A arbitragem no anteprojecto de Código de Processo nos Tribunais Administrativos*, n.º 22, 2000, págs. 83 a 87
– v. FREITAS DO AMARAL

MARTÍNEZ DE PISÓN APARICIO, Íñigo – *La ejecución provisional de sentencias contencioso-administrativas*, Madrid, 1999

MAUGÜÉ, Christine – *L'actualité communautaire des marchés publics*, in AJDA, 1994, págs. 38 a 42
– *Les variations de la liberté contractuelle dans les contrats administratifs*, in AJDA, 1998, págs. 694 a 700

MAUGÜÉ, Christine / TERNEYRE, Philippe – *Achèvement (ou presque) de la transposition des directives Marchés publics*, in RFDA, n.º 14, vol. 3, 1998, págs. 593 a 608

MAURER, Hartmut – *Droit Administratif allemand*, tradução francesa, Paris, 1994

MAVELLI, Annarita – *Brevi riflessioni sul responsabile del procedimento*, in *La legge sul procedimento amministrativo*, Milão, 1999, págs. 73 a 111

MAZZAROLLI, Leopoldo – *Il processo amministrativo come processo di parti e l'oggetto del giudizio*, in DPA, n.º 3, 1997, págs. 463 a 479

MEDEIROS, Rui – *Estrutura e âmbito da acção para o reconhecimento de um direito ou interesse legalmente protegido*, in RDES, Ano XXXI, 1989
– *Ensaio sobre a responsabilidade civil do Estado por actos legislativos*, Coimbra, 1992

– *Admissibilidade de uma responsabilidade solidária em regime de litisconsórcio necessário*, in CJA, n.º 4, 1997, págs. 24 a 30
– *Acções de responsabilidade*, Cascais, 1999

MEILÁN GIL, José Luís – *La actuacion contractual de la Administracion Pública española. Una perspectiva historica*, in RAP, n.º 99, 1982, págs. 7 a 36

MELE, Eugenio – *I contratti delle publiche amministrazioni*, Milão, 1993

MELIS, Ivan – *Prove e istruttoria nel processo cautelare amministrativo*, in NR, n.º 9, 1988, págs. 946 a 956

MEMMO, Daniela – *Il Diritto privato nei contratti della Pubblica Amministrazione*, Milão, 1999

MENEZES CORDEIRO, António – *Da abertura de concurso para a celebração de um contrato no Direito Privado*, in BMJ, n.º 369, 1987, págs. 27 a 81
– *Teoria Geral do Direito Civil*, 1.º volume, 2ª Edição, Lisboa, 1990
– *Direito das obrigações*, 1.º e 2.º volumes, reimpressão, Lisboa, 1990
– *Da boa fé no Direito Civil*, Coimbra, 1997

MENEZES LEITÃO, Luís – *O enriquecimento sem causa em Direito Civil*, Lisboa, 1996

MEOLI, Claudio – *Spunti di convergenza tra pubblico e privato negli accordi procedimentali*, in *La contrattualizazione dell'azione amministrativa*, Turim, 1993

MESCHERIAKOFF, Alain-Serge – *Ordre intérieur administratif et contrat*, in RFDA, n.º 13, vol. 6, 1997, págs. 1129 a 1138

MESQUITA, Maria José Rangel de – *Da responsabilidade civil extravontratual da Administração no ordenamento jurídico-constitucional vigente*, in *Responsabilidade civil extracontratual da Administração Pública*, coordenação de Fausto de Quadros, Coimbra, 1995, págs, 39 a 134
– *Presunção de culpa das autarquias locais: um imperativo do dever de boa administração*, in CJA, n.º 10, 1998, págs. 3 a 10

MESTRE DELGADO, Juan Francisco – *La posicion singular de la Administracion en la contratacion administrativa y las garantias del contratista segun la jurisprudencia contencioso-administrativa reciente*, in REDA, n.º 47, 1985, págs. 425 a 449
– *La normativa comunitaria europea sobre contratación administrativa: una vision general*, in Notícias CEE, n.º 21, 1986, págs. 57 a 62
– *El control de la adjudicación de los contratos públicos a tenor del derecho comunitario europeo: una nueva ordenación de las medidas cautelares*, in Notícias CEE, n.º 74, 1991, págs. 35 a 40

MEYER, Hans – *El procedimiento administrativo en la Republica Federal de Alemania*, in *El procedimiento administrativo en el Derecho comparado*, coordenação de Javier Barnes Vazquez, Madrid, 1993, págs. 281 a 316

MICHIARA, Paolo – *L'appalto di opere pubbliche tra Diritto comune e Diritto speciale – profili ricostruttivi dell'istituto*, Pádua, 1997

MIGLIORINI, Lorenzo – *Il contraddittorio nel processo amministrativo*, Nápoles, 1996

MIGUEZ MACHO, Luis – *Los servicios públicos y el régimen jurídico de los usuarios*, Barcelona, 1999

MIRANDA, João – *Em defesa da inconstitucionalidade do recurso hierárquico necessário*, in CJA, n.º 9, 1998, págs. 39 a 47

MIRANDA, Jorge – *Manual de Direito Constitucional*, Tomo V, Coimbra, 1997
– *Os parâmetros constitucionais da reforma do contencioso administrativo*, in *Reforma do contencioso administrativo*, trabalhos preparatórios, Ministério da Justiça, 2000, págs. 283 a 293

MIRANDA GONZÁLEZ, Juan – *La contratación de las Administraciones Públicas*, Madrid, 1995

MODERNE, Franck – *Nouvelles difficultés pour la notion de "rapports de Droit privé" comme critère de compétence judiciaire*, in AJDA, 1970, págs. 523 a 543
– *Recherches sur l'obligation in solidum dans la jurisprudence administrative*, in *Études et Documents du Conseil d'État*, 1973, págs. 66 e segs.
– *Les contrats de maîtrise d'oeuvre des sociétés d'économie mixte*, in RFDA, n.º 10, vol. 6, 1994, págs. 1071 a 1089
– *Les quasi-contrats administratifs*, Paris, 1995
– *Sur le nouveau pouvoir d'injonction du juge administratif*, in RFDA, n.º 12, vol. 1, 1996, págs. 43 a 57

MODERNE, Franck / LAUBADÈRE, André de / DELVOLVÉ, Pierre – *Traité des contratos administratifs*, Tomo I, 2ª Edição, Paris, 1983; e Tomo II, 2ª Edição, 1984

MODUGNO, Nicola di – *Le lezioni di Diritto Amministrativo di Giuseppe Chiovenda e l'interesse legittimo come pure azione*, in DPA, n.º 4, 1991, págs. 658 a 709

MOLINA, José António Moreno – *Contratos públicos: Derecho comunitario y Derecho español*, Madrid, 1996

MONEDERO GIL, José Ignacio – *Criterios de adjudicacion del contrato administrativo en el Derecho comunitario*, in Notícias CEE, n.º 21, 1986, págs. 63 a 69

MONTEIRO, Cláudio / DUARTE DE ALMEIDA, António / MOREIRA DA SILVA, José Luís –
A caminho da plenitude da justiça administrativa, in CJA, n.º 7, 1998, págs. 3 a 7

MONTEIRO, Cláudio – *Suspensão da eficácia de actos administrativos de conteúdo negativo*, reimpressão, Lisboa, 1990
– *Ainda a suspensão de eficácia de actos administrativos de conteúdo negativo*, in CJA, n.º 1, 1997, págs. 24 a 28

MOOR, Pierre – *Droit administratif*, vol. II, Berna, 1991

MORBIDELLI, Giuseppe – *La scelta del contraente nella trattativa privata (con particolare riferimento agli enti locali)*, in RTA, I, 1987, págs. 337 a 350
– *Note introduttive sulla Direttiva Ricorsi*, in RIDPC, n.º 3, 1991, págs. 825 a 863

MOREAU, Jacques – *Principes generaux et concepts fondamentaux de la responsabilité administrative*, in JCA, n.º 5, fascículo n.º 700, 1990, págs. 1 a 17
– *Les "matiéres contractuelles"*, in AJDA, 1998, págs. 747 a 753

MOREIRA, Vital – *Administração autónoma e associações públlicas*, Coimbra, 1997

MOREIRA, Vital / GOMES CANOTILHO, José Joaquim – *Constituição da República portuguesa anotada*, 3ª Edição, Coimbra, 1993

MOREIRA, Vital / SARMENTO E CASTRO, Catarina – *Relatório preliminar do projecto de investigação sobre a Justiça administrativa em Portugal (versão provisória)*, inédito, Coimbra, 2000

MOREIRA DA SILVA, José Luís / MONTEIRO, Cláudio / DUARTE DE ALMEIDA, António –
A caminho da plenitude da justiça administrativa, in CJA, n.º 7, 1998, págs. 3 a 7

MOREIRA DA SILVA, *Da impugnação contenciosa de regulamentos administrativos*, Lisboa, 1992, inédito
– *Da responsabilidade civil da Administração Pública por actos ilícitos*, in *Responsabilidade civil extracontratual da Administração Pública*, coordenação de Fausto de Quadros, Coimbra, 1995, págs.135 a 187

MORENO, Juan Rosa – *El arbitraje administrativo*, Madrid, 1998

MOROTE SARRIÓN, José Vicente – *La suspension de la ejecutividad de los actos administrativos tras la sentencia del Tribunal Constitucional 78/1996, de 20 de Mayo*, in REDA, n.º 94, 1997, págs. 307 a 318

MOSCARINI, Lucio Valerio – *Profili civilistici del contrato di Diritto pubblico*, Milão, 1988
– *Risarcibilità del danno da lesione di interesse legittimi e nuovo riparto di giurisdizione*, in DPA, n.º 4, 1998, págs. 803 a 842

MOTA PINTO, Carlos Alberto da – *Cessão da posição contratual*, Coimbra, 1970

MOUZOURAKI, Paraskevi – *L'efficacité des décisions du juge de la légalité administrative dans le Droit français et allemand*, Paris, 1999

MUNOZ, Frédérique – *Pour une logique de la conciliation*, in AJDA, n.° 1, 1997, págs. 41 a 47

MUÑOZ MACHADO, Santiago – *La responsabilidad civil concurrente de las Administraciones Públicas*, 2ª Edição, Madrid, 1998

MUSOLINO, Giuseppe – *La responsabilità extracontrattuale nel contratto di appalto*, in RTA, 1998, págs. 707 a 713

NICOSIA, Fabio Massimo – *Interesse legittimo e tutela giurisdizionale*, Nápoles, 1991

NIGRO, Mario – *Procedimento amministrativo e tutela giurisdizionale contro la Pubblica Amministrazione (il problema di una legge sul procedimento amministrativo)*, in RDP (I), Ano I, 1980, págs. 252 a 278
– *Giustizia amministrativa*, 4ª Edição, Bolonha, 1994
– *Nuovi orientamenti giurisprudenziali in tema di ripartizione della giurisdizione fra giudice ordinario e giudice amministrativo*, in *Scritti Giuridici*, Tomo III, Milão, 1996, págs.1473 a 1484

OLIVEIRA ASCENSÃO, José – *Teoria geral do Direito Civil*, vol. IV, Título V, Lisboa, 1985
– *Acções e factos jurídicos*, vol. III, Título IV, Lisboa, 1991/1992

OLIVIERI, Giuseppe – *L'opposizione di terzo nel processo amministrativo. Oggetto ed effetti*, in DPA, n.° 1, 1997, págs. 16 a 44

ORTEGA ÁLVAREZ, L./ PAREJO ALFONSO, L./ A. JIMÉNEZ-BLANCO – *Manual de Derecho Administrativo*, 4ª Edição, Barcelona, 1996

ORTEGA ÁLVAREZ, Luis – *La coacción institucional para desistir del accesso al juiz*, in RAP, n.° 100-102, vol. II, 1983, págs. 1437 a 1445

OSORIO ACOSTA, Ezequiel – *La suspensión jurisdiccional del acto administrativo*, Madrid, 1995

OTERO, Paulo – *Estabilidade contratual, modificação unilateral e equilíbrio financeiro em contrato de empreitada de obras públicas*, separata da ROA, Lisboa, 1986
– *As Garantias impugnatórias dos particulares no Código do Procedimento Administrativo*, in SJ, Tomo XLI, n.°s 235-237, 1992, págs. 49 a 76
– *O Poder de substituição em Direito Administrativo*, vols. I e II, Lisboa, 1995

- *Direito Administrativo*, Lisboa, 1998
- *Vinculação e liberdade de conformação jurídica do sector empresarial do Estado*, Coimbra, 1998
- *Responsabilidade civil pessoal dos titulares de órgãos, funcionários e agentes da Administração do Estado*, in *La responsabilidad patrimonial de los poderes públicos*, Madrid, 1999, págs. 489 a 501
- *Intangibilidade das propostas em concurso público e erro de facto na formação da vontade: a omissão de elementos não variáveis na formulação de uma proposta*, separata de OD, Ano 131.º, 1999
- *Lições de Introdução ao Estudo do Direito*, Lisboa, 1999
- *A impugnação de normas no anteprojecto de Código de Processo nos Tribunais Administrativos*, n.º 22, 2000, págs. 45 a 48
- *Os contra-interessados em contencioso administrativo: fundamento, função e determinação do universo em recurso contencioso de acto final de procedimento concursal*, no prelo
- v. QUADROS, Fausto de

PACHECO DE AMORIM, João – *A substituição judicial da Administração na prática de actos administrativos devidos*, in *Reforma do contencioso administrativo*, trabalhos preparatórios, Ministério da Justiça, 2000, págs. 377 a 388

PACHECO DE AMORIM, João /ESTEVES DE OLIVEIRA, Mário / GONÇALVES, Pedro – *Código do Procedimento Administrativo anotado*, 2ª Edição, Coimbra, 1997

PACTEAU, Bernard – *A propos des conséquences de l'annulation de l'acte détachable du contrat: comment le contrat demeurant toujours applicable devient cependant ininvocable*, in RFDA, n.º 10, vol. 2, 1994, págs. 248 a 251

PAES, José Eduardo Sabo – *O controlo dos contratos administrativos*, in RIL, Ano 24.º, n.º 93, 1987, págs. 283 a 294

PAGLIARI, Giorgio – *Contributo allo studio della c.d. invalidità successiva dei provvedimenti amministrativi*, Pádua, 1991

PALMA, Giuseppe – *Le posizioni giuridiche soggetive nell'ordinamento italiano*, in *Trattato di Diritto Amministrativo (Le situazioni giuridiche soggetive del Diritto Amministrativo)*, Pádua, 1999

PANEBIANCO, Massimo – *Ricorsi comunitari e nazionale in materia di contratti di lavori pubblici*, RDE, n.º 4, Ano XXX, 1990, págs. 861 a 874

PANZARINI, Giovanni – *Diritti disponibili, specialità di materie e tipi di arbitrato per la Pubblica Amministrazione*, in *Arbitrato e Pubblica Amministrazione*, Milão, 1999, págs. 119 a 131

PARADA, Ramon – *Derecho público y Derecho privado en los contratos de las Administraciones Púlicas*, in ED (P), n.º 12, 1993, págs. 9 a 29
– *Derecho administrativo*, vols. I, 8ª Edição, Mdrid, 1996

PARDO, Jose Esteve – *Los reglamentos de directa aplicacion en la jurisprudencia del Tribunal Supremo*, in RAP, n.º 108, 1985, págs. 215 a 234

PAREJO ALFONSO, L./ JIMÉNEZ-BLANCO, A./ ORTEGA ÁLVAREZ, L. – *Manual de Derecho Administrativo*, 4ª Edição, Barcelona, 1996

PAREJO ALFONSO, Luciano – *Eficacia y Administracion – Tres estudios*, Madrid, 1995

PARRA GUTIÉRREZ, William René – *Los contratos estatales*, Colombia, 1998

PATO, José Antonio Tardío – *Legitimacion procesal e intereses legitimos*, in REDA, n.º 93, 1997, págs. 99 a 118

PATRIKIOS, Apostolos – *L'arbitrage en matière administrative*, Paris, 1997

PAYRE, Jean-Paul – *Recherche sur la notion d'indivisibilité du contrat administratif*, in *Mélanges offerts à Pierre Montane de la Roque*, Tomo I, Toulouse, 1986, págs. 505 a 517

PAZIENZA, Vitorio – *Controinteressati "non diretti" ed (effettiva) tutela giurisdizionale: una "sentenza di sbarramento" del Consiglio di Stato*, in FA, 1990-I, págs. 1178 a 1193

PEIXOTO, Manuel Alves – *O caso julgado no Direito Administrativo português*, in SJ, Tomo I, n.º 1, 1951, págs. 12 a 18

PEREIRA DA SILVA, Jorge – *A invalidade dos contratos administrativos*, in DJ, vol. X, Tomo 2, 1996, págs. 97 a 165

PEREIRA DA SILVA, Vasco – *Para um contencioso administrativo dos particulares*, Coimbra, 1989
– *Em busca do acto administrativo perdido*, Coimbra, 1996
– *Responsabilidade administrativa em matéria de ambiente*, Lisboa, 1997
– *Breve crónica de uma Reforma anunciada*, in CJA, n.º 1, 1997
– *Ensinar Direito (a Direito) contencioso administrativo*, Coimbra, 1999
– *O Contencioso administrativo como "Direito Constitucional concretizado ou ainda por concretizar"?*, Coimbra, 1999
– *Vem aí a Reforma do Contencioso Administrativo (!?)*, in CJA, n.º 19, 2000
– *"O nome e a coisa" – A acção chamada recurso de anulação e a reforma do contencioso administrativo*, in CJA, n.º 22, 2000, págs. 36 a 44

- *Ventos de mudança no contencioso administrativo*, Coimbra, 2000
- V. FREITAS DO AMARAL

PÉREZ DE LEON PONCE, Bernardo / PÉREZ BERENJENA, Joaquin – *La contratación de las Administraciones Públicas*, Madrid, 1995

PÉREZ MORENO, Alfonso – *La responsabilidad por daños de concesionarios y contratistas en el núcleo de la cuestión jurisdiccional sobre la responsabilidad patrimonial de las Administraciones Públicas*, in *La responsabilidad patrimonial de los poderes públicos*, Madrid, 1999, págs. 401 a 417

PERONGINI, Sergio – *Le gare preliminare alla trattativa privata. Ipotesi di procedimenti amministrativi attipici*, Nápoles, 1990

PETRONE, Marco – *La responsabilità precontrattuale della P.A.*, in RTA, 1991, págs. 234 a 255

PHILIPPE, Edouard / LAGUMINA, Sandra – *Le référé précontractuel*, in AJDA, 2000, págs. 283 a 289

PIACENTINI, Pier Maria – *Considerazioni in tema di trattativa privata e interesse a ricorrere*, in RTA, 1989, págs. 762 a 787

PIAZZA, Angelo – *Risarcimento del danno in materia di appalti pubblici (art. 13 Legge n.º 142/92) e tutela cautelare avanti al giudice amministrativo*, in DPA, n.º 1, 1995, págs. 29 a 45

PICARD, Etienne – *La liberté contractuelle des personnes publiques constitue-t-elle un droit fondamental?*, in AJDA, 1998, págs. 651 a 666

PICOZZA, Eugenio – *Le situazioni giuridiche soggetive nel diritto nazionale e in quello comunitario*, in *Trattato di Diritto Amministrativo*, volume II (*Le situazioni giuridiche soggetive del Diritto Amministrativo*), Pádua, 1999
– *Gli accordi tra privati e Pubbliche Amministrazioni: art. 11 Legge 7 Agosto 1990, n.º 241*, in *La legge sul procedimento amministrativo*, Milão, 1999, págs. 11 a 33

PIMENTA, José da Costa – *Contencioso administrativo*, Coimbra, 1995

PIÑAR MAÑAS, José Luis – *Sobre la ejecución de sentencias contencioso-administrativas: la STC de 12 de Noviembre de 1985*, in PJ, n.º 4, 1986, págs. 159 a 166
– Prólogo à obra de José António Moreno Molina, *Contratos públicos: Derecho comunitario y Derecho español*, Madrid, 1996

PINHO, Cândido de / PIRES ESTEVES, Américo / SANTOS BOTELHO, José Manuel – *Código de Procedimento administrativo anotado e comentado*, 4ª Edição, Coimbra, 2000

PINI, Joseph – *Autorité et contrat dans l'Administration moderne en France*, in *Annuaire Européen d'Administration Publique*, Paris, 1997/1998, págs. 73 a 88

PINTO, Ricardo Leite – *Intimação para um comportamento*, Lisboa, 1995

PIRES DE LIMA / ANTUNES VARELA – *Código Civil anotado*, vol. I, 4ª Edição, Coimbra, 1987

PIRES ESTEVES, Américo / SANTOS BOTELHO, José Manuel / PINHO, Cândido de – *Código de Procedimento administrativo anotado e comentado*, 4ª Edição, Coimbra, 2000

POCHARD, Marcel – *La nature privée d'un acte détachable d'un contrat de droit public*, in RFDA, n.º 9, vol. 6, 1993, págs. 1124 a 1130

PORTAIL, Philippe – *Le déféré préfectoral ne peut être fondé sur la violation d'un contrat*, in RFDA, n.º 13, vol. 1, 1997, págs. 100 a 104

PORTALURI, Pier Luigi – *Potere amministrativo e procedimenti consensuali – studi sui rapporti a collaborazione necessaria*, Milão, 1998

POUYAUD, Dominique – *La nullité des contrats administratifs*, Paris, 1991
– *Les conséquences de l'annulation de l'acte détachable sur le contrat lui-même: une avancéé jurisprudentielle notable*, in RFDA, n.º 10, vol. 6, 1994, págs. 1098 a 1105
– *Le sort des contrats après annulation d'un acte détachable: nouvelles difficultés*, in RFDA, n.º 13, vol. 2, 1997, págs. 355 a 364
– *La recevabilité du recours pour excès de pouvoir contre les contrats administratifs: une nouvelle avancée*, in RFDA, n.º 15, vol. 1, 1999, págs. 139 a 146
– *Le sort des contrats de l'administration après annulation des actes détachables (les suites de l'affaire Lopez)*, in RFDA, n.º 15, vol. 1, 1999, págs. 147 a 149
– *L'injonction de résoudre un contrat*, in RFDA, n.º 15, vol. 5, 1999, págs. 977 a 986

PREDIERI, Alberto – *L'arbitrato nella Pubblica Amministrazione. Prospettive*, in *Arbitrato e Pubblica Amministrazione*, Milão, 1991, págs. 87 a 93

PRETIS, Daria de – *I requisiti di partecipazione alle gare e i limiti alla discrezionalità dell'Amministrazione*, in *Appalti pubblici di servizi e concessioni di servizio pubblico*, Milão, 1998

PROTTO, Mariano – *L'effetivittà della tutela giurisdizionale nelle procedure di aggiudicazione di pubblici appalti*, Milão, 1997

PUGLIESE, Francesco – *Le ragioni del controinteressato nell'evoluzione della tutela cautelare*, in DPA, Ano VI, 1988, págs. 385 a 444

– *Nozione di controinteressato e modelli di processo amministrativo*, Nápoles, 1989
– *Appalti di lavori, forniture e servizi: nel processo cautelare e nelle recenti disposizioni sul contenzioso*, in RTA, 1995, págs. 7 a 22
– *Nuove regole e nuova responsabilità (anche) per gli appalti e la gestione di lavori, forniture e servizi*, in RTA, 1996, págs. 7 a 21
– *Movenze del processo cautelare tra direttive, pronunce comunitarie e recenti norme interne sugli appalti*, in RTA, 1998, págs. 667 a 691

PUGLIESE, Franco – *Poteri del collegio arbitrale e provvedimenti amministrativi*, in *Arbitrato e Pubblica Amministrazione*, Milão, 1999, págs. 65 a 98

PÜTTNER, Günter – *Mésures préventives dans le Droit allemand*, in *Reforma do contencioso administrativo*, trabalhos preparatórios, Ministério da Justiça, 2000, págs. 331 a 338

QUADROS, Fausto de – *O concurso público na formação do contrato administrativo*, in ROA, n.º 47, 1987, págs. 701 a 736
– *A protecção da propriedade privada pelo Direito Internacional Público*, Coimbra, 1998
– *Responsabilidade dos poderes públicos no Direito comunitário: responsabilidade extracontratual da Comunidade Europeia e responsabilidade dos Estados por incumprimento do Direito comunitário*, in *La responsabilidad patrimonial de los poderes públicos*, Madrid, 1999, págs. 137 a 153
– *A nova dimensão do Direito Administrativo*, Coimbra, 1999
– *Algumas considerações gerais sobre a reforma do contencioso administrativo. Em especial, as providências cautelares*, in *Reforma do contencioso adminsitrativo*, trabalhos preparatórios, Ministério da Justiça, 2000, págs. 111 a 166
– *Serviço público e Direito Comunitário*, in *Estudos em homenagem ao professor Doutor Manuel Gomes da Silva*, Coimbra, 2000, págs. 641 a 667

QUADROS, Fausto de / FÁBRICA, Luís Sousa / FERREIRA DE ALMEIDA, José Mário / OTERO, Paulo – *Procedimento administrativo*, in DJAP, vol. VI, Lisboa, 1994

QUEIRÓ, Afonso Rodrigues – *Actos administrativos gerais*, in RLJ, Ano 93.º, 1960-1961, págs. 284 a 287
– *Lições de Direito Administrativo*, volume I, Coimbra, 1976

QUINTANA LÓPEZ, Tomás – *El anacronismo del factum principis en la legislacion de contratos*, in REDA, n.º 50, 1986, págs. 269 a 274

RAINAUD, Jean-Marie – *La distinction de l'acte réglementaire et de l'acte individuel*, Paris, 1966
– *Le contrat administratif: volonté des parties ou loi de service public?*, in RDPSP, n.º 5, 1985, págs. 1183 a 1204

RALLO, Andrea – *Appunti in tema di rinegoziazione negli accordi sostitutivi di provvedimenti*, in DPA, n.º 2, 1993, págs. 298 a 334

RAPOSO, João / CAUPERS, João – *Contencioso administrativo anotado*, Lisboa, 1994
– v. FREITAS DO AMARAL

REBELO DE SOUSA, Marcelo – *O valor jurídico do acto inconstitucional*, I, Lisboa, 1988
– *As indemnizaçãoes por nacionalização e as comissões arbitrais em Portugal*, in ROA, Ano 49.º, II, 1989, págs.369 a 463
– *Responsabilidade pré-contratual – vertentes privatística e publicística*, in OD, Ano 125.º, III e IV, 1993, págs. 383 a 416
– *O concurso público na formação do contrato administrativo*, Lisboa, 1994
– *Responsabilidade dos estabelecimentos públicos de saúde: culpa do agente ou culpa da organização?*, in *Direito da Saúde e da Bioética*, Lisboa, 1996, págs.145 a 185
– *Lições de Direito Administrativo*, vol. I, Lisboa, 1999
– *Colóquio sobre a PLCPTA*, realizado na FDUL, em 10 de Abril de 2000, in http://www.mj.pt/ca

REBELO DE SOUSA, Marcelo / GALVÃO, Sofia – *Introdução ao Estudo do Direito*, 3ª Edição, Lisboa, 1994

REBOLLO PUIG, Manuel – *El enriquecimiento injusto de la Administración Pública*, Madrid, 1995
– *La invalidez de los contratos administrativos*, in *Estudios sobre la contratación en las Administraciones públicas*, Granada, 1996

RÉMION, Féli M. – *Le recours pour excès de pouvoir et le contenctieux des marchés de travaux et de fournitures a l'État*, in *Le droit des marchés administratifs de travaux et de fournitures*, Paris, 1954, págs. 44 a 74

RICHER, Laurent – *Droit des contrats administratifs*, Paris, 1995
– *Les modes alternatifs de règlement des litiges et le Droit administratif*, in AJDA, n.º 1, 1997, págs. 3 a 9
– *Contrats administratifs*, in AJDA, 1998, págs. 169 a 172

RIVERO, Jean – *Direito Administrativo*, tradução portuguesa, Coimbra, 1981

RIVERO ORTEGA, Ricardo – *Administraciones Públicas e Derecho privado*, Madrid, 1998
– *Medidas cautelares innominadas en lo contencioso-administrativo*, in REDA, n.º 98, 1998, págs. 271 a 280

RIVERO YSERN, Enrique – *El Derecho administrativo y las relaciones entre particulares*, Sevilha, 1969

– *Actos separables en los contratos de los entes publicios sometidos al Derecho privado?*, in *Libro homenaje a Manuel Francisco Clavero Arévalo*, Tomo I, Madrid, 1994, págs. 699 a 702

ROBERT, Jacques – *Revue de jurisprudence administrative – Contrats administratifs*, in RDPSP, n.º 5, 1978, págs. 1478 a 1501

ROBERTO, Alberto de – *Le misure cautelari nel giudizio amministrativo*, in RA (I), 1987, págs. 221 a 231

ROBIN DE ANDRADE, José – *Os contratos de cessão de exploração em Direito Público*, in *Direito da Saúde e da Bioética*, Lisboa, 1996, págs. 245 a 261

RODRÍGUEZ PONTÓN, José – *Pluralidad de intereses en la tutela cautelar del proceso contencioso-administrativo*, Barcelona, 1999

RODRÍGUEZ DE SANTIAGO, José Maria – *Los convenios entre Administraciones Públicas*, Madrid, 1997

RODRÍGUEZ-ARANA MUÑOZ, Jaime – *La suspensión del acto administrativo*, Madrid, 1986

ROJAS MARTÍNEZ DEL MÁRMOL, María del Pilar, *Privilegios de la Administración en la ejecución de sentencias*, in *Estudios sobre la Jurisdición contencioso-administrativa*, coordenação de António Jiménez-Blanco Carrillo de Albornoz e de Francisca Villalba Pérez, Madrid, 1999, págs. 521 a 553

ROMANO MARTÍNEZ, Pedro – *Direito das Obrigações (parte especial)*, Coimbra, 2000

ROMANO MARTÍNEZ, Pedro / MARÇAL PUJOL, José Manuel – *Empreitadas de obras públicas*, Coimbra, 1995

ROMANO, Salvatore Alberto – *L' interesse legittimo nella trattativa privata*, in RTDP, 1976, págs. 561 a 592

ROMEO, Giuseppe – *Interesse legittimo e interesse a ricorrere: una distinzione inutile*, in DPA, n.º 3, 1989, págs. 400 a 415

ROPPO, Enzo – *O contrato*, Coimbra, 1988

ROSSI, Giampaolo – *Diritto pubblico e Diritto privato nell'attività della Pubblica Amministrazione: alla ricerca della tutela degli interessi*, in DP, n.º 3, 1998, págs. 661 a 695

ROUQUETTE, Rémi – *Contribution à la classification des contrats synallagmatiques de l'administration*, in AJDA, 1995, págs. 483 a 495

RUBIO DE CASAS, María – *La adaptación de la legislacion española de contratos del Estado a la normativa comunitaria*, in Notícias CEE, n.º 21, 1986, págs. 95 a 104

RUIZ OJEDA, Alberto / GARCÍA BERNALDO DE QUIRÓS, Joaquín – *Comentarios a la ley de contratos de las Administraciónes Públicas y su reglamento de desarollo parcial*, Madrid, 1996

SÁ CARNEIRO, José Gualberto de – *Contencioso dos contratos administrativos*, in RT, Ano 56.º, 1938, págs. 354 a 358

SAINZ MORENO, Fernando – *La buena fe en las relaciones de la Administracion con los administrados*, in RAP, n.º 89, 1979, págs. 293 a 314

SALA, Giovanni – *Accordi sul contenuto discrezionale del provvedimento e tutela delle situazioni soggettive*, in DPA, vol. X, 1992, págs. 206 a 254
– *Parti e interessi tra procedimento e processo: la formazione della materia del giudizio*, in DPA, n.º 1, 1998, págs. 48 a 66

SALLET, Frédérique – *La perte de chance dans la jurisprudence asministrative relative à la responsabilité de la puissance publique*, Paris, 1994

SALVADOR, Manuel – *Terceiro e os efeitos dos actos ou contratos*, Lisboa, 1962

SAMANIEGO BORDIU, Gonzalo – *El control del Derecho comunitario de los contratos públicos*, in RAP, n.º 123, 1990, págs. 401 a 414

SAMPAIO CARAMELO, António M. Ribeiro de – *Da suspensão da executoriedade dos actos administrativos por decisão dos tribunais administrativos*, in OD, 1968, n.ºs 1, págs. 32 a 60; n.º 2, págs. 217 a 247

SAMPAIO E NORA / ANTUNES VARELA / BEZERRA, J. Miguel – *Manual de processo civil*, 2ª Edição, Coimbra, 1985

SÁNCHEZ MORON, Miguel – *La apertura del procedimiento administrativo a la negociacion con los ciudadanos*, in *La apertura del procedimiento administrativo a la negociacion con los ciudadanos en la Ley 30/1992 de regimen juridico de las Administraciones Publicas y del procedimiento administrativo comun*, Pamplona, 1995

SANDULLI, Aldo M. – *Sugli atti amministrativi generali a contenuto non normativo*, in FI, Ano LXXIX, vol. LXXVII, págs. 217 a 224
– *Manuale di Diritto Amministrativo*, vols. 1 e 2, 15ª Edição, Nápoles, 1989

SANTAMARÍA PASTOR, Juan Alfonso – *Tutela judicial efectiva y no suspensión en via de recurso*, in RAP, n.ºs 100-102, vol. II, 1983, págs. 1609 a 1627

SANTANIELLO, Giuseppe – *Il giudizio cautelare amministrativo*, in RA (I), 1986, págs. 781 a 786

SANTÍAS VIADA, José Antonio – *La adaptación de la legislacion española a las directivas comunitarias sobre contratos públicos*, in Notícias CEE, n.º 21, 1986, págs. 105 a 111

SANTORO, Pelino– *I controlli sull'attività contrattuale della Pubblica Amministrazione*, Milão, 1992
 – *I contratti pubblici*, 2ª Edição, Rimini, 1997

SANTORO, Sergio – *L'esecuzione del giudicato ed il problema del risarcimento del danno*, in DPA, n.º 3, 1993, págs. 451 a 464

SANTOS BOTELHO, José Manuel – *Contencioso administrativo*, 3ª Edição, Coimbra, 2000

SANTOS BOTELHO, José Manuel / PIRES ESTEVES, Américo / PINHO, Cândido de – *Código de Procedimento administrativo anotado e comentado*, 4ª Edição, Coimbra, 2000

SANZ RUBIALES, Íñigo – *Criterios del Consejo de Europa y ordenamiento español: algunos problemas*, in in *La responsabilidad patrimonial de los poderes públicos*, Madrid, 1999, págs. 59 a 76

SAPORITO, Guglielmo – *Limiti soggettivi dei provvedimenti cautelari*, in RA (I), 1985, págs. 605 a 612

SARMENTO E CASTRO, Catarina / MOREIRA, Vital – *Relatório preliminar do projecto de investigação sobre a Justiça administrativa em Portugal (versão provisória)*, inédito, Coimbra, 2000

SARMIENTO ACOSTA, Manuel J. – *Los recursos administrativos en el marco de la Justicia administrativa*, Madrid, 1996

SASSANI, Bruno – *Dal controllo del potere all'attuazione del raporto*, Milão, 1997

SATTA, Filippo – *Giustizia amministrativa*, 2ª Edição, Pádua, 1993

SAVOIE, Henri – *L'acte détachable d'un contrat de droit privé*, in RFDA, n.º 12, vol. 3, 1996, págs. 429 a 436
 – *La directive sur les marchés publics de travaux*, in RFDA, n.º 14, vol. 2, 1998, págs. 407 a 421
 – *L'application de la directive aux contrats entre personnes publiques*, in RFDA, n.º 14, vol. 3, 1998, págs. 609 a 619

SAZ CORDERO, Silvia del – *La huida del Derecho administrativo: ultimas manifestaciones. Aplausos y criticas*, in RAP, n.º 133, 1994, págs. 57 a 98

SCHWARTZ, Rémy – *Les conséquences de l'annulation de l'acte détachable sur le contrat lui-même: une avancée jurisprudentielle notable*, in RFDA, n.º 10, vol. 6, 1994, págs. 1090 a 1097
– *Le sort des contrats après annulation d'un acte détachable: nouvelles difficultés*, in RFDA, n.º 13, vol. 2, 1997, págs. 353 e 354

SCOCA, Franco Gaetano – *Contributo sulla figura dell'interesse legittimo*, Milão, 1990
– *La capacità della Pubblica Amministrazione di compromettere in arbitri*, in *Arbitrato e Pubblica Amministrazione*, Milão, 1991, págs. 95 a 110

SEPE, Onorato – *Partecipazione e garantismo nel procedimento amministrativo*, in RTDP, n.º 42, 1992, págs. 331 a 347

SÉRVULO CORREIA, José Manuel – *Os princípios constitucionais*, in *Estudos sobre a Constituição*, vol. 3, Lisboa, 1979
– *Noções de Direito Administrativo*, vol. I, Lisboa, 1982
– *A autonomia contratual da Administração no Direito inglês*, in *Estudos em homenagem ao Prof. Doutor Afonso Rodrigues Queiró*, Coimbra, 1984, págs. 343 a 375
– *Legalidade e autonomia contratual nos contratos administrativos*, Coimbra, 1987
– *Contencioso administrativo*, lições policopiadas, Lisboa, 1990
– *O contrato administrativo*, in DJAP, vol. III, Lisboa, 1990, págs. 54 a 89
– *Arrendamentos pelo Estado. Empresa Pública de Águas de Lisboa. Restituição provisória da posse*, in CJ, vol. XVI, Tomo V, 1991, págs. 37 a 48
– *Separation of powers and judicial review os administrative decisions in Portugal*, in *Control in constitucional law*, Dordrecht, 1993, págs. 163 a 183
– *A arbitragem voluntária no domínio dos contratos administrativos*, in *Estudos em memória do Professor Doutor João de Castro Mendes*, Lisboa, 1995, págs. 229 a 263
– *O direito à informação e os direitos dos particulares no procedimento e, em especial, na formação da decisão administrativa*, in *O Código de Procedimento Administrativo*, INA, 1994, págs. 133 a 164
– Prefácio à obra de Ricardo Leite Pinto, *Intimação para um comportamento*, Lisboa, 1995
– *As relações jurídicas de prestação de cuidados pelas unidades de saúde do Serviço Nacional de Saúde*, in *Direito da Saúde e da Bioética*, Lisboa, 1996, págs. 12 a 74
– *Impugnação de actos administrativos*, in CJA, n.º 16, 1999, págs. 11 a 15
– *Monisme(s) ou Dualisme(s) – Conclusions générales*, separata da RFDUL, vol. XL, n.ºs 1 e 2, 1999
– *Contencioso administrativo e Estado de Direito*, in RFDUL,
– *A efectivação processual da responsabilidade civil extracontratual da Administração por actos de gestão pública*, in *La responsabilidad patrimonial de los poderes públicos*, Madrid, 1999, págs. 267 a 321
– *Colóquio sobre a PLCPTA*, realizado na FDUL, em 2 de Fevereiro de 2000, in http://www.mj.pt/ca.

– *O recurso contencioso no projecto da reforma: tópicos esparsos*, in CJA, n.º 20, 2000, págs. 12 a 17
– *Unidade ou pluralidade de meios processuais principais no contencioso administrativo*, in CJA, n.º 22, 2000, págs. 23 a 35

SICA, Marco – *Effettività della tutela giurisdizionale e provvedimenti d'urgenza*, Milão, 1991

SICCHIERO, Gianluca – *Conclusione di contratti con la P.A.*, in FP, 1992, págs. 49 a 54

SILVEIRA, João Tiago V. A. da – *O princípio da tutela jurisdicional efectiva e as providências cautelares não especificadas no contencioso administrativo*, in *Perspectivas constitucionais*, vol. III, Coimbra, 1998, págs. 401 a 422

SIMON, Denys / BARAV, Ami – *Le Droit communautaire et la suspension provisoire des mesures nationales*, in RMC, n.º 340, 1990, págs. 591 a 597

SINDE MONTEIRO – *Anotação ao Acórdão do STJ de 12 de Novembro de 1996*, in RLJ, Ano 131.º, n.ºs 3887 e 3888, págs. 41 a 50, n.º 3889, págs. 106 a 113, n.º 3897, págs.378 a 380, n.º 3898, págs. 28 a 32, n.º 3899, págs. 60 a 64, n.º 3900, págs.90 a 96, 1998

SIZA VIEIRA, Pedro – v. FREITAS DO AMARAL

SOARES, Rogério – *Direito Administrativo*, Coimbra, 1978
– *O Acto administrativo*, in SJ, Tomo XXXIX, n.ºs 223-228, 1990, págs. 25 a 35
– *Administração Pública e controlo judicial*, in RBDC, n.º 15, 1993, págs. 59 a 73

SOBRINHO, Manoel de Oliveira Franco – *Contratos administrativos*, São Paulo, 1981
– *Obrigações administrativas*, Curitiba, 1994

SOLAS RAFECAS, José María de – *Contratos administrativos y contratos privados de la Administración*, Madrid, 1990

SOMMERMANN, Karl-Peter – *La Justicia administrativa alemana*, in *La Justicia administrativa en el Derecho comparado*, coordenação de Javier Barnes Vazquez, Madrid, 1993
– *Autorité et contrat dans l'Administration moderne en Allemagne*, in *Annuaire Européen d'Administration Publique*, Paris, 1997/1998, págs. 19 a 33

SORIANO GARCÍA, José Eugenio – *Evolucion del concepto "relacion juridica" en su aplicacion al Derecho Publico*, in RAP, n.º 90, 1979, págs. 33 a 78

SORRENTINO, Giancarlo – *Ordinanza cautelare e jus superveniens*, in DPA, n.º 3, 1995, págs. 451 a 478

STADERINI, Francesco / FRANCO, Italo / ZAMBARDI, Sergio – *I contratti degli enti locali*, Pádua, 1996

STAHL, Jacques-Henri – *Les incertitudes de la force juridique des contrats de plan*, in RFDA, n.º 13, vol. 2, 1993, págs. 339 a 342
– *La recevabilité du recours pour excès de pouvoir contre les contrats administratifs: une nouvelle avancée*, in RFDA, n.º 15, vol. 1, 1999, págs. 128 a 139

STAUB, Materne – *L'indivisibilité en Droit administratif*, Paris, 1999

STELLA, Paolo – *Transazione – Diritto amministrativo*, in Enciclopedia del Diritto, vol. XLIV, págs. 867 a 872

STOPPINI, Elena – *Appunti in tema di estensione soggetiva del giudicato amministrativo*, in DPA, vol. X, 1992, págs. 344 a 380

SYMCHOWICZ, Nil – *Les renonciations de la personne publique à l'application du contrat*, in AJDA, 1998, págs. 770 a 779

TAVARES DA SILVA, Suzana Maria Calvo Loureiro – *Actuações informais da Administração – verdade ou mito?*, inédito, Coimbra, 1998

TEIXEIRA DE SOUSA, Miguel – *A legitimidade singular em processo declarativo*, in BMJ, n.º 292, 1980, págs. 53 a 113
– *Estudos sobre o novo processo civil*, Lisboa, 1997
– *A admissibilidade da intervenção principal espontânea no recurso* contencioso, in CJA, n.º 13, 1999, págs. 29 a 36

TERNEYRE, Philippe – *Les paradoxes du contentieux de l'annulation des contrats administratifs*, in ED (F), n.º 39, 1988, págs. 69 a 992
– *La responsabilité contractuelle des personnes publiques en Droit administratif*, Paris, 1989
– *Contentieux de l'exécution des marchés de travaux publics et répartition des compétences juridictionnelles*, in Mélanges René Chapus – Droit administratif, Paris, 1992, págs. 599 a 616
– *Les montages contractuels complexes*, in AJDA, 1994, págs. 43 a 58
– *L'influence du Droit communautaire sur le Droit des contrats administratifs*, in AJDA, 1996, págs. 84 a 91
– *La lberté contractuelle est-elle un droit fondamental?*, in AJDA, 1998, págs. 667 a 672

TERNEYRE, Philippe / MAUGÜÉ, Christine – *Achèvement (ou presque) de la transposition des directives Marchés publics*, in RFDA, n.º 14, vol. 3, 1998, págs. 593 a 608

TESAURO, Alfonso – *Contratto di Diritto Pubblico e Amministrativo in particolare*, in Studi in memoria di Guido Zanobini, Milão, 1965, págs. 557 a 567

TIFINE, Pierre – *La place des ouvrages publics exceptionnellement dangereux dans la structure de la responsabilité du fait des ouvrages publics*, in RDP, n.º 5, 1996, págs. 1405 a 1438

TORCHIA, Luisa – *Diritto amministrativo nazionale e Diritto comunitario: sviluppi recenti del processo di ibridazione*, in RDPC, n.º 5, 1997, págs. 845 a 858

TORNOS MAS, Joaquín – *Suspension cautelar en el proceso contencioso-administrativo y doctrina jurisprudencial*, in REDA, n.º 61, 1989, págs. 119 a 126
– *La situacion actual del proceso contencioso-administrativo*, in RAP, n.º 122, 1990. págs. 103 a 130
– *Medios complementarios a la resolucion jurisdiccional de los conflictos administrativos*, in RAP, n.º 136, 1995, págs. 149 a 177
– *Autorité et contrat dans l'Administration moderne en Espagne*, in Annuaire Européen d'Administration Publique, Paris, 1997/1998, págs.47 a 72

TORRES, Mário – *A garantia constitucional do recurso contencioso*, in SJ, Tomo XXXIX, n.ºs 223-228, 1990, págs. 36 a 49

TOZZI, Luciano – *La scelta del contraente privato nell'attività contrattuale della Pubblica Amministrazione: posizioni soggettive tutelabili*, in FA, Partes II e III, n.º 51, 1975, págs. 381 a 392

TRAVAGLINI, Roberto – *La tutela dell'impresa di fronte al mancato invito*, in RTA, 1988, págs. 65 a 79

TRAYTER, Juan Manuel – *El arbitraje de Derecho administrativo*, in RAP, n.º 143, 1997, págs. 75 a 102

TUCCI, Massimo – *Appalto e concessione di pubblici servizi*, Milão, 1997

VACAS GARCÍA-ALÓS, Luís – *El derecho a la tutela judicial efectiva en el contencioso-administrativo*, Madrid, 1996

VACIRCA, Giovanni – *Riflessioni sui concetti di legittimità e di merito nel processo amministrativo*, in Studi per il centocinquantenario del Consiglio di Stato, volume III, Roma, 1981, págs. 15 a 29
– *Atti amministrativi di scelta del procedimento di contrattazione e tutela giurisdizionale*, in FA, Milão, 1984, págs. 74 a 78

VAIANO, Paolo – *I problemi attuali del contenzioso dei contratti della P.A.*, in Atti del XX.º Convegno di Studi di Scienza dell'Amministrazione, Milão, 1977, págs. 111 a 126

VALLEJO LOBETE, Ernesto – *El respeto a la confianza legitima. Importancia de este prin-*

cipio general del Derecho en Derecho comunitario, su evolucion en la jurisprudencia del TJCE y su posible aplicacion en Derecho español, in Gaceta Juridica CEE, n.º 44, 1988, págs. 2 a 9

VALORZI, Andrea – *Tutela cautelare in processo amministrativo*, Pádua, 1991

VAN LANG, Agathe – *Le juge judiciaire et Droit administratif*, Paris, 1996

VANDERMEEREN, Roland – *Le référé précontractuel*, in AJDA, 1994, págs. 91 a 102

VAZ SERRA, Adriano Paes da Silva – *Responsabilidade civil do Estado e dos seus órgãos ou agentes*, in BMJ, n.º 85, 1959, págs. 446 e 520

VEDEL, Georges / DELVOLVÉ, Pierre – *Droit Administratif*, 10ª Edição, Paris, 1988

VELASCO CABALLERO, Francisco – *Las clausulas accesorias del acto administrativo*, Madrid, 1996

VENEZIA, Jean-Claude / LAUBADÈRE, André de / GAUDEMET, Yves – *Traité de Droit administratif*, Tomo I, 13ª Edição, Paris, 1994

VENTURA, Raúl – *Convenção de arbitragem*, in ROA, Ano 46.º, II, 1986, págs. 289 a 413

VERDE, Giovanni – *Arbitrato e Pubblica Amministrzione*, in DPA, n.º 2, 1996, págs. 215 a 226

VICENTE LÓPEZ, César – *La contratación administrativa – condicines generales y eficacia*, Granada, 1996

VIEIRA DE ANDRADE, José Carlos – *Revogação do acto administrativo*, in DJ, Tomo VI, 1992, págs. 53 a 63
— *Direito Administrativo*, Coimbra, 1995/96
— *Em defesa do recurso hierárquico*, in CJA, n.º 0, 1996, págs. 13 a 20
— *As transformações do contencioso administrativo na Terceira República Portuguesa*, in Legislação, INA, 1997, págs. 65 a 78
— *Panorama geral do Direito da responsabilidade "civil" da Administração Pública em Portugal*, in La responsabilidad patrimonial de los poderes públicos, Madrid, 1999, págs. 39 a 58
— *A Justiça Administrativa*, 2ª Edição, Coimbra, 1999
— *Âmbito e limites da jurisdição administrativa*, in CJA, n.º 22, 2000, págs. 6 a 14

VILLA, Jesús Leguina – *Legitimacion, actos administrativos generales y reglamentos*, in RAP, n.º 49, 1966, págs. 193 a 224

VILLAR PALASÍ, J. L. – *Lecciones sobre contratación administrativa*, Madrid, 1969

VILLATA, Riccardo – *Riflessioni in tema di partecipazione al procedimento e legittimazione processuale*, in DPA, Ano X, 1992, págs. 171 a 205
– *Riflessioni in tema di giudizio di ottemperanza ed attività successiva alla sentenza di annullamento*, in DPA, n.º 3, 1989, págs. 369 a 399

VINYOLES I CASTELLS, Miquel – *La adjudicacion de los contratos públicos*, Madrid, 1995

VIVIANO, Michel – *La théorie de la distinction des recours et le contentieux administrative contractuel*, inédito, Lille, 1995

VOLPE, Carmine – *La responsabilità civile nei confronti della Pubblica Amministrazione. Alcuni aspetti problematici in tema di appalti di lavori pubblici*, in RTA, 1998, págs. 429 a 443

WEIL, Prosper – *Les conséquences de l'annulation d'un acte administratif pour excès de pouvoir*, Paris, 1952
– Prefácio à obra de Bruno Kornprobst, *La notion de partie et le recours pour excès de pouvoir*, Paris, 1959
– *Le critére du contrat administratif en crise*, in *Mélanges offerts à Marcel Waline*, Tomo II, Paris, 1974, págs. 831 a 848
– *Le renouveau de la théorie du contrat administratif et ses difficultés*, in *Mélanges en l'honneur du Prof. Michel Stassinopoulos*, Paris, 1974, págs. 217 a 227
– *O Direito Administrativo*, Coimbra, 1977

YANNAKOPOULOS, Constantin – *La notion de droits acquis en Droit administratif français*, Paris, 1997

ZAGARRIO, Gaetano – *Il contenzioso nell'appalto delle opere pubbliche*, in NR, Tomo II, 1995,

ZAMBARDI, Sergio / STADERINI, Francesco / FRANCO, Italo – *I contratti degli enti locali*, Pádua, 1996

ZUCCARO, Franco Oliviero – *Il tempo ed il processo amministrativo*, Milão, 1999.

JURISPRUDÊNCIA CONSTITUCIONAL

Acórdão do TC n.º 128/2000, Processo n.º 547/99 (3ª Secção)
Acórdão do TC n.º 115/2000, Processo n.º 644/99 (1ª Secção)

JURISPRUDÊNCIA ADMINISTRATIVA

Acórdão do STA de 29 de Março de 1984, Processo n.º 19.679
Acórdão do STA de 4 de Março de 1986, Processo n.º 22.608
Acórdão do STA de 13 de Outubro de 1988, Processo n.º 25.963
Acórdão do STA de 6 de Abril de 1989, Processo n.º 23.068-B
Acórdão do STA de 4 de Julho de 1989, Processo n.º 26.677
Acórdão do STA de 29 de Março de 1990, Processo n.º 25.769
Acórdão do STA de 13 de Maio de 1990, Processo n.º 19.356
Acórdão do STA de 29 de Janeiro de 1991, Processo n.º 28.505
Acórdão do STA de 14 de Janeiro de 1992, Processo n.º 29.632
Acórdão do STA de 17 de Dezembro de 1992, Processo n.º 26.200
Acórdão do STA de 30 de Março de 1993, Processo n.º 31.909
Acórdão do STA de 28 de Setembro de 1993, Processo n.º 31.991
Acórdão do STA de 16 de Janeiro de 1994, Processo n.º 30.051
Acórdão do STA de 12 de Abril de 1994, Processo n.º 33.170
Acórdão do STA de 7 de Julho de 1994, Processo n.º 30.612
Acórdão do STA de 30 de Março de 1995, Processo n.º 34.967
Acórdão do STA de 12 de Outubro de 1995, Processo n.º 32.297
Acórdão do STA de 24 de Abril de 1996, Processo n.º 28.189-A
Acórdão do STA de 14 de Maio de 1996, Processo n.º 39.734
Acórdão do STA de 28 de Maio de 1996, Processo n.º 36.473
Acórdão do STA de 11 de Junho de 1996, Processo n.º 26.097
Acórdão do STA de 15 de Outubro de 1996, Processo n.º 38.665
Acórdão do STA de 17 de Outubro de 1996, Processo n.º 39.310
Acórdão do STA de 24 de Outubro de 1996, Processo n.º 29.891
Acórdão do STA de 21 de Novembro de 1996, Processo n.º 40.157
Acórdão do STA de 26 de Novembro de 1996, Processo n.º 41.222
Acórdão do STA de 15 de Janeiro de 1997, Processo n.º 27.496

Acórdão do STA de 22 de Abril de 1997, Processo n.º 37.659
Acórdão do STA de 1 de Julho de 1997, Processo n.º 41.588
Acórdão do STA de 24 de Junho de 1997, Processo n.º 31.087
Acórdão do STA de 30 de Setembro de 1997, Processo n.º 39.858
Acórdão do STA de 17 de Fevereiro de 1998, Processo n.º 42.352
Acórdão do STA de 31 de Março de 1998, Processo n.º 33.602
Acórdão do STA de 5 de Maio de 1998, Processo n.º 37.815
Acórdão do STA de 28 de Maio de 1998, Processo n.º 41.865
Acórdão do STA de 9 de Junho de 1998, Processo n.º 29.166-B
Acórdão do STA de 23 de Junho de 1998, Processo n.º 33.295
Acórdão do STA de 30 de Junho de 1998, Processo n.º 29.719
Acórdão do STA de 7 de Julho de 1998, Processo n.º 43.263
Acórdão do TAC de Lisboa de 22 de Setembro de 1998, Processo n.º 953-
   -A/98
Acórdão do STA de 15 de Outubro de 1998, Processo n.º 44.171-A
Acórdão do STA de 21 de Outubro de 1998, Processo n.º 39.818
Acórdão do STA de 27 de Outubro de 1998, Processo n.º 44.153
Acórdão do STA de 27 de Outubro de 1998, Processo n.º 44.161
Acórdão do TCA de 29 de Outubro de 1998, Processo n.º 247/97
Acórdão do STA de 12 de Novembro de 1998, Processo n.º 44.249-A
Acórdão do STA de 3 de Dezembro de 1998, Processo n.º 41.377
Acórdão do STA de 20 de Janeiro de 1999, Processo n.º 44.507
Acórdão do STA de 21 de Janeiro de 1999, Processo n.º 33.743
Acórdão do TCA de 21 de Janeiro de 1999, Processo n.º 166/97
Acórdão do STA de 26 de Janeiro de 1999, Processo n.º 43.804
Acórdão do STA de 27 de Janeiro de 1999, Processo n.º 44.556
Acórdão do STA de 4 de Fevereiro de 1999, Processo n.º 44.278
Acórdão do STA de 11 de Fevereiro de 1999, Processo n.º 37.626
Acórdão do STA de 9 de Março de 1999, Processo n.º 41.612
Acórdão do STA de 9 de Março de 1999, Processo n.º 44.140/44.197
Acórdão do STA de 16 de Março de 1999, Processo n.º 44.631
Acórdão do STA de 23 de Março de 1999, Processo n.º 41.256
Acórdão do STA de 25 de Março de 1999, Processo n.º 41.832
Acórdão do STA de 25 de Março de 1999, Processo n.º 44. 698
Acórdão do STA de 22 de Abril de 1999, Processo n.º 42.341
Acórdão do STA de 22 de Abril de 1999, Processo n.º 44.670-A
Acórdão do STA de 27 de Abril de 1999, Processo n.º 44.724
Acórdão do STA de 15 de Junho de 1999, Processo n.º 44.965-A
Acórdão do TCA de 13 de Maio de 1999, Processo n.º 2.805
Acórdão do STA de 18 de Maio de 1999, Processo n.º 44.360

Acórdão do TCA de 1 de Julho de 1999, Processo n.º 3004-A
Acórdão do TCA de 1 de Julho de 1999, Processo n.º 3.209/99
Acórdão do STA de 8 de Julho de 1999, Processo n.º 44.670
Acórdão do TCA de 14 de Julho de 1999, Processo n.º 3008-A
Acórdão do STA de 21 de Julho de 1999, Processo n.º 45.264
Acórdão do TAC de Lisboa de 27 de Setembro de 1999, Processo n.º 953--A/98
Acórdão do TCA de 30 de Setembro de 1999, Processo n.º 3.318/99
Acórdão do STA de 7 de Outubro de 1999, Processo n.º 37.791
Acórdão do STA de 13 de Outubro de 1999, Processo n.º 41.696
Acórdão do STA de 13 de Outubro de 1999, Processo n.º 43.284
Acórdão do STA de 3 de Novembro de 1999, processo n.º 41.885
Acórdão do STA de 2 de Dezembro de 1999, Processo n.º 45.546
Acórdão do STA de 7 de Dezembro de 1999, Processo n.º 45.000
Acórdão do STA de 9 de Dezembro de 1999, Processo n.º 39.679
Acórdão do STA de 14 de Dezembro de 1999, Processo n.º 45.664
Acórdão do STA de 17 de Dezembro de 1999, Processo n.º 40.313
Acórdão do STA de 26 de Janeiro de 2000, Processo n.º 45.70
Acórdão do STA de 1 de Fevereiro de 2000, Processo n.º 45.290
Acórdão do STA de 1 de Fevereiro de 2000, Processo n.º 45.489
Acórdão do STA de 15 de Fevereiro de 2000, Processo n.º 45.849
Acórdão do TCA de 17 de Fevereiro de 2000, Processo n.º 2.125
Acórdão do STA de 29 de Fevereiro de 2000, Processo n.º 45.552
Acórdão do STA de 29 de Fevereiro de 2000, Processo n.º 45.667-A
Acórdão do STA de 1 de Março de 2000, Processo n.º 34.078
Acórdão do STA de 6 de Abril de 2000, Processo n.º 45.987
Acórdão do STA de 26 de Abril de 2000, Processo n.º 46.099
Acórdão do STA de 4 de Outubro de 2000, Processo n.º 46.106

JURISPRUDÊNCIA DO TRIBUNAL DE CONFLITOS

Acórdão do Tribunal de Conflitos de 14 de Janeiro de 1997, Processo n.º 307
Acórdão do Tribunal de Conflitos de 30 de Maio de 2000, Processo n.º 354
Acórdão do Tribunal de Conflitos de 11 de Julho de 2000, Processo n.º 318

JURISPRUDÊNCIA CIVIL

Acórdão do Tribunal da Relação de Évora, de 4 de Abril de 1999, Processo n.º 454/99

JURISPRUDÊNCIA COMUNITÁRIA

Acórdão do TJCE de 19 de Junho de 1990
Acórdão do TJCE de 21 de Fevereiro de 1991
Acórdão do TJCE de 19 de Novembro de 1991
Acórdão do TJCE de 11 de Agosto de 1995
Acórdão do TJCE de 5 Março de 1996

PARECERES

Parecer da PGR, n.º 138/79, de 20 de Dezembro de 1979, in BMJ, n.º 298, 1980.

ÍNDICE

Nota prévia 5

Plano de trabalho 7

Abreviaturas 9

Introdução 13

1. A protecção dos terceiros perante as relações jurídicas administrativas: apresentação do problema 13
2. Em especial, a protecção dos terceiros perante os contratos da Administração Pública 16
3. Sequência 19

PARTE I
A noção de terceiros no Direito Administrativo

Capítulo I – Os terceiros perante as várias formas de actuação da Administração Pública 25
1. As formas não contratuais de constituição de relações jurídicas administrativas
2. As formas contratuais de constituição das relações jurídicas administrativas: breve referência à dualidade entre contratos administrativos e contratos privados da Administração Pública 39
3. O procedimento administrativo como elemento comum às formas contratuais e não contratuais de actuação da Administração Pública 48
4. A busca de um critério unificador: a relação jurídica administrativa? 57

Capítulo II – Direitos subjectivos e interesses legítimos: uma distinção em crise? 69
1. Considerações gerais 69
2. A ressarcibilidade dos interesses legítimos no âmbito da actividade contratual da Administração como contributo para a superação da distinção entre direitos subjectivo e interesses legítimos 76
3. Posição adoptada 83

Capítulo III – A posição processual dos terceiros no contencioso administrativo: primeira abordagem 87
1. Legitimidade activa e interesse em agir 87

2. Os terceiros como partes necessárias do processo administrativo 102
3. A eficácia das sentenças relativamente a terceiros 116

PARTE II
A posição dos terceiros perante a actividade contratual da Administração Pública

Capítulo I – Considerações gerais sobre a actividade contratual da Administração Pública: a dualidade entre contratos administrativos e contratos privados da Administração Pública 135
1. Notas juscomparatísticas 135
   1.1. França 135
   1.2. Espanha 140
   1.3. Itália 145
   1.4. Alemanha 152
2. Direito português 156
3. Os vários tipos de contratos administrativos: a dificuldade de subsunção a uma categoria unitária 164
4. A publicização substantiva dos contratos privados da Administração Pública .. 173
   4.1. Considerações gerais 173
   4.2. A funcionalização dos contratos privados da Administração à prossecução do interesse público 174
   4.3. O regime jurídico dos contratos privados da Administração Pública 181

Capítulo II – Os efeitos lesivos decorrentes das relações contratuais da Administração Pública 195
1. A formação do contrato: o procedimento pré-contratual 195
   1.1. A fase do início do procedimento 200
   1.2. A fase instrutória e de participação e qualificação dos concorrentes 208
   1.3. A fase decisória 214
2. Em especial, os efeitos lesivos decorrentes dos contratos substitutivos e integrativos do procedimento 224
3. A execução do contrato 228
4. A superação definitiva do princípio da eficácia "inter partes" dos contratos da Administração Pública 238

Capítulo III – Os actos destacáveis dos contratos da Administração Pública e as consequências da sua invalidade 243
1. A procedimentalização dos contratos da Administração Pública 243
2. A noção de acto destacável 253
3. Os actos destacáveis da formação dos contratos 259
4. Os actos destacáveis da execução dos contratos e a teoria da incorporação 271
5. A invalidade consequente dos contratos da Administração Pública 281
   5.1. Perspectiva comparatística. 281

5.2. A solução do Código do Procedimento Administrativo 288
5.3. Posição adoptada. 291
6. A preservação da "coisa contratada" e a protecção dos terceiros: dois interesses inconciliáveis? 304

PARTE III
A tutela dos terceiros
no contencioso dos contratos da Administração Pública

Capítulo I – O contencioso dos contratos da Administração Pública 311
1. A diversidade de meios processuais integrados no contencioso dos contratos da Administração Pública 311
   1.1. O recurso contencioso de anulação dos actos destacáveis e o recurso urgente do Decreto-Lei n.º 134/98, de 15 de Maio 311
   1.2. O contencioso de plena jurisdição dos contratos administrativos 323
   1.3. O contencioso dos contratos privados da Administração 328
2. O défice de tutela judicial dos terceiros como consequência da falta de articulação entre os diferentes meios processuais 333

Capítulo II – Vias de solução: a necessidade de construir um sistema unitário de protecção dos terceiros 339
1. A solução da PLCPTA 339
2. A unificação de jurisdições no âmbito da actividade contratual da Administração
3. O alargamento do objecto do recurso contencioso de anulação 346
   3.1. Solução proposta: o recurso contencioso de anulação dos contratos da Administração Pública 351
   3.2. O regime jurídico do recurso contra o contrato 363
   3.3. A execução das sentenças de provimento dos recursos contenciosos dos actos destacáveis e dos contratos da Administração Pública 366
4. A tutela cautelar 376
5. Os meios extra-judiciais de resolução de litígios 390

Capítulo III – A efectivação da responsabilidade da Administração como forma de composição dos interesses em presença 407
1. A responsabilidade pré-contratual 407
2. A responsabilidade contratual 415
3. A responsabilidade extracontratual 424

Conclusões 445

Bibliografia 453

Jurisprudência 499